歎異鈔講話

蜂屋賢喜代 著
伊藤 益 校訂

北樹出版

歎異鈔

竊《ニ》廻《シテ》二愚案《ヲ》一粗《ホボ》勘《フルニ》二古今《ヲ》一。歎《キ》レ異《コトヲ》二先師口伝之真信《ニ》一。思《フ》レ有《コトヲ》二後学相続之疑惑一。幸《ニ》不《ンバ》レ依《ヲ》二有縁《ノ》知識《ニ》一者。争《デカ》得《ンヤ》レ入《コトヲ》二易行《ノ》一門《ニ》一哉。全《ク》以《テ》二自見之覚悟《ヲ》一。莫《レ》レ乱《ルコト》二他力《ノ》宗旨《ヲ》一。仍《テ》故親鸞聖人御物語之趣。所《ロ》レ留《マル》二耳底《ノニ》一聊《カシルス》註レ之《ヲ》。偏《ニ》為《メ》レ散《ンカ》二同心行者之不審《ヲ》一也。

云々。

(第一節)。一。弥陀の誓願不思議にたすけられまいらせて、往生をばとぐるなりと信じて、念仏まうさんとおもひたつこころのおこるとき、すなはち摂取不捨の利益《りやく》にあづけしめたまふなり。弥陀の本願《ほんぐわん》には、老少善悪のひとをえらばれず、ただ信心を要とすとしるべし。そのゆへは罪悪深重《ざいあくじんぢゆう》、煩悩熾盛《ぼんのうしじやう》の衆生をたすけんがための願にてましします。しかれば、本願を信ぜんには他の善も要にあらず、念仏にまさるべき善なきゆへに。悪をもおそるべからず、弥陀の本願をさまたぐるほどの悪なきがゆへにと云々。

(第二節)。一。各々、十余箇国のさかひをこえて、身命をかへりみずして、たづねきたらしめたまふ御こころざし、ひとへに往生極楽のみちをとひきかんがためなり。しかるに、念仏よりほかに往生のみちをも存知し、また法文等をもしりたるらんと、こころにくくおぼしめし、おはしましてはんべらんは、おほきなるあやまりなり。もししからば、南都《なんと》北嶺《ほくれい》にも、ゆゆしき学生《がくしやう》たち、おほく座《おは》せられさふらふなれば、かのひとびとにもあひたてまつりて、往生の要、よくよくきかるべきなり。親鸞にをきては、ただ念仏して弥陀にたすけられまいらすべしと、よきひとのおほせをかうふりて、信ずるほかに別の子細なきなり。念仏はまことに浄土にむまるるたねにてやはんべるらん、また地獄におつる業《ごふ》にてやはんべるらん、総じてもて存知せざるなり。

たとひ法然上人にすかされまいらせて、念仏して地獄におちたりとも、さらに後悔すべからずさふらふ。そのゆへは、自余の行をはげみて仏になるべかりける身が、念仏をまうして地獄におちてさふらはばこそ、すかされたてまつりてといふ後悔もさふらはめ、いづれの行もおよびがたき身なれば、とても地獄は一定《ぢやう》すみかぞかし。弥陀の本願まことにおはしまさば、釈尊の説教虚言《そらごと》なるべからず。仏説まことにおはしまさば、善導の御釈《おんしやく》虚言したまふべからず。善導の御釈まことならば、法然のおほせそらごとならんや。法然のおほせまことならば、親鸞がまうすむね、またもてむなしかるべからずさふらふ歟。詮ずるところ、愚身が信心にをきてはかくのごとし。このうへは、念仏をとりて信じたてまつらんとも、またすてんとも、面々の御はからひなりと云々。

（第三節）。一。善人なをもて往生をとぐ、いはんや悪人をや。しかるを世のひとつねにいはく、悪人なを往生す、いかにいはんや善人をやと。この条、一旦そのいはれあるにたれども、本願他力の意趣にそむけり。そのゆへは、自力作善《じりきさぜん》のひとは、ひとへに他力《たりき》をたのむこころかけたるあひだ、弥陀の本願にあらず。しかれども、自力のこころをひるがへして他力をたのみたてまつれば、真実報土の往生をとぐるなり。煩悩具足《ぼんなうぐそく》のわれらは、いづれの行にても、生死をはなるることあるべからざるを、あはれみたまひて、願をおこしたまふ本意、悪人成仏のためなれば、他力をたのみたてまつる悪人、もとも往生の正因《しやういん》なり。よて善人だにこそ往生すれ、まして悪人はと、おほせさふらひきと云々。

（第四節）。一。慈悲に聖道浄土《しやうどうじやうど》のかはりめあり。聖道の慈悲といふは、ものをあはれみ、かなしみ、はぐくむなり。しかれども、おもふがごとくたすけとぐること、きはめてありがたし。また浄土の慈悲といふは、念仏して、いそぎ仏になりて、大慈大悲心《だいじだいひしん》をもて、おもふがごとく、衆生を利益するをいふべきなり。今生《こんじやう》にいかにいとをし不便《ふびん》とおもふとも、存知のごとくたすけがたければ、この慈悲始終なし。しかれば念仏まうすのみぞ、すゑとほりたる大慈悲心にてさふらふべきと云々。

（第五節）。一。親鸞は父母の孝養のためとて、一返《いちぺん》にても念仏まうしたること、いまださふらはず。そのゆへは、一切の有情《うじやう》は、みなもて世々生々《せせしやうじやう》の父母兄弟《ぶも》なり、いづれもいづれもこの順次生《じゆんじしやう》に仏になりて、たすけさふらふべきなり。わがちからにて、はげむ善にてもさふらはばこそ、念仏を廻向《ゑかう》して父母をもたすけさふらはめ。ただ自力をすてて、いそぎ浄土のさとりをひらきなば、六道四生《ろくだうししやう》のあひだ、いづれの業苦《ごふく》にしづめりとも、神通方便《じんづうほうべん》をもて、まづ有縁《うゑん》を度《ど》すべきなりと云々。

（第六節）。一。専修《せんじゆ》念仏のともがらの、わが弟子、ひとの弟子といふ相論《さうろん》のさふらふらんこと、もてのほかの子細《しさい》なり。親鸞は弟子一人《いちにん》ももたずさふらふ。そのゆへは、わがはからひにて、ひとに念仏をまうさせさふらはばこそ、弟子にてもさふらはめ。ひとへに弥陀の御もよほしにあづかりて、念仏まうしさふらふひとを、わが弟子とまうすこと、きはめたる荒涼のことなり。つくべき縁あればともなひ、はなるべき縁あれば、はなるることのあるをも、師をそむきて、ひとにつれて念仏すれば、往生すべからざるものなり、なんどいふこと不可説《ふかせち》なり。如来よりたまはりたる信心を、わがものがほに、とりかへさんとまうすにや。かへすがへすもあるべからざることなり。自然《じねん》のことはりにあひかなはば、仏恩をもしり、また師の恩をもしるべきなりと云々。

（第七節）。一。念仏者は無碍《むげ》の一道なり。そのいはれ、いかんとならば、信心の行者には、天神地祇《てんじんちぎ》も敬伏《きやうぶく》し、魔界《まかい》外道《げだう》も障碍《しやうげ》することなし、罪悪も業報を感ずることあたはず、諸善もおよぶことなきゆへに、無碍の一道なりと云々。

（第八節）。一。念仏は、行者のために非行非善なり。わがはからひにて行ずるにあらざれば非行といふ、わがはからひにてつくる善にもあらざれば非善といふ。ひとへに他力にして、自力をはなれたるゆへに、行者のためには非行非善なりと云々。

（第九節）。一。念仏まうしさふらへども、踊躍歓喜《ゆやくくわんぎ》のこころおろそかにさふらふこと、また、いそぎ浄土へまいりたきこころのさふらはぬは、いかにと、さふらふべきことにて、さふらふやらんと、まうしいれてさふらひしかば、親鸞もこの不審ありつるに、唯円坊《ゆいゑんばう》おなじこころにてありけり。よくよく案じみれば、天におどり地におどるほどに、よろこぶべきことを、よろこばぬにて、いよいよ往生は一定《ぢやう》とおもひたまふべきなり。よろこぶべきこころをおさへて、よろこばせざるは煩悩の所為《しよゐ》なり。しかるに、仏かねてしろしめして、煩悩具足の凡夫とおほせられたることなれば、他力の悲願は、かくのごときのわれらがためなりけりとしられて、いよいよたのもしく、おぼゆるなり。また、浄土へいそぎまいりたきこころのなくて、いささか所労のこともあれば、死なんずるやらんと、こころぼそくおぼゆることも、煩悩の所為なり。久遠劫《くをんごふ》よりいままで流転せる、苦悩の旧里《きうり》はすてがたく、いまだむまれざる安養《あんやう》の浄土は、こひしからずさふらふこと、まことに、よくよく煩悩の興盛《こうじやう》にさふらふにこそ。なごりおしくおもへども、娑婆《しやば》の縁つきて、ちからなくして、をはるときに、かの土へは、まいるべきなり。いそぎまいりたきこころなきものを、ことにあはれみたまふなり。これにつけてこそ、いよいよ大悲大願はたのもしく、往生は決定《けちぢやう》と存じさふらへ。踊躍歓喜のこころもあり、いそぎ浄土へまいりたくさふらはんには、煩悩のなきやらんと、あやしくさふらひなましと云々。

(第十節)。一。念仏には無義をもて義とす、不可称《ふかしやう》、不可説《ふかせち》、不可思議《ふかしぎ》のゆへにと、おほせさふらひき。そもそもかの御在生《ございしやう》のむかし、おなじこころざしにして、あゆみを遼遠《れうえん》の洛陽《らくやう》にはげまし、信をひとつにして、心を当来の報土にかけしともがらは、同時に御意趣をうけたまはりしかども、そのひとびとにともなひて、念仏まうさるる老若、そのかずをしらずおはしますなかに、聖人のおほせにあらざる異義どもを、近来はおほくおほせられあふて、さふらふよしつたへうけたまはる。いはれなき条々の子細《しさい》のこと。

(第十一節)。一。一文不通のともがらの、念仏まうすにあふて、なんぢは誓願《せいぐわん》不思議を信じて念仏まうすか、また名号《みやうがう》不思議を信ずるかと、いひおどろかして、ふたつの不思議の子細をも、分明《ふんみやう》にいひひらかずして、ひとのこころをまどはすこと。この条、かへすがへすもこころをとどめて、おもひわくべきことなり。誓願の不思議によりて、たもちやすく、となへやすき名号を案じいだしたまひて、この名字をとなへんものを、むかへとらんと御約束あることなれば、まづ、弥陀の大悲大願の不思議にたすけられまいらせて、生死をいづべしと信じて、念仏まうさるるも、如来の御はからひなりとおもへば、すこしも、みづからのはからひ、まじはらざるがゆへに、本願に相応して、真実報土に往生するなり。これは誓願の不思議を信じたてまつれば、名号の不思議も具足して、誓願名号の不思議ひとつにして、さらにことなることなきなり。つぎに、みづからのはからひを、さしはさみて、善悪のふたつにつきて、往生のたすけさはり、二様《ふたやう》におもふは、誓願の不思議をばたのまずして、わがこころに往生の業をはげみて、まうすところの念仏をも自行になすなり。このひとは、名号の不思議をもまた信ぜざるなり。信ぜざれども、辺地懈慢疑城胎宮《へんぢけまんぎじやうたいぐう》にも往生して、果遂《くわすゐ》の願のゆへに、つゐに報土に生ずるは、名号不思議のちからなり。これすなはち、誓願不思議のゆへなれば、ただひとつなるべし。

(第十二節)。一。経釈をよみ学せざるともがら、往生不定のよしのこと。この条、すこぶる不足言《ふそくごん》の義といひつべし。他力真実のむねをあかせるもろもろの聖教《しやうぎやう》は、本願を信じ念仏をまうさば仏になる、そのほか、なにの学問かは往生の要なるべきや。まことに、このことはりにまよひはんべらんひとは、いかにもいかにも学問して、本願のむねをしるべきなり。経釈をよみ学すといへども、聖教の本意をこころえざる条、もとも不便《ふびん》のことなり。一文不通《もんふつう》にして、経釈のゆくちもしらざらんひとの、となへやすからんための名号にて、おはしますゆへに、易行《いぎやう》といふ。学問をむねとするは聖道門なり、難行となづく。あやまて学問して、名聞利養《みやうもんりやう》のおもひに住するひと、順次の往生いかがあらんずらんといふ証文もさふらふぞかし。当時、専修念仏のひとと聖道門のひとと、諍論《じやうろん》をくはだてて、わが宗こそすぐれたれ、ひとの宗はおとりなりと云ふほどに、法敵もいできたり、謗法《ほうばふ》もおこるなり、これしかしながら、みづからわが法を破謗するにあらずや、たとひ諸門こぞりて、念仏はかひなきひとのためなり、その宗あさしいやしといふとも、さらにあらそはずして、われらがごとく、下根《げこん》の凡夫、一文不通のものの、信ずれば、たすかるよし、うけたまはりて信じさふらへば、さらに上根《じやうこん》のひとのためには、いやしくとも、われらがためには、最上の法にてまします。たとひ、自《じ》余《よ》の教法はすぐれたりとも、みづからがためには、器量およばざれば、つとめがたし。われもひとも、生死《しやうじ》をはなれんことこそ、諸仏の御本意にておはしませば、御さまたげあるべからずとて、にくひ気せずば、たれのひとかありて、あだをすべきや。かつは諍論のところには、もろもろの煩悩おこる、智者遠離《おんり》すべきよしの証文さふらふにこそ。故聖人のおほせには、この法をば信ずる衆生もあり、そしる衆生もあるべしと、仏ときおかせたまひたることなれば、われはすでに信じたてまつる、また、ひとありてそしるにて、仏説まことなりけりと、しられさふらふ。しかれば往生は、いよいよ一定とおもひたまふべきなり。あやまて、そしるひとのさふらはざらんにこそ、いかに信ずるひとはあれども、そしるひとのなきやらんとも、おぼえさふらひぬべけれ。かくまうせばとて、かならず、ひとにそしられんとにはあらず、仏のかねて、信謗《しんばう》ともに、あるべきむねをしろしめして、ひとのうたがひを、あらせじと、ときをかせたまふことを、まうすなりとこそさふらひしか。いまの世には、学問してひとのそしりをやめ、ひとへに論議問答をむねとせんと、かまへられさふらふにや。学問せば、いよいよ如来の御本意をしり、悲願の広大のむねをも存知して、いやしからん身にて、往生はいかがなんどと、あやぶまんひとにも、本願には善悪浄穢《じやうゑ》なきおもむきをも、ときききかせられさふらはばこそ、学生《がくしやう》の甲斐《かひ》にてもさふらはめ。たまたま、なにごころもなく本願に相応して念仏するひとをも、学問してこそなんどと云ひおとさるること、法の魔障なり、仏の怨敵《おんてき》なり。みづから他力の信心かくるのみならず、他をまよはさんとす。つつしんでおそるべし、先師の御こころに、そむくことを。かねてあはれむべし、弥陀の本願にあらざることを。

(第十三節)。一。弥陀の本願不思議におはしませばとて、悪をおそれざるは、また本願ほこりとて、往生かなふべからずといふこと。この条、本願をうたがふ善悪の宿業《しふごふ》をこころえざるなり。よきこころのおこるも、宿業のもよほすゆへなり、悪事のおもはれせらるるも、悪業のはからふゆへなり。故聖人のおほせには、卯毛羊毛《うのけひつじのけ》のさきにゐる、ちりばかりも、つくるつみの宿業にあらずといふことなしと、しるべしとさふらひき。またあるとき、唯円坊は、わがいふことをば信ずるかと、おほせのさふらひしあひだ、さんさふらふと、まうしさふらひしかば、さらばわがいはんこと、たがふまじきかと、かさねておほせのさふらひしあひだ、つつしんで領状《れうじやう》まうしてさふらひしかば、たとへば、ひとを千人ころしてんや、しからば往生は一定すべしとおほせさふらひしとき、おほせにてはさふらへども、一人《にん》もこの身の器量にては、ころしつべしともおぼえずさふらふと、まうしてさふらひしかば、さては親鸞がいふことを、たがふまじきとはいふぞと。これにてしるべし、なにごとも、こころにまかせたることならば、往生のために千人ころせといはんに、すなはちころすべし。しかれども、一人にてもころすべき業縁《ごふゑん》なきによりて害せざるなり。わがこころのよくてころさぬにはあらず。また害せじとおもふとも、百人千人をころすこともあるべしと、おほせのさふらひしは、われらがこころのよきをばよしとおもひ、あしきことをばあしとおもひて、本願の不思議にてたすけたまふといふことを、しらざることをおほせのさふらひしなり。そのかみ、邪見におちたるひとありて、悪をつくりたるものを、たすけんといふ願にてましませばとて、わざとこのみて、悪をつくりて往生の業とすべきよしをいひて、やうやうにあしざまなることの、きこへさふらひしとき、御消息に、くすりあればとて毒をこのむべからずとこそ、あそばされてさふらふは、かの邪執をやめんがためなり。またく、悪は往生のさはりたるべしとにはあらず。持戒持律にてのみ本願を信ずべくば、われらいかでか生死をはなるべきや。かかるあさましき身も、本願にあひたてまつりてこそ、げにほこられさふらへ。さればとて、身にそなへざらん悪業は、よもつくられさふらはじものを。また、うみかはにあみをひき、つりをして世をわたるものも、野やまにししをかり、鳥をとりて、いのちをつぐともがらも、あきなひをもし、田畠をつくりてすぐるひとも、ただおなじことなり。さるべき業縁のもよほせば、いかなるふるまひもすべしとこそ、聖人はおほせさふらひしに、当時は後世者《ごせしや》ぶりして、よからんものばかり念仏まうすべきやうにおもひ、あるひは道場にはりぶみをして、なんなんのことしたらんものをば、道場へいるべからずなんどといふこと、ひとへに賢善精進《けんぜんしやうじん》の相をほかにしめして、うちには虚仮《こけ》をいだけるものか。願にほこりてつくらんつみも、宿業のもよほすゆへなり。されば、よきこともあしきことも、業報にさしまかせて、ひとへに本願をたのみまいらすればこそ、他力にてはさふらへ。唯信鈔《ゆゐしんせう》にも、弥陀いかばかりのちからましますとしりてか、罪業の身なれば、すくはれがたしとおもふべきと、さふらふぞかし。本願にほこるこころの、あらんにつけてこそ、他力をたのむ信心も、決定しぬべきことにてさふらへ。おほよそ、悪業煩悩を断じつくしてのち、本願を信ぜんのみぞ、願にほこるおもひもなくてよかるべきに、煩悩を断じなば、すなはち仏なり、仏のためには五劫思惟《ごこふしゆい》の願、その詮《せん》なくやましまさん。本願ほこりといましめらるるひとびとも、煩悩不浄具足せられてこそさふらふげなれば、それは願にほこらるるにあらずや。いかなる悪を本願ほこりといふ、いかなる悪がほこらぬにてさふらふべきや、かへりてこころをさなきことか。

（第十四節）。一。一念に、八十億劫の重罪を滅すと信ずべしといふこと。この条は、十悪五逆の罪人、日ごろ念仏をまうさずして、命終《みやうじゆう》のとき、はじめて善知識《ぜんちしき》のおしへにて、一念まうせば、八十億劫の罪を滅し、十念まうせば、十八《とはち》十億劫の重罪を滅して往生すといへり。これは十悪五逆の軽重をしらせんがために、一念十念といへるが滅罪の利益なり。いまだわれらが信ずるところにおよばず。そのゆへは、弥陀の光明にてらされまいらするゆへに、一念発起するとき、金剛の信心をたまはりぬれば、すでに定聚《ぢやうじゆ》のくらゐにおさめしめたまひて、命終すれば、もろもろの煩悩悪障を転じて、無生忍《むしやうにん》をさとらしめたまふなり。この悲願ましまさずば、かかるあさましき罪人、いかでか生死を解脱すべきとおもひて、一生のあひだまうすところの念仏は、みなことごとく、如来大悲の恩を報じ、徳を謝すとおもふべきなり。念仏まうさんごとに、つみをほろぼさんと信ぜんは、すでにわれとつみをけして、往生せんとはげむにてこそさふらふなれ。もししからば、一生のあひだ、おもひとおもふこと、みな生死のきづなにあらざることなければ、いのちつきんまで、念仏退転せずして往生すべし。ただし、業報かぎりあることなれば、いかなる不思議のことにもあひ、また病悩苦痛をせしめて、正念《しやうねん》に住せずしてをはらんに、念仏まうすことかたし。そのあひだのつみをば、いかがして滅すべきや。つみきえざれば往生はかなふべからざるか。摂取不捨の願をたのみたてまつらば、いかなる不思議ありて罪業をおかし、念仏まうさずしてをはるとも、すみやかに往生をとぐべし。また念仏のまうされんも、ただいまさとりをひらかんずる期《ご》の、ちかづくにしたがひて、いよいよ弥陀をたのみ、御恩《ごおん》を報じたてまつるにてこそさふらはめ。つみを滅せんとおもはんは、自力のこころにして、臨終正念といのるひとの本意なれば、他力の信心なきにてさふらふなり。

（第十五節）。一。煩悩具足の身をもち、すでにさとりをひらくといふこと。この条、もてのほかのことにさふらふ。即身成仏は真言秘教の本意、三密《みち》行業《ぎやうごふ》の証果なり。六根清浄は、また、法華一乗の所説、四安楽行の威徳なり。これみな、難行上根のつとめ、観念成就のさとりなり。来生の開覚は、他力浄土の宗旨、信心決定の道《だう》なるがゆへなり。これまた易行下根のつとめ、不簡《ふけん》善悪の法なり。おほよそ、今生において煩悩悪障を断ぜんこと、きはめてありがたきあひだ、真言法華を行ずる浄侶《じやうりよ》、なをもて順次生のさとりをいのる。いかにいはんや、戒行慧解《ゑげ》ともになしといへども、弥陀の願船に乗じて生死の苦海をわたり、報土のきしにつきぬるものならば、煩悩の黒雲はやくはれ、法性の覚月すみやかにあらはれて、尽十方《じんじつぱう》の無碍《むげ》の光明に一味にして、一切の衆生を利益《りやく》せんときにこそ、さとりにてはさふらへ。この身をもて、さとりをひらくとさふらふなるひとは、釈尊のごとく種々の応化の身をも現じ、三十二相、八十随形好《ずいぎやうかう》をも具足して、説法利益さふらふにや。これをこそ、今生にさとりをひらく本とはまうしさふらへ。和讃に、金剛堅固の信心の、さだまるときをまちえてぞ、弥陀の心光摂護《せふご》して、ながく生死をへだてける、とさふらへば、信心のさだまるときに、ひとたび摂取してすてたまはざれば、六道に輪廻すべからず、しかれば、ながく生死をばへだてさふらふぞかし。かくのごとくしるを、さとるとは、いひまぎらかすべきや、あはれにさふらふをや。浄土真宗には、今生に本願を信じて、かの土にして、さとりをばひらくと、ならひさふらふぞとこそ、故聖人のおほせにはさふらひしか。

（第十六節）。一。信心の行者、自然《じねん》にはらをもたて、あしざまなることをもおかし、同朋同侶《どうぼうどうりょ》にもあひて口論をもしては、かならず廻心《ゑしん》すべしといふこと。この条、断悪修善のここちか。一向専修のひとにをいては、廻心といふこと、ただひとたびあるべし。その廻心とは、日ごろ本願他力真宗をしらざるひと、弥陀の智慧をたまはりて、日ごろのこころにては、往生かなふべからずとおもひて、もとのこころをひきかへて、本願をたのみまいらするをこそ、廻心とはまうしさふらへ。一切のことに、あしたゆふべに廻心して、往生をとげさふらふべくば、ひとのいのちはいづるいき、いるいきをまたずしてをはることなれば、廻心もせず、柔和忍辱《にうわにんにく》のおもひにも住せざらんさきに、いのちつきば、摂取不捨の誓願は、むなしくならせおはしますべきにや。くちには願力をたのみたてまつるといひて、こころには、さこそ悪人をたすけんといふ願、不思議にましますといふとも、さすがよからんものをこそ、たすけたまはんずれとおもふほどに、願力をうたがひ、他力をたのみまいらするこころかけて、辺地の生をうけんこと、もとも、なげきおもひたまふべきことなり。信心さだまりなば、往生は弥陀にはからはれまいらせて、することなれば、わがはからひなるべからず。わろからんにつけても、いよいよ願力をあふぎまいらせば、自然《じねん》のことはりにて、柔和忍辱のこころもいでくべし。すべて、よろづのことにつけて、往生には、かしこきおもひを具せずして、ただほれぼれと弥陀の御恩の深重なること、つねにおもひいだしまいらすべし、しかれば念仏もまうされさふらふ。これ自然なり、わがはからはざるを自然とまうすなり。これすなはち他力にてまします。しかるを、自然といふことの別にあるやうに、われものしりがほに、いふひとのさふらふよしうけたまはる、あさましくさふらふなり。

（第十七節）。一。辺地の往生をとぐるひと、つひには地獄におつべしといふこと。この条、いづれの証文にみえさふらふぞや。学生たるひとのなかに、いひいださるることにてさふらふなるこそ、あさましくさふらへ。経論聖教をば、いかやうにみなされてさふらふやらん。信心かけたる行者は、本願をうたがふによりて、辺地に生じて、うたがひのつみをつぐのひてのち、報土のさとりをひらくとこそ、うけたまはりさふらへ。信心の行者すくなきゆへに、化土におほくすすめいれられさふらふを、つひにむなしくなるべしとさふらふなるこそ、如来に虚妄《こもう》をまうしつけまいらせてさふらふなれ。

（第十八節）。一。仏法の方に施入物《せにふもつ》の多少にしたがひて、大小仏になるべしといふこと。この条、不可説なり云々、比興《ひきやう》のことなり。まづ仏に大小の分量をさだめんこと、あるべからずさふらふ。かの安養浄土の教主の御身量をとかれてさふらふも、それは方便法身《ほうべんほふしん》のかたちなり。法性《ほふしやう》のさとりをひらいて、長短方円のかたちにもあらず、青黄赤白黒《しやうわうしやくびやくこく》のいろをもはなれなば、なにをもてか大小をさだむべきや。念仏まうすに化仏をみたてまつるといふことのさふらふなるこそ、大念には大仏をみ、小念には小仏をみるといへるか。もしこのことはりなんどに、はしひきかけられさふらふやらん。かつはまた、檀波羅蜜《だんはらみち》の行ともいひつべし。いかにたからものを、仏前にもなげ、師匠にもほどこすとも、信心かけなばその詮なし。一紙半銭《しはんせん》も仏法のかたにいれずとも、他力にこころをかけて信心ふかくば、それこそ願の本意にてさふらはめ。すべて仏法にことをよせて、世間の欲心もあるゆへに、同朋をいひおとさるるにや。

（第十九節）。右条々は、みなもて、信心のことなるより、ことおこりさふらふか。故聖人の御ものがたりに、法然上人の御《おん》とき、御《おん》弟子そのかずおほかりけるなかに、おなじ御《ご》信心のひとも、すくなくおはしけるにこそ、親鸞御《おん》同朋の御《おん》なかにして、御相論《ごそうろん》のことさふらひけり。そのゆへは、善信が信心も、上人の御《ご》信心もひとつなりと、おほせさふらひければ、勢観房《せいくわんぼう》、念仏房なんどまうす御同朋達、もてのほかにあらそひたまひて、いかでか、上人の御《ご》信心に善信房の信心、ひとつにはあるべきぞとさふらひければ、上人の御《おん》智慧才覚ひろくおはしますに、ひとつならんとまうさばこそ、ひがごとならめ、往生の信心においては、またくことなることなし、ただひとつなりと御返答《ご》ありけれども、なを、いかでかその義あらんといふ疑難《ぎなん》ありければ、詮ずるところ、上人の御《おん》まへにて、自他の是非を、さだむべきにて、この子細をまうしあげければ、法然上人のおほせには、源空が信心も如来よりたまはりたる信心なり、善信房の信心も如来よりたまはらせたまひたる信心なり、さればただひとつなり。別の信心にておはしまさんひとは、源空がまいらんずる浄土へは、よもまいらせたまひさふらはじと、おほせさふらひしかば、当時の一向専修《かうせんじゅ》のひとびとのなかにも、親鸞の御信心に、ひとつならぬ御《おん》ことも、さふらふらんとおぼえさふらふ。いづれもいづれも、くりごとにてさふらへども、かきつけさふらふなり。露命《ろめい》わづかに枯草《こさう》の身にかかりてさふらふほどにこそ、あひともなはしめたまふひとびと、御不審《ご》をもうけたまはり、聖人のおほせのさふらひしおもむきをも、まうしきかせまいらせさふらへども、閉眼ののちは、さこそ、しどけなきことどもにて、さふらはんずらめと、なげき存じさふらひて、かくのごとくの義ども、おほせられあひさふらふひとびとにも、いひまよはされなんどせらるることのさふらはんとき、故聖人の御《おん》こころにあひかなひて、御《おん》もちゐさふらふ御《おん》聖教どもを、よくよく御覧《ご》さふらふべし。おほよそ、聖教には、真実権仮《しんじちごんけ》ともにあひまじはりさふらふなり。権をすてて実をとり、仮をさしをきて真をもちゐるこそ、聖人の御《ご》本意にてさふらへ。かまへてかまへて、聖教をみだらせたまふまじくさふらふ。大切の証文ども、少々ぬきいでまいらせさふらふて、目やすにして、この書にそへまいらせてさふらふなり。聖人のつねのおほせには、弥陀の五劫思惟の願をよくよく案ずれば、ひとへに親鸞一人《いちにん》がためなりけり、さればそくばくの業をもちける身にてありけるを、たすけんとおぼしめしたちける本願のかたじけなさよと、御《ご》述懐さふらひしことを、いままた案ずるに、善導の、自身はこれ現に罪悪生死の凡夫、曠劫《くわうごふ》よりこのかた、つねにしづみ、つねに流転して、出離《しゆつり》の縁あることなき身としれといふ金言《きんげん》に、すこしもたがはせおはしまさず。さればかたじけなくも、わが御身《おんみ》にひきかけて、われらが身の罪悪のふかきほどをもしらず、如来の御恩《ご》のたかきことをもしらずして、まよへるをおもひしらせんがためにてさふらひけり。まことに、如来の御恩《ご》といふことをばさたなくして、われもひとも、よしあしといふことをのみまうしあへり。聖人のおほせには、善悪のふたつ総じてもて存知せざるなり、そのゆへは、如来の御《おん》こころによしとおぼしめすほどに、しりとほしたらばこそ、よきをしりたるにてもあらめ。如来のあしとおぼしめすほどに、しりとほしたらばこそ、あしさをしりたるにてもあらめど、煩悩具足の凡夫、火宅《くわたく》無常の世界は、よろづのこと、みなもて、そらごとたはごと、まことあることなきに、ただ念仏のみぞ、まことにておはしますとこそ、おほせはさふらひしか。まことに、われもひとも、そらごとをのみまうしあひさふらふなかに、ひとつのいたはしきことのさふらふなり。そのゆへは、念仏まうすについて、信心のおもむきをも、たがひに問答し、ひとにもいひきかするとき、ひとのくちをふさぎ、相論《さうろん》のたたかひかたんがために、またくおほせにてなきことを、おほせとのみまうすこと、あさましくなげき存じさふらふなり。このむねをよくよくおもひとき、こころえらるべきことにさふらふなり。これさらに、わたくしのことばにあらずといへども、経釈のゆくちをもしらず、法文の浅深《せんじん》をこころえわけたることもさふらはねば、さだめておかしきことにてさふらはめども、故親鸞聖人のおほせごとさふらひしおもむきを、百分が一、かたはしばかりをも、おもひいでまいらせて、かきつけさふらふなり。かなしきかなや、さいはいに念仏しながら、直《ぢき》に報土《ほうど》にむまれずして、辺地にやどをとらんこと、一室の行者のなかに信心ことなることなからんために、なくなく筆をそめてこれをしるす。なづけて歎異鈔《たんいせう》といふべし。外見あるべからず。

右斯聖教者為㆓当流大事ノ聖教㆒也、於ハ㆓無宿善ノ機ニ㆒無㆓左右㆒不㆑可㆑許㆑之者也

釈　蓮如　御判

緒　言

一。歎異鈔は、私《わたくし》の二十歳前後から今日まで、日夜拝読愛誦してきた聖典であります。聖典には難易種々ありますが、それらによって、救済の真義に接することは、ずいぶん難しいことであります。しかるに歎異鈔には他力信の要義が、秩序よく最も簡明に記述されてあるので、私はこの書によって常に慰められ、導かれてきたのであります。

それゆえ、求道の人々にとっては『蓮如上人御一代記聞書』と並べて、座右をはなさず精読すべき書であります。

一。「当流大事の聖教なり」と蓮如上人が申されているごとく、古来より尊重されているこの聖教を、私ごとき者が講述することは、まことに恐懼の至りですけれども、私が年久しく愛誦しつづけてきた、法味愛楽の喜びを述べてみたにすぎないのであります。それがもし、諸兄姉の求道上のご参考の一助ともなれば、私の欣幸とするところであります。

一。この講話は、大正十三年九月より昭和二年十二月まで、堺市の真宗寺の本堂において、毎月二十六日夜に、男女雑多の対衆を前にして、講話をしてきたものであります。事の起こりは、ある日、足利兄が、毎月二十六日の会に、歎異鈔の講話を続けてみないかということでした。よほどためらっていましたが、君は身体が弱くてときどき危ないことがある、せめて歎異鈔だけなりと話し残しておいてはどうか、話しさえすれば筆記してやろう、君が新しく筆をとるようなことはめったにしないだろうし、また忙しくて、できもしないだろうと、いってくださったその友情と厚意にほだされ、そのうえに二十六日は足利兄の父の逮夜にあたり、また私の父の逮夜日なので、ふと、父を追憶したところから、連続講話をしてみる気になったのです。爾来、米田君と足利兄とは、毎回筆を運んでくださって、あの勝手気ままな話し方と、だらだらとした講話を、何とかまとめてくださったのでした。これが講話を始めました動機であって、まったく足利兄の厚意によって話さされてきたのです。

兄は、それを大正十三年十一月の「成同」誌上から載せられましたが、ひいて十四年十月に至り、私はその中止を願いました。それは毎月筆記してくださる労に対して、あまり恐縮を感じてきたからであります。そうしますと、尼崎氏がそれを伝え聞かれて、ぜひ筆記して残すがよかろう、法は言語によってよりも文字によって残るものだから、人々のためにもなるだろうということで、十二月二十六日には、森氏がちゃんと来ておられたのです。それは第九節からであります。爾来森氏を煩わして続いて筆記していただき、それを修正して誌上に載せてきたのであります。かくして、ようやく昭和四年七月の誌上でおわったのです。その間にはときどき大病をして、もう続けられないと思ったこともたびたびありましたが、不思議にも命が続いて、不完全ながらも完結したのであります。話してきたというよりも、皆様の念力によって話さされてきたことを、つくづく不思議に思い、有難く存じているのであります。

一。私の母は、昔から歎異鈔の愛読者でありますが、かかる文字なき母などにも、多少とも了解さしたい念願を離すことができずに、雑多の聴衆の前になした講話速記であり、それを修正して、このたび出版することにしたのですから、行文の不調な点は、本来の不文にいっそうの醜を加えたことであり、さぞ、読み苦しさを与えることであろうと思います。さればといって、私の現在の生活は、筆を新たにして、書き改める余力もありませんから、足利兄が出版を慫慂せらるるままに、校閲修正を加えただけで出版することといたしました。

一。もっとも、私ごとき浅学魯鈍な者の講話ですから、もとより尽くしたものではありません。そのうえに講演速記を土台としたのですから、なおさら至らぬ点が多々あろうと思います。どうかお気づきのところは、ご叱教のほどを、ひとえに希う次第であります。

一。出版を発意してくださって以来、足利兄はすべてを引きとって尽力してくださり、なお校正をも弟、勝とともに、多忙な中から引き受けてくださったことを感謝いたします。尼崎三之助氏、森卓明氏および米田稔氏が、この講話の完了までご援助くださった、長い間のご厚意に対して深く感謝いたします。

一。装幀は友人、西村青帰画伯を煩わしました。ここにそのご厚意を感謝いたします。

昭和五年五月

著　者

歎異鈔講話　目次

歎異鈔講話

蜂屋　賢喜代　著

第一節　他力救済の精髄

弥陀の誓願不思議にたすけられまいらせて、往生をばとぐるなりと信じて、念仏まうさんとおもひたつこころのおこるとき、すなはち摂取不捨の利益にあづけしめたまふなり。弥陀の本願には老少善悪のひとをえらばれず、ただ信心を要とすとしるべし。そのゆへは、罪悪深重、煩悩熾盛の衆生をたすけんがための願にてまします。しかれば、本願を信ぜんには他の善も要にあらず、念仏にまさるべき善なきゆへに。悪をもおそるべからず、弥陀の本願をさまたぐるほどの悪なきがゆへにと云々。（第一節）

一

この書物は、昔から大切な聖典として伝えられていまして、ことに仮名交じりの平易な文章なので、誰にでも珍重がられる書物であります。何が記されているかと申しますと、それはいうまでもなく、親鸞聖人の信仰の精髄、衷心に流れていた信の風光を縷述《るじゅつ》されているのであります。したがって、一遍読めば、それだけ意味が味わえ、十遍読めば十遍、百遍読めば百遍、読めば読むにしたがって、津々《しんしん》として深い味わいが出てくるのであります。ゆえに皆さんが、何遍読み何遍もその意味を味わわるるにつれて、この書物がいよいよその光を放つことと思います。一遍くらい読んで、ああわかったと軽く味おうてしまっては、せっかくの如信上人《にょしんしょうにん》のご親切も、得るところがなくなるのであります。それですから、一遍よりは二遍、二遍よりは三遍と、皆さんの熱烈な求道心《きゅうどうしん》が、この書物のうえに燃えて、読んだうえにも読み、聞いたうえにも聞いて、真面目《まじめ》に味おうていただきたいと切に思うのであります。もちろんいまから私《わたくし》が話そうとするのも、結局私の味おうているだけを、赤裸々に披瀝して、これが皆さんの求道心の一助にもなれかしと思うのであります。幸いに、私のいはんと欲するところが、すこしでも皆様のご参考になりますならば、それは私の無上の喜びであります。

二

この『歎異鈔』の著者については、古来からいろいろと申し伝えられていますが、私は、親鸞聖人に常随しておられた御《おん》孫の、如信上人と信じているのであります。如信上人でなく、三代目の覚如上人《かくにょしょうにん》だとか、親鸞聖人のお弟子の唯円《ゆいえん》だとかいう説もありますが、結局この書物を味わううえにおいて、著者のいかんはそう重要事件ではありませんから、ここで私は著者の問題をそう堅苦しく論ぜないことにいたします。しかし、先ほども申したように、如信上人ということにいたしておきます。如信上人は一代の間、あまり書くということはせられなかったようです。書き残されたものといっては、ただこの一書くらいのものであろうと思います。ただ静かに念仏しつつ行化《ぎょうけ》の一生を終わられたようであります。そしてこの『歎異鈔』を書かれたのはよほど晩年であって、信仰の境地がまさに円熟しておられたということは、すくなくともこの一書を通じて伺われることであります。いま、上人の伝記を話すのは横道へはいることでありますが、老後の上人は、常陸《ひたち》の大綱《おおあみ》の願入寺《がんにゅうじ》という小さな寺にあって、そこで、ひたすら行化の生活にいそしみ、年に一度、報恩講を勤めるために京都に帰られたのでしたが、ついに伝道の旅中、常陸の金沢でなくなられたということです。そのようにおもに布教の一生を送られたのであります。それですから、ほとんどこの一書のみといってよい『歎異鈔』の記述は、上人にとっていかに重要なものであったか、換言すれば親鸞聖人から如信上人に伝えられた信念が、いかに深重なものであったかということが想像されます。そういうことを考えてこの聖典に対しますと、ひとしおゆかしさを覚ゆることであります。『歎異鈔』とは如信上人が親鸞聖人から聴聞して体得せられた他力信念と、他の人々の信念が、いろいろと異なっていたことを悲しんで、上人が晩年に書かれたものであります。親鸞聖人が常に周囲の人たちに、自分の信仰を話していられたのを、いつも傍《そば》で聞いておられた如信上人が、晩年までその聞いたことをさらに深く味おうて、他力信念の真実味を記されたものであります。

三

この『歎異鈔』のような大切な書物にあっては、ことに最初の一節において、全体の精神が含められているのであります。すなわち最初の一節において、その精髄ともいうべきものを出して、二節三節と、終わりまでは、この一節の精神をパラフレーズせられたものというてもよいのであります。換言すれば、この一節から後《あと》の各節が出てくるのであります。そのように、最初の一節において、すでに他力信念の風光を十分いい尽くしてあるのですが、それだけで、いまだその精神を十分に摑み得ない人々は、さらに次の各節についてよくよく味おうてゆかなばならぬのであります。それゆえ、第一節によって他力信心の了解できない人は、第二第三と次々の節をよく味わうべきであります。第二節以下から第十節まで忠実に味わうとき、第一節の意味が得られてくるのであります。ですから、軽率にこの第一節を読んで、わかったわかったと、易《やす》く安心をしてしまってはならないのであります。軽率な安心は道の閉塞であります。私どもには何を聞いても、何を見ても、すぐわかったと思う癖があります。そのために、古来どれだけ多くの人が誤られたことかと思います。それはわかるかもしれません、またわかった事があったかもしれませんけれども、本当にわかったのと、わからないのをわかったとしているのとは、十分吟味せねばなりません。ことに信仰の道においては、わかったと思った事でも、これをよくよく験することを怠るならば、わかったつもりでいても、ついにはわからなくなってしまうものであります。この『歎異鈔』でも、文章が平易ですから、一遍読めばわかってしもうたような気がしますが、さて真にわかろうとしますと、文章が平易であって意味が簡明であるだけに、なおさら会得《えとく》し難いのであります。そこで一回よりは二回と、回を重ねて味わうことが大切であります。よい加減に早くわかってしまおうとすることは、道を求むるうえにおいて大の禁物であります。かく申せばとて、真に一遍でわかり尽くせたならば、それほどけっこうなことはありません。

四

いまこの一文の綱領を一言にして申しますと、ここに弥陀によって誓われた本願ということがあります。そしてその本願の対機として、無量の衆生が存在するのであります。この本願と衆生の関係を結ぶ唯一の糸は念仏であります。川を渡って向こう岸にゆこうとするには橋を渡らなければならぬ、その橋が念仏であります。こんな例を引きますと、あるいはその譬喩に引っかかって困られるかもしれませんが、もっと端的にいえば、本願の主旨がわかったのが念仏であり、念仏の意義がわかったのが本願に接したのであります。では何ゆえ、衆生が弥陀の本願に救われねばならぬか。今日でもなぜ宗教を聞くのか、宗教は我々の生活上にどういう意味を有するのかという人があります。毎度聞いている人でも、こういう人があるかもしれません。しかしこれは実に重要な問題であって、何がゆえに聞くのであるか。何ゆえ助からねばならぬかということが、自分の心に明らかにならなければ、宗教を聞くことは、何らの根拠のないこととなります。

静かに自分の生活を回顧しますと、日常あらゆることが、すべて悩みのうえに立っているのであります。夫は夫、妻は妻の立場で、お互いに悩んでいるものであります。たとえ悩みの根元がはっきりせないにしても、何かしら、悩んでいるものであります。求めては悩み、奪われては悩み、悩みつつ起き、悩みつつ寝る、私どもは哀れなほど悩んでいる者であります。俺はそんなに悩んでおらないという人が、あるかもしれません。しかし、それはごまかしているか、さなくば無自覚であるからでありまして、静かに醒めて、自分の心を眺めますならば、十人が十人ながら悩んでいるものであります。すなわち自分の心の相《すがた》が明らかになってくると、悲しいことではありますが、私どもは悩みの衆生であることを、否応なしに肯定せざるを得ません。そして、この悩みを救われたいと志願するのが、宗教問題であります。ですから、自分が悩んでいるということのわからない人は、いかほど聞いても信心がわからず、本願もわかろうはずがないのであります。悩みが人生か、人生が悩みか、生きてゆく悩み、死にゆく悩み、生死の悩みに立って茫然なすところを知らないのが私どもの真相であります。であるから、どうかしてなるべく悩まないようにしたいと常に希《こいねご》うているものであります。しかし枝葉を押さえただけでは、根元的な悩みの泉は、次から次へと湧いてくるのであります。煩悩の犬は追えども去らず。悩みに明けて悩みに暮るる、この悩みの生活をいかんせんか、ということを措いて、他に宗教問題はありません。単に、死んで地獄にゆくのが嫌だから、光明の極楽とやらへ参りたいというようなのは、宗教でも何でもありません。現実に悩んでいるこの胸をいかんせん、このゆきづまれる悩みの生活をいかに捌《さば》かんか、この胸、この心の救わるる道はないかと出かけるのが宗教であります。ですから、悩める自己を知るということ、換言すれば、自己の真相に立ち還《かえ》って、この悩みつつある魂のありのままを知るということが、道を求むるうえにおいて、先決問題であります。

五

釈尊の教えによりますと、しかく衆生が悩むのは、その衆生の心がいけないからだと、いわれるのであります。心のどこかが歪《ゆが》んでおり、間違っているから、かかる苦悩が生まれるのだといわれるのであります。ゆえに、その悩みを取り除こうとするならば、まず心の改造より始めねばならんのであります。周囲環境の悪や、不正や、間違いを審くのでなく、まず悩める自己自身の心を改革改造をせねばならぬのであります。この心の改造をせずしては、我々の苦悩から脱することは永久にないのであります。釈尊の説かれた法門は種々無量でありますが、要するに、心の改造をやれといわれたのであります。いろいろな悩みが襲うてくる、それを脱するには、自分の心を換えねばならぬのであります。それはそうです、いくら周囲を責め立てたところで、結局来るものは来る。また責めれば責めたで、やがてそのことが悩みとなる。ゆえに解脱《げだつ》の一歩は、どうしても自己改造でなくてはならぬのであります。釈尊でも親鸞聖人でも、畢竟、こういうことを教えてくだされたのであります。釈尊はこの道理を、苦集滅道《くじゅうめつどう》という四諦《したい》でいい顕わしておられます。私どもが苦しむのは煩悩という集まりがあるからである。ですから、その煩悩をなくする道を講じて、煩悩の滅した安楽の向こう岸へ渡るというのであります。苦は悩みであり、集は悪であり煩悩であり、道は善であり、滅は楽であります。悪を抱いているから苦しみが湧くのであり、その苦しみを脱するにはそれを何とかして滅ぼさねばならんのである、煩悩の悪がなくなれば、自然に彼岸の安楽の境地に往《ゆ》くことができるというのでありますこ。悪は心を悩ますだけでなく、心の悩みはやがて体のうえにも影響を及ぼすものであります。身心をともに悩ますこの煩悩を滅ぼさないことには、どうしても安楽になることはないのであります。まことにこの道理は、千万年経っても、変わることのない自然の理《ことわり》であります。私どもは絶えず心では善を求めておりながら、実際生活では、いつも苦集のところに停滞していて、そして悩みに泣いているのであります。

六

悩める私どもが、幸福を求むるについて、いつでも問題になるのは、善ということと悪ということであります。私どもの日常生活は、この善と悪の戦いだといってもよいのであります。ゆえに宗教は善悪の問題であります。キリスト教でも、天理教でも、その他どんな宗教であろうと、この善悪論を取り扱わない宗教はありません。ただその善悪論が、どの辺まで深く批判せられ、考えられているかであります。ゆえに高級な宗教ほど、この善悪が深刻に批判せられているのであります。

私どもが悩み苦しむのは、その根元の心に悪があるからであって、安楽を求むるならば、悪をやめて善をやるようにせなければならぬのであります。しかしながら、我々に善が勤まるであろうか、ここに真面目な宗教的思索が始まるのであります。そしておそらく真面目な人ほど、ここで泣くのであります。悪という苦悩の原因がわかっていても、それをやめることができないのです、善という一つの目標がついても、それに向かって進むことができない。善悪の批判が深刻になればなるほど、衆生はただ、及ばざることの遠き自己を知って、涙のほかはありません。そこに真実の自己と接せざるを得んのです。悪をやめて善を修することを、自分の力でやろうとするのを自力というのでありますが、いかに意志の強い人でも、すこし自分というものを振り返りますならば、おそらく落第であります。よほど精細にかつ厳密に自己を知る人でないと、とうてい善のやれないということはわからないものであります。世間の人は二言目《ふたことめ》には、私は別にたいして悪いことはしていないとか、私は正直が好きであるとかいいますが、そういう人こそ、反対に正直でない人であり、善くない人であります。そういう人はまだまだ本当に自分を知っておらないからであります。そういう人は別に悪いこともしないが、別に善いこともしておらないのであって、その証拠には、そんな上調子《うわちょうし》な人ほど悩んでおるのであります。そして、自分はそんなに悪いこともしておらないのに、どうして、こうも苦しむのだろうと愚痴る人であります。それは当然のことです。厳密な自己批判を経ずして、善悪がわかってたまるものですか。自分が他人やら、他人が自己やら、はっきりしないブラブラの自分に、善の何たるや悪の何たるやがわかろうはずはありません。そこで実質の自己、実力の自分に巡り合いますと、自分にはとうてい善はやれないということ、悪がやまないということがわかるのであります。仏の慈悲とは、このやれないことをやれない、と気づかしめてくださることであります。

世の中には、私は正直であって、曲がったことは大嫌いであるとか、ちっとでも善いことは好きであるなどと、思ったり、いったり、している人がよくあります。まことにけっこうなことですが、しかし多くは、歯の浮くような話であって、それは空想的に思っているにすぎないのであります。それはあたかも、私は五逆十悪《ごぎゃくじゅうあく》の罪人、五障三従《ごしょうさんしょう》の女人でござりますと、腰をおろしているのと同じことで、単にそう思ったり、考えたりしているだけのことであって、実はそういうところに腰をおろして、平気に安心しているのであります。もしそれが真実ならば、悪人だとわかったとき、腰をおろしていられるはずがないのであります。真の信仰問題は、ここから始まるのであります。一切の罪や悪を引き受けてくださることであるから、いくら悪や罪を造ってもよいと、腰をおろすことではありません。慈善は好きだという、そう思う自分はすでにそこにおらないのであって、それを売り物にしようとする心が動いておるのであります。人の世話をするのが好きだという、そう思ったとき、すでにその心には、ご恩の押し売りをする自分が先に立っているのです。恩に着せないといって恩に着せる、あるいは慈善家らしくせずして慈善家たろうとする。清い水が出てきたと思ったら、その下から汚い水が湧いてくるのです。いかに枝葉を押さえても、自性《じしょう》が濁っているのですから、隠せども隠せども現われるのであります。かかる人間生活のことを思うと、まだ牛や馬の方が可愛いくらいであります。犬でも牛でも可愛い眼をしています。猫の顔も罪がありません。物知り顔をしている生半可な人間の顔が、一番醜いものであります。何にもわからないその日暮らしの人の方がよほど可愛いところがあります。かくてこの『鈔』にありますように、私どもは真に罪悪《ざいあく》深重《じんじゅう》煩悩《ぼんのう》熾盛《しじょう》なのであります。仏が私どもに向かって愚痴無智の凡夫じゃとおっしゃるのは、結局そういう自分を知らしめたいご親切であります。そしてそれを本当に自分のうえに知ってこそ、そこに生きた問題が芽ばえるのであります。曾無《ぞうむ》一善《いちぜん》じゃといわれて、それを単に頭だけで判断するのでなく、その罪に泣く真面目な求道者に対して、この『歎異鈔』の第一節は、真に救いの御手であります。弥陀が助けてくれる、真宗は全然他力じゃと腰をかける者に、助かった者はありません。他力なればこそ、弥陀の誓願にましませばこそ、いよいよ私どもは深く自分を見詰めて真の自己に接するのであります。真の自己に徹してこそ真の如来に接するのであります。求道の道において本当に泣く者のためにこそ、絶対他力の一道が開かれてあるのであります。最初から、他力だ誓願だと、概念的に自分の救いをきめてしまうのと、本当に罪悪に泣き、真剣に自分を見詰めたときに開かれてくる他力の大道とは、大なる違いであります。弥陀の本願は「罪悪深重、煩悩熾盛の衆生をたすけんがための願にてまします」、「しかれば、本願を信ぜんには他の善も要にあらず、念仏にまさるべき善なきゆへに。悪をもおそるべからず、弥陀の本願をさまたぐるほどの悪なきがゆへに」とは、真の救いの声であります。ここに善悪の問題はまったく解決せられ、弥陀の本願が何のために立てられたのであるかということもわかります。常に善悪の問題に煩わされている私どもが、その善悪のすべてを引き受けてくださる如来のお慈悲があると知ったとき、はじめて助かった心に住し、そこに蘇生するのであります。親鸞聖人の喜ばれたのはこの点であったのであります。

繰り返すようですが、弥陀の本願は、どのような人を助けるのかといえば、それは罪悪深重煩悩熾盛の衆生なのであります。深重とは一々の枝葉を除いても除いても湧いてくる、根元的な悪を具えているからであります。親切らしくせずして親切を売り物にする、売り物にせないつもりで、ちゃんと売り物にしている。求めないようにしようとしてもやはり求めていたりする、そのような心をもっているのが、深重なのであります。熾盛とは燃え盛っていることです。すなわち煩悩は消えたようでも、火山のようにその下から下から燃え立っております。そして、そのために自分は日夜苦しまされているのであります。しかしながら、私どもが苦を脱れて安楽になりたいという念願は、片時も放れることのできないものであります。それはほとんど本能的な力であって日夜燃えておるのであります。一面には煩悩も燃えていますが、一面には幸福安楽になりたい念願も、絶えず燃えているのであります。そしてこの二つの戦う心を押し進めて、その解決を求むるのが、真実の宗教問題でありまして、こういう者を助けねばおかぬという本願であります。

それゆえ、私どもは自殺してはいけないのであります。自殺するほどに考えるのはよい。しかしそこに開かれておる道を発見せねばなりません。南無阿弥陀仏は、この私を助けてくださる橋であり、ただ一つの道であります。自殺をせねばならぬほどのこの私が、幸福にせしめられるのであります。自惚《うぬぼ》れていた昔は、こうしたお救いを何とも思わず、善の一つもできそうに思っていたのでありますが、真実に自分を考えるとき、何一つできていないという事実がわかり、悪はいよいよ重く、罪はいよいよ深いということがわかってくるのであります。病気がわからなくては助ける手術《てだて》はない。深き内省によって、自分はいよいよ助かりにくい病人であるとわかって、はじめて本願他力の尊さが知れ、そしてその尊さがわかればわかるほど、いよいよ私どもは真面目に生きてゆくことができるのであります。こういう意味合いをわからそうとなされたのが、この一節であります。

七

実際、私どもは生に悩み死に悩み、その他一切のことに悩み続けております。この悩みをいかんせんか、この心をいかに治めんかということが、本当の宗教問題であります。また自分というものを厳密に考えますと、このことが一番大切な問題です。そしてこの胸、この悩みを助かりたいと思って、道をたどるについて、最も大事なことは善悪に対する思念であります。これはちょっと、一朝一夕には解決し難いことでありますが、と申してまたこれを解決せずにはおれない心が、私どもにはあるのであります。苦しい悩ましいこの胸を助かりたいとならば、その苦しみの根元である悪ということと善ということを考えねばならぬのは、もとより当然のことでありまして、もしわからなければ静かに読むとか聞くとかして、わかるようにならなければならないのです。善も悪も如来はすべて引き受けてくださるとか、全然他力じゃからといって腰をおろしていては、そう思う根性が自力のはからいでありまして、それでは永久に助かることはないのであります。そこで、悩みの救わるるには、結局自己を知るということになります。すなわち自分は善い者であるか悪い者であるかと、自分の本当の価値を知るのであります。自己を知る、これ一つが私たちの救わるる唯一の道であります。そして自己という者を最も深刻に、明確に、しかも懇切に説明し、同時にその自己の救わるる道を明らかに指示してくだされたのが親鸞聖人であると、私は深く信じているのであります。無論、善導大師であるとか、その他の方で指示してくだされた方も多くありますが、聖人ほど深く明らかに教えてくだされた方はないと思います。

自己を知るとはどんなことであるか。これは人並みにやっていてはわからないのであります。お互いに自分自身の心の中にはいって考えねばなりません。できることなら、念々に、刻々に、時に触れ事に当たって考えるのです、考え抜くのです。なぜなれば、自己というものがわからなければ、如来の他力本願もわからないからであります。自分を知るほどの真面目さがあって、はじめて如来のお心がわかってくるのです。自分という者がわからないようでは、他力ということもわかりません。ああ考えても自力、こう考えても自力だなどといって、考えないでは結局他力ということもわかりません。考えるということは、自力になるからいけないと思う人もありますが、そのいけないとする心が自力であって、むしろ考えることは人間の本能でありますから、大いに考えねばならぬのであります。自力の至難ということがわかって、はじめて他力の有難さもわかるのであります。はじめから、他力だからなどと高を括っていては、真に他力ということはわからないのであります。

そのようにして、真実に自分というものを考え、道を求めてまいりますと、とうてい自分はだめだということがわかってくるのであります。これは、はじめからこうときめるのではなく、私どもの日常生活に省みて、事実にだめなのでありますから、事実を事実として知るのであります。昔から、真面目な求道者は、たいてい皆ここで泣かれたのであります。しかし、如来の本願は、かかる無為無能な者のために開かれておる、唯一の白道なのであります。熱き求道心が燃えれば燃えるほど、自己の真価のわかってゆく衆生のために、うち建てられた超世の大願であります。ゆえに自己を抱いて泣くほどの者は、換言すれば、そこまで自分という者がわかった者が、はじめて如来のお心を受くることができるのであります。否、そうなってはいかに私どもが逃げようとしても、如来はすでに摂取のみ手を廻らしていられるのであります。蓮如上人《れんにょしょうにん》は「他力と云ふは弥陀をたのむ一念のおこるとき、やがて御たすけにあづかるなり。その後、念仏申すは、御たすけありたる、ありがたさありがたさと思ふこころを喜びて、南無阿弥陀仏に自力をくはへざるこころなり。されば他力とは他の力といふこころなり、此の一念臨終まで通りて往生するなり」と申されております。弥陀の本願とは他力救済の本願であります。他力とは「他の力といふこころなり」と蓮如上人は最も明瞭にいってくださっています。如来の本願他力によって、はじめて私どもはあらゆる苦悩から救われるのです。如来の本願は如来の名号を通じて、私どもに現われてくだされているのであります。ゆえに如来の御心《おん》にはいっては全然他力なのですから、自力は骨張できなくなります。否、自力を骨張するようでは、まだ如来のお心をいただけていないのであります。他の多くの宗教は大概自力にとどまっているのです。彼岸詣りをする、先祖の法事を勤めて廻向する、病気平癒を祈る、吉凶禍福を願う、みな自力です。どうにかして、自分の善根を積もうとし、それでもって自分の苦を除こうとし、自分の幸福を希《こひねが》い、他をも救おうとするのです。しかし、そんなことをいくらやってみたところで、とうてい自力で成就するはずはないのであります。「弥陀をたのむ一念の起こる時、やがて御助けにあづかるなり」。すべてを如来にお任せするのです。弥陀をたのむ一念の起こるとき、助かるのであります。「その後は唯ありがたやありがたやと念仏申す」。すべてが他力なのです。何も、くどくどしくいうに及ばない。「他力とは他の力なり」とは何と明瞭な言葉でしょう。いったん、自力の無効を確信して他力に帰すれば「此の心、臨終まで通りて往生するなり」。蓮如上人は苦労人でありますから、ここまで注意深く念を押してくださったのであります。

八

静かに考えるのです。聞くのです。読むのです。自分の心はどんなものであるか、何をなさんとし、何を考えているのか、雑草のような悩み、抜いても抜いても生えてくる名利《みょうり》の毒草、いったい自分をどうしようというのか。考えれば考えるほど、混沌として、とりつく島のない自分の心、聞けば聞くほど、内省すればするほど、自分はいよいよだめなのではありませんか。この無《む》明《みょう》の自己が、如来の願心によって救わるることを措いて、他に助かる道はないのであります。それだのに、私どもの甘い心は、何か苦しみが湧いてくると、それは親爺が悪いからだとか、夫が悪いからだとか、妻の心得が悪いからだとか、すぐ他を責め裁こうとします。つまり他を改造して自分が息をつこうとするのであります。しかしそんなことでは永久に助かるときはありません。それは一面自殺の道であります。他を責め、他を自分の意のごとくしようとするのは他殺の道であります。また、他を改造して自分がよくなろうと考えているようでは、けっして道は得られません。あるいはそんなうまいことを説いて、自分をも他をも瞞着している、いかさま宗教もあるようでありますが、そんなものは低級なものであって、とうてい論ずるに足らないものであります。仏教のように涅槃の大理想に進もうとするには、徹頭徹尾、自分一人を問題とするのであります。たいていの人は枝葉のところに引っかかって、自力作善の道をゆこうとするものでありますが、その人のやがてゆきづまるのは、火を見るより明らかなことであります。本願の一道は断じて他に相手を見ないのであって、あくまでも自己を検して行く道であります。またそれでこそ道は開かれるのであります。人は善悪の話が出ると、すぐ自分に都合のよい点だけを取って、それでもって自己を弁護し、他を責める道具に使おうとします。私はこうしてお話ししていても、それが気になってならないのであります。

如来は、衆生の善も悪も引き受けてくださるから、人間には、如来がよしと思召すほどの善もなく、また悪しと思召すほどの悪もない。だから私どもはいくら悪をやってもよい、善は一つもやらなくともよいなどと、ともするとこういう善悪論に陥りて、横道へそれる人があります。それは大きな誤った考えであります。しかし何といっても、如来は最初から、人間にはとうてい善がやれず、悪のみが多いことを知って、それゆえ、そういう者を目当てに建てられた本願であるといわれるのでありますが、だから悪はやってもいいではないかと、主張したがるのです。しかし、これほど不真面目な考え方はありません。如来が私どもの善悪を引き受けてくださるということは、善をやらなくともよいという意味ではありません。悪はし放題だという意味ではけっしてありません。また真剣に自分というものを考えますならば、そんな不真面目なことが考えられるはずがないのであります。もっと真面目になるのです。普通に考えているような、善とか悪とかを越えて、真実の自己に接するのです。そして善悪ということに悩んでいる本当の自分に触れたとき、「弥陀の本願には、老少善悪の人をえらばれず」ということや、「本願を信ぜんには他の善も要にあらず、念仏にまさるべき善なき故に。悪をもおそるべからず、弥陀の本願をさまたぐるほどの悪なきゆへに」というお言葉の真意に接するのであって、本願の真精神を開顕せられたこのお言葉によって、はじめて救わるるのであります。

かかる如来の誓願力を知らしめんとして、名号が成就せられてあるのであります。名号が成就せられたということは、けっして偶然なことではありません。名は実を顕わすのであります。私どもでも平常にご恩にあずかった人の名前は、しらずしらず口に出てくるものであります。人が大変親切にしてくれたりすると、その人の名はどこにいても忘れることができないものであります。いわんや、如来のご精神の籠った念仏は、そのご精神がわかればわかるほど、口をついて出ねばやまぬのであります。本願や名号、名号や本願ということがありますが、如来がご自分の本願の中に、一切衆生に念仏せしめねばおかぬと誓われたのは、実に意味深いことであります。

親鸞聖人が本願と念仏の関係、念仏と私どもとの関係を最も深く知らしめんとして、「弥陀の誓願不思議にたすけられまいらせて、往生をばとぐるなりと信じて、念仏まうさんとおもひたつこころのおこるとき、すなはち摂取不捨の利益にあづけしめたまふなり」と申されたのであります。このお言葉は一面、悩める衆生が助かるのはまったく他力である、自力のはからいでは助からないことを強く主張していられるのであります。摂取不捨とは仏の光の中に生まるることであり、どこまで行っても仏の光であり、光の中に自分を見いだすということであります。その光の中に自分を見いだしたということが、私どもの助かったということであります。「往生をばとぐるなりと信じて、念仏まうさんとおもひたつこころのおこるとき」と、仏はご自分の真精神を念仏によって、私どもに知らしてくだされたのであり、その仏願を信じて念仏申さんと思い立つ心の起こるとき、念仏するという行によってではなく、念仏に対する信によって、如来の魂が私の胸に到達してくだされるのであって、そしてそれが摂取されたときなのであります。すなわち、誓願のご不思議によって助けられるのだと信じて、念仏申そうと思い立つとき、すでに如来と私は接触しているのであります。すなわち、念仏によって如来の心が私に通い、私の心は如来に通うのであります。もう一歩極言すれば、念仏の萌しが私の胸に起こりて、口に出るか出ないうちに、私はすでに助かっているのであります。そしてその念仏の信が自然に行となって相続されるのであります。これは、念仏するというそのことによって助かるのではないということを、知らしめんとしていらるるのであります。火のあるところには自然と煙が立つように、念仏の信は自然に念仏の行を生み出すのであります。かく仏心と凡心の交通によって、実に私どもは死んでからではなく、現在ただいまから、救いの中に生まるることができるのであります。すなわちそこに明らかに光を見、光を感じつつ、この多難なる人生の行路を、安らかに進みゆくことができるのであります。

九

かく申しますと、何だか、信には長さがあるように思われるかもしれませんが、信にはけっして長さのあるものではありません。この一節の文章も何だか長たらしいようですが、これはただ一念を厳密に現わそうとせられたにすぎんのです。この一節をぽつんぽつんと読んでいては、何だか引っかかるようですが、実は一気に読むべきです。「弥陀の誓願不思議にたすけられまいらせて往生をばとぐるなりと信じて念仏申さんとおもひたつ心のおこるとき――」と、何によって助かるのか、またいつ助かるのかを示されたのであります。これはこうで、あれはああでと考えていては、かえってわからなくなるのです。ただ一念なんです。一おもいなんです。一点なんです。信仰には長さや幅はないのであります。「思ひたつこころのおこるとき」この一点で、私どもの一切の問題が解決せられるのであります。人間の心は、長さや幅のあるものでは、とうてい助からないのであります。私どもの日常生活の苦悩というもの、それはただ点であります。一念の思いであります。苦しみや悩みは長さではありません。「ハッ」と思う一刹那のうちに、何もかもがあるのであります。「あいつ奴《め》が」と思うのも「あのこと」と思うのも、ただ一念です。端的のものであります。その一念で胸が塞がったり、胸を衝かれたりして、悩むものであります。その一念に、後から尾や鰭をつけて考えるのでありますけれども、実はただ一念のものであります。それゆえ、人生生活は刹那の連続であるといってもいいのであります。ですから助かるというのもただ一念でなくてはならないのであります。助かるのじゃなあと思ったとき、すでに助かっているのであります。困ったと思う一念が、南無阿弥陀仏と一念で助かるのであります。有難いというのは、この点、すなわち一念の救いだからであります。ゆえに私どもは、信による救いでなくては助からないのであります。いろいろの法門もありますが、結局、ただ一念で助かるということを、長々と詳細にいい現わされたのであります。南無阿弥陀仏、これで助かるのです。この中には信もあり行もあるのです。世の中がままにならぬ南無阿弥陀仏、子どもが思うようにならぬ南無阿弥陀仏、自分は死ぬかもしれん南無阿弥陀仏、すべてが念仏一つで救われ、念仏の中にすべてが動いているのです。すべてが統一されている南無阿弥陀仏です。そのように、一切が念仏の一念で処理されてゆくのであります。実に救いは端的のものでなければならないのです。この一念をい い現わさんがために、親鸞聖人はこれだけの文字を陳べられたのであります。すなわち本願が信じられた端的に念仏が出《い》で、念仏を申さんと思い立つとき、すでに本願に摂取されているのです。この一念によって、焔のごとき苦悩の中にある私どもが救われるということは、何という幸福なことであろうと思います。

これで、私は簡単に本文の意味を概略お話したつもりでありますが、このうえは、皆様が何遍も繰り返して、お読みになり、かつお味わいになりますならば、いろいろと深い味わいが、汲み出されてくることと思います。とにかくこの一節によって、他力の一念の救いが、同時に私全体の救いであるということがおわかりになりますならば、後の節も段々におわかりになることと思います。

第二節　入信の径路

各々、十余箇国のさかひをこえて、身命をかへりみずして、たづねきたらしめたまふ御こころざし、ひとへに往生極楽のみちをとひきかんがためなり。しかるに、念仏よりほかに往生のみちをも存知し、また法文等をもしりたるらんと、こころにくくおぼしめし、おはしましてはんべらんは、おほきなるあやまりなり。もししからば、南都北嶺にも、ゆゆしき学生たち、多く座せられさふらふなれば、かのひとびとにもあひたてまつりて、往生の要、よくよくきかるべきなり。親鸞にをきては、ただ念仏して弥陀にたすけられまいらすべしと、よきひとのおほせをかうふりて、信ずるほかに別の子細なきなり。念仏はまことに浄土にむまるるたねにてやはんべるらん、また地獄に落つる業にてやはんべるらん、総じてもて存知せざるなり。たとひ法然上人にすかされまいらせて、念仏して地獄に落ちたりとも、さらに後悔すべからずさふらふ。そのゆへは、自余の行をはげみて仏になるべかりける身が、念仏をまうして地獄に落ちてさふらはばこそ、すかされたてまつりてといふ後悔もさふらはめ、いづれの行もおよびがたき身なれば、とても地獄は一定すみかぞかし。弥陀の本願まことにおはしまさば、釈尊の説教虚言なるべからず。仏説まことにおはしまさば、善導の御釈虚言したまふべからず。善導の御釈まことならば、法然のおほせそらごとならんや。法然のおほせまことならば、親鸞がまうすむね、またもてむなしかるべからずさふらふ歟。詮ずるところ、愚身が信心にをきてはかくのごとし。このうへは、念仏をとりて信じたてまつらんとも、またすてんとも、面々の御はからひなりと云々。（第二節）

一

第一節には「弥陀の誓願不思議にたすけられまいらせて、往生をばとぐるなりと信じて、念仏まうさんとおもひたつこころのおこるとき、すなはち摂取不捨の利益にあづけしめたまふなり。弥陀の本願には老少善悪のひとをえらばれず、ただ信心を要とすとしるべし。そのゆへは罪悪深重、煩悩熾盛の衆生をたすけんがための願にてまします。しかれば、本願を信ぜんには他の善も要にあらず、念仏にまさるべき善なきゆへに。悪をもおそるべからず、弥陀の本願をさまたぐるほどの悪なきゆへに」とあって、親鸞聖人の他力信心を簡単にしかも明瞭に述べられたのでありました。そしてこの第二節においては、その他力信心を親鸞聖人がどうして得られたかという、他力信心に入《い》られた径路を、関東地方から聞法のために訪ねてきた人々に対して、親鸞聖人が諄々として物語られた聖人の信仰談を、如信上人が側に侍してたしかに聴聞せられたのを、いまここに述べられているのであります。一言にしていえば、親鸞聖人の入信の径路であります。ご自身の入信の径路をありのままに告白して、求道の同朋を、ご自身と同じ信に入《い》らしめんとしておらるるのであります。

二

「各々」とありますから五十人か百人かわかりませんけれども、一人でなかったことは明らかであります。現今のように交通の便もなく、団参するというのでもありません。しかも十何箇国も隔たった東国から、はるばる京都までやって来たのですから、真に不惜身命であります。維新以前には、大阪から江戸へ行くのでさえ、たとえ、それが江戸見物の遊びでさえ、家内中は水盃を交わして出立したということを、私は老いたる父から毎度聞かされて、夢物語のように思うて笑うたことであります。旅装すら、なかなかのことではありません。それですから大勢の人ではなく、おそらくは五人か八人かの少数であったろうと思われます。聖人の関東のご教化は六十歳以前でありますから、その時分に懇ろに聞法をした人々が、聖人のご帰洛以後になって、他力本願を信ずるについて、なお安心のできぬところから、命がけの求道心を起こして、はるばる京都の聖人にいま一度お会いして、真に助かる道を聞きたしかめたいという念願をもってやってきたのであります。それは聖人の晩年でありまして、おそらくは八十五六歳の御時のことであろうと思われます。

三

私は毎度、この一節を披いて、「各々、十余箇国のさかひをこえて、身命をかへりみずして、たづね来たらしめたまふ御こころざし」と読み始めるたびに、これらの人々の求道《きゅうどう》の真剣さに胸を衝かるるのであります。私は自分を売るためには、はるばる出かくることがあります。生活のためにはずいぶん真剣にもなりますが、求道のために命がけになったり、出かけて行く真剣さの乏しいのを、愧《はず》かしく思うことであります。

たとひ大千世界に　みてらん火をもすぎゆきて
仏《ぶつ》の御名《みな》を聞くひとは　ながく不退にかなふなり

と『和讃』に聖人は申されております。これは『大無量寿経』に釈尊の教えられたところであります。また同じ経典には「仮令《たとへ》、仏まします、百千億万、無量の大聖《だいしょう》、数恒沙《かずごうしゃ》の如くならん。一切の斯等《これら》の諸仏を供養せんよりは、道を求めて堅正《けんしょう》にして卻《しりぞ》かざらには如《し》かじ」と、法蔵菩薩は申されております。尊き方々を恭敬《くぎょう》尊敬して、すなわち人格崇拝をして仕えて行くよりも、道を求むることの専らにして卻かない方がいいと申されたのであります。現今は、道を求むることに疎くして、崇拝と、供養の宗教心ばかりが流行して、それを求道のごとく思うている傾向ではないかと思います。かく考えますとき、この人々の求道の真面目さに、警策さるることであります。

「ひとへに往生極楽のみちを問ひ聞かんがためなり」、と聖人は申されています。不惜身命になって道を求め道を聞かんとして、はるばる出かけられたその人々の求道心を賞讃しながら、はるばるやって来たこの人々に、往生極楽のみちをとひきかんがためなりと、かく駄目を押しておられるところを見ると、求道の難きことが思われます。命がけになって身はなげ出せましても、その精神の真剣になるということは、なかなか難しいことであります。まさしく往生極楽のため、すなわち無上の幸福道を得んとならば、自分を反省して、道草を食わずに、真面目になって、真に自己を愛し、自己のために助かる道を求めねばならぬのであります。もしかかる心から道を求めて、静かに踏みしめて求道しておったならば、関東ご在国の時分のご教化によって、充分に安心しておったはずであります。しかるにいま、はるばる莫大なる苦労をしてまでも、たずねて来ねばならぬというのは、身命を賭してかかることはできても、心が真剣になれないで、のろのろとしていたものであることがわかります。それゆえに、この次に、聖人をして、長々とお心づかいの数百言を陳べさしたのであります。真実に求め真実に聞くことの、いかに難きかを考えさされます。不惜身命の態度に出かけてさえ、さようであります。いわんや世間のひまがあったら聴いておこうくらいの心では、他力の大信心のわかるはずはありません。

蓮如上人が、「我が死ねといいはば死ぬものはあれども、信を取るものは至って稀である」、と歎かれたのはこの意味であります。『和讃』に聖人は、

善知識《ぜんちしき》に遇《あ》ふことも　教ふることもまたかたし
よくきくこともかたければ　信ずることもなをかたし
一代諸教の信よりも　弘願《ぐがん》の信楽《しんぎょう》なをかたし
難中之難《なんちゅうしなん》とときたまひ　無過斯難《むかしなん》とのべたまふ

と申されております。

四

しかるに、念仏よりほかに往生のみちをも存知し、また法文等をも知りたるらんと、心にくく思召し、おはしましてはん

べらんは、おほきなるあやまりなり。もししからば、南都北嶺にも、ゆゆしき学生たち、おほく座せられさふらふなれば、かの人々にもあひたてまつりて、往生の要、よくよくきかるべきなり。

たずねて来た人々が、念仏すれば助かるという本願が、信ぜられないために、何かほかのことを、承りたいとお願いしたものかどうかは、この文面ではわかりませんが、いずれにもせよ、念仏のみでは物足りなかったことは明らかであります。何かもっと奥ぶかいことがあるように思えてならぬ。それを包み蔵《かく》しなく承って、安心を得たいと思うておった人々の胸のうちが、聖人には見えていたのであります。それゆえ、各々は何か親鸞が、念仏以外に深き法文を知っているがために、さように喜び、さように安心し、さように幸福であるのだろうと、さぞ思うていることであろうが、もしさように思っていらるるならば、それはもってのほかのことであって、私においては、念仏、すなわち南無阿弥陀仏よりほかには、往生極楽の道は、何も存ぜぬのでありますと、疑うている人々の疑惑をまず払っておいて、しかしてご自身の獲信《ぎゃくしん》の径路を、飾りなく告白せられたのであります。それはただ念仏によって他力本願に逢わしめたいのであります。それゆえ、かく申してもなおかつ、念仏以外に往生極楽の道を知っていると思う方があるならば、南都（奈良）にも北嶺（叡山）にも、立派な学問に達した方がたくさんおらるることであるから、そちらへでも行って聞かるるがよろしい。かくのごとき道理を明らかにしてとか、かくのごとき行をしてとか、かくのごとき心を起こしてとか、思うていらるるのなれば、そちらへ行って経文や註釈の論議談などを聞いてくるのがよろしい。そうしなければ助からぬと考えている方々もあるようであるが、私の安心はそんなことによってではなく、念仏を信ずるばかりである、それ以外に往生極楽の道は知らぬのでありますと、明らかにご自身の信の立場を示されたのであります。切なる求道の心をもった人々に対して、聞法《もんぼう》の心がけを示して、聞法の態度を調《ととの》えんとせられたのであります。

往生極楽のみちを問い聞かんがためなりと、駄目を押されていることは、聞法の人々の中には、自分の助かる道を聞かんとして出発しながら、いつの間にか、自己の救済さるる道を求むることからそれて、横道の道理や理屈がおもしろくなったり、よほど賢くなった気になったり、学問をして知識欲の満足を楽しむようになったりするものであります。ときには現実生活が、楽になるとか、円滑にゆくとか、日常生活の利益になることを喜んだりして、右へ三歩、左へ三歩、求道の脚は横へは伸びても前には進みにくいものであります。それゆえ往生極楽のみちをとひきかんがためなりと念を押されたのでありましょう。現実生活のためにする聞法であってはならぬ、知識満足の聞法であってはならぬ、現世利益《げんぜりやく》や知識満足は、それがいかに多大の喜びと楽しみであるとしても、それは道に向かっているのではありません。自分というものを振りかえってみると、いつまでも同じところにおって、進んだのでもなく、道に出たのでもなく、足踏みばかりしているようなものであります。道を求め聞くということは、自分の真に助かる道を求めて進まねばならぬのであります。往生極楽のみちをとひきかんがためなりと申されたことは、誠に大切なことであります。往生極楽の道とは幸福の無上道ということを意味するのであります。

念仏を信ずるだけではたよりないとか、まったくの他力では易《やす》すぎるとかいうことを、よく聞くことでありますが、かかる人々は、真実に自己の幸福の何であるかさえ考えたことがなく、わからないのであります。自分の罪のどんなものであるかもわからず、自分の善悪さえわからないのであります。それですから、真剣に求道しようとせず、真剣なる聞法心が起こらないのであります。そんな種類の人にかぎって、現実生活のための宗教の利用家であったり、物質生活本位の人であるのであります。それゆえ往生極楽ということは自己の根本救済であり、助けらるるという言葉は、枝葉的の救いや助けではないのであります。それでこそ信心歓喜といって、無上の法悦に入《い》るのであって、他の何ものもこの幸福に上越《うえこ》すものはない。すべての苦悩の根本的の救いであることを忘れてはならぬのであります。その根本的の救いが、ただ本願の念仏を信ずる信ひとつによって、成就することを知らしめたいのであります。

五

親鸞にをきては、ただ念仏して弥陀にたすけられまいらすべしと、よきひとのおほせをかうふりて、信ずる外に別の子細なきなり。念仏はまことに浄土にむまるるたねにてやはんべるらん、また地獄に落つる業にてやはんべるらん、総じてもて存知せざるなり。たとひ法然上人にすかされまいらせて、念仏して地獄に落ちたりとも、さらに後悔すべからずさふらふ。そのゆへは、自余の行をはげみて仏になるべかりける身が、念仏をまうして地獄に落ちてさふらはばこそ、すかされたてまつりてといふ後悔もさふらはめ、いづれの行もおよびがたき身なれば、とても地獄は一定すみかぞかし。

聖人自身が、往生極楽の道として、本願を信ずるようになられた理由と、その径路とを明らかに告げられたのであります。偽らず飾らず、かかる摯実《しつじつ》なる信仰の披瀝を承っては、聖人の真剣な求道心に反照され、各自の求道心が覚醒されて、他力本願を信ずるようにならざるを得ません。

「ただ南無阿弥陀仏ととなうれば、阿弥陀如来はきっと助け給うぞ」と、私は御師匠法然上人から教えられて、それを信じて、安心し喜んでいるほかに、何も奥深いことを知っておるのではなく、心得ているのでもありません。実際、これだけのことである。往生極楽の道として、私の知っておることは、これ以外には何もないのであると、申されたのであります。

「ただ念仏して」ということは、唯称念《ゆいしょうねん》の心であります。「ただ」という一語によって、まったく他力ということが、遺憾なく顕わされています。一切の自力心や、自力の行為によらないことを、顕わされているのであります。経典を読んでその義理がわかってというのでなく、仏を敬い礼拝することによって助かると思うのでもなく、お浄土のありさまを心に思いうかべて憧憬するというのでもなく、常に仏のお慈悲を思い出して喜び、それによって助けらると思うのでもないことを意味します。なおさら、貪欲《とんよく》や愚痴《ぐち》や瞋恚《しんい》を起こさないようにつとめて、それで助かろうと思うのでもなく、「ただ念仏して」ということは、まったく自力の心行をはなれた、他力信なのであります。弥陀の本願というのは、まったく他力のあなたのお慈悲によりて、かかる罪悪深重の私を助けてやろうと廻向してくだされてある、その念仏を信ずるばかりで、助けていただけるのであります。まったくの他力廻向でないならば、かかる私どものような者は、他に助かる道はありません。それが仏心の大慈悲であります。念仏して助かると信ずることさえ、他力であります。それは本願を聞いて信ずるようになったのであり、称えるようになったからであります。それが他力本願であります。「弥陀の本願と申すは、名号を称へむ者を迎へむと誓はせ給ふ」たのであると『末燈鈔』に聖人が申されているように、そのご誓願を信じ称えたのであれば、信ずるというも称えるというも、本願から流れ来《きた》った力なるがゆえに、かかる本願の御旨《おんむね》を承ってみれば、ただ念仏してと申されたその念仏は、これによって助かろうと、当てごうて称えるのではありません。もしそうであるならば、善いことをして助けてもらおうと、自分の力をたのみとしているのと同じことですから、その心は他力信楽《しんぎょう》の心ではありません。たとい罪はいかほど深くとも、念仏すれば助くるとある本願を信じて、称えるのでありますから、まったく他力に催されて、信じられ称えられてくるのであります。これを他力の念仏というのであります。自力念仏というのは、自力心から割り出して称える念仏であります。いま聖人の場合においてもそうであります。「ただ念仏して弥陀にたすけられまいらすべしと、よき人のおほせをかうふりて」、これは法然上人の仰せであって本願の仰せであります。その仰せを信じて念仏せらるるのですから、ただ念仏してと申されたのは、まったく他力本願によることを顕わしておらるるのであります。念仏して助かろうとする人は、自力心でありますから、それは千遍万遍称えても安心はできません。真の歓喜も出てきません。いくら気張っても、不安な心が伴うばかりであります。それゆえ、信ずる外に別の子細なきなり、と申されたのでありまして、本当に、念仏を信ずる以外のことは何もないのであります。

六

信ずるということは大切なことであります。聞法をしますと、理屈や話はよくわかってゆきますけれども、それが自分の心底から信ぜらるるかというと、それはなかなか至難のことであります。

『正信偈』の終わりには、法然上人の教えをつたえて、「還来生死輪転家《げんらいしょうじりんてんげ》、決以疑城為所止《けついぎじょういしょし》、速入寂静無為楽《そくにゅうじゃくじょうむいらく》、必以信心為能入《ひついしんじんいのうにゅう》」と申されてあります。疑と信とは最後の分岐点であります。

『教行信証』の信の巻には『華厳経』を引いて、一切の経典を読んでも、道理がわかっただけではだめですから、仏法の門には、信こそ最後の鍵であることが示されてあります。そしてその信はどうして得らるるかというならば、善知識によると申されています。知識とは知レ真識レ《しんをしりもうをしる》妄の意であります。真なる道を知らしてくれる人であり、そして誤りや間違いを明らかに識らしてくれる人のことであります。それで善知識といえば、よき師匠ということになります。それゆえ善知識を得れば真を知り妄を識らしてもらえるから、一切の法はその人から流れ出《い》でて、これを受けることができるのであります。親鸞聖人にとっては、法然上人が善知識であったのであります。それゆえ法然上人に逢うたことを無上に喜んでいらるるのであります。『和讃』に法然上人をたたえておらるることは非常であります。

真の知識にあふことは　かたきがなかになをかたし
流転輪廻のきはなきは　疑情のさはりにしくぞなき

智慧光のちからより　本師源空あらはれて
浄土真宗をひらきつつ　選択本願のべたまふ

曠劫多生《こうごうたしょう》のあひだにも　出離《しゅつり》の強縁《ごうえん》しらざりき
本師源空いまさずば　このたびむなしくすぎなまし

とも、喜ばれて、法然上人をまったく阿弥陀如来の化身と見ておらるるのであります。

七

念仏はまことに浄土にむまるるたねにてやはんべるらん、また地獄におつる業にてやはんべるらん、総じてもて存知せざるなり。

知らざるを知らずとせよ之れ知れるなり、ということであります。自分の智ではわからぬのであるからわからぬと申されたのであります。信ずるほかに別の子細なきなりと承っても、そんなら私もあなたのように、念仏して助けらるると信じましょうとは、なかなかなれないものであります。それは来訪の人々が、親鸞聖人を信じておらなかったからであります。だといって、ただ念仏することによって助けらるるという本願を、信ずることもできないのであります。かかる人々の心中には、きっと念仏というものが、それほど尊いものかどうか、往生極楽の道すなわち無上の幸福道として、それほどの価値のあるものかどうかと、詮議だてをせねばおけぬ心があります。なぜ念仏にそんな尊い力があるかと、念仏の資格をたしかめてかかろうとする心があります。それゆえ、これをたしかめたうえで、それが合理的であって、実にもっともであると合点がゆくならば、そのうえで信じようとしているのであります。すなわちそれは智の問題にしておるのであります。結局、智か信かの問題であります。信を本として教えられているのに、聴き手ではあくまでも智でゆこうとするのであります。それで、智でゆくならば私にもわからんのだと、きっぱり宣言せられたのです。智では何でもだめであります。あるところまではゆけましょうが、解決はできるものではありません。精神問題の解決を、智でゆこうとするのと、信でゆこうとするのと、二つのゆき方があるといってもいいのです。智はどこまで進んでも智であります。智から信は起こってきません。智が進んで、道理や理屈が明らかになっても、その最後は、「でもあろう」という予想にとどまるものであって、結句、信とはならないのであります。研究して智を進めていっても、それはけっして信とはなりません。信のごとく見えてもそれはきっと仮信であります。それだから学究的態度では常に前信を破ろうとしています。疑ごうてかかって、これを撤回せんとしているのであります。そこにはまたそれによって学術研究の進歩発展があるのですから、それはそれでいいのですけれども、精神問題の解決は、智ではだめであります。信でなくては、安心や幸福は得られないのであります。

信じてこそ、はじめてそこに、法の真実が見えてくるのです。疑っている以上、どんなにいわれても、またいかに真を知らされても、真が真と見えてこないものです。聖人においては法然上人という方のうえに絶対信が起こって、法然上人を信じられたから、念仏という法が信ぜられ、本願が信ぜられたのであります。それですから、一切の法の真実が導かるるまま教えらるるままに、いよいよたしかに見えてきまして、『大無量寿経』の大法の真実が見えてきたのであろうと思います。この一点の信、それが聖人の一代を通じて、ますます堅固にますます明らかになり、唯称念の他力信こそは、一代経典の中枢であり、一切経典は、この一念の信の註釈であることがわかって、金剛不壊《ふえ》の真心《しんしん》となったのでありましょう。

どういうわけで、念仏が浄土に生まるる因《たね》になるのかと研究しても、それはわかることではない。いつまでかかり、いつまで調べても、納得のゆくことはないから、どういうわけで念仏が浄土に生まるるたねになるのかと尋ねるるならば、それは私にはわからぬことであって、説明のしてみようもない。したがって、念仏することが地獄に落つる業因となるのか、極楽に往生する原因になるのか、それさえ私にはわからぬことである。自分でたねをまいてその結果を得ようと思う心ならば、念仏は浄土のたねになるとも、地獄の業になるとも、私にはわからぬことであって、いずれとも存ぜぬ次第であると、いい切っておらるるのであります。

八

ここで地獄の業という語《ことば》がでていますのは、あるいは来詣の人々の心のうちに、そんな惑いがあったからではあるまいかと思われます。念仏することは浄土の因《いん》じゃない、地獄の業であるという世評があって、それに惑わされていたものだから、もし念仏が地獄の業であっては大変だから、かならず浄土の因であるという理由と証言を、聖人から親しく聞きたかったのではなかろうかと思います。親鸞聖人に遅るること五十年にして誕生せられたのが、あの日蓮上人であります。日蓮上人は四箇の格言という有名な旗幟《きし》を樹《た》てて、破折《はしゃく》の矛《ほこ》をふりかざしておられたのでありますから、関東ではおそらく、念仏無間、禅天魔、真言亡国、律国賊、という四箇の格言が、日蓮宗のあの壮烈なる態度の人たちによって、大いに宣伝されていたことであろうと思われます。日蓮宗の人々が折伏《しゃくぶく》の態度で、諸宗に向かってゆかれることは、このごろではやや下火になりましたが、私の幼時にはなかなか盛んであったことを記憶しております。さだめて聖人の晩年には、ずいぶん盛んであったことだろうと思われます。四箇の格言は、当時の念仏宗や、禅、真言、律宗に対して、実に頂門の一針でありますが、それに対して、我が聖人は、経典を証拠に引き出して、念仏が成仏の因《いん》に違いないことを証明しようとせられず、また、自分の理智によってこれを証明しようともせずして、ただ知らざるを知らずとせられただけです。その真剣な真面目な態度にはあきるるばかりであります。聖人がもし信に立っておられず、智によって立っていられたならば、定めて何とか彼とか弁明や解釈を与えられたことでありましょうが、あくまでも、明らかに他力の信に立っておられましたから、さらさらと「総じてもて存知せざるなり」と、智を本としての問題には関せず焉《えん》として、かえって智にかかわっているこの人々を、あくまでも信に導かんとして、どんどん話を進めてゆかれたのであります。

九

私どもであったら、聞法の人々に、そんな質疑的な心が見えたり、質問でもしられるならば、何とか彼《か》とか、言葉を並べ、理を尽くして、浄土の因《いん》が念仏であるに相違ないことを釈明しようとすることでありましょうが、わからぬことはわからぬといい、知らぬことは知らぬと、率直に物語っていらるるところに敬服せざるを得ません。智の要求から訊ねんとしている人に、すなわち疑っている人々に、百の経典も千言万語の理論も、何の効果もないことは明らかであります。それよりも、経典にもよらず理論にもよらずして、一すじに、信への道をとられたのであります。

なぜ、それほどに法然上人の言葉を信じたのかとならば、そこに理由はない。法然上人の訓《おし》えに偽りや間違いはなかろうけれど、たとい万一にも、それが間違いであって、信じたがために、だまされて、念仏して地獄に落ちるようなことがあっても、私は露さら後悔はせないのであると申されているのであります。信ずるということには無謀な危なさを感ずるものであって、躊躇逡巡する心の起こるものでありますが、聖人にはそれがなかったのであります。

ある人にこの話をしましたら、何という面憎《つらにく》い言葉でしょうと、いわれたことがあります。本当に面憎いほど、うらやましい信じようであります。

『執持鈔』などを披いても、「されば、われとして浄土へ参るべしとも、又地獄へ往くべしとも定むべからず。故聖人（法然聖人）の仰せに、源空があらん處へ往かんと思はるべしと、確かに承りし上は、たとへ地獄なりとも故聖人の渡らせたまふ處へまいるべしと念ふなり……然るに善知識に賺《すか》されたてまつりて、悪道へ行かば一人行くべからず、師と共に堕つべし。されば、ただ地獄なりといふとも、故聖人の渡らせたまふ處へ参らんと思ひ固めたれば、善悪の生處《しょうしょ》、私の定むる所にあらず」と申されています。本当に憎いほどうらやましい師に対する信であります。また師も師であります。「源空があらんところへ往かんと思はるべし」というようなことが、よくもいえたものでありますす。いえた人も幸せでありますが、それを聞いて、「たとひ地獄なりとも故聖人の渡らせたまふ處へ参るべしと念ふなり」と、かく師を信ずることの厚い聖人も、いかに幸せであったことかと思います。

かかる師と弟子がどこにありましょう。かかる夫と妻がどこにありましょう。かかる親と子がどこにありましょう。その他兄弟の間、友だちの間においても、信ずるの何のといいますが、ここまでゆかねば本当に信じたのではありません。

法然上人の信念がいかに深かったかを思います。法と自分とが一致していたのであります。自分を信じ、自分のいう教えを信ぜよといい得た法然上人こそは、尊さの極みであります。法を信ぜよといわずに、私を信ぜよと臆面もなくいい得る内面には、無論本願他力の金剛心があったからであります。

私どもは、道を話すときに、かかる自信とかかる断言ができるようでなければならぬのであります。家庭のうちにそんな人が一人おればいいのであります。千言万語理を尽くして法を話さねばならぬようでは、そんなことでは、その人々が法を信ずることはでき難いのであります。他力真実の信心を自分にしかと決定《けつじょう》せねばならぬ、と申さるるのはここのことであります。

十

親鸞聖人と法然上人との場合は、人格の信仰であります。人を信ぜられたのであります。これを就人立信《じゅにんりっしん》と申します。そして念仏という法を信ずるのを就行立信《じゅぎょうりっしん》と申します。聖人の場合は人に就いて信を立てられたのであって、それと同時にそこにまた、行についての信が成立しているのであります。仏と法と僧とを三宝といって、三宝を信ずることによって道は開けると申されています。仏の説かれたのが法であって、法を持《たも》ち伝えるのが僧すなわち人であります。仏と僧と法との三つのうち、その一つが本当に信ぜらるるならば、自然、他の二つも信ぜらるるわけであります。我が聖人のごときは、仏と法とを信じておらるるその人を信ぜられたのでありますから、したがって法もまた疑いなく信ぜられたのであり、仏の説法も弥陀如来の本願も信ぜられたのであります。しかし人を信ずるといっても、その人が真実の法を得ておる善知識でなくてはならぬのであって、無暗《むやみ》に信じて、それが悪知識であっては、どんなことになるかもしれないのであります。それゆえ、聖人の信ぜられたその人が、善知識であったことを非常に喜んでいらるるのであります。私どもも道を求めてその道が得られないならば、一人の絶対に信ずることのできる人を発見して、所有することができたらいいのであります。それでもう、法も仏も信ぜられ、仏の徳も法の徳も、自然自分のものとなるのであります。しかしながら、そのように絶対に信じ得る人格者は、なかなか見いだせないものであります。それは不幸なことでありますけれども、致し方のないことであります。はるばる関東から、訪ねて来られた同行の人々は、聞法には命懸けでありますが、聖人に対して善知識としての絶対信が起こらなかったのであります。それゆえ、かくのごとく、我が聖人の涙のにじむような、徹底的に内心をかき割っての御物語があったのでありますす。それゆえ、私どもも善知識としての人格者を見いだし得ないならば、この人々とともに、聖人が説かれつつある、この懇ろなご教化を謹んで拝聴せねばなりません。そして法の信ぜらるるようになるより仕方がないのであります。就人立信ができねば、行について信の発《おこ》るように進んで道を求むるよりほかはありません。

十一

いまここに訪ねて来た人々は、聖人に対して絶対的人格信を有し得なかったのでありますが、これと反対に、ちょうど聖人が、法然上人を絶対的に信ぜられたように、我が聖人を絶対的に信じられた人々のことを想い出します。それは、高田の二代目の賢智《けんち》というお弟子であります。聖人のご在世のとき、この賢智坊が聖人を訪ねて上洛せられたことがありました。「ああうれしいことです、このたびは、とてもお目にかかれまいと存じましたのに、不思議にもお逢いすることができました」と、たいそう喜ばれたので、それはいったいどうしたことかと、聖人がお尋ねになりますと、賢智坊は、「実は舟路でまいりましたのですが、途中難風に遭いまして非常に困りました、とても命はないと存じたのです」と申されました。すると聖人は、「そうか、それは危ないことであった、そんなら今後は一切舟には乗らぬようにするがよい」と申されました。それで、賢智坊はその後は、お詞《ことば》のすえだといって、その仰せを守り、一生涯、舟には乗られなかったということであります。こんな枝末のことでさえ、聖人のお詞であれば、そむくまいとせられたのであります。こんな日常生活でさえ聖人のお詞を信じて、その通り守られたのであります。この一端の事柄によって、道のことについても同様に、いかに聖人を信じてその教えを受け入れておられたかが推測されます。

そののちのことであります。お約束でもしておきながら、そのときまでに聖人に見参することができなく、遅れられたことがありました。そのとき聖人が、どうしておったのかと尋ねられますと、実は茸を食しましたところ、それにあてられまして、苦しんで臥しておりましたのでと申されたときにも、そんなことなら、今後は茸を食わぬがよかろうと申されたので、これもお言《ことば》を守って、一生涯、茸を用いられなかったということであります。かように仰せを信じて、違えまいとせられたことは、誠に有難い殊勝な心がけであると、蓮如上人は申しておられるのであります。

高田の二代賢智坊という方は、かつて『御伝鈔』上巻第四段にあります蓮位坊というお弟子と、あるとき聖人をいかなる人と思うかについて、語り合われたことがありました。賢智坊は、我が聖人こそ本師阿弥陀如来の化身であると思うと、自分の信ずるままを話されたというのであります。しかるに蓮位坊という方は、それほどには信じていなかったものと見えて、豪《えら》い方とは思う、尊い方とは思うて仕えているが、どうもそうは思えないと申されたということであります。すると賢智坊は、そのうちわかるであろう、と申されて別れられましたが、その後、蓮位坊の夢に、聖徳太子が親鸞聖人を敬礼《きょうらい》して、大慈阿弥陀仏と申されたことによって、それ以後は、我が聖人を阿弥陀如来の来現と信じて仕えられたということであります。いずれも羨ましいことであります。師弟ともにいかに幸せであったろうかと思います。これは聖人八十四歳のときのことであって、建長八年二月九日の夜のことであると伝えられています。

まことにこれは、法然上人に対する親鸞聖人の態度と同じであります。師がさように弟子から信ぜられたことは尊いことであり、幸せなことであります。またそれほどに、信ずることができて、何ごとも信頼しておられた賢智坊もいかに幸せであったことかと思います。自分の心底から、身心を挙げて信ずることを得る人格者をもっていた賢智坊は羨ましいことです。同じ親鸞聖人であって、しかも晩年の聖人の御前に坐りながら、関東から来た人々にはかくのごとく信ぜられなかったのを見ますと、信ずるか信ぜないかは、その人々のいかんによることであって、たとい今日、我が聖人が私どもの前に坐っておられても、信ぜられない者には信ぜられないで、すぎてゆくことでありましょう。信ずる明がないと、人格者はあっても信ぜられないのであります。現代にそんな尊い人はいないとよくいうことですが、そうきめてしもうているのは、驕慢心ではありますまいか。驕慢の眼鏡をかけていては、たといおられても接することはできないのでありましょう。そういう人格者、自分の信じ得る人格者が見つかりたいものだと、念願しておれば出逢うことができぬとはかぎりますまい。それが親でもよろしい、友だちでもよろしい、師匠でもよろしい、己れがハイハイというてその人の言を信じ、絶対にその命にしたがうことのできるような人を得たいものでありますが。いずれにせよ、真実真剣に道を求むる者でなくては、真の知識に逢うことはできないでありましょう。

十二

私どもは平生、我は彼を信じているといったり、また信じているようにおもうていますけれども、よくよく内省してみますと、それは疑いを存留している信であって、絶対に信じているということはないのであります。ある人々は、可愛い我が子だから信じていると思っております。そしてそういうております。自分ら夫妻は、平和であって、互いに信じ合っておると思いかつそういっております。兄弟は互いに仲がよく、信じ合っていると思いなしていますが、はたして、本当に、信じ合っている人がありましょうか。

ある人にそういいましたら、その人は、私は自分の可愛い長男だけは、本当に信じておりますと申されました。それは嘘だろうといいますと、その人は、けっして嘘ではない、家も蔵も財産も家業も皆彼にやろうがためであって、彼は本当に私の可愛い子であります、彼は従順であって、そして親思いの孝行息子でありますと、大自信をもって申されました。私は、しからば一週間ほどあなたの実印を彼に渡しておいてください、なろうことなら一ヶ月か二ヶ月か、なるべく長い方がよろしい、と申しましたら、その親たる人は、じっと、うつ伏してしばらく考えていられましたが、渡しておかれぬかなあ、渡せるかなあと、長大息していました。なるほど、私は渡せんわい、それでは信じておるのではありませんな、やはり疑ごうています。はい疑ごうています、明らかに疑ごうています、信じてはいませんわい、とつくづく申されました。

我が夫を本当に信じ、絶対に信じ、夫のためには、どんなになってもかまわぬと、心から信じて安んじている妻がありましょうか。我が妻を可愛いなどといっても、本当に信じていて、ちっとも疑わない夫がありましょうか。兄弟も無論であります。信といっても、都合のいい場合のみ信じているのであります。他人よりは少し深く信じていましょうけれども、本当に信ずることができましょうか。部分的には信ずることもできましょうが、自分の全体を挙げて、財産も名誉も、事業も権利も、生死を彼に一任して、それがいかになっても後悔はせぬというほどの信がありましょうか。何かの紐をつけておいて、その端をしっかりと握っていなくては安心できない心であり、この紐をどうしても放すことのできないのではありませんか。

友だちもそうであります。ある範囲にかぎってのみ、信じ任すことはできるかもしれませんが、自分全体の安危を託して、後悔せぬという自信があり得るでしょうか。

かく自己の内心に向かって深く反省してゆきますと、悲しいことには、自分の親にだって一身を託することはできないのであります。私は思います、人間という者、私のような人間は、全世界に信ずる人を一人ももたないのであります。人生寂しからざるを得ぬではありませんか。どちらを向いても信じているように思っていて、実はどちらを向いても、一人をも信じていないといっていいのが、内心の事実であります。骨肉はもとより、いかなる人に対しても、狐疑心に満ちたものを抱いているのです。それゆえ、疑っているのならば、せめて疑っているということだけなりとも、自覚しておらねばならぬことであります。疑っていて、信じていない内心の事実を抱えながら、我は信じているなどと考えていては、ますます苦しい心が勃発するばかりであります。平和なときには信じていると思っていますが、その誤謬は、何か相互に大関係のあることができてみると、いままでかくれていた疑いの心のみが、突然頭をもたげて、自他ともに苦しむばかりとなります。誠に、信ずることの難き哉《かな》であります。

信といえば疑いの毛頭なきことであります。少しでも疑いの根の残っているのは、本当の信ではありません。信とは昼の陽であり、疑いとは夜の闇であります。明か暗かであります。それゆえ信といえばそれに浅き深きのあるはずはないのであります。それにもかかわらず、浅いとか深いとかいうのは、表面は澄みきっていて、たとい底まで澄んでいるように見えても、実は疑いの泥が底に沈んでいて、その泥に達する程度について、深いとか浅いとかいうのであります。信じ合っているといいますけれども、それは表面からいうことであって、要するに程度の問題でありま す。どの辺まで深く信じ、疑いの泥が出ずにすむかということであります。真実の信とは、信のみであって、ちっとも疑いの影をとどめないことをいうのであります。普通に信じているという語《ことば》は、畢竟、疑いの深浅をいうているにすぎません。いままで信じ合うていたのに、疑いが起こってきたとよくいいますが、それははじめから信じていなかったのであります。信じたものに疑いは出てきようがありません。信じたうえは、だまされるということを感じないのであります。だまされても、だまされたと思えない満足のあるのが、真実の信であります。

それゆえ、道のうえで、この真実信心の起こるということは、きわめて至難のことであると申されています。それが難中の難といい、極難信《ごくなんしん》といい、無過斯難《むかしなん》と申さるる所以《ゆえん》であります。底に疑いが存しているにもかかわらず、それが表面にないときに、それを真に信じたものと思っているならば、それが何か非常の事の起こったときには、ついに疑いに触れて疑いが首をもたげてくるのであります。病気とか死とかの重大事件に際して、真実に真面目になったときに、困らねばならなくなるのであります。それゆえ古聖賢は真実信心と申されたのでありまして、しかも、それを平生に成就しておかねばならぬのだから、一念発起平生業成《いちねんほっきへいぜいごうじょう》の宗旨と申されたのであります。

釈尊は、私どもの心の中を分析して、六大煩悩といい、貪《とん》、瞋《しん》、痴《ち》、慢《まん》、疑《ぎ》、悪見《あくけん》と申されましたが、その一つが疑心であることがうなずかれます。人に対しての疑いばかりでなく、衷心は教えや法に対してもやはり疑ってかかるのであります。なかなかしぶといこの心のために、信ぜられないのであります。それゆえ我が聖人のように、人についての絶対信が起こらないならば、私どもは法の信ぜられるようになれる道を辿らねばならぬのであります。それを示されたのが次のお言葉であります。

十三

そのゆへは自余の行をはげみて仏になるべかりける身が、念仏をまうして地獄におちてさふらはばこそ、すかされたてまつりてといふ後悔もさふらはめ、いづれの行もおよびがたき身なれば、とても地獄は一定すみかぞかし。

自分以外の人は信ぜられない、そして法を信ぜられないならば、道はただ一つ残っているばかりであります。それは自分に還《かえ》ることであります。退いて、もっともっと深く自分を省みて、徹底的にこれを検せねばならぬのであります。すなわち自分はどんな者であるかということを、よくよくしらべることであります。これが道を求めるについて、最後の大切なことであります。他力信をあまり簡単すぎるとか、あまりうますぎるとか、たよりないとか思うのは、これを一括していえば、自分以外のものは、危なくて信ぜられないということであります。それほど自分が大切であり、他のことを不安に思うならば、いったい、その自分というものは、どんなに賢い明智があって、どんな能力があるものかであります。幸福になりたいと念願し、苦悩がなくなりたいと念願しておって、それについて、五年といわず十年といわず、二十年、三十年といわず、智慧のありだけを尽くし力のありだけを尽くして、努力してきたのではありませんか。それほど努力してきて、はたして真に幸福というものに出逢ったのであろうか。常に苦悩をはなれず、不安をはなれずして、生に悩まされ、死に悩まされつつ、いったいその苦悩がどうなったと思うているのでしょう。かつては幸福になろうと目指して、突進してきたそのことが、そこへ到着してみると、あたかも虹を追うように、近寄れば幸福は消えてしまって、苦悩は依然として苦悩であるのではないか。ただ失望と、焦躁と、愁歎のみを摑んでいるのではないか、そして疲れているばかりではありませんか。あらゆる苦悩に対しても、どうすることもできずに、年とともに苦悩は深まるばかりではありませんか。一つの事に対する苦悩はなくなったとしても、さらに別の苦悩が起こってきたり、一つの苦悩がなくなっても、なお山ほどある苦悩をどうするのか。まことにそれは、日暮れんとして道遠しの風情ではありませんか。それゆえ、真に自己を愛し、自己の幸福を希ふものならば、これを根底的に何とかせねばおれないのではありませんか。かく静かに自己に還りますとき、真の幸福に達する道はいよいよ見つからないのであって、途方にくれている自分を発見しなくてはならないのであります。

十四

一般に、吾人《ごじん》は、幸福にならんと欲して、物を求めてかかります。物は私どもに一時の慰安を与えますけれども、それによっては、真実衷心の幸福は得られません。吾人は苦悩を除かんとして物を求めます、物の変化を求めます。有って悩ましきものは無からんことを希い、無くて苦しい場合には有らんことを求めます。それはもっともなことでありますが、それによってたとい一時の安らかさは得られましても、この数かぎりない悩ましさをどうするのですか。無からんことを願いながら無くならない問題をどうするのですか。私どもの真に欲しいものは悩みなき心であります。心が悩まないようになりたいがために、物を求めてゆくのであります。物によって悩まない心一つを得たいのであります。さればその心一つを得ようとつとむることは、最も賢い道であらねばなりません。外に向かって、成らぬことを成ると考えたり、成らぬことを成らしめんとして、いつまでも努力していることは、賢い道ではありますまい。成るにきまっていると思うならばやるもよろしい、成るか成らぬかわからぬことに、いつまでもかかり合うていてもだめであります。自力の手がやむか、やまないか、これ一つが大事なことであります。自力の心と自力の行とのやまないばかりに、自力の可能を過信し、自己の智明を信じているかぎり、他力は信ぜらるるものではありません。仏の教えは、物や境遇によって幸福を得ようとするのではありません。苦悩のなくなった心の所有者とならねば、幸福は得られないというのであります。物ではなく、心であると教えられたのが、釈尊の教えの中心であります。それゆえついには、仏になりたいということが出てくるのであります。仏ということは、仏心になりたいということであります。

物に求めず、我が心に求むるようになっても、仏心になるにはいかにせん、ということが起こってくるのであります。仏という語が出てまいりましたが、仏となることは真に幸福になる道なのであります。往生極楽というその極楽ということも、現在普通に考えているような享楽のためではないのでありまして、極楽に生まるるということはすなわち仏になるということなのであります。仏になるということは、前にも申しました通り、自己が外境によって苦悩をうけないものとなることであって、みずからが苦悩のないものになるばかりでなく、自己以外の悩める者を自己と同じく、悩みなきものになし得る能力者となることであります。真の幸福は、どうしてもそこまでゆかねばならないのであります。普通に、吾人の幸福といっているその幸福は、一応、幸福のごとく見えているにとどまるのです。それゆえ、真なる幸福を真面目に求むる人であるならば、成仏という願いは究極の理想でなければならなくなるのであります。自他ともに苦悩なき幸福にならねば、自分は本当の幸福者とはなれないのであります。

さて、その仏となり能力者となるについては、他力念仏を信ずるよりほかに、その他に仏になる道があるか、と申さるるのであります。たとい、かくかくすれば仏になることができると教えられても、自分自身において、その教えのごとく行のうてゆく力が、自分にあると思っているのかということです。念仏の衆生を助くるという本願を、信ずることができないというのは、自分というそのものの詮索がまだ足りないからであります。すなわち何か他に助かる方法がありそうに思えてならないのであります。それがため、自力心がすたらないのであります。他《た》に幸福になる方法がありそうに思えてならなかったり、他に苦悩のなくなる方法がありそうに思えてならなかったり、多くの人々はこの辺でいつまでもぶらぶらしているのであります。

我を幸福にするものは何であるか、それは物であると答えるのが最も普通の考えでありますが、それは内にある貪欲心のためであり、智明のない愚見のためであります。さればそれらの心をなくすることができるかというならば、「いづれの行もおよびがたき身なれば」と申されているように、豈《あに》聖人一人のみではなく、誰でもが皆同様であります。煩悩の心を起こさすものは外境の物であって、吾人の無智なる心には、これを抑制する力のなきために、常に貪欲心が起こり、その欲求の達せられないがために、瞋恚《しんい》の心が起こるのであり、かく自己の無力なると外境とのために、常に引きずりまわされて、実にいかんともすることのできない状態にあるのが、現実の苦相であります。この心を清くするため、この心を調《ととの》えるため、この心を強くするための方法として、百千の教えが示されてありますが、実際はそのごとくやってゆく力が、自分にないために、いかなる教えがあっても、それは自分には何の用をもなさぬのであります。それのみならず、事実としては、反対に貪欲を重ね、依然として瞋恚を起こし、罪のみを造って、苦悩の原因を深めつつあるばかりであります。かかる自分を子細に内観するならば、それは自然の帰結として、自己を苦悩より救い出すかわりに、かえって苦悩へ苦悩へと深めつつあるのであります。それゆえ、かくのごとき自分では、地獄におちはしまいか、ではなくして、必定《ひつじょう》地獄にゆくべきである。それだから、私においては、だまされて地獄に落ちてはならぬ、というような不安はちっともない、かえって当然ゆくべき所だから、だまされて落ちても、けっして悔やむことはないと覚悟しているのである。何か他に、地獄に落ちないで、仏になる方法があって、それをなし得る自分であるならば、法然上人の教えを信じたために、だまされて地獄に落ちて、ああしまった、ああもすればよかったと、後悔することがあるかもしれないが、私においては、それはないのである。露さらないのである。それゆえ、我が信ずる法然上人の仰せにしたがい、ただ念仏して弥陀に助けらるるのだと承って、それを信じたがため、地獄に落ちてもいいのであると申されたのであります。

地獄一定《いちじょう》と自己を徹底的に信じ、自力かなわずと徹底して自己を信じていられた聖人であればこそ、だまされても満足であると覚悟せられたのであります。だまされはしまいかと思うのは、自己に忠実なる考えのごとくであって、実はいまだ自己を真に知らないのであります。自己に徹底して地獄一定と知った者こそ、だまされてもよいという絶対信が起こるのであります。

親鸞聖人の苦労せられたのは、念仏を信じようとしてではなく、かえって他に成仏の道があるかどうかということであったのであります。自分にその能力があるかどうかということであったのであります。信じようとすることは、よいことのようですが、自己の詮索が十分でなしに、あながちに仏を信じようとしたり、本願を信じようとしたり、聖人を信じようとしても、それは疑い深い吾人にはとうてい不可能なことであります。よく、聖人の教えを信じておるといい、本願を信じておるといい、仏を信じておるといいますけれども、それが多くは皆浅い信であって、その心の底にはどこにか、疑いや不安の蔭が残っておるのであります。かかる人々にあっては、本願や仏や親鸞聖人を信じようとする心をやめて、是非とも、自己の心を奥深くさぐって、真実に自己を知ることが、他力信を求むる前に、努めなければならぬ大事なことであります。これがわかったのを機《き》の深信《じんしん》と申しまして、そこにはじめて法に対する深信も起こるのであります。

十五

言葉でいいますと、一口でありますけれども、自己に徹するということは実に至難のことであります。これが至難なるがため、弥陀の誓願不思議に助けらるるという他力本願が信じられないのであります。

その難信なる所以を示して我が聖人は、三箇条を挙げておられます。

その一つは邪見であります。自己に邪見を抱いているために、誓願が信じられないのであります。邪見といえば、有無の邪見とも申されます。哲学的に一切の邪見を総括すると、有と執する邪見と、空と執する邪見との二つとなるのだそうであります。釈尊は、龍樹菩薩が出世して有無の邪見を破すべしと申されまして、この二つの邪見が破摧《はさい》されますならば、本願他力の信は心の中に芽ばえてくるのであります。邪見ということは種々ありましょうが、わかりやすくいいますと、幸福になるにはかくなればいいのだとか、かく思えばいいのだとか、苦悩や不安はかくすればなくなるとか、苦悩のなくなり幸福になるには、かく考えればいいと思い込んでいる種々の誤った思想のことであります。そしてそれは、よくよく研究すれば間違いであって、とうてい、自己なり一切はそれによって救われたり幸福になることはないのに、そう信じ思いつめている主義や思想のことであります。邪見とは定まらぬ考え、横さまに見る考えであります。その考えをよくよく叩いて熟考しないと、なかなかこれが除去され難いものであります。それがため本願を信ずることが難信になるのであります。どんなよいものでも、いっぱいはいっている物のうえへは、はいることはできないのと同じであります。ですから、だめなものはだめと知って、これを外に投げ捨てねば、よい甘露水のはいることはありません。『涅槃経《ねはんぎょう》』には「一切の悪行は邪見なり、一切の悪行の因無量《いんむりょう》なりといへども、もし邪見を説けば則ちすでに摂盡《しょうじん》しぬ」と、申されてあります。また「菩提の因無量なりといへども、もし信心を説けば則ち已に摂盡しぬ」と、申されております。

次には、憍慢《きょうまん》のためであると申されます。他をみくびって、己れを憍《おご》り高ぶっているがためであります。慢心というのは、高慢我慢《こうまんがまん》であります。高慢というのは、自分を高く他を低く見ている心であります。自分を賢として考え他を愚と見ている心であります。自分の考えや智慧には間違いがないと自分を高ぶっている心であります。高慢の峰へは水は流れません。高慢の反対に、卑下慢《ひげまん》という慢もあります。卑下慢というのは自分を低く見て卑しみ、自分はあかぬあかぬとばかり考えて、その考えにとどまっている心であります。へり下っているようですが、その心はやはり一種の慢心であります。高慢は自尊であって、他を見下しているために道を得ることができないのであり、卑下慢は自分はあかぬと思いつめて、他に道のあることを認めようとしない心の高ぶりであります。信仰問題で「機なげき」というのがそれであって、私のようなつまらぬものは助からぬであろうとか、私のような罪の深いものは救われないであろうと思って、他力救済の本願を信じようとしない心であります。要するに、そんなことはあるまいと、他をはねつけている心が実は慢心なのであります。本当の謙恭《けんきょう》であるならば道はきっと得られます。謙敬でなければ道は得られないと、経文にも申されています。真につまらぬ我と知ってへり下る心があるならば、助かる道を求めて教えに順《したが》うことができるはずであります。また我慢というのは同じことですが、我情が強いのであります。敗けぎらいな根性であります。なにできぬことはないと頑張っている心であります。がんばりの心のために、どれだけ人間が苦しんでおることでありましょう。生活上の事業に努力する場合などには、この心が大いに事を成してゆくこともありましょうが、心の道を求むる場合には、この心があっては、他力を信ずることはとうていできないのであります。仏法の門にはいれないのはこの我慢のためであります。仏法でも世法でも、この我慢心がなくなれば、まことに通り易《やす》くなるのであります。多くの苦は、この我慢心の生むところであります。つまり、己れの智と力をたのみすぎている心であります。それは自力心の骨頂であります。

三つには、悪であります。苦という結果をつくりつつあるその根源をなす心であります。すなわち悪心悪行であります。悪を悪と自覚しないのが真の悪であります。悪をかえって善いことと考えたり、あるいは善いことのように考えたりしている心、すなわち悪心とそれから出てくる悪行が、みずからを苦悩せしめておることと知らず、また自分は罪悪深重の者であり、罪悪の清まらぬ者であることを知らず、つまり我が悪を知らず、地獄一定《じごくいちじょう》を知らない心であります。この人の他力本願を信ずるということは、あり得べからざることであります。悪なる自我相を知ることの困難なるがために、他力本願が信じ難いのであります。

『正信偈』に、「邪見憍慢悪衆生《じゃけんきょうまんあくしゅじょう》、信楽受持甚以難《しんぎょうじゅじじんいなん》」とあり、邪見と憍慢と悪の衆生とは信楽受持すること甚《はなは》だ以て難しとされてあるのは、まことに有難いご教訓であります。他力本願を信楽受持することの甚だ難きに苦しむならば、邪見、憍慢、悪衆生とあるお言葉を、いくたびも身にしみて味わわねばならぬのであります。ただいたずらに、法が信ぜられぬ、人が信ぜられぬ、と外に向かって心を運ぶよりも、退いて自己の心を省察すべきであります。

十六

弥陀の本願まことにおはしまさば、釈尊の説教虚言なるべからず。仏説まことにおはしまさば、善導の御釈虚言したまふべからず。善導の御釈まことならば、法然がおほせそらごとならんや。法然のおほせまことならば、親鸞がまうすむね、またもてむなしかるべからずさふらふ歟。

聖人はなお話をすすめて、私が、法然上人の仰せを、絶対に信じたというものの、法然のおおせは上人の独断で申されたものでなく、また私の信じたことも妄信ではないのであります。たといそれがだまされてもかまわぬという決心から信じたとはいえ、それはすでに、善導大師の仰せであって、それはまた、釈尊の教えの真髄であり、それが弥陀如来の本願なのであるから、つまり、私が法然の仰せを信じたことは、弥陀の本願そのままであって、法然上人の仰せを信じたことは善導大師の教えの真を信じたことであり、それは釈尊の教えの真を信じていることであると、法然上人という人を信じたことの妄信独断でないことを申しのべておらるるのであります。念仏して弥陀に助けらると信じていることは、それは私の私案ではなく、法然上人の独断でもないのであって、次第相承《しだいそうじょう》された釈尊の真説であることを示さんとしておらるるのであります。すなわち、弥陀如来と自分との関係は、その間に、釈尊という方と、善導という方と、法然という方との相承があって、それらの方々によって信ぜられ証せられている信念であって、仮初《かりそめ》のことではないことを明らかにせられたのであります。それゆえ、法然上人の仰せを信じたことは、弥陀の本願を信じたことであるということを、知らしめんとしていらるるのであります。前には自己を知らしめ、機を信ぜしめんとせられましたが、今度は法を信ぜしめんとしていらるるのであります。

十七

そもそも法然上人という方は、十五歳のときから四十三歳に至るまで、いろいろと師について専心に道を求められまして、それがためには非常に苦労せられた方であります。ついには、一切経を何度も読んで、もっぱら自己が助かる道を求められましたが、どうしても道が得られなかったのであります。いかに求道が困難であったかと、思い半ばにすぐることであります。そして四十三のとき、ようやく善導大師の『散善義《さんぜんぎ》』という『観無量寿経《かんむりょうじゅきょう》』の註釈書を、精読心読せられまして、やっと、「一心専念弥陀名号《いっしんせんねんみだみょうごう》、不問時節久近《ふもんじせつくごん》、念々不捨者《ねんねんふしゃしゃ》、是名正定之業《ぜみょうしょうじょうしごう》、順彼仏願故《じゅんぴぶつがんこ》」とある文字に眼がとどまるに至って、廓然《かくねん》として他力本願の大心に眼が開いたのであります。この註釈はちょっと見ると何でもないことのようですが、法然上人にはこの註釈が読めてから、はじめて『観経《かんぎょう》』という経典が読めたのでありましょう。したがって『大経《だいきょう》』（『無量寿経《むりょうじゅきょう》』）という経典がつまずきなしに読み下せたのでありましょう。『観経』と『大経』の真髄が体得できて、はじめて、自力の能力のない自分であっても、仏はかかる衆生のために、すでに他力本願を起こして、五劫の思惟と兆載永劫《ちょうさいようごう》の修行をして、その本願を成就してくだされてあったことが知られ、そして、そのみ光は、いま現に、我がうえに来りつつあったのである、そして、かかる我らに、ただ一つの救いの道が、他力廻向によって開かれてあったことを、知られたのであります。法然上人の喜びは譬《たと》えんに物なく、はじめて、永劫の夢より醒めたごとく、驚天動地の慶喜《よろこび》であったのであります。もちろんそれは自己一人の救われではなく、同時に一切衆生の救われの道であるにおいては、その慶喜は、無上であったのであります。世界の久遠の暗《やみ》は破れたのであります。親鸞聖人が、

弥陀成仏のこのかたは　いまに十劫《じっこう》をへたまへり
法身《ほっしん》の光輪《こうりん》きはもなく　世の盲冥《もうみょう》をてらすなり

と喜ばれたその喜びであります。世は明けはなれて、すでに光は世界に流れ満ちていたのであります。

十八

善導大師という方は『観経』の註釈を書くときに、この註釈こそは、如来の御《おん》胸をひらいて、一切衆生に知らしむるものであるが、もし万一にも、それが本願の真精神に悖《もと》っているならば、十方の諸仏よ、我を導きたまえ。もし真であるならば霊験を見せしめたまえと念じつつ、書かれたものであります。しかるに、毎夜夢中に一僧来って、註釈の書き方を指授せられたと、みずからこの書に書き添えられています。何という自信の深い書物でありましょう。なお書き加えて、この書の一句一言は、みだりに削ったり加えたりしてはならぬ、かならず、経典と同じように取り扱うように、みずから書いておらるるのであります。その四帖の註釈書の一つが『散善義』であります。

その善導大師は『大無量寿経』第十八願の、「設我得仏《せつがとくぶつ》、十方衆生《じっぽうしゅじょう》、至心信楽《ししんしんぎょう》、欲生我国《よくしょうがこく》、乃至十念《ないしじゅうねん》、若不生者《にゃくふしょうじゃ》、不取正覚《ふしゅしょうがく》」、とあるのを、『往生礼讃《おうじょうらいさん》』の中には「若我成仏《にゃくがじょうぶつ》、十方衆生《じっぽうしゅじょう》、称我名号《しょうがみょうごう》、下至十声《げしじゅしょう》、若不生者《にゃくふしょうじゃ》、不取正覚《ふしゅしょうがく》」と、書き改めていられるのであります。何という偉大な確信でしょう。第十八の願文の真意はこうじゃと、経典をかくのごとく書きかえるということは非常なことであります。第十八願の願文を、「称我名号《しょうがみょうごう》、下至十声《げしじっしょう》」、とせられたことによって、はじめて、第十八願の真意が読めるのであり、『大経』一部が読めるのであります。過去幾多の高僧が、皆その真義を摑み得ず、読み得なかったこの経典を、善導大師こそ読んでおられたのであります。これが本当に釈尊の真意を体得した方であり、釈尊の正意を真に摑み得てこそ、真実に、私を救いたまう弥陀の本願を知ることができるのであります。すなわち、釈尊の説かれた経典によって弥陀如来に接することができるのであります。

十九

聖人ははじめは、人格的信仰によって、法然上人の仰せを信ぜられたのですが、その法然上人の信念は、妄想でなく独断でなく、真の善知識であったがために、善導に接することができ、善導によって、釈尊に接することができ、ついに、我がうえに常に照護したまう本願の如来に接することができたのであります。それゆえ、法然の仰せである念仏往生の教えの、ますます真であることが知られ、それによって、その信は、いよいよ深く、いよいよ堅く、いよいよたしかになるばかりであります。だまされてもかまわぬ、どうせ地獄一定の身だから、法然上人の仰せを信ずるのだといえば、いくぶんすてばちのようであり、無謀のように聞こえるかもしれんが、それはけっして無謀でなく、真実であったことを弁明していられるのであります。

先の善導大師の第十八願加減の文に、「若し我れ成仏せんに、十方の衆生、我が名号を称せん、下十声に至るまで、若し生まれずば正覚を取らじ」、とあるその次に、「彼仏今現在成仏《ひぶつこんげんざいじょうぶつ》、当知《とうち》本誓重願《ほんぜいじゅうがん》不虚《ふこ》、衆生念仏必得往生《しゅじょうねんぶつひっとくおうじょう》」とありますが、これは法然上人が我が聖人に附属せられた御真影に、銘文としてお書き添えになった大事な御文であります。「彼の仏は今現に在《ましま》して成仏したまへり」とあたかも仏が目の前におらるるように、はっきりいうておらるるのであります。私もこういう言葉に接するとき、いつも淋しく感じて困ったことでありますが、誰《た》れでもかかる言葉を聞くときは困らるることだと思います。法然上人にしても、親鸞聖人にしても、こういうはっきりしたことを申さるるのであります。私どもはそんな言葉を聞くごとに、そんな仏がどこにおらるるのかと、見廻して探すような気がすることですが、しかし善導大師にしても、法然上人にしても、親鸞聖人にしても、信の人にあっては、現前に仏に逢うているようにいうておらるるのであります。それは信の人にあっては、歴々たる事実であり、救われた人にあっては、燎々たる事柄であるからであります。「当に知るべし」と指で押さえてさし示していらるるのであります。それは本誓すなわち四十八の本願と、重願すなわち四十八願の後に重ねて誓われた三誓、これは四十八願を要約して、再び誓われた三つの願いであります。三つの願いとは、

我れ超世《ちょうせ》の願を建つ、必ず無上道に至らん、この願満足せずんば、誓ふ正覚を成らじ。

我れ無量劫《こう》に於て、大施主《だいせしゅ》となつて、普《あまね》く諸《もろもろ》の貧窮《びんぐう》を済《すく》はずんば、誓ふ正覚を成らじ。
我れ仏道を成るに至つて、名号十方に超えん、究竟《くきょう》して聞ゆるところなくば、誓ふ正覚を成らじ。

というのであります。我が聖人は『正信偈』の中では、「重誓名声聞十方《じゅうせいみょうしょうもんじっぽう》」といって、三誓の中の第三だけを挙げておられます。三誓の中の第三に、前の二つは含まれているのでありますから、第三のみを挙げられたのであります。

仏は第十七の願において、我が名を称えられんと誓われたのであって、諸仏に咨嗟《ししゃ》し称えられんということは、現在の私どもに称えられんという誓いであり、称えしめんという誓いであります。称えられずんば我れ正覚をとらじと誓われて、しかもすでに私どもに信ぜられて称えられ、名声十方に聞こえているということは、法蔵菩薩が本願成就してすでに成仏しておらるる明証であります。一願の成就は他の願々の成就であります。それゆえ、「彼仏今現在成《ひぶつこんげんざいじょう》仏《ぶつ》」と明瞭に断言しておらるるのであります。いったい、私どもは仏の存在をどこに知ろうとして求めているのでしょうか。仏の相《すがた》は色において見、形において知り得べきものではありません。名号称念のうえに聞見《もんけん》し心見すべきであります。本誓もむなしからず、重誓もむなしからずして、名号が現に聞信されているではないか、称えしめんの本願が到達して称えしめられているではないか、それゆえ「当に知るべし」であります。本誓も重願もむなしからず、かるがゆえに、衆生が称念すれば、必ず往生を得るのであると申しておらるるのであります。聖人は『末燈鈔』に「弥陀の本願と申すは、名号をとなへんものをば極楽にむかへんと、ちかはせたまひたるを、ふかく信じてとなふるがめでたきことにて候なり」と申していられます。私どもは名号称念によって如来の本願の成就を知り、称名のところに如来本願の到達を知るのであります。すなわち如来の光明の到達を知るのであり、摂取不捨を知るのであり、助かった自覚に入《い》るのであります。

こういう次第ですから、弥陀の本願に、念仏するものを迎えるとあることは、法然上人の自見ではなくして、釈尊の説教であります。そしてそれは善導の御釈によってわかったのであって、善導のかかる真実を伝えられたのが法然上人の仰せであるから、いま自分が申すところも、自己の妄説ではないのである。かくまで申してもわからぬか、得心がゆかぬか、信ぜられぬかと、我が聖人は切実に話をすすめて、あくまでも懇切をきわめておらるるのでありま す。しかしながら親切のあまり、もどかしさのあまりには、自分の我情が出ては、かえって信ぜられないかもしれぬという気遣いから、「またもてむなしかるべからず候歟」といって、わざと高調したる自信の度をゆるめて、こういうわけだから、いまこの私のいうことは、よい加減な根拠のないことをいっているのではありませんぞと、心を低くして、やるせない心を抱えながら、人々の心にまで謙《へ》りくだっていられるのであります。しかしながらお心の中にはたまらない心持ちの、いじらしさと可愛さとが溢れているのであります。真に身を低めて手を曳いていらるるのが感じられます。泣いていらるるお心が感じられてまいります。おそらくは関東の同行たちも、聖人のかかるお心持ちに迫られて、定めて泣いたことでありましょう。しかしながら、はたして一念の信心が開発《かいほつ》されたでしょうか。

言々句々、御《おん》まことの籠った言葉であり、あわれにいとしいこの人々のために、言葉を尽くして話してこられた聖人の血潮は、いまや熱して涙となっているのです。これほどに申されているにもかかわらず、信心は他力でありま す。聖人にしてなおかついかんともせん術《すべ》がなかったのであります。他力真実の信心を、これほどまでに簡単に、これほどまでに平易に、これほどまでに懇切に語ることは、容易のことではありません。かほどまでに自己の心中をさらけ出して話されても、なおかつ、この人々の心絃には響かなかったのでありますまいか。聖人のお心が思いやられます。

二十

詮ずるところ、愚身が信心にをきてはかくのごとし。このうへは、念仏をとりて信じたてまつらんとも、またすてんとも、面々の御はからひなりと云々。

要するに、この愚かなる私の信心はと申せば、包みかくしのないところ、以上のごとくであります。これほどに申してもなお得心がゆかないとならば、それはもう、致し方のないことであります。ですから、信ずるに足らぬと思召《おぼしめ》すなら、おやめなさろうと、また私とともに、本願の念仏をお信じなさろうとも、それはご自由になさるがよろしい、と申されているのであります。

「このうへは」というこのお言葉に至って、私はほろっとさされます。心からなる慈心に熱したその手を離して、がっかりせられた聖人のお心が思いやらるるのであります。かくまで話しても得心がゆかないならば、いまははや仕方がないと、真にやるせないお心が伺われてきます。手を引っ張っていても、道の歩みがつかぬ人々の心を見とおして、涙をこぼしていられるのであります。引っ張ってもだめなときは、離すほかはありません。心の事ですから、無理に信ぜよといわれても信ぜらるるものではありません。それゆえ本人の自由に任すよりほかはないのです。それが、せめても最後の手段であります。しかしながら、それは誠に切ないことであります。後ろを向きながら離れてゆくのであります。けれども、たとい手を離しても、心の手は離すことはできません。それはやっぱり、捨て去るには忍びないからでありまして、離した心は、やはりどうかして導かんとする切なき心であります。

ここまで、何とかして、本願念仏を信ぜしめたいと、つとめにつとめてこられたのですが、心のありたけを尽くしたうえは、何としてもみようがなくなったのであります。我々は人を愛し人を思うことの切なさに、ときに、道を強いようとまでするものですが、聖人はその強いんとする手をやめて、しばらく人々の心の眼醒めを待たれたのであります。これは聖人の利他愛から出た最後の手段であります。何とした悲しいことでしょう、悲しいけれども、それが最も自然な方法であります。あの人間愛の深い、あわれみと慈しみに満ちた聖人の、ついにかくまで申されたお心を思うと、悲しくなります。涙ながらに、自由に任されたお心を思いやるならば、どうしても後を追いかけずにはいられません。御《み》あとを慕うて道を求むるということは、すなわち聖人のご親切に添うことになるのであります。

二十一

信は模倣であってはなりません。聖人は人々を導かんとして、自己の信を明らかに示して、「ただ念仏して」と申されました。そしてその信に達した心の径路をつぶさに示されました。人を教えて信ぜしめんには、自己の信を示し、獲信の経路を示すよりほかに、最上の方法はありますまい。しかしながら、先達として示されたその道の後をゆくには、模倣であってはならぬのであります。真に心から、「念仏して」という他力本願の大信に任せねばならぬのであります。しかしながら、その大信に任せられないとならば、聖人のこのお言葉の真意をよくよく味おうて、いくたびも反覆して、かかる諄々たるご教訓の真意をさぐり、真実に念仏の信じらるるに至るまで、関東より来詣の同行とともに、聖人のご教化をよくよく聴聞せねばならぬことであります。関東から来詣した人々が、聖人の御前で聖人のお言葉を聞いても、ただちに信じられなかったように、この文面のみを何度拝読しても、その真意がなかなか得られないかもしれませんけれども、これほどまでに諄々と、懇切に教えられたのですから、心を入れて熟読反覆して、心耳を澄まして聖人のお言葉を聴くならば、わからないはずはないのであります。これでわからぬならば、本当に聖人の申さるるように仕方がありません。仕方がないといっても自分の大問題ですから、よい加減に捨てておけないことであります。もし、いつまでもよい加減に捨てておくならば、日常生活の他の事が、いかほど思うようになっても、またいかほど成功しても、それが自己の真の幸福とはならないのであります。まことに一大事であります。

聖人は、がっかりせられたとしても、いやしくも身命を賭してまで、道を求めて来たこの人々は、おそらくは、聖人とお別れした後において、いつかは、きっと、かかる仰せが心にしみじみと聞こえたことであろうと思われます。

蓮如上人は申されました。

至ってかたきは石なり、至ってやはらかなるは水なり。水能《よ》く石をうがつ、心源もし徹しなば、菩提の覚道、何事か成ぜらんといへる古き詞《ことば》あり。いかに不信なりとも、聴聞に心を入れて申さば、御慈悲にて候間、信を得《う》べきなり。ただ仏法は聴聞にきはまることなり、と云々。

またいわく、

仏法に厭足《えんそく》なければ法の不思議を聞くと。

第三節　悪人救済

善人なをもて往生をとぐ、いはんや悪人をや。しかるを世の人つねにいはく、悪人なを往生す、いかにいはんや善人をやと。この条、一旦そのいはれあるににたれども、本願他力の意趣にそむけり。そのゆへは、自力作善の人は、ひとへに他力をたのむこころかけたるあひだ、弥陀の本願にあらず。しかれども、自力のこころをひるがへして、他力をたのみたてまつれば、真実報土の往生をとぐるなり。煩悩具足のわれらは、いづれの行にても、生死をはなるることあるべからざるを、あはれみたまひて、願をおこしたまふ本意、悪人成仏のためなれば、他力をたのみたてまつる悪人、もとも往生の正因なり。よて善人だにこそ往生すれ、まして悪人はと、おほせさふらひきと云々。（第三節）

一

だいたい、この一節は「善人なをもて往生をとぐ、いはんや悪人をや」、これだけのことを話したいのであります。善人でさえ助けられるのならば、悪人はむろん助けらるる、ということを申したいのが、親鸞聖人のお心でありま す。ところが、この『歎異鈔』の第三節と第九節などは、世人の考えているところと矛盾するようでありまして、私の親しくしているある紳士は、この第三節と第九節とは、どうも道理に合わないと思う、理屈にはずれているようであるから、これはおそらく親鸞聖人の誤りではないか、これをいわれたときの聖人の頭は、どうかしていたのではなかろうかと思うと、いわれたことがあります。しかし、私にいわせれば、この節と第九節が、なるほどとわかるようになってこそ、はじめて宗教というものがわかったのだと思います。だからこの三節と九節とを、よく読み、よく考えてくださいと申したことであります。常識的に考えれば、矛盾したことのように思えるのであります。すなわち、普通の道理では善人は勝れており、悪人は劣っていると考えるのは、至当な考えでありまして、助けらるるというについても、勝れた善人こそ往生できると考え、善人こそは助けられる資格者であると思えるのであります。しかるに、いまの場合はそれと反対ですから、これは矛盾したことであると思わるるのも無理はありません。しかしながら、この点こそ、静かに内省し熟考せねばならないところであります。あの静坐法で有名な岡田先生は、『歎異鈔』の中で一番有難いのは第三節であるといわれていたそうですが、こういわれた岡田さんはよほど内省しておった方と見えます。

善人でさえ往生するのだもの、悪人はもとよりであるということです。これを世間的常識では、悪人でさえ往生するのなら、善人はなおさら往生するに違いないといいたいところであります。しかし、それはいうがごとく常識でありまして、他力の旨趣から申しますと、それはまったく反対なのであります。他力の本願は十方衆生を救済せんとのお誓いですから、その念願とせらるるところ、お目当てとせらるるところは、まったく悪人を正機としておらるるのであります。それゆえ「善人だにこそ往生すれ、まして悪人は」と申されたのであって、「悪人も」ではなくして、「悪人こそは」往生するのだと、悪人往生の断定であります。

二

そこでこの節に出てきますのは、善人ということと悪人ということとであります。世間の人はこの二類の人を考えるとき、すぐ、善人は助かるが悪人は助かるまいと思い、すくなくとも助かりにくいだろうと思うのが普通であります。したがってもし悪人が助かるようなら、善人はもちろん助かるに決まっていると考えるのでありますが、弥陀如来の本願の旨趣からいうと、それはかえって間違いであって、善人さえ往生するというのなら悪人はもちろん助かるにきまっているると、申されているのであります。善人悪人という問題と、本願本来の精神とが、ここで重きをなしているのであります。申すまでもなく弥陀の本願というのは他力救済の本願であり、本願他力の廻向によって一切人を往生させたいというのであって、他力をたのむ者こそ助かるのであるが、他力をたのむ心のない者は、たといそれが善人であろうが、何であろうが、助かることはけっしてないのであります。十方衆生とか、女人正客とか、悪人正機とかいわれるのは、実は如来衷心の念願を現わされたものであります。

本願がそうなのですから、往生するかせないか、助かるか助からぬかということは、自己の善悪で決まるのではなく、ひとえにもっぱら他力本願の趣旨にかなうか、かなわないかによって、決するのであります。たとい、それが悪人であっても、他力をたのむ者は助かり、いかなる善人であっても、他力をたのむ心のない者は、けっして助からないのであります。それゆえ善人であっても他力をたのむ心が起こるならば、それはいうまでもなく助かるのでありま す。しかしながら、いわゆる善人なる者には他力をたのむ心が発《おこ》りにくいのであります。否、むしろ発らないのであります。それゆえ、善人が弥陀の本願にむかいましては、助かる資格がないのであって、かえって他力をたのむ心をもった悪人の方が、助かる資格があるのであります。弥陀の本願に対しては、善人よりも悪人の方が助かる資格があるのです。そのうえに、仏心の大慈悲は、苦悩の少ない者よりは多い者、病の軽い者よりは重い者が、可愛ゆくて助けたいのですから、他力をたのむ悪人こそは、如来本願の正機なのであります。

本来、悪人というものは、悪を行じて冥《くらき》より冥にはいってゆくものであり、常に闇から闇へ、苦しみから苦しみへと彷徨《さまよ》うているのであります。かかる哀れな悪人こそ如来は助けたいのです。それが大慈悲の念仏の仏心たる所以でありま す。それゆえ如来本願の精神からいえば、悪人こそ救いたいのであって、すなわち助かる資格のない、助かりそうにもないと思うている、その悪人こそ助けたいのであります。そのうえ、自覚ある悪人こそは他力本願をたのむ心を起こし得るのであります。これはかならずしも、仏が悪を好きだとおっしゃるのではありません、かわいそうであるから悪人を主とされるのでありますが、真に自覚ある悪人こそは、善人に勝って可愛いところがあるに相違ありません。善人すら助かる本願の誓いなれば、主であるところの悪人は、なおさら助かると申されるのであります。弥陀の本願から見ればそういうことになるのですが、世間的に考えると、どうも可笑《おか》しく聞こえて、会得《えとく》がゆきにくいのです。しかしそれほどに、このお言葉は深く味わうべきなのでありまして、これが如来の真精神であるとわかった者こそ、他力の救済にあずかるのであります。

三

「そのゆへは、自力作善の人は、ひとへに他力をたのむ心かけたるあひだ、弥陀の本願にあらず」とありまして、弥陀の本願は悪人が可愛ゆく、たのむ衆生を助けてやりたいというのであります。たのませて、たのまれて、救うてやりたいというのであります。しかるに、善人はなぜ助かりにくいかといえば、これは自力作善の人だからであります。ここからぼつぼつ善人というものの価値が批判されるのであります。善人とは本来どういう者かといえば、自力作善の人であります。他力をたのませて、たのまれて、引き受けて助けてやりたい、その善人たると悪人たるとを問わず、本願をたのむ者を、助けてやろうというのが弥陀の本願であります。しかるに善人とはどういう者かといえば、自分の力で善を修して、苦しみの原因であるところの悪を除いてゆこうとして、自分の力で幸福になろうという心のやまない人が、善人であります。すなわち自力作善の人であります。自分は善人だと思い込んでいる人は、自力作善の心の最も強い人です。かような人はどんなにしても他力をたのむ心が起こらないのであります。それゆえ、悪人よりは善人面《づら》をしてゆこうとする者の方が救われにくいのです。幸福といったところで、普通の人が考えているような幸福と、宗教上で求めている幸福とは違うのであります。仏教でいう幸福とは、仏に成ることであります。厳密に考えますと、普通の世間的な善でもなかなか勤まりにくいのでありますが、自称善人たちは、それが勤まるように思うてあくそくとしているのです。これは人のうえを見るまでもなく、我が身を振り返れば、すぐわかることです。悪い行いは一つ一つ改めよう、罪や悪はなるべく犯さぬようにしよう、人のためになることは進んで行うようにしよう、さすれば不幸が変じて安楽になるであろうと、考えるのであります。まことにごもっともな考え方であります。

足利尊氏でも、平清盛でも、この道を行ったのであります。自分の過去の悪いことがわかって、その罪滅ぼしのために寺院を建てたり、一切経を書写したり、経蔵を造ったり、社会事業を起こしたり、慈善事業をしたりする、いわば懺悔生活をして、自分の悪かったことを自分で消そうとするのであります。過去の罪を消し、今後も善を修して、現在においても死んでから向こうも、苦しみが来ないようにしようとし、慈悲善根をしてゆくのが世間の普通であります。いまの世の慈悲善根は、多くここら辺の根性から出ているものです。現代においては、この程度の善人がずいぶん多いと思います。もちろん、嘘にでも慈悲善根をするのは殊勝なことでありますが、しかし懺悔や罪滅ぼしのための作善では、真実の善をなしているとはいえないのであります。約言すれば、自分の過去の罪悪の恐ろしさのあまり、できもせぬ善、できたにしても不徹底きわまる善を勤めようとするのです。こういう心のやまない人を善人というているのであります。むろん世間的な善にしろ、それをやればすこしは安楽幸福にもなりましょうが、しかしそんなことをたのみにしていては、とうてい他力をたのむ心は起こらないのであります。これはいわゆる善人にとって一番恐ろしい欠点であります。他力をたのむ心が起こらなくては、弥陀にたすけらるることは、永久にないのであります。

つまり、自力作善の人というのは、

第一には、自力心の強い人であります。自分の力で真に善というものができると思っているのであって、作善の自力可能を信じている人であります。仏教の中でも、そういう心で作善を志している人が多くあります。

第二には、我は現に善をなしつつありと思うている人であります、実に高昂の心の人であります、過信の人であります。しかしながらいうところの善とは何を意味するか、行っている善というものにいかほどの真実性を有するかさえ、考えないでいるのであります。

第三には、善をなさんとして精励しておる人であります。実はできもせぬのにできていると考えたり、よほどやっているように見せかけたりして、ついにはできているように考えなしてしまう偽善者であります。

第四には、善をなさんとしてそのなし能わざることにゆきづまって、苦しみ悩んで常に懺悔し、後悔のみを重ねている人であります、常に不可能に泣いて悔恨しつつある人であります、しかし作善の心は依然としてやまず、むろん、他力をたのむ心も起こらずして、同じことを繰り返しているのであります。

第五は、自己を鞭撻策励《べんたつさくれい》して是非とも善をなさんと力んでおり、これをあくまでも敢行せんとしている人々であります。それは実に殊勝であり勇ましい態度でありますけれども、自力我慢心の人であります。

これらは皆、自力作善の心のもち主でありまして、自己の本性や自己の能力に覚めない無自覚の人であります。自己の魂に眼醒めないかかる人々の、他力本願を信ずることはけっしてないのであります。それは、その自力作善のやまないかぎり、他力をたのむ心は起こらないからであります。かかる人が助かるには、その魂が光明の育みによって眼醒め、この心が一転せないかぎり、もう助かるときはないのであります。自力作善心は、自己の魂にいまだ醒めないためでありますが、もしそのまま進むときは、自己の魂を殺します。そしてついには自己の一身をも殺すに至るのであります。自力は自己自殺の道であります。

本願に十方衆生と誓われてあるから、善人も悪人も助くるというのです。しかしながら、とりわけ悪人が可愛いのです。むしろ善人面をしている者は、自力作善の心が強いから、他力をたのむこころが起こりにくい、それで善人は悪人よりも助かりにくいのであります。これは単なる話ではありません。自分の胸に手を当てて考えるならば、この自力作善の心がなかなかやまないものであります。口では何一つできない無為無能の凡夫といったり、こんなものは弥陀の本願よりほかに助かる道はないといっておりますが、その心の裏の裏を探ってゆくと、自分はそうたいした悪人ではないと思えてならなかったり、世間一般の人間よりはちっとは善いように思えてならぬものであります。つまり自力作善の心が根強く働いておるからであります。これはお互いに静かに考えて反省せねばならぬことでありす。他力が信ぜられないというのは、自力を信じているためであります。「ひとへに」とは一途にということでありまして、そんな人は、どうしてみても、こうしてみても、ひとえに他力をたのむという絶対の他力信が起こらないのでありります、ですから助かりようがないのであります。しかし、こんな善人でも、もし「自力のこころをひるがへして他力をたのみたてまつれば」助けらるるのであります。あくまでも、弥陀の本願は他力信仰の救済であるということを知らしておらるるのであります。すなわち弥陀の本願で助けらるるということは、自分が善をなしたから助かるとか、善をなさぬから助からぬということではなくして、本願をたのむか、たのまないかで、定まるのであります。こんなことでもしておけばとか、これくらい善を積んでおけばとか、これほど懺悔をすれば、まさか悪くははからわれまいなどという、こうした心持ちは、まったく自力作善の心でありまして、こんなことではとうてい助からないのであります。

念仏すれば助かると聞いて念仏する人々の心の中には、その念仏心に自力作善の心がやまないものであります。真の善ができないと知れ、真に悪人の自分ということがわかったようであっても、念仏する心の中に、自力根性と作善根性とが、すぐ出てきまして、善のできぬ悪人だとずいぶん見かぎったつもりでいても、念仏すると罪が消えるように思えたり、すこしずつでも善人になれてゆくように思えたり、あるいは念仏するところには、日常の罪業生活、煩悩生活がちっとずつでも、懺悔の水でもって心の垢が洗えてゆくように思えて、汚い心とはいっておりながらも、清まってゆくように思われるのは、善人になった心持ちであります。それゆえ、常に念仏するうちに、しらずしらずも自力作善の人となっているのであります。自力作善の人には他力をたのむ心はけっしてありません。

四

善人ですら往生するのだ、悪人はなおさら往生する。このことは、世間の人が非常に怪しむように、それだけ大事な一節であります。話せば話すほど、その意味が尽きないのであります。じっと読んでおりますと、親鸞聖人のお心が響いてくるようです。常識では悪人でさえ往生するのだもの、善人はなおさらだと考えますが、この節を何度も静かに読んでおりますと、善人でさえ往生するのだもの、悪人は無論だ、ということが何となしにわかってきます。なお自分のような悪人はなおさらだとも響いてきます。ここが意味深重なのでありまして、かえって善人なんて往生できるものか、自分のような悪人こそ助かるのだと、こういうことがはっきりとわかってくるのであります。できもせぬ善に憂き身をやつしていたのであったという、その心がわかると、他力をたのむ心が起こって、助かるのだということも知らされるのであります。つまり、善人でも自力作善の心がやめば、助かるというのであります、面白いことであります。言葉を換えていえば、善人は皆助からないということであります。悪人よりは善人と思いますが、親鸞聖人は、悪人よりは善人の方が助からぬ、といわるるのであります。しかしここにこそ、聖人の深い信仰の光があるのでありまして、深く味わわねばならぬところであります。

宗教では常に内面の真実をいうのであり、それは魂の問題であって、私どもは善人であるか悪人であるか、ということを反省せぬばならぬのであります。

ここにおいて、善人という語《ことば》と、悪人という語とが出てきましたが、いったい世の中に、善人という者と悪人という者とが存在するのでしょうか。一般に、吾人が他人を批判するときには、彼は善人であり彼は悪人であるとよくいいます。そして自分をもときには善人であると思い、また悪人であると思います。かく人を見、かく自分を見るところから、善人、悪人という語を用い、そして善人悪人という概念を有しておりますが、本当にそんな善人と称すべき者と、悪人と称すべき者との、二類の人があるのでしょうか。聖人は世間の用語と概念にしたがいて、ここにはしばらく善人悪人と申されたのでしょうが、聖人の自覚に立って考えますと、善人という者を認めておられなかったのだろうと思います。いわゆる善人と称せられている者も、悪人と称せられている者も、その内容においては同一であり、その本性においては同質であり、むしろみずから善人なりと思惟せる人は、かえって自己の本性に冥い人であり、自己の真性に自覚なき人なのでありましょう。それゆえ、たとい、外面的にはいかに善事が行為に現われておろうとも、それをもってただちに善人なりとは速断できないのであります。外面的の行為によって速断することは、そはその人の真ではなく、それはその人の形骸であります。またもし自己を真に善人なりと思惟している人がありとするならば、その人はきっと、無自覚なる善人といわねばならぬのであります。いかに善に対して努力し、善を行のうておるとしても、それは善に対する努力であって、その人の本質が善であるとは断定できないのであります。それゆえたとい善人悪人という二つの名称があっても、実は悪人という一種類の人間しかないのであって、その中の悪の現行の少ない者の名を、善人と呼んでいるにすぎないのでありましょう。ゆえに弥陀の本願は十方衆生救済の誓願でありながら、その本願に救わるる者は一様に悪人である十方衆生であって、けっして善人と悪人との二類を含む意味ではなく、本願の対機は悪人、すなわち自覚ある悪人であって、同一類の衆生でなくてはならぬのであります。それゆえ、如来の本願力は、善人をして自己の内性に眼醒めしめて、悪人たる自覚を起こさしめねばおかぬという光養《こうよう》にあるのであります。善人の自覚に立っている人は自力心の人であり、自力心の人が他力本願に帰依するわけはないのですから、かかる無自覚なる善人も如来の光明に照破《しょうは》されて、自力の心が破れて、善人の自覚のすたったとき、そこに同一の悪人となって、はじめて他力がたのまれるのであり、他力をたのむに至れば、かならず助かるのであります。

五

如来の本願は、十方衆生の救済でありますが、吾人としては、如来や本願を知ろうとする前に、まず、自己の魂を探してこねばならぬのであります。ことによると、私どもは二十年も三十年も昔に魂を落として、魂なしで亡者のように、さ迷い歩いているのであります。助けんとする如来はあっても、助かるべき自己がないのであります。自己を所有しておらないのであります、魂をもたないのであって、多くは魂の喪失者であります。

あなたは悪人だというと、私だってそんな悪いことはないといいます。その背面には善人であると思っているのであります。その反対にあなたは善人ですなあといえば、それは自分の名ではないと思う、そして私も考えてみるとずいぶん悪い心をもっており、悪いこともしているという。悪人かといえば、そうでもないといい、善人かといえば、そうでもないという。いったいどちらだといえば、さあどちらかなあという風で、他《ひと》のことのように思うているのでありますす。どちらでもあるが、どちらでもないのであります。問いつめらるると、両方であるというよりほかはないのですけれども、実はどちらとも本気で考えてみたことがいまだかつてないのである。すなわち確たる自己をもたないのであります。人のうえのみならず、私は私自身のうえについても、この二つの名をもって自分の魂に呼んでみて、耻《は》ずることであります。善と悪と両方あるなどと考えることは、自覚なき者の遁辞《とんじ》であって、実は考えてみたことがなく、しかと自己に逢うたことがないのであります。しかしながら実は、無自覚ながらも心ひそかに、いずれにか明瞭になりたいと、常に念願しているのであります。

はなはだしい人になると、私は曲がったことが若いときから嫌いな性分であると、衆人公座の前で堂々といっているのであります。そして、ちっとでも善いことはいたしたい性分であるというていています。横におって聞かされていると、胸悪くなってきて、横を向きたくなることが往々あります。一遍ぐらいは愛嬌とし、座興として耳にとどめないようにして辛抱しますが、人々が一向感心せないものだから、二度も三度もそれを繰り返して、念を押して聞かそうとし、感心させようとし、他の証明を待ちかまえているに至っては、聞いておられたものではありません。曲がったことが若いときから嫌いなのではなく、反対に若いときから曲がったことばかりが好きなのにきまっているのです。現在も曲がったことが好きであり、だんだん好きになり、常に曲がったことをしており、常に曲がったことをしてやろうと毎日考えているのであります。毎日曲がったことばかりであり、その曲がったことの当てがはずれると、しまったと残念がる男であるのに、何をいってるんだこの男、魂がお留守なんだなあと、私の心は頻《しき》りと私に耳語《じご》するのであって、ついには可笑《おか》しくなるのであります。他の人々も、はじめの間は、そんなこともあるかもしれないと思って、そうですかと、ちょっと感心した風に受けていますと、しかと他《ひと》の胸に、善人である自己の印象を刻み込もうとして、再三繰り返しますと、次第に聞く人々もどうも得心がゆきかねる面もちをしているのであります。そうするとなお語《ことば》を加えて「お前は馬鹿正直だと母からもよくいわれましたくらいで、何分馬鹿なものですから、正直なことが好きなものですから、これが馬鹿正直というのでしょう」と、ひとり賞讃のような卑下のようなことをいう。ますます可笑《おか》しくなります。なに、馬鹿なことがあるものか、賢《かしこ》すぎるほど小賢《こざか》しいのである、正直らしく見せ、正直らしくいうほどの賢さに、ぬかりない人がかえってそんなことをよくいうものであります。臆面もなく平気にいうているのですけれども、何という自覚のない人かと思います。これらの人は自分というものを知らないのであり、見たことがないのであって、曲がったことが好きであるにかかわらず、嫌いであると思っていたり、正直でないのを正直と考えておるのであります。そして自分は曲がったことは好きなのに、他の者が曲がったことをするのは大嫌いなのであります。自分は見えないが人は見えるのであり、自己はわからぬけれども他人のことはわかるのである。そのほか、私は嘘はいったことがないとか、人を疑ったことはないとか、平気にいっている人が、よくありますが、あきれてその顔を見ているだけで、返答に苦しむことがあります。

自己に対する盲者と盲者とが、より合っているのであるから、二人の人が互いにさようにいい合うていることがあります。私は曲がったことは嫌いでありますというと、そうそう私も曲がったことが嫌いでしてねえと、調子を合わしている。私は馬鹿正直で、私も馬鹿正直でというて、同じ言葉を交換していることがあります。しかし、自分のいうときには力を入れるが、いかにそんな人々といえども、人のいうときには真実には受け取れなさそうな顔をして、盛んに辞令の交換をやっていることがあります。要するに、自分を一途《いちず》に善人であるときめており、あるいは善人ときめようとして、善人たらんとしているのであって、自己の真実性がそれと全然反対のものであることを知らないのであります。

自己が善の努力者であり、善の随喜《ずいき》者であり、渇仰《かつごう》者であり、善の実行者であり、最上の善人なるがゆえに、妻は悪人であり、子は悪人であり、家内中は皆悪人であって、自分一人が善人なのであります。孤独の善人が悪人に囲《い》繞《にょう》せられており、悪人国に住しておるのであるがゆえに、その人の生活、その人の家庭は苦しいところに違いないのであります。そして妻も子も親も兄弟も、皆苦しみ悩むにきまっているのであります。ついには、きっと人を呪うたり、浮世《うきよ》が嫌になったりするのであります。自己が善人になっていると周囲が悪人となり、悪人国に住まねばならぬようになるのであります。これと反対に、自己の悪人であることを自覚すれば周囲が皆善人と感ぜられて、善人国に住するようになることは、誠に面白い事実ではありませんか。たとい周囲が善人と感ぜられないまでも、自覚ある悪人同志は、手を携えて暮らす平和を得るのであります。

自分を善人であると思っている人は、必ず他の者に対して善人であることを強請します。善に努力する人は他に対しても善の努力を強《し》います。不可能である自力作善を可能と信じておりますから、自己が不可能に苦しむと、それにもかかわらず、自分の不可能は他の者が努力しないからであると、その原因を他に帰して責めようとします。そして他の者の行わないとき、自分は苦しみ、他の者をも苦しめます。これを思い彼を思いますと、自己を発見し、自己を知り、真自己を所有するに至ることは、いかに大事なことかと思います。これこそは、道のうえの先決問題であります。親鸞聖人の宗教の尊き所以は、この一点にあるといってもよいと思います。

六

普通以上の学識があり、地位ある人々、世間の上流に立って、ずいぶん大事業をしている賢明な人々でも、心の問題、自己内面の真相については、至って不明蒙昧《もうまい》なものであり、ひとかどの賢婦人と称せらるる人々でも、案外、自己には冥盲《めいもう》であります。外《そと》に考え外《そと》を見る眼は発達しておっても、自己の魂の実相を内観自知する眼はなかなか開けないものであります。世間的な賢さでは、なかなか明らかにならないものであります。如来の光に照らされ、他力にあらずんば容易に明らかにならないものであります。

七

自己の相《すがた》というものは、どうしても如来の光に照らされねばわからないのであります。順境の光、逆境の光、あるいは学問の力、研究の力、そうしたいろいろな生活上の光におうて、はじめて自己の善悪ということが識別せられ、そこに自分の真実の相《すがた》が、ようやく曝露せられてくるのであります。

結局、宗教は善悪の問題でありまして、それを善悪論と申しましょうか、善悪の思念と申しましょうか、すなわち、善とは何ぞや、悪とは何ぞや、ということであります。これは宗教上でも、哲学上でも、重要な問題でありまして、西洋哲学でも、東洋哲学でも、この問題を取りあつこうているのにすぎないのでありましょう。そしてそれは非常に難解な、難しいものとせられているのであります。私どもはたいていの場合、善人面をしておりますが、その善とはいったいどんなことか、そしてどうしたのが真実の善であるか、ということが問題であります。

八

仏教では善ということについて、だいたい二つの名がつけられております。それは世間善と出世間善とであります。世間善とは世間的なすなわち外的生活を中心とした善のことであり、出世間善とは世間以上の善、すなわち内的生活を中心とした善のことであります。世間善とは生活上の物質的、肉体的な幸不幸というほどの意味であり、出世間善とは魂のうえの問題でありまして、この内的生活の生命が、助かるか助からないかの問題であります。親鸞聖人は常識的な慈悲や善根の世間善では、心霊の問題は断じてらちのあくものではないと、申さるるのであります。たいていの宗教は、この月並みな常識的な世間善くらいのところで、踏みとどまっているものではないかと思います。皆さまの中でご存知の方があるかもしれませんが、あの陶宮術というものもです。中には真面目にやっている人もあるようですが、あれも一つの世間善であるようです。もちろん苦しみを抜く一つの道であるのでしょうが、聞くところによれば、自分の悪というものを懺悔してよいことをしようとするのだそうです、苦しいことはなるだけ考えないようにして、そして気持ちのよいようよいように心をもち直して暮らしてゆくのです。悪いことを懺悔すれば毒をはきだしたと同じように、苦しみは軽められて、そして気が清々《せいせい》するというのです。一応はもっともでありますが、これくらいのことで、善をしたつもりでいるのならばおかしなことであります。拭うても拭うても汚い炭団《たどん》のような自分の心が、ちょっとやそっとの懺悔や罪ほろぼしの善で、ひとかどの善を積んだように心得ているのはおかしいことです。一時はちょっと胸がすっとするかもしれませんが、しかしそれはごまかしではありませんか。自分の魂が助かるのではなくて、ただ胸がすっとするくらいの善でしかないのではありませんか。もちろん懺悔をせぬ人よりは、する人の方がいくらかましでありましょう。しかしそれくらいのことを善だと思い込んだり、自惚《うぬぼ》れたりしていては、ついには魂の真実を見る明を失うに至るのであって、恐ろしいことであります。その他、稲荷《いなり》さんであるとか、聖天《しょうでん》さんであるとか、あるいは天理教であるとか、金光教であるとか、たいていは皆こうした世間善を誇張しているのではありませんか。単なる懺悔の胸すかしをやっているのではないでしょうか。目にもろもろの悪を見ず、耳にもろもろの悪を聞かず、口には諸々の悪をいわず、身にももろもろの悪を行わずと、つまり仏教でいうところの十悪を、身に行わない、口に行わない、意《こころ》に行わないようにつとめて、その反対であるところの十善を修するようにしようとするのであります。たいていの人はこれくらいのところにとどまって、自己を善人視して平気に善人顔をしてすまし込んでいるのであります。しかし、これをかりに真実の善としましても、いったいそれさえ私どもには、どこまでできるというのでしょうか。口では十善だとか、慈悲だとか、善根だとかいうておりますが、それがどこまでできていると思うのでしょうか。それは明了に反省せねばならぬことであります。身にもろもろの悪を行わず、意《こころ》にもろもろの悪を思わずといいますが、はたして私どもの身心はそれほど清浄《しょうじょう》潔白であり、また清浄になり得るのでしょうか、できもしない善をできるように思い、あるいはできたように思うているのは、畢竟《ひっきょう》それは偽善であり、体裁ばかりの善であります。古来から、こうした善のために、どれだけの人間が困って泣いたことかと思います。それゆえ、是非とも、自己の真実相というものを知らねばならぬのであります。

九

善をなすことは、安楽ということが目的となっておるのであります。そして安楽の究極は仏であります。仏の身の上になってこそ一切は幸福なのであります。そしてこの仏となり幸福となるのは、生死《しょうじ》を離るるということであります。この生死を離れるということが、仏の説かれた幸福道なのであります。これは、なかなか難しいことでありますから、昔からこのことを、あまりいわずに、単に助かるとか救われるとかいうておるのですが、しかし助かるとか救われるとかということは、この生死を離れることの謂《い》いなのであります。いかに金をつみ、権勢を張り、栄誉栄達の生活をしても、この生死一つが解決されないなら、何の安心も幸福もないのであります。そこで私どもは、この生死について、どこまで解決したのかということが大切な問題であります。そしてまた私どもの考えているような善で、はたしてこの大問題がいかに解決されたであろうかということは、一度は本当に考えてみなければならぬことであります。

蓮如上人は『御文』の中に「我身はわろきいたづらものなりとおもひつめて」とか、「我身は十悪五逆、五障三《ごしょうさん》従《しょう》のあさましきものぞと、おもひて」と申されましたが、私どもはどう考えても善がつとまりそうにない、また、たまたまつとめても、それは不純極まる不徹底なものであって、とても生死を離れ得るほどの善ではない。そして実は善にはずれる行いばかりしているものであります。そこで自分は、十悪五逆の悪人なりと思いとらねばならなくなるのであります。さればこそ「思ひとつて」とか「思ひつめて」とか申されたのであります。しかしこれがなかなか思いつめられないのであります。単に思うておくのは、自分を偽り如来をだましているのであります。むろん、蓮如上人が「思ひつめて」といわれたのは、思っておく、といわれたのではありません。真に自覚して、自己の悪人たることを知るのであります。思っておくのでは、偽りの悪人でありまして、便宜のために悪人と思っておくのであります。それは偽善者と等しく、偽悪者でありまして、大なる嘘つきと申さねばなりません。世の中には偽善者も多いのですが、かかる偽悪者もずいぶん横行しているのであります。自分が真に悪人であるということが本当にわからねばだめであります。それがわかってこそ「思ひつめて」とか「思ひとつて」という痛切な自覚が湧くのであります。ただ助けてもらうのでは、あまりもったいないから、少しでも善をつとめるようにしようというような考え、ここに無理が生じ偽善が生まれるのであります。むろん、善をつとめようと心がけるのはけっこうなことのようですが、それを救済と交換的に考えたり、自力的に考えるから、偽善になってしまうのであります。世の中で何が一番穢いと申しても、この偽ということ、魂の自覚をもたないということほど、穢いものはありません。慈悲善根をやっている人は、奇麗なように見えますが、さてそれが偽善だとわかると、もう汚い、そんな慈悲を誰が受けるものかと思います。唾棄したいという言葉がありますが、それはこうした偽善人、偽悪人、つまり身のほどを知らぬ無自覚者に対して用うる言葉だと思います。それよりもむしろ、私は悪人ですと、率直《すなお》に頭を下げる人の心にきれいなものが見えてきます。悪人が悪人とあやまったところに、何ともいえぬ美しさが現われます。これは、その人が自分の本心をうち出しておるからであり、その真実の尊き光によって、その人の醜悪が消えてなくなるのでありましょう。この意味において、真実は永久の美であり、偽りは永久の醜悪であります。現代の社会でも、家庭でも、いかにこのうそつきが横行していることかと思います。ことに家庭において、自分に一番近い者のうえに、そうしたきたないものの見えるのは、たまらないものであります。これは何も私一人がきれいだと申すのではありません。いま仮りに私を横においていわせてもらいますと、家庭などでは、毎度このきたないものを見せつけられます。善人面《づら》をせないまでも、自分というものを、のけておいて、すなわち自己に対してはいつも無自覚である場合であります。やわらかい御飯をとたのんでおいても固い御飯を炊き、そしてそれを責めると、そんなはずがないがといいます。そんなはずがなかったら、御飯が固くなる道理はないのです。炬燵《こたつ》がぬるいというと、そんなはずがないという。はずがないはずがないで押しとおして、自分を見ようとしないのであります。御飯が固くなった原因は水がたらなかったのだから、その水を責めておけば、ご機嫌がよいのかもしれませんが、そんなことをいうている者の心のうちがわかると、もうたまらなく嫌になってしまうのです。一事が万事これなのです。炬燵のぬるいのは火の入れ方が悪かったのであろうと、率直にそれをあやまればよいのですが、なかなかあやまろうとはしない、はずがないはずがないと徹頭徹尾自分を弁護しようとする、その善人たらんとする根性が、飽きたらないのであり、醜いのであります。つまり自分が善人顔をしようとするのです。一言にしていえば、悪いことをしながら悪の自覚がないのです。自分を見る明がないのです。いつでも無自覚なのです。この無自覚な魂を見せつけられるほど、不愉快なものはありません。

＋

家庭生活と信仰とは、どうしても離すことができないものであります。信仰を聞いているときだけ、自分は悪人だと思うていて、さて家庭に帰ると善人になる。これではまったく信仰と生活とが矛盾しているのであります。こんな矛盾したことをやっておるから、仏に救われるといっている人ほど、人から嫌われるというようなことになるのであります。

社会人心がどうの、国家がどうのと、大言を吐く前に、私どもは、まず自己自覚の世界にはいらなければならんのであります。人間生活というても、畢竟魂と魂の生活のことであります。そして私どもは善人面をしようとするかぎり、その魂が見失われるのであります。もちろん魂のない人は人間とはいえないのでありまして、人間としては魂と魂との交際をしたいのであります。

人間はただこれだけで生きているのであります。帯がほしい、指輪がほしいと妻君はよく夫にせがみますが、実は、そんなものはどうでもよいのであって、ただ夫の魂一つがほしいのであります。たまたまねだって、帯や指輪を買ってもらっても、愛の魂がはいっていないと、何かしら物たりないのであります。魂さえ得れば、あながち、そんなものはなくても満足するのでありましょう。それをそうと自覚しないものですから、夫はまわりくどい弁解をしたりなどしているのであります。魂がないということは、自己の自覚がないということであり、自己がないということであります。

私どもは常に、いかに無自覚な生活をやっていることかと思います。あなたはなかなかの善人だというと、そうでもないという、では悪人かというと、わしを悪人と思うているかと怒る。それらは皆無自覚なのです。実際、人間は、着物を買うとか、買わんとか、お金がどうのこうのと、そんなことが生活ではないのです、それは生活の手段であります。ただ魂の自覚が肝要なのです。魂のない着物や金は、これをいくら与えられても、喜ばれないものであります。貧しくとも、魂のこもった御馳走こそ、美味しいのです。魂からこしらえてくれた着物こそ、有難いのです。ただそのもののよき魂がほしいのであります。それゆえ、自分の本心を自覚するということは、人間生活の根本であると申してもよいと思います。

十一

人間の本性は悪であり、蒙昧《もうまい》であり、無明《むみょう》であります。それに善人らしくしようとするのは、偽善であります。もちろん、偽善を偽善とわかるのは一段の進歩でありまして、善人が悪人と名が変わるのであります。孔子の教えでも、天理教でも、基督教でも、善悪の思念がどこまで進んでおるかが問題であります。つまらぬ善でも、やらぬよりはましではありましょうが、しかしそれをやったからといって、必ずしも真の道とは申されないのであります。世間善といえば仁義礼智信の道徳善のことでありますが、出世間善とは、もう一段進んで、生死《しょうじ》を離れた最上無上の幸福を来たすものです。この無上道を得るために、仏を礼拝し、あるいは作願《さがん》とか、観察《かんざつ》とか、経典を読むとか、あるいは如来に供養をするのであります。つまり単なる外的世間的な善悪を超越した善であります。真に自分も助かり人も助け得るための善であります。

かように、善には二様の善がありまして、自分のなしている、またなさんとする善に、どれだけの価値があるかということを、よくよく反省せねばならぬのであります。それが自己が生死を離れ、人にも生死を離れさすほどの善でありましょうか。単なる道徳善では多少の応報はありとしても、生死を離れることができないのであります。世間善は単に生死の中の善でしかありません。出世間善はどうしても、それ以上、生死を離れ得るものでなければならんのであります。単に人を喜ばすためとか、腹を立てないための善であっては、自分の魂がそれによってどこまで救われるというのでしょうか。仏教では生死を離れ得ない程度の果報を、真実の幸福とはいわないのであります。どうしても生死以上の天地、外的生活以上の天地に出ないと、真の幸福になったとはいえないのであります。たとえ善を積み悪を除いて、声聞《しょうもん》とか縁覚《えんがく》とかいうような人になったとしても、それが生死を離れ得ないかぎり、真実の善の価値があるとはいえないと、申さるるのであります。そこで、私どもは、そのような善をやっているかを、考えねばならぬのであります。

この意味から、内らを向いて厳密に考えますと、私どもは低級な善はやっても真の意味の善としては何一つやっておらず、またやり得ないということがわかるのであります。私の内にあるものといえば、貪欲《とんよく》、瞋恚《しんい》、愚痴《ぐち》、自《じ》を害し、他《た》を害し、たまたま自他の幸福ということを考えても、それが利己的なものであったり、省察すればするほど、反対に自分は悪人だという自覚を深めさせられるばかりであります。私が真宗のお話を聞いて、有難いと思いますのは、お話を聞けば聞くほど、自分は悪人だという思いが深められることであります。これはいかほどでも見るがよいと思います。家庭内の闘争でも、大概《たいがい》それは善人面の衝突でありまして、自分が悪人だと自覚するところには、喧嘩の起こりようもないわけであります。自分の本当の相《すがた》が見えないものだから、人のことがあきたらなかったり、腹が立ったりするのであります。しかしながら自分の相はなかなか見えにくいものであります、また見れば穢いものだから、なるべく見ないようにするのです。ときに、はっきりさせられると、苦しくてたまらないものであります。しかしながら勇気を出してつとめて自己を見るべきであります。自分が幸福になるかならぬかは、自分を見るか見ないかできまるのであります。本当に引き出して自分を見るところに、はじめて、小は家庭問題や、その他すべての苦悩が救われるのであり、そしてついには生死の大問題が救われるに至るのであります。

十二

そこで、自分が悪いとわかればわかるほど、助かることの喜べるのが弥陀の本願であります。よし信仰まではゆかずとも、自分の真実を知った者は、きっとそれだけの幸せをうけます。十悪五逆の罪人なりとも助けねばおかぬというのが、如来の本願ですから、いくらでも安心して自分を知ることにつとむべきであります。いままでは知れば苦しいから、なるべく見ないようにしてきたのであっても、しかし安心して見極めてゆくところに、如来の本願の不思議がいよいよ有難く信ぜらるるのであります。本当の信者は、はっきり目をあけて自分の悪を見てゆきます。それが有難いのであります。礼拝するのもよろしい、仏前に出るのもよろしい、それだけでもすこしは自分が見えてくるのです。要するに真の幸福道の第一歩は、自分を見ることであり、自己の真相を自覚するか否かであります。朝も昼も晩も、自分はいったい、何をせんとし、また何をしているのであるか。あまりそんなことを考えると狂人になるという人がありますが、そんな気づかいはけっしてありません。ある人が、自分は女中に対してさえ、変な考えを抱いておった男であると、昨晩知らしてもらいましたと、申された人がありますが、実際私どもは何を考え、何をなさんとしておるか、わからぬものであります。実にきたないことを考えておるものであり、ぞっとするほど悪いことを考えておるものであります。善が少しできれば、それを売ろうとし、悪があれば極力それをかくそうとつとめ、そして、かくれて悪いことのありだけをせんとしておるものであります。こうした心のありのままが自覚せられないかぎり、私どもは本願他力の救済を仰ぐこともできず、したがって生死を離れるということもできないのであります。

　本当の幸福は生に着せず、死に着せず、つまり心において生死がなくなった、すなわち不生不死になることであります。人間苦というのは、常に生に悩み死に悩んでおることであります。そうした生死に害せられなくなったのが真の幸福であります。人を救うということも、実は人をしてこの生死の悩みから離れしめることであります。自分がかく生死解脱をしてこそ、はじめて自由になり得たといえるのであります。

十三

日常、自分のなしているような善によって、仏になる価値があるかどうかを反省しますとき、ここに自力作善すらできない自分であるということがわかってくるのであります。換言すれば、善人という外貌をした悪人であったことがわかるのであります。そして自力作善はそれがとうてい助かる道でないとわかって、弥陀の他力本願をたのむようになれば、そうした善人も助かるというのであります。すなわち善人だ善人だと思っている者に、自己の本性は悪人であるという自覚を起こさせたいというのであります。いずれの行もできない私をして、生死を離れしめたいといわれるのは、悪人正機ということでありまして、善人でさえも、いつかは真実に自覚せしめて助けたいという本願であるから、眼の開いた悪人は、なおさら助かるのだと、親鸞聖人は喜ばれたのであります。

それゆえ、私は、知らないで悪を造るよりも、知って悪を造る方がよいと思います。世間では知ってやるということは、故意ということで、いけないといい、そして知らずにしたというと、いかにも善人らしいのですが、それは魂の死人であり、盲目者であります。しかしやむを得んならば、悪いと自覚してやる方が、悪いことがわかっているだけでもよいと思います。商売上でも、知らずにというよりも、これこれの利益のためにと知ってやる方がよいと思います。悪の自覚を得ることは、尊いことであります。目をふさいでちょっと失敬する、その根性では魂の助かるときはないのであります。

善悪ということを、はっきり自覚して、本願を信楽《しんぎょう》すること、それによって善悪を超越して、南無阿弥陀仏を仰ぎつつ進んでゆく天地が、他力信楽の生活であります。

第四節　愛の完成

慈悲に聖道浄土のかはりめあり。聖道の慈悲といふは、ものをあはれみ、かなしみ、はぐくむなり。しかれども、おもふがごとくたすけとぐること、きはめてありがたし。また浄土の慈悲といふは、念仏して、いそぎ仏になりて、大慈大悲心をもて、おもふがごとく、衆生を利益するをいふべきなり。今生にいかにいとをし不便とおもふとも、存知のごとくたすけがたければ、この慈悲始終なし。しかれば念仏まうすのみぞ、すゑとほりたる大慈悲心にてさふらふべきと云々。

（第四節）

一

この一節は、慈悲ということについて、親鸞聖人のお話しになったことを伝えられたのであります。利他愛ということは、誰でもがもつ精神上の問題でありまして、この悩みを、どうするかということを、解決してくだされたのが、この一節であります。この『歎異鈔』をうかうか拝見していますと、親鸞聖人の他力信仰というものは、我々の日常生活と何らの関係のないことが書かれてあるようでありますが、子細に伺いますと、そうではなくして、第三節には私どもの生活苦悩の根本問題である、善悪ということが出ており、そしてさらにこの第四節には、人生上の実際問題として考えねばならぬ慈悲、換言すれば愛の悩みということが、取り扱われているのであります。そして、次の第五節には孝ということを問題としていられるのでありまして、かかる解決は信仰によらねば得られないということを示していられるのであります。以下種々の人生問題が信仰によって、その最後の解決を得ておられるのであります。すなわち種々の人生問題の解決が、信によってはじめて得らるることを示されているのであります。

人を愛するという問題にしても、これを本当に考えますと、なかなかの悩みであります。いい加減に考えておれば、それですむ場合もありましょうが、そんなことで人間の精神は治まるものではありません。親鸞聖人はこの愛ということについても、これを徹底して考えねば、自己が助からなかったのであります。そして、その解決を念仏の信仰によってはじめて得られたのであります、だから常に念仏を喜んでおられたのであります。私はこの一節を読んで、いよいよ人生問題の解決は、信仰によるよりほかに道がないことを知るのであります。諸君におきましても、あらゆる人生問題の解決が、信仰によりて得られるということを、忘れないようにしていただきたいのであります。そしてこの書を味読してゆくならば、きわめて意味深いことであります。

二

慈悲ということは、現代の言葉でいいますと、愛ということでもあります。慈悲と申しますと、何だか宗教くさい言葉のようにもありますが、しかし真実愛ということと意味は変わらないのであります。この愛ということについて、少しお話ししたいと思います。

仏教のうえにも、愛という文字が処々《しょしょ》に散見されることでありまして、それが善き意味にも悪い意味にも使用されているのであります。『正信偈』に、「能発一念喜愛心《のうほついちねんきあいしん》」とありまして、これは善き意味に使われておるのでありま す。しかし、愛欲という煩悩とか、愛欲の広海に沈没してとか、染愛《ぜんあい》とか愛執《あいしゅう》とか、愛著《あいじゃく》とかと、愛の字が煩悩に名づけられている場合が多いのであります。私どもは日常よく愛ということを申しておりますが、いまはそれを本当に考えてみたいのであります。有島武郎氏は恋愛至上主義とかいって、ついには情死されましたが、これはおそらく一つの時代の象徴であろうと思います。私も一度氏のものをゆっくり読んでみたいと思っているのですが、だいたいにおいて、氏は恋愛を高調されたようであります。もちろん、彼自身でないと本当のことはわからないのでしょうが、愛はすべてを奪うというのであります。その肉体も、その財産も、何もかも奪う、これは一面における事実であります。私は同氏の『惜しみなく愛は奪う』という書物は七分通りまで感心して読みましたが、終わりの方は意味が徹していないように思います。要するに、愛するものは取らずにはおけないというのであります。愛するものなら、骨董屋からでも、三越からでも、きっとそれを取ろうとします。もちろん何でも愛するものなら奪いたいということ、それは真理ではありませんが、事実であります。私どもの内心に起こる他に対する愛心は、必ず欲念となります。それゆえ、仏教が愛を煩悩として取り扱っているということは、物を取らねばおかないからであります。愛するものなら何でも取るということは、貪欲の一変形であります。すなわち愛には、奪うという形である場合が多いのであります。

三

されば、仏教で愛といわずにたいてい、慈悲と申しておられます。『観無量寿経』には「仏心者大慈悲是《ぶっしんしゃだいじひぜ》」とありまして、慈悲の精神を説くのが仏教であります。仏というと、すぐ形体《かたち》のことを思いますが、本当は仏の心をいうのであります。私どもは自分を人間だと申していますが、こんな形体があるから人間というのではなく、心をもっているからであります。それゆえ、心一つがいかにあるかということによって、人間とも、畜生とも、菩薩とも、仏とも名づけられるのであります。それゆえ仏とは大慈悲の心であります。慈はいつくしむと読み抜苦の心であります。悲はかなしむと読んで、彼の悩みに同情して、与楽する心であります。普通には、愛はどうしても取らずんばやまぬ働きとなりますが、彼を愛するということは、畢竟は彼を奪わねばやまぬようになるというのであります。ときには愛されたいと希《こひねが》うことがあっても、結局は、愛されつつ他を奪わんとするようになるのであります。しかし愛し愛されつつ、常に奪い合うような形になるのは、どうしても貪欲であり愛欲であります。彼が可愛いといったところで、その所属物が可愛いのであって、事実は彼よりも自分の愛欲心を満足せしめようとする貪欲心のことであります。

そこで本当の愛は与えるということ、つまり慈悲の心にならねばならぬのであります。すべてを与える、自分を犠牲にしてでも与えてゆく、そこにこそ子どもも育ってゆくのであります、困難な社会問題も解決してゆくのでありましょう。慈はあわれみ、いたわることであり、悲は同情することであります。いたわるなら与えねばならぬのであります。あわれみも同情も結局は与える心となってゆくのであります。たといときには奪うようなことがあっても、そのときの奪うのは、先方のためを思うからであって、けっして利己欲のためではないのであります。金がなくて困っている者には金を与え、難事があって困っているときには、それを取り除いてやるのであります。それは彼の幸福を思うから奪うたり与えたりするのであります。それが慈悲であります。一般にいうているところの愛は、知らず知らず奪うているのであり、彼を殺して自分の欲を果たしてゆこうとする心であります。しかし慈悲の道はあくまでも与えることであり、彼を生かそうとすることであります。すなわち彼に力を与えるのであり、苦しみなく生きてゆくようにせしめるのであります。そして私どもの衷心を探してみると、そうしたい念願が、常に動いているのであります。換言すれば、そうしたい念願を果たしてゆくのが、自分の真の道なのであります。妻は種々の悩みをもっている、子どもは子どもで苦しみを抱いている、親は親、兄弟は兄弟で、それらが精神上にも、物質上にも、悩苦を重ねて泣いているのでありますが、そういうものに取りまかれているのが、この私というものであります。それゆえ、そうしたものの悩みを除いてやらなければ、私の心はどうしても休まらないのであります。私の悩みを取り去るには、他の者の悩みを取り去らねばならぬ、すなわちこの慈悲の念願を果たさねばおけぬ衷心の願望が私どもにあります。親鸞聖人にありましては、実にこの念願が熾烈《しれつ》であり、同時にその悩みが切であったがために、この一節が出てきたものと思われます。

四

その慈悲心に、聖道《しょうどう》の慈悲心と、浄土の慈悲心との、二通りがあると申されるのであります。この慈悲の愛他心は、誰人《たれびと》の心の中にも横たわっている事実なのであります。主人ならば妻の悩苦を見て、どうかしてやりたいと思います。それが物質上の苦しみならば物質をもって、精神上の悩みなら精神を、何とかして幸福にせしめたいと思う。そして物質的のことから進んでは、その精神的のことに至るまで、立ち入ってそのすべてを安楽ならしめたいと願うものであります。親ならば子どもの苦しみを見て、どうかしてやりたいと思う、学校へゆきたければ学校へ、御馳走が食べたければ御馳走を与えて、その悩みを取ってやりたいと思う。その他、秘密をもって人に打ちあけられない悩みを抱いて泣いている人に対しては、どうかして、その悩みをなくしてあげたいと思う。私の方にも、それをどうかせなければ堪《たま》らないものがあるのであります。義侠心ということがありますが、そういう心持ちをもって人にのぞみたい念願が、私どもの心の中に絶えずあるのであります。しかし、どうもそれが思うようにゆかないものであって、約束とか、義理とか、人情とかが、その念願を常に妨げるのであります。それが吾人の一つの大きな悩みであります。人のことなどを考えるのは、つまらないことだとか、苦しいから考えないようにしようとかいうのは、それは無理想というものであって、けっして自己に忠実なものとはいえないのであります。少し考えると、人のことであっても、それをどうかしてやりたいと思えて、人の悩みが自分の悩みとなってくるものです。すなわちここに他に対して慈悲の思念が動くのであります。ご承知の通り、親鸞聖人は道を求めてやまれなかったお方であります。道とは自分が助かりたいということと、人の苦しみを助けたいということとであります。自分の一面である自利の方は信によって助かったのですが、他の一面の利他の方である慈悲の問題、すなわち他を思う対人関係についてであります。

五

聖人は流罪におうて、妻子と別れられたことであります。またかなり貧に迫られて苦しみを嘗められたようでありますす。それゆえ、妻子や、弟子たちに対しても、ずいぶん慈悲とか愛とかいうことで苦労をせられたことと思われます。しかも晩年には長男の善鸞に反逆せられ、いよいよそこに切ないものを味わわれたことと思います。史実には明らかになっていないようですが、その可愛い子どもを思想上の関係から、勘当《かんどう》せねばならぬようになったことであります。せっかく開拓した関東の教田を、荒らしまわるところの、我が子の所行を、憎めば憎むほど、いよいよそこに切ないものがあったに違いないのであります。それゆえ、晩年の聖人はそういうことで非常に苦しまれただけ、それだけ愛ということを痛感せられ、つくづく愛の完成ということを知られたに違いないのであります。

実に不思議なものは愛の心であります。反逆すればするほど可愛い、憎めば憎むほど、その下から愛執の情が湧く。これです。慈悲という考えは誰でももっているのであります。静かに考えますと、悩める人間もさることながら、犬も可愛い猫も可愛い、飢えたる犬を見ても可愛い、病める猫を見ても可愛い、そして、どうかしてやりたい心が起こります。花が萎れていても、どうかしてやりたいと思います。バイロンでしたか、片足を失のうている蟋蟀《こおろぎ》を見て泣いたということです。万人は皆そうした痛い心を抱いて、生活の行路を歩んでいるものであります。

六

そこで、聖道《しょうどう》の慈悲と浄土の慈悲を一言にしていえば、聖道の慈悲とは自力的の慈悲であり、浄土の慈悲とは他力的の慈悲をいうのであります。普通一般にいう慈悲とは、親鳥が小鳥を育てるように、羽の下に包んで、はぐくむことであります。金がほしいので悩むなら、いくらでもあげましょう、喰うものがないなら私の家へお越しなさい、人の難儀はあくまでも救いたい、こういうのが聖道の慈悲で、それは清らかでありますから、それゆえ聖道の慈悲というのであります。そして、そういう風にして、人々を安住の地に至らしめたいというのが、吾人の念願であります。しかし「おもふがごとく、たすけとぐること、きはめてありがたし」でありまして、自力的に慈悲を完成しようとすることは、きわめて困難なことであります。

ところが、できないなりでは、私の胸はどうしても済まないのであります。慈悲の心はあるが、できなければ、仕方がない、まああきらめておこう、それでは本当に慈悲の心が起こっているのではありません。本当に起こっている場合には、できないということが自己の大きな悩みであり、切ないことであります。それゆえ、是が非でも、この願いが果たされなければ、私どもの心は安まらず満足できないのであります、これが人生の悩みであります。しかるに、たいていの人は、このできないというところに足をとどめているのではないかと思います。ベストを尽くしたと、よくいいますが、自分免許の、ベストを尽くしたぐらいのところで畢《おわ》っているようであります。自分はできるだけのことを尽くしたが、これ以上はもう仕方がないと、ここらで葬ってしまおうとします。この病人にできるだけのベストを尽くした、これで治らないならば仕方がないとよくいいますが、これでは第一自分が助からないではありませんか。しかし普通は、ここらで問題が終わったように思うているのです。

しかし、真面目な人生問題は、かえって、ここから始まるのであります。仕方がないけれども、捨てておけない心があります。浄瑠璃の文句に「とはいふものの、可愛いやな」とあるのを、安藤さんがよくいわれるのを思い出します。私の心をじいっと見ますと、夜のねざめにでも、泣かねばならぬものが、常に潜んでおるのであります。理屈上はよくわかっていながら、それにもかかわらず、切ないものがあるのであります。幸福だと思って嫁にやった娘が、何ぞ知らん悩んでいたり、あるいは親が悩んでいたり、妻が悩んでいたり、子どもが悩んでいたりします。皆いっしょにいて悩み、ときには別れていて悩んでいます。それをどうかして助けたい、どうすれば助かるのか。助けるといえばすぐ金だと思いますが、何万円の持参金をもたせてやった娘でも、やはり満足せないで、何かで苦しんでいる、これをどうすればいいのか。自分の家庭の者も可愛いが、世間の人も同じように可愛い。そこで社会事業を起こしてみたり、慈善事業を興《おこ》したりしてみます。しかし厳密に考えれば、そんなことでもって、人々が本当に助かっているのでしょうか。そんなことではたして彼らを真の幸福に導くことができるのでありましょうか。「いかに、いとをし不便《ふびん》と思ふとも、存知《ぞんち》のごとくたすけがたければ、この慈悲、始終《しじゅう》なし」であります。親鸞聖人は、俺は精いっぱいつとめてみたが、これで充分だと思われないのであって、自力的にはとうてい愛の完成は得られないということを、衷心から歎きとおして、ここに披瀝しておられるのであります。

七

また浄土の慈悲といふは、念仏して、いそぎ仏になりて、大慈大悲心をもて、おもふがごとく、衆生を利益するをいふべきなり。

浄土の慈悲ということについて、ここには結論だけしか出ておりませんから、さっと読んだだけでは、わかりにくいかもしれませんが、「念仏して」ということに考えを凝らし、思念を運んだ人にはわかるのであります。ただ南無阿弥陀仏と称えて如来の本願を信ずる、これだけで衷心の念願であるところの愛が、はじめて完成するのだと、聖人は喜んでいられるのであります。

たいていの人は、物質的な悩みをもち、そして肉体的な苦しみを常に感じているものですから、単にそれだけの悩苦を取り去ってやる、それは小慈小悲であります。三人や五人のきわめて狭い範囲の者だけを助ける、これも小慈小悲であります。自分の子どもだけは可愛がる、そのために自転車も買ってやる、玩具《おもちゃ》も買うてやる、これも小さな愛であります。しかし、社会や国家のことを考え、その他外国の話を聞いても、悲しいことは悲しいこととして悩む、これが大慈大悲であります。物質上よりも精神上の幸福に至らしめんと願うのが、大慈大悲心であります。その大慈大悲心を得るためには、いそぎ仏になりたいのであります、仏になりたいために念仏を信ずるのであります。しかし、念仏してとか、浄土へ往くとか、仏になってとかいいますと、どうもいまの私どもには耳よりでない気がするのであります。それは私どもの幸福を見る眼が、どうしても現実的物質的になりすぎているからでありまして、後の百よりいま五十と申しますように、浄土へ往くというような話よりも、いまお金でももらった方が、よほど現実的で、有難い気がするのであります。しかし、それはまだまだ真実を見る明がないからであります。

いったい、小慈小悲でも、考えるとなかなかできにくいものであります。そのできないことを、さもできるように思うのがよいか、できないものをできないと、はっきりするのがよいか、これはよくよく考えねばならぬことであります。お金でも欲しいと思うているところへ、念仏してといわれると、何だか気ぬけがするように思いますが、さりとて、お金や物質で愛が完成するかといえば、それは絶対に完成しないのであります。それゆえ、できないものをできないと、はっきりすることが、まだしも私どもの救いであります。口を開けば正義といい、慈善といっていますが、本当にはなかなかできないのです、多少はできても徹底してできるかと考えるといつも困るのであります。強いてやろうとすれば牛の角をためようとして牛を殺すようなもので、自分を殺すような結果になります。それですから、できないものをできないと知ることは、有難いことであります。これだけでも、どれほど私どもの胸が休まるかしれないのであります。思うなといわれても妻子のことを思い、友だちを思い、人のことを思うて、胸の休まるときもないが、しかし我の力ではこれをどうすることもできないのであって、すなわち能力がないのであります。さればといって、そんなことを思わないようにしようとしても、それもだめであります。私の三十年も前から親しくしている人が、いま病院にはいっていられるのです、何とかしてあげたいと思いますが、どうしてみようもないのです、医者だ看護師だと騒いでみても、私の胸は休まらない、寝ても眠られない、思わないようにしようとすれば、なおその人の顔が、はっきり、うつってくる。どうも仕方がないと思って、自分の魂を殺してもみますが、いつの間にやらその病人の悩みが私の悩みとなっています。悩みの置き換《か》えはできるが、この心は殺してみようがありません。すなわち他人の問題が自分の問題となってきたとき、これをどうするか。それを親鸞聖人は「念仏して、いそぎ仏になりて、大慈大悲心をもて、おもふがごとく、衆生を利益《りやく》するをいふべきなり」といっておられるのであります。念仏して浄土に参り、大なる能力者となって、そのうえから思う存分衆生を利益するのが、浄土の慈悲だというていらるるのであります。できないからといって、ほっておけない心がある、この心が、念仏することによってまず助けられ、仏となり能力者となって完成しようというのであります。

それゆえ、この一節は、我々には、人を真実に救いたいと思う切なる慈悲心があっても、その念願は自力をもってなし遂げることの、とうていできないものであるということを知らされると同時に、それは浄土に往生して、はじめて完成するのだということを示しておられるのであります。

八

聖道の慈悲と浄土の慈悲、この両者の間には何の関係もないようでありますが、親鸞聖人にありましては、ちゃんと統一関係があり、その道すじがあったのであります。皆様もこの一節をそのつもりでお読みになると、よくわかるのであります。

すべての人々は、もちろんその種類は違うにしても、おそらくは、みんなが、何かのことで悩んでいるのであります。そこで悩みというものは、すべて私というものから出発しているであります。誰しも自分が一番可愛いのでありまして、この自分を幸福にしたいというところから、いろいろの悩みが生ずるのであります。しかしこの自己愛の一面が、やがて他に対する慈悲の思念となって、他に働いてゆくのであります。他を助けんがためには、足らぬものを与え、進んでは、心の悩みを取ってやりたいと願うようになるのであります。それが慈悲の心であります。しかしそれがなかなかできないものであって、人を助けんとして、その能力の足りないがために、今度は自分が悩まねばならぬこととなってくるのです。ここに問題は転換してくるのであります。人の悩みに同情すると、それを助ける能力が自分にないということがいっそう深い悩みとなります。これは慈悲の思念であって、問題のはじめは、彼のことと思うていたのですが、何ぞ知らん、それが自分の問題であり、自分の悩みであったのであります。かく問題が転換してこそ、問題が真実になるのであります。苦しんだり泣いたりしているのは彼であり、他人であると思うている間は、まだ考えが足らないのでありまして、本当はそれが自分の悩みなのであります。かく内省されてきますと、自分にその能力のないことが、ひたすら歎かれてくるのであります。そこで自分のこの悩みがなくなりたいと願うようになる、それにはいやでも、自利利他を完成せなければならぬこととなってくるのであります。私の一番の幸福といえば、これよりほかにないのであります。成仏の念願といっても、畢竟は自己愛と利他愛とを完成することにほかならないのであります。このことは了解のできている人にはよくわかることですが、はじめて聞かるる方には、ちょっとわかりにくいかもしれません。親鸞聖人は、自分が助かるために仏になりたいといわるるのでありますが、それは自分が助かりさえすれば、他を救う能力ができてくるからであります。それゆえ利他愛の完成は、まず自分が助かることにあるといわるるのであります。すなわち問題は変わってきたのであります。

そこで、私が仏になるには、どうすればよいか、親鸞聖人は「ただ念仏して、弥陀にたすけられまいらすべしと、よきひとのおほせをかうふりて、信ずるほかに別の子細なきなり」といっておられますが、信ずる一念に弥陀の本願によって助けらるるのであります。それゆえ、この節にも「念仏して」とありまして、私どもの助かる道は念仏を措《お》いて他《た》にないのであります。

九

私どもは、彼の幸福ということを思うて、子どもを学校にやる、娘にいろいろの着物を買うてやる、親に美味しいものを食べさす、そしてひとかどの慈悲をしたように思うたり、いうたりしているのであります。しかしそれは、ある意味において感情の享楽か、五官の満足を買うにすぎない、浅薄な心ではありませんか。大慈悲とはそんな低級な物質的享楽を追うのではなくて、仏になって思うがごとく人々を救いたいのであります。もとより物質的な慈悲をしないというのではありませんが、それだけでは満足できないのであります。それゆえ、物質上の救いのみではなく、その心を救うて無上涅槃《むじょうねはん》にまで導きたいのであります。親鸞聖人は如来の他力救済に与かって、仏心であるところの大慈大悲心を得るようになり、そのうえで思う存分、愛すべき衆生を、利益するというのが、浄土の慈悲であるといっておらるるのであります。

今生にいかにいとをし不便とおもふとも、存知のごとくたすけがたければ、この慈悲始終なし。

　このお言葉は、何としても、私どもにとって、有難い断定であります。子を愛するとか、親を愛するとか、国を愛するとかいいますが、私どものその愛は常に不徹底であって、子どもを愛しているかと思えば、子どもの体を弱くしたり、幸せにしてやりたくても、それが思うようにできなかったり、「いかにいとをし不便と思ふとも、存知のごとく助けがたければ、此の慈悲始終なし」、この意味が本当にわからねばならぬと思います。どんなに可愛いと思っても、互いに泣きながら、しかも泣いても泣き尽くせない恨みが常に残るのであります。夫が妻に対しても同様であります、親が子に対しても、子が親に対しても、これであります。目の見えない子ども、体の完全でない子ども、心の健全でない子ども、それがいかにかわいそうだと思っても、さてどうしてみようもないのが、私どもであります。すなわち、私どもの自力的な慈悲は、終始完成しないのであり、不徹底極まるものであります。こんなことですぎてゆくのが、人生の有様《ありさま》とでも申しましょうか。と申して、私どもの愛が、そんな不徹底極まるままで、よい加減なところでやめておくことは、私どもにはとうていできないことであるということが、はっきりしてくるのであります。それゆえ、成仏するということが、慈悲の思念をもつ者の最後の願いとならざるを得ないのであります。親鸞聖人は、ただ南無阿弥陀仏南無阿弥陀仏と他力救済の本願を憶念しつつ、念仏することが、唯一の大慈悲心であり、末とおりたる慈悲であるといわるるのであります。いまは充分に慈悲を尽くすことはできないが、それについては、自分が如来の救済に与かって、必ず如来の大慈悲力を得て、彼を存分に救うことができるという確信のうえから、念仏を喜ばれたのであります。この念仏するということこそ、末とおりたる大慈悲となるのであります。親鸞聖人はこの念仏一つに安住していらるる、そこには自分に慈悲ができないという悲しみが去り、ひとえに如来の本願によって完成させていただくことに安心して、喜んでいられるのであります。仏になってからといいますと、どうも末のことよりもいまのままで、何とかしてもらいたいと思いますが、しかしそれは打算的な考えであって、いまの自分にできるかできないかを、深く反省せねばならぬのであります。といって、泣いてばかりいることは、なおさらつまらないことであります。そこで早道を考えて、少々道理に合わぬでも、まあまあと思うて、物質を与えたり、お金を与えたりしますが、それだけでは、けっして彼を真実に愛する道ではなく、また自我愛の完成する所以でもないのであります。彼がいかほど、にっこりしてくれたからといって、彼を真実に幸福にしたとはいえないのであります。これらのことが真実に自分にわかったとき、それが本願によって完成させていただくのであるから、そこに私どもの胸が助かるのであります。親は子どもを見て泣き、子どもは親を見て泣く、それらの悩み、その親しみの多い間ほど、彼と我とは、二つであって一つであり、一つであって二つなのであります。泣いているということは、親が泣けば子どもも泣いています、二つの魂が一つになって泣いておることであります。それゆえ、救いということも、彼の救われることが我の救いであり、我の救われは彼の救われる所以なのであります。

　このように、末とおりたる大道が開けているにもかかわらず、人々はその道を知らずして、子どもも親も、互いにその悩みをもって、抱き合うて泣いているのです。これでは徒らに永久の共倒れに終わるばかりであります。そこで親鸞聖人は一歩を進めて、まず自分が救われねばならぬといわれているのであります。自分が救われれば、必ず彼を救うことができるといわるるのであります。されば「念仏まうすのみぞ、すゑとほりたる大慈悲心にてさふらふ」と、あくまでも念仏一つを信心して安心しておられたのであります。

　そこで、未来成仏して仏力を得るということは、非常に遠い将来のことのようでありますが、実は何ぞ知らん、近き事実であることを、私どもは喜ばねばならぬのであります。すなわち聖道自力的には、どうしても、彼を救うことができないと悩む自分が、如来の本願によって救われるのでありますから、そこに苦悩は慶喜と変わって、はや、現在その処《ところ》に安住を得て、我の悩みの種であったそのものを礼拝し、感謝するに至るのであります。そしてだんだん進んで考えますと、万人はこの念仏一つに帰依合掌するという道に出ねばならぬのであります。彼を救うことは、物をもって救うばかりでは末とおらないのであります。かく自分の安住慶喜するがごとく、彼をもこの道に出《い》だし、この光益《こうやく》に入《い》らしめんと願うこととなるのであります。それがもし不可能であるならば、いよいよ念仏して自信に立ちかえりて、その完成を成仏に帰すべきであります。そこには失望も悲観も愁歎もなく、希望と確信と慶喜とがあるばかりであります。

十

自分も子どもも親も妻も、すべての人が念仏信に進むようになり、そこまで導こうとするのが本当の愛であります。現在にあってもこれに努力し、将来においてもこの努力のほかはありません。いうまでもなく、念仏ということは、自他ともに真実の幸福になれる道だからであります。もちろん、念仏の世界にまで彼を導こうとすることは、自分の力ではなくて、それもなお如来の慈悲力のしからしむるところなのでありまして、すべてが如来による解決なのであります。如来を知るようになるのも、他力を念ずるようになるのも、ひとえに如来の本願力の廻向によって、はじめて可能なのであります。如来はこの救いを衆生に知らしめんとして、あるいは物を与えてなりと、あるいは奪うてなりと、あらゆる手段をめぐらして、どうにかして念仏を信じて助かるようにならしめんと願うておらるるのであります。それゆえ私どもにあっては、ただ、自信教人信《じしんきょうにんしん》の教人信ということが、他力的な慈悲であらねばならぬのであります。種々の物質的の慈悲ということも、このうえに立ってこそ意義を存するのであります。親鸞聖人は、慈悲ということを考えると、胸が痛んでならなかったのですが、それがついに、如来本願の名号を聞くに至って、自分にはとうてい、慈悲を完成する能力がないということを知らしめられ、同時にまず自分が救われねばならぬということに、向かって進まれたのであります。この自分が救われるために如来に向かうということは、とりもなおさず、万人をひっさげて如来に向かうということなのであります。誠に、本願を仰いで南無阿弥陀仏と帰命するところに、私どもの愛の悩みの真の解決があり、その念仏の信仰によって、はじめて愛の完成の曙光がのぞみ得られたのであります。そしてこの信の曙光こそは、私をして現在の境遇に安住せしめるものであり、如来の光明の中にすべてを見て、私をして平安に生かしむる唯一の道なのであります。

第五節　父母孝養の問題

親鸞は、父母の孝養のためとて、一返にても念仏まうしたること、いまださふらはず。そのゆへは、一切の有情は、みなもて世々生々の父母兄弟なり、いづれもいづれもこの順次生に仏になりて、たすけさふらふべきなり。わがちからにて、はげむ善にてもさふらはばこそ、念仏を廻向して父母をもたすけさふらはめ。ただ自力をすてて、いそぎ浄土のさとりをひらきなば、六道四生のあひだ、いづれの業苦にしづめりとも、神通方便をもて、まづ有縁を度すべきなりと云々。（第五節）

一

父母に対する孝養の問題がこの一節であります。前にも申したように、親鸞聖人の念仏の信仰は、この世の中の生活とあまり関係がなさそうに考えられているようであります。すなわち死んでからこそけっこうなところへゆけるのであって、この世の中では、どうせ苦しみの娑婆《しゃば》であり、これはどうすることもできないのであると考えられているようであります。しかし第四節には慈悲すなわち愛の問題が取り扱われておって、これで他力信がけっして死んでからの問題でなく、生きている日常現実の問題であることが、明らかに示されているのであります。見渡しますと、これらの問題について、ずいぶん多くの人々が悩んでいるのであります。これらの悩める姿を見ては、どうしてもほっておくことができなくなり、人の苦しみがそのまま自分の苦しみとなって、ここに愛の問題が湧いてきて、どうしても、それらの人々を安楽にせしめたいと、希《こひねが》うようになってくるのであります。この慈悲の問題が、念仏の信仰によって、はじめて完全に解決せられたということが、親鸞聖人の喜びであり、第四節の意味でありました。

しかして、この第五節は、一般的に他人の悩苦に対する眼《まなこ》が、自己に近き父母に対する孝という問題に転じているのであります。父母といえば自分にとって一番近い人であります。この親に対していかに孝行すべきか。換言すれば、どうしたら本当に親を愛することができるかという問題であります。およそこの問題は私どもに一番近い問題だけに、誰人《たれびと》といえども考えもしかつ考えざるを得ない問題でありますが、しかしまたそれだけに、皆が困っている問題であります。親鸞聖人も、孝ということについてはよほど困られたものと見えます。それがためにおそらくこの一節が出てきたものであろうと思います。そしてこの一節によりますと、この難問題もまた、念仏によってはじめて解決せられたのであります。むしろ念仏の信仰は現実生活と最も密接な関係をもつものだということが、第四節なりこの節によって、明らかに知られるのであります。仏教のこととなると未来へ未来へと考えたがりますが、それはそう考えておくことが便宜であるからでありましょうが、それではとうてい心の満足を得られないものでありまして、深く考えるならば、どうしても現在をどうにかせなければならぬのであります。そして現在をどうにかしようと願うようになるところに、念仏往生の意義も生ずるのであります。

二

いまは、私どもにとって一番親しい問題であるところの父母孝養ということについて、皆様とともに静かに考えてみたいのであります。孝は百行の本と申しますように、むかしからやかましくいわれてきた問題であります。私も幼少の時分から、親に孝行ということは耳にたこができるほど聞かされてきたのでありまして、その人の孝行いかんをさえ見れば、その人の全体がわかるとさえ申されています。それで孝行は親の恩を知るということから出てくるのであります。恩がわからなければ孝行はできません。恩ということはわかってもわからなくても、孝行をすればよいのですけれども、それでは真の孝行はできるものではありません。しかしながら、いかなる人でもわかろうとすれば、親の恩は割合にわかるものであります。それが天皇の恩とか、主人の恩とか、夫の恩とか、妻の恩とか、兄弟の恩とかとなると、わかりにくいこともあるのであります。孝は百行の本でありますから、親の恩さえわかれば、それらの人の恩も自然わからねばならぬのであります。しかしながら、実際上はなかなかわかりにくいものでありまして、そのわかりにくいのは、まだ親の恩が本当にわかっておらない証拠でありましょう。はなはだしい人になってくると、主人の恩だ亭主の恩だといったところで、結局五分五分ではないか、亭主が気楽に外で働けるのは妻というものがおればこそだ、主人が金儲けのできるのは、店員というものがおればこそだとか、世の中はもちつもたれつであって、恩といったところで五分五分なんだ、そちらにもあればこちらにもある、といったような思想が、もっぱら流行しておるのであります。何という無反省なことかと思います。それゆえ、妻には夫の恩がわからず、夫には妻の恩がわからず、現代には恩という思想は地を払わんとしております。恩の感じの一つもないところには、感謝の心はありません。感謝の心のないところには、有難いという悦びはありません。何が不幸といっても、感謝したり有難いと思えないほど不幸なことはありません。これは自他を一途《いちず》に客観的にのみ見るからでありまして、そこには主観的の考え方がないからであります。いわば主観をもたないのであります、自己をしっかり把持しておらないのであります。すなわち自分を中心として正しくはっきり考えておらないからであります。そのくせ、ただ欲心ばかりは先立って、便宜なときのみ、すべてを利己中心に考えておるのであります。これに禍《わざわい》せられて、教育勅語を修身学では、父母に孝に、兄弟《けいてい》に友に、夫婦相和し、朋友《ほうゆう》相信じと教えられても、事実は勅語や修身学で習った反対ばかりをやって、苦しみ悩んでいるのであります。

三

これらは、みな恩の思想がわからないことに基因するのでありまして、すなわち五分五分だと思い、同権だと心得ているからであります。しかしながら親の恩となると、どんなものでも、少しはわかるのであります。それは親と子は一番密接な関係をもっているからでありましょう。しかしこれも、単に耳にだけわかって、まだ本当にわかっておらない人が多いのであります。そういう人になると、ずいぶん親に対しても権利のみを主張して、俺は別に生まれようと思って生まれたんではないとか、親が勝手に産んだのだとか、俺が生まれようと思って産んでもらったのなら、あるいは恩があるかもしれないが、こんな苦しい世界へ産み落とされたんだから、恩どころではない、怨みはこちにあるというようなわけで、なかなか恩を感じないのです。育てるについて苦労したというけれども、それだってそうたいした苦労ばかりではない。自己享楽の玩弄品《がんろうひん》として育ててきたのではないか、金魚や鶏を飼うて楽しんでいるようなものだ、自分が産んだのだから親には子を養う義務があるのだといったり、隣の親はなかなか贅沢に子どもに物を与えるが、俺の親はしみったれで、何一ついうようにしてくれないとかと、大不平を並べたりしているのであります。こうした思想が子どもの頭の中にあるのですから、孝行などは薬にしたくもないこととなって、親からは取れるだけ取ってやろう、しぼれるだけしぼってやろうなどと考えたりします。取るものがなくなると、だだけて親を苦しめます。せめて親が苦しみでもすれば、満足を感ずる人さえあります。かようなことで世の中にはずいぶん闘争し合うている親子があります。しかし、そうした者でも、少し年を取るかあるいはひょっとした機会に親の恩を知るようになることがあるのであります。子をもって知る親の恩とか申しますように、自分に子どもをもって知る場合が最も多いのであります。自分では至極頭が良いと思っている人ほど、長い年月がかかるのでありまして、中には孝行したい時分に親はなしという諺《ことわざ》のごとく、親が死んでしまわないとなかなか目の醒めない人もあります。はなはだしい人になると、一生、永久にちっともわからずに死んでゆく人があります。私はかつて年老いた人から、そういうことを聞いてびっくりしたことがあります。そんな極端なのは別として、たいていの人なら早晩、延引ながらも、その一部分だけはわかってくるのであります。

　かように、親の恩がわからぬとか、孝行ができにくいというのは、結局自分の心が苦しいからであります。自分の胸が苦痛に満ちておる間は、親がどんなに尽くしてくれても、その心がわからないのです。そこには道を聞く必要があるのです。道を求めるようになると、自然と親の恩ということもわかってくるのであります。他人ではとてもできぬ温《あたた》かい心を、親はせっせと運んでくれたということが、わかるようになるのであります。少し気づくと、どうしても親の心は、叔父や叔母や親類の者の心とは違うのであります。そのように親の恩というものがわかってまいりますと、孝は百行の本で、そこからおのずとすべての恩もわかってくるのであります。そしていままで信じ合えなかった朋友が、いくぶんでも相信ずるようになり、いままで和せられなかった夫婦が、少しずつでも和せられるようになってくるのであります。それが拡がって、ついには他人をも敬愛してゆけるようになるのであります。そして、それらの恩がわかりますと、感謝の心が起こって、それらの人に尽くしたいという心が起こってくるのであります。親にはできるだけの孝行がしてみたい、全力を挙げてこれに尽くしたいという心が切に起こってくるのであります。そしてしかく考えてやまない人のために、それが解決の道を与え、満足を与えんとせられるのがこの一節であります。すなわち親の恩というものがわかり、孝行したいと願う人のみに、この一節があるのでありまして、それをさえ考えない人には、ようやく一箇の閑問題にすぎません。

四

しかし、父母ということについても、二様に考えられるのであります。すなわち生きている父母と、死んだ父母とであります。そしてこの一節は死んだ父母に対する孝の問題が述べられてあるのであります。かく断言するのは悪いかもしれませんが、どうもそうであります。皆様の中にも生きた父母をもっていられる方もありましょうし、またすでに父母に先立たれた方もあるでしょう。しかしいずれにせよ、孝の問題に変わりはありません。生きているから、死んでいるからといって、孝道が変化するわけではありません。しかしここではまず死んだ父母に対する孝養の道として、お話ししてみたいのであります。したがって、生きた父母に対しての考え方は、しばらく待っていただかねばなりません。

五

親鸞は、父母の孝養のためとて、一返にても念仏まうしたること、いまださふらはず。

聖人は親の孝養を尽くしたいからと思って、一遍の念仏だって申したことはないと、きっぱり断言しておらるるのであります。もちろん、父母のためと思って、昔はさように思って称えられたこともありましょう。しかし他力信仰が明了して以来は、一遍だってそんな心から申したことはないと、明瞭に他力信念の真髄を現わしておられるのであります。

ここに、孝と念仏の関係が出てきたのであります。孝養とはその当時においては、追善供養という意味だそうであります。かく聖人は孝養のためと思い、追善供養になると考えて、かつて念仏したことがないといっておらるるのに反して、私どもの心持ちはどうでありましょうか。亡き親を思い出すとき、その親のためになれかしと思って、念仏することがはたしてないでしょうか。また親の孝行のためになると考えていまも念仏せんとしておりはせないでしょうか。聖人はいまそれを気遣っていらるるのであろうと思います。生前、親に対してあまり孝行のできなかった人、むしろ親を邪魔者扱いにしたり、孝行らしい心を起こさなかった人は、その父母が死んでしまいますと、お念仏など称えて、不孝の帳消しをしようとする人があります。私なんかもずいぶん親を粗末にしたものでして、両親をあたかも下駄のようにして、それも安物の下駄でも履いているかのごとく、使わねば損のようにして使ってきたものであります。父親はときどきいったことです、まるでわしを使わねば損のようにして使いよるといって、しかも私の下駄となって、履かれてくれたことでありますが、いま思うともったいない気がします。そういう親が死ぬと、ずいぶんいろいろなことを思います。もっと優しくしてあげればよかったとか、せめて口でなりと言葉でなりと満足させてあげればよかったと、思うたりするものであります。しかし多くはそう思う時分には親はないものであって、そこで忌日命日でも廻ってくると、念仏でも申そうかという気になるのであります。生前親に対して不孝をしたと思うと、なおさら念仏申さねば済まないような、恐ろしいような気がするのであります。それも親が静かに死んでいってくれたのならばまだしも、病気で苦しんで死んだとか、憾《うら》みの一つも残して死んだとかとなると、なお堪《たま》らないことでしょう。そこに知らず知らず念仏する気持ちが出てくるのであります。しかしその念仏は何と思ってするのでしょうか。それを深く子細に反省せねばならぬことであります。なるほど、亡き親を思うて念仏しているのは、他人には殊勝らしく見えもしましょうが、その心持ちは何であるか、おそらく、聖人はそこをいいたいのでありましょう。それゆえ、聖人は自分自身の心中を語って、自分においては意識的に、そういう意味からの念仏は、一遍だも申したことがないと、はっきりいっておらるるのであります。何という気持ちのよい断言でしょう。

六

親のことを思いますと、追善のために、何かをせねばおられぬ心地がするものでありまして、謝罪の意味からすることもありましょうし、感謝の意味からすることもありましょうが、ともかく何かをしようとします。すなわち、ここに追善供養の思想が出てくるのであります。親を思うところから貧民に施与をしたり、社会のためになることをしたり、生活上に困っておる人を助けたり、いろいろな善事をやります。その善が親に酬《むく》うて親の罪を軽め、親の福利になると考えるのであります。それがまた法事ともなり、僧供養ともなり、読経ともなるのであります。社会的にいえば、善事はせないよりはよいことでしょうが、いまは社会的とか道徳的にのみ考えて、これを賞讃しておくことはできないのであります。是非とも一歩進んで真面目に考えねばならぬのであります。親に対する孝道としては、いかにすべきかという、厳粛な問題であります。それはせないよりはよいなどとして、考えておけないことであります。

しかし、一般の追善供養の思念は、要するに、直接に、親に対してどうすることもできないから、何らかのことをなして、間接に親のためならしめんとするのであります。すなわち、物を以て、親のうえに何らかのよき影響を与えようとするのであります。すなわち何らかの金を以て、何らかの努力を払って、何らかのことをなして、親のためにその善を廻向せんとする思念であります。親のために種々の善事をなさんとします。親の菩提《ぼだい》のためなれかしと、恵《え》施《せ》と供養をもいたします。僧を供養したり、仏法のために尽くしたり、あるいは読経の功力《くりき》を借らんとします。すなわち経典という物と、僧という物とを借り来《きた》って、要するに物を以て追善供養をせんとするのであります。これは親を思うのあまり、物を以て親の冥福を助けんとする考えでありますが、しかしながら、それらすべてが間接であって、物を以てすることでありますから、静かに考えますと、そこに効果の疑わしいものがあります。それゆえ、我が聖人はそんな間接なものを仲介者としては、とうていだめなものであり、物を以て親のためたらしめんとすることは誤りであることを、ここに断言してくださったのであります。私どもは親のためということを本気に考えますならば、かかる大なる警訓《けいくん》に醒めねばならぬのであります。それは読経以上、あらゆる善事以上の、万善万行の総体であるといわるる念仏さえも、これを孝養のため、追善供養の思念から利用することはだめなことであります。それゆえ、私においては、一遍たりとも、いまだかつて申したること候はず、と申されているのであります。念仏を親の追善のために用いないということは、無論、読経についてもこれを追善のためには読まないことであり、また人にも読んでもらわないのは無論であります。したがって親の追善のため、廻向のために、諸多の世間善や、その他の仏法上の善事をしようとしないのは無論であります。父母の孝養のためとて、念仏も読経も他の善事もさようであれば、妻のため、子のため、兄弟のため、友だちのため、一般人のためにも、同様にせないのは無論のことであります。しからば、親鸞の念仏せられたのは何のためであったか。どういう意味で念仏せられたのか。また親鸞は何のために経を読まれたのか、何のために世間的の善をつとめ、仏法上の善をもつとめてゆかれたのかは、深く考えねばならぬことであります。

人間のすることは、たいてい似たことをしているものであります。聖人のしていられたことも、凡人のしていることも、その外形においては大した変わりはなく、ほとんど同じものであります。未達の人のすることも達人のしていることも、そう変わったことはないものであります。ただその精神において異なるところがあるのであって、それが最も大事なことであります。その精神を得ず、意義を究めずして、外形のみを一つにしようとしたり、そうさえすれば同じであると考えるのは、誤解の甚だしいものであります。

七

しかるに一般の考えとしては、自分にやれないと知るとき、これを他によってやらそうとするものであります。殊に僧侶であれば、仏と亡者に縁が近いように考えたり、金襴《きんらん》の袈裟《けさ》や、立派な異様な形相《ぎょうそう》ほど、何となく効《き》き目がありそうに思えたり、なおまた、短いお経では効《き》かないと考えて、何でも長いほど、よく効くであろうと思ったりしますのは、分量主義で考えたのであります。ある人にあっては、一番よく効くお経をと、いうてくる人があります。一番長いお経をという人もあります。

それらは、真に親のことを考えた人ではなく、親を思っておらないのですから、きわめてよい加減に、万事を考えておくのであって、実は効いても効かなくてもよいのであります。するだけした以上は、親がどうなっていたって仕方がないと、かまわないのであります。そんなら法事をつとめたり、お経を読ませたり、念仏を申してみたりしなければよいのですが、そこがすべて不徹底な考えと曖昧な心なのであります。真に親を思うならば、親が死んでどうなったかを考うべきであります。死したる者を、もし有とするならばそこに追善供養もするがよろしい。死して無になるとならば追善も供養も無意義であります。またいかにするならば、真に親を救い得るかと考うべきであります。そのことが真に有効なりや否やを研究せざるを得ないのであります。しかるに多くは、読経が真に有効やら無効やら、それさえ考究してみようとしないのであって、ただ昔からの習慣によって、そんなことを形式的にやってみて、自分の気ずましをしているにすぎないのであります。しかもそれで以て、本当に孝をしたと考えて、たとい幾百円を使ってみても、それは無駄に近いことではありませんか。だから金を相当に使ってやってみても、どうも得心がいかないのであり、有効無効が不安であるに相違ないのです。それゆえ自然、なるべく長いお経をと注文したりするようになるのであります。もし親を思うならば、ここにおいてとくと考究せねばならぬことではありませんか。だめなことはだめ、無効なことは無効と知り、真に孝養になる道を求めて、その方法をとって進まねばならぬのではありませんか。聖人はだめなものをだめとし、自力廻向の追善供養の誤りであることを誤りとし、そういう心からの念仏は一遍も称えないといい、念仏をせないくらいだから、なおさらかかる意味の読経はせられないのです。みずから読経せられないくらいなら、そんな心からは人に経を読ますことを以て孝道とは考えられなかったに相違ありません。しからばどうして孝の道を満足せしめんかと、まさしく、真実に孝の道をたどられたのであります。

多く一般には、念仏を以て廻向せんとし、読経を以て廻向せんとし、その他の善を以て廻向せんとしていますが、畢竟自力の廻向心を出《い》でないのであります。それゆえついには軽い自己満足にすぎぬこととなって、ただ胸を撫でておくばかりであり、ついにはそれが苦行思想となりまして、念仏をたくさん申すとか、お経をたくさん読むとか、お金をたくさん用いて何かをするとか、欲望を制し身体を苦しめて満足をしたりすることとさえなるのであります。ゆえにそれらを静かに反省しますと、真に親を思うてやっているのかどうかは、疑問であって、ときには親類や世間の手前の、虚礼にすぎないことさえ多いのであります。しかるに、それにさえ気づかずして、それでもって親孝行でもした気になっているのは、真に悲惨なことではありませんか。不孝の至りではありませんか。

八

他の宗旨ではよく廻向ということを申します。廻転向果《えてんこうか》の意味でありまして、右に向かうものを何かの力を加えて左に廻転せしめんとするのであります。そのために、善事をしたり、念仏をしたり、お経を読んで廻向するという考えであります。すなわち自力廻向心であります。

何としても、いまは自分の手の届かぬ冥界、処《ところ》を異にしておることですから、何らかの方法によって彼に幸いあらしめんとするのであります。しかし人間は大いに悲しむか苦しみますと、事を子細に考究する余裕をもたなくなり、なるべく簡易に考えようとするものであります、そのときに人間は他人の些々《ささ》たる言葉によって動かされ、耳寄りの事ならば、何でもするような気になる危険性をもつのであります。つまり彼が悪い結果になっているならば、ある事によって、あるいは念仏によって、その人の結果を廻転《かいてん》せしめようとする思想であります。何かなしに、善本である念仏なり、他の事をつとめて廻向するよりほかに、方法はないと考え、そうすれば、定めし冥界にいる親に響くであろうと考えるのであります。しかしながらはたしてその効能により、悪所にある親がぽっかりと処を変えてけっこうな処に生まれると思っているのでしょうか。あるいはそれほどにさえ、考えてみもしないのであって、それほど軽く考えているのであります。効けば幸い、効かねばもともとぐらいの考えでありますから、それは親のために真に考えているのではありません。そしてときには親にはどうでもよい、ほんの自分の気休めにすぎないのであります。

真宗には三部経といって、『仏説大無量寿経《ぶっせつだいむりょうじゅきょう》』上下二巻と、『仏説観無量寿経《ぶっせつかんむりょうじゅきょう》』一巻と、『仏説阿弥陀経《ぶっせつあみだきょう》』一巻とを所依《しょえ》の本典として、最も大切な経典としております。この三部経を真宗の坊さんは、信者の家で、よく読まされるのであります。私もよく読まされたものですが、私はそれが嫌いであって、よく檀家の人といい合ったことがあります。私は読経することが嫌いなのではありません、毎度仏前でも読みます、また机の上でも読みます、それゆえ時間の許すかぎりは、他の家で読んでもよいのですが、私にこれを読ますところの人々の心持ちが厭《いや》なのであって、読むことが厭なのではありません。それでも金がほしかったり、生活が恐ろしいことから、先方の意味のいかんにかかわらず、自分は自分で一つの意味をもって、いまも求めに応じて読経することがあるのであります。

一般の考えは、お経の功力《くりき》を利用して、亡者に供養せんとするのであります、そんな意味のままを同感して、お経を読みにゆきたくはないと思います。それにもかかわらず誤解をながく続けているということは、互いに益のないことであるからであります。

たとい生活難のためとはいえ、僧侶が愚劣になったのは、あまりたくさんお経を読むようになってからだと思います。これは僧侶も悪いのですが、信者の方々も悪いのだと思います。このことについてはお互いに聖人のかかる言葉に接して、深く反省すべきであります。布施をするのは死者に対する廻向の代償ではなく、僧宝を供養する意味であるべきであります。本来は道を学び道に進むのが、僧侶自身のためであり、また代表的の仕事でありまして、そういう道の人を供養するのが布施行《ふせぎょう》なのであり、僧供養の布施行をすることが、最善のことであるという意味から、一般に行わるるようになったのであろうと思います。しかるに事実はさようではなくして、読経によって自力廻向をして冥福を祈り、結果を動かさんとし、また僧侶は誤れる読経を強いられて、たくさんの時間を空費し、身心を疲労さして、かえってそれに禍《わざわい》されて、求道も修学もできなくなっているのであります。それでは僧宝供養の善事ではなくして、悪事になっている場合が多いように思われます。

　これは僧侶も信者もともに十分考究せねばならぬことであります。無意義なことを互いに継続していることは、相互に害さるるばかりであります。僧侶の無学や無信仰の声をよく聞きますが、お互いによく考えて出直さなければなりません。不徹底な思想はついに自己を滅ぼし、国家国民をいかほど害することかしれません。よほど大なる決心と大なる努力がないと、ながい習慣というものはなかなかやまないものであります。それゆえ、かかる廻向思想というものに対しては、よほど強い理想をもって、これに対する不断の努力がないとなかなか改まらないものであります。

九

　親鸞聖人は四歳にして父を喪い、八歳にして母を喪われたのであります。それゆえ、死せる父母に対する追慕の念が、非常に厚く、いわば父母救済の念願から道に入られたと申すことであります。法然上人もまた、その父が他人のために殺害され、その追慕の念がやみ難く、いったいどうすれば父の孝養となり、父が助かるのであろうかと、そのために道を求めるようになられたのであります。私どもは、どうも薄情なのか、最愛の親が死んでも、当分のうちこそ追慕もしておりますが、一周忌くらいになると、もうけろりと忘れてしまいます。それゆえ忘れないように、一周忌を勤め、三回忌や七回忌の法事を勤めるのであります。そこで親を追慕しての孝行ならば、せめては、その親が何処《どこ》に行っただろうかということが、考えられねばならないのであります。たいていの人は、その後生《ごしょう》すらあるやらないやらわからぬものとしているのですから、したがってそのために読む三部経も、効くやら効かぬやらわからないものとしているのでありましょう。とにかく、一生親に苦労をかけ、踏みにじったのであれば、その親のことを大事にせねばならぬのでありますのに、どうも等閑に付してしまうものであります。実は一遍も本当に親のことを思うたことがないのでありましょう。だいたい、親を本当に思うならば、自分自身が立ち上がって、どうにかせねばならないはずであります。しかるにその自分が横にのいて、その代わりに僧侶を使おうとするのであります。しかし使ってみるものの、はたして効くやら効かぬやら疑っているのであります。僧侶を雇うて、これに任しておけばどうにかなるだろうくらいにしか考えていないのであります。自分はたいていのところ、これくらいで御免を蒙っておこうというのであります。いかに道に対して不真面目であり、親に対して不忠実であるかということがわかります。しかし、本当に親をどうにかしたいと思うのなら、どうしても自分の手で助けるというのでなくてはならぬのであります。他人ではどうしても頼りがない。いかに善本徳本の念仏を使い、万巻のお経を読むとも人に読ますとも、自分自身に親を助けねばおかぬという一念の奮起がないかぎり、絶対に孝養の道は尽くされないのであるということが、わからないのであります。そしてこの一節はまさに、そうした意味を教えてくださっているのであります。

十

そのゆへは、一切の有情は、みなもて世々生々の父母兄弟なり、いづれもいづれもこの順次生に仏になりて、たすけさふらふべきなり。

世々生々とは生まれ変わり死に変わりということです。ある宗教では、仏教の輪廻《りんね》説を聞いて、そんな馬鹿なことがあるものか、といっておるそうでありますが、しかし聖人はかく輪廻思想を信じておらるるのであります。すなわち一切のものは、父となり母となり、親となり子となり、あるいは兄となり弟となり、ないし妻となり夫となって、我も彼も世々輪廻しておるのであって、それゆえ、生きとし生けるものは、みな契りが深いのです。自分の父母のみならず、一切の有情は他人ではないというのであります、すなわち父母に対する愛の思念が、漸次に拡がっていったのであります。肉親や知人の悩みさえ、同情に堪えないのであります、他人であっても種々の問題に悩んでいると、気の毒になり可愛ゆくなるものであります。犬が傷ついてもかわいそうに思います。実際深く考えると、自分と猫や虫けらとも何らかの関係がありそうに思われます、何だってかつては一つ処におったことのあるものが、何らかの因縁によって、別れているような気がします。自分の父母も可愛いが、したがって皆も可愛いのであります。これはなかなか思いにくいことのようでありますが、けっしてそうではなく、私にさえ少しは思われるのであります。父母の悩みも捨てておけないが、一切人の悩みも捨てておけないのです。すなわち父母ということが出てくると、その心はやがて、皆が可愛ゆくなってくるのであります。日本人同志のみならず、国を異にする外国人でも可愛い、こうした深い自覚の世界においては、一切の有情《うじょう》が世々生々の父母兄弟であると申さるることは、あながち根拠のないことではありません。これは釈尊の思想であって、彼此《ひし》同体の思想であります。そしてこれはまた菩提心思想の一面として必然に考えられてくることであります。

親鸞聖人は、自分の父母のことを思ったけれど、本当は一切人を救いたいのが、わしの念願であらねばならぬのであると申されるのであります。それは父母を助け得ると同時に、やがてまた一切人をも助けることでなければならんと申されておるのであります。

十一

そのゆへは、一切の有情は、みなもて世々生々の父母兄弟なり、いづれもいづれもこの順次生に仏になりて、たすけさふらふべきなり。

父母に対する孝養、すなわち追善供養の思念に対して、聖人は断定を下して、追善供養の資料としては一遍たりとも念仏を称えたことはないと明らかに申されました。そして父母に対する愛念は、一切人にまで延長して、父母だけを助くるためというような、限定をもった愛ではないということを申されたのがこの一段であります。

私どもは我他彼此《がたひし》の見解をもつのが普通でありまして、我を愛するという心が起こりますと、彼のことは顧みないのであり、ひとえに利己のみを重んじて、利他を願おうとしないのであります。たとえそれが父母に対する愛とのびましても、利他の中でなお局限して、父母のことは考えるがその他の者については考えなかったり、親兄弟一族のことは思うが、他人のことは考えない、すなわち社会とか、国家とか、国民とか人類とか、いうようなことは、考えようとしないのであります。

十二

釈尊の菩提心の思想は、真に自己を愛せんとする者は、必ず、一切の利他愛を完成せなければならぬことを教えられているのであります、それがすなわち真に自己を幸福にする道なのであります。しかるに、あくまでも局限せずにはおれないのは、利己心を離れないからであって、それは真の道でないことを教えられておるのであります。

昔、ある富豪の娘が死にました。主人は悲しみに耐えないところから、娘の追善追福を願う心で、自分の信じている高徳の僧と、その弟子たちの僧をたくさん招いて僧供養をしました。僧たちはその家に入《はい》って、一同に読経しましたが、最後に、「願以此功徳《がんいしくどく》、平等施一切《びょうどうせいっさい》、同発菩提心《どうほつぼだいしん》、往生安楽国《おうじょうあんらくこく》」という偈文を読み上げて経は畢《おわ》りました。それを聞いておった主人公はびっくりしました。「願はくは此功徳《このくどく》をもつて平等に一切に施し、同じく菩提心《ぼだいしん》を発《おこ》して安楽国に往生せん」、それではお金を費い大騒動をしてお供養申しあげて、たくさんの僧たちにお経を長々と読んでいただいたその功徳は、つまらぬこととなります。私は私の娘一人のためになって欲しいので、その功徳を平等に一切に施されては堪《たま》ったものじゃありませんと申したそうであります。これは子どものときからよく聞かされた話でありまして、実際あったことかどうかは知りませんが、一般の考えは皆これくらいのものでありましょう。

十三

いま、聖人は父母のために念仏一遍も申されないが、一切の有情のためにも申されないのであります。しかし、それは父母をも他の一切衆生をもかまわないのかというと、そうではない。愛は父母のみと局限しないで、父母と同様に一切人を救いたいのであります。そうでないと自分の苦しい胸は助からないのであります。すなわち自分の真に助かる道は、一切人を助け得る道でなくてはならぬのであります。すなわち父母を念じ一切人を念ずると、是非とも自分の成仏を念願せずにはおれないこととなるのであり、その念願が他力本願によって成就させらるるがゆえに、他力本願の信楽《しんぎょう》は、聖人の命であり、光であり、力であったのであります。

真の道は、自分が助かるが父母は助からぬというのであってはならぬ、また父母は助かるが他人は助からぬということであってはならぬのであります。道として自分の真に満足し幸福とするのは、自分も助かり、父母も助かり、一切人も助かり得ることであらねばならぬのであります。それには自分の成仏ということよりほかにはないのでありま す。父母を抱き、兄弟を抱き、妻子を抱き、その他一切人を抱摂《ほうしょう》せる自分というものは、間接なる手段によらず、人手を借らず、物の助けを借らずして、直接に自分が他の一切を救い得るものとなるよりほかに、満足と安心を得る道はないのであります。それが他力本願による成仏の念願であります。

十四

ところが、ここに困ったことは、順次生《じゅんじしょう》に仏になって、ということであります。順次生というのは、この次の世ということであって、この世でということではないのであります。ともすると親鸞聖人の教えの飽きたらぬといわるる点はここであります。私も学生時代にはこういうところでガッカリさせられたのでありますが、しかしながら聖人の教えの真に尊いのはこの点であります。

自己幸福の正しき念願としての成仏思想は了解できますが、さてその念願がどうして果たさるるか、いつ果たさるるかというと、是非ともそれは現在であって欲しいのであり、ちっとでも早くあって欲しいのであります。そしてそれは最も簡単な方法であって欲しいのが、私どもの切なる願望であります。

十五

それがために、亡き父母や兄弟妻子のための、追善供養の思想ともなってくるのであります。亡き人々を愛念するところから、これを救いたいとか、安楽ならしめたいとか、喜ばしたいという考えから、追善追福という考えが出てきます。どうして追善追福をするかというと、念仏を申して追善としようとするのですが、それはたとい間違ってはいるとしても、よほど進んだ考えであります。そこまでもわからずに、亡き人の喜びそうなものなら、何でもやって喜ばそうと、これを供養し手向《たむ》けようとさえするものであります。追善音楽会、追善生け花会、追善茶の湯会、追善詩歌会、追善能、追善浄瑠璃の類いであります。追善バザーや追善ダンスもおいおい流行することでありましょう。亡き人に対する愛や追慕の心はうるわしいことでありますが、生きている自分たちが面白いとか楽しいと思うことをしたからといって、それが死せる人の喜びとなり、楽しみとなり幸福となるのでしょうか。畢竟は何とか彼《か》とかいっても、要するに自分たちの一時の享楽であり、感情満足にすぎないのではありませんか。亡き人が好きであったことをなして、彼が楽しみ、彼のためになるというならば、彼がバクチが好きであったら追善バクチ会というものでもやらねばならぬこととなります。この調子でゆくならば恐ろしいことでも劣悪なことでもなさねばならぬこととなります。それでは追善ではなくして追悪になることもきっとあります。追善供養思想というのは、善をなして、彼のなし得なかった善を追うて、その善の結果を彼のうえにもたらしたいという念願なのであります。ゆえに、いかにして、何をなすことが追善になるかと、その方法とその意義とを考究せねばならぬのであります。

十六

次に真の意義ある追善としても、自分の身と口と意《こころ》の悪を遠ざけて、身と口と意との善を尽くし、世間的の善や出世間的の善を行のうてゆくことによって、彼のためにそれを供養せんとしても、はたしてどれだけのことをなし得るか、それがはたしてどんな結果を彼のうえにもたらすであろうかを、考えねばならぬのでありましょう。たぶん、彼のうえに好結果となるであろうくらいであってはならぬことであります。聖人は万善万行の総体であり、至上善といわるる念仏でさえ、これを追善の資料としては行わないと断言しておらるるのであります。すなわち追善供養思想の無効であることの断言であります。

十七

人間として、人間愛を有する吾人としては、自他を愛し、否、他を愛する心を有しておるのであります、すなわち父母、兄弟、妻子、友人、一切人と、利他愛の念願をもっておるのであります。それがためこの念願を果たしたいということは、つまり自己成仏の念願となるのであります。それゆえ成仏は人間としての理想であり念願でありますが、それがいつ果たさるるかというと、自分の生存しておる現世において、ちっとでも早く成就せしめたいと願うのであります。そのために、かかる念願は、是非とも現生《げんしょう》において果たし遂げらるるものときめてしまわんとする、誤謬に陥りやすいのであります。その願望の切なることは賞すべきでありますが、その方法が誤謬たるにおいては、きわめてつまらぬこととなります。

現代社会において、個人的になされつつあることも、社会的になされつつあることも、それらのすべては、この成仏の理想を現生において、実現せしめんとしての努力であるといってもよいと思います。

しかるに聖人は、亡き親に対し、現存の親に対し、その他一切の人々に対しての愛を抱きながら、その完成が現生においてはとうていできるものでないと、断言せられているのであります。できなくてもできるといった方が活気がありますし、できないことでもできると思った方が努力が湧くかもしれません。しかしながら、それが誤謬であるならば、徒らに苦しむばかりのことであって、徒労にすぎないこととなります。その誤謬を誤謬と知らないかぎり、苦悩と努力と精励とは、ついに戦いの悩みとなって永久につづくばかりであります。ですからできぬことをできぬと眼醒めて、明瞭にできないと断言してくださったことは、真《まこと》に尊いことであります。

十八

自分が、この世界を救ってやろう、救わずんばおかぬと奮い立つのはよろしい。しかし、実際やってみて、どれだけ救うことができたかを省みねばなりません。

自分の智慧と自分の努力で、一切人を救うことができると考えるのは誤りであります。家庭といい社会といい、自分の力でもって救い得ると考えたり、これで救うたと考えている人がずいぶん多くありますが、現代の人々は聖人のこの言葉によって眼醒めねばなりません。救い得ないことは救い得ないと醒めねばなりません。志願は立派でも成就がなければ、それはつまらぬことであります。この点は十分にいま陳ぶることはできませんが、これは静かに再思三考を要すべき大事なことであります。人生の理想を現在において自力をもって成就することの、不可能であることに醒めた聖人は、しからばいかにすべきかを考え、ついに順次生に成仏せしめらるる他力本願によって、現在の安住を得られていたのであります。聖人は不明瞭のままにいい加減なことをしていられない方であって、さればといって、念願を捨てられたのでもありません、できないことをできないと明らかに知って、これを成就する道を静かにたどられたのであります。

十九

現代の一切の思想と一切の社会施設とは、現生において成仏の理想を実現せんとしているのであると思います。一切を愛し尽くし、一切人を真幸福に到達せしめんとし、一切人の苦悩を救い得るとして、これを考えこれを実行しておるようであります。自己を仏として考え、他を救わんとしているようであり、利他救済の仏心を、自己のうえに実現せんとしているようであります。しかしながら、それは誤りではあるまいか。それはどこまで行っても果たされない、自力の成仏思想の一種であります。自己の思想を調《ととの》え、社会の施設を調えて向上せしむることは、それによって完全に社会人類を救い得る道ではなくして、人間各個が一歩一歩真の道に醒め、各個が真に救わるべき道に出《い》づるための準備として、価値があるにとどまるのであります。すなわち態度の方向がまったく変わります、一切人をいかにして救わんかではなくして、一切人はいかにして救わるべきかであります。それは聖人の社会と人類に対する態度であったのであります。聖人の同行《どうぎょう》主義、同朋《どうぼう》主義はそれであったのであります。

二十

わがちからにて、はげむ善にてもさふらはばこそ、念仏を廻向して父母をもたすけさふらはめ。

本来、この一節で取り扱われているのは、追善思想と念仏との関係であったのですけれども、そこに内含している意味を、少しでも明らかにしたいと思って、ついに、お話が他に転じていったのでした。それゆえ、もとへかえって追善と念仏について申します。

元来、聖人は自力的の修善によって、追善供養することの意義を、みとめておられないのであります。しかしながら一歩ゆるして、善を修めて、それが追善供養の効を奏するとしても、念仏を修して追善することは、誤りであることを知らしめようとしていらるるのであります。念仏を諸善中の最上のものであるということが、一般にいわれており、信ぜられてもいるようですが、とくと考えるならば、元来この念仏というものは、普通には自分の力で称えているように思うているけれども、実はそうではなくして、如来本願の力用《りきゆう》として我らに称えしめんとし、その願力によって吾人が称えしめられておるものである。しかるにこれを称えて自分が他の者の追善にしようと考えるのは、僭越の沙汰であって間違った考え方というものであります。もし念仏が自己の作意《さい》と思慮とによってなされている善であるならば、それは自己の作善ということができるであろうから、その善を父母のために供養し廻向するということも意義があり、父母を助けようと考えるのも理屈の立つことですが、念仏は弥陀如来の意思によって世に出《い》で、我々に称えしめられているものであるがゆえに、これを善として追善のために用ゆることは、本来の誤りであると申されるのであります。

二十一

念仏を尊いものと聞き、諸善以上に勝れておるものであると聞き、万善万行恒沙《ごうしゃ》の功徳があると聞くと、私どもはその委しい理由をも聞かずして、一途にその徳を利用しようと考えるのであります。私どもは諸善を修することによっては、助かるものではありません。また、諸善を修することによって他を助けることもできるものではないのです。すなわち、諸善を修することによって他を助けようとするよりも、念仏によりて自分が助かり、そして他を助け得る者とならねばならぬのであります。それゆえ、自分が助かるためにも、また他を助くるためにも、道はただ一つである。それは自分が自分のために本願の念仏を信じ称うることである。それによって、自分が助かるがゆえに、この念仏は万善にも勝れ万行にも勝れた恒沙の功徳を有するものであるというのであります。しかしながら、単に万善万行の功徳があるからと聞いて、他の者を救うために、追善供養の意味から使用すべきものではないのであります。

二十二

念仏は真実に道を求むる者にとって、自利利他を円満する最後のただ一つの道なのであります。如来は私の助かる真の道として、私に他力の大道の存することを知らしめんとし、それがために念仏を称えしめておらるるのでありま す。しからば念仏は私を助けんとし、如来の与えられておるものであって、けっしてこれを大善大功徳として、他の者のために利用すべきものではなく、もっぱら自分の助かる道として、信受すべきものであります。

しかるに、ここにも示さるるように、普通一般の考えとしては、どうしてもこれを善として取り扱おうとします。それがため種々様々の誤った考えが出てくるのであります。すなわち懺悔の具としてこれを用いようとします。だいたい懺悔ということは善ではありません、それは悪に対する反省であって、無反省よりは一歩進んでおりますから、善のごとくいっておりますけれども、悪を悪と知って懺悔すれば、逆行しておった心が後へもどったというのであって、あるいは善を生じやすいであろうけれども、懺悔は善ではありません。しかるに懺悔のために念仏を用いて、善をなしたように思っている人があります、懺悔の水で洗うなどといいますから、悪が洗えて跡方もなくなって善となるように考えているのであります。

また念仏を滅罪の薬として用いています。罪悪をなくしつつ念仏を申していると滅罪となって、罪が造らるる後から後から消えてしまうように考えているのであります。それがため、平気で罪悪をなして、頻りと念仏しているのであります。聖人はかかる人々を、自力心の人であって他力の信心がないのだといっておられます。すなわち滅罪であるから罪悪が消えて業報が来ないと思い、それを念仏の利益《りやく》であると考え、それを念仏の功徳であると思っているのであります。蚤を殺し蚊を殺して念仏を称える、そうすると念仏によってその罪が消えて報いが来なくなると思っているのであります。念仏をいくら称えたって、罪は決して消滅するものではありません。仏教が日本に伝わって以来、久しいのですけれども、その程度は、滅罪と懺悔と祈禱との域を脱しておらないのでありました。しかるに他力本願の闡明《せんめい》によって、聖人は、滅罪の懺悔や祈禱のための念仏でないことを、明らかにしてくだされたのであります。避雷針の代用に念仏を称えたり、嫁をいじめるために念仏を称えたり、人を無視するために念仏を称えたりするに至っては、論ずるかぎりではありません。

要するに、念仏は他の目的のために用ゆべきものではありません、明らかに私自身の助かるために自分のうえに与えられたものであります。自分が助かる道として、そのうえにおいてこそ無上に尊いものであります。

二十三

ただ自力をすてて、いそぎ浄土のさとりをひらきなば、六道四生のあひだ、いづれの業苦にしづめりとも、神通方便をもて、まづ有縁を度すべきなりと云々。

上来の種々の誤解は、皆均《ひと》しく自力心から出ているのであります。自力を信じ、自力をたのむことから起こるのであります。すべての誤解の根元であるところの自力信こそは、自分の道を妨ぐるものであり、理想を遮《さえぎ》るものであります。それゆえ父母を愛するとしても、また一切人を愛するとしても、自分の成仏の念願を果たさしめんとならば、棄《す》つべきものは自力心であります。徹底的に自力の禍根を知りましたとき、他力を信じ、念仏の信仰にゆかざるを得ません。念仏の信仰は未来成仏の確信であり、浄土得生の正因であります。そこにはじめて満足と安心と希望とを得るのであります。浄土往生ということは成仏の証果を得ることであって、利他救済の智と力とを体得することであります。

二十四

六道《ろくどう》といえば、地獄道、餓鬼道、畜生道、阿修羅道、人間道、天上界のことであります。この六道は生死の苦を離れ得ない境界《きょうがい》であり、たとい苦に軽重はあっても、それは純粋なる安楽界ではありません。

四生《ししょう》というのは、生物の生まれ方を以て顕わされたもので、胎生《たいしょう》、卵生《らんしょう》、湿生《しっしょう》、化生《けしょう》であります。生物はこの四生を出《い》でないのであります。胎生というのは獣類のごとき生まれ方であり、卵生とは魚や鳥のごときであり、湿生とは菌類のごときであり、化生というのは本質は同体であって形が転化したのであって、蛹が蝶となるようなのであります。それぞれの業報によって、それらの父母および一切人が六道四生に生まれ代わって、たとい苦を受けておっても、自分が成仏したならば仏智と仏力を具えて、六神通の手段によって、有縁無縁《うえんむえん》の一切衆生の中から、有縁のものを度するのであると申されています。まず父母を度すべきなりといわずに、まず有縁を度すべきなりと申されています。まず父母を救いたいと願うのは、迷える現在の吾人としての欲願であります。ちっとでも早くと願うのも、凡夫として智慧の明らかでない、一つの欲望にすぎないのであります。真の仏智見《ぶっちけん》を開いたならば、前に急いだことが急がなくともいいこととなり、先にと思ったのが後になるかもわからないのであります。それゆえまず有縁の者の、度すべき者より度すと申されたのであります。

これを要するに、どうすれば父母が助かるかということを、正しく深く考えてゆくと、それは追善供養によってではなくして、自分が助からねばならぬこととなるのであります。一切人を思うて、彼らを愛し、彼らを救わんとすれば、それに先立つ自分がまず救われて、他を救うべき能力者とならねばならぬこととなって、すなわち成仏せねばならぬこととなるのであります。

さて、自分の真に助かる道は、自力の道か他力の道かと、考えることであり、自分の求道こそは、父母を助けんとし、兄弟妻子を助けんと願う根本の問題となって、自分の助かるか助からぬかによって、それらの問題は解決するのであります。それゆえ聖人が、現在一念の他力信を高調してやまれなかったのは、かかる重大な意味をもつからであります。ゆえに自己の求道は、ぼんやりと曖昧に考えておいてはすまないことであり、最も真面目に考えねばならぬことであります。

二十五

そこで、はじめにお約束しました現存の親に対する問題が残っておるのですが、上来お話をしてきました間に、ほぼいっているのですから、よくお考えくださるならば、亡き親についての場合と、現存の親についての場合と、孝についての思念に変わりはないのであります。けれども、少々改めてお話ししてみようと思います。その一端はかつて『人間道』の中に「私は」という題下に、父に対する私の考えを陳べたことがありますから、ご覧くださるならば多少のご参考となるかと存じます。この『歎異鈔』の第五節には、現存の親に対する孝道としての難問題が、聖人の念仏信心によって、解決されておるのであります。

二十六

第一に、親に対する孝ということを、私どもはいかに見、いかに考えているかということであります。特別の人を除いては、一般に親を愛せぬ人はありますまい。たとい、ある事情のもとに、現在は面白からず思うていても、心の奥には親を愛し、孝を尽くしたいと思うているに相違ありません。現在において、親を愛し親を思う人々にあっては、親を愛し尽くす方法が見つからないので、常に困っているのであろうと思います。

親を思い、孝ということを考えるとき、私どもはいかにすればその道が尽くせるのであろうか。昔から孝とは一心の誠の顕われであるといいますが、その誠とはどんなことであるか、誠を尽くすとはどんなことをするのかが疑問であります。それはわかり切ったことのようであって、実はわからないことであります。

全力を尽くしてということのようでもあり、精いっぱい尽くすというようでもあります。精いっぱいとはできるだけということでしょうが、できるだけということはどれだけほどのことでしょうか。またどんなことをできるだけやるのか、またできるだけやったら、それが親のためにどうなるのかも問題であります。

あるいは親の命に従順することであるようにもいいます。親の心にかなうようにともいわれております。昔ある親孝行の人があって、親の命に順うことをよくつとめられたということです。一日、父親は雨が降りそうであるから高下駄を履いてゆけといい、母親は晴れるであろうから草履がよかろうといわれたので、片一方には高下駄を履いて、片一方には草履を履いて出かけたというのであります。これは小学校時代に先生から聞かされた孝行息子の手本ですけれども、これも困ったことです。それによって親の親切はわかりますけれども困ります。従順であったことや、親の命を尊重した心情は察せられますが、これと同じようなことで、お互いは日常少なからず困らされているのでありますす。この調子で万事をやってゆかねばならぬとすれば、大変なことにもなります。たとい、大変なことになっても、そうしてゆかねばならぬのが孝の道でありましょうか。

重盛という人は、親と君との間に挟まって、孝ならんと欲すれば忠ならず、忠ならんと欲すれば孝ならず、重盛の進退これきわまる、といって泣かれたそうですが、親の命《めい》や親の心に順うことが孝であるとすれば、毎度こんな処で苦しんで泣かねばならず、孝ができぬこととなり、それでもやらねばならぬとすれば死ぬよりほかはありません。死んでそれが孝になるのならばよろしいが、ただできぬから死んだだけのことであっては、死は孝ではありません。それは孝の問題の解決ではありません、それは実行難の遁避であります。

身体髪膚《はっぷ》これを父母にうく、敢て毀傷《きしょう》せざるは孝のはじめなり、ということもありまして、それももっともであります。親を思えば自身を尊重することは大事でありましょうが、それが孝であるとすれば、困ることも多々考えられます。

平常はわかったように思うていますけれども、きわめて漠然たるものです。漠然たる曖昧なままで過ごしている心こそ、それは誠ではありません。おそらくそれは、真実に親に対して考えてみたことがないからでありましょう。孝行ができないから困るという人がありますが、本当に考えてみないで困るのは孝心が明瞭でないからであります。私どもはいま、亡き親に対してでさえ、熟慮をされた我が聖人のうえに顧みて、現存の親について、ちっとは真摯《しんし》に考究せねばならないことだと思います。真に考えてみないのは、親に対して済まないのみならず、自分もまた常に悩まねばならぬこととなるのであります。

二十七

親に対する恩の思念がなくては、孝は問題となってこないのであります。釈尊は一切に対する恩について懇《ねんご》ろに教えられていますが、仏教は「恩」の一字を説かれたといっても過言ではないと思います。恩は恩恵であって、恵みであります。しかし普通では、恵みを受けているという自覚が、なかなか起こらないものであります。無感覚といおうか、鈍感といおうか、無神経といおうか、私どもの野生の心には恩の雨がいかほど注がれても、頑石《がんせき》には通らないごとく、きわめて感受性の鈍いものであります。一切の恩はともかくも、最も近い、最も多く受けている親に対してでさえ、鈍感なものですから、他に対しては無論のことであります。

二十八

恩を感ずるということは、自分の願望のいかん、すなわち理想のいかんによって決定するのであります。それゆえ、自分の生命を尊重する人にあっては、自分を生育してくれた親の恩恵に対しては感謝できますが、そうでない人にあっては、自分の養育は感謝とはなりません。また精神生活の向上を理想とする者にあっては、教育の恩を感謝しましょうが、放縦《ほうじゅう》をのみ欲する人にとっては、それはかえって苦痛であり恨みとなります。精神の苦悩に対して幸福を希《ねが》う者には、金銀財貨を与えても、それらは感謝とならず、かえって苦しみとなります。そういうふうに自己の願望なり理想に一致する場合においてのみ、恩恵が恩恵として受け取れ、感謝もできるのであります。

それゆえ、自己の願望が変化したり、理想が向上してゆくにしたがって、かつては感謝したことも感謝できなくなることもあり、またかつて感謝できなかったことも恩として感受する心の出てくる場合もあります。

二十九

多少とも、親の恩を感ずるにしたがって感謝の心が生じ、はじめて親を愛し、孝ということも考えられるのでありまます。それゆえ自分の程度によって孝の解釈も変わるのであります。一般には、親の好きなようにしてあげようと思うているようであり、すなわち物質を以て親を喜悦せしめ、満足せしめんとするのであります。

ここに困ったことは、親の好きなことが、子としてはわからない場合があります。けれども親も親であり子も子でありますから、たいがいは一致する点が多いのです。実は親自身にとっても、本当に好きなことが何であるか、一番幸福なことは何であるか、よくわかってはおらないのであります。子もまた何をどうしてあげたら真に親の幸福であるのか、満足であるのか、喜びであるのか、よくわからないのであります。それはちょうど、盲人が盲人の手を引いて案内しているようなものであります。けれども、たいてい一致するところで、当たりをつけているくらいのことであります。

これくらいでよかろうと思っていると、親の欲望が存外大きかったり、さればといって親の好きなようにすればこちらが困ってしまったり、こちらがよければ彼が困るというようなことばかりであります。それで思うように孝行というものはなかなかできないので、誰人《たれびと》も歎くのであります。無論、できることもありますから、できることはできるだけなすべきであります。できることさえしようとしないものですから、できることでさえ、なかなかできにくいのであります。しかも静かに考えますと、できることは少ないもので、できないことで一杯であり、それゆえ常に孝行難に悩んでいるのであります。

三十

孝行にも貧乏人の孝行と、金持ちの孝行とがありましょうが、私どものような貧乏人ではすぐ、物質を以て親に満足と安心を与えたいと考えます。本来、孝行ということについては、親の心にはいって親の念願とするものを知らねばならぬのですが、一般に親の心はまず物質を要求しておるのでありまして、衣食住の満足を与えようとすれば、まず第一に金満家にならねばならぬのであります。しかし金満家になったり、名望家になることは、なかなか容易なことではないのであり、ここに孝行の第一難関があります。しかし多少ずつでも、できる場合にあっては、物質を以て親の五感の欲望を満足せしめようとします。親も無論それを願望しているのですから、眼には花を見、月を賞し、芝居を観、名所旧跡をたずねさしたい。それらの少しのことはどうにかできるとしても、親のすべてを満足せしむることはできないものですから、親もよい加減なところで辛抱しておくのであり、子も満足したことにしておくのでありまして、とうてい、真の満足をするものではありません。長崎とか東京くらいなら連れてもゆけましょうが、倫敦が見たいとか亜米利加が見たいなどといわれては、金にも時間にも困らねばならぬこととなります。たとい、それがどんな金満家であっても、それ相応に大きい注文を出されてはすぐ困ってしまうのであります。もとよりたいていのところで無理から辛抱しておくのですから、いかほどしても、何だかクヨクヨとして、不満と不足の悩みを抱いておるものであります。

次には耳ですが、音楽を聞かすことぐらいはできましょうが、子どもが泣いて困るとか、もっと優しくいうてくれとか、せめて口でだけなりとも好くいうてくれなどと、偽りを要求したりする親さえありまして、なかなか満足さすということはできません。そういう場合はいかにすべきか。鼻には常によい香りがほしい。舌には御馳走を食べたい、この魚はいけないとか、こんなものは不味《まず》いとか、不足がちなものであります。何を与えても黙って喜んでいるといっても、心の底から喜んでいるのではなく、それは口に出さないだけのことであります。身にはいつも絹の衣服に絹布団であれかしと、親の意中を解剖分析してみれば、種々なる願望を有しているのでありましょうから、それらを皆一々満足さすことはなかなかできることではありません。多くは満足させないのでありますが、精いっぱい身分不相応に与えたとしても、それで親というものが満足と安心とを得るものではありません。実際の場合においては、親その人の欲望と性格によって、種々様々の要求があったり、嫌悪があったりして、ずいぶん尽くす考えはあってもなかなか実行難であります。

三十一

本来、人間の欲望にはかぎりがないのですから、親の欲望にもかぎりがありません。かぎりない欲望を満足せしめようとすることは、不可能のことであります。しかもかぎりある力と金と物質を以て、これをなさんとするのですからなおさらであります。なおそのうえに、親は自分の命のあらんかぎり、この家は栄えに栄えてけっして衰えぬようにと欲願しておったりします。ある家の老母は息子の世になって栄えてゆくのを見て、軸物が毎度新調されたり、珍しい骨董品などができると、これでは家運が傾きはしないかと案じ、そして、倹約をせねばならぬなどというと、大きな損をしたのではないかと案じたりすると話されたことがありますが、そんなことを心から苦慮して悩むその親の心をどうすればよいか。のみならず、親自身が長寿をしたいと願うたり、死にはせぬかと恐れたりする場合、それをどうするか。親が老いに悩み、病に悩むとき、子としてこれをどうするかであります。

三十二

かく考え来《き》たるときは、実際、真の孝行は、物質を以てすることのできないものであることがわかります。すなわち物を以て、親の肉体を安楽ならしめることでは、孝道は満たされないのであります。物を以て親を安楽ならしむることは不可能なことであって、それは心であるといいますが、心ばかりの誠心《まごころ》を捧げても、それで満足するかしないかは、親の心いかんによるのであります。少しの物でもできるだけの物を捧げて、それで満足するかしないかは親の心いかんによるのであって、それが問題であります。しからば一歩進んで親の心の安楽を願わねばならなくなります。しかしながらその安心安楽と心の満足とはこれをどうして得せしめるか。これがまたきわめて至難のことであります。

家の生活や、盛衰や、または嫁に遣った娘のことについて案じたり、自分の病気や、生命や、死について悩む親の心については、何を以てしても、何といって慰めても、とうてい、何ともすることのできない事柄であって、親の心の中は、子として手の及ばないところであり、自由にならないことであります。

三十三

かく精細に考えますと、親の願うがごとく利を蓄えることも、名誉を得ることも、ずいぶん難儀なことであり、もしそれらができるとしても、それによって親の心を安楽安心ならしむることは不可能であります。しかれば現身《げんしん》の親に対しては、どうすれば本当の孝行になるのか。親鸞聖人は、それは親自身が念仏の信を獲て、安住するよりほかはないのであると申されております。それは親自身の心が道を得て平和と安楽を得るようになり、したがって物についても満足と感謝の生活に入《い》り得るのですから、親の真の幸福ということは、信心の人になるより道はないのであって、子としての親に対する孝道は、親をして信心の人とならしむることが、一番の孝道であります。信の人となれば生きてゆくうえについても安心と喜びとをもち、死に対する悲しみと恐怖もなく、したがって病を恐れて悩むこともなく、老を恐れて悩むこともなく、臨終を恐れず、死後を恐れず、死後に対して光明をさえ認めて生活を進めてゆき得るのであります。しかしながら、どうしてその他力信を得させるかということになると、それさえ自由にはならないのであります。

ここに至りて、静かに顧みれば、自力と自力の心によっては、親を安楽幸福ならしむることはとうてい不可能のことであることが自知されます。

何とかして、親を真に安楽ならしめんとして出発したる自己の心は、自力の不可能に衝き当たって、どうしても自己に復《かえ》らざるを得なくなるのであります。ここにおいて、親よりも不可能に悩む自己を発見するのであります。しかし不可能であるからやめておこうと棄てておけるものではありません。できるだけ仕方がないとごまかしておいたり、あきらめておけるのは、それは孝を考えなくなったのであります。親に対して働きかけていった愛の心は、親を擁《いだ》いてふたたび自己にかえるのであります。どうしても彼を救わねばおけぬ愛心は、まず自分が彼を救い得る者とならねばならぬ念願に転化するのであります。あらゆることに悩み多き親を救わんとならば、自分がまず、人生のあらゆることについて悩まない者とならねばならぬのであります。生についても死についても、悩まざる者となってこそ、同じ悩みの親を救い得るのであります。

三十四

ここに自己の求道が始まって、自己が信を得るよりほかに、親に対する道はないこととなります。自己が他力大信に安住して、生に悩まず死に悩まず、真の幸福の何であるかを知るとき、自然に、彼をも現在から安心さすこととなるのであります。自分の喜びは彼に伝うることもできるのであります。自分自身が現に不安であり、悩苦に住しておっては、たとい何をなすとも親の心を安んずることはできるものではありません。自分が安住して満足の喜びを有してさえ、親を安心せしむることは疑問であるのに、自分に何の安住も満足もなくして、何をなしても、親の満足安心さするはずはないのであります。

親と自分とは二つであって一つであります。それゆえ、自分の安心は親の安心であり、自分の不安と憂苦は、必ず親の憂苦と不安であります。自分が救われ自分の喜んでゆくことは、自然とそれが彼の救いともなるのであります。自信教人信《じしんきょうにんしん》は願力自然の力であって、自力で不可能であったことが、他力によって、自他ともに救われてゆくようになるのであります。

三十五

親に向かった愛が、孝の問題となり、孝の問題は親のうえにおいては解決を得ずして、それが自己のうえに復《かえ》り来《きた》って、自己の求道となり、自己の得道となり、真の幸福に接したとき、徹底したる自己の幸福満足は、はじめて親の恩を感知するに至るのであり、心からなる感謝報恩の心が起こるのであります。自己の願望が次第に向上し、自己の願望が成仏の大理想にまで向上して、真の幸福なるものを知ったとき、真に親の恩が恩として真価を顕わすのであります。

真の愛は与えることであり、真の報恩は与えることであらねばなりません。与えることは満ち足る心から出《い》づるものであります。信は満ち足りた心であり、悩苦は満ち足らざる心であります。満ち足らざる心は貪欲を産むばかりであって、そこには感恩の心は起こってこないのです。信の充足があってこそ感恩となって、愛はそこから流れ出《い》づるものであります。物の大小はともかくとして、自己の信の安住は心からなる愛心となって、心と物を与えしめるのであり、その心こそは親の心のうえに温《あたた》かきものをもたらすこととなるのであります。

三十六

自己の信が、彼を信の幸福に導かないとしても、きっと信の道程となって促すに違いないのです。しかしながら、たとい一生の間、そうならないとしても、亡き親に対する場合と同様に、私が成仏の願いの果たされる道、神通方便をもつことのできる道に立つということが、真実に父母に対する孝道であります。それはたとい自分がそのまま死んでも、神通方便を以て彼を救い得るのであるがゆえに、自己が信を得ることによってのみ、現親に対する孝道の成就することを知らされたのが、この一節の一面の意味であります。

三十七

教育勅語には、まず第一に、父母に孝にと仰せられてあります。しかし、学校でこれを教えている教員も、常に困っておるのが孝の問題であって、孝心が起こらないのが困ることであり、孝心があっても、いかにすればよいかは困ったことであります。倫理学では結果論であるとか目的論であるとかいっていますが、やはり困っておって、解決は教えてくれないのであります。教える人も困っており、教えらるる人もなおさら困っておるのであります。そうなることの善いことはわかっていても、なれないので困るのであります。なれないまま困るなりに押し流されておっては、至極困ったことではありませんか。父母に孝にで困っているのだから、兄弟に友にも困り、夫婦相和しにも、朋友相信じにも困っているのでありますが、困るだけではすまないことと思います。困るならはっきり困って、道を求めなければならぬのであります。正しく考え精細に究めて道を求むるならば、道はただ一つ、他力の大道、念仏の一道がひらけているのであります。この道に入ってこそ、たとえかすかながらにでも、父母に孝に、兄弟に友にの道が開けてくるのであります。他力の大道に接せずしては、考えれば考えるほど、努力すればするほど、その道は塞がるばかりであります。

噫《ああ》、他力の大道なくんばいかんせんであります。

かくのごとく、孝についての最後の解決を与えられた、尊い意味の含まれているのがこの一節であります。

第六節　聖人の師弟観

専修念仏のともがらの、わが弟子ひとの弟子といふ相論のさふらふらんこと、もてのほかの子細なり。親鸞は弟子一人ももたずさふらふ。そのゆへは、わがはからひにて、ひとに念仏をまうさせさふらはばこそ、弟子にてもさふらはめ。ひとへに弥陀の御もよほしにあづかりて、念仏まうしさふらふひとを、わが弟子とまうすこと、きはめたる荒涼のことなり。つくべき縁あればともなひ、はなるべき縁あれば、はなるることのあるをも、師をそむきて、ひとにつれて念仏すれば、往生すべからざるものなり、なんどいふこと不可説なり。如来よりたまはりたる信心を、わがものがほに、とりかへさんとまうすにや。かへすがへすもあるべからざることなり。自然のことはりにあひかなはば、仏恩をもしり、また師の恩をもしるべきなりと云々。（第六節）

一

師弟ということについての問題を、親鸞聖人が信仰の立場より表明せられたのであります。いわば真宗信徒として、上《かみ》、師匠に対し、下《しも》、弟子に対し、横、友だち等に対する態度を明らかに示してくだされたのであります。この聖人のお考えは、今日まで真宗信者の精神として聖人より流れている、信者精神とも申すべきものであります。すなわち聖人の他力信仰から流れ出たこの師弟観が、聖人のお考えのみでなく、我々個々人のうえにも伝われるものとして、この一節を味わうべきであります。

その当時、他力念仏を喜んでいる同朋の中に、ずいぶん、弟子争いをしたものがあったものと見えます。これはその当時のみならず、現在にありましても、ままこうした問題で悩まされていることがあります。自分の弟子、他《ひと》の弟子といって争うことが、根本的に間違いであるということを示されたのであります。私どもは、少しものがわかると、すぐ師匠顔をしたがるのであります。そしてその師匠たる価値をいっそう増大せんがために、そこに弟子をこしらえようとします。そしてその弟子をも自己の所有物のごとく考えるのであります。親鸞聖人は他力信仰のうえにおいては、我が弟子だとか人の弟子だとか、同じ念仏者を所有物扱いにすべきものではないと、はっきり誡めてくださったのであります。そんなことを考えるから、そこから争いが起こり苦しみが湧くのだといわるるのであります。すなわち聖人の信の風光のなだらかな、襟度の広い態度が現われているのであります。我々真宗信徒はこの態度で常に進まねばならぬことであります。あれは彼の弟子、これは俺の弟子と所有観念をもっているところから、俺の弟子を取られたとか、取られまいとかという悩みが起きるのであります。

二

蓮如上人の『御文《おふみ》』の中には、「親鸞は弟子一人ももたずとこそ、おほせられ候ひつれ、そのゆへは、如来の教法を十方衆生にときさかしむるときは、ただ如来の御代官をまうしつるばかりなり。さらに親鸞めづらしき法をもひろめず、如来の教法をわれも信じ、ひとにもをしへきかしむるばかりなり、そのほかは、なにをしへて弟子といはんぞ、とおほせられつるなり」とありまして、これは聖人の言明であります。なぜ、自分は弟子をもたないかというと、本文によりますと、「そのゆへは、わがはからひにて、ひとに念仏をまうさせさふらはばこそ、弟子にてもさふらはめ、ひとへに弥陀の御もよほしにあづかりて、念仏まうしさふらふひとを、わが弟子とまうすこと、きはめたる荒涼のことなり」と、さらにはっきりいっておられるのであります。荒涼とはあらくれないことというような意味でありまして、自分に力量があって教えた念仏なら、あるいは弟子ということができるかもしれないが、念仏は私が教えたぐらいで信じられるものでもなく、称えられるものでもないのであって、人が念仏を信じたり称えるようになるのは、ひとえに如来本願の御催《おんもよお》しによるのであって、自分はただ如来のお代理をつとめて、本願の旨趣を伝達するだけのことである。それゆえ、そういう信心の人を、自分の弟子だなどというのは乱暴なことであって、浅薄な考えであるといわるるのであります。このことは皆さんとしてはあまり関係がなく、いわば教化の任にある私どもの問題であるかのように見えますが、しかし一歩を進めて深く味わいますならば、皆さんのうえにも、日常生活のある点に触れるものがあるであろうと思います。問題は単に表面だけを見るのでなく、その裏面の意味を汲むことが大切であります。

三

この一節は、親鸞聖人の同朋《どうぼう》主義、もしくは同行《どうぎょう》主義が現われているのであります。同朋とは友ということですが、同胞ともいえるのでありまして、同じ腹から出た兄弟というような意味ともなります。同行とは同じ道を行くという意味で、「さらに親鸞めずらしき法をもひろめず、如来の教法をわれも信じ、ひとにもをしへきかしむるばかりなり」、親鸞はただ自分の信じたことを、そのまま伝えるだけのことであって、みんなと一緒に連れだってゆきたいのであるといわるるのであります。それゆえ親鸞は師匠でもなければ教え手でもない、単に親友である、それは同じく如来の善巧《ぜんぎょう》方便によって信ぜしめられたのであるから、みんなとは友だちである、兄弟であると申さるるのであります。それだのに往々弟子争いが起こるのであります。私はこの節の主意を「所有の争い」と申しましたが、弟子争いは一面所有の争いであります。自分の教えた弟子だと思っているから、その弟子を他人にとられると腹が立つ、あるいはとられないまでも、とられはせぬかという不安が付き纏《まと》うたりするのであります、これらの争いはすべて所有の観念から起きるのであります。何ゆえ、所有の観念をもつのか。何ゆえ、争うのであるか。それは他力信心がいまだ徹底しておらないからであります。すなわち、自分が自力的精神で念仏を称えているからであります。自分が念仏しておるのも、自分の力で信を得たのであると思い、かように功を自分に帰しておるから、他に対しても自分が教えたのだという気持ちになるのであって、そこで師匠顔もしたくなってくるのであります。

如来の本願は、念仏を称うるものを助けるとあるのだと聞いて、念仏を称え、そしてこの念仏の称えられているのは自分の力である。信じたのも自分の力である。そう思うて他に対して教えを説き、念仏を称えしめているならば、その人は念仏の起原というものを知らないのであります。私どもが本願を信ずるようになり、南無阿弥陀仏と称えるようになった、その名号の起原というものを考えると、根本は、如来が衆生に念仏を称えしめねばおかぬ、本願を信ぜしめねばおかぬという本願の念力に催されてはじめて称えるようになり、信ずるようになったのであります。それゆえ、人が念仏を称えるようになったのは自分の力だと思い、弟子扱いをするのは大きな誤りであります。しかし、私どもはいかに本願力のしからしむるところだといわれても、それを理解するのは自分であるとか、採用して信じたのも自分だと思う心が、なかなか去らないのであります。この根性が去らないから、人々に対しても、自分が教えたのだと思い、喜ぶようにせしめたのであると、自惚《うぬぼ》れるのであります。すなわち念仏というものに対して自力的見解をもっているのであります。そのように、信仰が自力的になっているところから、弟子とか師匠とかという感じが起こってくるのであります。そこでそうした自力的見解を去って、念仏の起原なり本義なりを、明らかにすることが大切であります。聖人にあっては、信心は他力だということがわかっており、自分に念仏を称えさせているものは、如来の本願力であって、人も同様である、それゆえ自分は弟子一人ももたないとはっきり申されたのであります。すべては如来の力であって、自分の力というものが認められなかったのであります。淵源は弥陀願力の汝を救わんという思召しから催されているのであります。この如来のご念力があらゆる善知識となり、あらゆる友だちとなり、親となり、子と現われて、この自分一人を救わんとしておらるるのであります。その他力のおはからいから、このしぶとい私、称え難い信じ難い自分が、称えるようになり信ずるようになったのである。すなわち、自分のうえにも、人のうえにも、念仏を称えしめている力が、自分の以外にあるのである。そのお働きが自分のうえに現われてくださったから、自分は称えるようになったのであり、また自分の教えによりて人が念仏を喜ぶようになったとしても、それは如来の本願力が至り届いたからである。それゆえ、如来の願力のしからしむるところと考える者にあっては、おそらく、俺が教えた、俺が称えしめたという考えは起こらないはずであります。したがって自分が師匠で彼が弟子だという感じも起こらず、したがって自分の弟子であった者が離れて行ったというような、悩みや争いもないのであります。これに反して、念仏に対して自力的見解を抱いている者にあっては、「ひとにつれて念仏すれば」腹が立って、争いもせなければならないのであります。聖人の胸には他力信心ということが、明らかになっていたのですから、弟子争いということで心を悩ましたり、いらいらしたり、憤慨したりすることはさらになかったのであります。それには念仏信仰の立場が明らかであることが最も大切であります。

四

事柄はわずかな弟子争いにすぎないようでありますが、その内容は、念仏の本義、すなわち信心は他力なりということを明らかにせられた大切な一節であります。「親鸞は弟子一人ももたずとこそおほせられ候ひつれ」、そのゆえは自分も如来の御催《おんもよお》しによって念仏を信じ称えている者であり、彼もまた如来の御催しによって念仏を称えているのであるから、彼も我もともに仏弟子であって、自分の弟子ではないのであると申されたのであります。念仏心の精髄はひとえに如来のご念力によるものであり、けっして自分の力で教えたり信ぜしめたのではない。他の者が喜ぶようになったのは、自分が仰いでいる同じ如来のご念力である。されば同じ如来の願力によって、自分も喜び、彼も喜ぶのであり、一つ念仏を自分も称え彼も称えるのであります。またこれでこそ彼と我は真の同朋といえるのであります。一つ如来に向かって、同一に念仏しつつ、彼と我とは手を携えてゆく、こうなってこそ本当の平和が来るのであります。

親鸞聖人の念仏は、彼も我もともに、如来より廻向せられた念仏によって、本願を讃えつつ進むのであって、これでこそ同朋主義を徹底しておるのであります。すなわち一切人はしっかり横に手を携えることができるのであります。お互いが一子平等の兄弟となって如来の恵みを喜びながら進んでゆくのであります。念仏は私どもの生活の更生であります。お互いに新しき生活に生まれしめられたという意味において兄弟であり、無上幸福道を自覚して、ひたすらに人生無上の理想であるところの、涅槃仏果《ねはんぶつか》の証《さと》りに進んでゆくという意味において、同行なのであります。すなわち一切の念仏者は「同一念仏無別道故《どういつねんぶつむべつどうこ》」の一道を進んでおるのであります。この心が家庭のうえに現われたとき、夫といい、妻といい、親といい、子といい、兄といい、弟といい、すべてのものがはじめて真に幸福になるのであります。お互いが同行として新しき生活、新しき生命に入《はい》ってこそ、根本的な平和がそこに誘致されるのでありま す。絶対唯一の他力本願を知るところに、親子は真の親子となって手を握り合い、夫婦は真の夫婦となって和してゆけるのであります。たいていの夫婦というものは他人の寄り合いであって、あたかも合名会社か商事会社のようなものであります。単に相互の便宜上、親しく共同生活をしているにすぎないものであります。相互に利害関係の打算から、協同一致することはありますが、とうてい、精神的同行にはなり得ないのであります。それゆえ、表面は平和に見えても、内心には絶えず衝突と悩みがあります。こうした親子、兄弟、夫婦が同一の目的理想を有して、本願を仰ぎ一つ親を有するところに、お互いが真の道を歩むようになり、そこに自然と精神的にも一致結合ができるのであります。たとい夫婦生活が便宜的であっても、そこに助けつ助けられつつ、励み励まされつつ、一つの道を進んでゆくならば、いつかは一致せざるを得ないのであります。同朋とは友であり、友とは同一目的に対して道を同じくするという意味でありますから、私も貴方《あなた》も同じ道をゆくということになって、そこにはじめて心からの親しい感じが起こって来るのであります。兄弟と申しましてもやはり同じことであって、この道が自覚されないかぎり、それはただ同じ母の腹から出たということにすぎないのであって、考えるとずいぶん水臭いものであります。兄は兄でこの家の財産全部は自分の所有物だと頑張る、弟は弟でまた、その財産を何とかして自分のものにしたいと考えておる。そのくせ何かの便宜を考えるときは兄弟でござる、血を分けた者だとか、切っても切れない仲でござるのといって、さも親しそうに見えているだけのことであります。たといこうした兄弟でも、本真《ほんしん》に道を求めて本願を仰ぐようになり、同一念仏を喜ぶようになったときには、そこに真実に手を握り合うことができるのであります。家庭の真の幸福とは、こうした味わいが家庭のうえに現われるときだと思います。人生生活がすべて便宜的であって、穢いものであるならば、なおさらこうした考えをもって進まねばならぬことであります。何でもかでも、己《おれ》の所有物であり、己の力によって産出したと考えるところに、自分のものを取ったとか、取られたとかいって、争い苦しまねばならなくなるのであります。そして、そのように所有観念の強い者ほど、何ごとでも己のお蔭だお蔭だという考えが退《の》かないのであります。私どもには、どうもこうした自力的な誤った考えが、何につけても出るのであります。彼は己の弟子であって、己の所有物だと考えるから、彼が我を離れてゆくとジタバタせねばならないのであります。信仰生活とはこうした誤想が改まってゆくことであります。信仰は魂の問題であります、魂のうえにおいて、一切の人が御同朋御同行となるのであります。師弟の問題ばかりではなく、一切の生活の環境は自分が造ったものではなく、それはすべて如来より賜わり廻向せられたものであるということを、財産のうえにも、物のうえにも、親のうえにも、子のうえにも、夫婦のうえにも、その他すべての実際生活に対して味おうてゆきますならば、きっと私どもの生活は幸福になってゆくのであります。けっして信仰と実際生活とは離れたものではないのであります。

五

「わがはからひにて、ひとに念仏をまうさせさふらはばこそ――」あるいは弟子ということができるかもしれないが、「ひとへに弥陀の御もよほしにあづかりて」念仏するのであるから、自分の弟子だと思うのは誤っておると、聖人は言明せられました。しかるに親鸞聖人が法然上人を常に師匠としてあがめられたのは、ちょっと合点のゆかないことのようであります。私どもには、どうも悪い根性がありまして、先輩や諸先生からいろいろのことを教えられても、それを心から有難いと思って感謝する心が起こりにくいのであります。そのくせ、自分はすぐ師匠顔をしたがるのであります。俺は師匠だという感じをいろいろな場合にもちます。師匠にはなっても、なかなか弟子にはならないのであります。聖人が法然上人を師匠だと敬われたのは、いかにも矛盾のようでありますけれども、しかし、自分が教えられたとき、その人を通じて、如来が私を幸福に導いてくださったという意味において、その人に対しておのずから頭が下がるのであります。『和讃』や『御本典』を披いてみますと、聖人がすべての聖賢は如来直々のお使いであるとして、いくらでも頭を下げておらるるお姿が見えるのであります。されば法然上人を師匠と見られたのは、聖人ご自身にとってはけっして矛盾ではなくて、たとい教え手が師匠だとか弟子だとかいう感じをもたないにしても、教えられた者にとっては、むしろおのずから頭が下がり、師匠として尊敬するのは、真の仏弟子の態度と申さねばなりません。人を弟子扱いにしない心は、必ず師匠を師匠として尊敬する心であります。人を弟子扱いにする高貢《こうこう》の心は、師匠を師匠と認めない心であります。

念仏の世界には、師匠も弟子もないからといって、恩も感謝ももたないということは、まことに恥ずべきことであります。本願の名号は正定《しょうじょう》の業《ごう》なり、誓願一仏のもとに、一切人が一緒に端座合掌して、念仏の世界に住むことができるということは、最大の幸福と申さねばなりませぬ。そしてこれがとりも直さず同朋主義であって、こうした敬虔な生活は、他力念仏以外には、とうてい味わわれない生活でありましょう。かくてこの一節は、聖人が他力信心に立って、同朋主義、同行主義を詮明《せんめい》されたものであります。

六

つくべき縁あればともなひ、はなるべき縁あれば、はなるることのあるをも、師をそむきて、ひとにつれて念仏すれば、往生すべからざるものなり、なんどいふこと不可説なり。如来よりたまはりたる信心を、わがものがほに、とりかへさんとまうすにや。かへすがへすもあるべからざることなり。自然のことはりにあひかなはば、仏恩をもしり、また師の恩をもしるべきなりと云々。

拙い註釈を加えてかえって恐縮いたします。どうも註釈というものは、往々本文の意味を限定する恐れがありますが、ただちにこの一節を読んでいますと、おのずから親鸞聖人の流るるような、さらっとしたそして胸襟を開いた、広いお心持ちが窺われてきます。これに反して私の心の中には、ここに叱られているような見苦しい心持ちが、ときどき起こることがあります。しかしそれを静かに反省しますと、自分の念仏に対する自力的見解がおのずとわかってくるのであります。この自力的見解はなかなか去りにくいものでありまして、それだけ悩みも深いのであります。この誤った考えが反省されますと、はじめて聖人のなだらかなお心持ちが流れてくるのであります。それゆえ親鸞聖人の申さるる他力信というものをよくよく味わうことが大切なのであります。如来のご念力が種々雑多な方面に現われて、我が生命、肉体、財産、その他あらゆるものを護りつつ、その魂に眼醒めしめ、他力本願に帰せしめて、光の生活に入れしめたいとしていてくださることが徹底してきますと、聖人のようにさらさらとゆけるのであります。生活がむつかしいということは、いまだ信が徹底しておらない証拠であります。愚痴《ぐち》の心、貪欲《とんよく》の心、瞋恚《しんい》の心、人を人とも思わず、恩を恩とも思わない、気随気儘《きずいきまま》の生活では、他力信心ということもわからず、如来よりいかなる恩寵が来ておってもわからないのであります。しかし、そうした放縦な生活を去って、真面目に道を求めますならば、ついには蓮如上人のように、一切の物が仏物《ぶつもつ》であるということもわかり、そして如来の尊いお働きが、夫のうえにも、妻のうえにも、親のうえにも、子のうえにも、すべてのうえに拝まれるようになるのであります。このように私どもの心が転化せざるかぎり、幸福というものはけっして来ないのであります。

七

親鸞聖人のお心は、他力という根拠から出発していられましたから、師弟という関係についても「つくべき縁あればともなひ、はなるべき縁あればはなるることのあるをも」、と平然といっておらるるのであります。これが一面私どもの現前の救いであります。この一語によって、私どもの心がどれだけ安まるかしれません。私どもは横に人と手をつなぎ合う場合、あたかも数珠のごとく、その珠と珠とを自分の自力や我慢でつないでおると思うから苦しいのでありまず。しかるに聖人の見方は、珠と珠とがつながっている所以は、ひとえに如来の御《おん》働きによるのであると申されるのであります。すなわち聖人の他力的因縁観がここに現われておるのであります。私どもの考えは自分で珠をつなごうとするのであるから苦しいのであり、そこに争いとしての師弟観念が生まれるのですが、珠と珠との関係は、如来の本願によってつながれるのであると申されるのであります。それゆえ「つくべき縁あればともなひ、はなるべき縁あればはなるることのあるをも」、と聖人はさらっとしておらるるのであります。一面水臭いようにも思われますが、こうならなければ私どもの胸はとても安まらないのであります。因縁と申しますと、それがよし悪業であろうと善業であろうと、それが因縁である以上、私どもにはどうすることもできないものであります。お互いに憎いやつだと思っていても、それが因縁なら、一生喧嘩していても夫婦は別れられないのであります。兄弟争いでも、やはりそれが一生絶えるときがないのであります。私どもが信心を得るに至るのも、やはり不可思議の仏の因縁によって得させてもらうのであります。そこで、因縁とか業縁とかいう言葉の中には、自分の力でどうすることもできないということがこもっているのであります。同時にそれは如来のなさしめたまうものであるという意味であります。眼醒めたる親鸞聖人の眼からは、十方衆生は如来の子であって、憎むべき者排すべき者もない、「遠く通ずるに、四海の内皆兄弟なり」であって、一切人が等しく如来の子である、むしろ悪業の者ほど可愛いというのが如来のお心でありまず。もちろん悪業の者でも善業の者でも、やはり如来の子であるから、いつかは信の境地に出《い》だしめらるる因縁の者であると、見ていられたのであります。それゆえ、信心は今日《こんにち》はじめて得るにあらずして、いつかは念仏を信ぜしめねばおかぬ、いつかは仏果涅槃に到達せしめねばおかぬという長い間の如来のご念力の結果であります。それゆえ、いまは「はなるべき縁あればはなるること」があっても、いつかはこの如来のご念力によって、手を握り合うときがくるのであるという、すなわち去るものは追わないが、しかし彼を永久に見放すのではないという、落ちついたしかも暖かい聖人のお考えが、ここに出ておるのであります。自分が如来の国に生まれた喜びとともに、十方衆生のうえにも如来善巧《ぜんぎょう》のみ光あれと願われたところに、聖人の化他の行、伝道の生活が始まっているのであります。それがたとい西洋人であろうと、あるいは野蛮人であろうと、その者のうえにも光あれと希《こいねが》われたのであります。こうした大きな広い心は、ひとえに他力の念仏心が生んだ精神上の事実であります。よし他の者が反逆して自分を去っても、その者に対しての所有観念がないから、もったものを失ったという悩みがないだけでも、心は安らかであるのに、今度は積極的にその者の幸福を希《こいねが》い、如来のご方便をひたすらに待つということは、何という寛《ゆた》かなおくゆかしいお心持ちでありましょう。しかるに、その者をあくまでも自分の弟子と考えて、引きつけておいて離すまいとすることは、かえすがえすも誤った考えであります。

八

法然上人について「法師の三髻《さんきつ》」という話があります。上人の弟子聖光房《しょうこうぼう》が、上人のもとで二三年勉強して、その教わったすべてのことを記録して、さてもう覚えることがなくなったと思ったので、上人にお暇《いとま》を乞うて国へ帰ろうとせられたのであります。そのとき上人が聖光房を呼びとめていわれたのが、この法師の三つの髻《もとどり》なのであります。もと、聖光房は九州から遥々と都へ上って来て、近頃都に智慧第一の法然という人があると聞くが、彼と我と問答して、もし我勝たば彼を弟子にし、もし我負くればただちに彼の弟子になろうという意気込みで、たまたま、親鸞聖人の紹介によって、法然上人に会われたのであります。そのとき、法然上人はまず聖光房をはたと睨まれたということです。法然上人は優しいひとであったように思いますが、こんな話を聞くと存外そうでもなかったようでありますす。いったい人格の高い人や、智慧の勝れた人の眼は、炯々《けいけい》として人を射るがごとく、魂の底まで見透《みとお》さねばおかぬ力があるものであります。ところで聖光房もさるもの、ただちにこれを睨み返したということであります。この睨み合いで事は決定したのでありましょう。まず聖光房が法然上人に向かって質問したのでありますが、ただの一語で聖光房はただちに上人の弟子になられたのであります。そこで聖光房が三年あまり勉強して、もう教えをうけることもないと思ったから、お暇を乞いますと、法然上人も所有観念がないから、「それなら帰るがよかろう」とあっさりと出られたのであります。私どもはなかなかこうは出られないものであって、信者でも檀家でもなかなか離さないものです。それほどに教化でもしたいのかというと、そうでもないのですけれども、しかし、すったころんだといって、もったものは離すまいとします。それは生活を思うからであります。それだからまた檀家のいうことは何でも聞くのです。小言をいいながら無理であってもずいぶん聞きます。それは一途に離しともないからであります。もったものを離さないということは苦しいことであります。親鸞聖人はそこは「つくべき縁あればともなひ」といってさらさらと、流るる水のごとく思っておらるるのであります。この道理のわかることが大事であります。夫婦というものでもなかなか離れないものです。そのくせ離れないとわかると出てゆけといって怒鳴ったりします。さて出てゆきそうになるとなかなか離さない。妻も親類がどうの子どもがどうのといって離れないのです、これは苦しみであります。そこが信仰が徹底しておると、夫婦でも友だちでも、「つくべき縁あればともなひ、はなるべき縁あればはなるる」と、あわてないのでありましょう。商業でもそうです。この間は買ってくれたが、今日は買ってくれないといってあわてる必要もないのであります。できるだけの努力はいたしましょうが、結局離れる者はどうしても離れるのであります。離れない者はどうしても離れないのであります。他力自然の本当の道がわからないと、自力執着の心でいろいろとはからうから、いよいよ悩ましくなるのであります。「つくべき縁あればともなひ」のこの一語だけでも、覚えておくべきであると思います。

九

その当時、親鸞聖人の周囲には、いろいろの念仏団体があったことと思います。それゆえ聖人の教団にもいろいろの動揺があって、本当に信に眼醒めないで、ときにある者は来たり、ある者は去って行ったに違いありません。そのたびごとに聖人はどんな切ない思いをせられたことでありましょう。そこで「つくべき縁あれば伴ひ、離るべき縁あれば離る」と申されて、去る者は追わず、来る者は拒まずで、一緒に手をとってゆければゆき、離れてゆくなら、一時如来にお任せして、落ちついていられたのでありましょう。動乱の中の安らかな生活であります。そしてこれは一面、弟子に対する本質的の解決がお心にあったからであります。

人々の中には、「師をそむきてひとにつれて念仏すれば、往生すべからざるものなり」なぞといって、自分の教えを受けた者が他に去ってゆくと、こんなことをいって威《おど》かす師匠もあったのであります。俺の教えによって、念仏を喜べるようになったのに、去って他の人の教えにしたがって念仏するようでは、彼はだめである、往生はできないぞといったりしたのであります。言語道断なことであって、こうした人は、自分の力で信仰を与えたのだと考えているからであります。自分が何か宝玉か団子でも与えたように考えて、自惚《うぬぼ》れているのであります。

十

そこで、前述の聖光房の話に還りますが、法然上人が帰ろうとする聖光房の後ろ姿を見て、「せっかくの法師が髻を切らずにゆくのは惜しいことじゃ」といわれたのであります、その声がちらと耳に入った聖光房は、門は出たは出たものの気になって前へ進めなかったのであります。考えてみると、自分にはもとより円頂で髻のあろうはずがない。これには何かわけがあろうと、すぐ引っ返して、それはどういうわけですかと聞かれると、法然上人は、それは名聞《みょうもん》、勝他《しょうた》、利養《りよう》の三つの髻である、この三つの髻が心に切れていないと、せっかく法師になってもまた学問をしても何の所詮もないことじゃ、数年間お前はわしの教えを聞いていたが、それがわかって豪《えら》い者になろうと思うのは、それが名聞じゃ、そしてこれなら誰にも負けないと思うのは勝他じゃ、そして誰にも負けないようになったら、自然利養を受け得るであろうと思う、それが利養心じゃ。この三つの髻が心中に切れないでは、道を聞いても何の所詮もないことじゃ、と申されたのであります。すなわち聖光房は、名聞、勝他、利養のための学問であって、それは真の求道ではなく、救済しようという人間愛でもないことを指示されたのであります。そこで聖光房も、なるほどとわかって、ただちに年来写し貯えた聖教類を庭で焼き捨て、国に帰られたということであります。覚如上人にいわせると、いまだ自己の真の求道がなく、三髻が聖光房には廃《すた》っておられなかったのだと申されますが、それは余事ですからここでは申しません。

十一

人《ひと》が他に勝れようとする三髻は、たいていの人にあるのであります。商売人なら利益を根本として、名聞、勝他を考え、学者が名聞のために学問をしたり、利養、勝他心のためにしたりする、これらは皆貧しい心であります。こんな考えがあるから、人の弟子我の弟子というような考えも起こって来るのであります。したがって悩みの去らぬ生活をつづけねばならんのであります。

十二

師匠じゃ弟子じゃと頑張るべきではなくて、「自然《じねん》のことはりにあひかなはば、仏恩をもしり、また師の恩をもしるべきなり」でありまして、親鸞聖人のお心はここにちゃんと納まっておられたのであります。他力自然の道理がわからないから、そんなことで争って苦しまねばならなくなるのであります。我々の心を救わんとして、如来は永らくの間、善巧《ぜんぎょう》方便を以て、よし私どもが逆境に立っていても、常に如来のみ手は動いておってくださるのであります。このご念力があったればこそ、私どもは今日までどうやらこうやら生きて来たのであり、そして念仏を喜ぶようになったのであります、しかして自分がそうであるごとく、他の人もまたそうなのであります。そして今日までそうであったように、今後もまた万人がしかあらしめられるに違いないのであります。かように他力自然の道理が厳然として働かせたまうのであるから、私どもの方ではけっしていらいらしないでもいいのであります。よし、いまは自分に叛《そむ》いて去っても、いつかは真心徹到《しんしんてっとう》して、如来のご恩を知るようになったとき、そのときこそ、真実であった師の恩をも知って喜ぶようになるであろう。そのときは自分の尽くしておいたこともわかるのである。それゆえいらいらせずして、じっと見ているがよいと、実に穏やかなお心持ちであります。そしてこの心持ちがあらゆる生活のうえに味わえてこそ、私どもは幸福な生活となれるのであります。

十三

最後に、『口伝鈔』の中に、この心持ちとほとんど同じ意味の話が出ておりますから、それをお話ししてこの一節を終わりたいと思います。あるとき、信楽房《しんぎょうぼう》が親鸞聖人と争論して、意に満たないところがあったので、その門室を離れて、本国に帰ろうとしますと、傍らで聞いておった蓮位房が、信楽房の態度を憤って、聖人に対し、あんな者は破門してはどうですか、そして貴方《あなた》から信楽房にお与えになった書物や御本尊を、破門の印に取りあげられてはどうです、そういうものを信楽房にわたしておいては、貴方の恥になりますと申されたのであります。すると聖人は、蓮位房のいう通りにせられるかと思いのほか、かえって懇々と蓮位房に訓戒せられたのであります。そんなものは返せというべきものではないと、広い心を示しておらるるのであります。「そのゆへは親鸞は弟子一人ももたず、なにごとをしへて弟子といふべきぞや。みな如来の御弟子《おん》なれば、みなともに同行なり。念仏往生の信心をうることは、釈迦弥陀二尊の御方便《ごほうべん》として発起《ほっき》すとみえたれば、またく親鸞がさづけたるにあらず。当世、たがひに違逆のとき、本尊聖教をとりかへし、付くるところの房号をとりかへし、信心をとりかへすなんどいふこと、国中に繁昌すと云々。かへすがへすしかるべからず。本尊聖教は衆生利益の方便なれば、親鸞がむつびをすて、他の門室にいるといふとも、わたくしに自専《じせん》すべからず。如来の教法は総じて流通物《るづうもつ》なればなり。しかるに親鸞が名字ののりたるを、法師にくければ袈裟さへの風情に、いとひおもふによりて、たとひ、かの聖教を山野にすつといふとも、そのところの有情群類《うじょうぐんるい》、かの聖教にすくはれて、ことごとくその益《やく》をうべし、しからば衆生利益の本懐そのとき満足すべし。凡夫の執するところの財宝のごとくに、とりかへすという義あるべからざるなり、よくよくこころうべしとおほせありき」と『口伝鈔』に出ているのであります。自分の名前の載った聖教が、たとい野山に捨てられても、またそのところの有情群類が何《な》にらかの益《やく》をうけて、因縁を結ぶであろうといわれたのであります。何という衆生愛でありましょう。そして何という徹底した同朋主義でありましょうか。聖人の強いそして深い信仰のほどが躍如としています。かように身を以て誡め教え、かつ他力信者としての態度を明らかにしてくだされたことは、私どもとしてかえすがえすも深く味わうべきことであります。

第七節　念仏者は自由人なり

念仏者は無碍の一道なり。そのいはれ、いかんとならば、信心の行者には、天神地祇も敬伏し、魔界外道も障碍することなし、罪悪も業報を感ずることあたはず、諸善もおよぶことなきゆへに、無碍の一道なりと云々。（第七節）

一

念仏者は無碍の一道をゆくものなり、これだけのことを申されたのであります。無碍とは前途に障碍のない、すなわち自由とか自在とかということであって、自由人とでも申しましょうか、念仏者は自由人なりということにしてもいいのであります。念仏の人には何の障害もない、念仏者の進んでゆくところ、左しても右しても、自由であり自在であって、そこに何ら障《さわ》るということがない、一切囚えられた悩みがないのであります。私どもの衷心に願うておるものは、何ものにも囚われず、何ものにも脅迫されないということであって、心が常に無碍自在であるということが理想なのであります。しかるに私どもの生活の実際にありましては、常に不自由を感じ、強迫を感じて、右へするにも、左へするにも、常に去就進退自由ならざるものがあるのであります。これは畢竟心がゆきづまり、心が物に囚わるるからでありまして、心が自由でないから、行為も自由にゆかないのであります。それゆえこの心一つが自由であることが最も幸福なことであるということを申されたのであります。

二

くどいようですが、この『歎異鈔』は前にも申しましたように、第一節には「弥陀の誓願不思議にたすけられまいらせて往生をばとぐるなりと信じて、念仏まうさんとおもひたつこころのおこるとき、すなはち摂取不捨の利益にあづけしめたまふなり」とありまして、何だか現在の私どもの生活とは何らの関係のない、あるいは死後の閑問題が取り扱われているように見えるのであります。さらに進んで信仰を獲るために話された第二節には「各々十余箇国のさかひをこえて身命をかへりみずしてたづねきたらしめたまふ御こころざし、ひとへに往生極楽のみちをとひきかんがためなり……」とありまして、かくのごとく往生とか極楽などと聞きますと、どうも人生生活には何ら関係のない、死んでから極楽に行って、幸福をうけるという話のように聞こえるのでありますが、しかしけっしてこれらの話が、現在の私どもの生活と没交渉でないということは、第三節以下を拝読しますと、はじめて肯かれることであると、私はすでに申してきたのであります。すなわちこの『歎異鈔』の第一節は他力信心そのものを明示されたものであり、第二節はその信心がどうして起こったかを示されたのであって、この両節は純粋信仰の問題を力説せられたものであります。それゆえこの両節の精神が私どもの腹に本当にはいりますならば自然、在来の私どもの生活や、境遇が変わってまいるのであります。それゆえこの両節を真実に味わうことが大事でありまして、その眼を以て以下の各節を味わいますならば、すべての節がここに生きてくるのであります。すなわち第三節には善悪の問題が取り扱われてありまして、私どもが日常一番困る問題は、善とか悪とかいう思念でありまして、この難問題が念仏の信仰によって解決さるることが示されてあるのであります。これで信仰の問題はけっして未来や死後の相談ではなくて、ただ現在私どもが困っておる、この胸のもつれをほどいてくだされるものであるということが明瞭になってくるのであります。なお第四節には、「慈悲に聖道浄土のかはりめあり」とありまして、善悪の問題によって困る自分の胸は助かっても、自分以外の者、自分の親なり、兄弟なり、朋友なり、夫なり、妻という者を哀れむ心が起こる。それをどうすればいいか、つまり私どもの胸に愛他の心が湧いてきたときこれをどうするか、そこには常に愛し得ざる悩みを私どもは抱いておるのであります。この愛し得ざる深き悩みが、他力信仰によって解決されるというのが第四節の意味であります。すなわち信仰は現在の私の胸を開いてくだされるのであります。第五節には愛他心の第一として父母に対する問題が出てきまして、孝ということはどうすればいいのか、ということが示されているのであります。孝ということについて、人々はずいぶん困っておるのであります。先だった親、現在の親に対して、いかに孝行を尽くすべきか、すなわちいかにして真に親を愛すべきかという、最も切実な問題が出ておるのであります。この問題は同時に、弟は兄を、兄は弟を、嫁は姑を、姑は嫁をいかにすれば愛することができるかという、家庭的の問題でありまして、この問題は他力信以外に、いかに自力的に努力しても、他に解決の道はないのであります。次の第六節は師弟論でありまして、目上と目下、主人と召使、そこには常にいろいろの争いが起こるのであります。しかしすべてのものは、けっして私《わたくし》すべきものではなく、それを私せんとするために悩まされるのであります。聖人がすべての人を御《おん》同朋御《おん》同行であるといわれたように、やはり念仏の信仰によって、これらの悩みが除去されるということが説かれてあるのであります。かように、『歎異鈔』は、死後のことよりも、私どもの現在生活に最も大事なことのみが取り扱われているのであります。しかるに、聖人が善悪の問題からも念仏をすすめられ、慈悲の問題からも念仏をすすめられているがために、ただ死後の問題を説き、極楽往生をすすめた書であるというように思ってしまうのでありましょう。だいたい書物は見ようによるものであります。念仏とか極楽とか往生とかいうことを、(究極的の観念が根柢となって、現在の生活を動かすものであるということを考えないで)ただちに現在に関係なき死後のこととしてのみ見ることは、はなはだしい誤解であります。

三

念仏者は無碍の一道なり。

念仏を信じる者は、現在においては、何らの幸福をも受けない者であるかというように、念仏者とは無碍の一道をゆく者であると申されたのであります。念仏する人はすべてのことにゆきづまらず、障害せられるということなく、常に自由の天地を進んでゆくのであります。こうしたことをいわれたのを見ても、単なる死後の問題でないということは瞭《あきら》かであります。

「念仏者は無碍《むげ》の一道なり」ただこれだけであります。かかる一句の中に、聖人のいい尽くすことのできない喜びが、あふれているのであります。ここに注意すべきことは、念仏は無碍の一道なりといわれずに、念仏者と申された者の一字であります。私どもは常に、念仏は善の根本、万善の総体だと聞かされておりますから、念仏を鑑札か煙草入れのように心得て、それを腰にぶら下げておりさえすれば楽に通れる、すなわちこれさえあれば無碍の一道であると考えるのでありますが、念仏は私どもがもったり捨てたりする、携帯品ではないのであります。また念仏は無碍の一道なりと思っている人は、念仏という大きな道があって、その道を歩いてゆくのであると考えるのであります。しかしここにも出ておりますように、念仏者とありますから、念仏する人がそのまま無碍の一道でなければならぬのであります。本願を信じて、念仏が私のものとなり、念仏と私が一つになったこの私という者すなわち念仏者でありま す。その念仏者が無碍の一道であると申されたのであります。しかるに念仏を大事にもっていさえすればよいと考え、あたかも悪魔払いの払子《ほっす》でももって、邪魔なものがあればそれで払い退けて通るのが、無碍の一道であるというように考えるのは甚だしい間違いであります。そうではなく、本願を信じ、念仏を喜び、念仏すなわち如来と一つになった者は、無碍の一道であるということを申しておらるるのであります。念仏というもち物をするのではなくて、私自身が念仏者とならなければならぬのであります。道というものは個人のものでありまして、本願を信じ念仏を称えている者のみが、無碍の一道をゆく人なのであります。道という特別なものが客観的にあって、そのうえを大勢づれで踏んでゆくように思うのは粗漫な考えであります。念仏を信じた人は自由人で、その人のゆく処が道となるのであります。道と人が一つになったのであります。左へ向かおうが、右へ進もうが、どこへゆこうが、自由であるから無碍道なのであります。すなわち念仏者は真の自由人であって、念仏者がそのまま道であります。たとい兄弟がどうであろうと、妻がどうであろうと、そんなことに困らないで進んでゆけてこそ、私は無碍なのであります。かの有名な二河白道の譬喩は、適切にこの無碍の一道を現わしているものだと思います。善導大師の解釈ではあまりはっきりしないようですが、親鸞聖人のご解釈によると、いっそうはっきりするのであります。すなわち白道という道がはじめからあってそのうえをゆくのではなく、この進んでゆく五体がそのまま白道であります。私のおもむくところ、右すれば右に道が開け、左すれば左に道が開けるといった調子でありますから、道は広いのであります。道があってそのうえをゆかねばならぬとなると、苦しいことであります。私の前進するところ道ならざるはなしで、歩いてゆく人が道を造ってゆくということになって、はじめて真の無碍といい得るのであります。またこれでなければ私どもは助からないのであります。聖人もそれをいわんとして、念仏者はすなわち無碍の一道であると申されたのでありましょう。私が無碍の一道であるから、私の進んでゆくところどちらを向いてもゆきづまらない、前途は洋々として開いている。生であれ、死であれ、そこに起こり来たる問題が、よしどんなものであろうと、そこに光明がかがやいていることを喜ばれたのが、この一節の意味であります。我はそんな自由人であると喜ばれたのでありますが、我のみならず念仏者は、皆一様に無碍の一道であると申されたのであります。

四

他力本願を信じて念仏する人、それは無碍の一道をゆく幸福者であると申されたのですが、これだけではちょっと意味が鮮明しないので、「そのいはれいかんとならば信心の行者には――」と次の説明が出てきたのであります。ここに注目すべきことは「信心の行者には」ということであります。すなわち前にもいいましたように、念仏をただ称えるのではない、いわんやもち物でもない、念仏は信ずべきものであります。それゆえ、念仏者はということはもとより信心者はということであります。しかるに「念仏者は無碍の一道なり」というと、あるいは尊い宝物でも携えているように、念仏を称えておりさえすればと考えやすいから、改めて信心の行者には、と申されたのであります。

「そのいはれいかんとならば、信心の行者には」と申されたところに、聖人の周到なるご注意のほどが窺われるのであります。

それから次にはその説明として、念仏者は無碍の一道であるということの、内容を開き示されたのであります。すなわち「信心の行者には、天神地祇も敬伏し、魔界外道も障碍することなし」とあります。念仏は功徳の総体だからといって、ただ大事に称えている人があります。あるいは朝から晩まで称えておりさえすれば、念仏者じゃと思うている人もあります。それらの人は畢竟自力の念仏者であって、真の念仏者ではありません。本当の念仏者というものは信心の行者であります。自力の念仏者でなくて他力信心の念仏行者、その人には天神地祇も敬伏せらるるのであります。すなわち、

念仏者と神との関係
念仏者と魔界との関係
念仏者と外道との関係
念仏者と罪悪との関係
念仏者と業報との関係
念仏者と諸善との関係

かく分類してみますとよくわかるのであります。何ゆえ、念仏者が無碍の一道であるかというと、これだけの内容をもっているのであります。すなわち私どもの心の悩みというものは、一言にいえば神や魔界や外道や罪悪や業報や諸善に囚われていることであり、くくられていることであります。

五

阿米利加《あめりか》の人は自由ということを常に叫んでいますが、それはもっともなことであって、人間には何が苦しいとい

っても、自由が得られないで、束縛を受けているほど苦しいことはありません。阿弥陀仏のご師匠は、世自在王仏《せじざいおうぶつ》と申しましたように、仏教はもっともっと大きな意味において自由ということを得せしめようとしていられるのであります。私どもは生きようと思うても生きられず、死のうと思うても死んでゆけず、ゆきづまりばかりで苦しんでいるのです。そういう私どもに真の自由を得せしめようとしていられるのであります。極楽という国はすなわち真自在、真自由の国にほかならないのであります。如来はこの極楽国に次いで化土という国を話されていますが、この化土というものはすべての欲望が満たされても、ただ一つ自由を欠いておる、たとえば王様の王子が一つの足を黄金の鎖でくくられているようなものであると申されます。多くの欲望が満たされて、諸多の悩みは除かれたとしても、たった一つの自由を欠くならば、悩みはただ不自由ということで充満するばかりであります、そこには本当の幸福は跡方《あとかた》もないのであります。いかに普通以上の境遇といっても、真の自由がないならば、それはあたかも七宝の牢獄に投ぜられたと同様であります。それは一見けっこうのようであるが真の幸福というものではないのであります。そこで現在の境遇以上の化土という国があるにしても、それは如来が方便として建ててくだされたものであって、私どもは常に真実報土すなわち真実の自由国を願わねばならぬのであります。

六

人々は金さえあればと思います。私も貧乏ですから、ときどきさよう思うことであります。金さえあれば自由に音楽を聞き、御馳走を食べ、着物を着てと思います。なるほどそれくらいの自由は金で買えもしましょうが、そのことのためにいつしか傲慢になって、この頭が下がらないとなれば、不自由ではありませんか。上へあがっても下がることができないようでは、それは自由ではありません。それゆえ人間の真実の理想は、真実の自由無碍ということでなければならぬのであります。金持ちにもなれるが貧乏にも下がれる、大名にもなれるが乞食も厭わぬ。奥さんになったら便所の掃除ができないのでは、不自由ではありませぬか。信心の人は「普賢の徳を修するなり」と申されて、必要に応じてどんなことでもできるという心をもつことが幸福であります。そして信による法喜の人の胸には、こういうものがほのぼのと現われてくるのであります、味わえてくることそのことが幸福なのであります。すなわちいままで傲慢であった心が、下がることができるという、そのことが幸福であります。真の自由といえば、ある意味において服従ということにもなります。自由ばかりでいかなる場合にも服従できないのは、それは不自由であります。自由とさえいえば、豪《えら》くなって金持ちになって、高官にでもならなければ得られないように思いますが、ちょっと外出するにも、女中の三人もついておらねばならぬとなっては、むしろ不自由であります。またそういうようなことで金持ちや、えらい人は困っているのではないかと思います。私の知っている人の話に、ある博士は、自分は博士になって、かえって不自由であるといっておられたことであります、なるほど聞いてみますとそうであります。博士にならなかった前は、少々安い月給ででも、またどこででも働けたが、博士になってはそうはゆかないというのでありま す。まさか博士が小学校の教員になるわけにもゆかず、いやしくも博士たるものがといった調子で、人々は敬遠主義をとってそう雇ってくれず、それに面目を破らない程度の生活もせなければならぬので、むしろ生活の脅威は博士になる前よりも甚だしいというのであります。そこで吾人は真実の意味の自由を得るということが、私どもの一番の幸福であります。

七

なにゆえ、信心の人はしかく自由であるか、それは「天神地祇も敬伏」するからであります。前にも申しましたように、念仏者すなわち信心者と神の関係が出てくるのであります。真宗の人は元来あまり神ということを知らないですぎているのであります。しかし私の檀家の人でも何年も真宗の話を聞いていて、まだ神の離されない人が多くあります。それは神に護られているのでなくて、囚われているのであります。なかなか恐ろしいことであります。この意味においてむしろ神を知らないですぎている人の方が幸せなのではないでしょうか。私は元来、寺に生まれて、そうしたことをあまりいわない境遇に育った者ですから、神ということについては、あまり知識をもっておりませんのですが、しかし在家の方の中には、なかなか神という観念の放れない人があります。なぜかしら神棚がないと寂しいように思うのであります。何のために祭っているのか、その意味ははっきりしないのですが、しらずしらずの間に、なければならぬもののように括られておるのであります。意味も明瞭でなくなって祭っているということは、そもそも神に不敬なことでありましょう。だから多くは禍《わざわい》されておるのであります。

もちろん、神棚を祭ることは悪いことではないでしょうが、しかしそうしたことのために、自分の魂の自由が奪われ、魂の統一を欠くことは恐ろしいことであります。神を尊敬するのはよいが、神に括られることは考えものでありますす。それらは畢竟念仏の真意義なり、信仰の内容が徹底しておらないためであって、そのために神を祭っておりながら、その神にかえって、禍されている場合が多々あるのであります。神ということを喧《やかま》しくいう人は、また方位方角卜占というようなことを喧しくいうようであります。あれも精神が縛られている一つのよい標本だと思います。私の寺を修善するとき大工なぞが来て、ずいぶんこの方位方角ということを喧しくいいました。この座敷の東南に便所があっては、何かの祟りがありますぞとやるのです。真顔でそういわれると、ちょっと動かされるから恐ろしいものです。なぜ悪いのかというと、大工がいいますには、家の中心は座敷である、座敷の鬼門に便所を建てるといけませんのです。すると弟がよほどうまくいったものです、いや、それならばかまわん、この家はすべてが本堂中心なのだからというと、「ははん、そうですか、じゃ、いいでしょう」といったそうです。面白いのです、中心が変わればもう祟りがないというのです。私の知っているある町の町長が、ペスト掃除のために縁の下を見ると、土が二三升掘れていたというのです。そこで先生は、これはきっと何かの前兆であろうと、大勢の手伝いに掃除の中止を命じておいて、ただちに大阪のある方位学者に来てもらいますと、西南とかの土をとってそこへ入れたらよいというので、早速その方角の土を入れて、厄除《やくよ》けをしたかのように胸を撫でおろしたというのです。こんなことではうっかり掃除もできないのです。そして要らぬ費用と手間を費やして、それで祟りがなくなったと考えているのです。彼処《かしこ》がいかぬ、この方角はいかぬ。この座敷の建て方が悪いといわれては、自分の金で建てた家でありながら、のんびりと住むことさえできないように脅かされねばなりません。のみならず外へ出るのでも方位方角があって、今日は何処《どこ》を向いて旅してはいかぬ、今日は東へゆくのに、西を向いてゆかなければ失敗がある、なぞといわれては、自分の思うところへさえゆけない有様であります。何と不自由千万なことです。しかしたいていの人はこんなことで金が殖えたとさえ、思うているのではないでしょうか。考えてみると低能児です。ある易者が私の顔を見て、後に人に語って大分えらい人じゃといったそうであります。しかし心がなかなか強情だから、その強情を慎んで、真面目に努力して進めば、出世の相があるといったそうであります。強情を慎んで真面目に努力すれば誰だって出世します。わかりきったことです。こんなことで低能児を掻き廻すんです、そして掻き廻されて喜んでいる人が多いのだから、世の中もずいぶんおめでたいものだと思います。そういうことに動かされる人は、結局そういうことに縛られているのです。そんなことで常に悩まされているのであって、それは自由人でない証拠であります。自分の運をよくせんがために、稲荷さんや狐にアブラアゲを捧げたりします。するといつのまにやら犬がそれを失敬する、それによって運がむいてくると思って、大きな口を開けて待っている人があります。こんな状態では、第一国家はとうてい発達しないと思います。我が家を繁栄させ国家の発達を謀《はか》ろうとならば、まず自分自身が物に縛られない自信のある自由人とならなければだめであります。ロシヤという国は非常に迷信の流行している国だそうですが、戦争していながら戦ってならぬ日があったそうであります。戦争していて戦って悪い日があるのは可笑《おか》しいことですが、彼らは真面目にそうした日をもっており、悪い日には戦わないようにするのだそうです。しかし日本の乃木さんや大山さんには、そんな考えがなかったから、よいと思ったときにはどしどし進軍されたのです。露西亜が日本に負けたのにも、一つはこうしたところにたしかに原因があったのだと聞いています。

親鸞聖人は悪魔悪神といったようなものは断じてないとは申されません。「障碍すること能はず」と申していらるるのであります。いいかえれば、真実の念仏者は、そうしたつまらぬ者に断じて禍されないというのであります。聖人は、よしそんなものがあっても、そんなものにこの念仏者の内心は惑乱せられるということがないと申されるのです。そんなことはないことじゃというと、あるように思うのが人の性情であります。化物《ばけもの》でもないものじゃと強いて否定しますと、かえって化物を肯定することになります。聖人はそんなものはないといい切らないで、あるとしても念仏者を妨害することはできないと申されるのであります。神々にしても、それは私どもをして真に道に出《い》ださしめんがためで、外護《げご》してくださる方便の方として、瞭《あきら》かに認めておられるのであります。これを要するに、天神地祇は私どもが道に前進することを喜び、悪道に陥らないことを護ってくだされる守護の神なのであります。それゆえ真の自由人とは真実の信心者であります。私どもの体のうえには何かしら監督の神があって、目には見えないがその存在を古来承け継いできているのでありますが、しかし善神悪神いかなる神にしても、私の心を括り、私の道を妨げるということは断じてないというのが、聖人の確信であります。それゆえ無上正真の道である念仏を信ずる人は、常に無碍の一道をゆくのであり、神々はその念仏者を尊敬し守護してくださるのであります。天の諸神、地の諸神、仏の化身であるところの神々が、この念仏者に敬伏して必ず本願を仰ぎ念仏を喜ぶ者を外護せられるというのであります。もちろん、私自身に神々に敬われたり護られたりする価値は一つもないのですが、如来本願の御徳によって、本願を信じた念仏者をお護りくださるのであります。

八

念仏者と諸神の関係は、親鸞聖人の『現世利益和讃《げんぜりやくわさん》』によって伺いますと、なおいっそうはっきりするのであります。すなわちその第一首に、

阿弥陀如来来化して　息災延命のためにとて
金光明《こんこうみょう》の受量品《じゅりょうほん》　説きおきたまへるみのりなり

とありまして、阿弥陀仏がこの世にお出ましになって、私どもを息災で長生きができるようにしたいために、『金

光明』というお経を説いてくだされたと申さるるのであります。

もちろん、息災延命は道を得さしめたいからであります。第二首には、

山家《さんけ》の伝教大師は　国土人民をあはれみて
七難消滅の誦文には　南無阿弥陀仏をとなふべし

とありまして、念仏を称えておれば、知らず知らずのうちに、七難という災厄を免れしめてくだされるということを、伝教大師が勧めてくだされたのであります。七難とは火難《かなん》、水難《すいなん》、羅刹難《らせつなん》、刀杖難《とうじょうなん》、鬼難《きなん》、伽鎖難《かさなん》、冤賊難《えんぞくなん》、であります。第三首には、

一切の功徳《くどく》にすぐれたる　南無阿弥陀仏をとなふれば
三世《さんぜ》の重障《じゅうしょう》みなながら　かならず転じて軽微《きょうみ》なり

とありまして、念仏を称えますと、未来だけでなく、現在の障りも乃至過去の罪障までも、その功徳によっていくらか軽くさせていただけるという意《こころ》であります。第四首には、

南無阿弥陀仏をとなふれば　この世の利益きはもなし
流転輪廻《るてんりんね》のつみきへて　定業中夭《じょうごうちゅうよう》のぞこりぬ

とありまして、南無阿弥陀仏の功徳は、未来死後に現われるものかと思うと、何ぞ知らん、この世において、現在の功徳がきわもないのであって、しかも生死の苦海を流転したり輪廻するということもなく、そして定まった業の通りに天分をまっとうして、中途で定命《じょうみょう》が夭折して死ぬというようなことはないというのであります。

第五首には、

南無阿弥陀仏をとなふれば　梵王帝釈《ぼんおうたいしゃく》帰敬す
諸天善神ことごとく　よるひるつねにまもるなり

とあり、第六首には、

南無阿弥陀仏をとなふれば　四天大王もろともに
よるひるつねにまもりつつ　よろずの悪鬼をちかづけず

とあり、第七首には、

南無阿弥陀仏をとなふれば　堅牢地祇《けんろうちぎ》は尊敬《そんきょう》す
かげとかたちとのごとくにて　よるひるつねにまもるなり

とありまして、これらの天地の神々は、称名念仏する者の陰《かげ》となり陽《ひなた》となって、これを護り、かつ悪神や悪友の近づけないようにしてくださるというのであります。

第八首には、

南無阿弥陀仏をとなふれば　難陀《なんだ》、跋難《ばつなん》、大龍《だいりゅう》等
無量の龍神尊敬し　よるひるつねにまもるなり

とあります。龍神ということはちょっとはっきりしませんが、天変地異の神化ではなかろうかと思います。そうした神々までが、夜も昼も守ってくだされるというのであります。

第九首には、

南無阿弥陀仏をとなふれば　炎魔法王尊敬す
五道の冥官《みょうかん》みなともに　よるひるつねにまもるなり

とありまして、炎魔《えんま》法王が尊敬するのはちょっと可笑《おか》しいようですが、炎魔は法王であって、善とか悪とかを正しく取り審くことを役目としている方でありますが、それは要するところ一切の衆生を報土に往生せしめたいばかりに、善は善、悪は悪と決定せらるるのでありますから、やはり弥陀の本願を信じて念仏を喜ぶ人を尊敬さるるのであります。したがって人間の堕ちてゆく五道を司る冥官たちも、この念仏者を護らせたまうのであります。

第十首には、

南無阿弥陀仏をとなふれば　他化天《たけてん》の大魔王
釈迦牟尼仏《しゃかむにぶつ》のみまへにて　まもらんとこそちかひしか

とあり、第十一首には、

天神地祇はことごとく　善鬼神となづけたり
これらの善神みなともに　念仏の人をまもるなり

とありまして、他化天の大魔王でさえ釈尊のみ前で必ず念仏者を守ることを誓い、天の善神、地の善神は、等しく本願を信ずるものを護るというておらるるのであります。

九

さて第十二首めには、

願力不思議の信心は　大菩提心なりければ
天地にみてる悪鬼神　みなことごとくおそるなり

とあるのであります。親鸞聖人はここに来《きた》って、はじめて真剣の話をせられるのであります。すなわちいままではただ念仏するだけでも、かくかくの利益があると、申されたのでありますが、それはまさしく念仏の功徳を挙げられたものであって、それらの徳を完全に具有することは、信心の行者となってこそ、いよいよ明らかに具有することができるのであるということを、知らされたのであります。やはり念仏者は、信心の行者でなければならぬということを、明らかにせられたのであります。すなわち真実信心の念仏者になってこそ、諸天善神に護られている真実の意義を自覚するのであります。それゆえ、念仏をただ称えておりさえすればというところから一歩進んで、何ゆえ神々に護られているのかという、その目的意義を明らかにすることの、大切なことを知らねばなりません。かくかくの現世利益があるからと聞いて、欲深い打算から、されば称えましょうか、と念仏を厄除けのように思ったり、避雷針のように思うて称えるのでは、それは真の自由人の道ではありません。聖人が念仏者はといっておいて、次に信心の行者にはと申されたのは、非常に意味深いことであります。

だいたい、念仏はなかなか自分の力で称えられるものではありません、それは偏《ひとえ》に如来願力の不思議として授けたまうところの、他力の念仏なのであります。念仏は如来の大菩提心でありますから、願力の不思議によって与えられた信心は大菩提心なのであります。それゆえ、この大菩提心に対しては、悪鬼神も畏れて害をすることができないのであります。大菩提心は天地の真理なるがゆえであります。

十

念仏の信心は、なぜ尊いのかと申せば、利己心や貪欲心の満足ではなくして、大菩提心であるからであると聖人は申されるのであります。菩提心とは、自利利他の心であって、自分の真の幸福として他の幸福を願う心であります。自分の苦悩だけを取り払うというのは貪欲であります。むしろ自分の苦悩をなくするためには、かえって一切人の苦悩のなくなるようにと念願する心であらねばならんのです。つまり自他即一の念願であります。そして如来の本願はまさにこうした慈悲の結晶であるがゆえに、この如来の心に帰するところの信心は、大菩提心に相当するのであります。

すなわち「慈悲に聖道浄土のかはりめあり」、自力ではとうてい自利利他の大行を完成することはできないが、念仏によってはじめてこの願いを成就させていただけるのであって、しかも、その信心の行者は他力によりて大菩提心の大道をゆく者なるがゆえに、それは利己欲のためではなくして、同時に他の者を救う唯一の道なのであります。この道をゆく者を天神地祇の敬伏せないということはないわけであります、この大道をゆく者に対して天魔悪鬼神が恐れないということはないはずであります。金を蓄《た》めよう、名誉を得ようというのは、たいていの場合利己欲からであるがゆえに、誰も守ってくれる者はなく、むしろ悪鬼神は禍するに違いないのであります。その証拠に金が蓄まってもいっそう守護の苦しみがあったり、名誉が揚《あ》がっても一向安心がないのでありましょう。これに反して、念仏はけっして利己主義一片でなく大菩提心であり、大真理であるから、天の諸神が守り、地の諸神も守るのであり、悪神は皆恐るるのは当然のことであります。そこで聖人が、信心の念仏こそ大事であると、切に高調せられたのはこの所以であります。

次に第十三首目には、

南無阿弥陀仏をとなふれば　観音勢至はもろともに
恒沙塵数《ごうしゃじんじゅ》の菩薩と　かげのごとくに身にそへり

とありまして、信心の念仏者には同じく観音や勢至方が守ってくだされるという意《こころ》であります。

第十四首目には、

無碍光仏のひかりには　無数《むしゅ》の阿弥陀ましまして
化仏おのおのことごとく　真実信心まもるなり

とありまして、化仏とありますからは、阿弥陀仏が種々無量に姿を変えて、私どもの信心を守ってくだされることであります。すなわち親となり、子となり、妻となり、夫となり、順境に現われ、逆境に現われ、善人となり、悪人となり、師匠となり、弟子となり、その他いろいろに現われて、いかにかして信心の行者をも守ってくだされるのであります。これは非常に話しにくいことでありますが、精神上のことを深く考える人にはおわかりになることと思います。私どもの頭は低級なものですから、金さえ得たら幸せであるとか、名誉さえ得たら幸せであると考えるのでありますが、しかしそれは定《き》まらないことであって、かえって金や名誉のなかったときの方が幸せであったりする場合があるのであります。病気になったら悪神が魅《つ》いているの、健康だから善神に恵まれているのだということも、定《き》められないことであります。芝居には白面赤面《しろづらあかづら》ということがありますが、何ごとも最後にならなければわからないものであります。これは標準のいかんによるのでありまして、真の幸福は金を得たか得ぬかで定《き》まるのではなく、精神上の幸福を得たか得ぬかによって定《き》まるのであります。病気になってかえって反省の好機会を得ることもあるのであります。かように如来はいろいろの方面に化仏となって現われたもうて、私どもが自由人の幸福から退転せぬようにと護ってくだされるのであります。しかるに私どもは信心を護ってもらわなくとも、どうか、金や家や名誉を守ってもらいたいと思ったりして、信心を守ってくだされるだけでは、何だかたよりないのであります。しかし本当に幸せになるようにしてくだされることこそ、守るという意味があるのであって、金があったって罰《ばち》が当たっているのでは仕方がないのであります。俺は金ができたと幸福そうにいうておる人を見ると、それが罰ではないかとつくづく思うことがあります。すなわち如来は真の幸福者たらしめんとして、人間として一番大切な真実の信心を守ってくだされるのであるから、私どもは真の幸福者である無碍人となるのであります。生命も、財産も、健康も、地位も、名誉もこの幸福を得させるための手段として、これを中心として守護したまうのであります。それでこそはじめて、善人に対しても悪人に対しても、それらを化仏として感謝することができ、病気も貧乏もあながち不幸としてのみ、これを斥けることはなくなるのであります。この意味において真宗の信者である念仏者は、信心ということに注意せねばならぬのであります。

さらに最後の十五首目には、

南無阿弥陀仏をとなふれば　十方無量の諸仏は
百重千重囲繞《いにょう》して　よろこびまもりたまふなり

とありまして、諸々の悪神、諸々の善神の守護よりなお進んで、菩薩や無量の諸仏方が、念仏者を護りたまうことを申されたのであります。常人は無仏闇黒の世界にいるのですが、念仏の信者はすべてのうえに諸仏を見る光の世界に住するのであります。

これで十五首の『現世利益和讃』は終わったのでありますが、これを要するに、息災延命とか七難消滅とかということは、畢竟信心を得させたいためであって、これがなければ結局護るということは、何の意義もなさないのであります。なおまた、信心を得たうえは、自己のためのみならず、利他の行化《ぎょうけ》をなすためにも守護したまうことでありますから、利他のために信心の行者を守護したまうことは無論であります。さてこれだけのことをお話しておくと、この第七節の念仏者は無碍の一道であるということの内容が、いくらかでもわかりやすくなるかと思います。

十一

そこで、念仏者と魔界の関係をお話しすることにいたします。魔ということは私どもが本当の幸福になる道、それに進んでゆくことを妨げるものを魔というのでありますから、その意味からして財産を奪い、肉体生命を奪い、精神生命を奪うものを魔といい、魔の所行というのであります。それで魔界はそういう悪魔の寄り合うているところでありまして、その諸々の悪魔は真実の道に進もうとしている者を、邪道に誘惑せんとするのであります。私どもの身辺を見ますと、この魔がいかに多いことかと思います。釈尊が菩提樹下で成道して一心に瞑目していられますと、たくさんの悪魔がそれを誘惑せんとして、襲来することが経典に書いてあります。そのなかには美人もいたということでありります。私どもが机に向かって勉強でもしようと思うていると、そんな思索をするよりも金のもうかることか、もっと花々しい事業でもしてはどうだと、いうような考えが、フイフイ涌いてきます。酒でも飲んだらどうだとか、芝居か活動へでもゆこうじゃないかと誘われると、ついその気になる。それは魔に誘われるのであります。そしてこの魔はなかなか脱れにくいのであります。仏教にはこの魔を内《ない》の悪魔と、外《げ》の悪魔の二種に説いてありますが、外から来る悪魔はまだ割合に降伏《こうぶく》しやすいが、内から来る悪魔はなかなか去り難いのであります。すなわち自分の胸の内から涌き出《い》でる悪魔であって、山がもうかる、株が騰《あが》ったと聞くと、なかなかやめられないそうです、そして思わず邪道に踏み込んで行ったりします。そこで真実の念仏者は種々の魔に誘われても、一度獲得した念仏の大道をゆく心は失せないというのであります。これが有難いことでありまして、いったん金剛の信心が決定《けつじょう》した者には、いかに悪魔の妨害があり、障碍があって、いちおうは外《はず》れることがあっても、それに誘惑され切ってしもうたり、それで心が惑乱せられるということがないのであります。もちろんそれは如来より賜わる信心の徳で、これが吾人の最も幸福であり、かつ無碍といわるるところであります。

十二

次は、念仏者と外道《げどう》の関係でありますが、外道とは六種外道というて、因果撥無《いんがはつむ》の外道等、九十五種ほどもありまして、つまり誤れる思想ということで、正しき仏教の思想以外の一切の思想のことであります。私どもは常にかかる種々の誤った思想に禍されているのであります。天理教でも金光教でも乃至《ないし》キリスト教でも、それはすべてよき道であり、よき教えでもありましょうが、しかし真実の無碍の一道に出られないならば、それらは畢竟外道と申さるるのであります。その他享楽主義であれ、自然主義であれ、社会主義であれ、あるいはマルクスの思想であれ、それらのたくさんの思想も皆自分が助かり他が助かるということよりないのでしょうが、それが本当になし遂げらるるものは、念仏の信心よりほかはないのでありましょう。結局人間の生活は、どうしたら幸福になれるかという問題を基調として、種々に論ぜられているのでありましょうが、一点真の自由ということを欠くならば、畢竟正法に対して外道的思想と申さねばならんのであります。

そこで他力信心が本当に私どもの胸に徹底いたしますならば、これらの思想に禍されたり、ひっぱられたり、妨害せられたりすることはないと申されるのであります。反対に信心の欠けた人々は、どうしてもこれらの思想に引き摺られたり、誘惑されたりして、常に思想的に悩まされるのであります。信心がないということは、畢竟精神的に統一がなく、批判力がなく、思想の解決がないから、外界のいろいろな思想に動かされるのであります。したがって、そこには自由と幸福はありません。

十三

次は、念仏者と罪悪の関係でありますが、これは念仏者と罪悪および業報との関係としてもよいのであります。罪悪は原因であり、業報は結果であります。私どもにはいろいろのことに引っかかって悩む性質があります。これが業報というものでありますが、この業報の悩みもなかなか深いものであります。自分にはそうたいした罪悪の悩みはない、と思っている人もあるようですが、それは無自覚なのであって、静かに考えますならば、どんな人にでも、この罪悪の悩みのない者はないのであります。第十三節に委しく出てきますが、昔なした罪悪、現在なしつつある罪悪、罪悪に対する後悔と懼《おそ》れの悩みは、誰人《たれびと》の胸にも潜んでいるものであります。歳が若くて盛んなときは、善因善果、悪因悪果というたところで、そんなことはあるまいと、ただ一時しのぎをやって、ずいぶんこの理法を無視する傾向があるものですが、しかし静かに考えたら、歳月が経つにしたがって、この因果の感じが知らず知らずの間に強く働いてくるのであります。静かに考えますと、すくなくとも私どもは、よいことをしておらないのであります。罪悪の感じが進んでゆくと、そこに業報という感じが必然に湧いてくるのであります。罪悪に対する悩みということは、つまりその結果を懼《おそ》れるからだというてもよいのであります。後方に罪悪の悩みをもち、前方に業報の懼れを抱いているのが私どもであって、つまり前と後ろに大きな袋を背負うて、嶮《けわ》しい坂をとぼとぼと歩いているのが、我々の人生生活であるというてもよいのであります。この悔恨《くやみ》と疑懼《おそれ》をどうするか、私どもの胸はこれをどうにかせねばならぬと迫っているのであります。それが念仏を信ずることによって、もはや罪悪も業報も感ぜられなくなるというのでありまます。それは第一節に「本願を信ぜんには他の善も要にあらず、念仏にまさるべき善なきゆへに。悪をもおそるべからず、弥陀の本願をさまたぐるほどの悪なきがゆへに」と、あります通り、この如来に帰命するということによりて、罪悪をも業報をも超越するのであります。過去の罪悪、現在の罪悪、将来の罪悪に囚えられて悩むことなく、現在を業報として苦感することもなく未来の業報も恐れなくなるのであります、業報と恩寵とは一紙の隔たりであります。罪悪も業報も感ぜないという、こんな絶対無碍の大道が何処《どこ》にありましょう。それは偏《ひとえ》に仏智のしからしむるところであります。

十四

次は、念仏者と諸善の関係でありますが、私どもは自分の力ではとうてい、厳正な因果理法を、うち消すだけの善は勤まらないのであります。またたとえ少々の善が勤まったとしても、とうてい念仏を信ずるに勝ることはないのであります。それゆえ、念仏者には、いろいろの善を修せねばならぬとか、修せられないで悩むとかということに囚われなくなるのであって、それは念仏がすべての善の根本であるからであります。すなわち念仏者は諸善ということについても、悩みなく常に無碍の一道をゆくものであります。

かくのごとく、私どもの悩みは、正《まさ》しく念仏一つを信ずることによって、他の何ものにも煩わされることなく、害せられることなく、常に天神地祇や諸仏菩薩に護られて、まったく自由人として歩いてゆくことができ、またそれが、人間の生活として最上の幸福であると、親鸞聖人は喜ばれたのであります。すなわち上《かみ》に述べましたことは、信心の徳の内容を表明されたものでありまして、念仏者は無碍の一道であると申されたのであります。

十五

「念仏者は無碍の一道なり」と、他力本願を信じた者の信徳《しんとく》をいろいろと示されました。すなわち、「信心の行者には、天神地祇も敬伏し、魔界外道も障碍することなし、罪悪も業報を感ずること能《あた》はず、諸善も及ぶことなき」はずであります。ゆえに信の人には、それらのことに囚えられたり、悩まされたりするということはないわけであります。しかるに、もし神に対する問題に悩まされたり、魔界や外道の問題で心に障碍《しょうげ》を感じたり、罪悪問題、業報問題に悩んだり、善悪の問題に苦しんだりするならば、それは信心の行者でなく、真の念仏者でないことを証明することとなります。

それゆえ、この一節を、逆にひっくり返して味わいますならば、自分は信心の行者に間違いないか、真の念仏者であるかどうか、ということが明瞭になるのであります。我は真の念仏者であると思い、自分も許し他も許しておっても、また自分には真実信心があると思い込んでおっても、この一節に照らして逆黶《ぎゃくほん》し黙験《もくけん》するならば、ずいぶんと怪しくなってきはしないかと思います。

十六

聖人は「信心の行者には天神地祇も敬伏し」といって、神々の守護を信じ、感謝を捧げておられるのであります。すなわち前述の『現世利益和讃』に委しく讃嘆していられるのであります。

天神地祇はことごとく　善鬼神となづけたり
これらの善神みなともに　念仏の人をまもるなり

といい、または、

願力不思議の信心は　大菩提心なりければ
天地にみてる悪鬼神　みなことごとくおそるなり

といっておられます。しかるに口に念仏しながら、天の諸神を畏れ、地の諸神を畏れているということは、それは信心の行者でなく、真の念仏者でないことを証拠立てているのであります。まして曖昧なる神や、得体も知れぬ神に畏れて、とやかくしておるのは、無論、信心の真実でないことを示しているのであります。

諸神を崇敬《そうきょう》しているのだといいますけれども、はたして守護してくださっていると思って、真に感謝のためにのみ礼拝崇敬を捧げているのでしょうか、あるいは自己の生活欲望を満足せんとして神をして守護せしめんがために、あるいは神に追従《ついしょう》してご機嫌をとっているのではありませんか。神を祭るに二つの意味がありましょう。一つは感謝のためであって、一つは祈禱のためであります。祈禱は是が非でも自分の意思に神をしたがわしむるためであり、神をして我が欲望に妨害を加えしめぬための慰撫であり追従であります。神の憤怒を畏れ、神の歓心を買うというのは、感謝でもなく崇敬でもなく、神に対する恐怖であります。神に囚われているのであります。神威を恐れているのはそのためであり、神の御意《ぎょい》を損ぜぬように気苦労をしておるのであります。それゆえ、それは神に守られて自由になっているのではなく、神によって束縛せられているのであります。聖人のごとく、天神地祇に敬伏せられているという自覚もなく、歓喜もないのであります。

十七

聖人は『一多証文《いちたしょうもん》』に、「異学といふは聖道、外道にをもむきて、余行を修し、余仏を念ず。吉日良辰《きちにちりょうしん》をえらび、占相祭祀《せんそうさいし》をこのむものなり、これは外道なり。これらは、ひとへに自力をたのむものなり」と申しておられます。吉日良辰をえらび、占相祭祀を好むのは、他力信心の人でなく、自力をたのんでいる人であります。吉凶禍福や吉日良辰、すなわち月や日や星によって自己の幸運を動かそうとするのは、因果を信ぜない心から起こっておるのであるから、それは仏法ではなく外道であると『大無量寿経』にも釈尊が申しておられます。すべてのことは善悪因果の理法によって動いているものであるのに、日を選《えら》み星を択《えら》むということによって、吉凶禍福を自由にしようという考えは、自力心の強いのみならず、道理にはずれた虫のよい考えであります。占相祭祀も、同様であります。人相手相によって吉凶禍福が定《き》まったり、それを変化せしめんために、天の神や地の神を祀りて、そのことによって禍を逃れたり、福を招いたりしようとしているのであります。神にへつらったり、ねだったりするのは自力によりて神意を動かさんとし、自力によりて災禍を免《の》がれ、吉祥を得んとしているのであります。

そして、かくかくのことをしたのは、神の御意《ぎょい》に逆らいはしなかったかと案じたり、かくのごときことの起こったのは、もしや神の意《こころ》にかなわなかった罰《ばち》ではなかろうかと煩悶したり、神の意《こころ》にかなうためには、かくもせねばならぬか、ああもせねばならぬかと、種々さまざまの煩わしいことをしたり、神祇を信じていると称しつつ、常に恐れ畏れて、実は煩わされたり拘束されたりして困っておるのであります。そんな人々は、たとい念仏を称えて、我は信心の行者であると思っていても、その心は自由人ではなく、したがって信心の行者ではないのであります。聖人は『悲《ひ》嘆述懐《たんじゅつかい》和讃《わさん》』に、

かなしきかなや道俗《どうぞく》の　良時吉日《りょうじきちにち》えらばしめ
天神地祇をあがめつつ　卜占祭祀《ぼくせんさいし》つとめとす

かなしきかなやこのごろの　和国《わこく》の道俗みなともに
仏教の威儀をもととして　天地の鬼神を尊敬す

と歎いておられるのであります。

かくのごとく「念仏者は無碍の一道なり。信心の行者には天神地祇も敬伏し」と申されると、誠に有難いことじゃと受け容れているようであっても、それを裏がえして、天地の諸神を祈ったり、悪神を恐れたりする心はないかと質《ただ》してみると、自己の信念が怪しくなってくるのであります。もし怪しければ、自由人ではなく、真実信心の行者ではないのですから、是非とも真の念仏者とならねばならぬことであります。

十八

「魔界外道も障碍することなし」、信心の行者は自由人なるがゆえに、諸々の悪魔に障《さ》えられることなく、この幸福の一道を碍《さまた》げらるることはなく、かえって他化天の大魔王でさえ守らんと誓うたのであります。しからば悪魔に魅《み》いられたのではなかろうかとか、何かの祟りではなかろうかなどと、心痛し煩悶することがあるならば、それは可笑《おか》しなことであります。外道も障碍することなしとありますから、念仏者は無碍の一道をゆく人であり、向上の一路を翹《ぎょう》望《ぼう》して常に前進する者であります。それゆえ仏道以外の諸多の思想に囚えられて、一心の行路を失ったり、他の思想によって迷乱に陥ったり、心意閉塞してゆきづまったりすることはないはずであります。念仏者でありながら思想に

ゆきづまったり、他の思想に災いされて、自己の混乱を来たしたり、あるいは一身の処置にさえ惑うならば、それは信心の行者ではないのであります。一身の処置に困るのは一心の道がなくなったからであります。心の道に障碍を生じたとき、一身の処置にも障碍を来たすものであります。

十九

「罪悪も業報を感ずること能はず」、念仏者は罪悪に対しても悩まず、業報についても煩わされないはずであるのに、過去の罪悪について徒らに後悔のみして、こんな者は助かるまいとか、これは何という業報であろうと歎いたり、現在においても、罪悪の心と罪の多いことに恟々《きょうきょう》として、常に自己を僇み自己に悔いて煩悶したり、また将来に対しては、その業報を感ずるであろうと案じたりして、恐れ悩む心の起こるのは、本願を信じた心とはいえないのであります。本願を信じた者は、過去の罪悪、現在の罪悪、未来の罪悪に囚えられて悩むことなく、それら一切の解放を感じて、ただ他力本願の救済を信じ喜ぶばかりであります。したがって業報感は一変して善巧方便《ぜんぎょうほうべん》の恩寵感謝となるべきであり、未来の業報の恐れから放たれて、本願摂取の救済に安住して進むばかりであらねばならぬのであります。

二十

「諸善も及ぶことなきゆへに」、と申されるにもかかわらず、念仏しながら、何か物足りない思いがしたり、不安を感じたり、意《こころ》にも、身にも、口にも、何でも善をしなければならぬと心を堅くしたり、何でも善をなして救済の補助とせんとする心が起こったり、あるいはまた、その善ができないために、できないことを悲歎して、お助けを危ぶんだりする心は、皆善悪に囚えられているのであります。

諸々の善はできるならば行いたいことであり、できるだけ勤めてゆくべきでありますけれども、是非とも、苦しんででも無理にでもせねばならぬと囚われたり、または善のできぬことを悩んだりしているのは、本願を信じているのではなく、それは自力諸善を超越したる諸善以上の念仏であることが信ぜられていないからであります。

二十一

女の頭髪を櫛で梳《と》くとき、外面は整然として見えていても、内部はもつれていることがあるように、表面からは信じられたように見えても、内部がもつれにもつれているのであります。信心の行者は、かくかくのことに囚われないから、自由人というべきであると聞くと、自分も立派な念仏者であり信心の人であるように思っていますけれども、これを裏がえしてみると、なかなか無碍の一道でなくて、障碍だらけであることが往々あります。それゆえ、いくたびも信心の内容を、裏がえして験《しら》べてみることが大事であります。裏がえしてみて、神に関する問題、魔に関する問題（諸種の迷信）、思想の問題、罪悪の問題、業報の問題、善悪の問題について、心が繫縛《けいばく》や障碍を受けていないならば、それこそ真の自由人としての歓喜を得ることであります。

第八節　念仏は善に非ず行に非ず

念仏は行者のために非行非善なり。わがはからひにて行ずるにあらざれば非行といふ、わがはからひにてつくる善にもあらざれば非善といふ。ひとへに他力にして、自力をはなれたるゆへに、行者のためには非行非善なりと云々。（第八節）

一

私どもが称える念仏、それは、自分にとっては善ではなく、自分にとっては行でもない、まったく他力であって、他力の大善であり大行であることを示されたのであります。私どもの念仏に対する態度、および念仏の本質、すなわち称える私と念仏との関係を、明らかにしてくだされたのがこの一節であります。

それは、親鸞聖人が第一節以来申されていることでありまして、第一節には「本願を信ぜんには他の善も要にあらず、念仏にまさるべき善なきゆへに、悪をもおそるべからず、弥陀の本願をさまたぐるほどの悪なきがゆへに」とあります通り、本願一つが信ぜられるならば、もはや、念仏以外のどんな善をも翹望《ぎょうぼう》する必要がないのであります。しかるに私どもは、念仏を信じているといいながら、ともすれば他の善に心を索《ひ》かれたり、望みをかけたりして、どうしても善をせねばならぬという力み心がやみ難いのであります。すなわち自利的の善に目がくれているのでありま す。しかしこうした心が罷《や》まらないかぎり、私どもはどうしても本願に信順することはできないのであります。本願に信順した人は、もはや「他の善も要にあらず」という境地にゆくのであります。しかるになお自力善に引っかかる人があってはならぬと、聖人はご親切に、「念仏にまさるべき善なきゆへに」と申されたのです。すなわち念仏を以て善中の善とし、至上善とせられたのは、念仏の価値を示されたのでありまして、私どもが善ができないからといっても、そんなことに躊躇せず、絶対善であるところの他力念仏に向かわしめるために、この念仏の一番尊いことを知らしてくだされたのであります。「念仏にまさるべき善なきゆへに」この一言《いちごん》で、私どもは他のどんな自力善にも目をくれず、「至心信楽《ししんしんぎょう》己れを忘れて無行不成《むぎょうふじょう》の願海《がんかい》に帰」せねばならぬのであります。しかしよほど注意をしないと、私どもはいつの間にか他の善に心を奪われることがありがちであります。

二

さてこの第八節には、さらに懇切にその意を強めて、念仏は非行非善であるぞ、と示してくだされたのであります。すなわち念仏を善として見たり、善行として念仏を称えたりするのは誤りである。念仏は、私どもの考えているような、そんな善でもなければ、行でもないということを、はっきり知らしてくださったのであります。

「念仏は行者のために非行非善なり」とは何のことを申されたのかと、静かに味読しますと、私どもの心に引っかかりやすい自力心を取り除こうとしていられることが、よくわかるのであります。なぜ、念仏は行者のために非行であるかということを説明して、次に「わがはからひにて行ずるにあらざれば非行といふ」と申されました。

行といえば願行《がんぎょう》と申しまして、行のあるところ必ず願がその根本となっておるのであります。願を成就するために、そこに必然に行が出てくるのであります。たとえば、学校を卒業したいとか、学問をしたいとかいう願いがあって、はじめて毎日通学するという行が出てくるのであります。目的なり願いがあって行が起こり、はじめて願行成就の結果に至るのは、すべてのものの規則であります。阿弥陀仏は因位において十方衆生を救わねばおかぬという願いを起こされて、そこに兆載永劫《ちょうさいようごう》の修行をせられたのであります。そのように私どもは何を考え何をしても、この願行の過程を経ないわけにはゆかないのです。そこで私どもが悩苦から救われたいと願うとき、必然にそこに何かをせなければならぬのです、つまり行ということを考えるのであります。すなわち念仏こそは、私どもの助かる唯一の道であると聞くとき、念仏という行によってその願いを成就しようと思うのであります。それはもっともなことでありまして、如来も念仏する者を必ず助けるといわれるのであり、親鸞聖人も『行の巻』には「大行と云ふは、すなはち無碍光如来のみ名を称するなり」と申されているのですから、念仏するということは、いかにも行のように見え、またしかく取り扱おうとするのは当然のようであります。念仏は助かるための私のなすべき行のように見えても、それは如来の大行であって、行者すなわち助かる私どもが願を果たすための行ではない、それゆえ非行であると申されたのであります。ここはよほど注意を要するところでありまして、行者としては、念仏に対するときは、助かりたいと思って称えるのですから、どうも私の行のように思えます。本願もまた、我が名字を称えん者を必ず迎えとらんとあるのであるから、念仏は助かる因《たね》であり、念仏するのは自分の意思であり努力であると思うのが普通であります。ついには、いかに他力じゃといったところで、因のないものが助かるわけがない、そこで念仏という仕事をせなければならぬと思うようになるのであります。しかしそうではないのであると、聖人は厳しく申しておらるるのであります。かえってそうした心持ちをこそ自力のはからいと申すのであると、これをわかりやすく説明して、「わがはからひにて行ずるにあらざれば非行と云ふ」と申されました。

三

第六節には「親鸞は弟子一人ももたずさふらふ。そのゆへは、わがはからひにて、ひとに念仏をまうさせさふらはばこそ、弟子にてもさふらはめ、ひとへに弥陀の御もよほしにあづかりて、念仏まうしさふらふひとを、わが弟子とまうすこと、きはめたる荒涼のことなり」とありましたように、私どもが念仏するというそのことは、私自身の発意や分別によって称えられたのではなく、それは偏《ひとえ》に如来の御催《おんもよお》しによって、はじめて称えしめられるに至ったのであります。それゆえ、念仏は私の心から自発的に現われたものではなく、如来の大行のお用《はたら》きによって現われたのでありまます。もちろん、ただいま称えている念仏、また称えようとする念仏は、まぎれもなく私の口から出るのではありますが、しかし称えるようになった心の淵源を尋ねると、それは如来の本願が根元であり、助かる因として如来が成就してくだされたのであります。悩めるものを救わねばおかぬという本願、その成就のみ名を、十方衆生に知らしめんと、思い立たれた如来の誓願が源となって、私どもの口から念仏が出るようになったのであります。それゆえ念仏するということは、けっして私のはからいや自力ではありません。本願を仰ぎ念仏を申す身になったのは、そこに源があるのであって、それは偏に如来の大願大行のしからしむるところなのであります。

四

しかるに、私どもはともすると、念仏を、助かりたいためにする自分の行のように考え、この自行によって望むところの結果を得ようとはかるのであります。つまり私どもの方から助かる見込みをつけようとするのであります。こんな心で称えますから若存若亡《にゃくぞんにゃくもう》の信となるのです。くどくどしいようですが、念仏を信じ称えれば助かるという、その念仏を称えるようになったのは、まったく如来の本願力であります。あちらにゆき当たり、こちらにゆき当たり、血みどろになって悩苦を重ねている私どもの背後から、常に智慧の光をなげて、本願に帰依信順せしめんと誓うておられる如来の御《おん》働きがあればこそ、他力にあらずんば助からぬということが、ほのぼのとわかるようになったのであります。しかるに私どもは、その切なる如来の本願を忘れて、単に自力として念仏に見込みをつけて称えようとするのです。それは明らかに本願に対する大きな侮辱と申さねばなりませぬ。本願に相応するために念仏を称えようとしたり、善はできずとも悪はやまずとも、称えさえすればよいと考えるのは、皆念仏を自行として考えているのであります。そんなことではまだまだ如来本願のみ心がわかっておらないのであります。しかし如来の本願は、そうした不徹底な心の念仏でも、称えしめたいというのでありますが、要は、一念そのみ心を知るということが、大切なのであります。しかるに念仏を自力的に考えるところから、一遍よりは百遍と思うようになるのでありまして、そんなことでは百年待っても、とうてい私どもの心に他力信の起こることはありますまい。それは、念仏を善行として見ているからであります。

五

かように、念仏は私どもの願いを果たすための自力行として称えるのではありません。それは「助けんとおぼしめし立ちける本願」のしからしむるところなのであります。念仏を大行と申すのは如来の行だからであります。その如来の大行が私どもに働いてきて私どもが助かるのであります。すなわち、如来は常に如来ご自身のみ名を、私どもに耳に知らしめんとしておらるるのであります。念仏こそは一切人の助かる道である、汝の助かる道はここにあるぞと示されているのであります。それゆえ、念仏が十方衆生の耳より心に達して、十方衆生が助かるようになるのであります。ゆえに本願の成就したことによって、名号が十方衆生の胸に達するのであり、十方衆生が念仏するようになったのは、如来の本願が成就したからであります。かように如来は、衆生を救うためには、名号を称えしめんと誓うておらるるのであります。まことに貴賤老若を問わず、善人も悪人も、すべてのものが助かる確証は念仏であり、もう一歩進めていえば、一切の自力心はだめである、まったく本願力によって助かるのであるということを、如来は念仏によって十方衆生に知らしめんとしておらるるのであります。それゆえ、念仏は衆生を他力によって助けんとして成就せられた如来他力の大行であります。そして、如来の大行の御《おん》働きが、私どものうえに到達したのが、念仏であります。ゆえに念仏を私どもの行と考えるのはもってのほかのことでありまして、如来のお用《はたら》きによって、私どもが称えるようになったのであります。それゆえ私どもにとっては、あくまでも、念仏は善としての行ではありません。如来のご念力が私どもに到達して、信ぜしめ称えしめられておるのであります。かように如来の大行たることがわかってきて、はじめて私どもの念仏が麗《うるわ》しくなってくるのであります。如来の行がそのまま私の行となり、私どもは如来の行を行ずる者であります。如来は私どものために願行を成就せられたのでありますから、私どもの助からんとする願いも、これによってはじめて満足せられるのであります。よほど気をつけないと、道理上わかっておっても、実際

において は、念仏を私どもの行だと思い誤ったり、あるいは助かるための唯一の仕事だとさえ、見ようとする心が起こるものであります。こうした自力行としての考えが除去されないかぎり、私どもは永久に本願を仰ぐ身とはなれないのであります。

六

「わがはからひにてつくる善にもあらざれば非善と云ふ」、今度は非善ということについて申されたのであります。私どもには念仏を一種の善として見ようとする心がなかなかやまないのであります。そこで、念仏は善にあらずと、聖人は厳しく申されたのであります。もちろん、念仏は一面において、大善大功徳の名号とも申されているのですから、念仏は万善万行の総体であって大善であると思うのは、誠に無理もないことであります、しかし大善であるから、その大善の名号を称えて助かろうと、自力的に自分の方から考えをつけてかかることは間違いであります。そういう意味で念仏を見るならば、念仏は非善というべきであると申されたのであります。すなわち、念仏は一切の自力善を超越したところの絶対善でありまして、「他の善も要にあらず、念仏にまさるべき善なきゆへに」ということは、かかる意味を知らさんがためであります。

他力念仏の意味を、真実に紹介した我が国最初の人は、源信《げんしん》和尚《かしょう》でありますが、七高僧以外の印度《いんど》支那《しな》日本の高僧たちの多くは、やはり念仏を善として取り扱ってこられたようであります。そこで『観経』にも、「一念南無阿弥陀仏を称ふれば、十八十億劫の罪を除く」とありますところから、どうも念仏を善のように考えられたのでありましょう。しかし前に申しましたように、念仏という善を修したから、その修善の功によって助かるのではないのでありますから、これはあくまでも私どもにとっては、善とすべきではありません。すなわち名号それ自体こそ大善大功徳で、その大善の名号が、私どものうえに働いて私どもが助かるのですから、私どもにとっては、それを善と申すことはできないのであります。換言すれば、念仏それ自体は大善ともいうべきものであっても、それを称える自分の心が、それを己れの善として称えるのであれば、大善をたくさん積んで、その善によって助かろうとするのであるから、それは自力修善の心と申すべきであります。しかるに、ともすると、自行善だと思って、一遍よりは十遍、十遍よりは百遍と、少しでも多く称えるのが、善を積むことのように考えるのであります。そしてこの根性はなかなか抜けないものであります。源信和尚以前にも、日本に念仏の信仰はあったのでありましょうが、多くは、やはり、こうした自力善として取り扱われていたのではないかと思います。もちろん、和尚以前ばかりでなく、近来でも、それくらいな程度に考えている人が、ずいぶん多いことだろうと思います。

七

釈尊成道《じょうどう》の自内証《じないしょう》は、四諦十二因縁《したいじゅうにいんねん》ということでありまして、この四諦の道理は、動かぬ真理であります。いま、私どもが苦しみ悩んでいるのは、煩悩があるからであります。そこでこの煩悩をなくするためには、どうしても、その根元となる悪を廃《や》めて、その反対に、善を修せねばならぬ道理です。この悪を除去するためには、とりもなおさず、身にも心にも善を修すべきであります。釈尊の教えからいえば、どうしても、悪という罪の行為を起こさないようにし、常に善を修し、善行を勤めるようにせなければ、私どもの苦悩は去らず、安楽幸福になることはない道理であります。そして自分の助かる道といえば、この一道よりほかにないわけですから、そこで、過去の罪障はこれを懺悔し、あるいは現在に善事を修して、その償いをせねばならぬと思うのであります。また、未来の悪結果を消すためにも、現在に善行を積累《しゃくるい》する必要があるのです。私どもの悩みは、周囲のために悩んでいる場合もありますが、静かに反省しますと、この自分の過去と未来のことで、多くは悩んでいるのであります。過去を眺めても、将来を見ても、ただ苦しみと悩みを感ずるばかりであります。現在の苦悩といったところで、結局過去を眺めて、ああせねばよかったとか、こうすればよかったとかと、後悔の悩苦であり、あるいは過去の善の貧しさを眺めて、未来の業報を案ずるのであります。そういう苦しみの立場に立っているのが、現在の私というものであります。そこで、こうした悩苦から救われるためには、現在において、もっぱら修善するということによってのみ、過去の罪障を免《のが》れ、未来の業報を逃避しようとするのであります。すなわち過去に対しては罪滅ぼしであり、未来に向かっては防御策を講ぜんとするのであります。私どもの考えといえば、これよりほかにないのであります。そして私どもはこうした考えが基礎となって、念仏を聞いても、すぐ他の善に越した善だと思ったり、また善中の善として価値づけようとするのであります。まことに無理のないことではありますが、親鸞聖人は、それは大きな間違いであると、きっぱり、申してくださったのであります。善にも種々ありまして、仏を拝むとか、お経を読むとか、あるいは人を可愛がったり、人を恵んだり、社会のためとか、人類のためとか、そうした世間善や、出世間善をやるのであります。それらの善が思うようにできないと、念仏は善中の善だからと、これを一生懸命称えようとするようになるのです。ことに他の一切の善は小善根であって、念仏は大善根だと、経典に書いてあると、なおさら有難く思い、功徳も多かろうと考えて、称えようとするのであります。しかしその念仏は結局諸行位《しょぎょうい》の念仏といって、それは他の善と同位にある善としての尊さにすぎないのであります。そのように念仏を自分の善として修するならば、とうてい我々の助かることはできないのであります。『阿弥陀経』にも、「少善根福徳の因縁を以ては彼の国に生ずることを得べからず」とありまして、私どもでできるような善や、これと同格なる諸行位の念仏では、とうてい生死の大問題を助かることはできないのであります。それゆえ、念仏を善として見ることは、大きな間違いであって、どんな善を修し、どんな功徳を積んでも助からない私が、念仏によって助かるのであるから、念仏を多善根多功徳とこそ申すのではあるが、私からは念仏を大善として見るべきではなく、念仏それ自身が種々の相対善を超えた絶対善なのであります。しかし善を超越した善といっては、私どもにわかり兼ねるから、仮に念仏は大善根大功徳と申されたのでありましょう。それですから、けっして他のどんな善とも較《くら》べてはならないのであります。どうしても助からぬ私の、助かるいわれが他力念仏であってみれば、私から善としてこれを称えるべきではないのであります。それは如来の大善であって、私どもにとってはあくまでも善とは申されないのであります。

八

「わがはからひにてつくる善にもあらざれば、非善といふ。ひとへに他力にして、自力をはなれたるゆへに、行者のためには非行非善なりと云々」。たとえ善という名がついておっても、普通の善として見てはならないのでありまず。すなわち、念仏は我がはからいにて作る善でないからであります。それは如来の大慈悲として、念仏を称えしめることによって助けんというのであって、その願力によって助かるのであることを、私どもに知らしめんとしておらるるのであります。念仏は如来から私どもに称えしめんとしていらるるものであります。すなわち念仏は私の方から作った善ではないのだから、非善というべきであります。善だと思うから、他に善ができないと、念仏でも称えようかという心が起こってくるものですが、しかし念仏は他力によって称えしめられ、与えられておるものであるから、我がはからいの善行ではありません。「ひとへに他力にして自力をはなれたる」ものであります。念仏という善を行じたから助かるのではありません。名号は、私を助けんとして成就されたものであり、そして願力として称えしめられているのですから、助かるのはまったく如来本願の力なのであります。

要するに、あくまでも自力心の去らないために、念仏を助かるための唯一の行であると考えたり、また、念仏を自分の助かるための唯一の善として考えたりするのであります。それゆえ、非行非善なりという言葉を以て、まったく他力のおはからいであることを明らかにしてくださったのであります。すでに念仏するそのことが他力であり、念仏すれば助かると信ずることも他力の所為であってみれば、信ずるも称えるもまったく他力であります。念仏は本来、他力の救済を表現せられたものであるゆえに、これをみずからの善と見たり、みずからの行と見たりすべきではありません。すなわち、念仏本来の意義として、自力的に考えるのは誤ったことであります。自力的に見るべからざるものとすれば、どうしてこれを我が行といい我が善といえましょう。聖人は、他力救済の意義を了解できないものを憐れみて、一念仏によって、最も簡単明瞭に、自力と他力を明らかにせんとして、念仏の本質を説明して、念仏と私との関係を明らかにしてくださったのであります。

第九節　信仰上の二大疑問

念仏まうしさふらへども、踊躍歓喜のこころおろそかにさふらふこと、また、いそぎ浄土へまいりたきこころのさふらはぬは、いかにと、さふらふべきことにて、さふらふやらんと、まうしいれてさふらひしかば、親鸞もこの不審ありつるに、唯円坊おなじこころにてありけり。よくよく案じみれば、天におどり地におどるほどに、よろこぶべきことを、よろこばぬにて、いよいよ往生は一定とおもひたまふべきなり。よろこぶべきこころをおさへて、よろこばせざるは、煩悩の所為なり。しかるに、仏かねてしろしめして、煩悩具足の凡夫とおほせられたることなれば、他力の悲願は、かくのごときのわれらがためなりけりとしられて、いよいよたのもしく、おぼゆるなり。また、浄土へいそぎまいりたきこころのなくて、いささか所労のこともあれば、死なんずるやらんと、こころぼそくおぼゆることも、煩悩の所為なり。久遠劫よりいままで流転せる、苦悩の旧里はすてがたく、いまだむまれざる安養の浄土は、こひしからずさふらふこと、まことによくよく煩悩の興盛にさふらふにこそ。なごりおしくおもへども、娑婆の縁つきて、ちからなくして、をはるときに、かの土へは、まいるべきなり。いそぎまいりたきこころなきものを、ことにあはれみたまふなり。これにつけてこそ、いよいよ大悲大願はたのもしく、往生は決定と存じさふらへ。踊躍歓喜のこころもあり、いそぎ浄土へまいりたくさふらはんには、煩悩のなきやらんと、あやしくさふらひなましと云々。(第九節)

一

よく人口に膾炙《かいしゃ》した一節であります。聖人の昵近《じっきん》の弟子であった唯円坊が、親鸞聖人に信仰上の二つの質疑を出《い》だして、お伺いを致したについて、親鸞聖人のそれに対するお答えであります。

その二つといいますのは、一つは、日頃、念仏を申しておりますけれども、踊躍歓喜《ゆやくかんぎ》の心がどうしてもおろそかであります。こういうことでは往生はいかがかと心配を致しているのでありますこれはどうしたものでございましょうと、自己の信念をお質《たず》ね致したのであります。

もう一つは、浄土へ参りたい心はありますけれども、急いで参りたいという殊勝なよい心が発《おこ》りませんが、これはどうしたことでありましょう。こんな心持ちでは、これもいかがわしいように存じますが、いかがでございましょうと。こう不安な状態を親鸞聖人に尋ねられますと、親鸞聖人のお答えは、「親鸞も此の不審ありつるに、唯円坊同じ心にてありけり」。唯円も私と同じ心であったかと、こう申されたのであります。それで唯円坊と聖人との心持ちを比較して、その相違の点を考えてみたいと思います。

二

そこで聖人と唯円坊との心持ちであります。ただに唯円坊だけではなく、この二つの疑問は、誰人《たれぴと》ももっている問題であろうと思います。それを唯円坊が尋ねてくださったのですから、今日こういう尊い文字となって、ここに遺ったのであります。ですから、このお話は昔話ではなくして、唯円坊という方が、私どもの代表者であるのであります。聖人の後、七百年間にはたくさんの人が出たでしょうが、そのたくさんの人の代表者である唯円坊が、また今日の私どもの代表者となって、親鸞聖人の前にお尋ねをしてくださったのですから、唯円は我が代表者であるという心持ちで、このお言葉を味わわなければならぬのであります。

しかしながら、この唯円坊はいまの私どもと同じであるかどうか、すなわち代表者ですからして、いまの私どもの心持ちと、同じ心持ちであったかどうかということを、よく考えてみなければなりません。ことによると、自分の都合のよいようにこの文字を解釈して、自分の不確実なる信仰そのままを肯定せんとして、自分の心をごまかそうとする心が我々にあります。すなわちこのご文面を以て、自分の不安な心をそのままでよいというような塩梅《あんばい》に、これを弁護に使って喜ぼうとする心持ちがよくあるのであります。それは静かに考えてみなければならぬことであります。唯円は私どもの代表者でありますけれども、その代表者と私どもの心持ちとの間に、どれだけの隔たりがあるかということを、まず考えなければなりません。唯円坊は「念仏申し候へども」とありますから、念仏を常に申して本願を喜んでおられた方であります。だから念仏がいまだ申されず、またときどきは申しても、それをコロット忘れづめであったりする私どもは、そういう自分の心をそのまま肯定しようとするために、このご文《もん》を有難がるようでは、聖人の本当の心は戴けるものではありません。それではまた唯円坊が私自身の代表者とはならないのであります。「踊躍歓喜の心おろそかに候こと」でありますから、踊躍歓喜の喜びの心が盛んでないため、強くないため、かく強くないのはこのままでよいでしょうかという、心配をもって尋ねられたのであります。すなわちまた踊躍歓喜の心がつづかない、しょっちゅう喜んでおられそうなものだのに、つづかないということの心配であったのであります。ときには非常な喜びをもち、またかなり強い喜びをもっておられたことが、この文面からは窺われるのであります。してみると、我々にもし歓喜の心が皆無だったり、またあってもごく微弱であったら、この唯円坊は私どもの代表者ではなく、唯円坊と私どもとの間によほどの隔たりがあるということを考えなければなりません。であるから、自分の心を反省して、もしそういう心であるならば、我々はもっともっと道を聞いて、すくなくとも念仏を常々喜ぶことができるだけになることが、ここの唯円坊と一致することであります。この文面では、すこしも喜べなくてもよいということではありません。そこではじめてここの唯円坊が私であって、私が唯円坊であるということとなるのであります。その心持ちで聖人のお言葉を承ってこそ、遠き聖人のお言葉が、近く唯円坊と同じく、聖人のご前でそのお言葉を聞いているのと同様に味わえることであろうと思います。それだけのことを、お互いに注意をしておかねばなりません。

三

もう一つは、「親鸞もこの不審ありつるに、唯円坊おなじ心にてありけり」というお言葉であります。この場合、「親鸞は」というような簡別《けんべつ》の言葉であれば聖人と唯円とは離れてしまいますが、「親鸞も」と仰ったからして、親鸞聖人が手を引いて一緒になってくださったのであります。疑った者の手を引いて、低く降ってくださったのであって、第一の質問に対しても第二の質問に対しても、「親鸞も」ですから同じ心持ちであります。しかしながら、唯円とただ一つ違うところは、親鸞は、そこにちゃんと決定《けつじょう》して落ち着いておられたところでありましたけれども、唯円にはそこに一つ尋ねなければならぬ心配と不安の心持ちがあったのであります。すなわち不安と安心との違いです。その違うところをはっきり知らせて、そうして同じ心持ちまで引き上げようとしていられるのが、親鸞聖人のお心であります。それがここに現われております。ですから、「よくよく案じ見れば、天に踊り地に躍る程に喜ぶべきことを、喜ばぬにて愈々《いよいよ》往生は一定《いちじょう》と思ひたまふべきなり」と申されました。親鸞聖人は「よくよく案じ見れば」ということをときどきいわれますが、この後の方にも出てきます。よくよく案ずるのですから、ざっと考えたりぼんやり考えたりしているというのではありません。すなわちちょっと考えてみるというくらいのことではないのです。親鸞聖人でもちょっと考えたり、ぼんやり考えておいでになるならば、あるいは天に踊り地に躍るほどに喜ぶべきことが、わからなかったかもしれません。ましていわんや、私どもにおいては無論そういうことが出てこないのです。出てこないでは質問にもならないのであります。『歎異鈔』の終わりには「弥陀の五劫思惟の願を、よくよく案ずれば、ひとへに親鸞一人がためなりけり」とありまして、ザット考えておっては、五劫思惟の本願が私一人のためであるということは、どうしても感ぜられるものではありません。それはよくよく聴聞し、よくよく考えてみたから、そうに違いないことがわかるのであります。いまもよくよく考えてみるというと、天に踊って喜び地に躍って喜ぶほどに喜ばねばならぬことであるということが、はっきりしてくるのです。しかるによくよく考えてみれば、天に踊り地に躍るほどに喜ぶべきことが、喜ばれないので、唯円は不安であり、聖人はいよいよ一定と安心していられたのでありますす。これはザット考えておってはわからないことでありますから、そこが私どもの考うべきところでありまして、

「よくよく案ずる」というこれ一つだけでも、大事なことだと思います。ですから「喜ぶべき心をおさへて喜ばせざるは煩悩の所為なり」でありまして、喜ぶべき心の起こるのが当然のことなのであります。しかるに事によると、喜ばれぬのが本当だということをいっている人があります。これははっきりしておきたいと思います。喜ばずともよいとか、喜べなくてもよいとかいうておるのは、それは、このご文《もん》を真に読んだのではありません。それは自分が好きなように解釈したのであります。喜ばぬのがよいのではありません。喜ぶべきが本当であります。それだからときどきは踊るほどになって喜んだこともあり、涙の流れるほどに喜んだこともあったのであります。また、しばらくつづいたこともあったのでしょう。当然、かくあらねばならんことに反逆する心が煩悩であります。ここが信仰上大事なところでありまして、そこをよく注意しなければならんと思います。喜ぶ方が本当であって、かつてそういう経験が自分にある、しかるにどうしても喜べぬ、喜べぬという反逆が裏切ってくる。それはどうすることもできないのであって、それが苦しいのであります。喜ぶべからざることが喜べ、喜ばねばならぬことが喜べないという、一つの抑えることのできぬ反逆心が起こる、それならば、それは煩悩の所為であると、こういわれたのであります。

「しかるに、仏かねて知ろしめして、煩悩具足の凡夫と仰せられたることなれば、他力の悲願はかくの如きの我等がためなりけりと知られて、いよいよたのもしく覚ゆるなり」。それなれば、煩悩具足の凡夫と呼びかけて、私のようなこういうものを助けてやろうとして、お立てくだされた本願なるがゆえに、かかる私のための他力の悲願であったと、真のお心を知るならば、かたじけなくも愈々《いよいよ》たのもしく思われるじゃないかと、そういって唯円坊を諭されたのであります。

四

また、浄土へいそぎまいりたきこころのなくて、いささか所労のこともあれば、死なんずるやらんと、こころぼそくおぼゆることも、煩悩の所為なり。久遠劫より今まで流転せる、苦悩の旧里はすてがたく、いまだむまれざる安養の浄土は、こひしからずさふらふこと、まことに、よくよく煩悩の興盛にさふらふにこそ、なごりおしくおもへども、娑婆の縁つきて、ちからなくしてをはるときに、かの土へは、まいるべきなり。いそぎまいりたきこころなきものを、ことにあはれみたまふなり、これにつけてこそ、いよいよ大悲大願はたのもしく、往生は決定と存じさふらへ。

これは第二の問いに対するお答えであります。唯円がもう一つ尋ねました。それに対して、お前に急いで参りたい心がなく、いささか所労のことがあって、所労とはちょっとした病気のことです、つまり風邪を引いた、熱が出た、それが少し長引いた、というようなことになりますと、死にはせんかしらんと、誰でも心細く思えてくるものです。そういう心持ちが見えるときには、誰でも心配するものですが、それは煩悩の所為と申すものである。吾人は久遠劫《くおんごう》の大昔から、悩みより悩みへと流転して、そうして永久に、かかることを繰り返しているのであるから、この久遠劫よりたびたび生まれ出た苦悩の故郷がなつかしいのである。私はこのご文《もん》を読みますときにいつも思うのですが、実に苦悩の故郷でありまして、いろいろとひねくってみましても、静かに考えてみると、悩みというものから脱することのできないのが、私どもの現実相であります。これでけっこうじゃなんどといっている人もありますけれども、それは過去と比較して喜んだり、人と比較して喜んだりしているのであって、やはり真面目に考えますと、その奥に一種の苦悩が蟠っているのであります。要するに苦界であって苦悩を脱することができないために、絶えず心が悩まされているのであります。それですから、この世は苦悩の故郷であって、信心を喜び念仏を喜んでいることがあっても、それはたくさんの悩みの中に、そういう日もありそういう時もあるのであって、その悩みにまみれながら、その中でいろいろとつまらぬことをしているにすぎないのです。それゆえ、悩みがまったくなくなるわけではありませんけれども、その中にあって一番根本的なところに、安心と喜びを得たことが信であります。こういうような違いこそあれ、どうしてみたって苦しみの世界であります。ただ苦しみばかりもっている人と、念仏を申す身のうえとなった人とは、多少の違いはありましても、要するに、苦しみ悩みということから、スッカリ離れるということはできないのであって、親鸞聖人もいっておられます通り、信心歓喜の喜びというものは、マア大海の数滴のような喜びであるが、この喜びたるや、何ものにも代えることのできない喜びであるから、実際喜びの感じからいうならば、悩ましいことが数滴であって喜びは大海のごとくであると申されています。しかしだんだん進んでゆくというと、信が増長して、悩みというものが少なくなり、ついには涅槃の証果を得しめられるのである。それゆえわずかの喜びであるけれども、それが最も大事なことであります。その喜びさえあればほかの悩ましいことに打ち勝ってゆくことができるのであります。悩みそのものがそっくりなくなるということではなくて、やはり世界の苦しみの中に住んでいるのであるゆえに、そこには、いよいよ浄土往生の願いが起こり、仏果涅槃の悟りを望み、法性《ほっしょう》の覚月《かくげつ》速やかに晴るるという究極の成仏を願ってやまないのであります。こういうことが念仏者の心のうちでありますから、そこから翻って考えてみますと、どこまでゆきましても、人生は流転せる苦悩の故郷であります。その悩みを脱することのできない、そういう者であるから、安養の浄土を願い、仏果涅槃を願ってやまない心が起こるのですが、かかる心の下から、反逆者の煩悩というものが私に焦げついていて、下から下から出てきて、いつまで経っても苦しみが晴れるということがないのであります。かくしぶとくたくさんの苦しみに覆われていながら、この苦しみの故郷というものが、何か知らん、可愛くて捨てられないのであります。仏果涅槃を願い、安養の浄土に往生せんと願う心のないのは、不幸なことに違いないのです。それがはっきりわかっており、はっきりわかっているにもかかわらず、いまだ生まれざる浄土は、まだ実験したことがないのであるからして、そこにとびつくほどの恋しさが出てこず、いつまでもここにお尻を据えて、長く経験したところに執着して、この執着が捨てられないのであります。つまり、自分の日常用いている箸や、茶碗や、膳でも、他人から見れば汚くなっていても、長く用ゆれば用ゆるほど捨てられないものです。フキンでもよほど汚くなって、もう抛ってくれと、台所へ命じますけれども、棄てる棄てるといってなかなか棄てませぬ、いかにも惜しくて可愛いのでしょう、執着心であります。そういう愚かな煩悩の心が起こってきますけれども、聖人の片一方の眼ははっきりしておられまして、「まことによくよく煩悩の興盛に候にこそ」と自己の煩悩性に歎いていられるのであります。煩悩はいくら起こってもかまわぬ、こんなものじゃといっておるような、そんなこととは違います。信心に目覚めて、自分の内的生活、魂の悩みというものを見ていますと、かるがゆえに喚ばれておるのであり、かるがゆえに願わねばならぬのであります。この身この世界は捨ててもよいと、はっきり見えておりながら、この身この世が捨てられないのです。この世界を去らなければならぬかと思ったり、病気をしてフット死ぬるかもしれないと思うと、たまらなく心苦しくなるものであります。何たる心でしょうか、よくよく愚かな者であって、よくよく根性が間違っているのです。いかに煩悩の盛んなことであろうかと、歎いておられるのです。けれどもときが来たら仕方なくゆくのである。「名残惜しく思へども、娑婆の縁つきて力なくして終る時に、彼の土へは参るべき」であると申されています。

五

前にお話ししましたように、『歎異鈔』の第三節の、「善人なをもて往生を遂ぐ、況んや悪人をや」という処と、この第九節とは、親鸞聖人の文章でも合点がいかぬ、ヒョットしたらそのとき親鸞聖人の頭がどうかしておったのではなかろうか、道理にはずれていると、ある方がいわれたことがありますが、普通に考えれば、信心とか安心というならば、悩ましい心がはっきりして悩ましくなくなるとか、また煩悩の心がなくなるとか、人生がつまらぬところであるということがはっきりわかるならば、そっくり捨てて安養浄土を願い、死を恐れた心が急いでゆきたいと思うようになってこそ、信心が有難いのです。しかるに、信心を得ても、やはり死なんずるやらんと心細く思えたり、この世界があくまでも捨て難いと、そんなことでは安心立命でもなければ、信心決定《けつじょう》といっても、別にたいしたことではない、信仰というものは何の権威もないように見えるではないか。廓然不動《かくねんふどう》、何をもってきてもビクともしないようになり、人生は苦である、この人生は夢である、幻であると覚り、そうして安養浄土へ参って無上涅槃を覚らせてもらうことをもっぱら喜ぶようになり、キッパリと捨ててしまえそうなものである。また苦悩の旧里は捨て難くなどと、そんなことに執着せず、キッパリと捨ててしまえそうなものである。また死に対してもビクともせぬようになり、有難うて飛んでもゆきたいというようになりそうなものである。他の宗教では、人が殺しに来てもビクともせんとか、この人生は古草鞋《ふるぞうり》のようなものだと思えるようになるというかもしれませんが、親鸞聖人の他力信仰はそうではない。そこが他の教えと違うところであって、常識者の考えとは違うところであります。しかも親鸞聖人の教えの尊いところ、真実味はここであります。

あくまでも死にたくない、「名残惜しく思へども、娑婆の縁つきて力なくして終わる時に彼の土へは参るべきなり」とは何とマア煮えきらぬことでしょうか。離れぎわの悪い、思いきりの悪いことですが、そこに本当の自己というものを見失われない、親鸞聖人の尊さがあるのであります。親鸞聖人にはいろいろの尊いところがありますけれども、自己をごまかされることなく、あくまでも凡夫という人間性、すなわち自己に透徹しておられたところ、そこが一番有難いところです。何と力んでも、やはり名残惜しいことである、しかし娑婆の縁がつきてゆくのだから仕方がない、力なくして死んでゆくとき、すなわち喰らいついているその力がなくなって、しょうことなしに死んでゆくとき、そのときに彼の土へ参るのだと、最後の一念まで人間性に徹し、自己の煩悩性に徹しておられるのです。真に自己を知っておられたのであります。

六

私はときどきそう思います、唯円坊もそこに悩まれたのであろうと思います。自分の心をのぞいてみて、我が信念を試してみようとする心が、どうしても私どもにやまないものです。踊躍歓喜の心があって、躍りあがるほどに喜ばれるのが本当であろう、そうなければならない。そうしてまた、それがつづいてこそ非常に幸福であるが、それがつづかないのである、そっと自分の心をのぞいてみる、そうしてこれはどうだろうと案ずるのである。また、人生はいつでも苦悩の娑婆であるからして、ここを捨てて彼《か》の浄土を願うということは、人間の最大理想であり、人生の目的であらねばならんのである。それをかなえていただく本願であるからして、常にこの理想をもっているべきはずである。しからば死ぬときが来るならキッパリ死んでゆけるはずであり、念仏申して喜んで向こうへゆくべきはずである。しかるに自分の心には、そういう心が起こらぬ、これはどうしたことであろう、と自分の心をためしてみる。私にもそういう心が起こりまして、もし今夜泥棒が入って、金を出せといえばどうするか、ピストルをさしむけたり、ダンビラを抜いてきたら私はどうするだろう、念仏を喜んでいる身ならば平気で、殺すといったら殺されてゆけるかしらん。それで安心して往けるかしらん、というように、自分の心を常にのぞいて、どれくらいになっているかしらんと、信仰をためしてみようみようとする心があります。その悩みが唯円坊の悩みでありまして、それに対して親鸞聖人のおさとしは、あくまでも人間性に徹しておられたのであります。だからして煩悩具足の凡夫といって仏が喚んでおってくださるかぎりには、片一方の眼ははっきり、かくあるべきものだ、とわかっていても、しかしながら自分の力では、それをつづけることはできない、そこに自力のだめなことを知り、自分はまことに下劣な者である、あくまでも凡夫性、煩悩性というものが、お前にもあるのだ、私にもあるのだ。私どもが旅の山路でゆき暮れたときにも、やはり躍るものは胸であります。そうして念仏申してみても、落ち着いた心が起きないと、こんなことで本当に喜ばれているのかしらんと試してみて、いつでもそのときに自分の信仰を疑おうとするような心が起こります。だから風邪を引いて長引いて癒《なお》らないとか、熱が出て下がらないとか、腹が痛むとか、死ぬかしらんと思うときは、きっとビクビクするものであります。そして、こういうことではどうかしらんと、自分の信仰を疑うのです。そしてビクともしないようになりたいと思い、自分の思惑通りにならないと、自分という者はまだ信仰が不確実であると、日夜動揺を感じて、断えず自分の胸と相談しようとするのであります。もし自分の胸と相談するならば、お前は煩悩具足と、かねていわれたものである、そこに徹底して、あくまでも厳密に自分という者を見るならば、そんなにはっきりできるようなものではなく、意地のきたないものである、名残惜しく思いながら娑婆の縁がつきて、どう喰らいついてみようもないようになっても、やはり惜しいものは惜しい、淋しいものは淋しいというようなことで終わってゆくのだ、そういうような者を救うてやろうというご本願であると、自分に徹底して、そうして本願の大悲大願のあやまたせたまわぬことを喜び、そこにはじめて安心をしているのであると、聖人は申されたのであります。だから蓮如上人のお言葉でも、『御文《おふみ》』の中には「法然上人の御《おん》ことばにいはく、浄土をねがふ行人は病患《びょうげん》をえて、ひとへにこれをたのしむ、とこそおほせられたり。しかれども、あながちに病患をよろこぶこころ、さらにもておこらず、あさましき身なり、はづべしかなしむべきもの歟」とあります。つまり、法然上人は、浄土を願う念仏者は病患を得ても、ひとえにこれを楽しむと申されました、しかるにこの私は、今日実際病気になって、病気というものを喜ぶ心がさらに以て起こらない、何というたわけたあさましき身だろう、恥ずべく悲しむべきものだと泣いておられるのです。ヒヨットしますと、道をゾンザイに聞いた人は、そんな心は起こらぬのが当たり前だ、俺もそうだ、唯円坊もそうだ、御開山もそれでよいと仰ったと、それだけに落ち着こうとするのでありますが、そういうことではありません。そんなゾンザイな問題ではなく、真実真剣の問題としてお考えになっていたのでありますから、「力なくして終わる時に、彼の土へは参るべきなり、急ぎ参りたき心なき者を殊に憐み給ふなり」と申され、蓮如上人は病患を喜ぶ心はさらに以て起こらぬあさましい身だ、恥ずべし悲しむべき者だといって歎いておられるのです。しかし唯円はそこに、私どものように不安をもたれたのであり、こんな心ではいかがと不安をもたれたのです。そこが違うのであります。親鸞聖人は、それだから、私はいよいよ大悲大願をたのもしく喜んでいるのである。他力本願はかかるしようのない、恥ずべく悲しむべき私を、救わねばおかぬというのである。このご本願なかりせば、私の落ち着くところがどこにあるか、と喜んでいられるのであります。「ただありにかざるところなきすがたにてはんべらんこそ、浄土真宗の本願の正機たるべけれと、まさしくおほせありき」と覚如上人が『口伝鈔』の中に申しておられるように、己の真相に徹したならば、自己の救済を心配する反対に「これにつけてこそ、いよいよ大悲大願はたのもしく往生は決定と存じ候へ」、かかる自分のためにできた本願なるがゆえに、あやまちなく助け給うことを信じて、落ち着いておられたのであります。

七

最後に、聖人は「踊躍歓喜の心もあり、急ぎ浄土へ参りたく候はんには、煩悩のなきやらんと、あやしく候ひなまし」と申されました。

これは女の人が着物を縫うとき、もどし針といって、ほどけないようにしますが、ちょうどそれと同じだと思います。唯円坊よ、かえすがえすも、それだから喜ばなければならぬのだといっておきながら、もう一ぺん逆に、踊躍歓喜の心もあり急ぎ浄土へ参りたい心がもし心に起こるならば、かえって自分には煩悩がないのではないかと、それこそ心配せねばならんのであるぞと申されました。西行の『選集鈔《せんじゅうしょう》』という本を見ますと、昔の人は西方を願じて、みずから死んでゆく人もあるし、また病気のときに喜んで死んでいった人もあるし、わざわざ自殺までしてゆく人もある、さように浄土願生の行者は、勇猛にやってゆかれたけれども、その行跡を学ぶこともできずして、この西行は歌なんぞ詠んでブラブラして、いままでもはっきりせんような心である、というように西行法師が泣いていられますが、私はそこがえらいと思います。西行は歌人でありますが、自分の心に真実に往生を願っておった人でありますから、自己をごまかさない。自殺をして浄土往生を願うということは一時の感奮であって、真の自己を見ない人であります。それゆえこの世のつまらんことを見て、サッサとゆけたように思っているのは、ことによると、自己を見ることがおろそかであったのかもしれませぬ。昔から、急ぎ浄土へ参らんとして自殺までして喜んで往った人もあるそうですが、そういうことは親鸞聖人は喜ばれないのであって、急いでも参りたい参りたいと思うならば、それは当たり前のことであって、感心なことではあるけれども、そうサッサと往けるならば、かえって自分には煩悩がないのではないかと案じられる。もっと、はっきりいうならば、思うべきことを思うて、なすべきことをなして、サッサと往けるならば煩悩がないのであって、悩みのない人生であろう。しかしながらもしそういうようであったら、かえって煩悩のないのではないかと、それを心配しなければならぬではないか。自分が少し浮き上がっているのではないか、常態でなくて興奮状態ではないか、あるいは聖者であって、心が清らかなのであろうかと、心配しなければならぬ。なぜ心配しなければならぬかというと、煩悩具足の凡夫を助けるというご本願であるのに、自分に煩悩がないならば、煩悩のない者のためには、その本願は不必要になって、本願の所詮がないこととなる。煩悩具足の凡夫を救わんといっていられる超世の大願が、私に煩悩がないことであれば、その超世の大願の目的ははずれるのである。煩悩がないならば、自分の力で助かるかもしれないが、それでは本願に助けらるる要はなくなるのである。こんな心では摂取せられるかどうかと、お前は心配するけれども、よく注意しなければならないのは、お前は自分の心をのぞいて心配しておるが、それは自分を眺めて、自分のはからいをしているというところに気をつけねばならぬのである。それよりは、本願を本当に仰いで、そういう心を見るについても、いよいよ本願を深くたのんで喜ぶべきではないか。踊躍歓喜の心があったり、急ぎ浄土へ参りたいという心が起こっても、それで助かるのではない。ヒョットしたらそれは自惚れかもしれない、煩悩具足の自分に徹底せずして、自惚れているのかもしれぬ。そういうことであるならば、かえってそこに気をつけて心配しなければならぬのである、と申されているのであります。常に喜び、急ぎ浄土へ参りたいという心が起こっているならば、危ないのはかえってその心である。自分の自性《じしょう》というものを見失のうているのであるからして、それこそ本願に漏れはせんかと心配しなければならんのである。そうであるからして、心に踊躍歓喜の思いが起こらないからとか、浄土へ参りたいという心が起こらないからといって、お前はけっして歎き案ずる必要はないのである。煩悩具足の我らである、あくまでも煩悩具足である、いうべからざることが、はっきりわかっておっていえてきたり、行うまじきことと、はっきりわかっていながら行えてきたり、思うまじきことが思えてくる。そこにいよいよ自力では助かる者でないということに徹底して、煩悩に徹し、自己に徹したならば、それこそ、いよいよ本願を信ずるばかりであって、そこには不安がなきのみならず、いっそう安心決定して喜べるではないか。聖人がこういわれまして、唯円坊のお答えは何も書いてありませんけれども、ここまでいわれましたら、おそらく唯円坊もはじめて親鸞聖人と同じく喜ばれたであろうと思います。

八

唯円坊が、自分の心配している二大疑問を尋ねますと、「親鸞もこの不審ありつるに、唯円坊同じこころにてありけり」、こういわれたところに、いままで不安に思っておった唯円坊は、まずそこで、すでに安心したことだろうと思います。ヤレヤレと思われたことだろうと思います。唯円と同じところまで下がって手をとられた聖人の心持は、非常に有難いお心であります。自己を偽らないで、自分もそんなものであると、一緒に下《お》りて来られたということは、聖人の同朋愛というものが、唯円と一緒に泣いて、だんだん話をしながら、引っぱってゆき、そしてご自分の心にとどまらずして高く大悲大願のうえにまでゆかれたのです。心配するところではなくして、人間の本性にさえ目が開いたならば、その心を見るにつけて、いよいよ大悲を喜ばずにはおれないではないかと申されたのであります。自己の真相に眼が開いてこそ本願が信ぜらるるのであって、自己に眼を閉じて本願に乗ずるのではありません。

第十節　他力の極致

念仏には無義をもて義とす、不可称、不可説、不可思議のゆへにと、おほせさふらひき。そもそもかの御在生のむかし、同じこころざしにして、あゆみを遼遠の洛陽にはげまし、信をひとつにして、心を当来の報土にかけしともがらは、同時に御意趣をうけたまはりしかども、そのひとびとにともなひて、念仏まうさるる老若、そのかずをしらずおはしますなかに、聖人のおほせにあらざる異義どもを、近来はおほくおほせられあふて、さふらふよしつたへうけたまはる、いはれなき条々の子細のこと。（第十節）

一

この一節は、前九節の帰結として、疑なきを義とすという一語をもって、他力信心ということを顕わされたのであります。「念仏には無義をもて義とす」という一語は、言《ことば》は簡単にしてしかも深い意味であります。

繰り返すようですが、第一節には聖人のお言葉として、他力信仰の精髄を明細にして、第二節にはいかにして他力を信ずるようになったかという理由を明らかにし、以下他力信仰の内容について一々明らかにしてゆかれまして、求道の人々を他力信心に入《い》らしめんとせられましたが、最後にこの節ではただ一語を以て、他力信心を要約して示されたのであります。

『末燈鈔』には、「他力には疑なきを義とすとは、まふしさふらふなり」とありますが、いまは「念仏には無義をもて義とす」と申されました。「念仏には」と申されましたこの念仏ということですが、信心にはともいわず、名号には、本願にはとも申さずして、「念仏には」と申されましたのは、誠に巧みな用語でありまして、そこに深い意味があると思います。

本来、念仏という字は、仏を念《おも》うということ、念ずるという字ですから、信心を意味するのでありますが、真宗にいうところの信心ということは、名号の本願を信ずるのですから、信ずれば必然的に名号が称えられるのでありますす。それですから、信心と称名とは離れないのであって、信心の行者はきっと名号を称えます。しかしその名号は信と離れたものではないのであります。それゆえ、聖人は「真実の信心には必ず名号を具す。名号には必ずしも願力の信心を具せず」と申されています。それですから、他力門では一般に南無阿弥陀仏を称えることでありますけれども、「念仏には」、と申された言葉は、同時にそれは単なる口称でなくして、信心を顕わしているのです。すなわち念仏するということは、南無阿弥陀仏と称えることではあるが、同時に南無阿弥陀仏の本願を信ずることであります。すなわち信と行との不離を意味している言葉であります。

それゆえ蓮如上人は、「念仏といふは、口に南無阿弥陀仏と、となふるのみにあらず、当流には弥陀をたのむが念仏なり」と明らかに申されております。

それゆえ、いまここに「念仏には」と申された意味は、助かるということは、本願大悲の不思議であるから、どういうわけで助かるのだとか、こういうわけで助かるのだとか、はからうべきではないのである。また本願を信ずるといっても、信ずるがゆえに助かるのだとか、かく信ぜねばならぬとかと、とやかく、はからうべきではなくして、一切如来にはからわれて助かればこそ、他力なのであります。かく信ずれば助かるといえば、信は助かるための一つの条件となって、条件にかのうて助かるというならば、それは自力を必要とすることであって、真の他力ではありません。念仏申して助かるということも、信じて助かるということも、畢竟本願の力によって助かるのであって、少しも行者のはからいのまじわらぬのが他力でありますから、他力によって助かるということには、はからいを入るる余地がないのであって、むしろはからわざるこそ、他力というものです。少しでも、はからいが加わるならば、それは他力信心ではありません。ただ本願を不思議と信じ、名号を不思議と一念信ずるばかりであります、それを義なきを義とすと申すのであります。義というのは、はからいということであって、理由とか、わけとかいう意味を含んでおる言葉です。一切、助かるわけは行者のうえにはなくして、ひたすら如来の大慈悲なる本願に存するのであります。それだから一向に仰いで本願を信ずるばかりであり、すなわち念仏するばかりであります。

念仏という字は、念ずる者と念ぜられる仏との両者の、結びつけられた言葉であって、この両者の関係を顕わしておるのですから、「念仏には」ということは本願にはという意味であり、名号にはという意味であり、本願名号を信ずる信心という意味もあり、称名という意味もあり、他力という意味も、助かるにはという意味も含まれているのでありまして、真に、意味深い文字であります。

二

要するに、信ずるばかりで助かるのであるから、否、助けたまう本願を信ずるのであるから、どうして助かるかといえば、他力であります。しかるにそれはなぜかと理由を追求するのは、信ぜられないからでありまして、いかに説明して、それによって理解はできましても、それが信とはならないのであります。ある程度までは理解することも必要でありましょうが、理解では助からないのであります。理解は真への道程にすぎないのであって、助かるということは他力であり、その他力を信ずるばかりであります。

三

『和讃』に、

聖道門のひとはみな　自力の心をむねとして

他力不思議にいりぬれば　義なき義とすと信知せり

とあります。

また『末燈鈔』には、聖人は「ただ不思議と信じつるうへは、とかく御はからひあるべからず候」と申され、「他力と申し候は、とかくのはからひなきを、まふしさふらふなり」と申されております。

第二節に「親鸞におきては、ただ念仏して弥陀に助けられまいらすべしと、よきひとの仰せをかうふりて、信ずる外に別の子細なきなり」と申されましたのも、他力を信ぜられた、はからいなき相《すがた》であります。

四

不可称、不可説、不可思議のゆへにと、

自力根性のやまぬ私どもは、他力の本願を聞きながら、何とかして、助かる理由を自分のうえに見つけようとするのであります。それがために、いろいろのはからいの心を起こします。はからいは自力の心ですから、あくまでも他力が信ぜられないこととなります。他力信心とははからわぬ心であり、はからう心は自力心であります。

本願を信じ念仏して助かるということは、「往生は弥陀にはからはれまいらせてすることなれば、わがはからひなるべからず」と申されます通り、はからいなきことが信じたことであって、如来にはからわれることであります。それが助かるわけとなるのであります。それゆえ、「他力には義なきを義とす」るのであります。はからいなきということは、如来のはからいにはからわれることであり、如来のはからいをたのむということが真実の信心であって、それが助かるわけとなるのであります。それゆえ、なぜ助かるかという理由は如来にあって、我がうえにはないのであります。助かるということは、我々のうえに一切理由のなきことであります。それゆえ、「不可称不可説不可思議のゆへに」、と申されまして、何ともいうてみようがないのであります。助からぬ者が助かること、助かる資格のない煩悩具足の凡夫であるところの私が、助かるということは、有難き極み、尊き極みであって、本願力の大慈悲は我々の称揚讃嘆のかぎりでないのであり、その理由は説きのぶべからざることであり、不可思議であって、心に思い尽くし口にも論じ尽くすべからざる、我々の思慮分別を超越した大悲大願であります。まったく如来の慈悲誓願ということが、私どもの助かる理由であります。すべて下から上の心を知ることは不可能なことでありまして、不思議というほかはありません。いつかも申しましたように、不思議ということは、いぶかしいとか、あやしいとかいうことではありません。よくあやしいことを不思議といいますけれども、あやしいということは疑いであります。不思議とは信のうえの言葉であります。事実がここに存在して、しかもその理由を明瞭に説示することができないのであります。ゆえに自分より以上の智明の方から見れば、不思議ということはないはずであります、唯仏与仏《ゆいぶつよぶつ》の智見なりと申されまして、仏と仏とであるならばその理由は明らかでありましょうが、弥勒菩薩をはじめとして仏智の不思議をはからう人はない、ただ仏と仏のみ明瞭であると申されます。それゆえ何ゆえかと我々凡夫のはからうべきかぎりではありません、我々にはただ信ずるほかはないのです。すなわち信じてはからわないというほかはないのであります。第一節に「弥陀の誓願不思議にたすけられまいらせて、往生をばとぐるなりと信じて念仏申さんと思ひたつこころのおこるとき、すなはち摂取不捨の利益にあづけしめたまふなり」とありました。その結文《けつぶん》としていまここに「念仏には無義をもて義とす、不可称、不可説、不可思議のゆへに」と簡明に他力を顕わされましたのです。弥陀の誓願にたすけられまいらせてといわずして、不思議にたすけられまいらせてと申されております。不思議にたすけられまいらせて、往生をばとぐるなりと信ずるということは、自力のはからいのなきことが顕わされているのです。しかし私どもは不思議と信ずることができないので困るのであります。それは自力心がとれないからであり、はからい心《しん》があるからであります、すなわち他力信のない証拠であります。多くの人は意義が明瞭になって信ずるようになろうと考えているのでありますが、一念の信は、助かる意義が明瞭になって信ずるのではありません、仏智の不思議が信ぜらるるようになることであります。どこまで考えても仏智は不可思議であります。「仏法に厭足《えんそく》なければ法の不思議を信ず」と申されまして、自力を捨てて不思議の仏智を信ずるに至るのであります。不思議の仏智を信ずるに至るということ

は、誠に尊いことであり、その信こそは、人生における最上の智慧であります。『和讃』に、

智慧の念仏うることは　法蔵願力のなせるなり
信心の智慧なかりせば　いかでか涅槃をさとらまし

と申されまして、他力不思議を信ずるということは、自己に徹したからであります。自力は無効であり、十悪五逆、愚痴の凡夫であるという自己反省の自覚があれば、はからいなく信ずることを得るのであります。何といっても自分が賢くて、自力有効を信じて、自分が豪《えら》いうちは信ぜらるるはずはありません。「愚痴《ぐち》の法然」の自覚あってこそ念仏が信ぜられ、「愚禿《ぐとく》」の自覚に入《い》ってこそ、親鸞には誓願の不思議が信ぜられたのであります。それゆえに法然上人が常に親鸞に申された一語は、「他力には義なきを義とす」、ということであったのであり、聖人はまたそれを承けて「念仏には無義をもて義とす、不可称、不可説、不可思議のゆへに」と申されたのであります。如信上人が我が親鸞聖人の遺訓を連ねて、その結文として、この一語をここに出されましたことは、まことに当を得たことであると存じます。

五

そもそもかの御在生のむかし、おなじこころざしにして、あゆみを遼遠の洛陽にはげまし、信をひとつにして、心を当来の報土にかけしともがらは、同時に御意趣をうけたまはりしかども、そのひとびとにともなひて、念仏まうさるる老若、そのかずをしらずおはしますなかに、聖人のおほせにあらざる異義どもを、近来はおほくおほせられあふて、さふらふよしつたへうけたまはる、いはれなき条々の子細のこと。

この第十節は承上起下《しょうじょうきげ》の文章であって、「念仏には無義をもて義とす、不可称、不可説、不可思議のゆへにとおほせさふらひき」とは、第一節より第九節までの結文であります。そして「そもそもかの御在生のむかし」より以下

は、第十一節より第十八節までのご自分の言葉の序分《じょぶん》となるのであります。すなわち、第十節の「無義をもて義とす」までにおいて、先師聖人のお言葉を書きのこされましたが、なお誤解のために、真実信心を得られない多くの人々に、その誤解の点を明らかにして、正しき了解を与えんとして、如信上人ご自分のお言葉を書き示されたものでありまして、要するに、『歎異鈔』の一部は、一貫して聖人の真精神であり、他力真宗の正意であることを意味して、この後《のち》の連結とせられたのであります。

六

いまから顧みれば、三十年ほど以前、自分のまだ若かりしとき、そして聖人がまだご存生の時分、往生極楽を願い、仏果涅槃を志して、親しく他力の旨趣を承り、他力同一の信心をえて、未来の往生を喜んでおられた高足《こうそく》の弟子方は、たしかに聖人から他力信心のご意趣を聴聞したのであるから、誤解もなかったことであるが、だんだん時代が隔たり、聖人ご往生の後は、その弟子方にしたごうて道を聞き、念仏申さるる人々も次第に多くなって、信徒としては莫大な数となり、盛んなようであるけれども、その代わり聖人の仰せにならなかったことまでが、言い伝えらるるようになり、誤解や異義が、近来はますます多く聞こえてくるのである。自分に聞こえてくるその事柄は、全然聖人の意志に反したことが多く、これでは聖人の本意にそむくのみならず、是非の弁別もできない人々は、かかる誤解や異義を承けて、それを固執するようになりやすいから、道を求むる人々にとって真《まこと》に気の毒に耐えぬことである。それゆえ、親しく聖人から他力真実の正義を承ってきた自分が、老いたりとはいえ、幸いにいまだ健在であるから、今《こん》日《にち》においてかかる誤解をといて、一つは聖人のご精神に添うよう、一つは誤り伝うる人々や、また誤って聞いている人々をして、以上第一節より第十節までの聖人の真意にかなわしめて、同一の他力真実の信心に住し、この世ゆく末の幸福を得さしたい念願から、以下その個条を一々挙げ、誤解を示して、正解正義《しょうかいしょうぎ》を知らしめたいと思うのであると、これからご自分の話されんとする八箇条の理由を述べていらるるのであります。

七

求道《きゅうどう》というものは、何でもないことのようであって、しかも困難なことであります。自分の努力によって、自分の智慧見解で進まんとして、さて真実にやってみると、どれほども進めないものであり、まずここらであろうくらいな漠たるものであります。かるがゆえに、現実の自分の胸が、どれだけ救われたというでもなく、また安心ができたでもなく、歓喜があるというでもなく、「たいてい誰が考えてもこれくらいであろう」という程度で、停滞してしまうものです。それゆえ、聖人は、聞法こそ大事であると申されました。聞くということは頭が下がった姿でありますが、この高慢の頭がなかなか下がらないものであります。「邪見と驕慢《きょうまん》と悪の衆生とは信楽受持《しんぎょうじゅじ》すること甚《はなは》だ以て難《かた》し」、と聖人は申されまして、助かる法は難道ではないが、聞くことが難《かた》く聞き得ることが難《かた》い、すなわち信ずることが難《かた》いのである、その信ずることの難《かた》い理由はといえば、自分にあるのであって、自分の邪見はその一つでありま す。各人は自分相応に、自分だけできめた考えをもっているのであります。その考えが正しいならば道を求むるまでもなく、自分はそれによって、助かっておらねばならんのです。しかるに助かっておらないのは、もっておる考えが正しからざるがためであります。しかしながら、邪見を邪見と自知するまでは棄《す》てられないものであって、しかも自分の長くもってきた考えというものに対しては、執着心の強いもので、容易に棄てらるるものではありません。それが聞法《もんぼう》して正しき道を聞くとき、はじめて自分の邪見であったことが明瞭になるのであります。濁っている水が満々と満ちておる器の中へは、いかにしても、清い水の入《はい》ることはできません。また私どもの慢心は道を妨げるものであります。慢はたかぶっている心、自分が高いのであり豪《えら》いのでありますから、そのために真の道はわかりません。他の人間の誰より自分が豪いのであり、仏よりも豪いのですから、自分の助かるために、仏までを利用しようとしておるのであり、どうしても仏よりも高いところにおるのであります。ですから、このままにしては、どうしても道は得られないのであります。それゆえ、少しは頭を低くして聞法するにかぎります、聞法によってはじめて自分の真相がわかり、正しき道がわかるのであります。

八

道をたずねて聞法するようになっても、誰によって聞かんかであります。如信上人や他のお弟子は聖人のご在世に親しく聞法ができたから、自分の道が正しくわかったけれども、いまや聖人なく、たとい如信上人がおられても、遠方であったり、またその人を信ずることができなかったら、あれどもなきがごとくであります。如信上人は、いまや誤解して道の得られざる人々のうえを思うにつけて、悲心やる方なき風情であります。おそらく、それは、今人《こんじん》に対してはむろんのこと、後の世の人々のために、この一書を製作せられたのでありましょう。十方衆生と呼び、未来の有情と叫んでおらるるお意《こころ》をここに聞くことであります。

九

正しく伝えらるるということは、最も難事であります。ある小学校の一生徒に、先生が正三角形を書いて、この通り書いてみよと命じたそうであります、そして生徒が手本を見て熱心に書きあげたのを、さらに手本として、また次の子どもに書かし、そのできたのを手本としてまた書かして、五人十人と巡回してできたものを見ると、はじめの正三角形が不等辺三角形となり、それがだんだん崩れてどこかで四角となりそうになり、ついに四角となり、四角が丸みをだんだん帯びるようになって、最後のものは立派な円となって、先生の手元に還ったということを聞いたことがあります。伝えた者は正しく伝えたと思うているのですけれども、次から次へと、うつりゆくうちには、変哲《へんてつ》なものになって、原物とはまったく異なったものになりやすいのであります。いかなる教えでも皆そういう傾向を有しておるものだと思います。現在を見、将来を思うとき、如信上人には、たえられないものがあったことでありましょう。

十

釈迦如来かくれましまして　二千余年になりたまふ
正像の二時はをはりにき　如来の遺弟《ゆいてい》悲泣《ひきゅう》せよ

と聖人は『正像末和讃』の冠頭に詠歎しておられます。それと同じく聖人のご在世に道を聞いた人々こそ幸せでありましたが、いまや聖人なく、その弟子や、又弟子に聞くよりほかなき求道者こそ、聞法についてはよほど注意をせねばならぬことを示しておらるるのであります。しかも正しくということは至って難事でありまして、自然伝える者も誤りやすく、聞く者も誤りやすいのであります。弟子から弟子へと拡がってゆくのですから、数においては聖人の在世を遠ざかるほど、流れを同じくする念仏者は多くなりましょうけれども、誤って伝えられることは、実は聖人の流れではなく、それはかえって聖人を傷つくるものであり、それがため、せっかく道を求むる人々の、真実の道に出られないということは、盛大になった喜びよりも、むしろ悲痛の極みであります。

第十一節　誓願に救わるるか名号に救わるるか

一文不通のともがらの、念仏まうすにあふて、なんぢは誓願不思議を信じて念仏まうすか、また名号不思議を信ずるかと、いひおどろかして、ふたつの不思議の子細をも、分明にいひひらかずして、ひとのこころをまどはすこと。この条、かへすがへすもこころをとどめて、おもひわくべきことなり。誓願の不思議によりて、たもちやすく、となへやすき名号を案じいだしたまひて、この名字をとなへんものを、むかへとらんと御約束あることなれば、まづ、弥陀の大悲大願の不思議にたすけられまいらせて、生死をいづべしと信じて、念仏まうさるるも、如来の御はからひなりとおもへば、すこしも、みづからのはからひ、まじはらざるがゆへに、本願に相応して、真実報土に往生するなり。これは誓願の不思議を信じたてまつれば、名号の不思議も具足して、誓願名号の不思議ひとつにして、さらにことなることなきなり。つぎに、みづからのはからひを、さしはさみて、善悪のふたつにつきて、往生のたすけさはり、二様におもふは、誓願の不思議をばたのまずして、わがこころに往生の業をはげみて、まうすところの念仏をも自行になすなり。このひとは、名号の不思議をもまた信ぜざるなり。信ぜざれども、辺地懈慢疑城胎宮にも往生して、果遂の願のゆへに、つゐに報土に生ずるは、名号不思議のちからなり。これすなはち、誓願不思議のゆへなれば、ただひとつなるべし。（第十一節）

一

「一文不通のともがらの、念仏まうすにあふて……」、一文不通というのは、文字のわからない人です。つまり文章の読めない人、そういう愚痴文盲の人が、南無阿弥陀仏南無阿弥陀仏と、ひとえに他力を信じ喜んで念仏申しているその人は、本当に信心を獲て喜んでいるのかもわからないのに、そういう者に対して、お前は念仏して喜んでいるが、その喜んでいる心は、弥陀の誓願の不思議で助かると思うているのか、また念仏を申していると、その名号不思議の力で助かると思うているのか、どちらじゃと、こういうことをいうて、文字の読める人や理屈の好きな人たちが、信者の人々に対し質問を発して、ずいぶん困らせたりしていることがあるが、そんなことをいうて、人を困らすというのも、本当にわかっておらないらしいのである。わかっておるならば、そんなことをいうて人を困らす必要はないはずである。ところがまた、尋ねられた人も、本当のことがわかっておらないものだから、そういう質問をせられると、どちらで助かるのかしらんというようなことを思うて、惑うてしまうのであるが、それは、どちらも本当のことがわかっておらないからなのである。迷わす者もわからないが、迷わされる者も、本当にわかっていないからである。それゆえ、迷わされたり迷うたりするその原因は、どこにあるのかということを明らかにしようとせられているのであります。

つまり、誓願と名号との関係、これは『末燈鈔』の講話のときにも出てきたのですが、誓願と名号との関係ということが、はっきりとわかっておらないから、なんぼ文字がないからといっても、こういう関係が、もし頭の中ではっきりしておれば、迷わされることはないのであります。またそんな愚《ぐ》なことをいうて、人を脅かしたりするということは、自分にもわかっておらないからであります。だからこの二つの関係を明瞭にするために、こういうお言葉が出てきたのであります。

> 誓願の不思議によりて、たもちやすく、となへやすき名号を案じいだしたまひて、この名字をとなへんものを、むかへとらんと御約束あることなれば、まづ、弥陀の大悲大願の不思議にたすけられまいらせて、生死をいづべしと信じて、念仏まうさるるも、如来の御はからひなりとおもへば、すこしも、みづからのはからひ、まじはらざるがゆへに、本願に相応して、真実報土に往生するなり。

誓願不思議に助けられるのか、名号不思議に助けられるのか、ということを以て、人を惑わしたり、人に惑わされたりするということは、あながち遠い昔話であると聞いてしもうてはなりません。こういう問題は現代の私どもが、道を聞く間に誰の心にも、やはり明らかになっておらないものであって、それがためいつまでもわからないで困っていられることがあろうかと思います。誓願のご不思議によって助けていただくのだからして、念仏は称えてもよかろうが、称えなくてもいいのだ、要するに念仏を称える必要はないと、こういうことは、私でもかつて思うておったことがあります。真宗のお話をお聞きになると、困るのはここであります。信ずれば助けてくださる、たのめば助けてくださる、それだから念仏は申さなくてもよいじゃないか、何のために南無阿弥陀仏南無阿弥陀仏というのだと、一般に若い人たちや学問のある理屈張った人は、すぐそういう考えを起こします。それからまた一方の、長く教えを聞いている信者たちは、念仏は本願名号正定業《ほんがんみょうごうしょうじょうごう》とおっしゃる尊い念仏である、罪は深くとも、善いことはできなくても、一声称えてもお助けくださるという尊い名号だから、南無阿弥陀仏南無阿弥陀仏と、念仏を称えるそれだけで助けてもらえるのだといって、誓願を信ずるとか、本願をたのむとかというようなことは、理屈だけのことであって、そんな理屈は実は要らんのだというような考えで、お話はたくさん聞くけれども、いくら聞いても、つまりは念仏さえ申せば助かるのだという考えが、いつのまにか頭に入《はい》ってしもうています。それは軽便であってしかもたやすいことであるから、それだけをしかと握って、本願のいわれとか、信心とか、他力とか、いろいろ難しい聞きなれないことが出てくると、そういうことには、心の耳を掩うて、一切心に入れないようにして、最後はただ念仏申すだけということに落ち込んでしまい、信ずるということを斥けて、ひとえに称名念仏をしている傾向があります。皆さんがもし熱心に幾度もお話を聞いておいでになると、この二つの問題が、やはりいまの私どもにでも、求道者にとっては、一つのわかりにくい点となって、困られることであろうと思います。もっと簡単にいえば、念仏は称えなくてもよいという考えと、念仏を称えさえすればよいという考えとであって、これはどちらが正しいのだろうという躓きが、聞法のうえに起こってくるのであります。だから如信上人は、そういう躓きが起こってくるのは、畢竟誓願と念仏との関係が明らかでないからであると申されているのです。

二

そもそも、名号は、誓願の不思議によって、たもちやすく（たもつということは、忘れずにいつでも心にもっておるということです）、称えやすき名号を案じ出《い》だして、この名号を称える者を、必ず迎えとって助けようと誓うてくださったのが、弥陀の誓願であります。ごく簡単に、はっきりおっしゃってくださったのであります。かくのごとく簡単にはっきりいうということは、偉いことであります。

『末燈鈔』の中にも、

誓願名号と申て、かはりたること候はず。誓願をはなれたる名号も候はず、名号をはなれたる誓願も候はず候。かく申候ふも、はからひにて候なり。ただ誓願を不思議と信じ、また、名号を不思議と一念となへつるうへは、何条《なんじょう》わがはからひをいたすべき。ききわけ、しりわくるなど、わづらはしくおほせられさふらふやらん、これみな、ひがごとにて候なり。ただ不思議と信じつるうへは、とかく御《おん》はからひあるべからず候。往生の業には、わたくしのはからひあるまじく候なり。あなかしこあなかしこ。ただ如来にまかせまいらせおはしますべくさふらふ。あなかしこあなかしこ。

これは『末燈鈔』第九通でありますが、その終わりのところに、

このふみをもて、ひとびとにも、みせまいらせたまふべく候。他力には義なきを義とすはまふしさふらふなり。

というて、誓願と名号というものは、違ったものではなく、それは同一のものであることを明らかに知らせてくださっております。どちらにしても、他力とは私《わたくし》のはからいのまじらないことであって、如来のはからいによって助けていただくのが、不思議のご本願であります。だから、他力には義なきを義とすと申すのです。これがため、前の第十節に「念仏には無義をもて義とす」といわれたのであって、「他力には義なきを義とすとはまうしさふらふなり」、他力の御《おん》救いということは、手前からははからわぬことであって、それが信ずるということであります。

また『末燈鈔』の第十三通には、

弥陀の本願とまふすは、名号をとなへんものをば、極楽にむかへんと、ちかはせたまひたるを、ふかく信じてとなふるが、めでたきことにて候なり。

とありまして、誓願と名号というものは、別々のものではなく、阿弥陀如来が我々を助けようという大慈悲のお心から、誓願を起こして、これにはいろいろ長い説明が要りましょうが、究極すれば、名号を称える者は必ず救おう、こういう誓願であります。ですから、誓願というものと、念仏というものとは、どちらで助かるかということではなく、誓願はすなわち名号であり、名号はすなわち誓願なのであります。念仏を称うれば助かるということは、そういうご誓願であるからであって、誓願を信ずるといっても、念仏を誓うておられる誓願を信ずるのであるから、信じたうえはおのずから念仏が申さるべきはずのものであります。親鸞聖人は、「かく申候もはからひにて候なり」といって、誓願も名号も、それは同じことなのだけれども、そうだから同じだと、自分からそれを主張するさえ、それははからいというものであるといっていられるのです。誓願と名号とちがったものではなく、同一だというのは、それは理解というものであって、信ではないことを知らしめんとしていられるのであります。だから誓願不思議を信ずるか、名号不思議を信ずるうえは、とかくはからうべきではない、念仏の不思議によって助けてくださるのであるというその心こそ、そこに少しも我がはからいが混じっておらないのであります。ゆえに、誓願を信ずれば念仏は申さなくてもよいなどという考えは、自分の理屈ではかろうたのであります。また念仏で助かるのだから、信ずるというようなことはどうでもよいのだということもはからいであります。誓願は名号であり、名号は誓願から出たものであるからして、どちらを不思議と信じても、それは同じことなのである。しかるに我々はどちらこちらというような、そういうはからいを雑《まじ》えてはならないのであります。誓願は、如来の慈悲心から名号を案じ出《い》だして、この名字を称える者を、迎えると御《おん》約束あったのであります。

まづ、弥陀の大悲大願の不思議にたすけられまいらせて、生死をいづべしと信じて、念仏まうさるるも、如来の御はからひなりと思へば、すこしもみづからのはからひ、まじはらざるがゆへに、本願に相応して、真実報土に往生するなり。

三

ここで生死《しょうじ》ということが出ましたから、生死ということについてちょっとお話をしておきましょう。生死ということは、『歎異鈔』におきましては、第三節のところに「他力をたのみたてまつれば、真実報土の往生を遂ぐるなり。煩悩具足の我等は、いづれの行にても、生死を離るることあるべからざるを、あはれみたまひて」云々とありまして、そこに生死ということが一遍出ていました。そのときにお話ししたのですが、いまのところでまた、生死ということが出てきました。生死を助けるということは、皆さんには頼りないことと思わるるかもしれませんが、私も昔はこれが邪魔になって仕方がなかったのであります。しかし、今後もよく出てくる文字ですから、少しお話ししておこうと思います。本願の不思議で助けられるということは、どんなことか、助けてもらうとは、どうなることかといいますと、それは生死を離れさせてもらうことなのであります。それがちょっと普通にはわかりにくいことなのでありますが、しかしまたそれが仏教のお話の尊いところであります。助けてくださるということは、腫物《できもの》を治してくださるとか、あるいは肺炎や肋膜炎を治してくださるとか、金に困っているときにお金が入ったとか、これなら誰にもよくわかるのです。すなわち自分になくてはならぬもの、今日の生活に困っていることを、それを無難にしてくださるということならば、助かるということもすぐわかるのです。他の宗教のお話をお聞きになって、よくわかるというのはそれがためでありましょう。天理教や金光教の話を聞いても、ないし日本の神様に参る人の、ご利益の話を聞いても、わかりやすいという点は皆そこにあるのです。しかるにいまここで助けてくださるということは「生死を出《い》づべし」と、こんなことが出てくるのです。それで一遍お話ししておかなければならんかと思うのであります。

しかし、皆さんにわかるように、簡単に話をするということは、だいぶん難儀なことでありますから、幾分でもわかればよいと思います。仏教で助かるということは、出離《しゅつり》ということであります。つまり出離生死という字がいつも出てくるのです。『嘆仏偈《たんぶつげ》』に法蔵菩薩が、世自在王仏の前において申された言葉にも、「私はあなたのような偉い方になりたいと思います、そのときには私は生死を離れて、仏という幸せ者になり、そして一切の人々を救う身になりたい」と、こういうことを誓うていられるのであります。そこに出離生死ということを申しておられます。したがって生死を出離するということはすなわち助かるということなのであります。

生死を出づるということは、仏果涅槃に至るということであり、仏果とか涅槃とかいうことは、意味の深いことであって、ちょっと簡単にはいわれませんが、その一つは生死を離れるということ、すなわちそれが真幸福ということであり、大安楽ということであります。生死ということは、本来生まれるということと、死ぬということであります、すなわち生まれるということは死ぬということです。だから生まれるということと死ぬということのあるところは、いつも苦しいところです、すなわち苦海にきまっているのです。「生死の苦海ほとりなし」とあります通り、生と死の中間は苦しみの海である。生まれるということがあれば、死ぬということがある。だから今後生まれ変わっても、生まれるということがあればきっと死ぬということがある。生死の苦海は辺《ほとり》なく、打ち切りということがないのです。そして安楽かというと、やはり苦しいのです。三界流転《さんがいるてん》などというのはこれのことです。人間は死んだと思っているが、それは人間が死ぬと思っただけであって、またどこかに生まれて、そこにはまた死がある。ここで死んでかしこに生まれる。地獄《じごく》、餓鬼《がき》、畜生《ちくしょう》、阿修羅《あしゅら》、人間《にんげん》、天上《てんじょう》、声聞《しょうもん》、縁覚《えんがく》、菩薩《ぼさつ》、仏《ぶつ》と、この十界のうち、はじめの六つは生死を離れることができないところです。地獄は苦しいということであるが、地獄へ落ちたらいくら長いときか知れないとしても、苦しみ苦しんで、いつかはその地獄で死ぬということがある、そしてどこかへ生まれる、たとえば餓鬼に生まれても、生あれば死がある。何べん生まれ変わっても本当の安楽ということがない。人間は無論でありますが、たとい、天上という物質的な悩みがないところまで至り尽くしてみても、これも生まれるということがある以上、いつかは、やはり死ぬということがある。生まれるということを喜ぶならば、死ぬということを泣くにきまっているのです。それが声聞、縁覚となりますと、阿羅漢の悟りを開いて、この悟りに達すれば死ぬということがない、生死ということがぶち切れた人であり、体は死んだかもしれないけれども、本心は死ぬということを歎かない、すなわち心のうちに死がない。魂には悲喜すべき生も死もない。そういうのが声聞縁覚という人であります。無論菩薩もそうであります、仏もそうであります、だからこの悟りを涅槃というのです。声聞縁覚の方は悟りに入《い》っても小涅槃《しょうねはん》というて、菩薩や仏の証果《しょうか》であるところの大涅槃《だいねはん》の、利他の精神が欠けていますが、大涅槃という証悟《さとり》になると、生死がなきのみならず、それ以上の幸せがある。本当の幸せは菩薩と仏であって、そこには利他心が出てくるのであります。それで現在の我々からいえば、助かるということは、苦しみがなくなり、生死を離れるということであります。とにかく、生死についての悩みをなくしたいということを簡単にいったのです。生まれるということがあると、我々は普通に喜びます、ところが我々は死ぬという悲しみの心をもっている。それだから、生まれてから生きてゆくということが、一つの苦しみになっているのです。うかうかしていては生きてゆけぬかもしれない、どんな病気をしても長生きがしたい。我々はちょっと物をもったら離さぬように、離さないだけでなく、人の物を引《ひき》たくっても生きることに、喰らいついているようにしようとしておりますが、その大事な生を奪うものは死でありますから、我々は常に死に悩まされておるのであります。だから常に我々を苦しめているものは死であるということもできます。死ぬということが恐ろしいから、生きよう生きようとしているのです。死ぬということが恐ろしいために、我々は後ろから追い立てられて、金を貯めておかなければならないこととなります。生きてゆくためというよりは、死なないようにという準備です。それがためいろいろと老後の貯えをしたり、病気のときの準備をしたりするのでありま す。我々は死というものに後ろから追い立てられて、また死の苦しさを前面に控えて、死なないように死なないようにと努力して生きておるものであります。だからいつまでも、本当に安心した生活というものはないのです。それで死ぬということがぶち切れてしまわなければ、すなわち死んでもいいがいつまで生きてもよい、ということにならなければ、本当の安心もなく、幸福な生活もないのであります。

四

もう少しわかりやすいようにと思って、以前に、生死ということは、生老病死ということであると申したことがあります。この生と死とをもって、釈尊は人間の苦しみということを現わされたのですが、我々が生きているかぎり、老病死というものが常に我々を襲うているから、生は苦しみです。我々は生まれたといって喜ぶけれども、生まれたから生きてゆかねばならぬ、しかも自然に年老いてゆく、病気にもなり、死んでもゆくのです、それゆえ、一生涯は内外の生活難というべきです。とにかく生きてゆかねばならぬというところに種々の苦しみが生じます。そうして常に生活難がこれにくっついてくるのです。老後に身体の故障が多くなる、のみならず子どもがあるとか、ないとか、財産がなくなりはせんかとか、すべて老後を案ずる苦しみが生じます。ときには病気になりはせんかという心配もあり、そして死にはせんかという心配に常に悩まされています。かような苦しみをなめて、誰も彼も、ついには死んでゆくのです。それが人生というものであります。本当の幸せというものは実は外にあるのではなく、内らにあるのです。多くはこれを外に求めますけれども、内に求めねばならぬことであります。本当は心にあるのですから、死ぬという悩みがなく、病気に対する不安や悩みがなく、老に対する不安と悩みがなくなるならば、したがって生きてゆくということの悩みも軽くなるか、もしくはまったくなくなるわけであります。それゆえ、この生老病死《しょうろうびょうし》ということは人生苦であります。この人生苦をなくするということが真の安楽幸福というものであります。だから仏果涅槃に至るとはどんなことかというと、それは生老病死の苦しみがなくなることであって、それが本当の自由であり、真の幸福安楽というものであります。ゆえに生死を離れるということは、こういう人生一切の苦しみを離れるということであります。

この生老病死は四苦と申すのでありますが、釈尊はいっそうこれを明らかにせんとして、八苦として説かれています。すなわち求不得苦《ぐふとくく》といいまして、求めて得ざるところの苦しみ。怨憎会苦《おんぞうえく》というて、憎い者と会する苦しみ。五《ご》蘊盛苦《うんじょうく》というて、盛んなる苦しみ。愛別離苦《あいべつりく》といって、可愛い者と離れることの苦しみ。この四苦に前の四苦を合わせて八苦といっておられるのであります。

涅槃ということを詳しく説明しますと、もっとほかの意味がありますが、その一つを以て説明すると、生死を出離するということであって、生死を出離するということは、生苦老苦病苦死苦なり、求不得苦、怨憎会苦、五蘊盛苦、愛別離苦を加えた八苦のなくなった心であります。すなわち私どもの苦というものがなくなるということは、生死を離れるということであります。物質の苦悩のなくなるのを、普通には助けてもらったといいますけれども、それは部分的な浅薄なことでありまして、頭の痛いのを治してもらう、あるいは借金が払えないのを払ってもらう、それも助けてもらったのではありますけれども、そういう浅いことではなくして、精神上の苦悩、思想上の苦悩、すなわち求めて得ざる苦しみをなくしてもらうのです。我々は何の苦しみもないと思って、そういうものはなくしてもらう必要はないと、思っておるかもしれませんけれども、これは金をもってあるいは物をもってしても去らない悩みであって、しかも皆の人がもっている深い悩みであります。たとえば金を求めて得ず、金のみならず子どもを求めて得ず、名誉を求めて得ず、学問を求めて得ず、健康を求めて得ず、いろいろ求めて得ざる苦しみをたしかにお互いはもっています。また怨憎会苦といって、たとえば、兄と弟とが気が合わないとか、夫と妻とが気が合わぬ、嫁と姑、友だち同志でも癪に障る、そういう憎しみ、あるいは怨んでいる者が出会うたり、一処に暮らさねばならぬという苦しみをもっております。金の苦しみや病気の苦しみはなくても、こういう苦しみをもっている人はたくさんあります。それから五蘊盛苦、それは細かく説明することは難儀ですけれども、かつて雑誌（「成同」第四巻第三、四号参照）に一度書いたこともありますが、蘊ということは集まりで、色受想行識《しきじゅそうぎょうしき》という五つの集まりということであります。色は物質、この物質というものを、私どもは心に受け入れ描いて、それを連絡し比較して、あれやこれやと想うのです。それが何かの心の働きの行となって、そこに知識というものが作《はた》らいてくるのであります。それだからして、この五蘊は私どもの肉体があって、外物をそれから心に受け入れて、長いとか短いとか、色がよいとか悪いとか、そういうことを分別して思い出すのです。だから、家なら家に対してもそうです。家といい、道具といい、財産といい、そういうものを綺麗《きれい》だなと思えば必ず欲しいと思います。欲しければ買おうと思います。買おうか買うまいかと考えます。我々は何でも盛んになればよいと考えますけれども、金があまりたくさんにできすぎるというと、我々の心の方は絶えず働きすぎる、そうなると心配があって、寝ても寝られんということになります。また身体があまり盛んで肉体が肥りすぎても困るし、痩せすぎても心ばかりが働きすぎてきます。病気にでもなったら、いっそう心が働きすぎて困ります。意識というものが盛んになればよいと思っていますけれども、物質も精神もある程度を越えて盛んになりすぎるというと、きっと、それは苦しみとなります。そんならば過不及《かふきゅう》なくちょうどバランスの取れた、あまりに盛んになりすぎないというちょうどよい加減の程度でいることができるかというと、それがなかなかそうはいかないのです。いつもバランスを取ることができずして、一方が盛んになりすぎて、物と心との関係が常に平衡を失う悩みを、我々はもっているのであります。

次には愛別離苦であって、自分の愛した者と離れてゆく、すなわち生別し死別する、多くは死別でしょうが、親鸞聖人は八苦の中で、愛別離苦は最も甚だしい痛みであるといっておられますが、とにかく、広くいえば、この人生の悩みというものは八種となります。それを簡単にいえば、生老病死の四であり、もっと要約していえば生と死である、この二つが根本となって、いろいろの悩ましいことが生じてくるのであります。それゆえ、生ということと、死ということから離れてしまう、あるいは解脱すること、その二つから離れるということ、それが何よりの幸せというものであって、単に神さんが金儲けをさせてくださったり、人が金儲けをさせてくれたりするのは、いまいうところの真に助かったということではないのであります。本当に助かるということは、八苦なり四苦を、もっと簡単にいえば生死を離れるということであります。

この人生には生きてゆかねばならぬという悩みがあり、老いてゆかねばならぬという悩みがあり、病気になるという悩みがある、そこから死ぬという苦が出てきているのです。だから生死の苦といってしまいますと、これら一切の苦しみが、全部摂《おさま》ってしまうわけです。だから本当の幸せということは生きてゆく間に起こり来たることが、私を苦しめないようになり、死ということが私を苦しめないようになる、すなわち生死というものが滅してしまうこと、出離生死ということが、真幸福の理想ということになるのであります。だから「大悲大願の不思議に助けられまいらせて、生死を出づべしと信」ずるということが、本当に助けられる喜びであります。

五

超世の悲願ききしより　われらは生死の凡夫かは
有漏《うろ》の穢身《えしん》はかはらねど　心は浄土にあそぶなり

我は、もう生死の凡夫ではない、有漏の穢身はいまだ存在するけれども、我が心はこれには悩まされない、したがって生老病死にも悩まされない。しかも求不得苦、五蘊盛苦、怨憎会苦、愛別離苦というものにも、私の心は悩まされない。一切の人生苦というものから悩まされないという喜び、生死を離れて大涅槃に進むと決まったこと、すなわち生死を離れたということ、その心でこの人生生活をしているということが、それが信の喜びというものであって、あながち、死んでから向こうに幸せを受けるということばかりではないのです。無論、完全円満の境に進むのは、仏果涅槃の証りを獲るということでありますけれども、信のところにおいて、助けられて、生死の苦しみを渡らしてもらえる本願が、私のうえにましましたということを知るによって、自分が本願力によって生死を離れたと喜んでいられるのです。南無阿弥陀仏南無阿弥陀仏と、不思議の誓願によって生死を切ってくださって、私を引き受けてくださっているということによって、たといそれらの悩みが起こってきても、それによって私の衷心までは害されない。そういう幸せを頂いていると喜んでいられるのです。それゆえ真幸福といえば、親鸞聖人にありては、信という問題となるのであります。

ですから、「弥陀の大悲大願の不思議に助けられまいらせて、生死を出づべしと信じて」とは、生死を離れさせてくださるご本願の有難さから、念仏申されてくるのも、それはもともと、弥陀の大悲大願の不思議が、私の生死を出離せしめようとして、また、出離せしめねばおかぬという誓いであるからであります。如来の御《おん》はからいによって、かく信ぜられるようになり、念仏が喜ばれるようになったのであります。そういうようになったということは、皆如来の御《おん》はからいであって、如来の御はからいであると知れば、そこには少しもみずからのはからいが雑《まじ》っておらないから、すなわち本願に相応して、他力自然《じねん》であります。他力自然であって本願に相応してこそ、真実報土に往生することであります。ですから『歎異鈔』は第一節の意味を、それ以下の各節が説明しているものであって、その第一節に、

　弥陀の誓願不思議にたすけられまいらせて、往生をばとぐるなりと信じて、念仏まうさんと思ひたつ心のおこるとき、すなはち摂取不捨の利益にあづけしめたまふなり。

念仏申す者を救おう、念仏申す者は大慈悲の誓願として救おう、こう誓うてくださったのが、誓願のご不思議であるとわかってみれば、そこに名号の不思議もちゃんとはいっておるのであるから、誓願不思議はすなわち名号不思議であって、どちらで助かるというようなことはないのであります。誓願が名号となって顕われたのであり、名号は誓願によって案じ出されたものであります。かくのごとく名号ということは、如来が私を救おうという誓願から出たものであるということがわかってみれば、誓願と名号とを二つと見るのではなくして、それは一つであって、実に両者は異なるところがないのである。だから弥陀の誓願不思議にたすけられまいらせて、生死を出《い》づべしと信ずれば、南無阿弥陀仏と申そうという心が自然に起こってくるのであります。念仏申すようになるべきが当たり前であります。念仏申すだけで助けてくださるということを喜んでも、それは自分が称えたから助けてくださるというのではなく、称える者は助けようという誓願不思議の力によるのであるから、自分が念仏申したから助かるのであるという考えは、それは自分のはからい心であり、考えたことであります。ただ誓願を信ずればよいのである。また念仏を申さん

でもよいというようなことを思うのも、それも自分から考えたはからいであって、念仏往生の本願を承ってみれば、とかくはからわずに、有難き不思議の誓願ぞと信ずれば、必然に名号となって口に現われるのであります。

それゆえ、誓願と名号との関係さえ明らかになれば、称えんでもよいとか、称えなければならぬのだとかと、そういうはからい根性がなくなり、したがって、それがためにみずから惑うということもなく、また惑わされるということもなく、明らかに弥陀の誓願不思議を信じて喜ぶことができるのであります。しかしてまたその心は、誰が何といっても動乱することはないはずであります。

六

蛇足を描くようですが、前に申しました出離生死《しゅつりしょうじ》ということと信とについて、も少しお話ししようと思います。生死を離れることは、信心すなわち信によってなし遂げらるることでありますが、この信の喜びということを、私はもう一遍皆様に考えて欲しいと思います。信の喜びということは、生死を離れるということすなわち真実の幸福を得させてもらえるという喜びであります。それをことによると、生きているうちには何らの喜びもなくして、死んでから戴くことであるというように思うておるのが普通のようであります。けれどもそれは涅槃の極果《ごくか》が円《まど》かに開くということであって、真の喜びというものが生死を離れるということである以上、信の喜びが生苦なり、老苦なり、病苦なり、死苦なりというこういう悩みをなくしてくださるということでなければならぬのであります。それゆえ信の喜びということは、求めて得ざる苦しみが、何らかの形において消えねばならぬのです。愛別離苦や五蘊盛苦ということの消ゆるということが、生きている現在の我々にとって味わうことのできる喜びであり、現実の法味楽《ほうみらく》であります。死んでからでなければ得られないということではなく、生きている間からその喜びを知り得る、味わい得るということであってこそ、はじめて有難いという喜びを得ることができるのであります。ですから、こういう悩みは、いかにお金があっても、いかに健康であっても、学問があっても、名誉があっても、こういう悩みをもたない者のないのが人間という者ですから、その人間苦が本願を信ずることによって、念仏を喜ぶことによって、これはどちらをいってもよいのですが、それによって求めて得ざる悩みが消え、そこにいよいよ本願が喜ばれるのであります。だから平たくいえば、求めて得ざる悩みのある人は、道を聞いて誓願名号を信ずることができたときにおいて、かかる苦悩から救われるのであります。怨憎会苦という悩みがあるならば、その悩みは誓願名号を信ずることによって消え、五蘊盛苦で精神および物質が盛んになる苦しみがあれば、それが消ゆる。それは涅槃ということを得るに違いないという喜びによって消ゆるか、如来の摂取の光明に摂護《しょうご》せられておるということによって消ゆるか。換言すれば、いま助けられているということで消ゆるか、いま助からずとも将来において必ず助かるという自覚によって消ゆるか、とにかく消ゆる。すなわち、如来の本願はいま現に生きて悩んでいる私どもを憐み、それがために大悲を垂れて、そうして私のうえにその力とみ光が来てくださっているということですから、そのみ光に遇うということによって、生きている間はこの光明に照らされ、み力に護られて、死後円《まど》かに大涅槃を開かせてもらうのであります。けれども現在から如来のみ光を知ること、如来の御作《おんはたら》きが私どものうえに来てくださっているということを知ることによって、我々の苦しみは、一転して楽となってゆくのです。ただこの一つのことを知らないゆえに、人類は永久に苦しんでいるのであります。人生に意義さえわかれば苦も楽となります。困難なことに対しても何とか方法がとれてゆきます、また苦悩は消えてゆくのです。我はいま苦しいけれども、こういうわけで苦しんでいるのだということがわかれば、寒い日にも子どもはやはり朝起きて学校にゆきます。手が寒うても足が寒うてもわけがわかれば苦しみも苦しみではありません。これに反して、自分のやっていることに何の意義も認められないほど、苦しいものはありません。心の中にわけのわからないということは、怨みともなり悲しみともなって、我を悩ますものでありますから、念仏が信ぜられ、摂取の光明を知るということによって、人生一切の苦悩の意義というものが明瞭になり、種々の苦悩は消え得るのであります。病人の身体が衰え心識が衰え、そして受想行識《じゅそうぎょうしき》の心の働きだけが過敏になってくるというと、病人の苦悩は激しくなります。そういう悩みは自分以外の誰人《たれびと》も引き受けてくれない悩みでありますが、それはどうしたらよいかというと、どんなにはかろうてみても、自分のはからいでは埒《らち》があかないところから、ますます、五蘊盛苦というものが私を責めるのであります。しかしながら仏を知り、この仏の摂取擁護があるということを知りますならば、この信ということ一つによって、かかる悩苦も消え得るのであります。私はけっして消えないということはないと信じます。また愛別離苦も悲しいことには違いないけれども、その悲しみというものが、私を真の幸福に導くものであるということがわかるならば、それによってその悲しみは消えるのであります。ただ我を助けんとしていられる仏の大慈悲が、我々の生存しているこの世界に満ち、この私のうえにましますということがわかれば、こういう悩みというものも、跡をとどめなくなります。たとい消えるといっても、生きている間は、また何度も波のように襲うてきましょうけれども、それが本願を憶念して念仏するところに、その波に会ってもこの喜びは失われないのです。燈台の火が、寄せ来る風波に害せられないとでもいいましょうか。聖人が「大悲の願船《がんせん》に乗じて光明の広海に浮びぬれば、至極《しごく》の風静かにして衆禍《しゅうか》の波転ず」と慶《よろこ》ばれたのは、かかる心境を申されたのでありましょう。信仰の問題ということは、死後にのみ我々を助くる仏力ということではなくして、生きている私の心の中に、仏を知り誓願を知り、念仏を信ずるということによって、そこから種々の苦悩が転化して消えてゆくのであります。これが消えるということは、何ものよりも私の一番幸せなことであります。

七

生死ということは、これを一切苦といってもよいと思います。この一切苦がそのときそのとき消ゆるのみならず、出離生死ということは、かかる一切苦の根本的絶滅の境地に達することを意味しているのであります。永劫の得脱《とくだつ》とか涅槃の極果《ごくか》ということは、一切苦の根本的絶滅を意味する言葉であります。すなわち信のときから消えつつ進んでゆく、死ぬまでにどこまで進むか知らぬが、消えつつ進んで、きっと最後にはまったく光のみの境地に到達せしめらるるに違いないのであります。私はこれを聖人の一生のうえに拝見するのであります。死んでからはじめて消えるのではなくして、信じたというそのときから消えつつ進んでゆく、たとえば、いったんついた火はその炭全体を火にし、灰にしてしまわねばおかぬ、いま薪に火がついたごとくに、燃えつつ進んでゆく、火の消えざるかぎり薪は焼き尽くされます。それゆえ、かかる火がつけばよいのです。つけば現在に皆ことごとく消えなくてもよいのであります。けれども根本的でない枝葉のごときは、その事柄によっては消えてしまうこともありましょう。ことごとく消ゆるかどうかは第二として、我々が信じたというそのことは、薪に火がついたようなものであります。薪はまだ残っておっても、念々に燃え進んでゆく、こういうことでありますから、私どもの生きている現在において、一時に一切ことごとくと、さように欲張ったぜいたくなことを望まなくとも、まず一点の火さえつけばそれで充分なのであります。一点の火を得ずして、一切苦の根絶ばかりを願うていることは愚のかぎりであります。一念の信火は、願力の不思議により、名号の不思議によって、きっと根絶せしめたまうということが涅槃の極果ということであって、生死を出離せしめんという如来の本願であります。本願を信ずるということは、かかる意味をもった如来のみ力とみ光とが、現在私のうえに来ておってくださったということを知り、これを信ずることでありますから、そこから真の幸福というものが始まるのであります。それゆえ人生にいろいろの悩みをもてる人は、如来の本願を信ずるよりほかに、真の幸福を得る道はないのであります。

八

「まづ弥陀の大悲大願の不思議に助けられまいらせて、生死を出《い》づべしと信じて」と、こう生死などと聞くと、この世には何の関係もないことのように思われますけれども、これは純粋なる信仰の意味を、明瞭に了解せしめんとして、こういう言葉で現わされたのであります。「念仏申さるるも如来の御《おん》はからひなりと思へば、少しも自らのはからひまじはらざるがゆへに、本願に相応して真実報土に往生するなり」、如来の御はからいによりて本願があり、この本願力によって信ぜしめらるるゆえに、念仏が申さるるのであります。それゆえ、信も念仏も如来の本願力であります。まったく如来の他力不思議によって助けられてゆくのであります。されば、誓願の不思議を信ずれば、名号の不思議も具足して、誓願の不思議というも名号の不思議というも、それは同一のことであって、さらに異なるところがないのであります。それで誓願と念仏の関係が明らかになりまして、皆が惑うている点を惑わないようにしてくださったのであります。

九

つぎに、自らのはからひをさしはさみて、善悪のふたつにつきて、往生のたすけさはり、二様におもふは、誓願の不思議をばたのまずして、わがこころに往生の業をはげみて、まうすところの念仏をも自行になすなり。

以下は他力信心を妨ぐるものは、善悪心であることを示し、善悪心から出た自力念仏は、他力の念仏を自力で取り扱こうておるのであるけれども、取り扱われておる念仏そのものが、誓願を離れないものであるために、たとい自力心の過失の結果はあっても、ついには誓願の力によって、真実の他力信に帰せしめらるる誓願であることを明らかにして、再び誓願と名号との一致を示されたのであります。

私どもに他力信心が起こらないのは、心の中にはからいの心がやまないからであります。こうだろうか、ああだろうかと考え、仏というものはいったいあるのですか、どんな人ですか、この世では見えないのですか、どういうわけで助かるのですかと、わけがわかって自分の胸に得心がいったら信じてやろうと考えているのは、皆我がはからいであります。これなら間違いないというようになったと考えているのも、自分のはからいであります。そういうことで助かるのではない、如来のみ力によって助かるのであって、それはまったく他力であります。他力自然のお助けであるということをいつも申されるのでありますが、はかろうているということは、他力のお助けに対して疑ごうているのであります。はかろうているというと優しく聞こえますけれども、実は疑ごうているのです。如来の御はからいで助かるのであると聞いても、それでも、何か自分の力で念仏申して、善いことでもしないと助からないような気がして、あなたの力だけに任しておいては不安であり、何とかしなければ助からないだろうと思う自分の心が潜んでいるものであります。はからいの心のあるのは他力を疑っている状態であります。言い換えれば、それは他力を信じておらないのです。ですから、はからいというものは無義ではなくして自義です。何ゆえに誓願が信ぜられないか、念仏が信ぜられないかというと、どうしても、人間は本来の自性として、はからいの心のやみにくい者であり、そしてその根柢となっているものは善と悪という二つについての思念であって、善悪のいかんによって、あるいは助けられあるいは助けられないという二様《ふたよう》になると思うているのです、それは誓願の不思議をたのんでおらないのであります。他力の信ぜられない原因は、実はここにあるのであります。自分の心において、善ならば助かるが、悪ならば助からないということを、考えているのであります。誰が考えたかというと自分が考えたのである。たとえ、釈尊が五悪段において、悪を誡め善を勧められたといっても、それは他力信に入る道程としての教えであって、けっして善を作《な》すことによって助かると教えられたのではありません。善は助かるが悪は助からないと思うのは、それは自分であります。かく善悪の二つによって、助けと障りと二様に思うのは、それは因果の道理からいえば至当な考えでありますけれども、それはなお自力のはからいというものであります。善は助かるが悪は助からないと思うのは、他力を知らざる自力心であります。しかしながら、かく善悪の二つについて救不救を思う人は、実は大分進んだ人でありまして、宗教を知らない人は、そこまでもゆかず、因果の道理も考えず、無茶苦茶なのであります。しかしながら、少し善悪の道理がわかってくると、善なれば助かるが、悪なれば助からないという心が起こるものだから、普通常識に訴えて、よほど善いことをしなければならんのであろうと思い、善行を修せなければ助からぬと考えたり、また自分は悪いからしてとても助かるまいと思うたりします。これは一応もっともなことでありますけれども、それは人間の考えた自義《じぎ》自力というものでありまして、この心が容易に取れにくいのであります。それによっていかに自力心が根深いかが知られます。かく自力のはからい根性が改まらないために、善ができないくせに善をせねばならぬと苦しんだり、少し善ができると、これなら助かるであろうと自惚れたりするのであります。また悪が出てくるというと、助からぬであろうと憂えたり、悪が少しすくなくなるとこれまた安心して助かるであろうと自惚れたりします。それらは善いことのようであるけれども、そういうはからい心が、私どもの心にやまないかぎり、私どもはどうしても助からないのであります。悪がやまなくても助かるとか、悪があっても助かると聞くと、きっと、そんなわけはないと考えます。悪をした者でも助かるということは、それは他力救済の本願だからであります。無論、悪であるということに、助かるというわけは少しもないのですから、悪をしたから助かるということではありません。それを反対に善をして助かるということもありません。

　しかるに、我々は、どうしても自分の考え、自分のはからいによって、善いことをすれば助かると考え、悪いことをすれば助からないと、分別し決着しているものであります。それがために、いまここに善悪と念仏とを対比して話されたのであります。吾人はあくまでも自力分別心を以て念仏に向かいます。それゆえ念仏は他力を信じた念仏ではなく、自力心、善悪心を以て念仏を見、念仏を自分の行う一つの善行として考えて、念仏を取りはからっているのです、そして、どうしても善いことをして助かろうとする心がやまないのであります。善いことのできない自分に、念仏は普通の善よりももっと善いことであるから、それで助かるのだという根性が、口では何とでもいいますけれども、心の底にはこの心が抜けないのです。かかる念仏は、念仏を善として見ている自分のはからいであって、念仏の不思議を信じておるのではありません。念仏することは善であるからとか、名号には不思議の徳があるから、私が称えていればそれは大善をなしておることになるという考えを以て、念仏していれば助かるに違いないと結着しているのであって、畢竟、善の代用品として念仏を利用しているのであります。だからせっかく念仏を申しながら、はからいを以て念仏を自行としているのであります。かくのごとく、善いことをしているから助かるのだという、はからいのうえから申している念仏ですから、これは誓願を信じた念仏ではないのであって、したがってまた名号をも信じていないのであります。すなわち不思議ということが信ぜられないのであります。

誓願の不思議によってとか、名号の不思議によってというように、親鸞聖人のお話を聞くと、不思議という字がいつも出ております。この不思議という文字は他力を現わし、思議とは自力を現わしている文字であります。思議は自力であって、自分のはからいというものはだめなものであります。自力のはからいはどこまでいっても助かりません。はからいということがあれば、念仏を千万遍申したって、それは自力心でありますから、安心ということは出てきません。それは自力のはからいであって、それは同時に本願を疑っているということですから、どこまでいっても他力信とはならないのであります。「弥陀の誓願不思議に助けられまいらせて往生をばとぐるなりと信じて」とあります通り、善悪心を根柢とせる一切の思議心のはからいが閉塞して、その閉塞したところに弥陀の誓願不思議が信ぜられてくるのであります。不思議と信ずるということは、他力信を現わす言葉であって、如来のはからいを信じた状態であります。だから「弥陀の誓願不思議に助けられまいらせて」、と第一節に申されたのであります。我々が信ぜられないと歎ずるのは、我が心にはからいがあるからであって、そのはからいは、善悪という考えが奥底に潜んでいて、善なれば助かるが悪なれば助からないと考えている心のためであります。こういう心を土台としておりますから、如来のはからいということが信じられないのであって、いつまでも少し善いことができると安心し、できないといって歎き、悪がやまぬといってはなげき、悪であってはならんとはからいをつけて苦しみ、そしていつまでも助からないのであります。これひとえに善悪心を根拠とするはからい心のためであります。

自力心のために、いつまでも誓願が信じられないのであり、誓願が信じられないから、たとい念仏しても、決定《けつじょう》心《しん》がなく、安心もできず、いつまでも善悪心に悩まされつつ、同じことを繰り返しているばかりであります。かく旋回低迷の悩みに沈める者をして、本願の大智海に出さしめんとしていらるるのが次の文章であります。

十一

このひとは、名号の不思議をもまた信ぜざるなり、信ぜざれども、辺地懈慢疑城胎宮にも往生して、果遂の願のゆへに、つゐに報土に生ずるは、名号不思議のちからなり。これすなはち、誓願不思議のゆへなれば、ただひとつなるべし。

かかる人々は、名号を称えているといっても、それは念仏を自分の善行としている下心がありますから、その人の申しておる念仏は、いかに有難いと思うて称えていても、この人は名号の不思議をばいまだ信ぜざる人であり、念仏を善として称えているのであります。これは皆様各自の胸に問うて、静かに考慮すべき問題でありますから、皆さんの内心の反省を促す次第であります。

超世の悲願である、不可思議の誓願がましまして、私をして生死を出《い》ださしめんとして誓いを立て、そうして名号によって如来誓願の悲心を示して、いまや私どもの前に立ちたまうのであります。かかる本願が私を助けたまうのであると信じられるならば、私どもは「南無阿弥陀仏」これだけで助かるのであります。そこに私どもからはからう何ものも要《い》らないのであって、南無阿弥陀仏と称うるを待たずして助けてくださるのであります。如来の御はからいである、他力の救済であるということが明らかに知れますと、名号の不思議ということもまた信ずることができるのであります。しかしいまここに「信ぜざれども、辺地《へんじ》、懈慢《けまん》、疑城《ぎじょう》、胎宮《たいぐう》にも往生して、果遂《かすい》の願のゆへに、遂に報土に生ずるは名号不思議の力なり」とありますのは、あくまでも大悲大願の他力不思議ということを知らせようとしておらるるのであります。善悪の二つが常に心中の問題となって、善いことをしておれば助かると思って念仏を申しておる人、こういう自己の善悪心を根柢としておる自力念仏の人も、その念仏が如来の誓願から出た大願の念仏であるから、いまだ他力本願を信じておらないのではあるけれども、誓願の不思議として、すなわち本願の名号それ自身の不思議として、如来の願力はこの人をして、辺地、懈慢、疑城、胎宮に往生させたまうのであります。辺地といい、もう一歩深く聞くならば、真実の道に開発され、そして涅槃に到達する真実の道に出るのであるけれども、求道心の怠慢なために、真幸福の道に出られないのであって、つまりはからいをもっておるということが、求道に懈《なま》けておるということであって、その人の生まれる世界を懈慢界と名づけられるのです。すなわち自己のはからいは疑いであって、疑いは安心でもなく、喜びでもなく、疑城は苦しみであります。せっかく仏の光の中におりながら、慈悲の母体の中におりながら、胎中の闇黒と苦悩を受けている胎児のごとく、それを譬えて胎宮といわれたのであります。こういう意味で四つの名前があるのですが、それは念仏を称えておりながら、はからい心がやまず、他力本願が信ぜられないで、念仏を善として称えておる人々、それらの人々の現在の心境と、将来の境地とを表わされた言葉でありま す。けれども辺地という境界、あるいは懈慢界、あるいは疑城、胎宮というようなところ、そこまで往生させてやろうという如来の本願でありますから、如来の慈悲は彼らを捨てようとせず、誓願の念仏を称えているということを因縁として、辺地、あるいは懈慢というところに往生させて、そして果遂の誓いによってついに真実の報土に往生させねばおかぬという本願なのであります。果たし遂げねばおかぬという願、これは第二十の願でありますが、その第二十願の果遂の誓いによって、どうぞ、そういう者でも、一度は真実の報土に往生させたいという如来の誓願があればこそ、ついには報土に生ぜしめらるるのであります。ひとたび念仏する身となったことは、すでに如来本願力の到達したことであります。自分が称えたから偉いのではない。称えられたその名号が、誓願不思議の名号であるから、名号不思議の力によって、まず化土に往生せしめ、そしてついには報土に往生せしめんとしていらるるのでありま す。たとい自力心であっても、念仏する人は、念仏せぬ人よりは、一歩他力本願に近づいた者であり、そして、その人はいつかは他力本願に帰入する人であり、真実報土に往生する人であります。

十二

辺地懈慢ということは、もっと説明せねばならぬのですが、親鸞聖人は、自身から三願転入《さんがんてんにゅう》をしたということをいっていられます。はじめは第十九願に誓われているところまで進み、それから十九願のご利益によってついに第二十の願に向かうことになって、すなわちいかなる善もできなくとも、いかに悪はやまなくとも、善の中の善として念仏を尊び、善ができないにつけても、念仏を称え、善ができても、そういう少善少功徳ではだめと知って大善大功徳の名号を称え、念仏を称えるということが最上善であって、これ一つが善の根本であり、徳の根本であり、善本徳本であると信じておった時代もあった、すなわち辺地懈慢疑城胎宮の往生をしておったが、幸いに第二十願の力によって、ようやく第十八願の本願の機類となって、いまや申しておる念仏もそれは自力のはからいではなく、この念仏たるや如来の願力の念仏であって、お助けくださる本願のましますということを、内に知ることができ、ついに我がはからいを捨てて、如来の本願に帰入して、如来にはからわれた身のうえになったのである。こういうふうに、私は三願転入をしたのだと申しておられます。そういうことを考えてここのところを拝読しますと、まことに深い意味を感ずることができるのであります。

この自力念仏にはいった人は、はじめの間は非常に喜んでいますけれども、それがときを経るにしたがって種々の禍を生じてくるのであります。すなわち疑城とか胎宮とか、辺地とか懈慢界という字が示しておるように、幸せのようで実は幸福でない状態になってくるのです。それは念仏以外に善を認めなくなるからであります。すなわち善ということについても、悪ということについても、さほど心配しなくなるのであります。それは以前よりは善悪に煩わされなくなった幸せが生じたようなものの、一方には念仏は善中の善だから、これだけあればよい、南無阿弥陀仏、南無阿弥陀仏となって、善ができぬにつけても念仏を申して心をすまし、悪がやまぬについても念仏を申して、それで自分だけおさまっているのです。どんな悪いことが自分の心から起こってきても、悩みもしないでしょうが、善ができなくとも悩みもしない、そうして念仏申すことによって、きっと助かると思い込んでおるのであります。だから心はこれで落ち着いてしもうているのです。ところが『疑惑和讃』に申さるる通り、かかる人はだんだん静かに考えておると、どうもこうもならぬようになるのであります。親鸞聖人の『疑惑和讃』を読んでいますと、他力信ということをわからそうとして、一生懸命になっていらるる姿が、ひしひしと迫って来るのを覚えます。自力のはからいの穴にはいっておる者を、真実の国である大きな世界へ出して、本当の幸福にさせようと思って、ひとえに他力信心をすすめておらるるのであります。どうかして広い光明の世界へ出そうと思っておられますけれども、この人々はなかなか出ないのです。少しくわしく信が談ぜらるると、そんなうるさいことはかなわぬと思い、私はこれでたくさんである、一遍でも申せば助かるという念仏これ一つでよいと腰を卸《おろ》して、真実の信を自分の心に開こうとしないのです。だからいくら信ということが話されても、本願ということを聞かされても、私は無学な女であるからとか、私は愚か者であるからと、そういって簡単にただ念仏しておって、これよりほかに聞こうとしなくなるのであります。

十三

要するに、南無阿弥陀仏と称えることは、それが簡単なからであります。何《なん》にもできないからと、念仏一つというはからいに陥込《おちこ》んでしまうのです。これは親鸞聖人が『疑惑和讃《ぎわくわさん》』を二十三首も作っておられる所以でありまして、その中に、

辺地七宝の宮殿《くでん》に　五百歳までいでずして
みづから過咎《かく》をなさしめて　もろもろの厄《やく》をうくるなり

と申されまして、一ぺんこの穴に陥ると、五百歳の間その中から出ることができないといっておられます。これは何を意味したのかと思うのですが、五百年の間、この穴から出てくることができないというのは、これはけっしてけっこうなことではありません。いままでのように悪いことを心配したり、善いことができると喜んだりしていた方が、かえって可愛らしいので、自力念仏のこの穴に入ったら、もう五百年の間牢獄へ入ったようなもので、出ることができない。人間の寿命を百年として五代、五十年として十代ほどの久しい間、その穴から出られない。しかしそこ

はあまり悪くはないところのようであります。昔とは違って、善ができないについても悩まなくなって、「南無阿弥陀仏」、何でもこれで済んでゆく有難いところであります。善いことも、たといそれができてもしなくなります。そして自分で弁護して、人や社会に対して、私は何《なん》にもできない極悪な奴である、善いことをしたから助けてくださるわけでもなく、悪いことをしても助けてくださらぬというでもない、ただ南無阿弥陀仏だと考えるようになる。また仏法も強いてこれ以上聞く必要はないこととなって、もう聞法が邪魔くさくなり、そうまでして聞かなくても、家におって念仏しておればよい、と考えるようになるのです。

ここへ入《はい》ると念仏者は利己主義になるのであります。社会に対しては無論、家族に対しても、人を道に導こうともしなくなって、極楽へ行ったら還相の廻向をたまわって助けられるのだから、いまは放っておけばよいというふうに考えるようになるのです。親鸞聖人は三十の御年《おん》から九十まで、六十年間、人のため世のために、臨終のときまで休みなく、『三帖和讃《さんじょうわさん》』は八十七歳、八十八歳で書いておられるのですが、自力心の念仏者は何もしないのです。国家のためにも人のためにもしなければ、宗教のためにもしない、善根功徳が何になる、南無阿弥陀仏にすぎたものはないと思う。経典を読むこと、それは学者のやることであって、我々は金を儲けておればよい、けっこうなことじゃ、南無阿弥陀仏。ここに入《はい》ってしまうと、いつの間にか諸々の厄を受けるようになると、親鸞聖人はおっしゃっておるのです。人を救おうというような、そういう利他心は一切出てこなくなるのです。

羅漢の悟りのようになり、師匠も要らんこととなって、念仏によってまったく利己一偏の者となるのであります。だから仏宝僧の三つに離れて、道の深まることはなく、それは道の断絶であります。仏は拝んでも拝まんでもよい。法は聞いても聞かんでもよい。ただ南無阿弥陀仏だから、聞法は絶えるのです。書物を読んでも読まなくても、かかる愚かな者を助けるという有難い法だと落ち着いている人々にあるいはこういう信者が案外多いのではないかと思います。したがって有情利益も考えないから、人を幸せにするということも出てこないのです。たとい形式は人のため、法のためのようでも、実は自己の享楽か、自己拡張のためです。人を幸せにしないような気だからして、自分も真に幸福な生活にはなれないのであります。みずから法を聞いて進んでこそ、本願の謂《い》われがだんだん深くなって、心の幸福が増長するのであります。しかるに善を思うにつけても、悪を思うにつけても、すべて念仏で抑えつけており、三宝にも離れるのですから、自然自分には諸々の厄を受けるようになり、ここに久しくとどまって、ついには堪えられなくなるときがきて、果遂の誓いによって、ついには本願海に出してくださる誓願であります。

人間は自力心のすたり難い、怪しからん心をもっているものでありますけれども、それをも捨てずして、果遂の誓いを立てて、いつかは出そうとしてくださるということは、すなわち誓願の不思議であります。果遂の誓いとは名号の不思議ということであります。我々が称えた名号に不思議の力がましますということは、それがすなわち誓願の不思議であって、つまり名号不思議ということも、誓願不思議ということも、それは同じことであって、けっして異《ちが》ったものではない。かるがゆえに、弥陀の大悲大願の不思議ということが、一つ明らかになりますならば、その中に誓われた念仏というものもまた他力不思議でありまして、誓願不思議と信ずれば、念仏は称えざるを得んのであり、念仏を称えれば誓願不思議を信ずることとなって、念仏の徳は自力念仏者のうえにまで及ぶところの誓願不思議の力であって、念仏と誓願とはまったく一つのものであるということを、明らかにしてくださったのであります。

第十二節　学問と信仰

経釈をよみ学せざるともがら、往生不定のよしのこと。この条、すこぶる不足言の義といひつべし。他力真実のむねをあかせるもろもろの聖教は、本願を信じ念仏をまうさば仏になる、そのほか、なにの学問かは往生の要なるべきや。まことに、このことはりにまよひはんべらんひとは、いかにもいかにも学問して、本願のむねをしるべきなり。経釈をよみ学すといへども、聖教の本意をこころえざる条、もとも不便のことなり。一文不通にして、経釈のゆくちもしらざらんひとの、となへやすからんための名号にて、おはしますゆへに、易行といふ。学問をむねとするは聖道門なり、難行となづく。あやまて学問して、名聞利養のおもひに住するひと、順次の往生いかがあらんずらんといふ証文もさふらふぞかし。当時、専修念仏のひとと聖道門のひとと、諍論をくはだてて、わが宗こそすぐれたれ、ひとの宗はおとりなりといふほどに、法敵もいできたり、謗法もおこるなり。これしかしながら、みづからわが法を破謗するにあらずや。たとひ諸門こぞりて、念仏はかひなき人のためなり、その宗あさしいやしといふとも、さらにあらそはずして、われらがごとく、下根の凡夫、一文不通のものの、信ずれば、たすかるよし、うけたまはりて信じさふらへば、さらに上根のひとのためにはいやしくとも、われらがためには、最上の法にてまします。たとひ、自余の教法はすぐれたりとも、みづからがためには、器量およばざれば、つとめがたし。われもひとも、生死をはなれんことこそ、諸仏の御本意にておはしませば、御さまたげあるべからずとて、にくひ気せずば、たれのひとかありて、あだをすべきや。かつは諍論のところには、もろもろの煩悩おこる、智者遠離すべきよしの証文さふらふにこそ。故聖人のおほせには、この法をば信ずる衆生もあり、そしる衆生もあるべしと、仏ときをかせたまひたることなれば、われはすでに信じたてまつる、また、ひとありてそしるにて、仏説まことなりけりと、しられさふらふ。しかれば往生は、いよいよ一定とおもひたまふべきなり。あやまて、そしるひとのさふらはざらんにこそ、いかに信ずるひとはあれども、そしるひとのなきやらんとも、おぼえさふらひぬべけれ。かくまうせばとて、かならず、ひとにそしられんとにはあらず、仏のかねて、信謗ともに、あるべきむねをしろしめして、ひとのうたがひを、あらせじと、ときをかせたまふことを、まうすなりとこそさふらひしか。いまの世には、学問して、ひとのそしりをやめ、ひとへに論議問答をむねとせんと、かまへられさふらふにや。学問せば、いよいよ如来の御本意をしり、悲願の広大のむねをも存知して、いやしからん身にて、往生はいかがなんどと、あやぶまんひとにも、本願には善悪浄穢なきおもむきをも、ときかせられさふらはばこそ、学生の甲斐にてもさふらはめ。たまたま、なにごころもなく本願に相応して念仏するひとをも、学問してこそなんどといひおとさるること、法の魔障なり、仏の怨敵なり。みづから他力の信心をかくるのみならず、他をまよはさんとす。つつしんでおそるべし、先師の御こころに、そむくことを。かねてあはれむべし、弥陀の本願にあらざることを。(第十二節)

一

この一節は、道を求めてゆくうえにおいて、学問の地位というものを明らかにしてくださったのであります。つまり、他力救済の宗教に、学問は要《い》るものか要らないものかということを、明らかにしてくだされたのです。要らないならば、どういうわけで要らないのか。要るというならば、どういう意味で要るのかと、学問の価値と地位とを明らかにしてくださったのであります。

皆さんや私どもにしても、道を聞いておりますうちに、やはりこういうことに引っかかるのでありまして、どうもわからんといって本を読んでみる、また難しいお話を聞いたりします。どうせ、そういうこともなしにはいけないようでありますが、しかしながら、また一方では、救済ということは他力の救済であるから、学問も考えることも何も要らない、ただ信じさえすればよいのだと、こういうようにも考えられまして、この二つの点に踏み迷うことがあると思います。往時にもそういうことがあったと見えまして、学問ということについて、明らかにしてくださいましたのがこの一節であります。

はじめに経釈とありますが、これは宗教上のことをいうのでありますから、本典が経でありまして、釈というのはそれを註釈したいろいろの書物であります。

「経釈をよみ学せざるともがら、往生不定のよしのこと」というのは、お経を読んでそのわけがわかり、あるいは註釈書を読んだり研究したりするという、そういう学問が必要である、そういう学問をしない者は助からないのだと、こういうようにいっている人があるが、それは自分の信仰が決定《けつじょう》していないから、そういうことをいうのであって、そういう考えでは、自分も損害し、人にも損害をかけるようなことになるのであると、注意をしてくださったのであります。

「この条すこぶる不足言の義といひつべし」というのでありますから、かくのごとく学問がなければだめであるというのは、いい足らないいい方、すなわち間違っている、怪しからんことだという意味であります。

二

他力真実のむねをあかせるもろもろの聖教は、本願を信じ念仏をまうさば仏になる、そのほか、なにの学問かは往生の要なるべきや。まことに、このことはりにまよひはんべらんひとは、いかにもいかにも学問して、本願のむねをしるべきなり。経釈をよみ学すといへども、聖教の本意をこころえざる条、もとも不便のことなり。一文不通にして、経釈のゆくちもしらざらんひとの、となへやすからんための名号にて、おはしますゆへに、易行といふ。学問をむねとするは聖道門なり、難行となづく。あやまて学問して、名聞利養のおもひに住するひと、順次の往生いかがあらんずらんといふ証文もさふらふぞかし。

真宗という教えは、要するに、他力の救済ということを教えてくださったのであって、この他力救済ということに遇うのはどうすればよいかというと、「本願を信じ念仏を申さば仏になる」、我々の助かるのは自分の力で助かるのではない、念仏申す者は必ず助くるという弥陀の本願であるから、その仰せを受け信じて、念仏申せば仏になる。こういうことを知らしめたいのが真宗の教えであります。

だから十節以後は、十節以前を明らかに領得せしめんために書かれたようなもので、この『鈔』の二節から十節までは、第一節の解釈であると前に申しましたが、ここのところもそれであります。第一節には「弥陀の誓願不思議にたすけられまいらせて往生をば遂ぐるなりと信じて、念仏申さんとおもひたつ心のおこるとき、すなはち摂取不捨の利益にあづけしめたまふなり。弥陀の本願には、老少善悪の人をえらばれず、ただ信心を要とすと知るべし」と、これだけの意味を明らかにしようとして、二節からだんだんお話を始められまして、第二節では、親鸞聖人がご自身法然上人から教えられたその趣きを伝えて、「親鸞にをきては、ただ念仏して弥陀にたすけられまいらすべしと、よき人のおほせをかうふりて信ずるほかに別の子細なきなり」とありました。私が、極楽に往生して仏にさせていただくということは、法然上人から、念仏すれば助けてくださるという如来の本願なるぞと、こういう教えをいただいて、それを有難く信じて念仏を申しているというよりほかに、私は助かる途《みち》を知らないのである。こういうお言葉がありましたが、いまもやはりそれであります。

他力本願の救済は、学問をすることではなく、すなわち読んだり研究したり、考えたりすることではなくして、一文不通といって、文字も書けないが書いてあることもわからぬ、一文字も読めないような者、そういう者でも、「経釈のゆくち」というのは、往く道すなわち筋道のことであって、経釈のいろいろの訳合《わけあ》いということ、お経なり註釈書のその訳《わけ》や解釈を、読んでも聞いてもわからない人々でも、助けてやりたいというのが、大慈大悲の本願であり、それがための称名本願であって、学問をすることができなかったり、道理を話されても理解しにくいとか、義理も道理もわからないような者でも、助けたいという如来の大慈大悲のみ心から、称えやすいようにとのお慈悲からできあがった名号でありますから、これを易行というのであって、私どもが助けられるということは、どうして助けられるのかといえば、南無阿弥陀仏で助けらるるのである、きわめて簡単に、何の造作もなく、南無阿弥陀仏と申せば助かるのであります。何がゆえに助かるのか、そんな訳はわからなくともよいのである。畢竟、他力なるがゆえに、本願なるがゆえに、お慈悲なるがゆえに、念仏すれば助かるのであります。

ところが、それが信じられないのです。念仏する者を助けてやろうというご本願を、いくら聞きましても、その本願を信じて称えるということが、なかなかできないのであって、多くはただ称えているのであります。すなわち半信半疑で称えているのであります。それですから、ああそうですかといいながら、信じられないで称えているのでありますs。信じておらないから、ついには、そんなうまい道理がないだろうというような疑いが出てくるのであります。けれども如来の本願は常に変わりなく、称うる者を助けようとして、称えよ必ず助くる、というのであるからして、その思召しが私どもに信じられ、至り届いたならば、すなわち南無阿弥陀仏と称えられるのであります。かように本願を信じて念仏が称えられるならば、必ず助けられて仏になるというのが、真宗の教えであります。

南無阿弥陀仏南無阿弥陀仏といってはおりますが、一向助かるようには思えないという人がよくありますが、それは本願を信ぜずして念仏を称えているからであります。信ぜられず疑いながら称えていては、千遍万遍称えても助からないのであります。如来の仰せが自分の心にいただけて、そういう広大なご本願の思召しでありましたかと気がつけば、すなわちその念仏は本願を信じた念仏でありますから、ただちに助かってしまうのであります。

そうですから「本願を信じ念仏を申さば仏になる」、これだけのことを、どうぞして知らせたいために、釈尊は経典を説き、また代々の高僧方はいろいろの註釈書を書いてくださったのであります。だからその註釈書を読むということは、その道理がわかったから助かるということではありません、つまり学問をして助かるのではないのであります。すなわち親鸞聖人の申されるように、信ずるということによってのみ助かるのであります。そこへゆきますと、学問は救済に関して必要であるかというと、必要でない、と明瞭におっしゃってくださったのであります。

三

しからば、学問はまったく必要でないのかといえば、そうではない。本来学問するということは、「本願を信じ念仏申さば仏になる」という思召しが、私どもに本当にわかるように、すなわちいままで信ぜられなかった本願が信ぜられて、念仏申されるようになるためのものであります。自分の心中にわかったとかわからぬとかと、理屈をこねてゆくのでなくして、他力本願の思召しが私にわかって、念仏すれば助くるぞ、念仏する者を救うという、その広大な他力救済の思召しに信順できるようにならしめんとしての学問であらねばならんのであります。すなわち躓いている私どもが、躓きなしに本願に帰入できるためには書物を読んでゆき、道理を聞くのであります。だから救済については、学問は必要でないのであって、そんならまったく要らないのかといえば、そうではなく、その他力の思召しがわかって、本願の信ぜられるようなるためには、学問してゆく必要があるのであります。それで学問というものが必要でないという意味も、また必要であるという意味も明瞭になったのであって、すなわち学問の位置というものを明らかにしてくださったのであります。

ところが、私どもの落ち込みやすい点は、この二様の意味が明瞭にならないところから、あるいは学問ということをしなければならぬと思い込んでしまったり、あるいはまったく要らないものだ、ということに落ち込んだりして、両極端に陥るのであります。もとより学問をするということでは救われないのであって、信で救われるのでありま す。学問をするということは、いわば信ぜられない人間が、信に至るように、信の発《おこ》るようになるため、学問をするのであります。学問は一つの手段であって、手段によって信に達する、最後の信というものが本当に発《おこ》るために、学問というものをするのであります。だから前の意味からいえば、学問は要らないといわなければならないが、次の意味からいえば学問は要るというわけであります。因と縁との関係であって、学問は救済の縁とはなるが因ではない、因はまさしく信であります。信は因であって、種因《しゅいん》は雨露《うろ》の縁によって正しき本性《ほんしょう》を現わすのであります。信心が正因であります。

それで皆さんも気をつけないと、あんな理屈ばったことばかり聞いておってもしょうがないと思うたり、真宗はたのむばかりである、まかせておけばそれで助かるのであるなどと、自分が信じられておらないのに、便宜上から学問不必要論者となって、理性を作《はた》らかせたり、知識を働かせたりすることは悪いことであるとか、愚痴になって信ぜよと仰るのだから、道理や理屈はどうでもよいのだ、たのむ、まかす、念仏申すということだけでよいのだと、一途に学問を排斥する人もあれば、また一方は、何か学問研究をやらなければならんと思って、学問というと可笑《おか》しいようですが、いろいろの理屈がわからねばならんと思い、少し理屈がわかってくると、それを信であると思うたりするのであります。皆さんでは難しい本を前に置いて、経典や註釈を研究してみようというような人は稀だろうと思いますが、耳に聞いてそういうわけかと合点したり、それはおかしいぞ、ちょっと考えてみねばならんと、そこでいろいろ本を読んだり、覚えたり、聞いては読み、考えては読む、そういうことをやらないといけないのだと考えている人もあります。この二つのどちらに落ち込んでも、本当の信ということはいつまでも発《おこ》ってこないのであります。それゆえ、この点を明瞭に知らしめて、そうして他力信心へ進めようという思召しから、この節を書かれたものであります。

四

前にも話したことがありますが、ここに智ということと信ということとがあります。学問ということは智の問題でありまして、我々の智は物を知るということであります。宗教上のみならず一般の学問もそうでありまして、理学を研究しても、文学を研究しても、物を知るということであります。ここでいうならば経釈を読みましても、ここにこういう意義がある、これはこういうことである、それはどういうわけじゃというように、いろいろ知ってゆくのであります。ですから知るということは智識が増して、意義が明瞭になってきます、またいろいろと変わったことが出てきます。それで智識欲を満足してわからなかったことがわかってくるから、そこには面白さがあります。昔から智の問題に引っかかった人がたくさんあります。仏法のうえでは皆が寄り合うて講義を聞いたり、講話を聞いたりして、信と行との関係はどうとか、あるいはこの経文の意義はどうとか、そういう智識の研究をやります。それは宗教学でありまして、いわゆる法義者、物知りとなって、浄土門と聖道門とはどうだとか、他力と自力とはどうだとかというように、皆さんにすれば、僧侶から種々の話を聞いて、道理や理屈を覚える、そういうことを知りはじむると面白くなってくるものです。そしてそれを知らない人にいうてやると、人は吃驚《びっくり》したり感心したりします、そうすると人々はこれを信の人のごとく尊敬したり、自分も信じているような気になったりします。救済の問題は信であるということをいっておりながら、いつの間にか智識欲の娯楽となって、解釈をいろいろ知っているということにとどまってしまうのであります。意義や解釈だけ知っておって、『観経』と『阿弥陀経』はどういう関係にあるとか、方面の変わった智識欲の満足というものができるようになると、一種の趣味が出てきて、そういうことがわかったり覚えたのが、信のような気がしたりするのですが、実はそんな解釈はわからなくとも、「本願を信じ念仏を申さば仏になる」、ということがわかればよいのであります。わかるというよりも信ぜらるればいいのであります。すなわち親鸞聖人は、念仏申せば助かるということは誰でも知っているけれども、そこに信が発《おこ》らないからして、仏法の大海には信を以て能入《のうにゅう》とする、「生死輪転《しょうじりんてん》の家に還《かえ》り来《きた》ることは、決するに疑情《ぎじょう》を以て所止《しょし》とし、速《すみや》かに寂静無為《じゃくじょうむい》の楽《みやこ》に入《い》ることは必ず信心を以て能入とす」、と『正信偈』には法然上人の大事な言葉を承けて書いていられます。信心為本《しんじんいほん》と申された信こそは大事であって、信によって助かるのであります。信を以て仏法の大海に入《い》り込ませて頂くことができるのである。だからこれは簡単な言葉でありますけれども、私どもは「本願を信じ念仏を申さば仏になる、その外何の学問かは往生の要なるべきや」ということを心得て、智に落ち込まないようにしなければなりません。よく世間にはこんな人あります。どうもわかりませんわかりませんといって聞いていて、いつまでも智に訴えて聞いているのであります、あたかも学校で本でも習うように、どの本にはどうある、何の言葉はどういう意味である、そういういろいろな道理や言葉を覚えて、それで信でも得たかのように思うているのですけれども、それは信ではなく、一つの智識ができたにすぎないのであります。いくら智識を積みましても、智識は畢竟智識であって信ではなく、智はやはり永久に智です。

だからどこまで行っても有難いということにはなってきません。なるほどとは思い面白いと感じても、信味《しんみ》はやはりわかりません。そういうところに引っかかっている人がずいぶん多くあると思いますが、それは学問ということが大事なことであるように思って、信と智というものを取り違えているのであります。助かるということはあくまでも信によってであります。だから、念仏申さば助かるという他力本願の思召しを、信ずることができるようになるためには、いろいろの道理や理解をさせてもらって、その聞いたり考えたりするもう一つ向こうに、学問の目的があるのです。その目的に達するために、読んだり、聞いたり、考えたりするのであるということを、忘れないようにいたしますならば、そういう惑いなしに、両者の関係が明瞭になってくるのであります。真に他力真実の旨を明かせる諸々の聖教は、すなわちいろいろの書物は、要するに本願を信じ念仏申さば仏になる、ということがわかって信ぜられるようになるためであって、道理や理屈のための学問というものならば、必要でないのでありますから、わからないわからないといって、自己の智に訴え考えるような人は、そんな人こそ、もっともっと、いかにしても学問して、本願の旨を知るべきであって、本願の旨がわかって信ぜられるようになることが大事なのであります。しかるに、せっかく経釈を読み学問をしながら、経釈を読む本義を誤って、その経釈の所詮とする中心の本義を誤ってしもうて、信に達せずして智に落ち込んでしまうということは、最も不便《ふびん》なことであります。

五

一文不通にして、経釈のゆくちもしらざらんひとの、となへやすからんための名号にて、おはしますゆへに、易行といふ。

他力本願は、誰でも称えられる名号を案出して、その名号を称える者を必ず救うという本願でありまして、学問を旨とするならば、それは聖道門の教えであり、難行と名づくるのであります。真宗の成仏道は学問を必要としないのであって、必要なのは信であります。学問を旨とし必要とするのは聖道門であります。しかるに信を重んぜずして学問を重く見る傾向があるが、それはどういう理由であろうか、それは聖道門的の根性があるからであります。聖道門的根性とは自力的根性であり、哲学的根性である、それはあるいは名聞利養を本としているからではなかろうかと、注意せられておるのであります。それは他力信がなく、求道的でなく、化他的《けたてき》大悲心のないことを示しているのであります。聖道門の自力の教えは、種々に学問をもして、宇宙の真理をきわめんとし、そして不真理であるところの煩悩を打ち切ってゆく、自力的のゆき方であります。わかりやすいようにいいますと、天台の諸法実相《しょほうじっそう》の教えとか、あるいは華厳の十重無盡《じゅうじゅうむじん》の法門とかであります。天台や華厳等の教えは哲学的で、それは、宗教中に含む一方面ではありますが、単に合理的方面のみを重んじてゆくのであって、大きな宇宙体系というものを考えたり、それがわかるようになろうとして、種々の書物を読み、あるいは考えたりしてゆかなければならんのであります。いろいろと研究して、そういう道理の得心がゆくのには、非常な学問をしなければならんのであります。それは自力で真理の悟りを開き、自力で救われようというのです。要するに煩悩というものを自分の力でなくしてゆこうとするのであります。昔から唯識学《ゆいしきがく》というものを知るには三年やらなければわからぬと申します。倶舎《くしゃ》をやるには八年間やらなければならぬ、すなわち唯識三年倶舎八年といわれています。『華厳経《けごんきょう》』や『法華経《ほけきょう》』がわかって、悩みがなくなって助かるというには、非常なことであります。だから難行なのであります。だから誤って学問して、学問ということに捉《とら》われているのは、あるいは名聞利養の思いに住する人ではなかろうか。もしそうであれば、順次の往生いかがあらんずらんという、古聖の申された言葉もあるぞと、いわれているのであります。まったく信によってでなくば助からないのだ、学問では助からないぞと、明瞭に知らしてくださったのであります。

六

名聞利養という字が出てきたのですが、名聞は人に讃められたいと思うことであって、名が揚がるならば自然に利養はついてくるから、生活のためにも利益になるということで、これは僧侶なんかを主《おも》にいっておらるるのでありましょうが、兼ねて皆さんにもいっておられるのであります。学問をやるというと、あの人は学問のある人である、なかなか話をさせてもわかりがよいとか、どういうことは非常に得意な人じゃと、名声が上がると、誰でも悪い気がしませんから嬉しいことであります。だからついに学問するという気になる、そうして讃められようとする、その次にはやはりお金になり利益になる。そういうことから、知らず知らずこの名聞利養ということに落ち込んでゆくのであります。必要でない学問を必要だと思ってやったのは、名聞が嬉しく利養が嬉しいということになってしまうようになるのです、そういう心ではいかに学問ができても、また念仏を申しても、順次の往生すなわち浄土に往生するということは、どうもいかがわしいことであり、なかなか難しいことであると、昔親鸞聖人に法然上人が明瞭におっしゃった言葉があるのであります。これは法然上人のお言葉でありまして、『末燈鈔《まっとうしょう》』にも出ているのであります。「かまへて学匠《がくしょう》沙汰《ざた》せさせたまひさふらはで、往生をとげさせたまひ候べし」、学匠沙汰というのは、何でも物のわかった学者らしい顔をして学問沙汰をすることです、そんな顔をせずにめでたく往生するように心得なさいよ、と申されたのであります。

「故法然聖人は、浄土宗の人は愚者になりて往生すと候ひしことを、たしかにうけたまはり候ひしうへに」と、これは親鸞聖人がおっしゃるのです。法然上人は、浄土宗の人は賢くなって助かるのではない、愚者になって助かるのじゃとたしかに仰せられました。「ものもおぼえぬあさましき人々のまいりたるを御覧じては、往生必定すべしとて、ゑませたまひしを見まいらせ候ひき。文沙汰《ふみざた》してさかさかしき人のまいりたるをば、往生いかがあらんずらんと、たしかにうけたまはりき、いまに至るまで、おもひあはせられ候ふなり」。愚痴《ぐち》の法然、愚禿《ぐとく》の親鸞とおっしゃるように、常々親鸞聖人が法然上人から、浄土門の信者は愚者になって往生するのだと、たしかに私が平生から承ったと申されるのであります。それについてこういうことがあります。本当にものを知らない人があって、一文不通の人、人の前に出て使うべき礼儀の言葉さえ知らず、礼儀作法も知らず、もちろん学問もない、ことによれば自分の名前すら書けないような、そういう人が一途に聴聞して、そうして本願を喜び、お念仏を喜んでいて、その人がついに人生を終わって行った様子をご覧になって、法然上人は、あれこそ浄土に必ず往生しただろうと喜んで、ニッコリせられたことを、側におって親鸞聖人がたしかに見たことがある。そしてこの反対に、この意義はどうであるとか、いろいろの経典の言葉をつかまえて論じ合うたり、知った顔をしていろんなことをいっていた、学問のある賢そうな人が、人生を去ったのを御覧になっては、ああいう男は往生はどうだろうかと、危ぶまれたのをたしかに承ったことであって、私はいまに至るまではっきりと覚えておる、法然上人とはもう何十年前にお別れしたけれども、今日に至るまで、そのことをじっと考えていると、学問をしたり、またそういう学問に興味をもって理屈や文沙汰ばかりして、とやかくいっておった人は、どうも往生ができておらないらしい。これに反して、何も知らないけれども、本当にご本願の意味が戴けて、無上に喜んでいた人は、そういう人はめでたく往生してゆくらしい。いまに至るまで思い合わされ候なりと、昔法然上人のおっしゃったことがいかにも本当であって、実見上から自分もそう思うと、こういうていられるのであります。

七

お話しすればきりがありませんけれども、愚者になって往生するということは、学問の反対であります。学問というものはだいたいそういうもので、ものは聞けば聞くほど、研究すれば研究するほど、道理がわからなくなるものであります。自分という者を考えてみると、自分は愚かな者だと思えるものであります。何もできず何もわからない者だということが、だんだんわかってくるのであります。学問のない愚かな人も、だんだん聞けば聞くほど、自分は本来の愚かであるということがわかるはずであります。また少し学問のある人でも、もっと学問しますというと、だんだん自分の愚かなことがわかってくるものであって、それが本当に学問のできた証拠であります。「学者には断言がない」といいますが、お医者さんでも善いお医者さんほどあまり断言しないものです、安物のお医者さんほどよく断言します。法然上人でも親鸞聖人でも、この『末燈鈔《まっとうしょう》』を読んでも、一向断言はせられないのであって、他力を喜んでおられるくらいですから、私はこういうように思うとか、こういう意味に見え候とか、聞きならいて候とか、心の事実である信については断言していられますが、自己の智力では常に断言していられないのであります。それは自己を知れば知るほど断言がなくなってくるのです。学問をした人でも皆そうであります、私はある偉い人の講演を聞きましたとき、滔々《とうとう》と話されて、そのあとで、それはよく考えてみると、どちらが善いかわからなくなるのでありますと結論せられました。二時間ほど条理整然、滔々としゃべって、終わりにどっちが善いのかわからんのであると、結論せられましたので、私は偉い人だなあと思うたことがあります。いくらわかったといっても、結局わからないのが人間の智慧というものです。少しわかったり、あるいはわかったと思うたりすると、音楽を少し習っても、下手な人ほど上手らしくする、愚かでありながら賢そうな顔をしたがって、わからぬ人がわかった顔をするものです。浄瑠璃を少しやっても、初心の間はいかにも俺は上手だと思っているそうでありますが、それが自分の語っている声が、自分の耳に聞こえてくるようになると、もう拙《まず》くて語れないそうであります。下手な間は人が阿呆奴《あほうめ》がと笑っていても、馬鹿に調子がよく思えてならないそうですが、わかってくると、何《なん》にもできなくなるものであります。習うても習うてもなかなかできあがらないものであります。お茶でも、お花でも、極意《ごくい》皆伝《かいでん》とか何とかいいますけれども、それは甚だ怪しいものであって、一生涯研究してもわかったということはないのでありましょう。だから人間の心も本来の性質がわかってくれば、自分の真の愚者ということもわかるはずであります。聴聞によって、いよいよ真に愚者たることを知るようになるのです。賢者にあらざることがわかり、愚者たることを自覚するようになってこそ、はじめて自力もすたり、他力本願が信ぜられて、念仏も喜ばれるようになることであります。ところが我々はその方へ進んでゆかず、自己の愚を知らず、他力の救済を信ぜずして、そして智の方にばかり走って、もうわかったというような気になり、そんな顔をしたがるものであります。そしてついには名聞の心となり、利養の心となり、利養の方に脱線しまして、真実に本願が信ぜられず、念仏も喜ばれないことになってしまうのであります。それゆえ順次の往生もいかがあらんずらんであります。あるいはその当時の先達が、学問がなければだめであるとか、訳《わけ》がわからず本願を信じたり、ただお助けを信じて念仏を喜んでおってはいけないといったことは、もとより怪しからんことでありますが、またそれを聞いて動かされる人は、自分が本願で物足りず、念仏で物足りないものですから、ついには、かかる非難に驚いて心配するのであります。それはいずれも誤りでありますが、畢竟それは両者ともに、信の教えと、智の教えということが分明《ぶんめい》せず、学問と信仰との関係や、学問の価値が明了しないからであります。だからくれぐれも気をつけなければならぬのであります。いろいろのことがわかって、物知りになるということ、すなわち学問ができるということは、非常に危ういことであって、同時に、我々の精神の問題としては、たとい学問しても、学問というものに捉《とら》われないように、専心に自分の助かる道を純一に求めるということを忘れないようにして、進んでゆかねばならんのであります。

八

他力本願の宗教は、本願を信じて念仏することによって、助かるのであります。すなわち本願を信ずることだけで助かるのであって、学問することを要としないのであります。たとい学問するとしても、それは経釈の精神を知るためであって、経釈の真精神は、本願を信じて念仏すれば助かることを受領するためであり、あるいは信じた本願の広大なる意義をいよいよ深く味わうためであって、それは学問によって助かるためではないのであります。

しかるに、ともすると学問研究をせねばならんといったり、学問をせねばならぬものと思考したりするのは、そもそも何のためであろうか。それはおそらくは、他力本願の宗旨と聞きながら、内心に自力的根性があったり、学究的享楽心があったりするからでありましょう。あるいは勝他心や、名聞心や、利養心に駆られているためであろうと、学問を好んで自己救済の問題から離れ、信の道に遠ざかる者のために注意していらるるのであります。

学問と求道とでも申しましょうか、求学と求道とでも申しましょうか、最も大事なものは求道的精神であります。求道的精神の枯渇は、求学的精神に陥りやすいのであります、求道的精神が枯渇して、求学的精神になってゆく弊害《へいがい》は、名聞利養の心となり、和合を本《もと》とすべき教団に、闘諍心《とうそうしん》を生ずるに至るのであります。

九

我が真宗教団にも宗門教育がありまして、中学もあり大学もあるのですが、もとより学校でありますから、学問をするのですけれども、その教育といい学問というも、それは「本願を信じ念仏申さば仏になる」ということを教育するにほかならんのであります、それよりほかに自己および人類の助かる道はないということを知らしむるにあるのであります、そして学生はそれを知るにあるのであります、すなわち求道的精神に根基をもって求学するのであります。私自身も宗門教育の厄介になってきたのですが、その間の学究というものによって、自己は他の学問や思想ではとうてい、救われるものでないことを知らしめていただき、研学の結果は「本願を信じ念仏申さば仏になる」ということに、到達せしめられたことの幸福を喜んでいるのであります。もし学問をしたことが、求道的に向かってゆかなかったならば、どんな不幸に陥って行ったことかと、転《うた》た考えざるを得ません。本願を信ずるということは根幹であり、学問は枝葉であります。枝葉は根幹に向かわねばならず、根幹は枝葉を繁栄せしめて、いよいよ自己の生命を太らしてゆくのであります。本末は誤ってはなりません。広く論じますならば、宗門教育のみならず、一般教育というものも、同様の意味をもっているものであると信じます。

宗門教育のみならず、普通の聞法においても、同様でありまして、聞法ということは一面、新智識を得ることでありますから、一種の宗教教育を受けているようなものです。それゆえ聞法者のうえにあっても、注意せねばならぬのは同様であります。教法を聞いたり考えたりすることは、学問であります、学問の主要とするところは自己の求道であり、救済であらねばならんのであります。しかるに聞法が単に宗教智識の増殖であったり、宗教意識の享楽であったりしては、それは本末を転倒したものであります、しかれば求道的精神を失わないように、自己の救済道をたどらねばならぬことであります。

十

普通に人間として、起こりやすい心は、自分は正しいが他は誤っていると思うことであります。彼もまた、己れは正しいが他は誤っていると考えるものですから、自然寄り合えばそこに論争が起こるのであります。その当時においても、聖道門の自力の人は、自分の宗旨は正しい勝れたものであると考え、他の宗旨は劣っておると思っていたのでありましょう。また、浄土門他力宗の者は、我が宗こそ勝れておる法であって、他は劣っておると考え、いずれも自分は正しい自分は勝れていると考えているのですから、互いにそこに諍いが生じてくるのです。自分は正しいとするところに争いが生じ、争いのところには戦いが生じ、争いと戦いのところには煩悩が生じて、煩悩が盛んになれば苦悩が生ずるのであります。人を破らんとする者は自己が破れてゆくのであります。他を謗る者はみずからを謗ることになるのであります、何とした自己矛盾でありましょう、彼を謗ると彼もまた我を謗ります、彼を破らんとすると、彼もまた我を破らんとします。そうして互いに謗法罪を作り謗法罪を作らして、彼を害し我を害します、自他を苦しめて自と他とを害することが真の罪悪であります、かくして自己が傷ついてゆくのであります。いまは宗教問題のうえについていっていられるのですけれども、吾人の日常生活の相互のうえについても同様に、この教えを尊く思うているのであります。宗教上における精神問題は、また必ず生活上の精神となって顕わるるものであります。

しかして、宗教上においてかかる争論の起こる原因は、どこから来るのかというと、自己の求道的精神を失のうておる学問的弊害であることを示しておらるるのであります。学問を主としている心は、自己の見解を尊重し、自見に固執する自我心は、他の欠点を見てこれを破斥せんとするのであります、そして勝とうとし、負けまいとするのであります。

しからば論争せられても負けているのがよいのか、破られ謗られてもただ黙しているのかというと、親鸞聖人の態度は「争わざる態度」であります。たとい他《た》はこれを見て卑屈といわばいえ、争わざる態度であります。四面からすべて誹謗しようとも争わないのであります。勝とうとする者が必ず強いのではありません。「負けてのく、人を弱しと思ふなよ、負くる力のあればなりけり」という古歌がありますように、負くべきに負くることは、必ずしも弱いからではありません。道のごとく自然なる態度を失わないことが大切であります。

十一

現代においても、他力を信ずることは、勇気のないことだという人があります。念仏の信者は元気に乏しいともいい、日蓮宗は勇気があるとか、太鼓が勇ましいとか、進取的気性に富んでいるという人もあります。あるいは他力救済を信ずるなどという真宗は、愚夫愚婦の信ずる教えであるとか、女子どもの宗教だとか、浅薄なる宗教であるとか、門徒物識らずだとかいいます。あるいは、まったく他力で助かると信ずるのは、ずるい根性だとか、極悪深重の悪人が助かるなどとは非道徳的だとか、種々様々な非難や誇難が頻々として伝えられております。

十二

われらがごとく、下根の凡夫、一文不通のものの、信ずれば、たすかるよし、うけたまはりて信じさふらへば、さらに上根のひとのためには、いやしくとも、われらがためには、最上の法にてまします。

「自己を知れる者の態度」であります。争わないのは弱いから争わないのではありません。論争を好まないのは、その信ずる教法が劣っているからでもありません。ただ自己を知るからであります、そして求道的精神に萌《も》えているからであります。論争に勝って、それによって自己を拡張したり、教線を拡張せんとする野心もないからであります。

かいなき人と呼ばれ、下根の凡夫といわれても、もとより下根の凡夫であります。貪欲瞋恚愚痴《とんよくしんいぐち》の凡夫であり、罪悪深重《ざいあくじんじゅう》の内性をもつ自分であることを知って、ひたすら、この苦悩の自分の救わるる道を求めておるのですから、信ずれば助かると聞いて信じているのであって、別に弁疏《べんそ》の要はないのであります。自力努力によって善人となり得ると考える人々、三毒煩悩を消尽し得る人々、みずからの力を以てみずからの苦悩を除去し得る人々、かかる上根の人から見れば、卑屈な教えとも見えましょう、したがって他力を信ずる者を謗る心の起こるのも、それは当然のことですが、自己を知った自分にとっては致し方がないのです。極悪深重の内性を改めることもできず、貪瞋痴《とんしんち》の煩悩を根絶する能力もない自分にとっては、他力を信じて助かるという弥陀の本願は、最上の法であるのです。それは自分の求道と救済にとって、最上の法と信じているのであって、他の宗教と比較して、優劣上から最上といっておるのではないのであります。自己を知る者は、教えの優劣によって教えを選択するのではない、根機相応と不相応とによって教えを信じておるのである、根機を見ず、自己を知らずして教えを択《えら》んでも、それは助かる道ではありません。教えは尊くても自分は助からないからであります。道を求むる者にとって、助からないということは、何の意味もなさぬことであります。いかに真理を説くことが深くとも、また尊くとも、自分がその教えのごとくに進む能力がないならば所詮のないこととなります。

十三

たとひ、自余の教法はすぐれたりとも、みづからがためには、器量およばざれば、つとめがたし。われもひとも、生死をはなれんことこそ、諸仏の御本意にておはしませば、御さまたげあるべからずとて、にくひ気せずば、たれのひとかありて、あだをすべきや。

「にくひ気せず」とは、何と懐かしい態度かと思います。私はいつもこの条を拝読するごとに、頭が下がるのであります。頭が下がるのはいつも上がっておるからであります。すなわち自己を省みると、かかる心持ちで生活しておらないからであります。にくひ気とは、憎たらしい風をせぬことであります。私は自分の顔や風姿《なり》は自分にはわかりませんけれども、自分の心の中で憎い気を起こしていることを明らかに知っています。「なに失敬な」とか、「なに生《なま》意気《いき》な」とかと、すぐむかむかするのであります。私を批評されたりすることは、まだも反省して我慢もできます。それは自分はいかに自惚れておっても、つまらぬ者ということは知っているからであります。けれども、そのかわり教えは私の精神生活の生命であります、それゆえその教えを、とかく批評されたり批難されたりすると、すぐにむかむかするのです。「御さまたげあるべからずとて、にくひ気せずば」とは、何とした穏やかにも、ゆたかな心持ちかと思います。人から論じかけられてただちに論じ合おうとする心や、憎々しく思うのは、求道的精神が常に欠けているからであります。この詞《ことば》は、以て親鸞聖人の心持ちを、一言にしてよく顕わしているように思います。

「われもひとも、生死をはなれんことこそ、諸仏の御本意にておはしませば、御さまたげあるべからず」とは、求道心であります。当時は基督《きりすと》教や天理教などもなく、社会主義や種々の思想もありませんから、禅宗とか日蓮宗とか天台宗とか華厳宗とか皆仏教ですから、諸仏の御本意とか生死とかいう言葉は、現今にしていえば、真に救われんとして、自分の道を求めているとでもいえば適当でありましょう。教えの品定めや自慢をしていたって仕方がない、自分自分の求道こそ大事であります、私は自分の道を求めて他力本願に帰命したのであって、別にあなたの教えがつまらんとも、自分の教えがその教えより上等だから信じているというのでもありませんと、正直に素直に受けて、謗られても謗りかえす要はないのですから、論争して来られてもかかり合わずにおればよいのである。俺の教えは善いとかその教えは悪いとか、正しいとか正しくないとか論じ合うからして、闘争が起こったり仇敵心を以て向かったりするのであります。

十四

宗教上のことについてばかりでなく、平生の日常生活の間にあっても、自分の考えは正しいとか、彼の考えは正しくないとかのために、論じ合うたり争ったりすることがありますが、いつの間にか自分という者を忘れて、理屈ばかりを捏《こ》ね合っているものであります。ずいぶんと憎い気を出し合うているものですが、どうか「にくひ気せぬ」という態度で暮らしたいものであります。憎々しく思い、いまいましく思うのは、いつも自己の求道的態度を忘失しているからであります。

十五

親鸞聖人は、かつて法然上人の代理として、宮中の宗門詮議の弁明のためにゆかれたことがありまして、各宗の高僧の前で自分の信ずる、浄土門の宗義だけを陳述して帰られたそうであります。その帰りがけに、一座の中から、浄土の宗義を批議せられましたが、それには係《かか》り合わずに、逃ぐるがごとく帰って来られたのであります。同行のお弟子がこのことを、法然上人に憤慨してのべられましたら、法然上人は、それはよかった、疑念をもっている者は、いかに論じても信ずるものではないから、いかに弁明しても満足するものではない、今後もそういう場合があったらさようにするがよい、と申されたそうであります。

十六

かつは諍論のところには、もろもろの煩悩おこる、智者遠離すべきよしの証文さふらふにこそ。

たといそれが求道的態度ばかりでなく、伝道的態度からであっても、論争ということはよろしくないことであります。論争によっては、けっして人が信ずるものではありません、それは互いの心に我慢驕慢《がまんきょうまん》が盛んになりますから、たとい論諍に負けても降伏して信ずるものではありません。いかに学問学力があって論勝したとしましても、伝道とはならないらしくあります。蓮如上人が「学匠物識《がくしょうものし》りは仏法を云いたてず、一文不通の尼入道のたぐひの、ありがたや尊やと喜ぶを見ては、人が信をとる」と申されたことを、私は偉大な言葉であると、思い出すたびに背汗の思いを催すのであります。求道的態度と法悦の生活が、そのまま、利他的伝道となってゆくのでありましょう、自信は教人信であり、自信の態度そのままが教人信となるのであって、自信の態度をほかにして教人信に進もうとすることの誤解を、反省さされることであります。かく考えるとき、いよいよ諍論ということの愚であることが思われます。ここに断乎として諍いを止められました意味は深甚だと思います。『大無量寿経』には、「宿世見二諸仏一、楽聴二如レ是教一《しゅくせにしょぶつをみたてまつるものこのんでかくのごときおしへをきく》」とも、「若人無二善本一《もしひとぜんぽんなければ》、不レ得レ聞二斯経一《このきょうをきくことをえず》」とあります通り、自力を振い立てたり、我慢を起こしたりしても、だめであることはもちろんであります。教人信の伝道も他力の所作です。善導大師であったと思いますが、智者は諍いを遠離すること二百由旬《ゆじゅん》なりと申されました、争い論ずるときは、利他でもなく、慈悲心でもなく、負けまいとし、勝とうとして、自力、我慢、勝他、憎悪、憤恨種々の善からぬ心が起こって、そこから出てくる論議によって、何ができましょう。ただ自害害彼《じがいがいひ》、彼此倶害《ひしともにがいする》のほかはないのであります。

十七

親鸞聖人は、一生涯、求道的態度で進まれた方であります。否、晩年になるほど、求道的精神にもえておられたようであります。もっとも伝道的精神もありましょうが、伝道的態度は薄いのであります。しかるに日蓮上人は伝道的態度の濃厚な方であったようであります。仏教では破邪と顕正ということを申しますが、日蓮上人のは破邪的態度であり、親鸞聖人は顕正的態度とでも申しましょうか。私はこれを人生生活の二様式といってもよいと思います。自分の道は唯一であり、それは同時に一般人の道であるという自信でありますから、利他的人間愛は、きっと伝道的に動いてゆくべきでありますが、そこに破邪と顕正との二様式が生ずるのであります。他の誤りを破するということは、自然、自分の信ずる道へ人々を出《い》ださしむることでありますから、どんな高僧にもこの二面があったのでありまして、もちろん親鸞聖人の『教行信証《きょうぎょうしんしょう》』にも、破邪的の言葉もありますけれども、いずれを主として進まれていたかというと、日蓮上人は破邪を主としておられたようであり、親鸞聖人は顕正を主としていられたようであります。それゆえ教祖のかかる精神と態度とは、それぞれその教徒の精神的態度となって今日に及んでいるようであります。

親鸞聖人の宗教的精神は常に求道的であって、したがって諍論を避けておられるに反して、日蓮上人はつとめて諍論していられたようであります。あの四箇《しか》の格言《かくげん》は有名なものでありますが、念仏無間《ねんぶつむけん》、禅天魔《ぜんてんま》、真言亡国《しんごんぼうこく》、律国賊《りっこくぞく》と堂々として戦こうていられたのであります。破邪を以て顕正せんとせられたのでありましょう。これに反してここにあります言葉の通り、また第二節に「自余の行をはげみて仏になるべかりける身が、念仏を申して地獄におちて候はばこそ、すかされたてまつりてといふ後悔もさふらはめ、いづれの行もおよびがたき身なれば、とても地獄は一定すみかぞかし」と、あくまでも自己に覚醒して、最上無上の法として本願他力を顕揚していられるのであります。すなわち顕正を以て自然《しぜん》の破邪を待っていらるる態度であります。自然《しぜん》的他力的態度とでも申しましょうか。求道的態度と顕正的態度とは親鸞教徒の教徒精神といってもいいと思います。伝道的態度はおのずから破邪的態度となりやすいものでありまして、破邪的態度は対戦的態度となります。親鸞聖人の伝道的態度がきわめて平和であったのは、かかる精神からでありましょう。その一生は日蓮宗とも戦われず、他の浄土宗とも戦うことなくして、平穏にすぎていられるのであります。

十八

私は救世軍とか済世軍とかいう軍という字が何だか好かぬのであります。軍という文字からは戦う意味が感ぜられてくるのです。それが悪魔と戦うにしても、煩悩と戦うにしても、戦うという字は争うことを私に思い出させるのであります。ある宗旨は「真宗を打ちつぶせ」ということを標語として、宗教教育の制度を立て、伝道につとめていると聞いたことがありますが、そんな言葉や、そんな心は、いやな気持ちがすることであります。それによって多少の効果があったそうですけれども、あまり感心した標語ではないと思います。ある宗教も同一の標幟《ひょうしき》を以て進んでいると聞いたことがあります。心と言葉は、やがてその生活全体を支配するようになるものであります。破邪は戦いであり、戦いは争いであり、争いは苦悩となります。別に非戦論を主張するのではありませんが、武は戈《か》を止《とど》めるという字であって、武装するのは平和を目的としているのであらねばなりません。自己の貪欲を主張したり、欲望を充たすために戦うてはならぬことであり、争うてはならぬことでありましょう。平和を目的とし利他愛を目的としていながら、戦うに至ることは、それは真にやむを得んこともありましょうが、我情のために戦うに至っては非理も甚だしいと申さねばなりません。

十九

破邪《はじゃ》と顕正《けんしょう》の二様式ということを申しましたが、破邪はいかにも自力的であり、顕正は他力的であります。商業上においても、自分の商品が善良であって、安価であって、便利であって、実に民衆の多幸となるとしましても、これを多くの人々に供給せんとして、もし同種類の他店が不良であり、高価であって、不便であってみれば、かかる店舗をすべて破斥《はせき》せねばならんのでありましょう。破斥するということは当然衆人が自分の店の品を求むるようになりますから、自店の善良品の顕正をすることとなるのであります。人を愛し人を思えば思うほど、少しでも早く他を破斥せねばならぬこととなり、大いにそれに努力せねばならぬのであります。少しでも多く他を排斥し、少しでも早く他を破斥することは自己を顕正することとなります、それゆえ、すべての人々は、多くこの態度をとって、自店の繁栄を計っております。それほどに人々を愛するのではなく、それほどに誠実な善良品でなくても、あるいは他店以上の粗悪品でさえ、常にかかる態度をとっております。広告紙上のみでなく、口頭を以て排他誹毀《ひき》していたり、人と人との交際上でも、これをやっているものです。しかしながら、排他誹謗《ひぼう》、自家広告の破邪的態度は、必ず争いを起こし、論争となり戦いとなって、互いに傷ついて苦しむようになるものであります。排他せず、誹謗せずして、自分は自分の自信のあるところを、着々と顕正してゆくところには、たとい時間は長くかかっても、商品自身が偉大なる広告をして、顕正が自然に破邪をしておるのであります。古い大商店が増々栄えておるのを見ても知れることであります。人間は早く進まんとして、かえって遠廻りをしているようなことが多くあります。こんなことを子細に論じていては果てしがありませんが、とにかく、破邪的態度をとるか、顕正的態度をとるかについては、営業上においても、交際上においても、生活上にかかる二様式があると思います。親鸞教徒の万事の態度は、顕正的態度が主となっているために、あるいは活気がないとか、弱気だとか評されているようですが、そのいずれをとるかは、生活上、人格上について、かなり大なる問題であると思います。

二十

故聖人のおほせには、この法をば信ずる衆生もあり、そしる衆生もあるべしと、仏ときおかせたまひたることなれば、われはすでに信じたてまつる、またひとありてそしるにて、仏説まことなりけりと、しられさふらふ。しかれば往生は、いよいよ一定とおもひたまふべきなり。あやまて、そしるひとのさふらはざらんにこそ、いかに信ずるひとはあれども、そしるひとのなきやらんとも、おぼえさふらひぬべけれ。かくまうせばとて、かならず、ひとにそしられんとにはあらず、仏のかねて、信謗ともに、あるべきむねをしろしめして、ひとのうたがひを、あらせじと、ときをかせたまふことを、まうすなりとこそさふらひしか。

人間には、多数決性があります。多くの人が讃めたり賛成したりすると、自分も信じたり安心したりする性質があります、すなわち多数によって、正不正を定めたり、真否を信じたりする性質があるのです。しかしながら、多数が必ずしも真でなく、正でないことを知らしてくださったのであります。その反対に多数が誹《そし》ったり、くさしたりすると動揺するのでありますが、法のみならず、人についても同様に、彼《あ》の人は豪《えら》いとか正しいとかと、多くの人がいうと、安心したり信じたりするものです。この法を信ずる者もあり謗る者もあると、仏がかねて説いておらるるぞと申されるのであります。しかし、たといいかに多くの人が謗っても怒らぬこと、動かぬこと、憎まぬこと、争わぬことであって、善き者正しき者が、必ず賞せらるるとはきまっておらないと、釈尊がすでに説いていらるるのである。しかるに、ややもすると、かかる言説に動かされて、求道的精神を失おうとするものでありますが、しかと求道的態度をもっておれば、謗る者があればあるほど、仏説の誤りなきことによって、「本願を信じ念仏申さば仏になる」との教えを信じて、往生一定の心を起こすべきである。かえって反対に、誹る人がなかったら、信ずる人はあって釈尊の仰せのごとくではあるけれども、謗る人がいないから、仏説に誤りあらんかと怪しむべきである。いまや信ずる者もあり、謗る者もあれば、いよいよ本願を信じ、決定《けつじょう》して往生を喜ぶべきである。しいて謗られたくはないけれども、謗られたからといって、自己の他力信はかえってそれによって深められてゆくのが、真実に信じた者の状態であると、懇《ねんご》ろに注意してくださっているのであります。

二十一

いまの世には、学問してひとのそしりをやめ、ひとへに論議問答をむねとせんと、かまへられさふらふにや。学問せば、いよいよ如来の御本意をしり、悲願の広大のむねをも存知して、いやしからん身にて、往生はいかがなんどと、あやぶまんひとにも、本願には善悪浄穢なきおもむきをも、とききかせられさふらはばこそ、学生の甲斐にてもさふらはめ。

他力本願の宗教における学問必要論者は、何ゆえに学問をせねばならぬというのか、また何ゆえに学問をせねばならぬと考えているのであるか。求道的精神に萌《も》えているならば、そんなことをいったり、思ったりするはずはないのであるが、あるいは、伝道的の意味からいうのであろうか。伝道的精神からいうのならば、人の信ぜず誹謗するのを気にして、それらの誹謗をとどめて信ぜしめんとするのであろうが、だいたい、他力本願の宗教において、学問するというのは、そんなために学問するのであってはならぬのである。学問してそれによって救わるるのではなく、信ずる者のみが救わるるのである。それゆえに、もし学問をするならば、その学問によって如来の本願のご精神は、学問によって救わるることではないということを知るべきであって、かかる広大なる悲願の本旨《むね》を知って、無学な人々が、学問なきために往生を心配しておるような場合にも、本願の救済には善悪の差別なく、浄穢《じょうえ》を論ぜず、「本願を信ぜんには他の善も要にあらず、念仏にまさるべき善なきゆへに。悪をも恐るべからず、弥陀の本願をさまたぐるほどの悪なきがゆへに」という意味を説き聞かせてこそ、真にそれが学問をした効果ともいうべきである。しかるに本願を信じ念仏して喜んでいる人々に対して、学問をせねばならぬなどと、求道的精神の者を学問的精神に引き込まんとするごときは、実に本願の反逆者であって、自分が信心決定《けつじょう》していないから、そんなことをいうのではあるが、他を迷わそうとするに至っては言語道断である。かかる者は、宗祖親鸞聖人のお心にそむくのみならず、本願の精神を没却する者であって、まことに哀れむべきことであります。

第十三節　絶対他力信と善悪に対する思念

弥陀の本願不思議におはしませばとて、悪をおそれざるは、また本願ほこりとて、往生かなふべからずといふこと。この条、本願をうたがふ善悪の宿業をこころえざるなり。よきこころのおこるも、宿業のもよほすゆへなり、悪事のおもはれせらるるも悪業のはからふゆへなり。故聖人のおほせには、卯毛、羊毛のさきにゐる、ちりばかりも、つくるつみの宿業にあらずといふことなしと、しるべしとさふらひき。またあるとき、唯円坊は、わがいふことをば信ずるかと、おほせのさふらひしあひだ、さんさふらふと、まうしさふらひしかば、さらばわがいはんこと、たがふまじきかと、かさねておほせのさふらひしあひだ、つつしんで領状まうしてさふらひしかば、たとへば、ひとを千人ころしてんや、しからば往生は一定すべしとおほせさふらひしとき、おほせにはさふらへども、一人もこの身の器量にては、ころしつべしともおぼえずさふらふと、まうしてさふらひしかば、さては親鸞がいふことを、たがふまじきとはいふぞと。これにてしるべし。なにごとも、こころにまかせたることならば、往生のために千人ころせといはんに、すなはちころすべし。しかれども、一人にてもころすべき業縁なきによりて害せざるなり。わがこころのよくてころさぬにはあらず。また害せじとおもふとも、百人千人をころすこともあるべしと、おほせのさふらひしは、われらがこころのよきをばよしとおもひ、あしきことをばあしとおもひて、本願の不思議にてたすけたまふといふことを、しらざることをおほせのさふらひしなり。そのかみ、邪見におちたるひとありて、悪をつくりたるものを、たすけんといふ願にてましませばとて、わざとこのみて、悪をつくりて往生の業とすべきよしをいひて、やうやうにあしざまなることの、きこえさふらひしとき、御消息に、くすりあればとて毒をこのむべからずとこそ、あそばされてさふらふは、かの邪執をやめんがためなり。またく、悪は往生のさはりたるべしとにはあらず。持戒持律にてのみ本願を信ずべくば、われらいかでか生死をはなるべきや。かかるあさましき身も、本願にあひたてまつりてこそ、げにほこられさふらへ。さればとて、身にそなへざらん悪業は、よもつくられさふらはじものを。また、うみかはにあみをひき、つりをして世をわたるものも、野やまにししをかり、鳥をとりて、いのちをつぐともがらも、あきなひをもし、田畠をつくりてすぐるひとも、ただおなじことなり。さるべき業縁のもよほせば、いかなるふるまひもすべしとこそ、聖人はおほせさふらひしに、当時は後世者ぶりして、よからんものばかり念仏まうすべきやうにおもひ、あるひは道場にはりぶみをして、なんなんのことしたらんものをば、道場へいるべからずなんどといふこと、ひとへに賢善精進の相をほかにしめして、うちには虚仮をいだけるものか。願にほこりてつくらんつみも、宿業のもよほすゆへなり。されば、よきこともあしきことも、業報にさしまかせて、ひとへに本願をたのみまいらすればこそ、他力にてはさふらへ。唯信鈔にも、弥陀いかばかりのちからましますとしりてか、罪業の身なれば、すくはれがたしとおもふべきと、さふらふぞかし。本願にほこるこころのあらんにつけてこそ、他力をたのむ信心も、決定しぬべきことにてさふらへ。おほよそ、悪業煩悩を断じつくしてのち、本願を信ぜんのみぞ、願にほこるおもひもなくてよかるべきに、煩悩を断じなば、すなはち仏なり。仏のためには五劫思惟の願、その詮なくやましまさん。本願ほこりといましめらるるひとびとも、煩悩不浄具足せられてこそさふらふげなれば、それは願にほこらるるにあらずや。いかなる悪を本願ほこりといふ、いかなる悪がほこらぬにてさふらふべきや。かへりてこころをさなきことか。(第十三節)

一

前節では学問と信仰との関係を示されまして、「本願を信じて、念仏申さば仏になる」と、真宗の教えはそれだけのことであって、他力のお助けであるから、学問をしなければならぬということではない。ただ他力の本願がお助けくださるのであるということを、疑いなく信ずれば、それでお助けに与かるのであると申されたのであります。

しかるに、さように申されても、どうしても信じられない、どうしても助からないというのは、いったいどういうわけであろうかということを、釈明してくださったのがこの第十三節でありまして、しからばその信じにくいという理由はどこにあるのかと、そのひっかかっている点を明らかにして、私どもに他力本願が信ぜられ、信心を決定して、是非とも助かるようにならしめたいというお心であります。

そもそも、信じ難いとか、信じられないというのは、どういう点に起因するのかというと、それは善悪に対する思念が、はっきりしておらないからであって、第一にこの問題をばはっきりしないため、また、あくまで究明的にものを考えてゆくことが足りないところから、それがために信じ難いのであると、この点をはっきりせしめんとしておるるのであります。

二

悪ということが出てくれば必ず善ということが出てくるのであって、つまり善悪に対する自分の考えがはっきりしておらないから、それがために、他力のお助けと聞きながら、本願が信じられないのであり、また信心が決定《けつじょう》しないのである。それは、あながち学問がないからというわけではないということを示しておられるのであります。私どもがなぜ、他力が信ぜられず信心が決定しないかというと、それはどこかに善悪にとらわれているところがあるからであって、そのためにいくら聞いても、たとい、我が前に助かる道があっても、助かることができないのであります。

多くの求道者が困っているところは、何か知らん善というものをやらねばならぬということ、悪というものをやめねばならぬと思うこと、ここにひっかかって、ここに囚われて、すなわち善に囚わるるかしからざれば悪に囚われているのです。これは機《き》の失《しつ》といって、我々の心にもつ欠点であって、それがすなわち自力心というものであります。

どうしても善いことができんから、私のようなつまらない者はいかに助けてやると仰せられても助かりますまいと、ここに囚われているがために信ぜられないのです。あるいはその反対に、どうも悪がやまない、悪い心は起こすまいと思いますが、それがどうもやみませんとか、あるいは昔にいろいろ悪いことを思うたりしたりして来たとか、昨日も今日も悪いことを思い悪いことをしている、あるいは今後もおそらくやまんであろうとか、すなわち悪をとどめることのできない自分であるから、それゆえ、いかに他力によって助けてやると仰せられても、信ずることができないと、かく心にひっかかるのです。そこでこのひっかかりをなくしてやろう、そうするならば、本願を信ずることができよう、それゆえ、そこをはっきりせしめたいとしていられるのです。この『歎異鈔』の第一節の意味を解釈してくださっているのが、第二節以下の各節であるということを、前からいくたびも申しましたが、「弥陀の誓願不思議にたすけられまいらせて往生をばとぐるなりと信じて念仏申さんと思ひたつ心のおこるとき、即ち摂取不捨の利益にあづけしめたまふなり。弥陀の本願には老少善悪の人をえらばれず」と、こういわれてありましたが、それでもやはり善悪というものにひっかかって、「ただ信心を要とすと知るべし」と、いわれても信ずることができないのです。我々の有する善悪心、それはけっこうな心ではありますけれども、善悪に対する自力心は、自分を救うものではありません。結句それはどこまでも自分を苦しめるものであります。それゆえ「本願を信ぜんには他の善も要にあらず、念仏にまさるべき善なきゆへに。悪をもおそるべからず、弥陀の本願をさまたぐるほどの悪なきが故に」と申されているのであります。だから善ということに囚えられる必要がないと同じく、悪ということに囚えられる必要もない、ただ本願を信じ、念仏を喜べばそれでよいといわれるのです。けれども、どうしても善悪に囚えられるものでありまして、それが難信なる原因であります。

三

こういうことをいうとわかりにくいかもしれませんが、私どもの困っているのは、善と悪ということについて困っているのであります。ちょっと考えると、そうは思われないかもしれませんが、よくよく考えてみると、我々の心の底には、善というものができないとか、また悪というものがやまないと悩む心、こういうひっかかりが根本の苦しみとなっているのであります。よく商売ならば、どんなことをしてもよいといっていますけれども、こういう嘘をついておってもよいのかしらんとか、こういう悪いことをしておってもよいかしらんと、内心に常に思うているものであります。そんなに心配しておらないと思うていますけれども、それが、病気をしたり不時の災難が出てきたりしますと、すぐ自分が今日まで悪いことをしておったからであろう、それでこんなことが起こってきたのではないかしらんと悩むのであります。あるいはちっとでも平生に何か善いことをしておかないと、今後自分に難儀は来はせんかと案じたりします。そういうことは、心にはっきりと自覚していることもありましょうが、またはっきりしない人もあります。けれども、とにかく善悪ということが、常に闇々裡に、いつでも私どもの心の中に雲のごとく往来して、私どもを苦しめているのであります。だから人生問題といいましょうか、人々の心の奥には常に悩みがあって、一向晴れ晴《ば》れしくならないのは、いつまでもそこから出られないのであって、その善悪の城壁に閉じ込められて、いつまでも解放されないことが、私どもの心持ちに、何かおしづまったような、後ろめたい恐ろしさが、逼迫しているのであります。

だから、真実なる幸福を感じようとするならば、是非ともこのことが解決して、善悪という問題から解放されて、晴れ晴《ば》れとした自由の世界に出るということにならなければ、私どもの心はいつまでも満足しないのであります。だから本願を信ずることによって、この善悪の囚われから解放されて、本当の幸福に入るように、せしめようとしてくださっているのであります。

四

これは毎度いうことですが、もう一遍いうておきたいのは、かく善だの悪だのといいますと、皆さんは、自分はそんなものに困っておりませぬ、といわれるかもしれませんが、善と悪について困っているということがわかっている人は、至って少ないものであります。たいていの人ははじめは無善悪でありまして、これは修養もなく宗教もなく、思想することもないところの、一切そんなことは問題として考えないのでありまして、ただ欲の生活とそれを得る方法を講ずるだけであります。一般人は多くこの階級に属するものであって、金を儲ける、学問をする、本を読むといいますけれども、心が子どものような無善悪の状態の人が、一番低い人というべきでありましょう。

それから少し進みますと、善悪の世界に住むようになるのであります。けれどもこの善悪の世界におるということは、どうしても苦しむようになるのであります。自分の心が悪い、自分の行いが悪いから、それがために将来を眺めても、何か恐ろしい気がしたり、現在を見ても甚だすまないような気がしたり、一転して仏にも神にもすまないような気がしたりします。過去に対しても現在に対しても未来に対しても、自分の罪に悩むという世界が、ここに一つ出てくるのであります。自分はそんなことは考えておらないといいますけれども、いかに無頓着な人でも、病気になったり、災害を蒙ったり、損害がつづいたりしますと、そこから考え出されてくるのであります。このときにこの善悪の結果を変化せしめようとして、それが種々の迷信ともなるのであります。いまこそまさしく考えるときであるのに、神や方位方角でごまかしてしまうのであります。だからいつまでも、助かる道に出られないのであります。

次には、このとらわれている善悪の世界から解放されて、是非とも善悪を超越した世界に進まなければならぬのであります。しからざれば修養したといっても、宗教を聞いたといっても、安楽幸福になることはないのであります。

私は人間生活に、こういう三段の階級があると思うのであります。

いまは、この第一の階級の、無善悪というところで話をしているのでなく、第二のところすなわち善悪の世界で話をしているのであります。吾人が物を考えない時代、あるいは教えを聞かない時代は、無善悪であります。子どもは善いも悪いも何もない、欲しいものは取ってくるばかりであります。叱られるから取らないとしても、叱られるのが不思議なくらいでありましょう。人を疑っても何とも思っていない、物を投げて割ろうと、人の物を取ってかくそうと、嘘をいおうと、ちっともかまいません、かえって叱る方、くれない奴を無法と考えます。きっとこうせよ、きっとこういたしますと約束しても、それを破ることを何とも思うていないのであります。それは善悪がわからないからであります。すなわち無善悪の世界にいるのであります。これは修養されざる人であります。それが少し年をとって学校へはいって教育せられなくとも、いろいろの人に会うて道理の話を聞き、進んでは宗教の話を聞いて、こういう悪い心や行いをしてはいけない、こういう善いことはいたさねばならぬと、だんだん善悪ということがわかってくると、この善悪の思念というもので、自分を調べにかかるようになってくるのであります。だからその善悪ということを考えて、ほんとに私は過去においていろいろ悪い心を起こし、悪い行いをしてきた、現在もそういうことをやっている、どうも善いことをしようと思うが、それができない自分であると、そこまでわかってくると、人間生活というものが、だいぶん苦しくなってくるのであります。けれどもそれは一つの進歩でありまして、かかる苦しみをもたない人は、人間生活とはいえないと思います。むしろ人間生活は、かかる意味において苦悩のあるべきであります。進歩でありますが、そこにはじっとしておられない苦しさがあるのであります。しかるにずいぶん年をとって、五十にも六十にもなっていて、法律にかかってもかまわぬとか、知れさえしなければかまわないとか、自分さえよければよいと、こういう考えの人がずいぶん多いのであります。それは一応気楽であるようでありますが、こういう日本人の多いのが、外国貿易なんかの発達しない所以だそうであります。そういう状態ばかりであるならば、それは子どもの世界、あるいは畜生の世界といってもよいのです。すなわち無善悪の世界であります。そして少し善悪ということがわかりましても、その世界は苦しいものだから、善悪の世界を脱出しようとか、この囚われから解放されて、自由の世界に出ようという努力をせずに、かえって無善悪の世界へ退却したのを、自由の世界へ出たように考えている人があります。私はこれをきっぱりしておきたいと思います。少しずつでも善悪ということが明らかになって、善悪の世界の人となり、第二の善悪の世界に悩む人となってこそ、第三の世界に進んでゆけるのであります。ここが曖昧ですと、自分は善人のようでもあるし悪人のようでもある。善ができるようにもあるし悪がやまらないようにもある。また善ができないようにもあるし悪がやめられるようでもある。要するに、我が心の中はぐじゃぐじゃであって、訳はわからないが、それでも滑っても転んでも、仏様は助けてくださると思っているのは、善悪を越えたのでもなく、第三の世界へ入ったのでもなく、せっかく第二の世界まで進んだのが後へ戻って、第一の世界へ下落しているのであります。禅宗なんかで、そういうのを野狐禅《やこぜん》といっているそうですが、こういう悟りも、偉い人の本当の悟りも、同じく善悪から脱してしもうているのだから似ているのです。無善悪と非善悪とは似てはおりますがまったく違います。しかし同じく脱したのであっても、上へ越えずに下へ潜《くぐ》ったのです。それは後戻りであって、似てはおってもまったく違ったものであります。上へ越えたのならよいのですが、上へ越えずに下がって、下の子どもの世界、動物の世界へ戻ってきたのです。そこはよほど注意をせねばならんと思います。だから釈尊は『大経』の三毒段や五悪段において、我々の世界の苦しいことを充分話していられるのであります。そして善悪に対して無茶苦茶であるところの、すなわち無善悪である私どもに対して、善ということはこういうことである、悪ということはこういうことであると、善と悪について明瞭に自覚させようとせられ、その善悪の教育のために、五悪段を説いてくださっているのであります。そしてこの自覚ができたうえで、そこを一つ越えて、本願を信じ、本願の世界に入《はい》らせてやろうとせられているのでありま す。それだけ注意していまのお話なんかも、無茶苦茶にして聞かないように願います。善も欲しからず悪も恐れなしなどと聞いて、早合点《はやがてん》して、何が何でもかまわんということになっては、それは求道の堕落であります。そんなことではめったに信ぜられず、助かることはありません。けっしてそんなことは書いてはないので、たとい「本願を信ぜんには他の善も要にあらず、念仏にまさるべき善なきゆへに。悪をもおそるべからず、弥陀の本願をさまたぐるほどの悪なきゆへに」とあっても、悪ということと善ということとは明瞭《はっきり》しておらなければなりません。これはよほど注意せなければならぬところであります。だから第二の善悪の世界に悩んでおって、そして上へ越えたい願いをもって、その天地へ出ることのできない人のために書かれたのが、この一節であります。これだけの注意をしておいて、それから本文のお話にうつります。

五

弥陀の本願不思議におはしませばとて、悪をおそれざるは、また本願ほこりとて、往生かなふべからずといふこと。この条、本願をうたがふ善悪の宿業をこころえざるなり。よきこころのおこるも、宿業のもよほすゆへなり。悪事のおもはれせらるるも、悪業のはからふゆへなり。故聖人のおほせには、卯毛羊毛のさきにゐるちりばかりも、つくるつみの宿業にあらずといふことなしと、しるべしとさふらひき。

善ができなくても、本願はお助けくださるのであるから他力の本願である。あくまでも本願力をたのみにしてゆくということを、本願ぼこりというのであります。そういうことをいって悪を恐れないのは、往生かなうべからずと、こういうことをいう人があるが、それは大なる誤りであるといわれるのであります。善のできない者は助からない、また悪のやまない者も助からないというのは、普通一般の道理であって、弥陀の本願は超世不思議の本願なるがゆえに、広大なるお慈悲なるがゆえに、ちっとも悪を恐れる要はないと考えるのは、本願ぼこりというて怪しからん考えである、そんなものは往生はできないぞと、こういう人があるけれども、それは誤りである。

本願の前に立っては、親鸞聖人が申される通り、「本願を信ぜんには他の善も要にあらず、念仏にまさるべき善なきゆへに。悪をも恐るべからず、弥陀の本願をさまたぐるほどの悪なきゆへに」とある通り、すなわち親鸞におきては善も欲しいとは思わない、したがって善をなさねばならぬとも思わない、またできないことを歎きもしない。したがって悪のやまないことを歎きもしないが、やまない悪をやめようと頑張ろうともしない。すなわち善に囚われず悪に囚われず、もっと簡単にいえば、悪も恐れなし、善も欲しからず、ただ本願のお助けを喜んでいるばかりである。こういうことであるから、もし人があって、悪を恐れないのは、それは本願ぼこりであって、往生ができないぞという人があっても、それはそういう人が誤りであると、こう如信上人が知らしてくださっているのであります。だから、たとい人ありて、悪を恐れないのは本願ぼこりである、本願にあまりなずみすぎ、寄りかかりすぎているのであって、それはいけないという人があっても、それはその人が本当に他力を信じておらないからであって、かえってそういうている人が間違っているのである。

六

道を求めつつある人々が、何ゆえに信心を得られないで困っているのかというと、その人の心が善悪というものに囚われているためである。自分の心の中にある善悪ということ、および善悪に対する自分の力というものを、本当に知らないからである。かく善悪というものを厳重に論じて、自分という者を知らせてくださっているのであります。「この条、本願をうたがふ善悪の宿業をこころえざるなり」とありまして、ここに宿業という問題が出てきたのであります。善悪というものはどういうものであるかということをよく知らないために、また善悪というものと自分という者との関係を、はっきり知らないからである。それゆえこれ一つを明らかに知れば、容易に他力が信ぜられるようになるということから、親鸞聖人の宿業論というものがここに出てきたのであります。どうしても本願が信ぜられないというのは、それは善悪の宿業ということを知らないからである。善悪というものと自分という者との関係を明らかにして、宿業というものをよく考えてみなければならんのであります。哲学でいいますと、自由意志論という考え方と、もう一つ決定論ともいいあるいは宿命論ともいうこの二つの考え方があります。これは仏教のうえでも論じられていますが、古来から西洋哲学でも喧しい問題であります。別に哲学を研究しなくとも、誰人《たれびと》でもこの二つの考えをもっているものであります。自由意志論というのは、外界のことでも、内界すなわち心のことでも、何でも自分の意志の自由によって、自分の思う通りにやればやれるものであるという考えであります。宿命論というのは、ものはすでにきまっておって、そのきまった通りになってゆく、年でいうならば何十何歳で死ぬ、何年何月に病気をするというように、貧乏するのも金持ちになるのも、学者になるのも、商売人になるのも、すべてのことは何もかも、すでに一つの運命というものがきまっておって、何としてもその通りに動いてゆくものであって、それを自分の思うようにすることはできないものであるという考えであります。皆さんや私どもが困っているのは、心中にこの二つの考えがあって、そのいずれが真ともはっきりしないからであります。精神ひとたび至らば何ごとか成らざらんで、人を撲《なぐ》ろうと思えば撲れる、御馳走を食べにゆこうと思えばゆける、やめようと思えばやめられる。家を建てようと思えば建つ、豪《えら》い者になろうと思えばなれる、金持ちになろうと思えばなれる、すべて人生は何ごとでも思うようにできる。また自分の心のうちのことに対しても、善をなそうと思えばなせる、悪をなそうと思えばなし得るという考え方、これは自由意志論で、この方は元気な考え方であります。青年時代は一様にこの考えで進んでいるものです。まずそう思うておいた方がよいのでしょうが、しかし少しやってみると、それが真理であるかどうかと、きっと疑うようになるのであります。それでは一つ金持ちになろう学者になろう、政治家になろうと思うてやってみると、どうも運が悪くて、どう勉めてもなれない。ついには宿命論者となってしもうて、運は天にある、なるようにしかならないのだと、かく自由意志論であった人が、いつの間にか宿命論者に変わってしまうのであります。しかし学者としては、どちらかにきめて、分明《あきらか》にしておかなければならんために、この二つの論が相対立して論じられておりますが、お互いにあっては、そうはっきりしておらないので、多くはこの二つに迷うているのであります。ちょうど酒に酔うた人が、東側を通っているかと思うと西側を通っていたり、西側を歩いているかと思うと東側を歩いているように、しまいにはわけがわからなくなってしまうのであります。そこで方針が立たなくなって困っているのです。

七

本当に運命の通りにゆくならば、じっとしておったらよいわけとなり、思うようになるのならば大いに勉めねばならぬこととなります。私の婿さんあるいは嫁さんは探さなくとも、何年何月にはちゃんと来る、四十五十になったら、私に金ができるにきまっているということであってみれば、働かない方が結句得策となります。世間の人の中には、そうあせったっていけないといって、悠々としていつまでも貧乏したり難儀したりしている人がありますが、そういう人を運命論者といいます。よく運を見てもらいに行って、何月頃には悪いことが来る、来年の春頃にはよいことがあるなどと聞かされて、感服しているのは、皆低級なる運命論者であります。元来が頭が分明《はっきり》しておらないものだから、同じことを見るのに自由意志論の論者となり、あるいは宿命論者となり、いつもこの二つの論旨に迷うているのであります。それゆえ落ち着いてみたり、また焦ってみたりするので、心は常に動乱しているのであります。この二つの考えの結着は、やがて生活方針の基調となるものでありますから大切に考えねばなりません。とにかくお互いの心には、学問した人も、せぬ人も、ここに迷うているものであります。それゆえ親鸞聖人は、「善悪の宿業をこころえざるなり」といって、外界が思うようにゆくとか、ゆかないとかいうこと、すなわち善悪というものに対して、我々は宿業という関係をもっているのだということ、そこが一つわからなければいけないと、いわれているのであります。ですから親鸞聖人は宿業論、すなわち宿命論でありまして、事物はある意味において決定しているという論者なのであります。しかしきまっているといっても、簡単に牡丹餅《ぼたもち》の落ちてくるのをじっと待っているというのではありません。できない善にひっかかって、本願が信ぜられなかったり、やまない悪にひっかかって、本願が信ぜられなかったりしているのであるが、「よき心のおこるも、宿業のもよほすゆへなり、悪事のおもはれせらるるも、悪業のはからふゆへなり」、何もかも皆宿業だといわれるのです。

八

昔、自分の作ったその身心の宿業が、自分の心に現われてきますから、その業力によりて、自分が善いことを思うたり、悪い心が起こったりしてくるのである。宿業に動かされているのであって、それで善悪というものが現われてくるのである。だからいまここで一つのことをいうのも、あるいは一つのことをするのも、事大小となく、些細《ささい》なことでも、卯の毛羊の毛の先にいる塵ばかりも、造る罪は、皆宿業の結果でないものはないことを知れと仰せられているのです。これは善の方でいわないで、悪の方からいっていられますが、我々が一つの悪口をいったり、また悪いことをしたり、あるいは悪いことを思ったりしますが、ちょっとしたことを、ちらっと思うことも、それはいまはじめて思うたと思うているけれども、そうではなくして、昔の善悪業すなわち宿業に動かされて、善いことを思うたり、悪しきことを思うたりするのであります。けれども私どもには善いことなんかあまりないからして、悪しきことを代表して宿業と申していられるのでありますが、ちょっとした悪いことを思ったり考えたりするのも、皆それも宿業のもよおしであり、宿業の作用《はたらき》であります。しかるに善をなそうと思えばなされ、悪をやめようと思えばやめられるという自由意志論の考えであるから、皆困るのであります。他の一切の教えは、善悪に対して意志の自由になると考えているようであります。もう少し進んで、仏教の中の他力真宗以外の教えは、皆この自由意志でゆけると思っている論者であります。

善は為そうと思えばでき、悪はやめようと思えばやめられると思うています。あるいは皆さんもそう思うていられるかもしれません。だから善をなそうと思うてやってみると、善ができないために泣かねばならなかったり、助かるどころではなく苦しむのであります。基督教の人でも、その他の聖道門の仏教の中の自力の人々でも、自力念仏の人でも、皆善はすればできると思っているようであります。しかし実際に当たって善をなそうとしますと、なかなかできないので困っているのです。自分にはできたなどと思うている人もありますけれども、それは自惚れであって、よくよく自分を調べるということが足りないのであります。ほんとにできるかということを、よくよく考えてみると、自分には善が思うようにできないということを発見して、困らなければならないのです。いつでも青い顔をして困った困ったといっていなければならなくなります。悪も同時にそうでありまして、悪をやめよといい、悪をやめなければならぬといいます、また自分には悪がやまったと思うている人もあるようです。けれども、それは自分という者を厳粛に反省したことがなく、自分という者を本当に見る眼《まなこ》が開いていないからであります。考えているようであっても、存外考えていないものであります。善は自分の思うようにできないものです。悪は自分の思うようにやまないものであります。それが分明《ぶんみょう》に了解できても、そこでまた突き当たるのです。ここに、突き当たってどうしょうかと、本当に困らなければならないはずです。できないことをできないと知らず、できないことをできると思うているから、ますます苦しくなるのです。こういう考えはよく明瞭にしておかないと、非常に苦しいことが多々起こってきます。そこで親鸞聖人が、他力の信ぜられないのは、善悪の宿業ということを知らないがためであると、いってくださったのは、非常に偉いことだと思います。いくら味おうてみても味わい尽くせませんけれども、これは毎度申しています通り、自分が自由意志論の信者であれば、善というものはやったらやれる、あるいは悪をやめようと思えばやまると思います。それだからこの人は他人を責める人であります。豪《えら》い人とか年寄りはたいていそうです。年寄りの悪口をいうようですが、主人になるとか、年寄りになるとか、人の上《かみ》に立つと、人をいじめたがります。やろうと思えばやれぬことがあるものか、やめようと思ったらやまないことがあるか、善いことをしようと思ってできないことがあるか、俺はお前に善いことをせよといっているのだ、悪いことはやめよといっているのだ。なぜやめないかといって人を責めるのですが、自分の心ですら自分の思うようにはゆかないのです。親鸞聖人にしたがえば、それはやれないと仰るのですが、自由意志の論者にあっては、やはりやれるといっております。自分が何でもやれるようになれば偉いけれども、自分がやれるかやれないかは棚へあげて、「貴様はやれ」という、やれないというと怒る、だから牛の角をためて牛を殺すようなものであって、彼を害しみずからを害して、徒らに苦しむということは、この自由意志論から来るのであります。

親鸞聖人は自由意志論者ではありません。「故聖人のおほせには、卯の毛羊の毛のさきにゐる、ちりばかりも、つくるつみの宿業にあらずといふことなしと、しるべしとさふらひき」、こういうことがはっきりしていたのでありまり。注意しておかねばならぬのは、日常の事柄が、いかにも自分の自由にゆくように見えていることです、たいてい考えの浅い間は、皆自由意志論者のようであります。ところがこの聖人の教えを聞いておりますと、そのわけがだんだんわかってくるのです。それでついには宿命論者にならざるを得なくなるのであります。

九

またあるとき、唯円坊は、わがいふことをば信ずるかと、おほせのさふらひしあひだ、さんさふらふと、まうしさふらひしかば、さらばわがいはんこと、たがふまじきかと、かさねておほせのさふらひしあひだ、つつしんで領状まうしてさふらひしかば、たとへば、人を千人ころしてんや、しからば往生は一定すべしとおほせさふらひしとき、おほせにてはさふらへども、一人もこの身の器量にては、ころしつべしともおぼえずさふらふと、まうしてさふらひしかば、さては親鸞がいふことを、たがふまじきとはいふぞと。これにてしるべし。なにごとも、心にまかせたることならば、往生のために千人ころせといはんに、すなはちころすべし。しかれども一人にても、ころすべき業縁なきによりて害せざるなり。わが心のよくてころさぬにはあらず。また害せじと思ふとも、百人千人をころすこともあるべしと、おほせのさふらひしは、われらがこころのよきをばよしとおもひ、あしきことをばあしとおもひて、本願の不思議にて助けたまふといふことを、しらざることをおほせのさふらひしなり。

親鸞聖人は、この宿業ということを知らさんがために、自分もやれないが、人もやれないのだと、こういうことを明らかに知らせたいがために、こんな譬喩《たとえ》を引かれたのであります。

あるとき、唯円坊というお弟子が、どうも信ぜられませんといいますからして、そんなら今日はよいことを教えてやろう、必ず往生できる方法を教えてやろう、しかしお前は私のいうことを何でも信ずるであろうなと、念を押されますと、ハイハイそれはきっと、信じて疑いませんと答えました。しかし聖人は、なお重ねてきっと信じて行うであろうなとだめを押されますと、ハイきっと行いますと、きっぱり答えられたのであります。さて、どういうことを聖人がいわれたかといいますと、ここにあります通り、人を千人殺してみよ、人を千人殺すというと往生は必ずできるであろう、間違いなくお助けにあずかられるであろうといわれますと、唯円坊は驚きまして、私の性分では、また私の腕前では、千人はおろか一人の人をも殺すことは、とてもできません、こうお答えを申されますと、そんならなぜ、先ほど、あれだけだめを押しておいたとき、お前は必ず信じます必ず致しますというたか。それは、いうのはいいましたけれども、とうてい私にはできませんと答えました。そこで聖人は申されました。お前は自分の心というものを、ここでよく反省してみなければならん、お前は、善いことをやればできると思い、悪いことをやめようと思えばやまるように思っているが、自分の心に善心を起こし悪心を起こし、善行をしたり悪行をするということは、やったりやめたり自由にできる力が、お前にあるように思うているのが誤りである。それを知らせたいがためにそういったのである。本来、お前なり私なりには、意志の自由にまかせて心を作《はたら》かし、ものを動かす力はないのである。だから善悪ということに対して、自分には自由がないのだ。自由に自分の心を動かすことのできるものではないのだ。どんなに心に善を命令しても、悪をすることがある。自由がきかないのだ。力が及ばないために、自由意志ではいかんのだ。だからお前に千人殺せといっても、一人も殺せないのだ。自分の思うようにゆくなら私がやれといったら、はいやりましょうと、できんまでもやりましょうというであろう。けれども殺すという心さえ起きてこない。それはどういうわけかというと、お前の心には善をやり悪をやるということの自由の力、能力がないからである。しかし力がないから、それでお前が善人だとはいえないのだ、ただ宿業がないからできないまでのことであって、宿業によっては、ある場合には、殺すなといっても、お前は百人でも千人でも殺すようになるかもしれないのだと申されました。

十

こういうところから業縁ということが出てきたのです。業は業因です。自分の過去の業というものがあって、それがある縁によって出てくると、殺すなといっても殺します。また自分で殺してはならんと考え、そんな恐ろしいことをしてはならんと思っていても、刀をもって人を殺すとか、自分で死ぬとか、井戸にはまるとか、レール往生をするとか、新聞で見ていると皆狂人だということになっていますが、皆宿因が業縁によって業果を来《き》たすのであって、人力の及ばぬものであります。いまはその業縁というものがないために、我々は狂人にならずにすむのであります。しかし業縁によって業力というものが動いてくると、殺すということは平生は恐ろしくてできないと思っていても、その自分が人を殺さなければならぬということにもなるのです。こういう悪いことをしてはいかん、こういうことは道徳上してはならんと思うていながら、以前に業因があって、そこへ一つの縁というものが出てくると、ついにずるずると果というものが出てくるのです、因だけでは実行となってこないのでありますが、そこへ縁というものが出てくると、殺してはならんと思うていても、殺すような業果が現われてくるのです。また自分の心では腹が立って殺してやろうかしらんと思うても、いやいやそういうことをしてはならん、人を殺したって、向こうは苦しみ、自分は安楽になるのでもない、人を殺すと自分も殺されなければならん、そんなことは損だと考えますが、縁というものが加わりますと、ついやってしまうのです。レールへ飛び込んだり、井戸へはまったりして死ぬ人も、そのときには夢中であって、もうそのときには我ならざる業に牽《ひ》かれて、ひょっと飛び込んでしまうものでありましょう。我々の心は火薬を一杯塡《つ》めてある雷管のようなものであって、雷針によって一つ火がつくという縁ですぐ爆発する。どんな業でももっているのですから、縁というものが出てくると、泥棒にもなる。殺人もする。人を誘るということもする。詐欺もする。またある縁が出てくると、同じ人が、世のため社会のために尽くすようにもなるのであります。そこへゆくと、宿業の因が一切揃うているのですから、縁次第で、何が出てくるかわからないのが、人間の本性であります。だから人間という者は、きわめて危険な者であって、自分がしようと思うたばかりではやれるものではなく、何かの縁で動いているのです。人を助けようと思って、善いことに金を使ったとしましても、それは友だちが頼むとか、新聞を見るとか、人に頼まれるという縁がなければ出てこないのです。悪いことでも同じことです。ここに因があって、その因がある一つの縁を得て、はじめて結果となって現われてくるのであります。自分の自由意志によって、はじめからそれをしようと思うてできたのではありません。悪いことも同様に、やるまいと思ってもやっている。そういう関係によって動いているものであるから、私どもが昔から、いろいろのことを思ったりやったりしておりますから、そこにいろいろの因はありますが、いまだ悪い縁というものがないために、どうにかそれが出ずにいるだけのことであります。ただ何かの縁が出てこなければ起こってこないだけであって、お前自身が悪に対し善に対して自由があるのではないのである。すなわち自分の自由意志によって動いているものではないのである。してみると、私は善というものに対しても、悪というものに対しても、無能力者である。実際は善をやりたい、悪をやめたいということは思っていても、実際となると、これをどうすることもできない。ただ善悪の宿業によって動いてゆくより、どうしてみようもないのである。かかる意味において自由に悪をやめることもできなければ、自由に善を作《な》すこともできないのである。自分は自由に善をなし得る、自分は自由に悪をやめ得ると考えて、こういうことが自由になるものであると思っているならば、その根性のあるかぎり、本願を信ずることはできないのである。できないことをばできると思うているのだから、他力を信ずるときはないのである。善悪の二つは宿業であって、自分が善をやることもありましょうが、それは宿業であり、また悪をやめようと思うてやめることもあるが、それも宿業である。それゆえ、やろうとする善がやれないのも、宿業のゆえであり、悪をやめようとして、やめられないのも宿業のためである。ゆえに自分はかく善悪に対して無能力者であるということがわかるならば、この自分は善悪ということに煩わされないで、ただ助けたまう本願のお力一つによるよりほかに、我々の頼るところはないのではないか。しかるに本願を信ずることができないというのは、善に対しても悪に対しても、自分の心一つで自由になるのだと思っているからであろう。そこにひっかかっているのである。それゆえ、宿業ということをよく考えるならば、そんなところにひっかかっておらずに、善心が起きようと悪心が起きようと、善心に安心したり、悪心に躊躇するのでなく、善があっても善が当てにならず、悪が起きても、その悪が障《さわ》りとなるにあらず、ただ本願によって助けらるるということをひとえに信ずべきである、ということを知らさんとしていられるのであります。

十一

意志の自由になるということが、心の底にあるから、善いことができると、それで自惚れて、この調子で善いことができてゆくと、その結果は善くなり安楽になると思うているのであります。そのときには、きっと本願の思召しを忘れているのです。あるいは自分が悪いことをやめ得ないということでは困ったことだ、苦悩は去らないであろう。

そしてだんだんこの世から、そして未来では悪道に陥るのであるから、何としてもそれを慎まなければならんと、そういうことを思っているのは、本願を信じておらないのであります。だからいつまでも、ふらふらして信じたようにもあり、信じておらないようにもあり、いつまでも心が決定《けつじょう》しないのです。決定しないところには安心がないのです。したがって喜びというものもないのであります。

そのかみ、邪見におちたるひとありて、悪をつくりたるものを、たすけんといふ願にてましませばとて、わざとこのみて、悪をつくりて往生の業とすべきよしをいひて、やうやうにあしざまなることの、きこえさふらひしとき、御消息に、くすりあればとて毒をこのむべからずとこそ、あそばされてさふらふは、かの邪執をやめんがためなり。またく、悪は往生のさはりたるべしとにはあらず。持戒持律にてのみ本願を信ずべくば、われらいかでか生死をはなるべきや。かかるあさましき身も、本願にあひたてまつりてこそ、げにほこられさふらへ。さればとて、身にそなへざらん悪業は、よもつくられさふらはじものを。また、うみかはにあみをひき、つりをして世をわたるものも、野やまにししをかり、鳥をとりて、いのちをつぐともがらも、あきなひをもし、田畠をつくりてすぐるひとも、ただおなじことなり。さるべき業縁のもよほせば、いかなるふるまひもすべしとこそ、聖人はおほせさふらひしに、

ここまで明瞭に書いていただきますと、本当にこれを拝読しますならば、信ぜざるを得ないわけであります。たといただいま信心が決定しなくとも、毎度これを心にたもち、熟読しておりますならば、いくらかずつでも、心が明瞭になり、いつかは信心が決定することであろうと思います。

まことに大切なるお言葉でありまして、蓮如上人が奥書して、「右、斯の聖教は当流大事の聖教たるなり、無宿善《むしゅくぜん》の機に於ては、左右《さう》なく之を許すべからざるものなり」と申しておられますのは、この一節のごとき絶対他力を主張せられた、こういう個条があるからであろうと思います。取り違えるならば、非常に悪いことでありますし、取り違

えないならば、是非、信心決定せざるを得ないのであります。

こういう明瞭なるお言葉が残っておればこそ、信心が決定するのであります。真面目な求道者でなければ見せてはならんといい、危険なる点として心配せられたのは、邪見邪執という点であります。ここにはその邪見邪執ということを知らせてくださったのであります。邪見というのは、邪《よこしま》な考え方ということであります。邪見は正見《しょうけん》に対する言葉でありまして、正しくない考え方ということです。親鸞聖人のいまのお話は、善悪の宿業という正しき考え方を教えてくださったのであります。その正しき考え方とは、善悪に対しては、自分の意志によって自由にゆけるものではない、すなわち善悪に対しては、自分は無能力者であるから、こういうことにかかわっているならば、他力本願を信ずることは永久にできない。信ずることができなければ、永久に助からない。だからこういうことにかかわることをやめて、罪深い自分は、まったく他力本願によって、助けていただけるのであるということを、信ぜざるを得んのである。もし本当に助かりたいものならば、本願を信ずるよりほかに、助かる道のないということがわかり、そこには決定心《けつじょうしん》が起こって安心するはずであります。すなわち自分の善悪心にかかわらず、自分の善悪に目をかけずして、自分は罪悪深重の者であり、悪業煩悩の塊であるということが明らかになれば、善悪に対する自力心がやんで、本願の仰せが疑いなく信ぜられるのであります。如来の本願力は、私どもの善悪によって助けたまうのでなく、まったく如来の本願他力によって助けたまうのである。それゆえ、私どもは善の悩みから解放せられ、悪の悩みから解放せらるるのであります。

善悪から解放せられて、善悪を心配するということがなくなったということが、心の救われた喜びの状態であります。蓮如上人の『御文《おふみ》』を開くと、自分の悪しきには目をかけずして、というようなお言葉が再々出てきますが、信ぜられないというのは、善悪に目がかかるからであります。しかしこれもはじめから目のかからない人のことではなく、第二の目のかかる人のために申されたお言葉であります。その人は自分の善悪心には目をかけずして、ただ目をかけるのはいよいよ本願ばかり、本願だけである。一にも本願、二にも本願、本願に目がかかって、一切自分の善に自惚れず、自分の悪に心配しないようになると、はじめて決定《けつじょう》した安心な、気安い心になるのであります。昼夜の中間のような朦朧《もうろう》とした心持ちではなくて、はっきりした喜びを得ることができるのであります。

十二

この宿業ということがわかってくると、我が悪を恐れず我が心を心配しないことになり、安心して本願を信じ、まったく本願のお助けを喜ぶことができるのである。本願を信ずれば信ずるほど、悪ということの心配がなくなり、朗らかな解放された喜びを得るのであります。しかしながら悪を恐れなくなったということについて、正しき考え方、すなわち正見と、正しくない考え方すなわち邪見との二つがあって、そこをいま注意されているのです。ここでもう一つ申しておかなければならぬことは、罪悪ということについても、すでに造った罪と、現に造りつつある罪と、いまだ造らざる悪とがあります。しかし現在というものは、念々に過去となるのですから、実際は既造と未造ということよりほかはないのです。しかしこの三つに分けて考えてもよろしい。そこでいまいうところの悪を恐れずということは、如来の本願は、十悪五逆、いかなる衆生をも救うてくださるという大慈大悲なるがゆえに、自分がすでに造った過去の罪、その罪は心の罪、行いの罪のすべてでありますが、現在造っている罪、我々は日々罪を造りつつあるのであります、また明日、明後日、または来年、来々年、あるいは十年二十年向こうで造るかもしれない罪、業因と業縁が出会うたらどんなことをするかもしれませんから、悪を恐れずということは、過去、現在、未来、一切の業障から安心し、救われることでなければなりません。本願を信じたうえは、すでに造った罪も心配しないが、将来造るかもしれない罪にも心配しないのです。それはまったく罪悪に対する解放であります。これをもう一遍いい直すならば、昔どんなことを思い、どんなことをしようと、また現在どんなことをなしつつあろうと、すなわちやめようと思うてやまらないでも、また将来どんなことを仕出かそうと、本願のお誓いには間違いないのである。こういうことであってこそ、現在の私は、本当の安心と解放を得るのであります。一般によく、過去にやったのは仕様がないけれども、将来はしてはならんのだなどと、そんなことをいう人がありますけれども、もし、そんなことならば、安心は永久にできるものではありません。将来は造ってはならんというならば、将来に対しては一生不安であって、安心はけっしてないこととなります。縁が出てきたらどんなことをするかもしれないのだから、過去現在未来、どんなことがあろうとも、どんなことを仕出かそうとも、その一切のことに左右せられずして、如来の本願は、お助けくださるのであるから、本当に安心ができるのであります。本願を信ずることができれば、信ずれば信ずるほど、私どもは悪の解放を感じ、そこに自由な天地に入《い》りて、善悪から救われた心となって、ただ本願を仰ぐばかりであります。自然に、そこから善も慈悲も出てくるのです。本当に有難いことだと思います。

十三

さればとて、身にそなへざらん悪業は、よもつくられさふらはじものを。

こういう一句がありまして、過去と現在と未来との罪悪から解放せられるのだといっても、なお悪にひっかかっている者があるかもしれないから、さらに進んで、身に具《そな》えざらん悪業はとても造ることはできないのだと申されます。業がなければ悪は造ろうと思っても造れないものである。業があればやめようと思ってもやまないというのと同じであると、裏面から繰り返して申されたのであります。なるほどそうです。宿業ということがはっきりわかりますと、お前はやってはならぬ、思うてはならぬといっても、そんなことは仕方がないので、宿業だからやるだけはやるでしょう。しかし、その反対に思い切って「やれると思うならやってみるがよい」、といわるるのです。何と思い切った断言でしょう。やめようと思うたってやまんのみならず、やろうと思うたって、宿業がなければ、やれるものではないのです。慎んでいるといっている人がありますが、それは心持ちのことであって、実はやろうと思ってもやれないのであります。慎んでいるというのと、悪いことをやろうと考えるのと、その心得はまったく違いますけれども、宿業の事実としては同じことであります。たいていの人はやっては悪いのだと思うていますけれども、そんなことでは安心のできるものではありません。それゆえ、本願が救うと仰るのは、私がいかにあろうとも、信ずる者は必ず救うてくださるということなのであります。やろうと思うならやってみよ、人を殺せといっても殺せないと同じように、身にそなえない悪業は、やろうと思ったって、やれるものではない、それは、お前が善人だからではない。それはけっして自分の意志によって、心なり行いが自由にならないものだ、ということを断然《きっぱり》と知らされたのであります。人を千人殺せないのみならず、詐欺をしようと思ったってできるものではない。だからやろうと思うならやってみよ。それは危ないように思いますが、そう思うのは意志の自由を信じているからであります。それは宿業によるのだから、けっしてやれないのであります。

かく、本当のことを話してくださったのですけれども、邪見に陥るといけないぞ、といわれているのです。私は慎んでいるという人があります。慎んでいるということは偉いようですけれども、慎まずにやってみたとて、宿業以外にはできないのであります。のみならず、やろうと思わないことすら、宿業によっては出てくるのですから、やろうと思うていないからといって、けっして安心はできないのであります。それゆえ、人間という者は、善いが善いになららず、悪いが悪いにならぬのです。善悪はすべて自由なものではないのです、だから他力で助けてやると仰るそのご本願がなかったならば、私たちは安心する道も、助かる道も、他《た》にはないのであると、きっぱり知らしてくださったのであります。

十四

そのかみ、邪見におちたるひとありて、悪をつくりたるものを、たすけんといふ願にてましませばとて、わざとこのみて、悪をつくりて往生の業とすべきよしをいひて、やうやうあしざまになることの、きこえさふらしひとき、いろいろな悪いことが聖人に聞こえてきました。これは関東の人が、一つの間違った見解、すなわち邪見におちて、ここまで悪を徹底して話してくださらないと安心ができないのでありますけれども、それを邪《よこしま》に解釈して、悪はいくら多くてもかまわん、過去に悪があっても、現在に悪をなしつつあっても、未来にどんな悪をしようと、それにかかわらずして助けてくださるのが他力本願である。悪人救済の本願であるから、自分の思い通り、感情の動くままに、悪事はやってもよいのだという人がありましたが、それは本願を得手《えて》にのみ解釈した誤った考えであります。だいたい我々は凡夫ですから、悪いことが好きであります、やろうと思ったって、どれほども、やれないのであるから、したいだけやってみよ、むしろ悪人を助けてやろうという大慈悲の本願だからといって、開いた口に牡丹餅で、故意に好んで悪を造って、それがかえって如来の思召しに叶うのだというように、悪を往生の業のごとく考えて、かくいい触らしたり、実行している者があるが、これは皆他力本願を聞いた誤解から、そういう考えが起きたのであります。聖人は宿業ということを知らさんとして、申されたのであるのに、その意味をとらずに、自分の造罪の弁護としたのであります。

かつて『末燈鈔《まっとうしょう》』のときに、お話ししたことがありますが、いろいろと故意に悪いことをしているということを、親鸞聖人がお聞きになって、そのときにその誤解を正すために誡められて、「くすりあればとて、毒をこのむべからず」とお手紙の中で書かれたことがあるのです。薬があるからといって、好んで毒を服《の》むということは、間違った考えであるぞと注意してくださったのです。こういうお言葉もあって、ちょっと見ると悪の解放と反対のようですけれども、これは邪執をとどめんがためのお言葉であって、こう仰ったということは、けっして悪をやめよと命令せられたことでもなければ、助からないと仰ったことでもないのです。ただその人が邪見に陥り、かかる考えを執《と》って動かぬ邪執に陥っているのを改めさそうとして、仰ったのであります。静かに読めばわかりますが、無論悪と名がつくくらいですから、讃めたことでもなく、当然なすべきことでもありません。むしろ善をなし悪をやめるということが、何といっても仏の教えであり、正しい道理であるから、悪をなす方がよいと考えることは、正しいことではないのであります。悪を行うことを、何とも思わないということは、けっして偉いことではないのです。悪に頓着しないとか、無善悪で何をやってもいいとか、悪と善とを混同したり、悪を善のごとく考えたり、悪を肯定するということは、それは邪見であります。その考えを改めないのは邪執であります。それだから、悪をなせば、自分はこの世で苦しまなければなりません、したがって未来は三悪道にゆくべきはずであります。その悪に対してどうにもならない私を助けようというのが、本願のお慈悲でありますから、悪を誇るということではけっしてありません。ただ本願を誇るのであります。言い換えれば、悪はいくらしてもよいといって、悪を誇るということではなくして、その悪のやまない、十悪五逆の我々を救うてくださるという、その本願の尊さを誇るのであって、この本願ましませばこそ、我々は安心と喜びを得るのであります。それは悪をやってもいいということではありません、やまなくてもいかんとも仕様がないということなのであります。悪はやってもよいのだという考え、その間違った考え、その心がいけないのだと申されたのであります。しかるに、いくら悪を造ってもよいという考え方、かかる邪見邪執を我もやり、人にもやれやれといっているのは、それは真実に本願を信じておらないからであります。善悪にひっかかっているのも悪いが、しかし善悪を無視して、どうやってもかまわんということを、得意に誇っているということも誤ったことであります。しかしながら、かかる考えをもち、かかることを行うのも、それがやはり宿業というものであって、私がこれほど話をしても、本当の意味が受け取れないで、誤った考えを以て悪を誇っているのは、哀れにもやむなきことであると申されているのであります。

十五

善悪ということを無視して、悪心悪業を起こしているのも、それは各人の宿業の催しであるから、それをやめよといったって、ようやめないかもしれないが、またそういう気の起こるのも宿業である、またそれをやめようと考えるということも宿業である。その反対に善はできるだけしようとし、悪はできるだけやめようとすることがあっても、やはりそれはやまるだけしかやまないものであります、やまるだけよりやまずして、やまるのもやまらないのもともに皆宿業である。皆宿業によって動かされていることは間違いないけれども、ただその人の考えが誤っているということは、それは本当に本願が信ぜられていないからであります。本当に信ぜられているならば、もちろん、如来は我々の悪に頓着なく、既造未造に対して、一切関係なく助けてくださるのであります。しかしながら、善が善であり悪が悪であるということは、間違いないことでありますから、かかる私に善がなく、悪ばかりであり、しかもそれがやまない私というものは、ますます悪いことが明瞭になってくるはずです。だから前にお話をしました第三段の階級は、第二の善悪の世界を超出して、超越の世界に入ったのであっても、善悪というものは、ますます明らかに感ぜられるのであります。けっして善悪がなくなるのではない。かえって善悪が明瞭になってゆくのであります。善悪が明瞭になって、しかもその善悪に悩まされないという世界であります。かるがゆえに、自分の念願としては、なるべく善を欲し、悪をやめようとする心が、ますます強くなることであります。しかしその心が強くなっても、それが宿業によって、できるときと、できないときがあるのであります。できないからといって、それに囚われて苦しむことなく進んでゆくのが、第三の超越したる信の世界の風光というものであります。だから邪《よこしま》なる正しからざる考え、邪見邪執を注意して、それと混合しないようにしなければならぬということが、「薬あればとて毒をこのむべからず」というお言葉であります。

十六

本願があっても、悪を好んではならんと、仰ったことは、あながち悪いことを慎み、戒律をたもって、善をなし悪をやめてゆこうと、考えてゆくことではない。そういう考えでゆくならば、善悪に対して自由意志が働き、自由意志によって善悪ができるという考えであって、もしそれでゆけるものならば、自力で助かるべきであります。はたしてしからば、本願を信じ他力をたのむ必要はないこととなります。戒律的の心で善悪に囚われて進んでゆくならば、我々の助かるときは永久にないでありましょう。「持戒持律にてのみ本願を信ずべくば、我等如何《いか》でか生死を離るべきや。かかるあさましき身も本願にあひたてまつりてこそ、げにほこられさふらへ」。こういうお言葉は、いかに我々の心が善悪についての戒律的根性を有し、それから離れ難いものであるか、ということを示しているるのであります。善悪ということが、自分の思うようにやれると思いますから、善をやり悪をやめるようにしてゆかなければ、助からないと考えるのであります。もしそういうことであれば、我々は永久に助からないのであります。どんな悪いことがあっても、一切私の悪に頓着なく、助けたまうのが本願であります。一切、自己の善悪に頓着せずして本願を信ずる、これでこそ、本当に決定心が発《おこ》るのであります。しかしながら、善であろうと悪であろうと、何でもかまわんとか、むしろ悪いことをたくさんやった方がよいとか、こういう考えならば、これは善悪を無視した世界でありますから、それは邪見であるといわれるのであります。

それでは「かかるあさましき身も」という心は起こりません。「かかるあさましき身も」ということは、自分の善悪が明らかであって、善ができない奴である、悪がやまないという自覚が明らかなのであります。善をなそうとしてこそ、できぬことがわかってくるのであります。それがわかればわかるほど、罪悪深重の私ということが明瞭になってくるのであります。悪に威張るのでなく、平気になるのでもなく、なおさら大手を振るのでもありません。善悪に明らかにして善悪に悩まされず、本願によって善悪から解放せらるるのであります。そして、常に、「かかるあさましき身も、本願にあひたてまつりてこそ」とひとえに本願が力となって、安心と喜びを得るのであります。

十七

当時は後世者ぶりして、よからんものばかり念仏まうすべきやうにおもひ、あるひは道場にはりぶみをして、なんなんのことしたらんものをば、道場へいるべからずなんどといふこと、ひとへに賢善精進の相をほかにしめして、うちには虚仮をいだけるものか。願にほこりてつくらんつみも、宿業のもよほすゆへなり。されば、よきこともあしきことも、業報にさしまかせて、ひとへに本願をたのみまいらすればこそ、他力にてはさふらへ。

善悪は宿業による、ということがわかっていられたから、御同朋《おんどうほう》、御同行《おんどうぎょう》という思念が出てきたのであると思います。自由意志でやっている人は、人をあくまでも裁こうとしてゆきます。俺がやったのだから貴様もやれ。こういう考えをもってゆくけれども、宿業が動くのだから、親がやれても子がやれないことがあり、親がやれないことを子がやれることもあります。各自は宿業が動いてゆくのですから、自己を以て人を律するということはできないのが、至当なのであります。何でもやろうと思ったらやれないことはない、という考えであっては、本願は信ぜられないのみならず、その心はまた社会生活においても、自分と人とを疎隔してしまいます。

「海河に網を引き、釣をして世を渡るものも、野山に猪《しし》を狩り、鳥をとりて、命をつぐ輩《ともがら》も、商《あきない》をもし田畠をつくりて過ぐる人も、ただ同じことなり」、善い者も、悪い者も、学者であろうと、僧侶であろうと、男であろうと、女であろうと、ただ同じものであります。「然《さ》るべき業縁のもよほせば、如何なるふるまひもすべしとこそ、聖人は仰せ候ひしに」、皆宿業によって動いているのですから、ただ縁が違うだけのことであって、中味は皆煩悩具足であり、同性であるのだから、どんなことが出てくるか知れない物柄《ものがら》であります。自分の意志通りにゆけるというならば、それは偉いとか、あかんとかいえましょうが、宿業で動いてゆくのだから、あさましいという商売をしなければならん人も、また正しそうなことをしている者も、皆同じことです。人形の形相はいろいろあっても、皆同じ土でありま す。皆宿業に動かされているのだから、そう威張れたものではないのです。それゆえ、人には決定的の等級をつけてはならないこととなります。この御《お》考えから聖人の平等観、同朋主義が出ているのであります。しかるに、ことによると、念仏する者は自分はよほど豪《えら》いように思い、よほど浄らかなように自惚れたり、人を差別したり、あるいは念仏者ばかりが一団となって、他の人々を軽蔑したりしようとします。ある職業があさましいものだと軽蔑したり、間違ったものだとか、商売の等級で制限をきめたり、知識によって制限をきめたり、その人の品行によって制限をきめたりするけれども、それは怪しからんことであって、「当時は後世者ぶりして、よからんものばかり念仏申すべきやうに思ひ、或《あるい》は道場に張文をして、何々のこと為《し》たらん者をば、道場へ入《い》るべからずなんどといふこと、ひとへに、賢善精進の相を外に示して、内には虚仮を懐《いだ》けるものか」、みずからを尊び、特別の階級のごとく思惟《しゆい》して、人を差別しようということばかり考えて、自分ばかり善い者のように思うているけれども、その中実を割ってみれば、外は賢善精進《けんぜんしょうじん》であり、賢そうに善人らしい顔をしていても、心のうちは同じく虚仮雑毒《こけぞうどく》に充ちているのではないか。そこに気づくならば、お互いは皆業縁の違いだけであって、一緒に手を取ってゆくことができるはずであります。人の過ちを過ちとし、悪いことを悪いとして、人を責めるということばかりでなく、そこに同情するということが出てくるべきであります。そこに皆が手を繋《つな》ぎ合うてゆける温《あたた》かいところが出てくるのであります。

十八

「願にほこりてつくらん罪も、宿業のもよほすゆへなり」、本願があるからといって、悪いことをしてゆく人間のあるのは、それは誤った考えではあるけれどもそれも宿業のためである。「されば、よきこともあしきことも、業報にさしまかせて、ひとへに本願をたのみまいらすればこそ、他力にては候へ」。ここでもう一遍はっきり、簡単に他力信ということをいってくださっているのです。すなわち他力信仰と善悪心の関係を繰り返されたのです。善いことが心に起こり行いに出るのも、悪しきことが心に起こり行いに出るのも、それは宿業であって、我が力ではいかんともできないものであるから、我が善悪には手をかけず、ひとえに業報にまかせておいて、こういうつまらない私を助けてくださるご本願であると、ひとえに本願を頼みまいらすればこそ、他力救済の本願と申すのであります。

十九

唯信鈔にも、弥陀いかばかりのちからましますとしりてか、罪業の身なれば、すくはれがたしとおもふべきと、さふらふぞかし。本願にほこるこころのあらんにつけてこそ、他力をたのむ信心も、決定しぬべきことにてさふらへ。

他力の障碍となるものは、善悪に対する我が考えであって、善にひっかかり、悪にひっかかって、自分に善いことができない、悪いことがやまないといっている者を、どこまでも、ただ本願を信ずるようにさせたいという切なるお心から、懇切に話してこられたものでありますが、いまや終わりに臨んで、なお戻し針をして、もう一遍申されたのであります。諄《くど》いようですけれども、よく反省せよという意味であります。『唯信鈔《ゆいしんしょう》』というお聖教には「弥陀いかばかりの力ましますと知りてか、罪業の身なれば、救はれ難しと思ふべき」、とあります。求道者の多くは、過去も悪い、現在も悪い、将来も悪いと思っているところから、本願を信ずるについて、二の足を踏むのですけれども、それは怪しからんことであって、いかに従来悪くても、いかに現在悪くても、また将来いかに悪くても、それによって本願を信ずることから後退《あとじさ》りをするということは、謙遜のようであって実は本願を軽蔑しているのであり、仏力を信じない証拠なのであります。阿弥陀如来の力は、お前の罪業よりも、もっと弱い力であると思うているのであるか、それは仏の力を人間から推し量っているのだから、怪しからんことではないか、かくわかってみれば、「本願にほこる心の、有らんにつけてこそ、他力をたのむ信心も、決定しぬべきことにて候へ」。そうだから、本願をたのみ信心が決定したいと思うならば、あくまでも、自分の罪を罪とし、自分の悪を悪として、しかもこの罪と悪に躓かずして、如来の本願を唯一の誇りとして、この大願業力こそは、私のいかんにかかわらず、私を助けてくださるのだと、あくまでも徹底的に、安心してこそ、信心は決定するのであります。

二十

おほよそ、罪業煩悩を断じつくしてのち、本願を信ぜんのみぞ、願にほこるおもひもなくてよかるべきに、煩悩を断じなば、すなはち仏なり、仏のためには五劫思惟の願、その詮なくやましまさん。本願ほこりといましめらるるひとびとも、煩悩不浄具足せられてこそさふらふげなれば、それは願にほこらるるにあらずや。いかなる悪を本願ほこりといふ、いかなる悪がほこらぬにてさふらふべきや。かへりてこころをさなきことか。

これほど申しても、本願を仰がないで、いまだ自分の煩悩に目がついて、自分の悪業にたじろぎ、本願が信ぜられないというならば、それは、やはり悪業煩悩をぶち断《き》ってから、善人になってから本願に助けられようと考えているのであろう。しかし煩悩を断《だん》じ得るならば、そのときはすなわち仏である。よく考えてみるがよい、煩悩を断じ罪悪をやめるということは、不可能なことだというのに、なおそれにかかわっているのは、成就すると考えているからであって、もしそれができると思っているのならば、それは自分の力で仏になる下心である。煩悩はぶち切れないと気がつくべきであるのに、相変わらずそれにひっかかって、ぶち切ろうと考えているのは、その人は自分で仏となろうと考えている人と申さねばならん。自力で仏となり得る人のためには、五劫思惟の本願はその所詮がないこととなって、本願は不要なこととなるのであります。

二十一

こういって善悪の考えに囚われている心をあくまでも、やめんとせられているのであります。悪、苦しからずというのは、それは本願ぼこりだといい、怪しからん考えであるといって責める人があるけれども、その責めている人でも腹の中を割ってみれば、やはり煩悩具足の凡夫であろう。「本願ほこりと誡めらるる人々も、煩悩不浄具足せられてこそ候げなれば、それは願にほこらるるにあらずや」。さればそれらの人々は何によって助かり、何によって安心しているのであろうか、そういう人もやはり不浄な考えで充満している人々である。そんならそれは事実上、どこまでやめよというのか、また、実際どれだけやめることができたのであろうか。いかに悪を恐れるといっても、つまりはやまるだけやまり、やまらないところはやまらないのであってみれば、悪はどれだけもなくなっておらないのである。してみれば、いったい「いかなる悪を本願ほこりといふ、いかなる悪がほこらぬにて候べきや。かへりて心稚きことか」、どれほどの悪が本願ぼこりであって、どれほどの悪が慎まれたら、誇らないというのであろうか。中味は我らと同じことである。しかるに、ひとえに業報にさしまかせて、本願をたのむというと、それは本願ぼこりであって、いけないというけれども、それは自己の本性と、自己の能力と、自己の現実相に眼が開いておらないからであって、かえって幼稚な考えである。それらの人々は自己に眼の醒めざるために、人を非議しながら、自分の相《すがた》の永久に見えない人であります。現代においても、他力教を非難している人々は皆かかる人たちであります。

第十四節　懺悔滅罪と祈禱と報謝

一念に、八十億劫の重罪を滅すと信ずべしといふこと。この条は、十悪五逆の罪人、日ごろ念仏をまうさずして、命終のとき、はじめて善知識のおしへにて、一念まうせば、八十億劫の罪を滅し、十念まうせば、十八十億劫の重罪を滅して往生すといへり。これは十悪五逆の軽重をしらせんがために、一念十念といへるが滅罪の利益なり。いまだわれらが信ずるところにおよばず。そのゆへは、弥陀の光明にてらされまいらするゆへに、一念発起するとき、金剛の信心をたまはりぬれば、すでに定聚のくらゐにおさめしめたまひて、命終すれば、もろもろの煩悩悪障を転じて、無生忍をさとらしめたまふなり。この悲願ましまさずば、かかるあさましき罪人、いかでか生死を解脱すべきとおもひて、一生のあひだまうすところの念仏は、みなことごとく、如来大悲の恩を報じ、徳を謝すとおもふべきなり。念仏まうさんごとに、つみをほろぼさんと信ぜんは、すでにわれとつみをけして、往生せんとはげむにてこそさふらふなれ。もししからば、一生のあひだ、おもひとおもふこと、みな生死のきづなにあらざることなければ、いのちつきんまで、念仏退転せずして往生すべし。ただし、業報かぎりあることなれば、いかなる不思議のことにもあひ、また病悩苦痛をせしめて、正念に住せずしてをはらんに、念仏まうすことかたし。そのあひだのつみをば、いかがして滅すべきや。つみきえざれば往生はかなふべからざるか。摂取不捨の願をたのみたてまつらば、いかなる不思議ありて罪業をおかし、念仏まうさずしてをはるとも、すみやかに往生をとぐべし。また念仏のまうされんも、ただいまさとりをひらかんずる期の、ちかづくにしたがひて、いよいよ弥陀をたのみ、御恩を報じたてまつるにてこそさふらはめ。つみを滅せんとおもはんは自力のこころにして、臨終正念といのるひとの本意なれば、他力の信心なきにてさふらふなり。（第十四節）

本願他力の救済であるからして、本願を一途に仰ぐばかりで、往生の信心が決定《けつじょう》するのであるという意味を、きわめて徹底的に示されたのが前節でありました。そういう意味が正しく得られるならば、もとより今席のお話などは出てくる必要はないのであります。しかしながら十三節の意味がいまだ得られず、その意味を充分に体得することができないから、種々の間違った考えが起こってくるのであります。それでいまはその一つとして、滅罪の観念を挙げて、親切にご注意くださったのであります。

滅罪といって、何によって滅罪しようとするのかというと、それは念仏であります。本来、この念仏をどう受けているか、ということが大事なことでありまして、念仏往生と承って、それを正しく信受するならば、第十三節のごとく他力信心が決定するのですけれども、ややもしますと、この念仏を称えるについて、どう思って念仏をしているかという疑問が存するのであります。真宗で念仏を称えるのは、無論、仏恩報謝の念仏であります。しかしながら、同じ念仏を称えていても、念仏を称えるその心いかんによっては、他力信心が決定しないこととなります。すなわち念仏するその心が、懺悔滅罪という心持ちであるならば、この念仏に対する信仰は、懺悔滅罪の信仰ということになります。ですから、念仏を称えるということは、どう心得べきが本当であるか、ということを知らせたいがために、念仏を称えている人の心の誤り、正しからざる考え方をここに挙げて、そして正しき意義を明らかにされたのであります。

二

それについて、まず『観経』の意味をここにお話しになりました。『観経』というお経は、韋提希夫人《いだいけぶにん》に対して説かれたものでありまして、その要領は、定善《じょうぜん》十三観と、散善《さんぜん》九品の三観と合して、すべて十六種の観法をお説きになったのであります。そしてその意味に、顕《けん》の義と、隠《おん》の義とがありまして、釈尊の説かれたお心を、お経の表面の文章から見るのと、いま一つは、釈尊が何を話そうとしていられるのかという、その裡《うち》に流れている意を汲んで見るのと、見方が二様にあるわけで、それを顕の義と隠の義というのであります。釈尊は、深いことのわからぬ韋提希夫人に、まず表面からお説きになって、そして隠れ流れている真義、すなわち、真にいわんと欲するところを知らせたいというのが、この『観経』に現われている釈尊の苦心の説法というものであります。その『観経』の九品段、すなわち浄土を願う人を九種類に分けてお説きになりました、その九品《くほん》の中で、上々の人、上中の人、上下の人。中上の人、中々の人、中下の人。それから下品《げぼん》の中で、また下上品《げじょうほん》の人々はこういうようにするならば助けられて往生ができる。下中品《げちゅうぼん》の人はこうすれば助けられて往生ができる。下々品《げげぼん》といって最後の最も下等な人は、こういうようにいたすならば助けられると、かくのごとくお説きになったのが、九品の説き方というものであります。ここのお話はその下品の人、すなわち我々のような人間に対してお説きになっているのが、はじめの滅罪観念であります。

その意味はここに書いてあります通り、『観経』の下々品の、一念申せば八十億劫の滅罪利益があり、十念申せば十八十億劫の滅罪利益があるというのは、実は滅罪をすすめられたのではなく、十悪は軽く五逆は重いということを自覚せしめんためであって、吾人は重い五逆の者であるからして、どうしても他力信心によらねばならんことを、知らしめんとしていられるのであります。十悪というのは心業《しんごう》の三、口業《くごう》の四、意業《いごう》の三でありまして、身に三つ、すなわち殺生《せっしょう》、偸盗《ちゅうとう》、邪婬《じゃいん》。口の悪いことが四つ、妄語《もうご》、綺語《きご》、両舌《りょうぜつ》、悪口《あくく》。意の悪いことが三つ、貪欲《とんよく》、瞋恚《しんい》、愚痴《ぐち》の十であります。五逆というのは、なお一歩進んで、これも一遍書いたことがありますが、大乗の五逆と小乗の五逆とがあると申されまして、小乗の五逆は、いつもいわれておりますごとく、父を殺し、母を殺し、阿羅漢《あらかん》の悟りを開いた人を害し、あるいは和合して道を求めている団体を破壊しようとする破和合僧《はわごうそう》の罪、最後には仏を害せんとし仏身から血を流す、こういうことを小乗の五逆といわれております。そのうえに親鸞聖人は大乗の五逆というものを挙げられまして、一には塔を破壊し、経蔵《きょうぞう》を焚焼《ぼんしょう》し、及び三宝の財物を盗用するなり。二には、三乗の法をそしり、聖教にあらずといいて、鄣破留難《しょうはるなん》し、隠蔽覆蔵《おんぺいふくぞう》す。三には、一切出家の人、もしは戒、無戒、破戒の者を打罵呵責《ちょうめかしゃく》して、過ちを説き禁閉《きんぺい》し、還俗《げんぞく》せしめ、駈使債調《くしさいちょう》し、断命せしむ。四には、父を殺し、母を殺し、仏身より血を出《い》だし、和合僧を破し、阿羅漢を殺す。五には、謗じて因果なく、長夜に十不善業を行ずるなり。と『薩遮尼乾子経《さっしゃにけんじきょう》』の五逆を『教行信証』に載せていられるのであります。いまいいました小乗の五逆というもののみならず、十悪等のいろいろ悪いことをしたのも、五逆の中にはいるのだといっておられます。つまり十悪以上の罪の重き五つの事柄であります。十悪という方は軽い方であり、五逆という方は重い方であります。

下々品の人は十悪ばかりでなく、五逆罪をも有しているのであります。五つの非常な反逆罪、すなわち真実の幸福になるということに反逆したる、恩田《おんでん》、福田《ふくでん》に違逆しているところの五つの悪、その五逆の罪人——最も下等な、助かる見込みのない罪人が、臨終に及んで煩悶しているときに、善知識が来《きた》ってその状態を憐れんで、いろいろと話をしますけれども、病苦がひどくて、聞き分けることすらできないから、しからば口に、ただ南無阿弥陀仏と称えよ、み名を十遍称えよ、しからばお前の過去の罪悪がいかに深くあっても、一声するところに八十億劫の罪が滅ぶのであるから、十念ならば十八十億劫の罪が滅するのである、それゆえ、いかなお前でもきっと助かるのであると、こういって勧められたときに、その人は心から念仏を申し、それによって浄土に往生して、これこれの幸福を得ると、こういうように説かれておりますのが、『観経』の下々品の説法であります。

三

しかしながら、この『観経』で説かれてある釈尊の真意、すなわち隠の義というものは、表から説かれた顕の義ではわからないのであります。ところが、ただいまお話ししました表面の意味である滅罪の観念が、念仏信者の心にへばりついているために、十三節に仰せられたような、まったく他力を信じて、信心決定《けつじょう》して、幸福になるということができないのであります。信じたといっている人でも、また信じたと思っている人でも、やはり滅罪の観念、懺悔の観念というものに支配せられて、したがって称えている念仏も、教えのうえでは報謝の念仏であると聞かされており、自分もそう思っておりますけれども、称えている心の中はどうかと調べてみますと、やはりこの滅罪の観念から称えているのであります。たとい滅罪の観念で称えていても、称えておりさえすればいいではないかという人がありますけれども、滅罪の観念が残っているということは、他力の信心が不確実である証拠であります。もっと厳密にいえば、滅罪観念で申している念仏の人は、それは他力信心でないのであると、はっきりいわれているのであります。表ところが『観経』はややもしますと読み誤られやすいのです。これを正しく読まれたのが、親鸞聖人であります。表からの意味は一往は味わってもよいが、なお進んで隠の義、すなわち裡《うち》らに流れているところの、真に釈尊の知らせたいと思っていられる、話そうとしていられる真実の意義が、わからなければならんのであります。真実の意義と申しますならば、すなわち滅罪の観念ではなく、自分は十悪と五逆、下々品の一番つまらない者であって、罪深い私であるということを、発見させたいのであります。もしここに気づくならば、自己の努力によって滅罪して救われようというような考えはなくなって、まったく他力によらなければ救われない者であるということに、眼《まなこ》が開くはずであります。かくならしめたいということが釈尊の真意であります。それがいま、第十三節を話された後に、なお注意のためにこの十四節を話し、滅罪のお話が出てきたのであります。

四

一念というのは一声であります。一声に八十億劫の罪を滅ぼすという滅罪説は、『観経』の表面のお言葉であるから、そういうことを教える人もあり、また、そういうことを聞いて信じている人もありますが、しかしながら経の真意を充分汲みわけなければならんのであります。

この条は、十悪五逆の罪人、日ごろ念仏をまうさずして、命終のとき、はじめて善知識のおしへにて、一念まうせば、八十億劫の罪を滅し、十念まうせば、十八十億劫の重罪を滅して往生すといへり。

これは経典に書かれてあるのだから、間違いのないことだと思って、一般に、自力念仏宗の人も、他力念仏宗の人も、同一にそういうことを信じているのかもしれません。しかしながら、それは不徹底な考えであって、本来この経典にそういうことを書かれたのは、

十悪五逆の軽重をしらせんがために、一念十念といへるが滅罪の利益なり。いまだわれらが信ずるところにおよばず。

下々品に十悪五逆の罪人が、一遍申せば八十億劫の罪を滅し、十遍申せば十八十億劫の罪を滅すということであって、いかに五逆の罪人でも、罪が消えて助かるというように、説いていられますけれども、実は念仏が罪を消すから称えよと教えられたのではなくて、お前のような罪の深い五逆の者は、本願他力によらねば助からないということ、すなわち他力本願によらずんば助からぬということを知らしめんとして、それゆえ五逆罪であってもということを知らさんがために、こういわれたものであります。ですから、念仏を称えて、この念仏で罪が消せると考えるのは、間違った考えであります。したがって数多く申せばたくさん罪が消えるという考えも、無論間違った考えであると、こういうことを知らせたいのであります。

五

されば正しき考えはといえば、無論『正信偈』にもあります通り、龍樹菩薩《りゅうじゅぼさつ》の言葉として「憶念弥陀仏本願《おくねんみだぶつほんがん》、自然《じねん》即時入必定《そくじにゅうひつじょう》」と申されて、弥陀仏の本願を憶念すれば、自然《じねん》に即のとき必定に入《い》る。如来の本願、他力救済の大慈悲を聞きひらいて、弥陀仏の本願を心に憶持《おくじ》して、他力本願を憶念すれば、自然《じねん》にそのときから、その信心によっ

て、必定すなわち正定聚《しょうじょうじゅ》の位に入《い》らしめらるるのであります。次に「唯能常称如来号《ゆいのうじょうしょうにょらいごう》、応報大悲弘誓恩《おうほうだいひぐぜいおん》」とありまして、ただよく常に如来の号《みな》を称して、大悲弘誓《だいひぐぜい》の恩を報ずべしと申されています。七高僧の一番はじめの龍樹菩薩が、名号を称えるということは、大悲弘誓の恩を報ずる心であると申されたと、『正信偈』に申されまして、真宗の他力信心を正しく喜ぶならば、念仏は滅罪ではなく、報恩心から出てくるべきであります。だからここにも、「一生の間申すところの念仏は、みなことごとく、如来大悲の恩を報じ、徳を謝すと思うべきなり」とあるのであります。

六

そのゆへは、弥陀の光明にてらされまいらするゆへに、一念発起するとき、金剛の信心をたまはりぬれば、すでに定聚のくらゐにおさめしめたまひて、命終すれば、もろもろの煩悩悪障を転じて、無生忍をさとらしめたまふなり。この悲願ましまさずば、かかるあさましき罪人、いかでか生死を解脱すべきとおもひて、一生のあひだまうすところの念仏は、みなことごとく、如来大悲の恩を報じ、徳を謝すとおもふべきなり。

とは、いまの龍樹菩薩の『正信偈』のお言葉の意《こころ》と同じであります。そこで、念仏滅罪という考えは、「我等が信ずるところに及ばず」であって、他力信心の我等が喜んでいる念仏とは、遥かに遠いのである。なぜかといえば「弥陀の光明に照らされまいらする故《ゆえ》に」、これは他力自然《じねん》を顕わす上手な言葉の使い方です。如来の光明にだんだん照らされて、自力のだめであるということがおのずとわかり、他力本願によらずんば救われないということがわかり、自分の罪の深いということが知れ、この私を救いたまう本願のましますということが知れてくるのであります。そこで自力のはからいというものを一切捨てて、如来を信ずるという一念が、心のうちに起こってくるのであります。発《ほっ》起《き》ということは、芽が下から土を破って出てくるように、如来の願力が我々の心の下から現われてくるのです。だから発《ほっ》というのは、有るものが出て来たということ、起というのも有るものが起きて来たということであって、信心は自力で起こるものでなく、如来の本願力が私の方へはいってくださって、そして私をして頼ましめ信ぜしむようにしてくださったのであって、かくて如来を信ずる一念が発《おこ》って来たものでありますから、発起というのであります。発起という字を静かに味わうならば、他力ということがわかるのです。信ずる一念が発起して、すなわち金剛の信心を賜わったのであって、そのときから正定聚の位に定められ、そして一生の間は涅槃に向かって進むところの、不退転の位となって進み、そして命が終われば、もろもろの貪欲瞋恚愚痴の煩悩をはじめとして、（煩悩といい悪障というのは意味の相違で、皆煩悩のことであります。悪障と煩悩ということは、もっと細かく学問のうえでは説明がありますけれども、涅槃に進む障りとなるものですから、いろいろの悪い心であります）いろいろの煩悩を転じて無生忍を悟らしめたまうのであります。無生忍《むしょうにん》といいますと、忍とは智慧の別名でありまして、詳しくいえば無生法忍《むしょうほうにん》ということであります。私どもは常に生法《しょうぼう》ということを思っているのであります。生法ということは、物の生滅の法ばかりを見ているということです。生ずれば滅する、盛んなれば衰うる、そういうものばかりを見ているのが私どもの智慧であり、それが普通に私どもの世界でありまして、そういう智慧では、一生苦しみから離れることができないのであります。それは常に苦を離れず、涅槃といって不生不滅の法を見る智慧が出てこないのであります。我々は生法ばかりを見ているのでありますから、長生きするということは喜ばしいことであり、また反対に、死ぬということはいやなことであると思い、したがってそこに苦しみをもちます。すなわち盛んになるということはいいけれども、衰えるということはいけない、一方にいいものを見、一方にその反対のものを見て、あるいは好き、あるいは嫌い、あるいは喜び、あるいは恐れて、そこに苦しみというものが常に湧いているのです。しかるに、この不生不滅というのは、一切万法について生滅の法というものを見ず、苦しまなくなるところの智慧を無生法忍というのであります。ゆえに無生法忍とは涅槃の別名であります。

七

韋提希夫人には釈尊の思召しが到達して、そしてついに本願を信ずることとなったのであります。すなわち下々品までお話しになって、下々品の十悪五逆の者というのは、私のことであった、そうして、自力ではいかにしても助かるものではない、いままでは自力心で、いろいろ助かる法を求めておったけれども、とうてい自分の力では助かるものではない、したがって滅罪して助かろうという考えは、誤りであって、他力本願にあらずんば助かる道がなかったのであった。十悪五逆のかかる私を助けたまう本願のましますということに眼覚めて、明らかに本願を信ずる身の上になり、はじめてそこに無生忍という智慧を得られたのであると、こう『観経』にありまして、無生忍ということは、自力ではなかなか得られないことであるが、本願を信ずることによって、他力によって無生忍という智慧を我々が開かせてもらうのです、これがすなわち信心の利益であります。そういうことが他力信心の有難いところでありま す。ここでは、「命終すればもろもろの煩悩悪障を転じて、無生忍を悟らしめたまふなり」とあって、命が終わって浄土に往生し、涅槃界において無生忍を開かせたまうのであるというように書いてありますが、それは不生不滅ということをいわんとして、無上涅槃ということを無生忍と申されたのであります。それで涅槃ということをいう代わりに、命終すればもろもろの煩悩悪障を転じて、無生忍をさとらしめたまうなりと申されて、生死を出離した不生不滅の法と一致する、涅槃の証智というものを、開かせてくださるのであると申されたのであります。

八

「この悲願ましまさずば、かかるあさましき罪人、いかでか生死を解脱すべきとおもひて」とは、他力を顕わされた言葉であります。自分の罪の深いということ、つまらんものであるということ、智慧のないものであるということがわかれば、大悲の悲願ましまさずんば、かかるあさましき罪人いかでか生死を解脱すべきであります。生死の悩みということは我々の最も深い根本の悩みであります。自力でその悩みを離れることがどうしてできましょう。念仏を滅罪に利用している心は自力心でありまして、怪しからん考えであります。それゆえ、他力を信ずるということによって、助けていただくということに決定心《けつじょうしん》が発《おこ》るならば、念仏を他のことに使うということは、ないはずであって、口に出てくる念仏はことごとく、「一生の間申すところの念仏は、皆ことごとく、如来大悲の恩を報じ、徳を謝すとおもふべきなり」であります。すなわち他力信心の人としての念仏は、仏恩報謝の念仏であります。しかるに、他力を信じたといいながら、また助けられたと喜びながら、なお念仏に対して、滅罪の観念をもっているというならば、その心は他力に徹底せざる信であり、不明瞭な信仰であることを反省しなければならんのであります。

九

そこで今度は、私ども自身の心のうち、すなわち日常の心を眺めて、口では常に念仏を申していても、この念仏は実際どういう念仏であるかということを、反省してみる必要があるのであります。一般に、自分は他力本願を信じたと思い、他力本願に救われたといっておっても、また念仏は仏恩報謝の念仏であると、誰でも口ではさようにいうておりますが、それはさように教えられたのであり、教えを聞いて覚えた通りをいうている口真似であって、実際の心の事実はいかがでありましょうか。我々の毎日申していますお念仏は、それは尊い名号でありますけれども、その名号を称えるという心は、どういう思いであろうか。念仏を称えるというそのことによって、どんなことがあると思うているのかと、かく念仏を称える心持ち、そこが我々の反省を要する大事な点であります。そういうように内省反省してみると、念仏する心持ちが甚だ怪しくなってきはしないかと思います。報謝の称名は相続しなければならんとか、信不信を論ぜずお念仏を申しなさいとか、そういうことを我も人も申しておりますが、念仏すれば助くるとは、如来の本願であり、念仏を称えなさいということは釈尊の教えであり、親鸞聖人も教えられたことでありますが、だんだん進んで教えを聞いてゆきますと、念仏は報謝の心で申すべきであって、多く念仏申したから助かるとか、多く称えるという効能によって助かるとか、たくさん薬を飲めば病が治るというような、そんなことを思っている人もおそらくはないでしょうけれども、念仏は報謝であるといい、また思いもしておりながら、ひそかに心のうちを尋ねてみると、本当はどう思うているのでしょうか。報謝の念仏というものが、本当にいくら称えられているのだろうかと、こういうことを調べますと、他力信心ということと報謝の念仏ということとは、大分難儀なことになってきはしないかと思います。難儀になっても、それが真に事実ならば仕方がありません。それがもとより正しいことならば、難儀にはならないはずであります。もとから曖昧なために、考えるたびごとに難儀になってくるのですから、けっして恐れず躊躇せずに、何遍でも子細に反省すべきであると思います。

これから暑くなりますと、蚊がやって来ます。バチッと殺して、そうしてその後から念仏を申したりします。また人と喧嘩したり、悪口をいったり、身にも、心にも、いろいろの悪いことを思っておいて念仏を申しますが、その念仏はいったいどういう念仏でありましょう、何と思って申すのでしょうか。だから他力の信心を喜んで念仏申すといいますけれども、非常に曖昧なものであります。いまはそれをいわれるのです。姑が嫁をいじめておいて、悪かったと思って念仏を申す、それは何と思って申しているのか。念仏申し申しいじめている人さえあります。仏恩報謝の念仏といいますが、それらの念仏は何の念仏でしょうか。何とも思っておらないという人がありますが、何とも思わずしてはたして念仏が出ているでしょうか。怪しいものだから、不問に付しているのではありませんか、不問に付しているその念仏の心こそ、まさに反省すべきものであります。教えと実際とが別々になっているということは、恐ろしいことであります。

十

信仰には善悪の問題から入るといわれますが、善悪ということが、我々の心に明らかになってくると、善悪という問題がはじめて心の問題になるのでありまして、善悪の自己反省の門からはいってゆけば、ついには他力本願の都に到達するのであります。ですから、善悪ということが明らかになってくると、何が起こってくるかと申せば、第一に起こってくるものは滅罪観念であります。人を欺して金を儲けて、悪いことだと思って念仏申したり、腹を立てて恥ずかしくなると念仏申したり、子どもの頭を叩いて悪いと思うと念仏を申したり、口に身に意《こころ》に悪業《あくごう》をつくりて、悪かったと思うて、この罪を消そうと考える滅罪観念の念仏は、誰にもわかりやすいことであります。

韋提希夫人という凡夫には、滅罪観念の話をしてやらねば、とうてい他力本願はわからなかったのでありましょう。念仏に滅罪の徳を述べられたのは、韋提希に善悪の自覚が強く起こっていたからでありましょう。教えを聴聞していると、自然と弥陀の光明に照らされて、そして善悪ということが多少ずつわかってくるのです。善悪ということが問題になってきますと、自分という者が善い者であるか、悪い者であるかということがわかってくる、それがわかってくると、過去を見て恐ろしくなり、未来を見て恐ろしくなってくるのであります。すなわち現在に立てる自分という者は、過去に対している者であり、また未来に対しているのであって、かかる未来と過去とを併有している者が、現在の自己であります。

十一

これは皆誰でも、そうなるのです。何も知らなかったけれども、そういうことも罪であったか、なるほどそれは悪いことである。因果の道理なんどというものはないと思っていたが、釈尊の話を聞くと、それはあるべきはずであり、現に自己の周囲に行われているらしい。善因善果、悪因悪果ということがあるという考えは、仏教によって祖先以来養われてきた思想であって、我々日本人には、いつともなく昔から浸《し》み込んでいるのだと思います。仏の教えを聞くと善悪の考えが明らかになって、自己は少善多悪の者であり、善が少なく悪が多い者だくらいのことはわかってきます。真宗の教えを聞きますと、小さい善もそれは本当の善というものではないということ、小さい悪であると見えても、それが十悪五逆ということになる、ここに少善多悪の私、厳密にいえば曾無一善《ぞうむいちぜん》の自分ということが、だんだんわかってくるのであります。よく考え来たるとき、最も困った問題は我々の過去であります。自分の過去というものはなかなか見えにくいものでありますが、過去の自分という者が見えるということは、大切なことであります。

かくも苦しいことが重なるということは、どういうわけであろうか、つづいて困ることが起こるというのはどんなわけであろうかと、何度も痛い目に遇ってはじめて今日までうろうろしていた曖昧な考えが明らかになり、少しずつ落ち着いて考えるようになって、そこにはじめて過去というものと未来というものとを明確に見いだすようになるのであります。そうすると、自分の過去というものは罪の多いものであって、自分の知っただけでも罪は多いが、自分の知らざる罪はどれだけあったか知れない、だから現在のような苦しい結果が重なってきたのであろうと、だんだんそれが明らかになりますと、今度は自分の知らない未来、せめて死ぬまでは無事にやってゆけようかと心配するようになり、なおもっと恐ろしいことは、自分の死後ということであります。生きている間は、親がどうかしてくれるだろう、主人が何とかしてくれるだろう、子が何とかしてくれるだろう。あるいは自分ででも何とかしてゆく決心であるけれども、さて死んだのちはどうなるであろうと、自分の未来と、第二の自己である家族の未来のことが心配となりだすのであります。そこから、現在において人の世話でもしておけば、何とかなろうという考えも、出てくることであります。危ういながらもそんなことでごまかしておくのです。それでもなお心配は去らずして、さて死ねばどうなることであろうと、こういうことを考えざるを得なくなるのであります。死ぬまでの心配ということは、それが自然に死後という心配になります。いずれもそれは、未来ということについての恐れと悩みであります。

十二

未来に対する不安と苦悩は、いよいよ過去を反省さすものであります。未来に対するものは現在と過去でありますが、現在を善くするということは、いまから勉めてゆけば何とかできるであろうと考えますが、現在よりも困る問題は過去です。未来の安心ということは、是非とも、過去を何とかせねばならんこととなるのであります。しかし、その過去というものは、自分の手の届かぬところのものでありますから、過去の罪悪が一番困ったことなのでありまあす。そこで滅罪という願心が起こってくるのでありまして、それがため、宗教では滅罪方法が多岐多様に説かれておるのであります。それゆえ念仏を滅罪方法の最も効能あるものとして、利用せんとするのであります。過去の罪というものは、消しておかないと、かかる現在の結果となり、あるいは未来の結果となる、それゆえ現在および未来の幸福を念願する心は、過去に遡って考えざるを得なくなるのであります。自分の罪というものに対しての一般の考えは、たいてい善と悪とが、半分ずつあるくらいに思っているものでありまして、けっして自分は全然悪い者とは考えていないのであります。善導大師や、親鸞聖人になりますと、曾無一善、曾《かつ》て一つの善もないということをいわれますけれども、それほど明瞭にはなかなかわからないものであって、悪いことは悪いとしても、少々は善いこともあると、一般に人間はこれくらいに考えているものです。だから過去の悪いことを消してしまいさえすれば、その結果として残るものは善ばかりとなるであろう、しからばいまの苦しみというものも軽減するに違いない。したがって将来未来というものも、幸福になってゆくに相違ないと考えます。たとえ死ぬとしても、死後というものは必ず幸福になるであろうと考えるのです。現在というものは、念々に過去となるのですから、要するに過去の罪というものを、どうかせねばならぬという心の目覚めになってくるのであります。だからここで常人の起こしやすい考えは、つまり自力の人の起こしやすい考えは、自分の力でこの罪を消さなくてはならん、自分が悪いことをしたのだから、いまから少しでも善いことをして、それを消そうと考えます。しかし、それはなかなか難儀なことですから、それでついには自力心をもちながら、他力を願うという考えを起こすようになり、半自力、半他力であって、曖昧ながらも一分《いちぶん》他力を信じようとする考えが起こるのであります。この『観経』のお話を聞きますと、一念申せば八十億劫の罪を滅し、十念申せば十八十億劫の罪を滅すと、そういう功徳が念仏にあると申されるのですから、欲ばかり先に立っている凡夫という者は、その根本の仏とか本願とかいうことに用はないのであって、自己の幸福のために罪を消しさえすればよいのですから、念仏を申せば罪が消えると聞くと喜ぶのであります。かくのごとく過去の罪ということを反省しますとき、どうかして消したいという願いがあるものですから、一念申せば長い過去の罪が消えるといわれると、早速、念仏を滅罪の道具として、これを使用せんとする考えを起こすのであって、かかる考えはいつまでも、なかなか消えにくいのであります。それは無宗教であって、何も考えないよりは一歩進んだ考えであり、人を苦しめても殺してもかまわんとか、獣類や鳥類を殺しても、蚤を殺しても、蚊を殺しても、そんなことは罪でもない、当たり前のことであると考えたり、彼は苦しむように生まれてきたのだとかいって平気でいたり、牛や馬は働くように、また食われるように生まれてきたのだとか、優勝劣敗は世の慣い、自然《しぜん》の理だなどといって、平気で通ってゆける間は、事はないのですが、それが少し目覚めてきますと、起こりやすいのは必ず懺悔の観念であります。

十三

滅罪観念というのは、ちっとでも慈善善根をして、自分で罪を滅ぼそうという考えであって、今日まで一般に行われている死者を弔うとか、施餓鬼《せがき》をするとか、困難している人を救うとかの、種々の慈善思想であります。今日まで、日本に仏教が栄えてきたのでありますけれども、本当の意味というものは、あまり考えられずに、多くは滅罪観念の宗教として行われてきたようであります。それが親鸞聖人に至って——源信和尚、法然上人といってもよろしいけれども、明瞭には、親鸞聖人に至って、かかる念仏滅罪の考えがまったく棒引きにされたのであります。日本におきまして、平清盛であっても足利尊氏というような人であっても、盛んなときには、何もかまわず、どんどん自分の思うようにやって、それが善いことであっても悪いことであっても、自己の思うようにやってしまったのでありましょう。昔の英雄豪傑が仏門に帰したのはたいていそうです。後になって考えてみると、無理なこともすれば悪いこともした、ずいぶん人も泣かした、人も殺した、思えば恐ろしいことであった。それゆえ、残り少ない現在の身は、どんなになってもかまわんとしても、しかし未来ということになると、どうなることであろう、過去は仕方がないとしても、自己の残れる半分である未来を大事にして、未来に生きようと念願するのであります。そういう考えから、昔の偉いといわれた人々も、多く仏門に帰したのであります。あるいは懐剣を懐中に入れて法然上人に道を聞きに行った人もありました。もしお前の罪を滅ぼせば助かるといわれるならば、そしてその滅罪の方法が、この腕を切れということであるならば斬ってもよいと、それほどに決心して参られたということであります。要するに皆滅罪の観念であります。清盛が一切経を書写した、足利尊氏が一切経を書写したというものも、それは懺悔滅罪の心からであります。滅罪観念によって自分の将来の冥福、あるいはいままで苦しめた人の菩提を弔うためであります。あるいは大きな殿堂伽藍をあちこちに建てたというのも、みんな滅罪観念から来ているのであって、それは報謝の考えから来たのではないのであります。懺悔滅罪にあらざれば祈禱です。どうでも俺の病気が治るように、親の病気が癒《なお》るように、あるいは子孫が繁栄するように、俺が悪道に堕ちないようにということであって、滅罪にあらずんば祈禱、祈禱仏教にあらずんば滅罪仏教であります。

十四

懺悔すれば罪が滅ぶという考えは、やはり滅罪観念であります。どの宗教でも懺悔ということを大変大事にして、クリスト教でも天理教でも、懺悔ということをやかましくいいます。天台宗などでも「我昔所造諸悪業《われむかしつくるところのもろもろのあくごうは》、皆由無始貪瞋痴《みなむしのとんしんちによりて》、従身語意之所生《しんごいにしたごうてしょうずるところなり》、一切我今皆懺悔《すべてわれいまみなさんげしたてまつる》」といって日々の懺悔のご文《もん》を称えて、学問をしたり修行するそうですが、そういう具合に、懺悔の思想というものが、仏教によほど強くあるのです。なぜかといえば懺悔すれば罪が消える、罪が消えるから現在の苦しみ、および未来の苦しみが変化する、したがって業報が善くなる、悪の結果が滅びて善の結果だけが現われると考えるのです。そこには仏も何も要らないのです。いつの間にか懺悔の方法としての、念仏さえあればよいこととなって、本願も要《い》らねば仏も要らないこととなるのです。また自分は非常に悪い者であって、善というものは少しもないといいながら、善が残っておって、善く報うて来るように思い、なお今後は少しでも善をしよう、懺悔の水で悪いことを洗い流して、そうして善いことをしよう。如来に助けてもらうとしても、懺悔をし、あるいは念仏で滅罪して、そうして善人となって、後を助けてもらおうと、こういう不純な考えが出てきたりするのです。要するに、この過去の罪に目覚めて恐ろしくなってくると、過去の罪を消して、そうして助けてもらおうとします。そこまでゆくと、自分の善というものだけが残って、幸福になるに違いないと考えるのですから、一遍申せば八十億劫の罪を滅し、十遍申せば十八十億劫の罪を滅す、しかれば百遍申せば、二百遍申せば、あるいは一万遍、二万遍、三万遍というように、たくさん念仏を称えるほどよいという考えは、ここから出てくるのであります。

十五

一面からいえば、称えないよりは称えた方が善いことであり、少ないよりは多い方がよいにきまっているのです。それは名号の力によって如来の方に近くなってゆくことであり、光に近づくことであるから、称えないよりはよいのですが、かくのごとく念仏すれば罪を滅ぼすという考えになって、滅罪観念をもって出発する念仏ならば、それは自分の力で念仏を申して、罪を消そうとしているのであるから殊勝なようで実は不純な信であります。だから「自力のこころにして、……他力の信心なきにて候なり」といわれるのであります。滅罪観念というものは、普通の考えよりは一歩進んでいるようでありますけれども、いまだ自己にも、本願にも、徹しておらない考えであります、それゆえ「いまだ我等が信ずるところにおよばず」であります。自分の罪の深いということを、知れば知るほど「この悲願ましまさずば、かかるあさましき罪人、いかでか生死を解脱すべきと思ひて、一生のあひだ申すところの念仏は、みなことごとく、如来大悲の恩を報じ、徳を謝すとおもふべきなり」。本願をたのむ身のうえであるから、たとい念仏申しても、その念仏は、懺悔して滅罪しようという考えから申すのではなく、皆悉《ことごと》く報恩感謝の念仏であります。

十六

念仏まうさんごとに、つみをほろぼさんと信ぜんは、すでにわれとつみをけして、往生せんとはげむにてこそさふらふなれ。もししからば、一生のあひだ、おもひとおもふこと、みな生死のきづなにあらざることなければ、いのちつきんまで、念仏退転せずして往生すべし。ただし業報かぎりあることなれば、いかなる不思議のことにもあひ、また病悩苦痛をせしめて、正念に住せずしてをはらんに、念仏まうすことかたし。そのあひだのつみをば、いかがして滅すべきや。つみきえざれば往生はかなふべからざるか。摂取不捨の願をたのみたてまつらば、いかなる不思議ありて罪業をおかし、念仏まうさずしてをはるとも、すみやかに往生をとぐべし。また念仏のまうされんも、ただいまさとりをひらかんずる期のちかづくにしたがひて、いよいよ弥陀をたのみ、御恩を報じたてまつるにてこそさふらはめ。つみを滅せんとおもはんは、自力のこころにして、臨終正念といのるひとの本意なれば、他力の信心なきにてさふらふなり。

滅罪という考えは、道理に外れた考えであるということを、いっそう明瞭にせんがために、この言葉を出されたのであります。

翻《ひるがえ》って考えてみると、仏教伝来以来、千三百年間、その間に、懺悔ということと滅罪という観念を重んじておらない宗旨は、ほとんどないようであります。したがって多くの仏教信者は、皆懺悔滅罪の思想をもっているのであります。のみならず、仏教以外の宗教においても、悔い改めるとか、あるいは過去のいろいろの悪事を、人の前に、あるいは神の前に懺悔するということを、宗教の一つの尊い様式のように宣伝しているのであります。要するに、過去から今日までの宗教に、滅罪ということを重んじておらない宗教は、ほとんどないといってもよかろうと思います。しかるに、ここに申されたように、懺悔滅罪の思想は誤った考えであると、明らかにしてくださった教えは、親鸞聖人の教えのみであろうと思います。思想上それは誠に有難く尊いことであります。

しかしながら、自分の心がどういうように、実際になっているかが問題であります。念仏信者として、懺悔滅罪の考えがなく、ひとえに本願を仰ぎ、報謝の精神から念仏申しているかどうかということを子細に反省してみなければなりません。そして自分には懺悔滅罪の観念が次第になくなったとか、あるいはまったくないということであるならば、いよいよ本願の有難いこと、自分の幸福なことが喜ばれることであろうと思います。そういう大事なことですから、心をこめたこのようなお言葉が出てきたのであります。あくまでも出たがるものは自力の心であって、その一つは滅罪の観念であります。それゆえ、その誤りであることを知らしめんがため、滅罪観念の不合理なことを知らそうとして、念仏を一声申しても、二声申しても、念仏を称えることによって、罪を滅ぼそうと思い、あるいは罪が滅すると考えているのは、仏教の一般思想であって、あらゆる宗教の心からいえば、それでよさそうなことでありますが、それは自分の力で罪を滅せんとするものであって、他力を信じているのでなく、自力で罪を消して、自力で助かろうとしているのであります。かかる人々は念仏して罪を消そうとし、また消えるものと考えているのでしょうけれども、本来我々の心というものを考えてみると、源信和尚が申されたように、「一人《いちにん》一日中八億四千念」一日の間に八億四千という念がある、「念々中の所作《しょさ》、皆是れ三途《さんず》の業なり」と、八億四千の考えが一人一日の間に起こるのであって、それが皆三途の業であり、貪欲と瞋恚と愚痴とが滾々《こんこん》として出ているのであって、「一生のあひだ、思ひと思ふこと、皆生死のきづなにあらざることなければ」日々の所作と日々の煩悩、それは、生死を解脱することではなくして、生に対し死に対して苦しんでゆく業因ばかりであります。そして死んでもまた苦しむというように、苦を離れることがなく、生も死もいくたびするとも、苦に繋がっているのである、そういう者が凡夫といい、人間という者である以上、命が尽きるまで念仏を怠らずして、過去無量劫の罪と、現在一念までの生死の罪を、消してゆかねばならぬこととなるのであります。そうでないと、罪を消して助かるということはできないこととなるのであります。

十七

しかしながら、念々に三途の業を作っているのであるから、日々念仏を怠らず申して、一生涯は死の一刹那《せつな》まで申さなければ、生きている間の罪は消えないこととなります。なおまた一声ずつに、過去八十億劫の罪が消えるとしても、八十億劫という時間は非常に長いようであっても、無始から今日まで迷うてきた無限ということに比べるならば、たとい一日に一万遍乃至二万三万遍ずつ、一生やっても、それではたして無始から今日までの罪が、きれいに消え得るかどうかは、あやしいことであります。称える念仏の数にはかぎりがあって、無始より今日までの数えきれない長い間の罪は、無限ということであるから、何万遍称えたって、それで消え得るということはとうていきめられないことであります。よしや、久遠の過去より現在までの罪は消ゆるとしてもなお、今後ということが問題として残っているのであります。毎日毎日八億四千念、念々みな三途の業を積んでゆくのであります。もしここらで大病でもすると、称えられなくなります。その他何《た》かのことで念仏が称えられない場合が、起こるかもしれないのであります。我々は予期すべからざる業報をもっているものでありまして、いわば親のどんな遺伝なり、先祖の遺伝をもっているかもしれないのであります。また我々のうえには、いつどんなことが起こり、どんな病気が来るかもしれないのです。そういう業報をもっている我々ですから、きっと死ぬときまで称えつづけて、滅罪するということは不可能なことであります。またひどい心配でも起こってくれれば、それが気になって称えようとしても、忘れて称えられないようになるかもしれません。だから慮《おもんぱか》ることのできない事情や境遇によって、すなわち業報によっては、称えられない場合が起こり得るのであります。すなわち病悩苦痛によって、熱病や難病に遇うて、あまり苦しいときは、いかにえらい人でも念仏が申されまいし、いろいろな事情が起こってきて、死ぬまでの間には、かなり念仏の申せないことが多くあるべきであります。そして大病のときはすべての人に、苦労や心配をかけて、身口意三業の罪はかえって多く造るものであります。

十八

これは、私が実際に聞いた話です。私の親しい信者の人で、非常に意志の強い人でありました。数年以前に死なれましたが、その人がある日話されたことであります。妻君はまだ生きていられるでしょうが、その妻君は若いときから非常な信者でありまして、主人は無信者だったそうであります。妻君に勧められて、ときどきは聞法《もんぽう》したことがあっても、だいたいが行者ごりとかいうことを昔からやった人でありまして、ついに鞍馬山に参籠して、鞍馬の僧正《そうじょう》坊《ぼう》を見たというほど、熱心に行をした人です。現在は私の親類の寺の檀家であって、世話人をしている信者です。大きな掛図をもっておられまして、誰にも見せないのだけれどもといって、それを掛けて、一夜、私に話されたのです。実際修行をすると、真っ暗なときにも明かりがほんまにさして来ます。満願の日まで、毎夜真っ暗な山道を本坊から奥の院まで、一晩も困ったことがなく、不思議に道が明るくなるのであります。そこでその僧正さんが感心して、寺の坊さんでも、そこまで行力《ぎょうりき》の進む者は、なかなかないと申されました。鞍馬の僧正坊の力で道を照らしてくださったのです。トッコトッコと山道を登ってゆくと、道が明るくなって、燈《あかし》をもたずとも歩いてゆけるのです。そしていよいよ満願の深夜に至って、ズーッと僧正坊が顕われたのです。それを実際に拝んで、ひそかに誰にもいわずに、僧正さんにその由を申しますと、お前見たかといわれますので、見たままを話しますと、大変喜んでくださって、昔から見た者は甚だ稀であって、甚だ奇特なことだと、信心の厚いことをほめてくださいました。僧正さんの話と不思議にも一致しているのに、自分でも驚いたことでありました。それでそのままを絵師に画いてもらって蔵《なお》しているのであります。（そんなことがあるものか、どうか知りませんが、その人は真剣になって感激して話されました）それで他力の信心がわかるまでは、誰にもいわず蔵しておいたのですが、いまはそんなに秘すべきでもないと思いますから、といって私に見せられたのであります。ところが、その人がなぜ、本当の念仏者になられたかといいますと、やはりはじめは滅罪観念です。念仏は功徳広大であるから、念仏を申せば罪が消えるということであるなら、念仏を申しましょう、何千とか何万とかということはとうていやれないだろうが、せめて三百遍くらいなら称えられるであろう、自分はこれを死ぬまで、毎日の行事に申そうと、こういう願いを発《おこ》して、そうして毎日、早朝にやってしまうのだそうです。早朝にどうしてもやれないときには、用事のすみ次第、すぐにやってしまう。どんなことがあっても、たいていは正午までにやることにしていたのです。けれどもヒョットすると午後になることがありました。三百遍でも是非欠かさず毎日やろうと思うと、なかなかやりにくいものであります。そして三年か五年かやっていました。そうすると、妻が阿呆なことはよしなさい、とたびたびいいましたけれども、やはり聴聞しながらやっていたのです。ところがある日、突然、腹が痛くなり、何十遍ともしれんほど下痢したのです。そのうえ熱が出て、疲労と苦痛とでグダグダに弱ってしまって、半分死んだようになり、うとうと寝てしまって目が明いたら、もう翌日の朝でした。日課を忘れたことも知らずにいると、妻が「サアどうです」死にかけている主人に「なぜあなたは、昨日お念仏を称えなんだか」と申しました。「さあしまった、大変なことをした」。このときには本当に困りました。困ったけれども、事はすでに済んでいるのです。それから妻が「あなたは一緒に聴聞していながら、お念仏を三百遍ときめて称えられましたが、やはりできますまいがな」「いよいよ自力のだめなということがわかったでしょう」「あなたはじきにわかったわかったというているが、まだあかん、もっと聞かんといけません」と、こう妻にいわれて、このときいよいよ自力はだめということがわかって、病気が治ってから、真剣に教えを聴聞するようになり、そののちはまったく自力をすててご本願を仰ぐようになったのでありますというて、非常に喜んでいられたのでした。一つは私の恥さらしであり、一つは自分には僧正坊さんが深いご縁でありましたから、懺悔の記念ですといって、懸物《かけもの》を示して、そういう話をひそかに私に聞かせてくださったのであります。いまちょうどそれを思い出すのであります。

私どもはそれほど真面目ではありませんが、真面目でありませんから、いつまでも滅罪の考えで念仏を申したり、あるいは滅罪にはならないと考えてみたり、そこが非常に曖昧なのであります。しかし、かかる曖昧な滅罪の考えが、なぜ起こるのかというと、それは不徹底な自力心から起こるのであって、それは不合理な考えですから、いくらやってみても満足するものではありません。それはすなわち自力のだめなことを証明しているのであります。

「病悩苦痛をせしめて、正念に住せずして終らんに、念仏申すこと難し」、長らく病気でもして、念仏申すことができずに、そのまま命が終わったならば、どうするのであろうか。申せなくなってから、死ぬまでの間の罪はどうするのであろうか、それを考えずに八十億劫とか、十八十億劫とか聞くと、すぐ自分の罪の全分《ぜんぶん》を消滅し得るように考えるのは、自力心で考えた不合理な考えであります。たいていは八十億劫とか十八十億劫の罪を滅すと聞くと、かかる長い間の罪さえ消ゆるのだから、現在一生の罪くらいは、無論消えるに違いないと、安心しておくのであって、無限の罪ということは考えないのであります。

十九

言葉をもう一遍換えてみると、私どもの心の中にある滅罪観念、それはこれだけ話されても、なかなか除《と》れにくいものでありましょうが、いったい、往生ということは、罪が消えなければできないと思っているのでしょうか。他力本願によって浄土に往生をさせてもらって、涅槃の悟りを開かしめられると、こう聞いておりながら、自分の過去の罪が消えなければ、また現在造っている罪が消えなければ、如来の本願がいかにましましても、自分の往生はできないと思っているらしいのです。罪が消えなくても往生をさせてやるといわれているのに、そんなことはとうていあり得ないことであると考えているのでありましょう。そう思っておればこそ、いつまでも滅罪観念というものが念仏にくっついてくるのです。他力によって摂取して救うてくださるという本願を、たのみたてまつったうえは、自分の自力ではだめであるから、他力で助けられるのであります。しからば「如何なる不思議ありて罪業を犯し、念仏申さずして終るとも、速やかに往生を遂ぐべし」、自分の業報によりては、犯さじと思うておっても、五逆罪もやるでしょうし、十悪罪をもやるでしょう、どんなことで、思いもかけぬ悪業を犯すことがあるかもしれないのです。だから念仏によって過去の罪は消しても、今後起こって来るところの罪がある、しかしそんなことがあっても、助けたまうのが他力本願であります。たとい業報によって、念仏が申されずして終わるようなことがあっても、願力によって速やかに往生を遂ぐるのであります。そこが他力本願の広大なるお慈悲であります。しからば不可能である滅罪の自力心をすてて、本願他力をたのむうえは、念仏によって滅罪しようとつとむることも要《い》らず、かえってどんな罪が今後において起ころうとも、他力本願なればこそ、何の心配もないのであります。しかるに、かかる如来の本願が信ぜられないものですから、罪を消さねば往生できないと思ったり、消すこともできないくせに、消さねばならぬと考えたりしているのは、つまり本願を疑っているのであって、それは明らかに信じておらない証拠であります。有難いことには、今後、罪業を犯し、しかも念仏の申されない場合があっても、速やかに往生をさせていただくということは、摂取不捨のご本願のお力であります。それでこそ、本当に過去に対しても、安心させてもらうのであり、現在の自分の罪の多いということを思っても、安心させてもらうのであり、なおまた将来において念仏申されずとも、そして業報によっては、たとい恐ろしい罪を造ることがあっても、お助けに間違いない他力本願であります。それでこそ、将来に対する心配もないこととなるのであります。しかるに自分がその罪を消してという考えは、普通の道理からいえば、非常に健気《けなげ》な考えのようでありますけれども、実は不合理なことであって、考えの足らないことであります。

二十

そうですから、滅罪の考えのある間は、本当の安心というものはできないのであります。私どもは罪悪の感じの鈍い者ですけれども、自分の罪ということをいささかでも感じますと、自分の過去の罪というものを悔やむのですが、その罪というものは、どうしたって浄《きよ》まるものではありません。いつも私が話をすることですが、床の間の柱に、釘を打つようなものであります。それは抜いたって跡がつきます。削っても疵《きず》がつきます、埋木《うめき》をしてもどうしても、その疵というものはなくすることのできないものであります。私は実際そう思います。いかに念仏で罪を消してくださるということがたしかであっても、私の心の中に罪が消えたということは思えないものであります。心の疵はちょうど柱に釘を打ったようなもので、いかにしても、それは消えないものであります。かえって思い出すたびごとに新しくなり、深くなるばかりであります。自分の罪ということに徹底せず、自力がだめだということに徹底しないものですから、何とかして自分の力で消そうという考えが除《の》かぬのであって、したがって念仏を以て滅罪しようとする心が起こるのであります。ですから、罪を消して助かろうとする考えは、まったくの誤りであります。消えない罪ですから、罪ありながら助けていただくというよりほかに、助かる道はないのであります。如来が私どもの罪を消してやろうと仰せられても、それは如来のことであって、私としては罪のなくなることはないのであります。事実としてもないことであり、実感としてもないことであります。私としては、あくまでも、罪ありながら助けていただく本願を信ずるのであります。それゆえ蓮如上人も、「罪消して助けたまはんとも、罪消さずして助けたまはんとも、仏の御《おん》はからひなり。罪の沙汰無益《むやく》なり」と申されています。念仏して滅罪せんとすることは、それはよしなき自力のはからいであります。

二十一

親鸞聖人は『和讃』の中に申されました。

真心徹到《しんしんてつとう》するひとは　金剛心《こんごうしん》なりければ
三品《さんぽん》の懺悔するひとと　ひとしと宗師はのたまへり

本当に自分の罪がわかって、それを悪いと懺悔するようになれば、全身から血がふき出る、それが上品の懺悔というものである。全身から血が出るほどでなくとも、眼からだけ血が出て、全身からは汗が流れるようになるのが中品の懺悔である。下等の懺悔というのは、眼から血は出ずとも、全身から汗を流す、これが下品の懺悔というのであるが、それらの懺悔ができなくともよい、真実の信心を得れば、かかる三品の懺悔をする人と同じだと、宗師善導がのたまえりと申されています。だいたい、そういう懺悔をして罪を消そうということが、そもそも無理なことでありまして、いかにつとめても、懺悔は懺悔であって、いかほどやっても滅罪とはならず、とうてい、懺悔によって助かることはないのであります。念仏が滅罪にならないのであってみれば、もとより他の善はいかなることをしても、滅罪となるものは一つもないのであります。しかるに罪を消すために慈善事業をやったり、自分の親に不孝をしたからといって、世間の老人を大事にしてみたり、あるいは貧民を救うてみたりすることですが、罪業消滅のためといって、いろいろのことをしますけれども、それは皆誤った考えであります。そんならそれで自分の胸が治まったかといえば、やはり思い出せばけっして消えてはいないのです。懺悔の心は尊きことであっても、懺悔によっては救われません。どうしても罪が消えないものであることを真に知れば、さらに自己の救わるべき真の道を求むべきであります。

心身を苦しめて懺悔しても、それによって自分の罪が消えるものではありません。しかるに人間には苦行思想があって、何か痛いか苦しいことでもやると、霊験があるように考えたり、罪が消えでもするように考えるものであります。それは他に助かる道を知らないために、やむを得ざる切なさから生まれた考えであります。

何ごとであっても、行によって定まるのではなく、どう思うてやるかという心のいかんによって、すなわち思想によって、正しいということと、正しくないということとがきまるのであります。人を救うということや、老人を敬うということや、すべての世間善というものは、たといそれが善いことであっても、それを何と思ってするかが問題であります。何と思ってしたのでもよい、少しでも善いことはする方がよいと、よくいうことですが、それはその人の魂を侮蔑したことであります。意義が明らかでないならば、するよりもしない方がよいことが多々あります。それゆえ、いまも、世間の善にしても、念仏にしても、けっしてそれは懺悔と思うてすべきものではありません。真宗では報謝と思うてすべきであると教えられていますが、自分が悪いことをしたからお寺を建てるとか、自分が悪いことをしたから坊さんにお経を読んでもらうとか、社会奉仕をするとか、たいていは懺悔滅罪の考えから、一切の世間善と出世間善とが行われているようでありますが、これはよく反省せなければならんことであります。思想の問題は生活の根本となるものであります。

二十二

本来人間という者は、欲深い者であるから、こういうことをすれば福徳がどれだけ来るとか、罪が消えるとか、そんなことばかり考えて、本当の助かる道を求めようとしません。それゆえ、いつまでも他力本願が信ぜられないのであります。だから念仏を称え本願を聞いておりながら、多くは懺悔滅罪の自力の所業ばかりやっているのであって、この心はよほど我々が反省しなければならぬことであります。真宗の教えは、本願の名号を信じて念仏申すということでありますが、その念仏は、必ず報謝の心から称えるのであります。すなわち、ありがたやと思う心から、南無阿弥陀仏が称えられてくるのであります。かく、念仏が如来の本願に対する感謝であるごとく、他の一切のことも報謝行として出てこなければならないのです。けっして滅罪の心でなすべきことではありません。伝道事業も、礼拝も、読経も、法事も、世のため人のためにすることも、それが皆報謝の心からであるべきであります。蓮如上人の「たとひ商《あき》なひするとも、仏法の御用《ごよう》と心得べし」と申されたのも、この意味でありましょう。しかるに感謝の心、報謝の心から出ていないから、その仕事をするについても、喜びというものがないのであります。念仏は報恩なり感謝なりと明らかに示されたことは、思想の根本となるものでありまして、この根本思想は、また一切の事についての考え方を、一変さすものであります。

二十三

罪は消えないものであるということがわかれば、念仏をもってきても、何をもってきても、罪は消えないのであり、どこどこまでも消えないから、本当に悪いということがわかるのであります。「一生の間思ひと思ふこと、皆生死のきづなにあらざることなければ」、罪悪を明らかに自覚して、それを救う方法がないことに眼が醒めれば、懺悔や滅罪をしようという考えは、かえって怪しからぬ考えであったということに気がつくのであります。自分の力ではとうてい助かる道のないものである、助かる道のないということを自覚することは真に尊いことであります。そこに眼が醒めるときに、本当に自力を捨てて、他力本願を仰ぐようになるのであります。如来の前に跪《ひざまず》いて、摂取不捨の願をたのみたてまつらば、いかなる不思議ありて罪業を犯し、念仏申さずして終わるとも、すみやかに往生を遂ぐべしであって、安心というものがそこに現われて、いよいよ罪を自覚するところには、摂取不捨の本願をいよいよたのみたてまつるばかりとなるのであります。そこには安心と喜びが起こって、その心から出てくる念仏は、それはただありがたやという喜びの心であります。蓮如上人が、ただ何となく申した念仏でも、皆仏恩報謝にそなわると申されましたように、いやしくも口に出る念仏に、滅罪という考えをくっつける必要はなくなるのであります。

また念仏のまうされんも、ただいまさとりをひらかんずる期の、ちかづくにしたがひて、いよいよ弥陀をたのみ、御恩を報じたてまつるにてこそさふらはめ。

摂取不捨の願をたのみたてまつった念仏者は、本願を信じて御助《おん》けを慶《よろこ》ぶということから、自然《しぜん》に念仏が申されてくるのです。ですから、いまやさとりを開くときの近づくと思うについても、いよいよたのむものは弥陀如来であって、滅罪をたのみとするのではなく、また祈禱の心でもないのです、申すところの念仏は歓喜と感謝の念仏であります。

一遍たのんだから、もうたのまぬということはないのであって、自分の罪を自覚すればするほど、本願がたのみとなるばかりであります。消されない罪であるということに気づけば、いよいよ深くたのみたてまつるは弥陀の本願ばかりであります。いよいよ弥陀をたのみ、ご恩を喜ぶ心から念仏の称えらるるのが他力自然《じねん》と申すものであります。

二十四

罪を滅せんとおもはんは、自力のこころにして、臨終正念といのるひとの本意なれば、他力の信心なきにてさふらふなり。

念仏を称え罪を消そうとする心は、念仏の真義を体得したものでなく、念仏を利用し、滅罪の道具にしようとするのであって、それは自力のはからい心であります。念仏はこれを利用すべきものではなく、まさに受くべきものであります。助かる道は如来の他力本願であることを、念仏によって知るべきであります。しかるに自分の心をもって罪を消そうと考える人は、結局、臨終正念を祈らざるを得ないこととなるのであります。臨終まで正念でないと、充分に滅罪することができないからであります。それはしたがって来迎を期待せねばならぬこととなります。来迎の力によらずんば、臨終正念が保《ほ》し難いからであります。自分が罪を消し消しして、だんだん進んで臨終のときまで、正しい心で意識鮮明《せんめい》に念仏を申さなければならないこととなるのであります。正気で念仏申して、正気で罪を消して、最後の一念まで正気で死んでゆかなければならぬこととなるのであります。こういうことは、とても自力では保し難いから、来迎をたのんで正念を祈るのであります。そういう考えは畢竟他力信心がないからであります。他力信心がないから、滅罪ということが大事になるのであります。念仏を称えていることは同じであっても、称えている心には、報謝心と滅罪心の相違があります。それゆえ、自分はどう思って念仏を称えているかということを、とくと、ふりかえってみなければならんことであって、その心を省みないということは危険なことであります。この念仏滅罪の考えは、求道者にとって最も危険なことですから、この一節が記されたのであります。念仏によって滅罪しようとする考えは、純粋なる他力信心にはないことであって、反対に滅罪の考えは他力信心のなき証拠であります。またこの念仏滅罪の考えのあるかぎり、それが障りをなして、他力信心を決定《けつじょう》せしめないこととなるのであります。それゆえ、滅罪の思想は、自己を救わないのみならず、かえってそれがために救わるる道の塞《ふさ》ぐものであります。

第十五節　他力教と自力教の相違点

煩悩具足の身をもち、すでにさとりをひらくといふこと、この条、もてのほかのことにさふらふ。即身成仏は真言秘教の本意、三密行業の証果なり。六根清浄は、また、法華一乗の所説、四安楽行の感徳なり。これみな、難行上根のつとめ、観念成就のさとりなり。来生の開覚は、他力浄土の宗旨、信心決定の道なるがゆへなり。これまた易行下根のつとめ、不簡善悪の法なり。おほよそ、今生において煩悩悪障を断ぜんこと、きはめてありがたきあひだ、真言法華を行ずる浄侶、なをもて順次生のさとりをいのる。いかにいはんや、戒行慧解ともになしといへども、弥陀の願船に乗じて、生死の苦海をわたり、報土のきしにつきぬるものならば、煩悩の黒雲はやくはれ、法性の覚月すみやかにあらはれて、尽十方の無碍の光明に一味にして、一切の衆生を利益せんときにこそ、さとりにてはさふらへ。この身をもて、さとりをひらくとさふらふなるひとは、釈尊のごとく種々の応化の身をも現じ、三十二相、八十随形好をも具足して、説法利益さふらふにや。これをこそ、今生にさとりをひらく本とはまうしさふらへ。和讃に、金剛堅固の信心の、さだまるときをまちえてぞ、弥陀の心光摂護して、ながく生死をへだてける、とさふらへば、信心のさだまるときに、ひとたび摂取してすてたまはざれば、六道に輪廻すべからず、しかれば、ながく生死をばへだてさふらふぞかし。かくのごとくしるを、さとるとは、いひまぎらかすべきや、あはれにさふらふをや。浄土真宗には、今生に本願を信じて、かの土にして、さとりをばひらくと、ならひさふらふぞとこそ、故聖人のおほせにはさふらひしか。（第十五節）

—

仏教であるならば、何宗でも同じことであると、一般に人々のよくいうことであります。こういうことはすでに道を聞いておる人々の中にも、よく聞くことであります。「わけ登る麓の道は多けれど、同じ高嶺の月を見るかな」という歌もあるものですから、つまりは同じだというたり、釈尊の説かれた教えだから同じに違いないと思ったりします。あるいは絶対の自力と絶対の他力とは、両極は一致するからつまりは同じことだとか、あるいは真宗も、禅宗も、真言宗も、日蓮宗も、天台宗も、浄土宗も、皆一つであるとか、こういうことをまず心にきめて、そして道を話す人もあれば、また聞く人もあるようであります。かくのごとく独断にして予定の考えが不明ですから、いろいろの間違いを生じて、本当の道がわからず、本願を信じて助かるという他力の大道に出られないのであります。こういう誤った考えがあるために、それに禍されて、真の道に出られない人が、ずいぶん多くあることでありましょう。それゆえに、そういう誤りに陥らしめたくないという親切から、世間でいっている覚りということを中心として、自力の教えと他力の教えとの、相違点を明らかに分別して、我が真宗の正意を、明らかに示してくださったのであります。

煩悩具足の身をもち、すでにさとりをひらくといふこと。この条、もてのほかのことにさふらふ。

お互いは、もとより煩悩具足の身であります。しかるにあの人は覚りを開いたとか、自分は覚りを得たとか、いうようなことをいい合っているようであるが、それはどんな意味でいっているのか、実に怪しからん言葉であると、この言葉の意味を明らかにして、その誤った考えを正さんとしていらるるのであります。真宗の教えは、この世では信心を得て入正定聚《にゅうしょうじょうじゅ》の益《やく》を得、来生《らいしょう》に成仏して涅槃の証果を獲《う》るという教えであって、すなわち二益《にやく》法門である。しかるに、他の自力聖道門の教えが即身成仏を談じ、今生で涅槃の証を開くと説くために、真宗でも今生で涅槃の真証を開くようにいう誤った考えを、正さんとしていらるるのであります。かくのごとく、真宗でも今生に涅槃の真証が得らるるなどと思うているがために、かえって信心が決定しないのであります。

自力の教えというものは、この身を以てこの世において、覚りを開かんとする教えであります。浄土の教えすなわち他力真宗の教えは、涅槃の覚証を今生でなく、未来において得るという教えであります。人々はともすると、浄土真宗の来生の開覚ということを聞いて、そんな教えはまどろしい、けっこうなことが未来にあるというのでは不確実であると思い、今生においてでなければつまらぬことであると考えます。それゆえ誰でも自力の教えを、喜んで聞こうとする傾向をもっているのであります。そして真言宗がよいとか、天台宗がよいとか、禅宗がよいとか、日蓮宗がよいとかいって、浄土門の教えはつまらぬものだ、と考えやすいのであります。死んでからのことはわからんことではないか、それを喜んでいるのは怪しからぬ。自分の生きている間に、無上の幸せが実現するのでなくてはならぬ、現在において覚りが実現するのでなくてはならんと思うています。いったい人間は欲な者であって、なるべく早く、なるべく多くの利益《りやく》を得たいと願うものですから、実現の可能不可能は考えずに、一途に即身成仏《そくしんじょうぶつ》や、今生《こんじょう》の開覚《かいかく》、それこそ望ましいことであると思って、自力の教えを聞こうとするのであります。それゆえ、ことによると他力の教えも自力の教えと同じく、この世で覚証《さとり》が開けるのだというように申す人もあり、さように思うている人もあるようであります。はたして聖道教のごとく浄土教も、今生で覚証《さとり》を得ることができるのでしょうか。この点を、はっきりしておかなければならんことであります。それゆえ、ここに、浄土の教えというのは来生の開覚を目的としているものであって、この世では覚証《さとり》は開けないのであると、はっきり申されたのであります。この世で覚証《さとり》を開くと説くのは、仏教中の聖道門自力の教えであって、他力真宗の教えとは違うのであります。

二

覚《さとり》という語は仏果のことであって、仏を、自覚覚他《じかくかくた》、覚行窮満《かくぎょうぐうまん》といいます。すなわち自分が宇宙の真《しん》を覚って、また他を覚らしめて救う、自利利他円満の能力を得ることであり、すなわち涅槃の覚証《かくしょう》を得るのであります。涅槃は仏果でありますから、成仏ということであります。それゆえ、仏果を今生で得るか未来で得るかということに、問題の中心があるのであります。

そういう意味からして、ここに一切の聖道門自力の教えを代表して、真言の教えと、天台の教えと、この二つを挙げられたのであります。聖徳太子によって伝来した日本仏教は、平安朝に来《きた》って伝教《でんきょう》と弘法《こうぼう》によって弘められたのですが、弘法大師の真言宗は秘密教であり、言説によって顕わし得ざる教えでありますから、それに体達した者でなければわからんのであります。天台は『法華経』を中心とする教えであって、これは言説によって顕わすから、顕教というているのであります。それゆえ、仏教を顕教密教の二つに大別することもできるのであります。そういう意味で代表的に真言と天台を挙げられたのであります。そして聖道自力の一切の宗旨を、この二つに含められたのであります。

　密教であるところの真言という教えでは、もっぱら即身成仏ということを説くのであります。そして浄土宗とか真宗とかはこの世を畢《おわ》って、来生《らいしょう》に成仏すると説く教えであります。生きながらに覚りが開けて仏になれる、仏になれるということは毎度話すように、自分の苦しみがなくなり、また人の苦しみをもなくすることができる、自利利他円満の能力の備わったということでありますから、すなわち無上の幸福ということであります。

　即身成仏ということは、真言宗では「父母所生身即証大覚位《ふぼしょしょうしんそくしょうだいかくい》」というのでありまして、これは『菩提心論《ぼだいしんろん》』というものにある言葉だそうですが、覚りを開くのは死んでからではなく、父母の生んでくれたこの身で大覚すなわち仏果を証《さと》る、すなわち仏になるというのです。だから、この世で、この身で成仏することが、真言秘密教の本意とするところであります。

三

即身成仏は真言秘教の本意、三密行業の証果なり。

その成仏を得るためには、行業を修めねばなりません。三密といって身口意の三業において、手に因契を結び、口には真言すなわち陀羅尼《だらに》を称え、心で仏を念ずるのであります。つまり仏の行願を身にも口にも意《こころ》にも行じて修行の功をつみ、その修行の結果としてついには仏心と冥合し仏と交通し、これが成就するとき即身成仏といって、この世から一切の苦しみがなくなり（自覚）また人をも覚らしめて（覚他）人を救い得るところの仏果を得る、自利利他が円満すれば、それが苦悩なき無上の幸福であるから、こういうことを中心として立てていられるのが真言の教えであって、即身成仏ということを目的とするのであります。

四

天台の教えは『法華経』を中心とするものであって、日本では伝教大師がもっぱら伝えられたのですが、伝教大師が比叡山に籠り、弘法大師が高野山に籠って、そして仏教の二大旗幟《きし》を立てられたのであります。その時代から、日本の仏教が非常にえらい勢いで弘通《ぐつう》せられ、そこからまた種々の宗旨が生まれて、多くの高僧たちもそこから出られたのであります。それゆえ日本仏教の二大源泉ともいうべく、思想上の二大学というようなものでありました。その天台宗では六根清浄《ろっこんしょうじょう》ということを申すのであります。六根とは眼《げん》、耳《に》、鼻《び》、舌《ぜつ》、身《しん》、意《い》の六つの官能をいうので、つまり我々の五体、すなわち我々の精神と肉体との両方をいうのであります。その六根がまったく清浄になったとき、そのときに仏果を得て、無上の安楽となるというのであります。現在の我々は六根清浄の反対で、心は貪欲の煩悩を中心とした不浄なものであって、それは愚痴の煩悩が根本となり、愚痴が貪欲と瞋恚の煩悩を生み、それから一切の諸煩悩を生んでいるのであります。煩悩が原動力となって、我々の六根を働かしているのでありますから、そこには苦悩が湧いてくるばかりであって、けっして安楽になれないのであります。それゆえ、天台の教えは、現在の精神と肉体との両方面、すなわち六根清浄を得んがためには、貪欲、瞋恚、愚痴等の一切の煩悩をなくしてゆこうとするのであります。それがもし本当に修行によって成就しますならば、いままでの一切の苦悩は消えてなくなるわけでありります。それで六根清浄ということは、法華すなわち天台宗という教えの目的とするところであります。一乗というのは、一切の人が、ともにこの乗り物に乗って、斉《ひと》しく仏果に達することのできる教えという意味で、一乗というのであります。

五

六根清浄は、また、法華一乗の所説、四安楽行の威徳なり。

六根清浄を得るには、四安楽行を修せねばなりません。四安楽行とは身と口と意とに行業を修め、心には一切衆生を済度したいという誓願をもって、修行を積んでゆくのであります。その行業の威徳として、六根清浄という利益を得るに至るのであります。

もし四安楽行によって、真に六根清浄というところに到達するならば、現在の人生においてこの身心を以て、自分の苦しみがなくなるとともに、また他の者の苦しみをなくすることができるというのであります。親鸞聖人も蓮如上人もともに、そういう自力の教えを否定はせられないのでありまして、釈尊の明らかに説かれたところであるから、自分の身心の汚い穢れを除《と》って綺麗にしてゆき、誤った心を去って正しい心となり、煩悩をなくしてゆけば、証《さと》りに達するのであって、すなわち苦集滅道《くじゅうめつどう》の道理でありますから、釈尊の申していられるごとく、その道をゆけばゆけぬことはない道理でありましょう。それゆえそんなことは間違っているとは申されないのであります。しかしながら、それは難行であって、なかなか難しい行だと申されます。そしてまた、そういうことが本当にできてゆくという人は上根の人であって、心も賢く意志も強く、理解する智力も勝れていて、その器量が生まれつききわめて勝れた人でなくては、できないことであると申していらるるのであります。しかしながら実際上、吾人にその可能性があるかどうか、そんな能力があるかどうかを自省せねばならんのであります。

六

これみな、難行上根のつとめ、観念成就のさとりなり。

観念の成就ということは、教えの意味を頭で理解するばかりでなく、それが真実に心に得られ身に行ってゆけるようになるということです。天台宗では止観《しかん》といいまして、観心門《かんじんもん》というのがなかなか難しいのであります。理解だけでなく、心が本当にそうなるならば、六根も清浄となり、即身成仏して、きっと自利利他の行も実現してくるはずでありますし、それを成就というのであります。しかるにその能力が実現しないのは成就しないからであります。ただ頭でわかっただけでは、実力はありません。心に体得できて、そして身にも実現するという、観念成就の覚証《さとり》を開くというのが自力聖道門の教えであります。観念というのは、真言宗であるならば、阿字観《あじかん》といい、天台であるならば一《いっ》心三観《しんさんがん》という観法です。そんなことはいまの皆様や私には、とうてい得らるることではありません。即身成仏というのは、この身が仏になるということであって、この身が仏になるのだから、六根が悉《ことごと》く清浄とならねばならんのです、六根すなわち肉体が清浄になるには、根本の心が仏心にならねばならぬのです。それゆえ最後の修行は一心の問題となって、阿字観を成就せんとし、一心三観の観法を成就せんとするのであります。これが事実としては容易なことではないのであります。

七

要するに、真言の教えにしても、天台の教えにしても、ともに即身成仏の教えであって、今生において証《さとり》を開くということを説いている教えであります。ところが、いま我々の奉ずるところの他力門、浄土往生の宗旨では、信心決《けつ》定《じょう》ということによって、涅槃の証《さとり》に進む道に出たのであるということが、説かれているのであります。この教えは明らかに来生の開覚《かいかく》であります。即身成仏とか六根清浄になりきるというような、今生の開覚ではなくして、来生において覚りを開くというのであります。

来生の開覚は、他力浄土の宗旨、信心決定の道なるがゆへなり。これまた易行下根のつとめ、不簡善悪の法なり。

他力門では、浄土に往生せしめられて、仏果の覚りを開かせてもらうのであって、すなわち他力本願によって信心開発《かいほつ》して、そして来生に覚りを開かせてもらうのであります。ただ念仏を信じ称えるというだけであって、聖道門の観心や行業に比べると易行《いぎょう》であります。自力の教えはよほど偉い人でないといけないのです、上根の人のみがゆける道であります。しかし浄土の教えは下根の者の救わるる道であって、善人は助かるが悪人は助からないとか、悪人は助かるが善人は助からないとか、そういう善悪を簡《えら》ぶ教えでなく、救済は自分の善悪によらないので、信で助かる道であります。やはり法華一乗というように念仏も一乗法であります。この不簡善悪《ふけんぜんあく》の法というところに、如信上人は非常な喜びをもっていられたのでありましょう。念仏門は易行であって、我々のような下根の者の入《い》るべき道であり、その道はまた善悪を簡《えら》ばれないところの法であるから、これこそ煩悩具足の私どもが助かるところの唯一の道であると、こういう意味が含まれているのであります。聖道門自力の教えは善人のみの助かる道であります。すなわち上等になって助かるのであります。一番はじめに「煩悩具足の身をもち」とありましたが、ここでは「不簡善悪の法なり」とありますように、上根の人の教えが聖道門であって、下根の者の進む道が浄土門であります。上根の人の道であっても、吾人にとりては難行であります。偉い人のゆく道ならば、俺もやってみよう、一生懸命きばりさえすればゆけるだろうと、こういうような考えをもつのが人情であります。誰でも人間は自惚れの強い者ですから、下根の凡夫などといわれると、自分を見下げられたような悔しい気がするのです。たいていの人間は自己を知らないから、自分をむやみに偉いと思っているのであります。俺もその方へゆこう、劣等の仲間入りは御免だと考えます。即身成仏などといわれると、自己の能力を顧みることを忘れて、難儀であっても偉い人のゆく道、それがよかろうと、こう思うものですが、しかしながら一番大事なのは自分の器量を知ることであります。二種深信《にしゅじんしん》といって、機の深信と法の深信ということを申されますが、求道上まず大事なことは、自分を知るということが第一であります。自分を知るには、ただ話だけを聞いて、そっちの方がよかろうと、そう思うだけでは、それは願いはあっても願いが成就することはないのであります。親鸞聖人がどうして他力本願を信ずるようになられたかといいますと、あくまでも自分というものを見失わないで、真に助かる道を求められたからであります。そこに他力信心の決定に大事な点があるのであります。自分がどんなものであるかということがわかるときに、はじめて自分の道、自分の助かる真の教えというものが、はっきりわかってくるのであります。だから、道を求むるには、自分というものはどんなものであるのかと、本当に自己がわかるということが、何よりも先決問題であって、教えの尊さばかりを聞かされても、それは猫に小判のようなもので、しょうがありません。聖人の教えの一番尊い点はそこであります。

八

仏教はいつも申しますように、涅槃ということが中心目的でありますが、真宗ではその仏果涅槃ということが、今生では開けないというのですから、しからば永久に得られないのか、覚りは開くことができないのかというと、そうではなくして、もとより現在において、証果を得たいのであるけれども、得られないものは得られないといたさねばなりません。しかしながら、大信心は、菩提心成就の涅槃ということに達する道であって、すなわち正定聚《しょうじょうじゅ》ということになるのであります。無上の幸福、仏果涅槃ということに達するに定まって、不退転の位に入《い》るのが、今生における信の利益であります。欲深い人には何だか喰い足らないかもしれませんけれども、さればといってできぬことをできるできるといって煽《おだ》てられていては、愚なる人は一生懸命になって走ってゆきますが、しかし極果《ごくか》まで達せられずに、中途で停滞したり、極果までゆけずに倒れてしまうものです。牛の角を真っ直ぐにしよう、鶴の足を短くしようとするような無理なことを願うても、それは牛の角を矯《た》めて牛を殺し、鶴の脛《あし》を切って鶴を殺すがごとく、自分を生かすかわりに殺してしまいます。それゆえ、道を誤るならば、苦労ばかりであって、目的を達するものではありません。それゆえ自分に適した本真《ほんしん》の道というものがわかるためには、まず自分というものを知らなければならないのです。自分がわかって、そして自分の助かる自分に相応した道はどこにあるかというと、証《さとり》は未来にあっても、その証に到達するに違いないという涅槃に通じた道に出るならば充分であります。そして将来の円満した結果を、現在たしかに実験しつつ進んでゆくことができるならば、それで充分であります。釈尊の教えの真相もそれなのでありますこれを説かんがためにいろいろなことを説かれたのであります。涅槃の境地というものは幸福の最上究極でありますと。信心はそこに到達することのできる道であるから、常に涅槃を翹望《ぎょうぼう》し、涅槃と交通して生きてゆくのであって、最後の無上極果に達するに違いないのであります。こういう風に進んでゆくのが人生であります。親鸞聖人はそこに生死即涅槃の味わいを得、煩悩即菩提《ぼんのうそくぼだい》の味わいを喜ばれたのであります。この生きている間にまったく煩悩がなくなってしまったなら、それは煩悩即菩提ではなく、菩提即菩提であり、生死即涅槃ではなく、涅槃即涅槃というべきであります。他力信心のそのところには、自利利他円満の喜びがあり、また他力本願の力によりて人を教化してゆくという活動もそこにあるのであります。

九

こういう意味において、信を喜んでも自分の価値はというならば、依然として煩悩具足であって、あらゆる一切の煩悩をかぎりなくもっている自分、煩悩のみでできあがった自分である、こういうことを自己に自覚させてもらったのが、他力浄土の教えであります。人間の道というものはこれしかないのであって、釈尊の説かれている一切の教え、即身成仏を教えられた真言の教えも、六根清浄を説かれた天台の教えも、これと同様に、今生の開覚を説く他の自力教、それはおそらくは私どもに正当の道を知らしめんがために説かれたものでありましょう。あるいは涅槃の幸福というものは、かくのごときものであるということを知らしめんとして、その境地を説かれたものであります。そうして仏になり涅槃を証《さと》るということは、この人生、この身ではできないことであるということを知らしめ、かくのごとく自己を知らしめて、他力本願の一道を信知せしめんとしていらるるのであります。だから道を求むるに当たりては、あまり欲深い心を起こしてはなりません。我が身知らずの考えを起こさずして、よく自己を知り、自己の本当の道というものを求めなければならんのであります。その本当の道というのは、他力本願、往生浄土の教えであるということを、証明しようとしていらるるのであります。

十

おほよそ、今生にをいて煩悩悪障を断ぜんこと、きはめてありがたきあひだ、真言法華を行ずる浄侶、なをもて順次生のさとりをいのる。

親鸞聖人は『信巻』に元照律師の言《ことば》をあげて、

「律宗の元照《がんじょう》師《し》の云はく、嗚呼《ああ》、教観《きょうかん》に明らかなること、孰《た》れか智者に如《し》かんや、終わりに臨んで、観経《かんぎょう》を挙《きょ》し、浄土を讃して長く逝《ゆ》きき。法界《ほうかい》に達せること、孰《た》れか杜順《とじゅん》に如《し》かんや、四衆《ししゅ》を勧め、仏陀を念じ、勝相《しょうそう》を感じて西に邁《ゆ》きき。禅に参《まじわ》り性《しょう》を見ること、孰《た》れか高玉《こうぎょく》、智覚《ちかく》に如《し》かんや、皆、社《しゃ》を結び念仏して、倶《とも》に上品《じょうぼん》に登りき。業儒才《ぎょうじゅさい》ある、孰《た》れか劉《りゅう》、雷《らい》、柳子厚《りゅうしこう》、白楽天《はくらくてん》に如《し》かんや、然《しか》るに皆筆を秉《と》り、誠を書して、彼の土《ど》に生ぜんと願じき。」

とありますが、天台の智者大師、華厳の杜順法師のみならず、日本においても慈覚大師《じかくだいし》や智証大師《ちしょうだいし》や慈恵僧正《じえいそうじょう》などは、皆順次生に弥陀の浄土を願生せられた真言法華の大徳であります。

そういう聖者であり偉い人でさえも、晩年になると、来生の開覚として浄土を願生するようになっておらるるのであります。それを見てもわかることです。来生開覚などというと、つまらんと思い、今生開覚というと、それは耳よりだと思うかもしれませんが、そうではなくして、かかる方々でも即身成仏の今生の開覚は、とうてい不可能の歎《たん》に入《い》りて、ついには自分の能力のなきことを知って、浄土を願生《がんしょう》せられているのであります。一般に煩悩具足であり下根の人間だから、本願を信ずるのだと思うていられるけれども、実はそうではなくして、いかに聖者《せいじゃ》であっても、人間という者が今生で覚りを開くということはできないのであります。どうしても、人間はこの地上を離れて生活するということはできない、あくまでもこの地上の者であって、天に飛び上がるということはできない、たとい一時は飛んでもやはり降りて来なければならんように、人間として、この世において煩悩悪障を断ずるということは至難であります。悪障というのもやはり煩悩のことですが、煩悩悪障を打ち切ってしまうことは不可能であると断言することは独断すぎますから、「きわめてありがたし」と、遠慮して申されてはいますけれども、その意味は、できないということです。だから真言法華を修行する人で、誰が真に覚りを開いたかです。釈尊はみずから仏となって覚りを開いたといっていられますが、釈尊以外にどこにそういう人があったか。支那における天台宗の開山であった智者大師という方の跡をついで、日本の伝教大師がこの宗を奉ぜられ、そして比叡山に籠られたのでありますから、日本の天台宗の開山は伝教大師でありますが、支那の天台大師は、最後は弥陀の浄土に生まれようとしておられるのであります。第一開祖がそうでありますならば、それ以下の人も、皆そうでなければならんのであります。華厳宗でいうならば、杜順という人が一番偉い人でありますが、それでさえ、やはり最後には弥陀の浄土を願うておられるのです。それはつまりこの世では仏になれないという証拠であります。いわんや煩悩具足の我々が、自分で偉い者と自惚れて、あるいはその方が高尚であるとか何とか思って、自力聖道門の教えを喜ぶのは、それは皆自己というものを真にいまだ知らないからであります。私どもはどこまでいっても煩悩具足であって、これをぶち切ることはできないのであります。たとい煩悩をなくすることができるとしても、煩悩をなくしては死んでしまうのと同じことであります。しかるに自分というものを知らないものだから、本当の教えというものを釈尊が説いておられても、その教えに遇《あ》うことができ

ないのであります。そういうのが親鸞聖人のお考えであります。『信の巻』の終わりの方を見ますと、

「人中《にんちゅう》の好人《こうにん》なり、人中の妙好人《みょうこうにん》なり、人中の上々人なり、人中の稀有人《けうにん》なり、人中の最勝人《さいしょうにん》なり。」

とこういう風に言葉をきわめて、念仏を信じた人を讃えておられるのでありまして、また釈尊は『大無量寿経』の中には、「わが善き親友《しんう》なり」と申されております。浄土を願生する者が本当の道を得た者であると釈尊もいっておられて、善導大師もそれを非常に喜んでおられるのであります。即身成仏の道は、自力でやったらやれるのであるが、力が足りないからこの方にしておこうというのではありません。自己を知って本当の道に進ませようということが、釈尊のご本意であって、道はただ一つ、この道よりないのだということを知らしめんとしておられるのであります。

十一

また『教行信証信巻』には、

「王日休《おうにっきゅう》の云はく、我れ無量寿経を聞くに、衆生この仏名《ぶつみょう》を聞きて、信心歓喜せんこと、乃至一念せんもの、彼の国に生ぜんと願ずれば、即ち往生を得、不退転に住すと。不退転とは梵語には之を阿惟越致《あゆいおっち》と謂《い》ふ。法華経には謂《いわ》く、弥勒菩薩の所得の報地《ほうぢ》なり、一念往生便《すなわ》ち弥勒に同じ。仏語虚しからず、此の経は寔《まこと》に往生の径術《けいじゅつ》、脱苦の神方《しんぽう》なり。応《まさ》に皆信受すべしと。」

こう王日休という方がいっておられます。それから次に『大経』を引いて、

「大経に言《のたま》はく、仏、弥勒に告げたまはく、此の世界より六十七億の不退の菩薩ありて、彼の国に往生せん。一々の菩薩は已《すで》に曾《むか》し無数の諸仏を供養せりき、次で弥勒の如しと。」

「また言《のたま》はく、仏、弥勒に告げたまはく、此の仏土の中《うち》に七十二億の菩薩あり、彼は無量億那由他《むりょうおくなゆた》百千の仏の所《みもと》にして、諸《もろもろ》の善根を種《う》えて、不退転を成ぜるなり、当《まさ》に彼の国に生ずべしと。」

「律宗の用欽師《ようきんし》の云く、到れること、華厳の極唱《ごくしょう》、法華の妙談に如かんや。且《かつ》は、未《いま》だ普授《ふじゅ》あることを見ず、衆

生一生に、皆阿耨多羅三藐三菩提《あのくたらさんみゃくさんぼだい》の記を得ることは、誠に、謂う所の不可思議功徳の利なりと。」

十二

親鸞聖人は以上の文を結んで、

「誠に知りぬ、弥勒大士は等覚《とうがく》の金剛心を窮《きわ》むるが故に、竜華三会《りゅうげさんえ》の暁《あかつき》、当《ま》さに無上覚位《むじょうかくい》を極むべし。念仏の衆生は横超《おうちょう》の金剛心を窮《きわ》むるが故に、臨終一念の夕《ゆうべ》、大般涅槃《だいはつねはん》を超証《ちょうしょう》す。かるが故に便同《べんどう》と曰《い》ふなり。加之《しかのみならず》、金剛心を獲《う》るものは、則ち韋提《いだい》と等しく、即ち喜悟信《きごしん》の忍《にん》を獲得《ぎゃくとく》すべし。是れ則ち往相廻向《おうそうえこう》の真心徹到《しんしんてっとう》するが故に、不可思議の本誓《ほんぜい》に籍《よ》るが故なり。」

と申しておられます。すなわち来生の開覚と信心の幸福とを喜んでおられるのであります。天台宗の方や華厳宗の方や律宗の方はそうであるが、そんなら禅宗ではどうかというと、智覚禅師の語《ことば》を挙げて、

「禅宗の智覚、念仏行者を讃めて云く、奇《まれ》なる哉、仏力《ぶつりき》難思なれば、古今も未だ有らずと。」

とあります。

真言宗であろうが、律宗であろうが、禅宗であろうが、儒者であろうが、真に道を求めた偉い人々は、自分に自惚れたりしてはおらずに、最後には皆如来の浄土に往生せんことを願うておられるのであります。静かに考えるというと、我々の助かる道は、ただ一つ他力本願の大道よりないのであります。どんな偉い人でも、それを念じておられるのであるからして、まして「如何《いか》に況《いわ》んや、戒行慧解《かいぎょうえげ》ともになしといへども」、我々はそれらの高僧のように戒律が厳格に守られているというわけではなく、深い智解があるというのでもない、そんなら学問をして天台の智者大師や華厳の杜順のように、たくさんの註釈書を書いたり、宇宙の真理に徹して、道理を明らかにする学問があるかというと、そんなものは何一つもないのであります。しかるに、そんな偉い人たちでも、順次生の覚りを願われ如来の浄土に往生して来生の開覚を願われたということであれば、戒行慧解のない我々、煩悩具足の我々は、無論、浄土往生と

来生の開覚を願うべきであります。しかるに煩悩具足の身でありながら、さとりをひらくということは誤った考えであります。

いまや、自分は煩悩具足ということに気がついて、そうしてこの道に接することができたということは、誠に深く喜ばねばならんことであって、さとりという言葉に迷わされたり、今生にさとりを開かんとする欲念に駆られていては、本願信楽《しんぎょう》の他力の大道に出《いづ》ることは、いつまでもできないのであります。

十三

道を聞きますときに、はっきりしないところを、はっきりしてくださることは、非常に大切なことであり、けっこうなことであります。如信上人が、親しく聖人から聞かれたそのときのことを申されて、故親鸞聖人の仰せには、浄土真宗では、今生には本願を信ずるということだけであって、覚《さと》るということではない。覚るということは、覚者すなわち仏ということであって、彼《か》の土にして覚りを開くのであると、そういうことを、親鸞は法然上人からならったことだから、それをお前たちも取り誤らないようにせよと申されたと、法然上人の仰せを親鸞聖人が申しておられたのを、如信上人がいま申していられるのであります。浄土真宗では、今生の利益といえば、本願を信ずることによって得る信心の利益であって、覚りを円《まど》かに開くということは、彼の土で得ることであると、たしかに承ったことであると、最後に結論をお挙げになったのであります。そして真言法華を行ずる浄侶ですら、なお順次生の覚りを願われたのであるから、我々が覚りを来生に待つということは、当然なことであると申されるのであります。

十四

我々自身をかえりみれば、けっして聖者ではなく、韋提と同じく心想羸劣《しんそうるいれつ》の凡夫であって、学問をして我が智慧を磨いて、仏智を開く力もなく、あくまでも愚痴の凡夫であり、戒律をたもってゆくことのできない、煩悩具足の凡夫であります。しかしながら弥陀の本願はこういう者を助けてくださるのであります。

弥陀の本願を信ずるということは、船に乗ったようなものであるといって、弥陀の願船に乗じてと仰せられました。戒行慧解ともになき煩悩具足の凡夫であるから、一向に、他力本願によって覚りを開かせてもらうのであるから、如来の願船に乗ずるということは、他力ということを意味しているのであります。如来の願船に乗ずれば、今生は安心であって、そしてこの他力願船の力によって、生死の苦海を渡り、必ず涅槃の岸に送りとどけていただくのである。彼の岸に着くのは未来である、本願を信じて船に乗ずるのはいまであり今生である。

十五

生死の苦海ということは、毎度申します通り、一切の苦しみというてもよろしいが、生まれては死に至り、死んではまた生まれ、生まれてはまた死に至る、その中間が苦であって、今生のみならず永久の苦悩ということであります。それで、生死の苦海を渡るということは、わかりやすく一言にしていえば、人生の苦海を渡るということであって、弥陀の願船に乗ずるということによって、終局の目的に到達することに定まって、現在はそこに安住を得て、いままで渡りにくかった生死の苦海を渡ってゆくことができるというのであります。だから、今生に本願を信ずるというその信心ということは、弥陀の願船に乗じて、人生の苦海を渡らせてもらうことであります。

こういうお言葉を読むときに、いつでも憶い出すのは、『教行信証』の行の巻にある「大悲の願船に乗じて、光明の広海に浮びぬれば、至徳の風静かにして、衆禍の波転ず」という聖人のお言葉であります。この世で証《さとり》という無上の幸福、究極の幸福が得られるのではないけれども、信によって生死の苦海を渡ることができるのである。弥陀の本願を信じて来生の開覚を期待するのであるというならば、今生の幸福は何もないのかというと、そうではなくして、生死の苦海を渡ることを得るのであります。生死の苦海というのは、衆禍の波です、生死の波が強く、家庭問題についても、社会問題についても、人生問題についても、すべてのものが思うようにゆかなかったり、いろいろの苦しみと悩みというものが起こってきて、実に人生というものは、多くの禍瀾《からん》の波の絶え間なきものであります。しかしながら大悲の願船に乗じて、如来の光明海中に浮かぶというと、いままでは煩悩の風衆禍の波に打ち寄せられて、自分の心は常に悩まされておったのが、至徳の静かなる風と転じて、ソヨソヨと春風に海原を航《ゆ》くような心持ちだと、信の風光を申されたのであります。

だいたい、我々には人生の苦しみ、生死の悩みというものがいろいろあるのですが、その苦しみがすっかりなくなって、即身成仏とか六根清浄とか、そういうような覚りの境地が円満に開けるということは、この人生にてはないことであると、いい切られたところが非常に有難いのであります。私どもは何とかすれば、即身成仏という心になれるだろうと考えたり、六根清浄という心になれるだろうと思ったりするのであります。すなわち今生の開覚を要望してやまないのであります。要望するのみならず、何とかすればそれが実現すると思っておりますから、是非実現せしめようと頑張るのです。したがっていっそう実現し得ない悩みが深くなるのであります。どうすれば少しも苦しみのない、悩みのない者になるだろうかと、それを探してももがいているのが、この人生の状態であると思います。今生において、人も助かり、自分も助かり、すべての苦しみがなくなって、我が心が澄める月のごとく、一天雲晴れたようになれると思っているのであります。大きな鏡が曇りなくなったように、心から清らかになりたいと、いつも願っているのですが、そういうことは絶対に不可能であることを知らせてくださったということは、かえって嬉しいことであります。

十六

何かの話の末に、稲葉先生が、「人々はこの世で苦しいことがないようになると思っているのでしょうか」といって、クスクス笑っていられたことがありましたが、それは何か私が一本やられたような気がして、忘れることができないのであります。これは面白い言葉であります。私どもは心のうちで、何となく即身成仏とか六根清浄とかいうような境地、すなわち一切の苦しみがなくなり、涅槃というような境地が、自分に顕現するように思っておるらしいのです。すなわち天国を地上に建設せんとし、極楽をここに引き寄せんと企てておるようであります。それがためいっそうもがき苦しむのであります。しかしながら、人生というものは生死の苦海であって、煩悩具足の我々にあっては、苦しみのそっくりなくなることはなく、また涅槃を証《さと》るということのできないものだということがわかれば、かえって人生はそんなに苦しみでないことになるのであります。それだのに涅槃ということを求めて、その無上涅槃の極果を開かせてもらう道が、ここに一つあるという本願を知って、如来の願船に乗ずるということは、非常にえらいことであります。達せられないということではなくして、達し得る道が一つある、この道に出《い》だすために、如来はいろいろさまざまに方便して、遍照《へんじょう》の光明を放って、ご苦労くださっているのであります。我々が苦しいとか悲しいとか、腹が立つとかいっておりますけれども、それは皆この一道に導かんがためであります。如来の光明が常に照らしておってくださるのであるということがわかれば、苦しみのなくならないということが、そのまま意義あることになります。意義さえ明らかになれば、それでよいのであります。自分の思惑のようにならないから苦しいのではあるが、意義が明らかにならないからなおさら苦しいのであって、苦悩のなくなる本当の道は、どうすればいいのだろうともがくのであります。また何とかすれば、この世で一切の苦悩がなくなるであろうと考えるから、一途に焦るのであります。苦悩が悉皆《しっかい》なくなるということは、実は人生に生を受けているかぎりないことであります。しかしながらこれをなくせずに、しかも達せられる道があるのであります。かく達し難い願いが達しられる道に出させてもらって、すべては他力本願の善巧方便《ぜんぎょうほうべん》であったということがわかりますと、その苦しみというものが、かえって喜びに転ずるのであります。もし、我々の一切の苦悩がことごとくなくなるならば、我々の心は枯死して作《はたら》きがなくなったようなもので、変なものになってしまうのだと思います。だから苦しみがそっくりなくならないところに、非常に意味深いものがあるのであります。すなわち私を本当の道に出《い》だしめんという思召しもそこにあり、またそこに人を救うというようなこともちゃんとあるのであります。本願のご方便が到り届いているということを知りましたときに、その苦しみもあながちに捨てずして、そしてそれによって自分が本当の道を求めて、本願に乗じたとき、その道のうえにおいて人を救うてゆくということも、おのずからできてくるのであります。ここが大事なところであって、その苦しみばかりを除《と》ってしまい、その煩悩ばかりを取り除《の》けてしまっては、菩提ということも意味をなさないことになると、昔から申されておりますのは、まことに意味深いことだと思います。

十七

我々は一途に煩悩を除《の》けてしまいたいと思い、苦しみを除けてしまいたいと、こんなことばかり考えておりますが、そもそも何がために苦しみをそれほどいやがるのであろうか、かつ苦しみというものが、あくまでも苦しみとなっているのかといいますと、それは無上幸福の目標というものが立っていないからであります。明らかに一つの目標というものが立ちますと、そしてその目的に達することになれば、その苦しみは苦しみとはならないものでありますす。その光景が、「至徳の風静かにして衆禍の波転ず」というお言葉であります。本願を信じて大悲の願船に乗ずるということになれば、すべてに仏のみ光が満ちていて、その光の中をゆくのであるから、いままで苦しい苦しいと思っていた衆禍の波が、すべて至徳の風と転じて喜ぶことができるようになるのであります。それは涅槃に達したという喜びではないが、船はまさに進みつつある、涅槃に向かって進みつつあるのである。しかるにいずれに向かって進んでいるか、いずれに向かって進まねばならぬかということがわからないから、この苦海を脱しよう脱しようとするのでありましょう。かく無上道を進んでおるということがわかれば、それはもはや単なる苦しみでなく、かえって至徳の風と一転して来るのであります。だから、あながち涅槃の境地をここに実現しようとせず、生きながら仏になるというようなことも、しいて求めなくても、ちょうどそれでよいのであります。この次の十六節にもありますが、苦しみというものを、悉くなくしようと思うのが誤りであって、本願を信じて、本当に涅槃に到達する確信がつくならば、そのままでよいのであります。私どもは妻が思うようにならぬと、思うようにしたいと思い、夫が思うようにならぬと、思うようにしたいと思い、子どもが思うようにならぬ、親が思うようにならぬ、金が思うようにならぬ、思うようにならんからそれを思うようにしたいと願いますが、それが思うようになったら、はたしてそれが真の幸福でありましょうか。終局の目的というものが明らかならずして、徒らに目下の欲念通りになったらと思うだけであって、それは幸福になるやら不幸になるやら、わからないことであります。しかしこの目的というものがきまると、ただ本願を信ずるということだけで、いままでの苦しみと思うたことは消えてゆくようになるのであります。だから目的が明らかにならない間は、現在がいかに思うようになっても、生死の苦海は依然として生死の苦海であります。目的が明らかになれば生死の苦海も苦しみでなく、かえってそれが光となるのであります。それがすなわち生死の苦海を渡るということであります。

十八

「仏法には、万事かなしきにも、かなはぬにつけても、何ごとにつけても、後生のたすかるべきことを思へば、よろこび多きは仏恩なり」、と蓮如上人の申されたように、順境につけても逆境につけても、喜びがそこに出てくるのであります。我々の最後の目的というものは、無上涅槃の仏果でありますが、如来の本願が間違いなく私を摂《おさ》め取って、この目的に到達せしめらるるということにきまれば、そこに我々の安心が起こるのであって、本願を信ずるということがあってこそ、はじめて生死の苦海というものが渡られるのであります。その苦しみに意味があるから、苦しみが苦しみでなく、すなわち苦が転化して楽に渡ることができるのであります。赤沼兄の話に、聖道門の尊い道理や理屈がわかって、いくらきばってみても、そういう風になれなかったのが、他力本願を信じ念仏を喜ぶようになると、自然と知らず知らずの間に、すべてをちゃんと都合よくしてくださるのが、弥陀の本願であると、講話のときにいわれたことがありましたが、非常に有難い言葉だと思います。弥陀の本願に乗じておるというそのこと一つで、生死の苦海というものが渡れる、この道のほかに生死を渡る道は一つもないのであります。自力でさとるにあらず、他力によってそこに、生死即涅槃、煩悩即菩提の味わいが味わわれ、喜ばれてくるようになるのであります。

十九

涅槃の法性《ほっしょう》を月に譬《たと》え、煩悩を黒雲に譬えられたのであります。私どもは小理屈をいろいろと考えますけれども、本当の幸福というものは、宇宙の真実性と一つになって、法性法身《ほっしょうほっしん》となることであります。宇宙の真実性と一つになれないということが、煩悩成就の我らということであって、どんなにきばってみても、これと一つになることができないから、そこに苦悩が絶えないのであります。それが本願に摂取せられて、この肉体を離れて浄土に達せしめられたときにおいて、法性法身となって、一切の煩悩がなくなるものであると申されるのであります。

尽十方無碍光如来は、法性法身から顕われて、法性の証《さとり》を根柢として現われた方便法身《ほうべんほっしん》の報身仏《ほうしんぶつ》であります。報身仏となられたから、一切のものを救うてくださるのであります。救うということは、我々をして成仏せしめ、法性法身たらしめんということであります。その如来と同性《どうしょう》の法性法身となって、すなわち尽十方無碍光如来と一つになり、一味となって、一切衆生を利益するのであります。そうなったときにこそ、本当の覚証《さとり》と申すことができるのであります。

二十

この身をもて、さとりをひらくとさふらふなるひとは、釈尊のごとく種々の応化の身をも現じ、三十二相、八十随形好をも具足して、説法利益さふらふにや。これをこそ、今生にさとりをひらく本とはまうしさふらへ。

しかるに、この身で覚りを開くというならば、それは真宗の信者ではないのであります。我々は浄土に往生して、法性の覚りを開いて、無碍光と一味になって、衆生を自由に済度する能力を得てこそ、さとりということがいえるのであります。それは来生の開覚であるということを申されているのでありますが、もし人間として覚りを開いたというならば、それは釈尊のごとくあらねばならんのであって、真の覚証《さとり》をこの世で開いたといっておられるのは、ただ一人、釈迦如来ばかりであります。しかるに真宗の人であって、今生に覚りを開いたといっているならば、その人は釈尊と同じことができる人であらねばならんのであります。

　三十二相というのは、仏には常人と異なった三十二の特別なる相好《そうごう》がある。また八十随形好《ずいぎょうこう》といって、八十の細《こまや》かなる相好がある。普通の人間と変わって勝れた相《そう》があるのであるから、形そのものにおいても、釈尊のように特に勝れた相好を具足しておらねばならんのであるが、そんな人がどこにいるのであろうか。また自由に説法利益して、人を救うということのできる人がどこにあるのか。応化というのは、応身《おうじん》と化身《けしん》との二つと見てもよく、一つと見てもよろしいが、教化せらるる人に応じて自分の身なり心を変えて、そして自由に説法し利益することができなければならんのであります。そういうことのできる者がはたしてあるであろうか。おそらくそんな者はないのであろう。だから今生に覚りを開いたとか開くということは、怪しからんことである。それゆえ、真宗ではあくまでも来生の開覚であらねばならんのであって、今生はただ、弥陀の願船に乗じて生死の苦海を渡るのである、ということを明らかにしてくださったのであります。蓮如上人はこの問題については、一帖目の『御文』には、「問ていはく、正定《しょうじょう》と滅土《めつど》とは、一益《やく》とこころうべきか、また二益とこころうべきや。答ていはく、一念発起《いちねんほっき》のかたは正定聚《しょうじょうじゅ》なり、これは穢《え》土《ど》の益なり。つぎに滅度は、浄土にてうべき益にてあるなり、とこころうべきなり。されば二益なりとおもふべきものなり」と申されて、信心の利益と、涅槃に達したときの滅度の利益と、明らかに真宗は二益法門《にやくほうもん》であることを、はっきりと教えてくださっているのであります。しかるに、ともすると、一益法門と見て、今生開覚と思う者のあるのは、まったくの誤りであることを明らかにしてくださったのであります。

二十一

和讃に、金剛堅固の信心の、さだまるときをまちえてぞ、弥陀の心光摂護して、ながく生死をへだてける、とさふらへば、信心のさだまるときに、ひとたび摂取してすてたまはざれば、六道に輪廻すべからず、しかれば、ながく生死をばへだてさふらふぞかし。かくのごとくしるを、さとるとは、いひまぎらかすべきや、あはれにさふらふをや。

永く生死をへだてけるとありますから、この意味を取り違えて、信心によりて、まったく生死の苦というものがなくなって、涅槃というものが得られるように考えているのかもしれないけれども、それは意味がまったく違うのである。他力本願を信じた者には、弥陀の心光が摂護《しょうご》して、光明摂取にあずかって、生死を繰り返すことをなくしてくださるのである。そもそも如来の光明は遍照の光明といって、いろいろの善巧方便の光が、今日まで私どもに到り届いてくださって、そして次第に自分という者が明らかになって、如来の他力本願こそは私を救うてくださるのであるという信心が定まれば、如来の本願は摂取して捨てたまわず、それゆえ金剛の信心を賜わりて、如来の心光に摂取せられ守護せられて、如来の願力によって、今後生死というものを繰り返さないということにしてくださるのであります。すなわち、現在やっているような生死ということを永久に打ち切ってくださるということが、信ということによって確定するのであります。信心の定まるときに、一たび摂取して捨てたまわないから、永久に六道に輪廻することがなくなって、生死を繰り返して苦しむということがなくなるのであります。生死に輪廻しないこととはなったけれども、ただちにそれが、涅槃の証果を得たということではないのであります。六道輪廻への方向が、涅槃の道への方向転換であります。それを、「ながく生死をへだてける」と仰せられたのであります。

二十二

我々は闇に竿をさしているようなものであります。ああしたい、こうしたい、ああなればよいこうなればよいと、いっているけれども、中心も何もないのであって、ただそう思い、ただそう願うているのであります。彼方《あちら》がよいと思うと彼方に走り、また、それがいけないと思うと此方《こちら》に走る。その中において楽しいとか苦しいとか、幸福とか不幸とかいっておりますけれども、実際はいずれも根拠のないことであります。それが生死界の有様であります。しかるに、一たび、摂取して捨てたまわざれば、六道に輪廻すべからず、生死ということが、そこに打ち切られて、涅槃の岸に向かって進む船にある身となるならば、自分のいろいろの苦しみ、いろいろの悩みというものも、皆涅槃の岸に進ましむる至徳の風であります。

船に乗って船が覆《くつがえ》らず、必ず目的地に着くということが決まるならば、波が苦にはなりません、かえって多少の波は楽しみとさえなりましょう、ときにあるいは荒いほど面白いかもしれないのであります。信の一念に、一切の苦しみをまったくなくするということは、無理なことであって、まったくなくならずとも、どこにゆくということが明らかになり、ついには苦しみがなくなって無上楽を得るということがきまれば、その航海には安心と喜びがあるばかりであります。

如来の本願を信ずるという、これ一つによって人生の進路というものがきまり、標準というものがきまり、すべての苦しみ悲しみというものが、これによって統一せられた意味をもつようになり、そこから振り返ってみますと、人生のあらゆる苦悩は、皆悉く、光明海中の風波として味わえるようになるのであります。

生死がなくなるということと、生死をへだてるということとは、よく似ているから、それを誤って覚ったように解しているのであろうが、一益法門と二益法門とを誤ってはならんのである。もしそういうような誤った考えを抱いているとすれば、それはまことにあわれなことであります。なぜかといえば、かかる考えがあっては、真実の信心が決定しないこととなるからであります。

二十三

浄土真宗には、今生に本願を信じて、かの土にして、さとりをばひらくと、ならひさふらふぞとこそ、故聖人のおほせにはさふらひしか。

今生には本願を信じ、その信の徳として、生死の苦海を渡ることを得て、来生においては涅槃の証果を開かせていただくに間違いないということを、聖人が仰せられたのであります。

信仰の躓きというものは、そういう心得違いから起こるものであるから、この問題を懇切に説き示して、今生の開覚ということと、来生の開覚ということを示して、すなわち信心の利益ということと、涅槃の真証、すなわち滅度の利益ということとを明らかにして、二益法門の正しき道であることを知らしてくださったのであります。

第十六節　自然の宗教

信心の行者、自然にはらをもたて、あしざまなることをもおかし、同朋同侶にもあひて口論をもしては、かならず廻心すべしといふこと。この条、断悪修善のここちか。一向専修のひとにをいては、廻心といふこと、ただひとたびあるべし。その廻心とは、日ごろ本願他力真宗をしらざるひと、弥陀の智慧をたまはりて、日ごろのこころにては、往生かなふべからずとおもひて、もとのこころをひきかへて、本願をたのみまいらするをこそ、廻心とはまうしさふらへ。一切のことに、あしたゆふべに廻心して、往生をとげさふらふべくば、ひとのいのちはいづるいき、いるいきをまたずしてをはることなれば、廻心もせず、柔和忍辱のおもひにも住せざらんさきに、いのちつきば、摂取不捨の誓願は、むなしくならせおはしますべきにや。くちには願力をたのみたてまつるといひて、こころには、さこそ悪人をたすけんといふ願、不思議にましますといふとも、さすがよからんものをこそ、たすけたまはんずれとおもふほどに、願力をうたがひ、他力をたのみまいらするこころかけて、辺地の生をうけんこと、もとも、なげきおもひたまふべきことなり。信心さだまりなば、往生は弥陀にはからはれまいらせて、することなれば、わがはからひなるべからず。わろからんにつけても、いよいよ願力をあふぎまいらせば、自然のことはりにて、柔和忍辱のこころもいでくべし。すべて、よろづのことにつけて、往生には、かしこきおもひを具せずして、ただほれぼれと弥陀の御恩の深重なること、つねにおもひいだしまいらすべし。しかれば念仏もまうされさふらふ。これ自然なり。わがはからはざるを自然とまうすなり。これすなはち他力にてまします。しかるを、自然といふことの別にあるやうに、われものしりがほに、いふひとのさふらふよしうけたまはる、あさましくさふらふなり。（第十六節）

一

この次の第十七節には、辺地の往生ということについてお話があり、第十八節には布施ということについてお話がありますが、いずれも簡単なるお話であって、それらは、信仰上の誤解に対する注意として、付け加えられたものであります。ですから、ほねぼねしいところは、この節を以てほぼ終わっているのであります。

この節においては、最初に自然《じねん》ということについてのお話がありまして、自然《じねん》ということと、廻心《えしん》ということと、この二つのことについてのお話であります。この自然《じねん》ということと廻心ということとは、信仰のうえで大事なことでありますが、常に人々が聞法しておって、しかもその正しき意味がわからずに、それを誤解しており、また廻心ということもわからず、したがってそれがために真実に信心を喜ぶということになり難いのであります。それゆえ、是非とも、自然《じねん》ということについての誤った考えと、廻心ということについての誤りとを注意して、真の廻心、真の自然《じねん》を知らしめんとしておらるるのが、この一節であります。

信心の行者、自然にはらをもたて、あしざまなることをもおかし、同朋同侶にもあひて口論をもしては、かならず廻心すべしといふこと。この条、断悪修善のここちか。

この文面を見ますと、「悪しざまなることをもおかし」というのは、行為に関する悪いことであります。「自然《じねん》に腹をも立て」ということは、心のことであります。「口論をもして」ということは、口ですることですから、要するに、意《こころ》と身と口との三業に起こり来るにまかせて、悪いことをしてもよい、それが自然《じねん》である、それが自然《じねん》であるから、腹が立ってくれば立てるがよい、喧嘩がしたければいい争うがよい、悪いこともしたければするがよい。そういう風にしたいがままにしてゆくと、それがもとになって、必ず廻心するようになる。廻心ということは心がかわるということであるから、身も意《こころ》も口も自然《じねん》にしてゆくと、ついには悪いことが悪いと気がつくようになり、自然《じねん》に心がかわってゆく、信心の行者という者は、そうするのがよいのである、そういうようにあるべきはずであると、こういうようにいっている者があるが、かかる自然《じねん》論は誤った考えであるということを、注意してくださったのであります。

二

それで、まずここに出てきましたのは、自然《じねん》ということであります。『歎異鈔』にはまだ自然ということが一遍もいわれてなかったのです。ですから自然《じねん》ということをここでいおうとしておらるるのでありまして、親鸞聖人の『自《じ》然法爾章《ねんほうにしょう》』というものは、自然《じねん》という二字の本当の意義を知らそうとして作られた大事な文字でありますが、その意味をここで話そうとしておらるるのであります。

私どもは、思想上でも、日常使っている言葉のうえでも、自然《じねん》ということをよくいいますが、水が流れ、山が聳え、樹が栄えて花が咲くというような、動物以外のもの、あるいは人間以外のもの、天然界の自然《しぜん》現象というものを、自然《じねん》といって、我々のことを人事界というように分けて、自然《じねん》というのは天然界のことであると思うている人もあります。そして人事界の人間の考えたりしたりしていることには誤りがあると思うております。山が聳え、谷が低く、水が流れ、鳥が啼く、あるいは花が咲いて実を結ぶとか、春夏秋冬が正しく廻《めぐ》るとかいうような天然界というものは、何か知らん正しく尊いもののような感じがして、人事界というものには、いろいろの間違いがあるように考えているものであります。自然《しぜん》界の現象というものには、何となくそれが真であり善であるというような考えがありま す。しかし、かく人事界と自然《しぜん》界とを分けますけれども、もう一つ考えますと、木が枝を茂らし華を開くというのも、動物が本能的に活動変化してゆくのも、人間が成長して発達してゆくというのも、大きくいえば、皆、自然《じねん》に相違ないのでありますから、有情の生活あるいは人間生活というものも、全体がやはり自然《じねん》であると、こういうように見ている人もあります。

そういうように、自然《じねん》の解釈というものが違いますけれども、どちらにしても、そういう意味の自然《じねん》といっておることは、親鸞聖人が自然《じねん》といっておらるるのと、意味が違うのでありまして、聖人が『自然法爾章』に申しておられる自然《じねん》ということこそ、自然《じねん》に対する真の解釈であると思います。

三

本来、私どもが自然《じねん》という言葉を用いますときには、何か自然《じねん》という言葉によって、責任を回避するような心があるようであります。山には樹木が生えてそれが発育するのは、それが善いとも悪いとも思わない、ただ無心である。流るる水にも罪がない、歌う鳥にも罪がない、はびこる草にも罪がないごとく、我々の心においても、それが自然《じねん》だということは、つまり責任というものがない、自然《じねん》に基づいて来るのだから、それが善であろうと悪であろうと、俺に責任はない、こういうように、自己のなしたことに対して責任を回避するような心が、一般にお互いの心にあるようであります。そして自然《じねん》を尊ぶという意味から、そういう解釈が一般に考えられているようであります。

そのように、自然《じねん》に起こって来る煩悩というものも、罪悪というものも、それが自然《じねん》であるから、尊いものであり正しいものであると考えて、煩悩悪業というものを、肯定しようとする考えがあります。すなわちこれでよいのだとする心でありまして、多くは、かく誤れる自然《じねん》ということを、言葉にも出したり、心にも考えたりすることがあります。そういうことからこの節のお話も出てきたのだと思います。

四

「信心の行者」とあります通り、本願念仏を信じた行者であれば、身も口も意《こころ》も、自然《じねん》にまかして行のうてよいのだといって、自然《じねん》の誤解者となろうとします。無論、真実に信じておらないから、間違っているのではありますが、みずから許せる信心の人、かかる人々は腹が立つならば立ててもよいといい、自然《じねん》に立つのだから自分には罪も責任もない、またそれでよいのであると、腹も立てたり口論もしたり、悪い行為もすれば、かえって反省したり後悔もしたり改善もするようになるのであるといって、その心と行為とを肯定して許そうとするのであります。人間だから腹が立つのである、どうせ煩悩具足の凡夫だから立ててもよい、悪いことを思いつくなら悪いことをやってもよい、また腹が立つならば口論もするがよい。自然《じねん》に起こってくることは、すべてそれでよいのである。だから平気に心配なくやっていて、それがために人から憎まれるとか、自分が苦しくなるということに突き当たると、それによって反省するようになるから、じっとしているよりもむしろ自由に、身心に起こって来るままにやる方が自然《じねん》だ、その方が自分の心に自分の悪いことが知れて反省するようになって、自然《じねん》に改善するようになるからと、こういうように心得ておる人があるが、それは怪しからん考えであると申されるのであります。

五

こういう考えは、昔にあった話のみならず、少し道を聞いた人は、罪悪深重でも救われるとか、煩悩具足でも救われるとか、それが他力本願の教えであるからといって、こういうことを思っている人があります、真の意味が正しく聞けないものだから、いつもそういう考えが起こるのであります。無論道を聞いたことのない世間一般の人であれば、多くはそういう考えをもっているのであります。すなわち自然《じねん》ということは、尊いことであって、それは善でも悪でもない、かえってそれが真理であるというようにさえ考えるところから、欲の起こることは、誰人にもあるから自然《じねん》なことである、とどめようと思うてもとどまるものではない、やめようと思うからかえって苦しくなるのである、これは自然《じねん》の勢いであって摘んでも摘んでも草は生えてくるように、樹木が伐られても伐られてものびてゆくように、水が堰《せ》かれても堰《せ》かれても低きに流れてゆくように、春が来れば鳥が囀るように、我々の欲望というものは自《じ》然《ねん》であると、こういう考えから、自分の欲望にまかせて、財産というものでも手段を選ばず殖《ふ》やそうとする貪欲、それも自然《じねん》であると考えます。だから、何についても、いまだかつてそれが悪いことであると思ったことがなく、反省したこともないのであります。それゆえ、いいたいままにいうてゆくこと、したいままにしてゆくこと、それが自然《じねん》であって、正直であって、真理であると考えているのであります。欲は死ぬまでやまないものであって、これは自然《じねん》であるということから、物質論者となりあるいは欲望論者というような者にもなるのであります。すべて自分の内心から起こって来るところの欲望というものは、自然《じねん》であるから、その欲望にしたがって我々が進んで行為してゆくのは、善いことであると考えている人も少なくないようであります。

人間に腹の立たない者はない、それゆえ腹が立つこと、腹を立てること、これはまことにやむを得ないことである。どう抑えても抑えられないから、これは自然《じねん》である、しかも自然《じねん》は尊いものであるという考えから、腹が立つなら人をなぐってもよい、いいたいことはいうがよい、というような考えとなって、起こり来《きた》るところの心に対して、少しの反省もなく、批判もなく、そのままやってゆこうとするところから、感情主義になったり、快楽主義となったりするのであります。殺したければ殺す、盗《と》りたければ取る、こういうような心がだんだん出てきて、一つの誤れる自然《しぜん》主義者ともなるのであろうと思います。

だから、口にいいますことも、心に思いますことも、あるいは身に行いますことも、すべて現実を肯定して、ただ欲が起これば起こし、腹が立てば立て、いいたければどんなことでもいう、それが無邪気であって、天真爛漫《てんしんらんまん》であり、神聖であり、正直であり、清きことであり、尊いことであると、感情そのままの生活を肯定して、本能の発露に随順してゆくことが、一つの美徳ででもあるようにさえ心得ているのが、現代の一部の思想ではなかろうかと思います。

いろいろの主義思想は、そういう意味の自然《じねん》という考えへの誤解から、出てくるものであると思います。自分の思うた通りに主義をもち、主張していって、それでよいと自認しておるのは、皆この自然《じねん》という文字に対する誤解から来ておるのであります。そういう解釈から本能主義となり、心にも口にも身にも、本能として欲求するところにしたがって進んでゆけばよいとか、あるいは現代の恋愛主義というものでも、ただそういう情念が起こってくれば、それに対して静かに研究し批判することを、おろそかにして、ただ自然《じねん》に基づいてきたものであるから、それは美であり真であり善である、というような考えから、いろいろのことが起こっているように思われます。

六

一般の人であるならば、そういう考えをもつのも無理もありませんが、そうではなくして道を聞いている念仏者、信心を喜び念仏を喜ぶ行者にあって、なおそういうことを思うている人があります。身の悪、口の悪、意《こころ》の悪を肯定して、かえってそれによって廻心して、悪心が転化するから善いことであるといっておるのでありますが、そういうことを思うておる人の心のうちには、きっと、断悪修善の心があるのでありましょう。悪を断ち善を修してゆこうとする心があるのであって、その自力修善の心から、そういう意味で自然《じねん》を許し、廻心ということを目的としておるのであります。この断悪修善という心は、いまだ自力の心がすたらないからであり、他力真実の信心がないからであって、そしてそれは廻心という意味の誤解から来たるのであります。

自力心の廻心懺悔ということは、反省して悪を改め、善を修めようとするのであるから、したがって廻心ということは改心ということであります。だから廻心するということが一度きりでなくして、再々あることになるのでありま す。悪を断ち善を修めて、身心を改善してゆこうとするのであります。口に対する改善、意《こころ》に対する改善、行いに対する改善、一生涯、身心を改善してゆくようにしようと考えているらしいのであります。

一向専修のひとにをいては、廻心といふこと、ただひとたびあるべし。

廻心というのは、心を転ずるということであって、悪心を廻転して善心になるという意味とも考えられるから、したがって懺悔という意味と一つになるのであります、そこで廻心懺悔の心を発《おこ》しというようにつづいて用いられております。廻心ということも懺悔ということも、何遍もあることのように思うておりますが、それは自力心の人のうえのことであって、一向専修の人すなわち他力本願を信じて念仏を喜ぶ人にあっては、廻心ということはただ一度《ひとたび》あることであって、さように何遍も廻心懺悔するということはないのであると、他力信ということを明瞭にいおうとしていられるのであります。すなわち、自力を捨て他力に帰するのは、一心の転廻《てんえ》であるから、これを廻心というのであって、これは一たびのものである。他力信のない人は自力の行者であるから、廻心といえば何遍もあることであると考えておるのであるが、それは自分に他力信心がないからであります。すなわち自力心の人にあっては悪心を善心に転化して、そして助かろうと考えておる人であります。

七

その廻心とは、日ごろ本願他力真宗をしらざるひと、弥陀の智慧をたまはりて、日ごろのこころにては、往生かなふべからずとおもひて、もとのこころをひきかへて、本願をたのみまいらするをこそ、廻心とはまうしさふらへ。

廻心ということは一遍よりないといって、廻心ということの正しき解釈をしてくださったのです。いまだ他力本願ということを知らず、他力真宗の意《こころ》がわからないその人が「弥陀の智慧をたまはりて」、以前の心にては助からないということがわかってくるのであります。いつとはなく如来の光明に照らされて、自分の悪いということがわかり、自分の助からないことがわかり、自分の心というものが明らかにわかってくるのであります。それがあるいは実際生活の事々物々に突き当たって知られることもありましょうし、また道を聞く間に、如来の光明に照らされて、漸《ようや》く自分の心の姿や自分の力がわかってくるようになり、かつその悪いことを改めようとしてもとうてい清らかになれないで、かえって改めようとすればするほど自分の悪心が見えてきて、その悪を断ちきることもできず、善を修めてゆくこともできない自分であったと、我が心の有様や、心や行いの有様が見えてくるのであります。

だんだん聞かされていますと、自分の悪いということがわかってきて、自分の心は悪を断ち善を行のう能力のないものであるということがわかってきて、心なり行いなりに、いろいろの悪を改め、種々の善を行のう能力のある自分ではないということがわかってくるのであります。

たとい、自分に断悪修善はできなくとも、念仏の功徳を聞いて、念仏を称えることによって助かるという考えとなり、一分《いちぶん》は他力の救済に眼が開《あ》いているようですけれども、そこにまだ念仏に対する自力の考えが断ちきれないのであります。諸行往生の心と自力念仏の心と、この二は、いずれも自力であるから、この自力の心では助からない、すなわち日頃の心では助からないということが本当にわかりましたときに、以前に考えておった自然《しぜん》ということや、その他の自力の考えのだめであることがわかるのであります。その自力が自力とわかって、捨てる心の起こるようになったのは、まったく弥陀の光明の力であり、如来の智慧をいただいたからであります。そういう自力の一切の考えが一変して、自力を捨てて他力に帰し、本願以外何ものをもたのまない、我が心も我が行もたのまず、ひたすら本願念仏をたのみたてまつる心となってくる、その心を指して廻心というのであるから、信は一念であります。弥陀の本願を信じてその他を信じない、こうなったときはたった一度《ひとたび》であるべきであって、その一遍が本当に廻心ということであります。

八

こういうお話でもって、大略、自然《じねん》ということを解釈し、廻心ということをも解釈してくださったのであります。すなわち「弥陀の智慧をたまはりて」ですから、私どもの日頃の心では助からないのであります。誤って考えられた自然《じねん》ということから、自分を許しておるようなあらゆる思想では助からないのであります。あるいは自分の心を改めてゆくという修善の心、断悪修善してゆくという心では助からないのであります。また同様に、自力心から念仏を称えておるようなことでも助からないのであります。ただ弥陀の智慧の光に照らされて、その智慧をたまわりて、自力の心では助からないということに気づくようになり、ひとえに本願をたのみたてまつることだけであるということがわかってくる、そのわかってくるということが、本当の自然《じねん》というものであって、それは一に他力であり、如来の智慧光の力であるのであります。如来の智慧に照らされて、我が心が動かされ転化されてゆく、それが自然《じねん》というものであります。これに反して、私どもの自然《じねん》といっておるのは、どこまで考えても、それは弥陀の智慧でなく、他力でなく、自己の力であり凡夫の智慧であります。そうですから自分の内に起こってくる欲というものは自然《じねん》だからそれでよいのだとか、自分の心に起こってくる恋愛観念は自然《じねん》だから神聖なんであるとか、自分の心に起こってくる名誉や利益を欲する心も、自然《じねん》だからそれもよいのであるとか、いろいろの本能的欲望の発作は皆自然《じねん》であるから、それは真なるものであると考えて、それが虚無思想であろうと共和思想であろうと何であろうと、自分の心から出てきたものは皆自然《じねん》であり、やむを得ず出てきたものであるから、皆善いのであると思い込んでいるのは、悉くそれは自己の分別心、自己の智慧のはからいというものであって、自我心から自然《じねん》とか正しいとか定めているのであって、それは真の自然《じねん》という意味ではないのであります。自然《じねん》というならば、自分以外の智慧、自分以外の光が、自分という者をだんだん明らかにし、そして本当の道に進ませようとして働きかけておる状態をいうのであります。だからその力は自分から出たものではなくして、如来から出たものであります。その弥陀のはからい、その光、その力というものが、真に自然《じねん》というものであるというのが、親鸞聖人の自然《じねん》に対する解釈であります。

九

『自然法爾章《じねんほうにしょう》』という一文が、『三帖和讃《さんじょうわさん》』の一番終わりにも出ており、それから『末燈鈔《まっとうしょう》』にも出ております。すなわち『末燈鈔』には、

「自然《じねん》トイフハ、自ハヲノズカラトイフ、行者ノハカラヒニアラズ。然トイフハシカラシムトイフコトバナリ、シカラシムトイフハ行者ノハカラヒニアラズ」

とありまして、自然《じねん》という字義の解釈であります。親鸞聖人の他力信仰は何でもないように思いますけれども、実に非常に偉大なことであります。親鸞聖人が自然《じねん》といわれますのは、無為自然《むいじねん》という意味でありまして、我々の考えは、どんなに考えを練ってゆきましても、また偶然出てきたようでありましても、それは皆自分の心から捻《ひね》り出したものでありまして、そういうものは自然《じねん》ではありません。しからば、考え出さずに、自然《じねん》に腹を立てたり欲を起こしたりする、これこそ自然《じねん》だと思うたりしますけれども、そんなものは自然《じねん》ではないのです。それは作意《さい》であり、貪欲であり瞋恚であり愚痴から出たものであります。自然《じねん》というのは、真理であり法性《ほっしょう》という意味であります。

「如来ノチカヒニテアルガユヘニ法爾トイフ。」

大自然《だいしぜん》とでもいいましょうか、法性真如《ほっしょうしんにょ》の大自然《だいしぜん》であります。自然《しぜん》の大法としてしからしむという意味の文字であります。如来というのは、如より来生せられたという意味であって、真如法性から出て来られた方が如来でありますから、この如来は本当の真理から出て来られたのであります。それが自然法爾《じねんほうに》であります。

「法爾トイフハ、コノ如来ノ御チカヒナルガユヘニ、シカラシムルヲ法爾トイフナリ。法爾ハコノ御チカヒナリケルユヘニ、オホヨソ行者ノハカラヒノナキヲモテ、コノ法ノ徳ノユヘニシカラシムトイフナリ。」

この如来の御誓《おん》い、我々を救わんとして本願を発《おこ》された、それは法爾であり、宇宙精神の発露であって、弥陀の智慧をもって我々を照らしておられるということも、それは自然法爾の理法としてであります。自然《じねん》という考えは、我々からそれをきめたら、それはもう自然《じねん》ではありません。いろいろの考えからできあがっておるどんな考えも、それは皆自分できめた考えであります。如来の法の徳から我々を照らし、我々に本当の道を知らしめんとして作為《さい》していられる、その働きを自然《じねん》といい、自然《じねん》の力というのであります。

それだから、水が流れ、鳥が歌い、樹が繁茂するようなことは、本当の自然《じねん》ということではありません。また我々の心に起こり来たるところの思想感情というものも、自然《じねん》とはいえないのであります。それは皆自己の自我心のはからいがその中に入っているのであります。天然現象であっても、そういうものは本当は自然《じねん》とはいえないのです。その中に動いている我ならざる力が我々を救おうとして、そして働いていられる慈悲の力、それを指して自《おの》ずから然《しか》らしむというのであります。

私どもは物の表面ばかり見ているのでありまして、我々の見たり考えたりしているもっともっと底に、すなわち、天然界とか人事界とかいっているその下に流れている大きなみ力、その如来の願力、それを他力といい自然《じねん》というのであります。

十

「スベテ人ノハジメテハカラハザルナリ。」

天然というものを自然《じねん》といったり、私に起こってくる心や考えを自然《じねん》だというようにきめてはならないのであります。自分ではからわない、はじめからはからわないで、如来の他力から働きかけられているのが、真の自然《じねん》というものであります。そうに違いないとか、それが自然《じねん》だと断定しようとすると、それはもう自然《じねん》でないのであります。

「コノユヘニ義ナキヲ義トストシルベシトナリ。自然トイフハモトヨリシカラシムトイフコトバナリ。弥陀仏ノ御チカヒノ、モトヨリ行者ノハカラヒニアラズシテ、南無阿弥陀仏トタノマセタマヒテ、ムカヘントハカラハセタマヒタルニヨリテ、行者ノヨカラントモアシカラントモオモハヌヲ、自然《じねん》トハ申ゾトキキテサフラフ。」

大きなまことから出た大きなみ心が、世界のうえに、否私ども人間のうえにその光をなげて、天然界のうえにも人事界のうえにも、自然界《しぜんかい》と人事界の区別なく、ただ如来が私どもをして本当のことに目覚めしめんとして、たのむべからざるものをたのまず、たのむべきものをたのませようとしておられるのであります。弥陀仏の御誓いは、もとより行者のはからいではありません。南無阿弥陀仏とたのませたまいて、むかえんとはからわせたまいたるによって、そういうご精神によれる弥陀の智慧が私どもを照らし照らしておってくださるというその働き、それが人事界と天然界の一切時、一切処、どこにでもゆきわたっておって、そういう力が我々に来てくださっておるのを自然《じねん》というのであります。だから自然《じねん》というのは他力とも如来ともいう意味であります。浄土というのも自然《じねん》であるといって、自然《じねん》の浄土といっておられるのです。だからここにおいては、「行者のよからんともあしからんとも思はぬを自然《じねん》とは申すぞ」とあって、善し悪しに囚われずして、南無阿弥陀仏と称えて、一向に他力に帰するのが、真の自然《じねん》というものであると申されてあるのであります。断定すればもうそこにははからいがあります。普通でいうときには、それでよいとか、それではいけないとか考えますけれども、その善し悪しときめて、それを断定するのは、はからいというものがまだとれていないからであります。善からんとも悪しからんとも、自分の意志というものを以て肯定せず、如来が、たのむべきものをたのましめんとし、私どもの悪《わろ》きを悪《わろ》きと知らしめ、助かることを助かると知らせ、南無阿弥陀仏とたのませんとはかろうておってくださるのですから、本願を信ぜざるを得ないこととなるのであり、南無阿弥陀仏は称えざるを得なくなるのであります。自分の方で是非を考えているという余地がなくなって、ただ南無阿弥陀仏と如来をたのむということ、それが真の自然《じねん》というものであります。如来はそこへ出そうとして導いておられ、その見えざる如来の力、我々のはからい以上の力、我ならざる力、すなわち南無阿弥陀仏とたのませんとし、しかして迎えんとはかろうていられるその力、それを自然というのであります。こういう意味が親鸞聖人の自然《じねん》という解釈であります。

十一

それでもまだ、そこには疑問が残っておりはせんかと思って、

「チカヒノヤウハ、無上仏ニナラシメントチカヒタマヘルナリ。無上仏トマフスハ、カタチモナクマシマス、カタチモマシマサヌユヘニ自然《じねん》トハマフスナリ。」

一定のかたちをもたずして、そういう光、そういうお心が人事天然あらゆるところに常に満ち、常に照らして私を育てはぐくんでゆき、そして私の心を本当に覚醒して、正しき道に入《い》らしめんとしておられる、そういう力を自然《じねん》と

いい、そのはたらきを阿弥陀仏というのであるから、我々がはからいなく南無阿弥陀仏とたのむようになったのが、助けられたというものであります。助けられて自然《じねん》になるのであります。

「カタチマシマストシメストキハ無上涅槃トハ申サズ。カタチモマシマサヌヤウヲシラセントテ、ハジメテ弥陀仏トマフストゾキキナラヒテサフラフ。」

我々は何かを拝まずにはおれませんから、木像絵像あるいはお名号をかけて、これを礼拝しておりますけれども、心には弥陀仏を念じておるのであります。その弥陀仏というのは、私のうえに自《おの》ずからに然《し》からしめんと働いておられるところのまことの光、まことの力であって、南無阿弥陀仏とたのませて、引きとらんとしておられるところの本願の精神、それを阿弥陀仏と申したてまつるのであります。

十二

「コノ道理ヲココロエツルノチニハ、コノ自然《じねん》ノコトハ、ツネニサタスベキニアラザルナリ。ツネニ自然《じねん》ヲサタセバ、義ナキヲ義トストイフコトハ、ナヲ義ノアルニナルベシ。コレハ仏智ノ不思議ニテアルナリ。」

ご親切なる注意であります。ただはからいなく如来の本願を信ずるようになるのが自然《じねん》であります、南無阿弥陀仏と称えることが自然《じねん》であります。しかしながら、それすらも、自分の心でこういうものが自然《じねん》であるとか、こういうわけがあるに違いないとか、こう決定《けってい》しますならば、それは自分が決定してはかろうていることであって、それはもう自然《じねん》でないこととなります。「これは仏智の不思議にてあるなり」とは、真に他力自然を表わされた言葉でありまず。ただ如来の本願力であって、それが自然《じねん》というものである、ということがわかれば、南無阿弥陀仏南無阿弥陀仏と、ただ仰いで念仏するばかりであります。他力自然《じねん》の力によって自然《じねん》になるのであります。これは口では充分にいい顕わせませんが、そういうようないいにくい、深大なる意味を巧みに顕わしていられるのが、この『自然法爾章』というものであります。

今日の多くの人々は、真の自然《じねん》ということが、どんなことであるかを弁《わきま》えずして、自然自然《じねんじねん》と、口でいうていますけれども、皆それは不自然《ふしぜん》であり、はからいであります。だからその誤った考えをひるがえして、他力本願を信ずるという真の自然《じねん》を味わわそうとして、かかるご親切からお書きくだされたのであります。今章のごとくわかりやすく書いてあるのを、いろいろ味おうてゆく間に、かえって私が複雑にしたようなきらいがあるのは、まことにすまないことだと思いますが、できるだけわかりやすくと思うことから、蛇足を加えたのであります。それゆえ私の話したことはお忘れになってもいいのであります。この文面は至って簡明でありますから、要はこの文面の意味がわかればよいので、私の話なんどは、捨ててしまえばよいのであります。

十三

前に申しましたように、自然《じねん》ということの誤解と、廻心ということの誤解について注意されたのでありますが、それは廻心ということを、救いの条件のように思うているからであって、そういう考えは誤りであることを知らさんとしていられるのであります。また自然ということの誤解から、信心を獲た者は身口意の三業を意《こころ》にまかせておれば、自然に廻心せねばならぬようになり、そしてだんだん善い心になって往生するのであると思い、廻心ということを、救済せられるについての、なさねばならぬ一つの仕事、すなわち救済の条件のように思うているのです。しかしながら、なぜそういうように考えるのかというと、廻心をしてゆくということは、柔和忍辱《にゅうわにんにく》という心が起こるべきであると考えているからであります。信心を獲た者は安心して喜べる、すなわち信心歓喜であるから、身も裕《ゆたか》に、心もゆたかに、身心が平和になる。そしていままで辛抱のできなかった腹の立つこともなくなるであろう。そしてそれが助かるという一つの資格のように思い、そうなるには廻心が必要であると考えるからであります。つまり柔和忍辱ということを得たいと思っているのであります。本来私どもは柔和忍辱が欲しくてならないのであります。柔和は穏やかな心であり、平和な心であります。忍辱ができれば腹が立たぬ、腹が立たねば安楽であり、平和であります。それゆえ柔和忍辱ということは、人々の欲しいものであります。また柔和忍辱というものは信心の結果であり、信心の副産物であると聞きますから、柔和忍辱は一面、信の証拠であると考えるのであります。それゆえいずれからしても、柔和忍辱は欲しいものであります。だから廻心すれば自然《じねん》に、柔和忍辱の心も出てくるのであろうと考えるのであります。信を求めずして柔和忍辱を求めているから、廻心ということを、そういう意味にとるようになったのでありません。しかし柔和忍辱ということを願い、それを救われる資格のごとく思うているならば、よくよく考えてみねばなりません。それはきわめて不合理なことであります。日常生活のうちにおいて、朝に夕に廻心して、柔和忍辱の心になって助かろうとするならば、人間の命というものは、出《い》づる息は入《い》る息をまたずして終わることであるから、廻心して柔和忍辱になってなどと思っていても、そういう都合に廻心もできず、心も善くならず、柔和忍辱という結果に至らずして命が尽きてしまったなら、どうするつもりであろうか。そういうことにならない者に対しては、摂取不捨の救いは無効無力となると思っているのであろうか。柔和忍辱にならねば、本願があっても助からないことになるといわねばならんのであります。畢竟《ひっきょう》ずるに、廻心して柔和忍辱の心にならなければならぬ、という考えをもっているならば、いかに口では願力をたのんで助かるのだといっていても、心の底ではやはり、悪い者は助からぬと思い、改心して善くなって、助かるのであると思っているのであります。柔和忍辱の心になった者だけを、助けてくださるのだと思うているのであって、つまりは自力の根性がすたっておらないのであります。すなわちそれは願力を疑っているのであって、他力をたのんでおらないのであります。それゆえ、そういう人は、たとい、いかに善い心を起こし、善いことを行のうていても、あるいは念仏は尊いと信じ念仏を称えていても、それは、やはり自分の善悪ということに目星をつけておる人でありますから、それは真実報土の往生はできない人であって、辺地《へんち》に往生する人であります。

ちょっと聞くと、廻心して自分の悪い心を改めて、柔和忍辱の心になりたいということは、善い心懸けのように見えますけれども、何ぞ知らん、それは自力の心が主となっているのであって、他力の本願を信じていないのでありますから、真実の幸福を得ることはできずして、辺地の生を受けることとなるのであります。それゆえ、くれぐれも深く反省して、自分が断悪修善心であったり、自力にかかわっているあさましい心であることを知らねばならんのであります。本願の前に坐りながら、その本願をたのむといっておりながら、しかも口に念仏を申しながら、そこには安心がなく、常に自力をふり立ててもがいている状態では、いかにも憐れなことであります。現代においても、たいていの信者という人々は、ここらにいるものですから、よくよく反省せねばなりません。

十四

この廻心ということは、簡単にいいますならば、心が廻《まわ》るということですから、自分の力で自分の心を廻そうと考えておるのであります。そしてその方法として、自分の本性にしたがい自然《しぜん》に腹を立てるということも、要するところは廻心がしたいのであります。廻心したいというのは柔和忍辱になりたいのであります。元来、私どもの苦しみというものは、常に心が柔和でないこと、忍辱ができないことが我々の悩みの一つであります。

第三十三願の本願である触光柔輭《そくこうにゅうなん》の願には、「我が光明を蒙りてその身に触るるものは、身心柔輭《にゅうなん》にして人天に超過せん、若し爾《しか》らずんば正覚を取らじ」とあります。また、「其《そ》れ衆生ありて斯《こ》の光に遇へば、三垢《さんく》消滅し、身心柔輭にして、歓喜踊躍し、善心焉《ここ》に生ず」とありまして、如来のみ光に遇えばすなわち信心の人となれば、身も心も柔らかくなるということが説いてあります。これは願力によって、そうさせてやりたいという本願であります。そうさせてやりたいということは、私どもの身心が常に柔輭でないということであります。柔和忍辱でないということであります。柔和の反対は硬いということであります。硬いということは常に我々が苦しんでいるということであります。怒ると顔も硬張《こわば》れば身もかたくなります。腹を立てているときには心も固いのであります、心が固くなり、身が硬くなり、顔もかたくなるということは、苦しき状態であります。これに反して柔らかいということは心身の安楽であります。それは、骨抜きになるというわけではありませんが、風呂に入ったときの心持ちのように柔らかくなるのであります。平穏にはふっくりとした柔らかさがあり、喜悦《よろこび》にはゆたかな輭《やわ》らかさがあります。そこには慈心が出《い》で、愛の心が湧いてきます。実に幸福な状態を柔輭という字で顕わされているのであります。私どもが、是非こうせねばならぬと頑固に硬ばったり、是非彼をかくせねばならんと力みますとき、そしてそれが思うようにゆかぬと、すぐ腹が立って、身も心も硬直するのみならず、そこには平和が去って戦いの心が生ずるのであります。それはきっと苦しい状態であります。忍辱ということは忍ぶということであって、辛抱するということができれば、たとい思うようにならずとも、それはそのまま幸せであります。無理から忍ぶということは、我慢であり気張っておるのであり苦しいことであって、それは柔和忍辱ではなく、それは硬直であります、それはけっして楽なことではありません。柔和忍辱というのは、やむを得ず忍んでいるのではなく、忍び得る力があって忍んでいるのであります。自分におのずから辛抱ができるということは、仏力であり念仏の徳であります。辛抱しているのではなく辛抱できるのであります、忍び得る能力者であります。ちょうど、母親が継子《ままこ》の世話をするとき、頭をはりたいけれども、家庭に波瀾《はらん》が起こってはならないから、無理に辛抱しているのは、外から見れば平和であっても、心は苦悩であり戦いであります。これに反して心から柔和忍辱の心になれるということは非常な幸福であります。

要するに、そうなれるということはけっこうなことであり、幸福なことでありますから、それゆえ心を転廻《てんかい》して、どうか柔和忍辱の心になりたいと願うのであります。柔和忍辱は、それが自分一個の幸せのみならず、それはまた信の証拠であるから、是非とも早くそうなりたいと思うのであります。それゆえついには誤解して、廻心ができれば、柔和忍辱の心にもなれるであろうと考えるようになるのも無理はありません。しかしながら、そういう考えではどうもうまくゆかないのであります。

腹が立つのがやみません、愚痴がやみません、疑いぶかいのがやみません、ということをいっている人がありますが、柔和忍辱の心になりたいと願い、この心になれば如来は定めて助けてくださるであろうと考えるのであります。どうかしてなろうなろうと願う結果、自然《じねん》ということの誤った解釈となり、廻心ということの誤った解釈となるのであります。要するに、実は廻心なんかはしたくないのであって、したいままの生活と、柔和忍辱とが欲しいのであります。それゆえ柔和忍辱になるためには廻心しなければならぬと考え、廻心するには思いのままいいたいまま、したいままにやっておれば、ゆきづまったりゆき当たったりしてくるであろうから、そのゆき当たったときに、かえって早く反省して悪いことが悪いと気がついて、改める心も出てくるであろうと、こういう考えをもっているのであります。しかしながら、そういう考えでやりましても、それによってなかなか改変しないのであり、したがって柔和忍辱というものも得られるべきものではありません。それは本来が不自然な心であって、自分のはからいの根性と凡夫の浅智をもって、そこまでは考えたのですけれども、それはかえって不自然なことであります。あらゆる宗教は、クリスト教の教えるところも、天理教の教えるところも、その他、仏教でも、どういう教えにしても、皆この辺の考えでありましょう。他力本願の信者であって、念仏を喜んでいるといい、信心の行者とみずからも許し人からも許されているような人でも、やはり一般宗教のような根性がなかなかやまないのであります。そういう不自然なはからい心のある人は、どんな謹直な行いをしましても、どうしてみても、それは真の自然《じねん》ではありません。それでは永久に助からないぞと、こういうことを断言せられているのであります。すなわち、似て非なる念仏の信者のことをいっておれるのですけれども、それをもう一つ広くいえば、一般の宗教心に対する批判ともなっているのであります。

十五

柔和忍辱になろうと願うならば、それは本当の自然《じねん》ということにならなければ、得られないのであります。それを得る道はというと、ここにただ一つあるのであります。どうして柔和忍辱ということが得られるのであるかといえば、

信心さだまりなば、往生は弥陀にはからはれまいらせて、することなれば、わがはからひなるべからず。

ただ他力信心ということを得ればよいのであります。こういう簡単な言葉で表わしておられるのであります。ただ他力の信心が定まればよいのであって、悪いことをして後から廻心しなければならぬとか、そして柔和忍辱になろうとか、一切そんな努力は要《い》らないのであります。こうしたらよかろうか、ああしたらよかろうかと考えても、それが何の役にも立つのではなくして、他力本願を承るうえは、不思議の誓願、弥陀にはからわれてお助けにあずかり往生することであるから、そこには少しも私のはからいを雑《まじ》える必要はないのであります。ただ信心が定まればよいのであると、信心という一語でいい表わしておられます。前から話してきました自力の心、断悪修善の心はだめであって、自分という者は悪を断ずることができず、また善を修することもできない自分であるにもかかわらず、いろいろ心に善を思い、行いに善をなしてゆこうとしておるのですが、それで助かろうとするのは、普通、誰にも起こりやすい考えでありますけれども、自分の方で心を改め、行いを改めて助けられようとするのは、皆自力であります、自力のはからいというものです。自力では助からぬといいながら、はかろうているのです、それゆえ、そういう考えではどうしても助からないということを知らしていただいて、「日頃の心にては往生かなふべからずと思ひて、もとの心をひきかへて、本願をたのみまいらするをこそ廻心とは申し候へ」。もとの心をひきかえて本願をたのみまいらするという、その一念さえ発《おこ》りますならば、往生はわがはからいではなく、如来のはからいのみによって、そうさせていただくのであるから、そこには自分の善を見ず、自分の悪を見ず、ただ本願を仰ぐばかりであります。そこがまったく他力のお助けであって、自然《じねん》であります。だから我々としては、自分に悪い心があり悪い考えが出てきても、それをどうしようとするのではなく、どうしようと考えるのでもありません。如来の願力によって、如来の光明のお照らしによって、自然《しぜん》に自分の悪いということを知らしめられたのであるから、その悪によって如来に向かうべきであります。悪に向かい、悪をどうしようとすべきではありません。悪い心を善くしたいという願いは無論ありましょうが、自力的の普通の考えでは、その悪を何とかしようとしてゆきますが、それは永久に助からない道であります。自分の努力によって、何とでもして悪を去りて善をなさねばならぬと気張ったり、努力するというのではありません。

「わからんにつけても、いよいよ願力をあふぎまいらせば」とは、何という尊い言葉でしょう。これは自己の悪を知った者の、悪に対する態度を教えてくださったのであります。ここが他力真宗の有難いところだと思います。努力するというはからいを起こすよりも、光に触れ光に照らされて、悪いことが悪いとわかっただけでよいのです。自分の相《すがた》と自分の力が明らかになればよいのです。自分には助かる力がないということがわかっただけでよいのです。自力は無効である、善はできない悪はやまない、悪は口にも心にも行いにも、日夜、いま現に出《い》でつつあってこの悪の根は深くして、どうすることもできない、ただ如来のみ光に照らされて自己のありのままがわかれば、それだけでよいのです。それがわかることがそもそも自分の力ではなく、他力自然《じねん》の力であって、自分の悪を見るとき、そこにおのずと南無阿弥陀仏と帰命合掌せざるを得なくなるのであります。そこには願力自然によって身心柔輭の安心と喜びが湧き、善心もそこに生ずるようになるのであります、それは本願の力であります、他力であります。だから、いろいろと教えを聞いて、そうでありますか、そんなら今日から改めましょう、こうしたらこれでよろしゅうございますかと尋ねている間は、まったく本願他力がわからないのであります。そんなことをいわなくとも、ただ自分の悪に気がついて、これを真に悲しむならば、実際自分にはどうすることもできない、力のない者というその真実の相《すがた》がわかれば、如来に向かい願力を仰ぐばかりであります。そこにははっきり我が眼《まなこ》が開きますならば、いつでも我々はどうしてみようもないのであります。悪いことはあくまでも悪い、これが現在の自分を悩まし、今生《こんじょう》一生の間、ますます悩みを深くして停止するところを知らないのであって、未来は三悪道へ向かうよりほかはないのであります。そのことが真にわかるならば、必然の結果として、いよいよ願力を仰ぎまいらさざるを得なくなるのであります、それが自然《じねん》というものであります。自分が悪いとわかれば、いつでも願力を仰ぐばかりです、南無阿弥陀仏と合掌せざるを得んのです。それで身心の二つを挙げて如来に乗托《じょうたく》せざるを得んようになるのであります。他力救済の本願は条件的でないと申されるのはかかる意味であります。どうしようか、こうしようかというのではない、悪からんにつけては、いよいよ願力を仰ぎまいらするだけである。しかれば他力自然《じねん》の道理によって、自然《しぜん》に柔和忍辱の心も出てくるのであります。本来、柔和忍辱は自分の努力によって造り出せるものではありません。自家製造の偽物《にせもの》の柔和忍辱はいやらしいものです。だから柔和忍辱を欲しい欲しいと思い、それを得ようとして廻心したり、あるいはいいたいことをいったり、したいことをしてみたり、あるいは後悔したり、懺悔したり、あるいはそれを、一から十まで抑えてゆかねばならんと思うたりして、とやかくとその方法を考えるのは、皆自力のはからいというものであり、それはかえって不自然なことであって、とうていなし遂げらるるものではありません。

十六

わろからんにつけても、いよいよ願力をあふぎまいらせば、自然のことはりにて、柔和忍辱のこころもいでくべし。

私はこの一句を大変有難く思います。私どもは、悪いということがわかりますと、すぐ何とかかとかしようと思うのですが、それがいまだ自力根性のすたらないゆえであります。いかにも自分は悪い根性であると気がついたら、ただ南無阿弥陀仏と願力を仰ぐばかりであると申されます。自分の心を自分で直すのではない、それは自分で自分を救おうとするのであります。自分で自分が救えないと気づくならば、自分は如来に向かうばかりであります。ただちに来たれとはこのことであります。かように如来の本願を仰げば、そこにはじめて、いままでどうしても得られなかった柔和忍辱の心が、他力によって自然《しぜん》に与えられるのであります。第三十三の触光柔輭《そくこうにゅうなん》の本願力により、願力自然《じねん》によって、南無阿弥陀仏南無阿弥陀仏と如来に帰命するところに、はじめて心も柔らぎ、身も柔らぎ、言葉も柔らぐようになるのであります。そこに知らず識《し》らず、愛の心も起こり、慈悲の心も生じて、平和なる心持ちとなり、そして自分が引き受けられていることを知るとき、今度は親が子どもの厄介を見ているように、辛抱してゆくこともできるようになるのです。せねばならぬからしているのではなく、辛抱する力、忍辱の力を得て、忍辱をしてゆけるようになる、それは嬉しいことであります。どうせ人生は何をしましても、一生死ぬまで忍辱してゆかなければならないものであります。人生のことはそう思うようにゆくものではありませんが、しかしながら忍辱の心さえ得れば、人生はそう苦しまなくともゆけるのであります。反対に忍辱の力がないから、人生はいよいよ苦しく、常に苦しいものとなるのであります。それゆえこの柔和忍辱ということは非常に有難いことであります。

十七

もう一遍繰り返して、生活の態度と自然ということについて申されます。

すべて、よろづのことにつけて、往生には、かしこきおもひを具せずして、ただほれぼれと弥陀の御恩の深重なること、つねにおもひいだしまいらすべし、しかれば念仏もまうされさふらふ。これ自然なり。

幸福を求め、往生を願う者は、まず小賢《こざか》しいはからい心をやめて、ひとえに弥陀のご恩の深重なることを常に思うべきであると、我々のなすべきただ一つの道を教えてくださっているのであります。そして他力自然の真の有様を詳細に知らしてくださったのであります。信仰上のみならず、実際生活のうえにも、すべて万《よろず》のことにつけてです。真《しん》諦《たい》のうえからも、俗諦《ぞくたい》のうえからも、すなわち精神生活のうえからも物質生活のうえからも、それらを縁として往生を願うべきであります。往生を願うならば、賢き思いを具せずして、ただほれぼれと弥陀のご恩の深きことを、忘れず思い出すようにするがよろしい。しかるにこれと反対に私どもには、ともすると、自力根性という賢そうな心が出たがるのであります。こうしたらよかろうか、ああしたらよかろうかと考えるところから、自然《じねん》に対する間違った解釈が出てきたり、心を改めるようにしようとか、柔和忍辱の心が起こるようにしようとか考えるのですが、それは、ちょっと賢そうだけれども、それは皆《みな》凡夫小智のはからい心であって、みんな自分から見込みをつけたのであります。それは自分の小賢しい智慧であり、凡智でありますから、きわめて不自然なことになるのであります。だから賢き思いを具せずして、ただ自分の相《すがた》がわかればわかるほど、いよいよ如来にかえって、ただほれぼれと弥陀のご恩の深重なることを常に思い出しまいらすべしであって、偏に本願を仰ぐべきであります。

親鸞聖人は「弥陀の五劫思惟の願をよくよく案ずれば、ひとへに親鸞一人がためなりけり、さればそくばくの業をもちける身にてありけるを、たすけんと思召し立ちける本願のかたじけなさよ」と喜ばれました。そのごとく、過去久遠《くおん》の昔から今日まで、私を助けんとしておられる大慈悲なる如来は、常にその智慧の光明によって、今日までお育てくださっているのであります。その大きな恵みとご恩の深重なることは、真に申しようもないことであります。ですから、こうしたらよかろうかああしたらよかろうかと考えることは、まことに恐れ多いことであります。ああすればよいというような小賢しい自力根性を捨てて、ただ広大なるご恩を仰いで他力本願に帰し、ひたすら仏恩の深重なることを常に思い出して感謝すべきであります。それが他力信者のなすべき仕事であります。如来のご恩が常に仰がるるならば、ただ明けても暮れても、また、悲しきにつけても、かなわぬことがあるにつけても、大悲のご恩を喜ぶべきであります。「寝ても覚めてもへだてなく、南無阿弥陀仏を称ふべし」といわれましたのは、そういう意味でありましょう。弥陀のご恩の深重なることを思い出して、感謝して喜べば、本願に誓われた念仏は、おのずから口にも称えられてくるのであります。何とも思わずに称えておっても名号の徳としてご恩の深重なることが思われてきましょうけれども、念仏を称えて助かろうと考えて申すのでは、よほどの努力を要します。ご恩の深重なることを思い出せば、念仏はおのずと申されてくるのであります。それは自然《しぜん》の念仏であり、他力の念仏であります。これに反して自分から助かろうとして申す念仏は、不自然な念仏であります。それゆえ正しくいえば、弥陀のご恩の深重なることを喜ぶから、自然《しぜん》に念仏が出てくるのであります。それが真の自然《しぜん》というものであります。自分の悪いということの見えるにつけて本願を喜び、小賢しい考えが起こるにつけても、その考えをなぶらずに、ひたすらご恩の深重なることを思い出《い》だせば、それを思い出すとき、おのずから他力自然《じねん》の力が、ついに我が口から念仏となって出てくるのであります。真に他力本願の教えは、まったく自然《じねん》の宗教と申すべきであります。

十八

わがはからはざるを自然とまうすなり。これすなはち他力にてまします。しかるを、自然といふことの別にあるやうに、われものしりがほに、いふひとのさふらふよしうけたまはる、あさましくさふらふなり。

自然《しぜん》ということは自分から、はからわないことであります。自然《しぜん》とは他力のことであります。自力は不《ふ》自然《しぜん》であります。弥陀にはからわれて本願を信ずることは他力であります。それゆえ本願他力を信ずる人こそ、真に自然《しぜん》という意味に契《かな》った人であります。真の自然人というべきであります。

日常生活のことについても、種々の思想問題についても、それぞれに邪見を抱きやすいものであります。それゆえ、他力信の話を聞いていても、自然《しぜん》ということについても、誤った考えをするようになって、かくすることが自然《しぜん》だと、物知り顔に、自分のはからいをやっているのでありますが、他力のほかに自然《しぜん》ということはなく、はからわず他力を信ずるほかに自然《しぜん》ということはないのであります。しかるに本願他力を信ずること以外に、自然《しぜん》ということがあるように思っているのは、誠にあさましいかぎりであって、それは皆自然《しぜん》の真の意味を知らず、しかも自分の製造した自然論《しぜんろん》というものをもっているのであります。

そういうことを知らしめんとして、過去から今日まで如来のご苦労があったのであります。五劫思惟の願をよくよく案ずれば、ひとえにひとえに私一人のために、私のうえまたは人のうえに作《はた》らいておってくださったのである。人間を通し、現象界を通して、私のうえに作《はた》らいておってくださったそのお蔭で、本願を信じ念仏を申し他力を喜ぶようになったということが、本当の自然《しぜん》ということであります。如来は自然《しぜん》より顕われて、我々を自然《しぜん》に還らしめんとしていられるのであり、我は如来にはからわれて、いまや本願を信じ自然《しぜん》にかえるのであります。これ以外に、自然《しぜん》ということがどこにあるかということであります。「我れ物知りがほに、いふ人の候よし承はる、あさましく候なり」、まことに簡単な言葉でありますが、鋭い批評であります。

十九

前節には、今生《こんじょう》の開覚《かいかく》か来生《らいしょう》の開覚かということについて話し、真宗は明らかに来生の開覚であるということを説き、涅槃の証果は来生に俟《ま》つのであって、今生に得るのではないと申されました。しかしながら、しからば現在においては信の証果は何もないのかというと、そうでなくして、その涅槃の徳が、他力信心によって自然《しぜん》に与えられる。柔和忍辱という幸福も自然《しぜん》に味わうことができて、いろいろ苦しいことがあり、思うようにならないでも、煩悩の逆立った生活をしている中から、柔和忍辱の心が起こって、そして安心と感謝の心をもって、現に人生生活をしてゆくことができるのであります。「弥陀の誓願不思議にたすけられまいらせて、往生をばとぐるなりと信じて、念仏申さんと思ひ立つ心の起こる時、すなはち摂取不捨の利益にあづけしめたまふなり」と最初より、現在の信の利益は弥陀の摂護《しょうご》にあることをのべて、なお、「弥陀の本願には老少善悪の人をえらばれず、ただ信心を要とするべし」とあって、この本願を信じて念仏を喜ぶ身になれば、そこに仏心の柔和忍辱というものも、今生から得させてもらうこととなるのであります。それが信心の徳であります。ですから、以下の各節に、かえすがえす信心ということの大事であることを申されたのであります。聖人の教えは信の宗教でありまして、現在の信はそのすべてであります。しかるにその信心が純粋の他力にならず、自力根性が残っておって、不完全なる信、不徹底なる信であるがゆえに、それは辺地の往生を遂げることになるのであって、幸福を求めつつ真の幸福に進むことができず、辺地にとどまらなければならぬこととなるのであります。それゆえ是非とも真実の信心に向かわしめんとしておられるのが、次の第十七節であります。

第十七節　辺地の往生

辺地の往生をとぐるひと、つひには地獄におつべしといふこと。この条、いづれの証文にみえさふらふぞや。学生たるひとのなかに、いひいださるることにてさふらふなるこそ、あさましくさふらへ。経論聖教をば、いかやうにみなされてさふらふやらん。信心かけたる行者は、本願をうたがふによりて、辺地に生じて、うたがひのつみをつぐのひてのち、報土のさとりをひらくとこそ、うけたまはりさふらへ。信心の行者すくなきゆへに、化土におほくすすめいれられさふらふを、つひにむなしくなるべしとさふらふなるこそ、如来に虚妄をまうしつけまいらせてさふらふなれ。（第十七節）

一

辺地《へんぢ》の往生ということについては、よく聴聞を重ねていらるる方は、毎度聞かれる言葉でありますが、いまは辺地の往生というものの地位について、その位を明らかにして、誤解なからしめんとせられたのであります。

辺地といいますと、真実の報土を都の真中《まんなか》とすれば、その端の方という意味でありまして、つまり真実の処でないということであります。あるいは化土《けど》という名もつけられています。化というのは仮というほどの意味で、真のものでないという意《こころ》であります。真中に対して端の方、真に対しては化、都に対しての辺陬《へんすう》、すなわち片田舎というような意味で、辺地という名が出てきたのであります。

辺地とは、『和讃』等にも出ております通り、経典によっては、懈慢界《けまんがい》とも胎宮《たいぐう》とも申されているのであって、それぞれ名は違いますけれども、親鸞聖人は辺地も、懈慢も、疑城《ぎじょう》も、胎宮も、同じことだと申されていまして、真中でない辺隅という意味から、いまは辺地という名がついたのであります。

二

懈慢といえば、懈はおこたること、慢はたかぶるという字でありますから、道を求めて進みながら、中途でなまけておる形であって、しかもその心におごりたかぶって、これくらいならよかろうと思うている人の往生する処であります。すなわち明了に仏智を信ぜず、真実に本願を信楽《しんぎょう》せずして、自力心が除《と》れないから、いろいろの諸善万行を力とするのです。そして自分に徳が積めて、その徳によって浄土へ参らせてもらえると思うているのであって、これは自分の力をたのんで、たかぶっている慢心というものであります。それはもっと考えると、実は自分の修している善とか行とかというものは、それほど純粋なものではなく、それほど価値のあるものでないということが、わからなければならぬはずであるのに、それがわからず、これをもって往生しよう、あるいは往生させてもらおうと、思うているのであって、求道になまけているのであります。だからそういう人の参る処を懈慢界といわれているのであります。

なお進んで、自分の修する善とか行というものの、そう価値《ねうち》のあるものでないということが了解され、すなわち純粋な善はできるものではなく、行もできるものではないということ、すなわち自力はだめであるということまで、自己反省が進んできても、本願の名号を聞いて、念仏ばかりは、自力の諸善に超えたるものであって、これによって浄土に往生させてもらおうと考え、念仏を浄土往生の唯一の行業だと考え、念仏一つだ一つだと思い込んで称えている人は、やはり念仏を、自分のしている唯一の善とし行として見ているのであって、そういう自力心を離れない念仏心、それは至心に本願を信楽することにくらべると、いまだ徹せざる考えであります。自分が念仏を称えたその徳によって往生できると思っているのは、やはり自己の価値を認めているのであります。すなわち念仏を自力の善行として考え、他力の眼《まなこ》が開けないのであって、しかもこれでよいのだとたかぶっておるのであります、そういう人のゆくところを懈慢界というのであります。

同じ意味でありますが、『大無量寿経』に来ますと、胎生《たいしょう》という字が出ております。あるいは胎宮という名がついておりますが、これも同じことであります。本願をたのんでおるといいながら、自力心のとれないということは、それが諸善万行であっても、念仏であっても、やはり同じことでありまして、本願が信じられていないのであります。信じられないから自力の心が除《と》れないのです。念仏を自力の行とし、諸善万行中の最善の行として認めておるのであります。それは本願を信ぜず本願を疑ごうておるのであります。それゆえ、そういう人のゆく処を疑城といい胎宮というのであります。胎宮というのは胎生の宮殿ということであって、如来の慈悲の中に包まれていながら、真の光を見ないということであります。母胎に在ることは、親の慈悲に最も近い処であって、むしろ慈悲のその中におるのでありますが、しかもそこには何の自由もなく、何の光もなく、慈悲ということを知らない境遇にあるのですから、宮殿のごとくけっこうであっても、かかる往生を胎生と名づけらるるのであります。

かように疑城と呼び、胎宮と呼び、あるいは懈慢界と呼び、辺地と呼びますけれども、要するにこれは同一のことであります。すなわち本願を聞きながら、他力本願を信楽するに至らず、仏智を明らかに信ずることができない、そういう自力念仏の人や、諸善万行の人の世界を、辺地の往生あるいは懈慢界の往生、疑城胎宮の往生と申されているのであります。

三

それで親鸞聖人は、『疑惑和讃《ぎわくわさん》』の中には、諸善万行にとらわれ、自力の念仏にとどまっている人は、如来のご精神にかなわぬ人であり、そして本願の明らかに信ぜられない人であって、その人の受くる欠点を、いろいろとたくさん挙げていられます。自力心が原因となり、その結果としての辺地の往生は、第一には常に仏を見ず、第二には経法を聞くことができず、第三には菩薩とか声聞というような聖衆を見ることがない。あるいは上《かみ》、尊い方を恭敬《くぎょう》供養することができず、下《しも》、人々を教化しようとする慈悲心が起こらず、あるいは自分に、菩薩の功徳を修せんとする考えがなくなるのであります。三宝を見ないということは、自我中心の世界に住することであるから、仏の光明を見ず、したがって法を聞くことなく、法を聞かなければ自己の智慧は進まず、幸福は増進しないのであります。ゆえに仏法僧を見ないということは、幸福の増進しないことであります。聖衆を見ずとは同信の同朋を有せぬことでありま す。なお、そこに住する人は報仏恩の喜びがなく、利他愛の大慈大悲心が生ぜず、真の幸福についての智慧がなく、有情利益《うじょうりやく》ができないのであると、真の幸福でない理由を挙げておられます。なおその他いろいろ災厄を受くるようになって、ついには諸々の苦しみを受けるようになるのであるから、是非とも、諸善万行に望みをかけておってはならぬ、自力心にとどまっておってはならんのであります。なお進んで、念仏を信ずるようになっても、自力念仏にとどまっておってはならんのであります。あくまでも懈慢しておらずに、正しく求道精進して、是非とも本願を明らかに信楽《しんぎょう》して、他力をたのむことにならなければならぬ。そうなって真実報土の往生を遂げて無上の幸福を獲るようにならねばならぬ。それが真に如来のご精神にかなうものであって、自己の真の幸福というものであると、申されているのであります。彼《か》の『和讃』を見ましても、辺地の往生ということを非常に誡められて、自分の信仰に自力疑心が残っているならば、せっかく諸善万行を修し、あるいは念仏を喜んでおっても、辺地に往生するようになるから、そういうことになってはいけない、そこは浄土の中ではあるけれども、真の幸福ではないのみならず、そこにとどまっている間には、次第にいろいろの災厄を感ずるようになるのであるから、そこはとどまっておってはならない処であると、非常に誡めておられるのであります。そういう境地になる原因は、自力疑心であるから、現在において、真実の他力信心に任せねばならんのであると、他力信心の大切なることを示して、真実報土に往生することを勧めておられるのであります。

そういう聖人の教えを承っておりながら、現在聖人の末徒として、心得ちがいをしている者が、ずいぶん多いのであります。せっかく道を聴いておりながら、真実の信心が獲られないというのは、どこかに引っかかっておるのであるから、いろいろとその誤解している点を、明らかに正さんとしておられるのであります。

辺地の往生をとぐるひと、つひには地獄におつべしといふこと。この条、いづれの証文にみえさふらふぞや。学生たるひとのなかにいひいださるることにてさふらふなるこそ、あさましくさふらへ。経論聖教をばいかやうにみなされてさふらふやらん。

四

聖人のご教化としては常に、辺地の往生を遂げてはならんぞ、真実の浄土に往生するためには、真実信心を発《おこ》さねばならんと、強くいわれているのでありまして、辺地の往生を非常に貶《おとし》めておられるのであります。それを聞いて辺地の往生というものは、大変悪いものであると思い込み、辺地の往生を遂げた者は、終《つい》には地獄に堕ちてしまうのだ、などといい伝えるのは、それはまた、あまりに極端でありいいすぎというものであります。

私は、あるとき、話を誤解されて、人から大変叱られたことがあります。それはある人の母親を化土の往生をしたというたのではありませんが、化土の往生の厄難に似た生活だというたのでした。普通以上の幸福はあるが、小言のやまないのは、あたかも化土の往生のようなものである、と話したのでありました。ところがちょうどその母親の日常生活がそれに似ておったものですから、化土の往生だといったというて、大変叱られたのであります。化土の往生ということを、地獄の往生、化土の往生といえば、地獄と同じように考えておられたからであります。それは辺地のように思うている人があります。それは後人が真実報土の往生を勧めるために、あまりに化土の往生を貶めて、ついに地獄に堕つるごとく思うからであります。結果であるところの報土と化土との相違を明らかに示して、その原因である自力心を離れて他力信に入《い》らしめんとして、辺地の往生にはかくかくの失があるから、自力疑心を捨てて明らかに仏智他力を信ぜよと勧められたのですけれども、地獄に堕つるとは申されないのみならず、かえって、『和讃』に

は、

如来の諸智を疑惑して　信ぜずながらなほもまた
罪福ふかく信ぜしめ　善本修習すぐれたり

と申しておられるのであります。しかるに一途に、辺地往生は地獄に堕つるなどというのは、辺地の往生という意味を充分弁《わきま》えないからでありまして、そんな考えであるから、その人自身も、また聴いた人々も、真実信心になれないのであるというお意《こころ》であります。

ずいぶん学問のある人々が、そういうことをいうのは実に悲しむべきことである。そういうことは、いったいどこの経文にあるのか。そんなことは経典にもないことであり、聖人の聖教にも書いてないことである。いったい先覚者の書かれた聖教というものを、どう見ておるのであろうかと、こういって如信上人が、辺地往生の位置を明らかにしてくださっているのであります。すなわち真実の信心の人の往生する報土と、信心のない自力疑心の人の往生する辺地との関係を明らかにしてくださっているのであります。すなわちこれは第十八願と第十九および二十の願との関係を明らかにしてくださったのであります。第十九の願の諸善万行の人や、二十の願の自力念仏の人は、辺地の往生の人である。それは求道に懈慢であるから、なおいっそう、正精進《しょうしょうじん》して、第十九の願の人は進んで第二十の願の念仏の人とならねばならぬのであり、その自力念仏の人は自力疑心に醒めて、第十八願の念仏正信の人とならねばならんことを示されたのであります。十九二十の願も同じ大悲心から出た本願であるから、十九願の人、二十願の人が、ついには地獄に堕つるということはないわけであります。第十九二十は第十八の本願に帰入せしめんがためであって、真実報土に対して、辺地の往生を誡められてはおられますけれども、地獄に堕つるとは申されたのではありません。

五

信心かけたる行者は、本願をうたがふによりて、辺地に生じて、うたがひのつみをつぐのひてのち、報土のさとりをひらくとこそ、うけたまはりさふらへ。信心の行者すくなきゆへに、化土におほくすすめいれられさふらふを、つひにむなしくなるべしとさふらふなるこそ、如来に虚妄をまうしつけまいらせてさふらふなれ。

如来の仰せられないことを仰せられたようにいうて、嘘を如来に申しつけたのであるが、これは三願の関係を弁えないからであります。

諸善万行は第十九願のこころ、自力念仏は第二十願のこころ、他力信楽は第十八願のこころであります。本願といえば第十八願だけにとどまらず、四十八願皆本願でありますが、中でもとりわけ第十八、第十九、第二十が大切な本願であります。けれども第十八の本願に、至心信楽欲生《ししんしんぎょうよくしょう》我国《がこく》とお説きになって、そして、十方の衆生は自力では助からぬ、すべての人々が助かる道は、本願を信楽するにあるのであって、本願を信楽することによって同一に無上の幸福を得させたい、真実の報土に往生させたいというのが、第十八の他力本願であります。しかし本願は大慈悲なるがゆえに、第十八願にとどまらずして、その大悲心が流れ出て、第十九の本願となり、第二十の本願ともなっているのであります。そして諸善万行の人も、自力念仏の人も、ついには真実報土に往生させたいという大慈悲心は、辺地の往生なりともさせたいのであって、最後には、第十九の願の諸行の人も、第二十の願の自力念仏の人も、第十八願の他力信楽の者たらしめたいのであります。第十八願の真実信心の人のみ真実報土の往生を得るのですが、その本願の慈悲が溢れて、第十九、二十願となったのであります。それゆえ十九の願を立ててついには如来衷心の念願であるところの本願信楽の人とならしめ、真実報土の往生を得しめて、無上の幸福にならしめんというそのお心が根本であって、ただちに第十八願の真実信楽に達することのできない多くの人々を、その道に出《い》だしめんとして、すなわち真実報土に往生せしめんとして、第十九の願を誓われたのであります。第十九の願は今日まで、真実の幸福に入《い》る道を知らなかった人々、そういう人々が菩提心を発《おこ》して、菩提心を成就するために諸善万行を修するということは、それが真実の幸福に進む道程なることを示し、こういうことを人類に知らせて、そして菩提心を発《おこ》す心にならしめ、諸々の善、諸々の徳を修して、すなわち諸善をなしてゆくということが幸福になる道であることを知らしめ、そして如来の国に生まれんと願うようにならしめたいという願を発《おこ》されたのが、第十九の願であります。それゆえ第十九の願の人というのは、自分の善なり行なりを力にしているのですから、彼《か》の国を願うというても、いまだ自力心のとれない人々であって、明らかに本願の信ぜられない人でありますから、それらの人々を、辺地まででも往生せしめたいのであります。そして、いつかは二十の願の人たらしめ、またいつかは第十八願の人たらしめんと念願していらるるのであります。

また第二十の願の人は、自己の善なり行では如来の国に生まれ難いのであって、すなわち自分のなしている善行というものは、報土往生については価値のあるものではないということがわかり、また自分はそういう善行を純粋になし得る者でもないということがわかってきたときに、自然に諸善万行に対する自力心がすたり、そして如来の誓いである他力廻向の念仏を称えることによって往生せんと願うようになるのであります。しかし、この他力廻向の念仏を、しかも自分のものとして自力廻向をしようとするのであります。本来、念仏は他力廻向のものであるのに、それを取って以て自力の行としているのであります。そういう人々は他力本願に一歩近づいてはいるけれども、いまだ自力心を離れないものですから、そういう人々は、たとい自分ではこれで正しいと考え、必ず広大無辺際の自由の天地である真実報土へ、往生させていただけると思うていても、その人々の往生する処は、実は辺地の往生であって、真実報土の往生ではないのであり、それは化土の往生であります。化土といい辺地といえば、無信の一般人の住んでいる現実世界よりは、非常に勝れた処ではありますけれども、これを他力念仏の人の往生する真実報土にくらべるときは、まことに劣った境涯であります。すなわち仏智を疑ごうている人の世界であり、無仏の世界であります。経には無仏といわずに常不見仏《じょうふけんぶつ》と申されていますが、それは疑心の人の世界ですから疑城であります。城郭であって真の自由はありません。真実の求道に懈《なま》けて、自分勝手に自惚れたり、自力に慢《たか》ぶっておる人の世界であります。如来の本願力による往生の世界でありながら、真実の幸福と自由のなき胎生的の宮殿であります。

六

要するに、辺地の往生というものは、真実報土よりは劣った境界であり、如来の真精神からいえば、それは非常に厭うべきもの貶しむべきものであります。しかしながらこれは地獄に堕ちてゆくというような、現在以上の悪い傾向に進むべきものではなく、かえって真実報土に往生する道中にあるものであります。如来の大慈悲は、第十九願には菩提心を発《おこ》せよ、功徳を修《しゅ》せよと教え、進んでは第二十の願には念仏一行に依れよと、次第に吾人の心を調えて、ついには他力信楽の身とし、真実報土の幸福に接せしめたいのであります。

現代の真宗信者の中にも、これと同様な欠点があろうかと思います。あまりに、他力信心の肝要なることを聞いて、本願とか、他力とかいうことばかりに力を入れるところから、辺地の往生ということや化土の往生ということは、地獄という言葉とあまり違いのないように使いまして、化土とか辺地ということを非常に嫌うということから、自然に菩提心とか、諸善万行とか、念仏ということを、極端に嫌い捨てて、顧みない傾向を有しているのであります。それがためただ信ずること、他力ということばかりに囚われて、しかも自分には他力信心もなく、さればといって自力念仏もなく、諸善もなく、功徳心も菩提心も、何もないこととなり、第十八願にも漏れるが第十九願にも漏れ、二十願にも漏れる身となっておりはしないかと思います、それではまったく助かる縁がないこととなります。それよりは、辺地の往生ということは尊いことであり、それは本願のうちであり、ついには第十八の本願に入《い》るのですから、第十九願の人たること、第二十願の人たることは真に尊いことであります。さうですけれども、せっかく本願のみ教えを聞くからは、自力心にとどまって辺地の往生をするようであってはならんのであり、真実信心を得て真実報土に往生して、無上の幸福に接しなければ、如来のご精神を無視することになるのであります。だからせっかく人間と生まれ、せっかく聞法して、自力心にとどまっているようでは、所詮のないこととなると、誡められたのであって、けっして辺地の往生が常人の現在の境遇以上に苦しいとか、現在以上の悪い処だとか、あるいは地獄に堕ちてゆくというようなことではなく、かえって反対に、その処は常人の生活する世界よりは、遥かに勝れた境地であります。辺地の往生をさせていただけるということは、他力のお慈悲であります。

七

一般に真実の求道者にとって、ただちに第十八願が信じられなければ、十九願の教えを聞いて、菩提心と諸善万行というところから、その一歩を踏み出さなければならぬと思います。菩提心を発《おこ》し、諸々の功徳を修《しゅ》してゆかなければならぬのであります、それを示しておられるのが十九の願の意味であります。十八願が信じられなければ十九願の人となり、二十の願の念仏まで進むということは、是非ともしなければならぬことであります。十九願の話や二十願の話、すなわち辺地の往生の話や化土の往生ということは、聞くも嫌いであるとか、あたかも地獄にでも落ちる傾向のもののごとくに考えて、捨てて顧みないというのは、それは道を求める心が薄く、貪欲心ばかりが先立っているからであります。それゆえ本願本願といい、他力他力といっておりながら、いつまでも本願が信じられないのでありま す。如来は本願を信楽するようにならしめたいのであり、本願信楽の者を真実の報土に往生せしめようとしておらるるのが、第十八の本願であります。この無上の幸福にならしめんがために、誓われたのが十九と二十の本願でありま す。繰り返すようですが、辺地の往生を終《つい》に地獄に堕つるというように、説いたり思うたりするのは、まことに本願の真精神にそむいたことであり、本願の意味に虚妄《こもう》を申しつけたわけであり、同時にそんな考えでおるために、自分の助かる道をも塞いでおるのであります。如来のやるせない本願の大慈悲は、ただちに他力信心になり難い者のために、十九願を発《おこ》して、発菩提心と諸善万行をその徳として、化土の往生を遂げさせたいのであり、またこの十九願の信者になった人は、必ず二十願に進むようにならせたいのが如来の念願であります。それゆえ発菩提心を厭う者、万行諸善を修せんとする心のなき者、あるいは念仏を嫌う者は、到底、第十八願の他力信にはなれないのであります。

それゆえ、如来の慈悲としては、十九願二十願の信心なりとも発さしめて、せめては化土までなりとも多く進め入れたいのであります。そこでは、現在以上の諸々の勝れたる幸福があるにもせよ、それが最上無上でないかぎり、高級なる悩みが出てくるのです。それゆえ、ついには本願信楽の人たらしめんとの本願であります。親鸞聖人は、自分はかつて十九願の機《き》であったが、それが二十願の機となり、そしていよいよ本願信楽の身のうえとなったと申しておられます。しかも三願転入《さんがんてんにゅう》したことを喜んでおられるのであります。如来の慈悲は我を十九願の者たらしめ、ついに二十願の者たらしめ、しこうしてついに第十八の至心信楽の者たらしめてくださったのである、諸善万行に因われておったのが、念仏一行の自力心となり、それが後には二十願である果遂の誓いによって、ついに他力本願の真の尊さを知り、本願を信楽するようになり、自力を離れて不可思議の願海に転入するに至ったことは、何とも申しようのない有難いことである。三願が明らかに自分のうえに作《はた》らいていてくださったと、こう申して喜んでおられるのです。三願は聖人にかぎらず、誰人《たびと》も通らずにはおれない道であります。たとい、一生の間に三願転入できなくても、五百歳とありますから、一生で行けなくとも、何代でも生まれ更《かわ》って来てでも、その疑いの罪を償のうて、ついには自力心の過失、すなわち仏智疑惑の過失に気がついて、第十八の至心信楽の者とならしめようというのが、如来の広大なるお慈悲であります。親鸞聖人は他力信心をすすめんがために、一面には、自力の信心であってはいけない、それは辺地の往生となると強くいわれますけれども、また一面には、諸善万行であっても、自力念仏であっても、念仏せよとすすめられておるのであります。それはただ無慚無愧《むざんむき》で暮らしている人のように、地獄に堕ちてゆくという傾向のことではなく、それは如来の大悲心が、三願に現われてくださっているのだから、その本願のお蔭によって、自力心ながら辺地の往生をするのであって、辺地の往生という言葉の中には、地獄に堕つるという意味は少しもないのであります。ここから見ると、真実信心を獲られない人は、十九願の意《こころ》をよく戴かなければならぬことであり、二十願の意義をよく味わわねばならぬということを、暗々裡《あんあんり》に示しておられるのであります。

八

一つの言葉にしましても、比較するところによって、貶められるときもありますが、しかし貶められたといって、一途にそれが悪い傾向のものとはいえないのであります。ちょうど信仰の談をいたしますとき、名誉が何になる、金が何になるということを、よく申すことでありますが、それは名誉とか財産とかいうものが、真実の幸福というものにくらべて、どれだけの価値があるかということをいうのであって、金なり名誉というものの、幸福に対する位置を論ずるのであります。金はつまらんものならば貯めなくてもよいのであり、費《つか》い果たしてよいこととなり、したがって働かなくてもよいこととなります。しかしながら金の不必要ということは考えられないことであり、かえって金の尊くないと思う人は一人もないだろうと思います。または名誉が悪いことであるならば、名誉になるようなことはしてはならぬこととなります。金を貯めるようなこともしてはならぬこととなります。それゆえ、金が何になる名誉はつまらんといって、それは財産のなくなるようなことをしてもかまわん、不名誉なこともかまわんというように、悪い傾向のものと同じであると考えるならば、それは話し方が悪いか、聞き方が悪いのであって、金というものが、人間の真実の幸福というものを得るについて、どういう位置にあるかといえば、それは物よりは心である、本当に魂が助かるためには、本願を信楽する身となることであって、現在において真実信心の行者となり、報土往生の人となることが、それが人間としての真実の幸福というものであって、それにくらべると、いくら金ができても名誉ができても、それにとどまっておってはならんのであります。金があり名誉があるならば、それで本当の幸福になり得たのであるか、どうかということを明瞭にするためにさようにいうのであります。それゆえ、懈怠《けたい》の心で落ち着いておらず、もっと進んで考えるならば、とどまっておるということは、つまらんことであるということがわかるのでありす。しかしながら内容の伴のうた名誉が来ても、それはいけないというのではない。人が与えようといっても逃げたり、金ができようとしても捨ててしまう方がよいということではありません。囚われないならば、内容の伴のうたところの名誉は来てもよいのであります。外に努め内に節約してできた金ならば、それはけっこうなものであります。金は自分が生存してゆき他の者を生存せしめ、自分が救われ他の者を救い、そして真実の幸福に進んでゆくことに役立ち、真の幸福の橋となり手段となってゆくものであります。かく個人のため国家のためになることならば、けっしてそれが悪いものとはいえないのであります。それを金科玉条として無上の幸福のものと思い込んではならぬということは、それ以上のことと比較していう言葉であります。それと同様に、この辺地の往生がつまらないということは、そこにとどまっておってはならんということであって、無上真実の幸福とは、真実報土の往生を遂ぐるを目的としなければならんという意味から、そういわれるのであります。それはけっして地獄に堕つるというような悪い意味ではないのであります。かく辺地の往生と真実報土の往生ということの関係を明らかにしてくださったのでありまして、それはまた三願の関係になるのであります。その三願たるや、要するに如来の御心《おんこころ》、同一の大悲心から現われたものである、ということを知らなければならんのであります。

第十八節　信仰と財施

仏法の方に施入物の多少にしたがひて、大小仏になるべしといふこと。この条、不可説なり云々、比興のことなり。まづ仏に大小の分量をさだめんこと、あるべからずさふらふ。かの安養浄土の教主の御身量をとかれてさふらふも、それは方便法身のかたちなり。法性のさとりをひらいて、長短方円のかたちにもあらず、青黄赤白黒のいろをもはなれなば、なにをもてか大小をさだむべきや。念仏まうすに化仏をみたてまつるといふことのさふらふなるこそ、大念には大仏をみ、小念には小仏をみるといへるか。もしこのことはりなんどに、はしひきかけられさふらふやらん。かつはまた、檀波羅蜜の行ともいひつべし。いかにたからものを、仏前にもなげ、師匠にもほどこすとも、信心かけなばその詮なし。一紙半銭も仏法のかたにいれずとも、他力にこころをかけて信心ふかくば、それこそ願の本意にてさふらはめ。すべて仏法にことをよせて、世間の欲心もあるゆへに、同朋をいひおとさるるにや。（第十八節）

一

一番終わりに施入物のことであります。すなわち救済と金の問題であります。物を施すということは救済の条件ではなく、救済には物を要するのでなくして、他力本願を信ずること、それだけであることを明らかにせられたのであります。我々の救われるには物を要するのではありません。ただ信心だけであります。はじめの第一節に「老少善悪の人をえらばれず、ただ信心を要とするしるべし」とありましたように、本願の真精神は我々を救いたいということであって、救われるについては、その本願を信ずる他力信心ということが肝要であって、物を捧げるということが救済の条件でないということを、はっきりしてくださったのであります。それを、ともすると、教えを説く者が世間的の欲心から、物が欲しいものだから、物を出さなければならぬとか、施さねばならんというようにいって、仏法のために金品を多く出すことが、あたかも救済の要件でもあるかのようにいうたりするのです。また人々もそういう話を聞いて、その言葉に囚われて、いつのほどにか、そういう思いになりやすいのであります。それは本願の救済には何を条件とするかしないか、ということがはっきりしておらないから、それがために他力信心が成就しないのであると、陥りやすい欠点を指摘して、教える者にも、聞く者にも、僧俗の両方に対してご注意くださったのであります。

二

仏法の方に、施入物の多少にしたがひて、大小仏になるべしといふこと。この条不可説なり云々、比興のことなり。

たくさんの金品を寄付すれば大きな仏になり、少しより寄付しなければ、同じ仏になるにしても小さい仏にしかなれないと、こういうようなことをいって人に説く者があるのは、真に怪しからんことであり、正しき教えを曲げておるのであって、実に興の醒めたことである。それから仏の大小ということは、これは『大集経《だいしゅうきょう》』の念仏三昧品《ねんぶつさんまいほん》に、「或一日或七日夜、不レ作二余業一、至心念仏乃至見仏。小念見レ小、大念見レ大、乃至、無量念者見二仏色身無量無辺一」とありまして、『教行信証』の化巻にも引いておられますが、それは念仏の利益を説いたものでありまして、大いに念仏すればその人は大きな仏を見る、少しく念ずれば小さき仏を見ると、こういうことがいわれておるのであります。それは方便の説であって、本願の真意ではないのであります。本願を信じた者は、皆同一の仏の証《さと》りを開かせてもらうのであって、真の仏果を開かせてもらうということは、どんなものになるのかというと、『自然法爾章《じねんほうにしょう》』にもあります通り、究極の目的は法性の証りを開くことであります。『証の巻』には、『論註《ろんちゅう》』をお引きになって、法身《ほっしん》の中には方便法身《ほうべんほっしん》と法性法身《ほっしょうほっしん》という二つがあって、この法性法身から方便法身となって現われ、方便法身によって法

性法身を出《い》だすと申されて、『唯信鈔文意《ゆいしんしょうもんい》』には、

「しかれば仏について二種の法身まします。一には法性法身とまふす、二には方便法身とまふす。法性法身とまふすは、いろもなし、かたちもましまさず。しかれば、こころもおよばず、ことばもたえたり。この一如よりかたちをあらはして方便法身とまふす。その御すがたに、法蔵比丘《ほうぞうびく》となのりたまひて、不可思議の四十八願をおこしあらはしたまふなり。この誓願のなかに、光明無量の本願、寿命無量の弘誓《ぐぜい》を本として、あらはれたまふ御かたちを、世親菩薩《せしんぼさつ》は尽十方無碍光如来《じんじっぽうむげこうにょらい》となづけたてまつりたまへり。この如来すなはち誓願の業因にむくひたまひて、報身如来とまふすなり。すなはち阿弥陀如来とまふすなり。報といふはたねにむくひたるゆへなり。この報身より応化等の無量無数の身をあらはして、微塵世界《みじんせかい》に無碍《むげ》の智慧光をはなたしめたまふゆへに尽十方無碍光仏とまふす。ひかりの御《おん》かたちにて、いろもましまさず、かたちもましまさず。すなはち法性法身におなじくして、無明のやみをはらひ、悪業にさへられず、このゆへに無碍光とまふすなり。無碍は有情の悪業煩悩にさへられずとなり。しかれば阿弥陀仏は光明なり、光明は智慧のかたちなりとしるべし。」

と申されまして、願を発《おこ》して本願成就して仏とならせられたのが、阿弥陀如来という報身の如来であります。人格的といいますか、南無阿弥陀仏という名前がついたり、阿弥陀という名前がついたりする以上は、法性法身ではなく方便法身と申すのであります。私どもを救いたいというその誓いに報い現われた御身《おんみ》でありますから、報身如来なのであります。しかしその本性は法性法身でありますから、それゆえ私どもの助かるということは、実は法性法身とならしめらるるということであって、証《さと》りを開き真理に契《かな》う者となるということでありますから、助けられるとか仏になるという厳密なる意味は、迷える衆生が真如法性の理と一つになるということであって、それが仏の証りを開いて真実に苦悩がなくなることであり、真実に安楽になるのであります。だから『自然法爾章《じねんほうにしょう》』にもありますように、助けられて涅槃の証りを開き、法性の証りを開くということは、それは長いとか、短いとか、四角とか、円《まる》いとか、青とか、黄とか、赤とか、白とか、黒とかということのある、そういう仏になることではないのであります。すなわち

仏自身に長いとか短いとか、四角とか円いとかという形のあるものではなく、また我々がいま思うているような、いろいろの色や相《すがた》がましますのではなく、色もなく形もましまさぬ法身となるのであるから、それで無上仏になるというのであります。色もなく形もなきことをあらわすために、南無阿弥陀仏と申すのであると、『自然法爾章』に親鸞聖人が申されておるのであります。そうであるから大いに念仏すれば大きな仏となるとか、少しく念仏すれば小さな仏になるというように、仏に大小があるということはいうべきことではないのであります。しかるに施入物、すなわち布施《ふせ》の多少によりて、大小の仏になるなどということは、怪しからぬことであり、真宗では説くべからざることなのであります。

三

ところが、形もなく色もない仏になるのだといいますけれども、経典の中には形が説いてありまして、すなわち『観経』の、第九真身観《しんしんかん》には、阿弥陀如来の形が説いてあるのです。しかし我々にはそういうことを説いてもらわねば、真実のことがわかってゆかないからであります。真身観というのは、極楽へまいりたいと願う者は、息慮凝心《そくりょぎょうしん》、心を静かにして極楽の仏を心に想い浮かべよと教えられ、それがだんだん訓練して、明らかに想い浮かべられるようになると、往生できるのであるということが、『観経』当面の説相《せっそう》であります。釈尊が真身観において説かれたところによりますと、仏身の高さは六十萬億《まんおく》那由他《なゆた》恒河沙《ごうがしゃ》由旬《ゆじゅん》、滅法界《めっぽうかい》大きな背の高さが説いてありまして、想い浮かべてみることすらできないほどの数字であります。眉間の白毫《びゃくごう》は右に旋《めぐ》って婉転《えんてん》として五須弥山《しゅみせん》のごとしとか、仏の眼は四大海水のごとく、青白分明《しょうびゃくふんみょう》であるとか、身の諸々の毛の穴から光明が出ているとか、頭《つむり》の後ろの円光が照らしているのが百億三千大千世界のごとしとか、こういうように大きなことが説いてあります。かく色を以て話し数を以て説いておられるのが、真身観の説き方であります。だから色があり形があると思うことでありましょうが、それは方便化身の仏であって、かく安養浄土の教主、すなわち阿弥陀如来のご身量が説かれていても、身の大きさがどれだけとか、ということが説かれているのは真実の仏ではないのであります。我々が真に助けられて仏の証りを開かせてもらうということは、色や相《すがた》の大きな仏になるということではなくして、法性の証りを開かせてもらうのでありま す。すなわち「長短方円の形にもあらず、青黄赤白黒の色をも離れ」たものでありますから、「何をもてか大小を定むべきや」であります。『観経』に説かれている色や形の仏身は、それは方便化身を説かれたものであって、如来のお慈悲の広大なることを知らせようとし、その広大なる恩徳を受けるようにならせようとせられているのが、真の目的であります。ですから、そういう色や形を以て説かれたところの仏となることは、我々の真の目的ではないのであります。

四

ところが私どもに通有の欠点は、自力心を離れることが至難であり、そして専心に本願を受け信ずるということが、なかなか至難なことであります。それゆえ十九の本願の意《こころ》や二十の願の意は、まだも我々の心に受け入れやすいのであります。しかしながら他力本願を真実に信ずるということは、なかなかでき難いことであります。だから私どもの危ないことは、正しきことから外れようとすることであって、それが色や形のある仏を思い、したがって施入物というようなことにも引っかかってくるのであります。

私どもはどうしても、真実に本願を信ずるということ、他力信心ということになり難いのであって、聴いても聴いても信じ難いものですから、正しく求めてゆくかわりに、ついには諸善に帰ろうとする傾向をもっているのでありま す。それは進歩ではなくして道の退歩であります。しかし宗教家、すなわち僧侶という者からいうと、布施や功徳を積んでくれる方が都合がよいものですから、昔から我々の仲間でよくそういうのですが、何か知らん、金なり物なりをたくさんくれる人の顔を見ると、信心を獲ているように思えてくるものであります。よく物をくれたりすると、その人は信心を獲ているように思えるのみならず、またいつの間にか、物を出すということが信心を獲ているしるしにもなるような気になるのであります。それゆえ、信仰と財施の関係を明らかに心得ておかなくてはならぬのであります。求道と信心と報謝の関係をよく知らねばなりません。宗教を宣伝する人と機関とがなければ、道を求むる心はあっても、道を得ることはできないのであります。求道心は聞法となりますが、聞法するためには何ほどかの物資を、寺なり人なりに御礼《おんれい》として提出するのは当然のことであります、それは聞法のためであって、救済の条件として布施をするのではありません。救済の問題は物資の提供によって定まるのではなく、明らかに信心によるのであります。聞法が大事であり、聞法して信心を得るにあるのであります。信心を獲て自己の助かった幸福を喜ぶ感謝の意味から、物を仏なり寺なり僧なりに捧げるのは報謝であります。自然、それはまた化他大悲《けただいひ》の伝道心ともなって、物資を捧げるようになるのであります。かく布施の行と感謝の行とを混同しないように、あげる方もよほど気をつけねばならんことですが、もらう方もよほど気をつけねばならぬことであります。それゆえ如信上人は誤らんとするその原因を指摘して、「世間の欲心もあるゆへに同朋をいひおとさるるにや」と、眼玉《めだま》をむいて叱っておられるのです。これは人間の欠点であり、矛盾であります。お寺の世話もしてもらったり、自分が可愛がられたり、また物でもいただくというのは、それは信徒の人みずからが、本当の幸福になりたい念願からであります。しからば、悪いことは悪いといい、間違っておることは間違っておると、教えたり注意したりするのが本当であり、それが恩に酬ゆる道であるにもかかわらず、信徒の人の気を悪くしたり、感情を害しては、物をくれないようになるかということを恐れて、悪いことを悪いともいわず、間違ったことも注意することができなくなるものであります。かえって誤ったことと知りながらも、物欲のために、いうべきこともいえなくなり、怪しい信仰も卒業させてしもうたり、ときには物品の供養を挑発したりするようになりやすいのであります。そうはっきり意識しておらなくとも、世間なみの欲心があって生活問題に関係するから、人の感情を損ずることを恐れて、間違うたことをいうても、マアマアと許しておいたりするのです。物をたくさんもらったり、自分を大切にしてもらうことは、何となく気持ちがよいことであって、それが大事となるがために、実はいよいよ真実の事をいわねばならぬのに、その反対に、とうとう変なことになってしまうのでありますお寺の檀頭《だんとう》とか世話役とかいう人の信仰が、きわめて成績の悪い原因の一つは、たしかにここに基因しているようであります。教える方がそうだから、信者の方でも、物さえあげれば大事にされたり親しくなったりして、欠点も叱られなくなるところから、卒業して信心を得たような気になって、信心をしかと決定《けつじょう》することに努力せずに、物さえあげておけばよいように考えて、報謝というレッテルを貼った布施行をするようになるのであります。実に恐ろしいことです、蓮如上人もそれを注意して、「坊主に物をだにも多くまいらせせば、我が力かなはずとも、坊主の力にて助かるべきやうに思へり、これも誤りなり」と申されております。真に偉い方でないと、こんなことはいえないものでして、たいていは誤ってしまうものであります。なおさらいわねばならぬことが、なおさらいえなくなってしまうのです。本当をいえば諸善万行の人は念仏信となるように、念仏一行の自力心の人は本願信楽の人となるように、進めてゆかなければならぬのであります。また聴く人もそこへ進んでゆかなければならないのに、それが生活欲のためと、真実信心が困難なるがために、双方とも便利な方に流れてしまうのであります。

五

ここにあります檀波羅蜜《だんはらみつ》の行というのは、自力の布施の行でありまして、諸善万行の一つであります。本願が信じ難いものですから、檀波羅蜜というものが出てくるのであります。布施《ふせ》、持戒《じかい》、忍辱《にんにく》、精進《しょうじん》、禅定《ぜんじょう》、智慧《ちえ》を六波羅蜜といって菩薩道とも申しますが、その第一が布施の行です。いまいうような心は、自力の行であると、すじを正して話してくださっているのであります。私どもの頭では、何もかも人形箱《おもちゃばこ》に物を投げ込んだように、グジャグジャになっているのであります。それが人に対するお礼やら、救済条件の布施行やら、仏恩報謝やら、何やらわからなくなっているのであります。この善というものにも、毎度お聴きの通り、世間善というものと出世間善というものとありまして、世間善というのは簡単にいいますと、家庭に対しあるいは社会に対して、人倫五常の道を守って、仁義礼智信の善行をやってゆくのであり、すなわち自分を慎み人に対して善きことをする、こういう世間の善をすると世間の果報が得られるのです。人を救い、また社会のためになるようなことをすると、それ相応に良き果報が来ます。この世のみならず、未来は天上界へ生まれると申されています。世間善をやれば世間の果報を得て、現在よりは、より以上の幸福になるということはたしかなことです。けれども仏教の目的は、世間的に幸福になるというぐらいのことを望んでいるのではなく、それならば仁義道徳の道をやっておれば、それでたくさんなのですが、それでは、本当に幸福になれないのであります。だから、世間善を超出したる出世間善、出ということは超えるということであって、世間善という表面的幸福を超えて、真の幸福を求めるためにする善を、出世間善というのであります。老病死というような内心にもっている悩みというものは、どうすることもできないのですから、すなわち世間善の結果である幸福ぐらいでは、真の幸福にはなれないのであります。だからどうしても、仏果を願い涅槃を願うようになるのであります。そのためにすることを、出世間善というのであります。出世間善というと、経典に説いてありますように、すなわち仏の証りを得るための、その原因となる善を出世間善というのでありますが、そこへきますと世間善とまったく違って、経を読んで研究するとか、仏を心に想い浮かべるとか、香を焼《た》き、華をささげ、あるいは燈明をささげ、塔を造り、寺を建てる、または僧を供養するというようなことが出てくるのでありまして、それらのことが出世間善であります。だから寺を造り僧を供養し、あるいはまた仏法の弘まってゆくように伝道事業に骨を折ったり、世間の人が本当に幸福になってゆくための寺という機関、僧侶という機関に供養してゆく、物を施してゆくということも、出世間善の一つでありますが、かかる出世間善は世間善よりももっと深い意味の善といわれておるのであります。かく釈尊は何の憚るところもなく布施行をすすめておられるのであります。その意味で、当時釈尊の信者であった人々が、釈尊およびその教団に、いろいろと物を供養したことであります。だから宗教的に物を出す布施ということは、善いことですけれども、それは救済についての本願の御意《おんこころ》ではないのであります、本願はその善行を嘉賞《かしょう》して助けようというのではありません。菩提心を発《おこ》し功徳を積むというのは出世間の善というものでありますが、多くの人々は本願を信楽《しんぎょう》することが難《がた》いものですから、しまいには諸善に後戻りしてしまうようになるのであります。先へゆくつもりで後へ帰ってしまうのであります。諸行往生の心は自力ですから、真宗では出世間善をすすめておられないのであります。ただ信心一つをすすめていらるるのであります。他の宗旨ではできるだけ世間善出世間善を教えて、そうすると、仏は可愛い奴であると思うてくださるのであるといい、念仏を称えるということも同様であります。それゆえ念仏もよし諸善もよしということを教えておられるそうでありますが、我が聖人は諸行で助かるとは申されないのであります。しかるに、本願に進むかわりに諸善をやるようになるのであります。もっとも真宗では諸善とはいいません、ご報謝という名をつけていますが、お寺に何かしておけば、法のためとなり、寺のためとなり、僧侶のためとなって、それは善行であるから、おそらくは、悪くは報うて来まいと考えたり、あるいはそれによって何となく仏が救うてくださるように思ったり、救済の足しにならぬと聞いておっても、また足しにするとは思うておらないでも、自然にそう考えているものであります。それゆえ名は報謝の行であっても、その心は世間善であったり、出世間善の心であって、僧侶はかかることを嘉納《かのう》して、けっこうであるけっこうであるというばかりではなく、なおそれを挑発するようなことさえするのでありますが、それはまさに、本願のご精神に反《そむ》いたことであります。諸善万行を勧めておるようなことになるならば、本願の精神とは裏腹であります。それをなおもう一度いえば、罪悪を好み貪欲心ばかりの熾《さか》んである人々のように、突き倒してでも人の持っている物を取ろうとか、人をひっくりかえしても自分が儲けてやろうと、考えているような非道心よりは善いことですけれども、真に助かる道を求めて進んでおる者としては、布施行によって助かろうと考えているのは、実に誤った考えであります。口では何といっても、自力行を以て仏になろうとする心持ちがあるとしてみれば、それは真に哀れむべき考えといわねばなりません。

菩薩道である六度の行というものは、まことに尊いことであって、世自在王仏《せじざいおうぶつ》も法蔵比丘《ほうぞうびく》も釈尊も皆やってこられたと申されます。我々もまたやらねばならぬことでありますが、しかしそれをやって仏になるという自力の檀波羅蜜すなわち布施行というものは、とても我々にはできるものではありません。すなわちそれは自力諸善の位のものであって、それによって助かろうとか成仏しようということは、望むべからざることであります。真実信心の人となっては檀波羅蜜ができてゆくということは、それは信心の利益ではありましょうけれども、自力の檀波羅蜜の行では助からないということを知ったのが、真宗の信者ですから、それゆえ他力本願を信ぜざるを得ないようになったのでありますす。他力本願を信楽することによって、少しでも檀波羅蜜ができてゆくのは、それは報謝の行という名となっているのであります。しかしいまの布施をせよという人や、布施をする人の心は、名は報謝であっても、実はそうではなくして、本願が信楽《しんぎょう》できぬことから、実は檀波羅蜜の行をやっているのであります。何かあげておくと、この世も悪くは報うまい（世間善）、未来も何か幸福が報うてくるだろう（出世間善）。如来の国に往生するというならば、多少はそれが足しにもなるであろう、というような、自力心から布施行をやっているようなことではだめであると、はっきり申されているのであります。

六

いかにたからものを、仏前にもなげ、師匠にほどこすとも、信心かけなばその詮なし。

いかに多くの財物を仏前にささげ、何百何千の打敷《うちしき》や燈籠《とうろう》をあげようと、金銀の香炉《こうろ》を仏前に供えようと、どんなに高価な伽羅沈香《きゃらじんこう》を焼《た》こうと、どんなに立派な殿堂を建立しようとも、または自分が道を聞かせてもらう師匠に、いかほど物を施しても、それは無論けっこうなことであろうが、救済の問題はそれによって決まるのではなく、助かるためには、是非とも自分が道を聞いて、本願を信ずる身にならねばならぬのであります。我々には、物によって万事を解決せんとする、ずるい考えがあります。宝物を金で求めるように、何でも金でなし遂げようとする悪い心がありますす。それを「信心かけなばその詮なし」と、はっきり否定してくださったのです。これは、よくよく人が可愛いからであります。よほど可愛い心がないと、こういう思いきったことはいえないものです。何とかかとかいいながら、あらゆる宗教が、あらゆる仏教徒が、どういう心でどんなことをやっているかということを、窃《ひそか》に退いて考えますと、私どもはよほど反省しなければならぬと思います。僧俗ともに、信心ということを軽くして、物を仏前に捧げ、師匠に施すというところに落ち着こうとする傾向が、大いにあるのであります。僧侶としても、求道者としても、それを反省してゆこうとせずして、この諸善というところにいつもとどまっているような心がありはせぬかと思います。それならば、それは如来本願のご精神に悖《もと》ったことであります。

一紙半銭も仏法のかたにいれずとも、他力にこころをかけて信心ふかくば、それこそ願の本意にてさふらはめ。

ひどいことをいわれたものです。物欲の者に対しての一大痛棒であります。一枚の紙、一文の銭をも、仏法の方に入れなくともよい、すなわちそれは自力檀波羅蜜の行では助からないからである。いかにしても諸善の心では助からないことを知らしめ、他力信心でなければ助からないという断言であります。金によって助かるのではない、仏力で助かるのである、その他力の信心さえ深かったならば、それこそ願の御意《おんこころ》に契《かの》うたものであって、必ず助かるのである。自力はまったくだめであるということを自覚せしめんとしておらるるのであります。諸行では助からない布施行によっては助からないことを知らしめんとしていらるるのであります。なお明瞭に知らしめんとして、物で助かるのではない、信心という心の問題である。金によって助かるのではない、仏力によって助かるのであると、本願を明らかにして、ひたすら信心の肝要なることを知らしめんとしていらるるのであります。

七

すべて仏法にことをよせて、世間の欲心もあるゆへに、同朋をいひおとさるるにや。

現今では大きな仏になるとか、小さな仏になるということはいいませんけれども、何らかそれに似よった考えをもっているものでありまして、そういうことをいうと、寺のためにも悪いようでありますけれども、これが実際のことであります。西洋におきましても、ある時代には、クリスト教では贖罪券を発行して、その券をばたくさん金で売りつけ、その券をもっている者は、救いに与かって天国に生まれるというようなことを、いい出した堕落時代がありましたが、それまでの堕落は日本仏教にはないようでありますが、とはいえどの宗旨にゆきましても、物を出すということだけが大事なことのように思われているようであります。そればかりが考慮され奨励されておるようでありま す。寄附ということによって助けられるというような色が、濃厚になっているように思われます。必ずしも西洋で贖罪券を発行したといって嗤《わら》うことのできないようなことが、そう露骨でなくとも、日本の仏教にもずいぶんあるようであります。また我々の心のうちにも、そういうような心持ちが、曖昧ながら染め出されているということは、人間としてやむを得ないことであっても、親鸞聖人は他の念仏宗には雑行を許すが、真宗には諸行往生を許されないのであります。かるがゆえに、真宗といって真の字を入れられたと申します。また三願転入ということをやかましく申されまして、諸善ということはけっこうなことであるけれども、そこまで進んだ者はもう少し内省して、さらに真実に救われる道を尋ね求めて、諸行往生を捨てて、本願から廻向せられた念仏一行を喜んでゆかねばならぬのであり、なお念仏一行ということまで進んだ人も、自力心を去りて真実に本願他力を信楽するまでに進むということ、それがみずから助かる唯一の道であって、一紙半銭を仏前に捧げなくとも、信さえあれば助かるのであると、本願中心の教えであることを明瞭に示されておるのであります。我々はことによりますと、それと反対に、念仏よりも諸善というようなところに、知らず識らず引き下がろうとする傾向が、教えを説く者にも、教えを聞く者にも、起こりやすいのであります。そこをはっきり注意してくださったのがこの第十八節でありまして、『歎異鈔』の最後は、卑近な話のようでありますけれども、最も引っかかりやすい、そして強い力をもった、実生活に深い関係のある金、すなわち布施の問題に関して、注意してくださったのでありまして、特にご親切なお言葉だと思います。一番はじめの「信心を要とすと知るべし」という、親鸞聖人の教えの一番大事な点を、いまや最後に当たってお説きになったことは、偶然ではないと有難く思うのであります。終始一貫、信を以て貫き、信が人生にいかに大切であるかを知らしめ、救済の問題は信心一つに結帰することであり、吾人人間の幸福は、他力信心の有無によって定まることを示して、もっぱら正信に入《い》らしめんとしていられるのが、『歎異鈔』一巻の本意であります。

第十九節

一、他力廻向

右条々は、みなもて、信心のことなるより、ことおこりさふらふか。故聖人の御ものがたりに、法然上人の御とき、御弟子そのかずおほかりけるなかに、おなじ御信心のひとも、すくなくおはしけるにこそ、親鸞御同朋の御なかにして、御相論のことさふらひけり。そのゆへは、善信が信心も、上人の御信心もひとつなりと、おほせさふらひければ、勢観房、念仏房なんどまうす御同朋達、もてのほかにあらそひたまひて、いかでか、上人の御信心に善信房の信心、ひとつにはあるべきぞとさふらひければ、上人の御智慧才覚ひろくおはしますに、ひとつならんとまうさばこそ、ひがごとならめ、往生の信心においては、またくことなることなし、ただひとつなりと御返答ありけれども、なを、いかでかその義あらんといふ疑難ありければ、詮ずるところ、上人の御まへにて、自他の是非を、さだむべきにて、この子細をまうしあげければ、法然上人のおほせには、源空が信心も如来よりたまはりたる信心なり、善信房の信心も如来よりたまはらせたまひたる信心なり、さればただひとつなり。別の信心にておはしまさんひとは、源空がまいらんずる浄土へは、よもまいらせたまひさふらはじと、おほせさふらひしかば、当時の一向専修のひとびとのなかにも、親鸞の御信心に、ひとつならぬ御こともさふらふらんとおぼえさふらふ。

第一節から第十節までは、親鸞聖人の信心の精髄を述べられたのでありました。それから第十一節から第十八節までは、その信心より出《い》づる思想を述べつつ、ある種々の間違った思想に対して、懇《ねんご》ろにその誤りを正して、ひとえに真実の信心を得させたいという願いから、付け加えられたのであります。かく第十一節から第十八節まで諄々《じゅんじゅん》として話されましたけれども、かかる誤った考えがなぜ起こるのかといえば、それは、真実に他力信心を得ておらないからであって、他力信心というものは、五人寄っても、十人寄っても、同一であるべきものであるのに、同一信心でないがために、親鸞聖人の思想と違ったいろいろ様々の考えを起こすようになるのであります。要するに、他力信心は同一でなければならないのが、異なっているということから、こういった誤った思想が、いろいろ様々と出てくるのであります。信心というものは得難いものであり、他力は信じ難いものであります。かつて法然上人という同じ師匠の許《もと》で、親鸞聖人なり、勢観房なり、念仏房なり、たくさんのお弟子が、法然上人から同じ話を聞きながら、各自の心を調べてみると、皆違っていたのでありました。それで親鸞聖人があるとき、友を思う寂しさから、その年の春には信行《しんぎょう》両座《りょうざ》を分けて調べられたことがあります。またその八月にはこの信心一異《しんじんいちい》の論があったのであります。それは私の信仰と法然上人の信仰とは同じであると申されたのでありまして、同時に他力信心というものは、誰にあっても皆同一でなければならぬものだと、申されたのであります。そうすると、他の弟子たちは、そんなもったいないことがあるか、法然上人という偉い方と、お前のような青二才の新参者とが、どうして同じであろうと、憤慨せられたのであります。それでも親鸞聖人は、同じであるといって、他力信心は同一なりと主張せられたのであります。けれども、多くの友だちがどうしても聞き入れられないものですから、しからば師匠法然上人の前へ出て、是非を判定してもらおうということになり、他力信心というものは皆同一であって、師匠法然上人の信心も、弟子の私すなわち親鸞の信心も同一であって、またすべての人の信も、念仏の信心は皆同一でなければならぬものであると思いますが、いかがなものですかと、こうお聴きしますと、法然上人は親鸞聖人に賛同せられました。すなわち善信の信心も他力信心であり、私の信心も他力信心である、要するにその信心というものはみずからのはからいでこねあげた信心ではなく、如来より賜わった信心であるから同一である、信心が同一であるから同じ処へ参ることができるのである、しかるに信心が異なるということであれば、それは自力の信心であって、自力の信心であるから、信心が各自に異なるのである、もし信心が同一でないと思うている人があるならば、その人はこの法然と同じ浄土へ参って、無上涅槃の仏果を得ることはできないであろうと、こうきっぱりと申されたのでありました。かくのごとく法然上人のお膝もとにおってさえ、他力信心は同一なりということを、明瞭に知っておった方は少なかったのであります。かく長らく一所に教えられ育てられた友だちの多くが、異なることをいわれるくらいのものであるから、今日の我々が真に同一の信心であることは、なかなか難しいことであります。すなわち真実の他力信心を得るということは、なかなか難しいことであります。ですから、親鸞聖人の申された第一節から第十節までの意味をよく味おうて、なおそれでも納得がいかぬならば、どこかに自分の誤りがあるのであるから、前に話された第十一節から第十八節までの意味をよくよく味おうて、皆同一信心になるべきであります。親鸞聖人でも、法然上人でも、その他誰も彼も、皆同一であるのが本当の他力信心というものであると、こういうことを申しておられるのであります。

二

これは参考までに『御伝鈔《ごでんしょう》』の中の文章をここに出しておこうと思います。『御伝鈔』は三代目覚如上人の製作でありますが、いまの言葉は、それ以前の二代目如信上人が、直接聖人より聞かれた言葉であります、いまの文章と『御伝鈔』とはあまり変わったことはありませんが、『御伝鈔』の方が少し詳しくなっております。

『御伝鈔』の第七段には、

上人（親鸞）のたまはく、いにしへわが大師聖人（源空）の御前《おんまえ》に、聖信房《しょうしんぼう》、勢観房、念仏房以下のひとびとお

ほかりしとき、

ここでは聖信房という人が一人多く出ています。もっともその他にもっとたくさんいられたのですが、『歎異鈔』には勢観房と念仏房との二人だけを挙げてあります。そういうお弟子方がたくさんおられたときに、

はかりなき諍論《じょうろん》をしはんべることありき。そのゆへは、聖人の御信心と、善信が信心と、いささかもかはるところあるべからず、ただ一つ也と申したりしに、この人々とがめていはく、善信房の、聖人の御信心と我信心と、ひとしと申さるること謂《いわれ》なし、いかでかひとしかるべきと、

そんな失敬なことをいうなと善信房を咎めたのであります。

善信申して云《いわく》、などかひとしと申さざるべきや。其故《そのゆえ》は深智博覧《じんちはくらん》にひとしからんとも申さばこそ、まことにおほけなくもあらめ、

それは法然上人の智慧または学問と同じだというならば、それはもったいないことであり、僭上の沙汰というべきであるけれども、

往生の信心にいたりては、ひとたび他力信心のことはりをうけたまはりしより以来《このかた》、全くわたくしなし。然《しか》れば聖人（法然）の御信心も、他力より給らせたまふ。善信が信心も他力也。故《かるがゆえ》に、ひとしくしてかはるところなしと申也と、申侍《もうしはんべり》しところに、

親鸞聖人は信心は他力廻向なるがゆえに等しいのであると申されたのであります。

大師聖人（法然上人）まさしくおほせられて云《のたまはく》、信心のかはると申《もうす》は、自力の信にとりての事也。すなはち智慧各別なるがゆへに、信又各別也。他力の信心は、善悪の凡夫ともに、仏のかたよりたまはる信心なれば、源空が信心も、善信房の信心も、さらにかはるべからず、ただ一《ひとつ》なり。我《わが》かしこくて信ずるにあらず。信心のかはりあふておはしまさん人々は、わがまいらん浄土へは、よもまいりたまはじ、よくよくこころえらるべき事なりと云々。ここに面々舌を巻《まき》、口を閉《とじ》てやみにけり。

かく法然上人が申されたから、一同の人々は皆唖然として沈黙したというのであります。

三

ひるがえって、この『歎異鈔』をはじめから伺ってみますと、第一節には他力信心の真意義、精髄というものを、最も簡明に話してくださったのであります。そして第二節には、親鸞聖人が他力信心を頂かれたその経歴といいますか、その道程というものを話して、信ずるに至った理由は自己の内省に始まり内省に尽きると、その経過の模様を話されたのであります。それから第三節では、本願は悪人往生を主眼とすること、すなわち善人の救済を主要とするものではないということを説いて、悪人救済の本願を説き自己反省の内観自知となって、善悪に対する思念によって、自己の真相に徹し、ついに本願に到達したことを示されたのであります。この第二第三節というものは、求道には厳正なる自己批判が先要であって、それが他力信心に至るべき道程であることを示して、それがためにその内容を細かく話さんとして、自己反省によって、自己の真相に徹し、自己の悪人であることを自覚し、その悪人を救うてくださる本願であるゆえに、その本願を信ずることによって、この悪人が助かるのであると、こういうように自己反省をせられた結果、自己の真相である悪人ということに眼醒めて、その悪人の決定《けつじょう》が、ついに他力を仰ぎ本願を信ずるに至り、悪人救済の信念が決定したのであります。すなわちまったき自己が救わるるについて、その自己の一面であるところの自利の方面を話されたものであります。次に第四節に至りましては、自己の他の一面であるところの慈悲ということについても話され、第五節に至りましては、孝養ということについて話されました。この慈悲ということも、孝養ということも、それは我々の心が他に対して働きかけてゆく心、すなわち利他の念願であります。他の者を愛し、他を可愛いと思い、救いたいと思う心、それはちょっと考えると自分の力によって何とかできそうでありますけれども、厳密に考えますと、実はなかなかできないものであります。そこに人間の悲痛な悩みが生ずるのでありますす。その利他の念願ということは、本願他力を信ずることによってのみ、はじめて成就するものであることを知らしめんとし、これによって自利と利他と両方面の満足を得ることを知らしめんとしていらるるのであります。慈悲と孝養ということによって、一切の利他的方面を代表させてお話しくださったのであります。それから第六節に至りますと、師弟論が出てきまして、他力信に立った者の、他に対して他をいかに見てゆくかということを話され、それを師弟観によって代表して示されたのであります。親鸞は師弟というような区別を見られない、それは自己を中心とせず、如来を中心として、如来の光明中に自他を見られたのであり、したがって他のうえに常に光明を見ておられたのであります。これが同朋主義であります。たとい、念仏を他に教えても、それは自分の力でなく、それは如来の力であり、また本願を深く信じて安心するということも、救われるということも、まったく他力廻向である。念仏申すに至るのも他力であれば、信ずるに至るのも他力廻向であるということを、明らかにしてくださったのであります。第七節には無碍の一道ということを話され、信心の徳としては、自己が内外二面の囚われから離脱して自由を得ることを示し、第八節には非行非善ということが出てきまして、信心の妨げとなるものは自力心であり、はからい心《しん》であることを知らしめ、第九節に至りますと、煩悩具足のままで救済せらるる本願ということを現わされて、他力の極致を話されました。要するに念仏者は無碍の一道に出《い》づるということも、非行非善ということも、それは自分の努力によるのではなく、まったく本願力のしからしむるところであり、他力廻向のものである。すべてが他力廻向であって、外も他力廻向、内も他力廻向、まったく他力廻向によって信心を発《おこ》さしめられたのである。それゆえ信も他力廻向であり、念仏も他力廻向であり、すべてが他力であることを知らしめんとしていらるるのであります。煩悩具足の自分であっても、そうして善ができず悪がやまぬ悪人であっても、大慈大悲である他力本願は、あくまでも私を捨てずして、廻向のみによって助けてくださるのであると、他力本願の功徳を徹底的に説き示してくださったのであります。それから第十節に至って、此の全体を総括して、「念仏には無義をもて義とす、不可称不可説不可思議のゆへにと仰せさふらひき」と、一言にしていえば、我がはからいによって助かるのではない、本願のはからいによって助けらるるのであること、それでこそ他力である、仏智他力なるがゆえに、何がゆえにと問うべからざることを示されたのであります。この簡単な一語で、他力の他力たる所以を、最も明らかにしてくださったのであります。これが親鸞聖人の他力信仰の精髄としての十箇条の要旨であります。

四

次に第十一節から第十八節までは、人々がいろいろ他力信心を誤解して異義を主張するようになってきたのは、真実に他力信心が得られていないからであり、また誤った考えをもっておるから、真実の信心が得られないのであることを、知らしめんとしていらるるのであります。

それがために、親鸞聖人と同じ信心が頂けず、この世に安心ができず、未来に安心することができないという、かかる誤解を説いて、正しき信心にならせようとして、第十一節には、誓願に対する誤解と、名号に対する誤解を説いて、誓願と名号との関係を明らかにし、第十二節には、学問に対する誤解を説いて、学問と信仰との関係を明らかにせられ、第十三節には、善悪に対する自己能力の誤解を説いて、本願と善悪の関係を明らかにせられました。すなわち宿業論というものが出てきたのであります。善悪に対する自己の能力に徹底しないために、本願が信ぜられないのであることを知らしめられました。第十四節には、滅罪観念の誤解を示して、念仏の意義を明らかにせられ、第十五節には、覚証《かくしょう》の観念に関する誤解を示して、開覚《かいかく》の意義を明らかにせられて、他力信心の浄土真宗の教えは未来開覚であること、この世では信心を得て、来生で覚りを開くのである、しかるにこの世において覚りが開けるという考えをもっていては、永久助からない。かかる誤解のために信心が決定しないのであることを示し、第十六節には、廻心という意味の誤解を示して、他力の意義を明らかにせられました。それから第十七節に至っては、辺地の往生ということについての誤解を示して、化土往生と、報土往生の関係を明らかにし、第十八節には、布施に対する誤解を明らかにせられました。布施に対する考えが間違っているがために信心が決定しないのであると、布施と救済の関係を明らかにせられました。

大略こういうことをずっと述べてこられましたが、かかる誤った思想に固執するがために、真実の信心に至り難いのであるが、かく信心なり思想の誤解が生ずるその原因をさぐってみると、皆自力的解釈の自力心であって、それがため、本来同一であるべき他力信心が同一でなく、各々異なっておるのであります。

五

右条々は、みなもて、信心のことなるより、ことおこりさふらふか。

真実の他力信心にならないものだから、それで各人各様のことを考えるようになるのである、すなわち信心が同一でないのである、他力といいながら自力心なるがゆえに、同一の信心でないということから、種々の正しからざる思念が起こってくるのである。

「さふらふ歟《か》」という歟の字は、「である」と断言することは他力を信ずる心持ちに反して、自力我執の臭いがしますから、「さふらふ歟」といって、謙遜の言葉であります。せっかく、他力の教えを聞きながら、種々様々なる誤解が出てくるのは、まだ自力心が去らないからであって、同一の他力信心に住することが難しいからであります。それは我《わ》が祖聖人の時代に見てもわかります。同じく法然上人の弟子であった親鸞聖人の友だちの間においてさえも、信心が異なっておったのでありますから、末の世の現代においては、なおさら気をつけなければならぬことであると、こういうご注意がいまの文章であります。

六

故聖人の御ものがたりに、法然上人の御とき、御弟子そのかずおほかりけるなかに、同じ御信心の人もすくなくおはしけるにこそ、親鸞御同朋の御なかにして、御相論のことさふらひけり。

『御伝鈔』によりますと、法然上人の門下が三百余人ありましたけれども、その中で、信行両座の決判をして御覧になると、真実に他力信心の人は聖覚法印《せいかくほういん》と、信空《しんくう》上人と、それから沙弥法力《しゃみほうりき》（熊谷直実《くまがいなおざね》入道）とであって、五六輩といわれておりました。親鸞聖人が問題の提出者であって、法然上人が審判官でありますから、それを除くとわずか三人であったのであります。同一の他力信心になるということは何と難いことでありましょう。次に『歎異鈔』の方には、諍論《そうろん》の諍という字が、「相」という字になっておりますが、『御伝鈔』には諍《じょう》という字が書いてあります。すなわち言葉の争いであります。

そのゆへは、善信が信心も、上人の御信心も、ひとつなりけりとおほせさふらひければ、勢観房、念仏房なんどまうすご同朋達、もてのほかにあらそひたまひて、いかでか、上人の御信心に善信房の信心、ひとつにはあるべきぞとさふらひければ、上人の御智慧才覚ひろくおはしますに、ひとつならんとまうさばこそ、ひがごとならめ、往生の信心においては、またくことなることなし、ただひとつなりと御返答ありけれども、なを、いかでかその義あらんといふ疑難ありければ、詮ずるところ、上人の御まへにて、自他の是非をさだむべきにて、この子細をまうしあげければ、法然上人のおほせには、源空が信心も如来よりたまはりたる信心なり、善信房の信心も如来よりたまはらせたまひたる信心なり、さればただひとつなり。別の信心にておはしまさんひとは、源空がまいらんずる浄土へは、よもまいらせたまひさふらはじと、おほせさふらひしかば、当時の一向専修のひとびとのなかにも、親鸞の御信心に、ひとつならぬ御ことも、さふらふらんとおぼえさふらふ。

勢観房という方は源智《げんち》という方であって、平重盛《たいらのしげもり》の曾孫に当たる名門の出《しゅつ》であります。法然上人に仕えておられたことが十八年、死なれた年が五十六歳であったと申します。念仏房という方は念阿弥陀仏という方であって、嵯峨の清涼院に住んでおられて、そして法然上人の教えを聞いておられたことが五十年間、建長三年九十五歳まで長命せられた方であります。かく長い間法然上人の門下にあって教えを受けた方々であっても、なかなか自力心というものはやまないものであり、他力信心は得難いものであることがわかります。往生は易《やす》いのでありますけれども、本願を信ずることが難《かた》いのであります。我々機の方《かた》に自力の我執が強いものですから、信じ受けることが難事となるのであります。法然上人のお弟子中の豪《えら》い方でありながら、二十年三十年随《つ》いておって、歳が八十九十になって、しかも二三年以前にようやくわかったということを、書き残されている方もあるくらいですから親鸞聖人が、他力信心は同一であると申されたときに腹を立てて、そんな馬鹿なことがあるか、失敬なことをいうなと、怒られたのももっともなことであります。それから見ても、私どもが他力信心を真実に得るということは、ずいぶん困難なことであります。

七

このことは建長元年八月にあったことだそうであります。あたかも聖人が三十四歳のときであって、その翌年に流罪に遭うておられるのでありまして、法然上人がちょうど七十五歳のときであります。法然上人と親鸞聖人と五十ほど歳が違っていたのでありますから、学問に差異がないとか、あるいは智慧や徳操などをくらべて、これと同一であるとならば、それこそ不遜きわまることでありましょう。それならばまったく異なることはもちろんのことですけれども、往生の信心、すなわち他力の信心ということにおいては、似ておるくらいではなくして、まったく異なることなしであり、そのうえ、なお付け加えて、ただ一つなりと申されたのであります。同一であると、堅く断言されたのであります。また他力信心は如来より賜わる信心であって、自力で造りあげたものでないから、何人《なんぴと》でもまた誰でも、同一であるべきものであるという意味で、三十四歳の親鸞聖人がはっきりしておられたのであります。しかるにほかの方はなかなか承知せられずして、それでは法然上人の前に出て聞いてみようというので、法然上人に是非を伺いますと、上人は「源空が信心も如来より賜はりたる信心なり、善信房（親鸞聖人のこと）の信心も如来よりたまはらせたまひたる信心なり、さればただ一つなり」と申されたということは、真実信心は他力廻向のものなるがゆえに、信心は同一であると申されたのであります。他力信心ということが、他力のお助けを信ずる心であるということまでは知っても、その信心が他力廻向のものであるということは、知れ難いものであります。詳しくいえば、お助けは他力であるけれども、信ずることは自力であると考えられやすいのであります。それではやはり真の他力とは申されないのであります。真実の信心は他力廻向のものであります。いい換えれば、信心は他力なり、こういうことが明らかになれば、信心は同一だということは、すぐにわかるのでありますけれども、たいていは自分で信ずるようになったのだと思っているものであります。

自力根性の人間としては、自分の心相応に、捏《こ》ねあげて考えるのでありますから、信心が同じということはどうしても考えられないのであります。法然上人と別の信心であるというならば、それは上人の参られる浄土へはめったに参れないこととなり、仏果涅槃の証りになれないこととなると申されたのであります。すなわち勢観房、念仏房なんどいう方は、自力念仏の人でありまして、善信房は他力信心の念仏者であったのであります。念仏といえば、ただ南無阿弥陀仏と申すだけでも、それは他力廻向なのでありますが、実は、それがなかなかそう思えないから、信心が問題となるのであります。それが真実に他力を信ずる信心となったその心は、他力廻向の力であります。ゆえに、信心は他力であります。

八

それゆえ『歎異鈔』の第十一節には、

誓願の不思議によりて、たもちやすく、となへやすき名号を案じいだしたまひて、この名字をとなへんものを、むかへとらんと御約束あることなれば、まづ、弥陀の大悲大願の不思議にたすけられまいらせて、生死をいづべしと信じて、念仏まうさるるも、如来の御はからひなりとおもへば、すこしも、みづからのはからひまじはらざるがゆへに、本願に相応して、真実報土に往生するなり。

とありまして、おのずから念仏申されるということは他力であり、信心もまた他力であります。弥陀の本願と申すは、名号を称えん者を極楽に迎えとらんと誓わせたまいたる、それが弥陀の本願であります。すなわち本願は名号を称えしめんとし、名号を称えた者は、助けねばおかぬというのが弥陀の本願でありますから、その本願を聞いて信じたところに、南無阿弥陀仏南無阿弥陀仏と念仏が申されてくるのであります。だから信ずるようになったのも、念仏を称えるようになったのも、他力であります。それゆえ、自分が称えたのだから自力であるとか、称えた力で助かると考うべきではなく、称えしめたのはまったく他力本願の力であることを知らねばならぬのであります。先日も、ある人が来られて、どうしてもわからぬといいましたが、それは、我が名号を称えれば助けるという本願であるから、南無阿弥陀仏と称えたら助けてくださるのであり、念仏を一遍称えても、必ず助けてやるという本願だから、助けるのは本願であっても、称えるのは自分の力であると思う、その称えることまでが他力であるということは、わからないと申されたのであります。何遍もお話をしたのですけれども、やはり会得できずに帰られたようでありました。法然上人のお弟子であった、勢観房、念仏房なんどいうような方でも、やはり南無阿弥陀仏南無阿弥陀仏と念仏を称えて、本願は念仏を称える者を助けると仰せられるのだから、私は念仏を申しておる、だから仏が助けてくださるに間違いないと、思い込んでおられたのでありましょう。本願の注文に合うているのだから助けてくださるに間違いないと、自分の頭で思いきめて、自分で見込みをつけておられたのでありましょう。つまり、自分ではかろうて、そして念仏を申しているのでありますならば、それは本願を信じたのではありません。本願を聞いて念仏を申して、そして本願の約束に合うているから、それゆえ助かることを信じようとしているのであります。だから、つとめて念仏を申しているが、不安は去らないのでありましょう。これでよいこれでよいと思うのは自分で見込みをつけて、自分で許可しているのであります。それでは救われたいと願うのは自分であるが、救うのも自分であります。それゆえ、称えてみると安心するようではあるが、やはり心のうちには決定の心《けつじょうしん》がなく、不安が去らないのであります。それでは、いくら称えても称えても事実助からないのであります。名号を称えれば必ず助けるという本願が、疑いなく信じられたそのときに助かるのであります。かく、信じたから称えるのと、称えて助かろうとしているのと、同じ称える念仏にも二様あることであります。名号を称えん者を助けんという本願に違いはないが、南無阿弥陀仏を称えてみて、これで助けてくださるのだと考えるのは、真に信じた念仏ではありません。本願がかくのごとくであるからいま我は念仏を申した、それゆえ、間違いなく助からねばならぬはずであると考えるのであっては、それはいまだ本願のお心が聞こえていないのであります。それは本願の名号が信受できていないのであります。そこには自分のはからいがなお去らないのであり、明らかに仏智を信ずる心持ちがないのであります。念仏を称えることは易《やす》いが信ずることは難《かた》いことであります。本願を知ることは易いが信ずることは難しい。他力信心が難事であるのは、自力心が去り難いからであります、すなわち自力心が去り難いと同時に、他力信心は得難いものであります。要するに、かく同一の他力信心になれない根元は、自力心のためであって、自力心の去らないのは他力廻向ということがわからないからであります。かるがゆえに、信心の他力廻向なることを知らさんとしていらるるのであります。

九

名号を称えん者を助けたいという本願の真意が、聞こえたという心持ちは、どんなものであるかというその一念の心持ちを、詳しく示されたのが第一節でありまして、「弥陀の誓願不思議にたすけられまいらせて、往生をばとぐるなりと信じて、念仏申さんと思ひたつ心のおこるとき、すなはち摂取不捨の利益にあづけしめたまふなり」とありました。

念仏を申さんとするのは、本願の思召しが我が心に響いて、誓願力によって助けてくださるのだということが、自分の心に受け信じられ、そして念仏申さんと思い立つ心が起こるのであって、いまだ念仏は申しておらないが、本願を信ずることで、救いが決定《けつじょう》するのであります。念仏申すことによって決定《けつじょう》するのではありません。本願を聞いて、いまだ念仏を申しておらない先に、本願のご精神が我が心に響き渡ったとき、そのときに摂取不捨の利益に与かるのであります。それゆえ救済は称名によって決定するのではなく、要は本願が信ぜられたか、信ぜられないかで決定するのであります。

十

これについて、蓮如上人の『御一代記聞書』の第一章のお言葉を思い出すのであります。

「自力の念仏といふは、念仏をおほくまふして、仏にまいらせ、このまふしたる功徳にて、仏のたすけたまはんずるやうにおもふて、となふるなり。」

どうも私どもの心は、小賢《こざか》しいのであって、仰せのままをとくと理解したような顔をしていますけれども、仏の真心《しんしん》が徹しないのであります。すなわち仏のお心が私に響いてこないのです。言葉のみをつかんで精神が受けられないのであります。信心は仏の魂であります、仏の魂が我が魂に響いてこないのであります。自力根性の強い者は、自力根性ほどに教えを聞くものですから、念仏往生の他力本願を聞いても、それがすぐ自力念仏となるのであります。だから「自力の念仏といふは」と申されたのであります。本願のご注文通り念仏を称えさえすれば、仏のお心にかなうから、きっと助かるのであろうというような、自力根性で理解して、そうして称えあげようとするのが、自力の念仏というものであります。

「他力といふは、弥陀をたのむ一念のおこるとき、やがて御たすけにあづかるなり。」

これは巧妙なお言葉でありまして、助かるということはどこで決まるのかといえば、弥陀をたのむ一念の起こるとき、そこで即時に助かるのであって、念仏申せば助かるとか、申さねば助からぬとか、念仏申すこと申さぬこと、そこで定まるのではないことを、明らかに示された言葉であります。

「そののち、念仏まふすは、御たすけありたる、ありがたさありがたさと、おもふこころをよろこびて、南無阿弥陀仏に自力をくはへざるこころなり。」

念仏を称えても、称えた行為に助かる権威を認めないのであります。念仏することは救済の交換条件ではありません。救済の理由はすべての如来の手中にあるのであります。こういうことが本当に心のうちでわかったのが信心であって、念仏を申すということは、本願が信ぜられたから、本願の名号は、他力自然《じねん》に、おのずと口で称えられてくるのであります。南無阿弥陀仏には自力のはからい心が加わらないのであります。如来の誓願がそのまま、自分に流れ来《き》たって信となり、その喜びが念仏となって流れ出てくるのであります。それゆえ信心も念仏も他力廻向であります。それで親鸞聖人は第二節において、

親鸞にをきては、ただ念仏して弥陀にたすけられまいらすべしと、よきひとのおほせをかうふりて、信ずるほかに別の子細なきなり。

と、信ずるということを申されたのであります。ただ念仏して助けられまいらすべしとは、他力本願であります。念仏からいうならば、ただ念仏する者を救わんと、名号を本願としてすなわち称名を本願とせられたのであります。念仏する者を助けんという本願の聖意《せいい》を、法然上人から聞かされて、ただ念仏して弥陀に助けられるのだということを、信ずるよりほかに別の子細はないと申されました。自分が称えている念仏でありながら、それは本願を信じたことから出ているのである。それを聖人は「真実信心には必ず名号を具す」と申されました。真実の信心には必然的に名号を称えるようになるのであります。次に「念仏には必ずしも願力の信心を具せず」と申されました、いかに念仏を称えているといっても、必ずしも信心があるとはいえないと申されたのであります。これでけっして間違いはないと、自分で決まりをつけて称えているのは、それは自力の心から称える念仏であって、願力の信心はそこにはないの

であります。

第一節の意味である他力信心を、どこまでも得させようとして、いまや最後に及んで、ついに他力信心は同一でなければならぬこと、しかしてその信心は他力廻向であることを示されたのであります。信心ということは他力を信ずることであって、お助けは他力であるのみならず、信心も他力であるということが、これで充分わかるのであります。他力を信ずるというだけでは、その信心が自力か他力か、もう一つはっきりしないのであります。他力を信ずる信心が他力廻向であって、他力から賜ったものであるということが、明らかに信知されてこそ、まったく純粋の他力信心となるのであります。どうも我々は自力根性が強いものですから、ああ聞いたり、こう聞いたりして、自分の心でこれが本当であるとか、こう思えば間違いなかろうとか、あくまでも自分の心でこねあげて、自分で許可をしようとする心が、なかなかやまないのです。他力廻向の信心ということは、如来のお心から出て、如来に帰せしめられることであります。

十一

静かに自分をふりかえりますと、我々はあくまでも、自力心に満ち充ちておるものであります。私どもが平生に考えていることや、行のうていますことは、皆誤りのことばかりであります。あるいは心に鞭打ち、あるいは身体に鞭打ち、智慧をめぐらし、一心に工夫していますすべての事柄が、少しも自分を幸福にせず、自分の苦しみを救わず、自分を大安楽に向かわしめずして、自利の方面を見ましても、利他の方面を見ましても、自分の考えと自分の努力というものは、真実の意味においては、少しも自分を救うていないのであります。しかるにそれに少しも気づかないで、ただもう一生懸命に心身を賭して走っているのです。かかる哀れにも愚かなる私どもに対して、大慈悲の如来は、尽十方無碍の光明を放ちて、如来の慈悲と知恵とは、久遠劫来私を照らし照らして、私ども自身の相《すがた》というものをだんだん明らかに知らしめられているのであります。自力の智慧と努力によっては、けっして苦しみがなくなるものではなく、幸福になるものではないことを知らしめ、そのままでは真実の安心と真実の幸福の暁《あかつき》を、のぞむことはけっしてできないのみならず、むしろ苦しみをますます深めてゆくのみである。そういう私どものうえに絶えざる如来の智慧と光が、ついに私の心の闇を照らし、愚痴の闇を照らして、そして念仏を称えるというところまで、育てあげられたのであります。自分の力ではどうしても真実の幸福に進むことはできないということが、ほのぼのとわかり初《そ》めた頃に、ようやく念仏を称えることになってくるのであります。何とも思わずに念仏を称えているといいますけれども、念仏を称えているということは、私どもが自力のだめだということに、やや目ざめかかったときでありま す。如来の光は念仏となってはいり、いよいよ種々無量の方便を以て常に照らして、そして自力で称える念仏では助からないこと、本当に助けられる道は、如来の本願の名号がましまして、この本願の名号が私の心を救いあげんとしていらるるのである、その本願名号の御徳《おんとく》一つによって助かるのだということが、信じ受け入れられるようにならしめんとしていらるるのであります。すなわち自力を捨てて、他力を信ずるようにと、如来の光明は私どもを追いつ照らしつ、照らしつ追いつしてくださっているのであります。そのお蔭でまったく反対の方向に向かうようになり、闇の方向より光の方向へと向かうようになったのであります。すなわち自力のはからいを捨てて他力を信じ、本願を信ずるようになったのですから、南無阿弥陀仏と喜んで称えあげるところの名号は、それは自力の念仏ではないのであります。その意味を、

弥陀の誓願不思議にたすけられまいらせて、往生をばとぐるなりと信じて、念仏まうさんとおもひたつこころのおこるとき、すなはち摂取不捨の利益にあづけしめたまふなり。

と申されたのであります。

この心になったということは、まったく如来の善巧方便《ぜんぎょうほうべん》の力であり、如来の他力廻向のなさしめたところであり

ますから、その淵源は如来より発しているのです。それゆえ、その信心は他力であり、念仏も他力であります。本願を信ずるということによって、摂取の光明におさめとられて、仏の国に生まれることができるのであります。親鸞聖人や法然上人の念仏は他力であり、本願を信ずるに至ったその信心も、如来善巧のお力のみによって、信ぜねばならぬように廻向せられて、信ずることができたのであるから、如来より賜わりたる信心であります。念仏も如来より賜わった念仏なるがゆえに、まったく他力廻向の信心と念仏によって、仏の国に生まれるのであります。

十二

源空が信心も如来よりたまはりたる信心なり、善信房の信心も如来よりたまはらせたまひたる信心なり、さればただひとつなり。

同一の念仏によって、同じ光の国に生まれさせていただくのだからして、信も他力、行も他力なり、かるがゆえに、まったく一つであって、さらに異なるところがないのである。それゆえ同じ所に参ることができるのであります。しかるにいろいろ様々と別異の考えをもって申しているのでは、その念仏は自力の念仏であり、自力信心の人であります。

別の信心にておはしまさんひとは、源空がまいらんずる浄土へは、よもまいらせたまひさふらはじと、おほせさふらひしかば、当時の一向専修のひとびとのなかにも、親鸞の御信心に、ひとつならぬ御ことも、さふらふらんとおぼえさふらふ。

信心は同一でないと考え、人々《にんにん》各別に異なっていると思うている人は、念仏は同じく申しておっても心が違っているのですから、源空が参る浄土へ参り、そして同じ仏果涅槃を開かせてもらうということは、とてもあるまい。同一念仏の人、同一信心の念仏者であってこそ、同じところへは参れるのである。同じ本願によって同じ仏の力によって同じ信心となり、まったく他力によって仏国に生ずるのだから、信心の異なっている人は、同じところへは参ることができない、と申されたのであります。

当時の一向専修の人々ですから、余行余善に価値を認めるような人々ではありません。念仏一行ばかりを尊び、一心に喜んでおられた人々であります。その一向専修の人々のうちにも、親鸞のご信心と同一でなかった人も、あったようであるから、いまや法然上人なく、親鸞聖人のなき、現在の人々は、よくよく注意をせねばならんのであります。

すべての人々が、他力廻向のご信心、他力廻向の念仏であるということが、充分わかりますならば、同一の他力信心を得ることができて、第一節に申された信心の意味もわかり、第十節まで申された自利利他の幸福も得られ、なお未来に至って涅槃の大益《だいやく》を得ることもできるようになり、現在信の一念より現当《げんとう》二世の無上の幸福者となることができるのである。しからば、第十一節から第十八節までのような、いろいろの誤解もなく、ひとしく、同一信心の喜びを得ることができるのであるという御意《おんこころ》から、他力信心は同一にして、他力廻向なりというお話を、ここに追記せられたのであります。

二、同国人と異国人

一

いづれもいづれも、くりごとにてさふらへども、かきつけさふらふなり。露命わづかに枯草の身にかかりてさふらふほどにこそ、あひともなはしめたまふひとびと、御不審をもうけたまはり、聖人のおほせのさふらひしおもむきをも、まうしきかせまいらせさふらへども、閉眼ののちは、さこそ、しどけなきことどもにて、さふらはんずらめと、なげき存じさふらひて、かくのごときの義ども、おほせられあひさふらふひとびとにも、いひまよはされなんどせらるることのさふらはんとき、故聖人の御こころにあひかなひて、御もちゐさふらふ御聖教どもを、よくよく御覧さふらふべし。おほよそ聖教には、真実権仮ともにあひまじはりさふらふなり。権をすてて実をとり、仮をさしをきて真をもちゐるこそ、聖人の御本意にてはさふらへ。かまへてかまへて、聖教をみみだらせたまふまじくさふらふ。

これは著者の述懐であって、ここまで書かれた著者の心持ちが出ているのであります。以上十八節となおそのうえに、他力廻向の信心ということを話されて、これで他力信心ということは、たぶんわかるであろうと思うけれども、なお気にかかるのであります。つまり、同じ信心にならしめたいというやるせない親切から、謙遜しながら述懐されているのであります。綿々として尽きざる心持ちのほどが伺われます。以上くどくどしく書いたのは、老いの繰り言《ごと》ともいうべきであるけれども、同じ一つのことを右から左から、ひとえに間違いなからしめんとして、どうかして同一信心を得て、同一の喜びを得させたい願いから、繰り返し繰り返し書きつけられた次第であります。かく人を想うこと切であるけれども、自分を振り返ってみれば、老いの身は、露の命がわずかに枯草のうえにかかって、いまや落ちなんとしているような我が身である。しかし、そう想うとなおさら、人々のうえが心配になるのであると、か弱い命をも打ち忘れて、私どもを心配してくださっているのであります。枯草に露が宿って、まさに落ちんとしているような老いの身であるから、もう命はわずかであると思ってみれば、悠然《ゆっくり》としてはおられぬ。それゆえ、ひとえに念仏を喜び、急いで他力本願の趣きを説き聞かせているのであって、また命のある間は、人々の不審のあるところを聞きもし、聞かせもしようと思うているのである。自分の喜んでいるだけ知っているだけは、聖人の仰せになったその趣きを、申し聞かせもするけれども、しかし、余命わずかになっている、露のような自分を省みると、いつ眼を閉《ふさ》ぐかもしれないのである。一度眼を塞《ふさ》いだあとになっては、もういたし方がないことである。聞きたくても聞かすこともできぬこととなっては、まことに何としてもみようのないことであって、何といっても所詮のなきことである。かく思いめぐらすと、なおさらたまらない心持ちであります。蓮如上人が『御文』に、「この分《ぶん》にては、往生つかまつりさふらふとも、いまは仔細《しさい》なくさふらふべきに、それにつけても、面々の心中も、ことのほか、油断《ゆだん》どもにてこそはさふらへ。命あらんかぎりは、われらは、いまのごとくにてあるべく候。よろづにつけて、みなみなの心中こそ、不足に存じさふらへ。明日《みょうにち》もしらぬいのちにてこそ候に、なにごとをまふすも、いのちをはりさふらはば、いたづらごとにてあるべく候。いのちのうちに、不審もとくとくはれられさふらはでは、さだめて、後悔のみにてさふらはんずるぞ、御《おん》こころえあるべく候」と申されたお心が思い合わされます。

信心は大慈大悲なりと申されますように、信心を喜んだ人は、おのずから利他心が強くなり、大悲心が起こって、人のうえを思う心が切実になり、人間愛が強くなってくるのであります。

二

自分が死んだ後のことまでいっておられるのです。まことに慈悲の極みであります。自分が亡き後に、もしいろいろのことをいう者があって、それらの義に惑わされそうなことがあったならば、自分は聞かすことができぬから、故聖人が用いられた聖教を、とくと読むようにせねばならんと、申し残しておられるのであります。人々の魂を抱いて離し得ない心であります。故聖人の著わされた書物は無論のこと、あるいは『七祖聖教《しちそしょうぎょう》』であるとか、あるいは聖《せい》覚《かく》法印の『唯心鈔《ゆいしんしょう》』とか、隆寛律師《りゅうかんりっし》の『一念多念分別事《いちねんたねんふんべつじ》』とか、信空《しんくう》上人の『後世物語《ごせものがたり》』とか、これらは他力信心に間違いのない書物であって、そのほか、故親鸞聖人の用いられた聖教をば、よくよく御覧なさるがよい、と申さるるのであります。

善導大師の書かれたものでも、道綽禅師や曇鸞大師の書かれたものでも、聖教には真実と権仮《ごんけ》がある、権も仮も仮《かり》ということであります。七高僧の聖教といっても、聖教には方便の義と真実の義とが混交しているものである、方便の教えはわかりやすいが、真実真相というものは甚だわかりにくいものである。だからよくよく注意して拝見せねばならんぞと、あたかも、老人が孫を可愛がっておるような真情に打たれます。『観経』という経典を見ても、念仏三昧と観仏三昧との二つが説かれてあって、いずれが経の真意であるかわかりにくいようなものです。誰の聖教を読みましても、自力的と他力的と二様の意味があって、真実と方便とが交っているものです。そういうものが聖教であるから、学力のない、他力信心の眼《まなこ》の開けておらない心を以て見るときには、真実のところがどうしても見えにくいのであります。したがって正意が把《つか》みにくいのであります。それがために自分がここに、長々と書き置いたわけであるが、しかしこれで得心がゆかない人であってみれば、聖教を見るより仕方がない、しかしそんな人々の聖教を見ることは、いかにも気遣《きづか》わる次第である、それゆえ聖教を見るときには、くれぐれもよくよく真実権仮を見定めて、実をとって権をとらないように、真をとって仮を用いないように、その意味を正しく味わうということが大事である。しかるに、とかく正意《しょうい》のわからない人々は、得手《えて》して自分勝手にとって解釈して、本意を誤り、聖教の真実を見乱すようになりがちのものであるから、そんなことのないようにと、注意していらるるのであります。充分注意して正しき意味を見誤ってはならん、方便と真実とをごっちゃにしてはならないぞと、こういう実に親切なるお心で人々を思うてくださる如来心が、ここに現われているのであります。生きている間だけではなく、死んだ後までも心配して、我々を思うてくださるのであります。『観経』の韋提希夫人《いだいけぶにん》のときを見ましても、未来の衆生にまで思い及んでいられるのであります。大法が自分にわかってくると、自然に、自分の生きている間は自分の周囲の人々を思うようになり、自分が死んだ後の未来世の衆生のことまでが考えられてくるのであります。すなわち未来世の一切衆生の悩む魂を見て、捨てるに捨てることができないのであります。姥捨山へ捨てられに行く道すがら、紙を結びつけて、子どもの帰る道しるべとしたというように、あくまでも自分の死後の人々を思うてくださるということは、それは他力信心が如来心なる所以であって、信心を得た方々には、おのずから出てくる利他愛の大悲心であります。まことに、こういう切ないご親切のお言葉を聞くにつけても、自分たちは、『歎異鈔』全体の意味を大切に頂いて、是非とも、他力信心を決得《けっとく》するようにならねばならんことであります。

　けれども、一方、親鸞聖人が法然上人の門下において、信行両座の決判の問題を提起せられたり、信心一異の論争をせられという、その内面のお心を考えてみますと、いかにも寂しかったことであろうと思います。自分が道を得て喜べば喜ぶほど、人を愛し人を思う心となる、しかるに人々の誤っておることを見るにつけ、人々の救われざる悩みを知るにつけ、堪《たま》らない利他愛の悲痛に迫らるるのであります。人間の念願としては、自他が一つになってともに喜びたいのであります。しかるにそれができないということは、堪《た》えられぬ悲しみと寂しさであります。ここに如信上人が述べられましたお言葉を読んでも、ご親切の有難さを喜びながらも、同様にそのお心の内面の切ない寂しさを思わざるを得ないのであります。すなわち自分の死んだ後には、間違う者がたくさんできて、かような書物を読んでも、まっすぐによう読まないであろうと、案じられた寂しさを思います。生きておる間でさえ、周囲を見廻すと間違った声ばかりが聞こえて、同じく念仏を申しておりながら、同一の他力信心を得ず、本当の喜びを同じくする人が少ない寂しさを、感じておられたのであります。それゆえ、私は人と自分との魂を眺めますとき、いつも同国人と異国人という感じを深くするのであります。

三

私どもが日常生活をしております間において、どうも寂しく感ずることがあります。いま親鸞聖人が感じ、如信上人が感じておられるのとは、多少の違いはあっても、寂しさというものを、常に私どもは感ずるのであります。これが一番私どもの悲哀であります。手近なところでいえば、夫婦というものでも、その理由を一々挙げれば種々ありましょうけれども、実際は寂しいということが、普通の悲歎ではないかと思います。同じ家に住み、同じものを食い、そして互いに親しくし合うておっても、静かに考えてみますと、一心同体というている夫婦の心が、一つになっているであろうか。一つであるように見えておっても、また一心同体を理想としておっても、事実はどうかというと、夫は夫、妻は妻、こういう魂といいますか、その心の状態を見ますと、いつも離れ離れになって、魂は別々です。そこにいろいろの事情があれば、なおさら離れてゆきますが、種々の事柄がなく、平和に暮らしておっても、何か知らん、そこにきわめて寂しいものを、ひそかに感じておるのが、人間の最も悲しい悩みであります。それは夫と妻だけのことではなく、親と子でもそうです。互いの言葉は和合して合っておっても、どうも心の底に、二つの魂が一つに融け合わないという、こういうことが人間の悲哀といいましょうか、人生の寂寥といいましょうか、一番情けない悩ましさであります。また兄弟といってもそれは血を分けたといっても、ただ骨肉の関係であって、心と心、魂と魂の関係ということになると、どうもそこに寂しさというものが、いつもつき纏っているのです。友だちという者に対しても、どうも寂しさというものが退《の》かないのです。一緒に酒を飲みます、花見にもゆきます、大いに意見を交換し、楽しく談じ合う間柄であっても、そこにやはり魂の寂しさというものが、私どもに付き添うているのです。つまり私どもが親に対しても、兄弟に対しても、妻に対しても、友だちに対しても、心からなる寂しさを感ずるということは、人生の一つの悲哀、大なる苦悩というべきものであります。

これはどうしても、魂と魂とが本当に融け合うた世界、心の通い合うた世界、二つではあるがしかも一つであると、そういうものが私どもにどうしてもなければならんことであると思います。いかなる人々も、内観静察すれば、自覚するとせざるとにかかわらず、それが万人衷心の念願であろうと思います。

四

それゆえ、各人はこの念願を果たそうとして、努力しているのであります。以前私は、寂しくなると、親しい友だちの家へひょっこりと行って、そしていろいろなことを、何くれとなく語り合うのが常でした。それによって自分のことも家のことも、世間のことも皆忘れて、その寂しさを慰め医《い》せられたのであります。親友と一緒に酒でも飲んで飯を食う、同じ酒を味おうて、同じように酔うて、同じようなことを繰り返しているうちに、魂が一つに融け合うのであります。また友だちという者は、一つになって同じような意見を語り、同じような思想を聞いて、とりとめのないことばかりいっていても、そこに非常な愉快を感ずるものであります。とにかくそれによって、一つの世界に住むことができるからであります。自他の魂が、一つの世界に遊ぶことができるからであります。

親鸞聖人が、親しき人々の信心が、同一であろうか、どうかということを調べられたのは、帰するところ、そういう一つの世界に住んで、魂と魂とが一つになって、同じ喜びを得たいという念願があったからでありましょう。それは寂しかったのであります。

五

ところが、私どもが日常何だか苦しいといっていたり、また面白くないというているのは、よく調べてみると、それは心の寂しさであります。これを別の言葉でいいますと、自分の住んでいる世界が異国人の寄り合いだからであります。私どもの現実生活というものは、夫は夫の世界をもっておって一つの国を描いており、それから妻は妻でまた別の国をもっておる。つまり互いに国を異にして、互いに自国を有して、そこからまた別の国に出張して、共同生活をしているというようなのが、普通我々の生活であります。たとえばアメリカ人とフランス人が、日本で会合しているように、自国はほかにもっておって、ときどきここで出会うているのであります。こういうのですから、何となく食い足らないのです。それゆえ、たくさんな人がおって、賑やかそうでも、よく考えてみると、自分一人となって、何だか知らないが寂しいのです。それゆえ親しみたい賑やかになりたいといって、同国人として一つになる道を探しているのが、人間生活であるといってもいいと思います。商売人は商売が同じだと気が合い、音楽の好きな人は音楽の話が出るとすぐに賛成する、同じ趣味の人は同国人になれるから、非常に賑やかになるのであります。趣味なり目的なりが同一であると楽しいというのは、人間の魂がしばらくでも一つになるということを求めているからであります。けれども同じ旅行をして、たとえその二人の趣味が同じであっても、宿屋に一緒に泊りましても、心と心が一つになっておるのはしばらくであって、深く考えるとやはり別々の魂であるということを発見するとき、そのときに寂しくなるのです。銭金を一所にして暮らして、君が払うても、僕が払うてもよいといいながら、宿屋で寝たら私が余計出しすぎてはおらぬかしらん、借りすぎておらぬかしらんと考えたり、自分自分の家のことを考えたりして、一人いろいろ考え始めると、すぐに魂は別々になってしもうて、一つになろうとしておりながら、別々になるというようなのが、人間生活の悲哀であろうと思います。反面からいうと、その寂しさというものは異国人であるからであります。

妻は妻の世界をもっており、夫は夫の世界をもっておって、その世界が円い世界か四角な世界か知りませんが、その各自の世界において妻はクィーンであり、夫はキングであらんとしているのであります。妻は夫の前では自分の国はなく、夫と同じ国に住んでいるかのように見せているけれども、実はその後ろに妻の世界がちゃんと控えておって、そこから顔を出しているのであります。女の人は自分の好きなように自分の国というものを造って、そこで自分が女王となって、夫を自分の命令にしたがわしめんとしており、子どもを立派に育てしめようとし、一生は難儀をせないで食えるようにさせようとし、女中は俺の女中だ、子は俺の子だ、この家の財産は皆俺のものだと、考えているのでありましょう。その内心には常に自分がクィーンとなって、自分の思うようにしようという考えをもっているのであります。一方他国であるところの主人はまた自分の世界を描いて、自分がその国王となり、何でも自分の思うようにしよう、一切のものは自分の所有であり部下であると考えて、やってゆこうとする。それゆえこの二つの国是が常に衝突するのです。しかしながら衝突して一人ぽちになることは寂しいことですから、妥協して暮らすのですが、本真《ほんしん》の願いは一つになりたいのであります。それは誰かがいったように、夫婦が喧嘩をするということは、本当は二つの魂が一つになりたい念願からであります。異国人の集合では何をしても寂しいのであり、それゆえ互いに彼を我が国の者とせんとして、そして同国人たらしめんとするところから、そこに戦いが起こるのであります。そのとき多くは征服して同国人たらしめんとするのであります。しかしながら、征服によっては真の同国人とはならず、魂の渾《こん》一《いつ》は得られないのですから、互いに和合して暮らしたいと願うのであります。けれども、そこには真の和合ができず、絶えず不和があり、親しみたいと思うておりながら、そこにはいつも親しめない歎きがあるのは、どうしても国が一つでないためであります。国が異なっているということは、きわめて寂しいことであって、そこには絶えず苦しい暗闘があり、平和とか安楽とかいうものはないのであります。こういう状態を、私は異国人の生活と名づけたのであります。嫁と姑は異なった国をもった異国人の寄り合いであり、兄と弟も異国人であり、姉と妹も異国人であるということは、まことに寂しいことであります。異国人の集まりというものは、その思想が違い、言語が違い、常に意見が一致しないのであります。くわしくはいえませんが、これは銘々にお考えになれば、もっと面白いことが、わかってくると思います。

六

私の知っている人の主人は非常に金が大事で、金さえ殖《ふ》えさえすれば喜んでいるのであって、その細君がさぞ喜ぶであろうと思うて、これだけ殖えたぞといってみても、細君はフンといって横を向いているので、主人はそれが悔しくて、しょうがないのであります。金を殖やせば、妻や子どもが喜んでくれるであろうと思い、彼らの安心して暮らせるようにと思っているのであって、私自身のためばかりに働いているのではないと、こういわれるのですけれども、そこが異国人ですから、言葉が通じないのです。異国人は互いに趣味も違い思想も違うのです。細君の方では、私はそんなにまでして、ぎょうさんな人を使うてうるさいことをするより、田舎で閑雅《かんが》に暮らした方がよいというのです。趣味も違い思想も違うのです。したがって常に異国人の寂しさを互いに味わわねばならんのであります。親と子、兄と弟も同様に、各人が寄り合うて、各国人が雑居しておるようでは、これが仲よくしてゆくということはずいぶん無理なことであります。

いつも自分をごまかして、同国人のような顔をして暮らしておっても、心のうちでは、互いに隔執《かくしゅう》があって、各自はいつも寂しさを免れないのであります。これはどうかしなければおれないことであります。そういう風に、国を異にした異国人と暮らしているということは、苦しいことでありますから、この埒《らち》を拡げるについては、広く他の国々を征服して、彼を自国に引き入れようとするのですが、それは無理であります。それよりは、自他がともに真実の世界に入《い》って、そこで一つとならねばならんのであります。不真実なる自我の国は、互いに捨てねばならんのであります。すなわち他の者と一つになってゆけない歎きがあるならば、それを征服しようとせず、各自のもつ不真実な我欲の自国を棄てて、互いにともに真実の国へ生まれることであります。ともに生まれようとするには、まず自分が生まれねばならぬのです。信心とは如来の国へ生まれることであります。

七

自他ともに同一国人となりたいのですけれども、それにはまず自分が真実の国を知らねばなりません。妻をどうしようとか、兄弟をどうしようとか、親をどうしようとか、子をどうしようとか、そういう無理なことを思わずに、まず自分一人だけが真実の国を知らなければならんのです。本願を信ずるということは、自分一人がまず真実の国に生まるることであります。けれども我々は自分だけが生まれるということでは、満足のできない寂しさを抱いております。すなわち他の者と自分とが真の同国人となることを希《ねご》うてやまないのであります。すなわちまったく他の者を見ずに過ごすということはできないのであります。だから現在の異国人の集まりを、どうかして同国人の集まりといたしたいということが、自他ともに同一の他力信心になりたいという念願となってくるのであります。他力信心は自分が自力の国を捨てて他力本願の仏国に生まれることであります。そして妻なり親なり兄弟なり友だちなりを、同じくこの国に生まれさせたいのであり、そこで魂が一つに通う喜びを得たいのであります。

他力信心を得るということは、知らず覚えざるに、願力として自然に、他の者をして、自力我慢の国を捨てしめ、他力の仏国へ生まれさせる力を与えられるのですから、まず自分の信心ということが一番大事なことであります。他力信心は願作仏心《がんさぶっしん》であって同時に度衆生心《どしゅじょうしん》であります。それゆえ他力信心を得るということが、他の者を動かして、その国へ生まれさす力を頂くことになるのであります。また一面、自分に意識して、なるべく他の人をここに生まれしめんとして努力してゆくようになるのであります。ここにおいてこそ、自分も他力本願の仏国に生まれ、他の者もここに生まれるということになって、自分が願うておった同国人の喜びを得るのであります。ここに同じ世界の住人として、同じ光の世界の喜びを味わい、同じ親をもった一大家庭のごとく、現在より同国人としての喜びをもち、魂の相通ずる生活となるのであります。このゆえに、彼も我も、是非とも同一に他力信心を得ねばならんのでありまず。同一念仏無別道故《どういつねんぶつむべつどうこ》であります。同一の信心によって生まれる如来の国は、皆親を一つにし、国を一つにした世界において、同じ兄弟として、霊の血が流れ合っている喜びを、もつことができるのであります。ここに同国人の喜びというものが得られるのであります。

八

心霊の問題以外のことでは、どうしても心が一つになるということは、あり得ないことであります。人間の本当の喜びというものは、思想も一つ、言語《ことば》も一つ、ということにならないことには、真の喜びというものは出てこないのであります。一信心のうちには還相廻向《げんそうえこう》の利益があって、他の者を導いて同一の国に生まれさせる作《はた》らきがあり、そういうことにおのずと努められるようになってくるのです。すなわち同じ国に生まれて、思想を同じくし喜びを同じくし、言語を同じくするようになって、はじめて夫婦というものが、真の夫婦生活の喜びを得ることができるのだと思います。親と子もそうです。兄弟もそうです、友人も同様です。このことなしには夫婦も真の夫婦にあらず、親子も真の親子となれないのであります。一番大事なものは思想問題であり、魂の問題でありまして、それは物質の問題でもなく身体の問題でもありません。利害を同じくするからとか、身体が近く親しくするからとか、衣食住を一つにするからとか、そういうことをいかに努めても、魂は一つになれるものではなく、寂しさが消ゆるものでもありません。夫婦でありましても、同じ着物を着、同じ部屋に住み、同じものを食い、あるいは夫も音楽が好き、妻も音楽が好き、同じ趣味で同じ生活をしておりましても、魂の問題としての思想が一つでないかぎりは、心が別々であるから、どこまでいっても寂しいのであります。だから同じ心になって、本当の幸福と賑やかさを得ようとするならば、夫も他力信心を得て仏国に住し、妻も同一の信心を得ようと、一緒に求めなければならぬのであります。妻も夫も一緒に同じ国に生まれる道が他力本願であるということがわかれば、同一仏国の住人になって、はじめてその思想も趣味も、その言語《ことば》も魂も、そこに一致することができるのであります。それが本当の夫婦であり、親子であり兄弟であります。

　自力はだめであるといえばだめであるといい、他力は有難いといえば他力は有難いと喜び、自分は幸せであるといえば、自分も幸せであると喜び得るように、そこにすべての思想が同一であり、言葉が通うのであります。ともに価値《ねうち》のあるものは価値《ねうち》があると感じ、つまらんことはつまらんと感じ、悲しいことは悲しいと感じ、喜ぶべきことはともに喜ぶ。一人が念仏を喜べば、他の者も念仏を喜ぶ。他の者が如来の慈悲を喜べば、自分も如来の慈悲を喜ぶ。ここに本当につまらぬものはつまらぬとなり、有難いことが有難いとなり、最も簡単にいえば、この『歎異鈔』第一節より第十八節までの、大事な根本的の思想の幸福を喜び合うこととなり、ともにその言葉というものがまったく一つになるときに、はじめて自分だけのことでなく、自他共通の真実の念願というものが、そのときに見いだされるのであります。

九

各人が真実信心によって仏国に生まれるということにならなければ、どうしても同国人としての満足は得られないのであります。したがって現在の家庭においても、そういうことを念願として生活せざるを得ないのであります。ここに至ってはじめて、小にしては自己としての生活を意義あらしめ、大にしては日本全体としても、この国がますます真の幸福に進むことであります。かるがゆえに我々の畢生の願いとして、是非とも、各自が他力信心を得る身となり、同一に他力廻向の信心を喜ぶ身となることが、妻と夫、親と子、兄と弟、友人、すべての人々が同国に籍をもち、同一の言葉をもち、同一の楽しみを味わい、同一の思想を喜ぶことができるようになるのであります。詳しくは申し尽くせませんけれども、そういう意味を知らさんとせられたのが、同一に他力信心を、一切人に勧めてやまれない所以であると思います。

三、五劫思惟の願

一

大切の証文ども、少々ぬきいでまいらせさふらふて、目やすにして、この書にそへまいらせてさふらふなり。

従来、縷々《るる》述べられましたけれども、なお我々を思うあまり、大切の証文であるところの、有難い経典とか、あるいは註釈のご文《もん》とか、そういうものを少々抜き書きにして、見やすいようにしてこの書に添えておくと、こういうご親切であります。古来から議論がありまして、これはこの後に出ている二三の重要なご文《もん》であるか、あるいは他に、別に有難い大切な証文だけを書き抜いて、この書物に付け添えてあったのが、散逸したのであろうかともいわれ、また、第一節より第九節までのご文のことであるともいわれておりまして、よくはわからないのであります。しかしいまは皆様を物識《ものし》りとする目的ではないから、そんな考証はやめておきます。またそういうことを学問的歴史的に調べる閑《ひま》も私にはないのですから、そういうことが知りたい方は、歴史的に研究しておられる方にお尋ねになればよいと思います。いま、『歎異鈔』を講ずるに当たりましては、ここに書いてある文章の意味を得て、他力信心を自分に体得することができれば、それで充分であります。

二

聖人のつねのおほせには、弥陀の五劫思惟の願をよくよく案ずれば、ひとへに親鸞一人がためなりけり、さればそくばくの業をもちける身にてありけるを、たすけんとおぼしめしたちける本願のかたじけなさよと、御述懐さふらひしことを、いままた案ずるに、善導の、自身はこれ現に罪悪生死の凡夫、曠劫よりこのかた、つねにしづみ、つねに流転して、出離の縁あることなき身としれといふ金言に、すこしもたがはせおはしまさず。さればかたじけなくも、わが御身にひきかけて、われらが身の罪悪のふかきほどをもしらず、如来の御恩のたかきことをもしらずして、まよへるをおもひしらせんがためにてさふらひけり。

これは最後に及んで再び、親鸞聖人の大切なるお言葉を記されたのであります。そうですから、ゆっくりお話してこの『歎異鈔』の終わりに進もうと思います。

聖人というのは親鸞聖人のことであります。「常の仰せ」とありますから、聖人が常々申されていたお言葉を、如信上人が直接聞いておられた、そのお言葉であります。「弥陀の五劫思惟の願をよくよく案ずれば、ひとへに親鸞一人がためなりけり」というお言葉には、聖人が深く深く如来本願の有難さを喜んでおられた、その様子がありありと顕われております。ことに聖人の深い喜び歓喜の思いが深かったことが現われております。「弥陀の五劫思惟の願をよくよく案ずれば、ひとへに親鸞一人がためなりけり」と、一口にいってしまえるくらいの言葉でありますが、そこには甚深《じんしん》の意味が味わわれることであります。

前にも申しましたが、「よくよく案ずれば」というのは、とくと心を静めて考えてみると、ということであります。親鸞聖人にしましても、ザッとお考えになっていては、こういう喜びは出てこなかったのでありましょう。したがって私どもも疎雑《そざつ》に聞いたり考えたりしていては、こういう尊い意味はなかなか得られないのであります。だから親鸞聖人と同じ喜びを得たいならば、粗雑《そざつ》な考えではいけないのであります。ザッと考えてみるくらいでは、なかなか容易にわかることではないということが、「よくよく案ずれば」という詞《ことば》で示されているのであります。この言葉にかぎらず、罪悪深重とか、罪悪生死の凡夫とかいうようなことでも、ザッと考えているようでは、なかなかわからないのであります。あるいは自力は無効であるということも、ザッと考えておってはわかりません。たとい話だけはわかっても、本当の意味はわかるものではないのです。それと同様に、十方衆生と呼ばれておるのだから、本願は我も人ものためであるということはわかっても、自分一人《いちにん》のためであるということは、よほどよく聞いて、よほど心して味わわないと、なかなかわからないということが、この詞《ことば》によって示されております。そのつもりで、お互い心を入れて聴聞してゆかなければならんと思います。

五劫思惟の願といいますと、如来の四十八願全体のことであります。ここには弥陀という果上《かじょう》の名前を出しておられますけれども、因位《いんい》の法蔵菩薩のときに発《おこ》された四十八の本願、それが五劫思惟の願であります。五劫ということは非常に長い時間ということでありますが、その長い間かかって成就してくださったから、弥陀の五劫思惟の願というのであります。

四十八というと、ただ四十八のように思いますけれども、深く味わえば、実は無量の願であります。つまり、自分が仏になって、人々を完全に救いたいというお心から出たのだから、無量の願であります。

この四十八の本願というのは、親鸞聖人によりますと、そのうちでも大事なのが第十一の必至滅度《ひっしめつど》の願、第十二の光明無量《こうみょうむりょう》の願、第十三の寿命無量《じゅみょうむりょう》の願、第十七の諸仏称名《しょぶつしょうみょう》の願、第十八の至心信楽《ししんしんぎょう》の願、第十九の修諸功徳《しゅうしょくどく》の願、第二十の植諸徳本《じきしょとくほん》の願、第二十二の還相廻向《げんそうえこう》の願（あるいは一生補処《いっしょうふしょ》の願）の八つであります。専門的のことはやめますが、十八、十九、二十の三願において、十方衆生と私どもを呼んでくださっているのであって、私どもを助けようとしての願は、まさしくはこの三願であります。自利満足の結果として、利他教化の大行に向かわしめたまうのを二十二の還相廻向《げんそうえこう》の願と申します。この還相《げんそう》というのは、往相《おうそう》の利益としての、十八願から自然に出てくるはたらきであります。それから、十七願は諸仏称名の願であって、南無阿弥陀仏の名号を誓われた願であります。十二十三は光明無量寿命無量であって、如来自身が衆生救済のために、そういう能力と功徳を具えた仏になりたいという願であります。十一願は私どもが第十八の願力によって信心を得たならば、この世より現身《げんしん》において正定聚《しょうじょうじゅ》という幸せに住せしめ、そして終《つい》には必然的に涅槃の大果を開かしめんというのが、必至滅度という願であります。つまり第十八の願力によって信心を得せしめ、現在的の幸福と、未来の幸福とを得させるようにせんとしていられるのが、これらの願心であります。

三

五劫という長い間、思惟をし行を修《しゅ》してくださったということは、それはまさしくどこに向かってであるかということを、私どもは深く考えねばならんのです。ところが、如来の本願はまさしく私どもを救わんがためであって、そのための光寿二無量の願であり、第十一の必至滅度の願であり、他の願々であります。しかりしこうして、私どもを救うためには、他力信楽《しんぎょう》せしむることによって救わんとしてくださったのであります。それゆえ如来の一切の願は、私どもが他力信心を発《おこ》すに至ったときに満足するのであります。十九の願も二十の願も、ただ第十八願のためであります。第十九の願を見ましても、十方の衆生が菩提心を発《おこ》して、種々の功徳行を積んで、至心に発願した者を我が国に生まれさせたいというのが、十九の願でありますが、この願だけでなく、他の一切の願によって、人々をして第十九願の人たらしめんとしてくださったことが、如来のご修行というものであります。我々が菩提心なり修諸功徳心を発《おこ》してくるようになるには、種々なる善巧方便《ぜんぎょうほうべん》をもって、漸々《ぜんぜん》に育ててあげてこなければならないのであります。それがために兆載永劫《ちょうさいようごう》のご苦労ご修行というものがあったのであります。そしてさらに、この十九の願心の発《おこ》った者には、必ずそこにとどまることがないように、なお進んで名号を聞信せしめ、あなたの国に生まれたいという願を発《おこ》さしめ、自力の称名であっても、そこにいよいよ他力を知らしめんとし、自力無効に醒《めざ》めしめんとしていらるるのであります。だんだん自力が廃《すた》って他力に帰せしめんと、こういう具合に念願してくださったのが二十の願であります。そういうようにならせようという他力大慈悲の思召しが、常に我の周囲に満ち満ちておればこそ、そういうことになってくるのであります。そこに如来の兆載永劫のご修行ということが、実証されているのであります。二十の願は果遂の願と申すのでありますから、いつかは自力称名の人も、必ずそこにとどまっていることができなくなって、ついには純然たる他力に眼醒めて、他力信心を発《おこ》さざるを得なくなるのであります。自分の称える称名に自力の心を交えないようになり、真にその名号を聞信して、真実に他力本願を信ずるようになり、他力本願に帰命せしめるようにいたしたいというのであります。

ですから、五劫思惟の本願といっても、それは、死んでからの私のためではないということを、とくと我々は知らねばならんのであります。如来が五劫という長い間、兆載永劫という長い間、非常に苦心苦労して、身を捨て心を尽くしてくださったというその目的、そのお心の目的はどこであるかというと、我々がいま現に呼吸し、いま現に存在し、いまここに立っておりますところの私、私の周囲に、その願心なり、その功徳の行が来てくださっていることを申されたのであります。

「親鸞一人がためなりけり」と、自分一人に引きうけて喜んでいらるるということは、ボッと聞いておっては、なかなかわからないことであります。如来の五劫思惟の願心も、兆載永劫の修行というご苦労も、みんなこの私を育て育てて、十九願の心を発《おこ》させ、二十願の心を発《おこ》させ、ついには生きている間に、十八願の心に契《かの》うて、他力本願を信ずるようにならしめんがための大慈悲であります。そして私どもを救うて幸福にするためには、十一、十二、十三、十七、二十二の願となり、あるいは他の四十八の種々の願が建てられて、それがために兆載永劫の修行をいたされたのであるという意味が、ここにあるということを知らねばなりません。

要するに、この私を中心として、私の周囲に、往古《おうこ》より今日まで、五劫という長い間の苦労と、成仏せられてから今日まで十劫という長い間、大悲は功徳の行を私どものうえに運んでくださっていることを知らねばならぬのであります。

四

「五劫を具足して、荘厳仏国《しょうごんぶっこく》の清浄の行を思惟し摂取す」と、『大無量寿経』にあります通り、五劫という長い間考えぬいてくださったのであります。『正信偈』には、

「諸仏浄土の因、国土人天の善悪を覩見《とけん》し、無上殊勝の願を建立《こんりゅう》し、希有の大弘誓《だいぐぜい》を超発《ちょうほつ》せり。五劫之を思惟し摂受《しょうじゅ》す。」

とありまして、兆載永劫の修行ということは略されてあります。願を建てただけではなしに、願をもちながらこれを思惟し摂受《しょうじゅ》したもうたのであります。五劫という間、願をたもちながら修行せられたということは、そこに必然的に願に行がついているのであります。それゆえ親鸞聖人は「五劫思惟の願をよくよく案ずれば、ひとへに親鸞一人がためなりけり」と、行ということをいわずして願ということだけを喜んでおられるのであります。私どもは願ということをあまり喜ばずして、ご苦労の行を喜ぼうとする心持ちがあるのであります。ところが親鸞聖人は行の方を挙げずして、願の方だけを挙げておられるのです。願というのはお心すなわち願心であります。行といえば行業、すなわち行いということでありますから、如来の願はただ建て放しの願でなくして、その願は必ず兆載永劫の行となって出てきているのであります。私どもの日常においても、それがつまらぬ願であっても、その願が行となってこなければ、願の価値《ねうち》はないのであります。なおさら自分の救済というような大問題については、凡夫では願があっても行ができないのです。私どもは非常につまらん者であって、唯願無行《ゆいがんむぎょう》といいまして、ただ願だけは立てているけれども、一向実行がないのです。これが凡夫の願行であります。ところが如来の願は必ず行となって現われ、その行の中に必ず願心が離れておらないということが、尊いことであります。五劫思惟の願というも、兆載永劫の修行というも、それは一つのことであって、離れたものではないことを知らねばなりません。いま、親鸞聖人は、弥陀の兆載永劫の行といわずして、その発願《ほつがん》の根元に遡って願心を喜んでおられるのであります。

私どもはとかく反対であって、人が物を持って来ると有難うといい、何か自分のために働いてくれると有難うと喜びますが、それはすべて自分の眼の前に、来たものだけを喜ぼうとする癖であります。すなわち行のみを見て喜ぶのであります。だから少ないよりは多い方がよい、たとえ実意が籠《こも》っておらなくてもよいのであり、お金ならば多い方がよいと思ったり、お菓子や品物でも多い方がよいというように考えるのですが、それは一つの貪欲心の強いためであって、誤った考えというものであります。たとい喜んでもその行を喜ぶのは浅いのであり、願心を見て喜ぶのは深き喜びであります。物事の本当の価値《ねうち》というものは、その人の心がはいっておるかおらないかということであります。願は必ず行を生むのでありますから、行を溯ってその願心を探《たず》ぬるとき、そこに本真《ほんしん》の心に接するのであります。つまらない物をもらっても、机の近辺から離すことができないことがあります。それは何ゆえかといえば、その人の心が籠っているからであって、それはわずかなものであっても尊いのであります。もっともそれが大きな物であれば、なおさら尊いわけであります。しかしいかに大きな物であっても、心がない物であるならば、どこかそこに何となく物足らなさを感ずるものであります。もし悪意がはいっているならば、それはなきに劣るのであります。だから物は本当にその人の心が籠っているということが知れたときに、はじめて有難いと心底から喜ぶことができるのであります。物よりは心、行よりは願が尊いのであります。親鸞聖人は、ひたすら如来の願心を喜ばれたのであります。

「不可思議兆載永劫に於て、菩薩の無量の徳行《とくぎょう》を積植《しゃくじき》して、欲覚瞋覚害覚《よくかくしんかくがいかく》を生ぜず、欲想瞋想害想《よくそうしんそうがいそう》を起さず、色《しき》声香《しょうこう》味触《みそく》の法に著《じゃく》せず、忍力成就《にんりきじょうじゅ》して衆苦《しゅうく》を計らず、小欲知足にして染恚痴《せんいち》無し。云々。」

と経文にあります通り、自分の身と口と意《こころ》に、無量の徳を積んで、一切時、一切処に、その徳を遍満せしめよう。そしてそれによって、どうしても私どもに信心の起きるようにせしめようとし、そして信によって無上の功徳を、その身に受けるようにせねばおかぬ、というお心からの行でありますが、その行の源は五劫思惟の願心からでありますから、願心こそは実《まこと》に有難いのであると、こういう意味が、「五劫思惟の願をよくよく案ずれば」というお言葉の中に含まれているのであろうと思います。

五

先に、第十八願を中心として、第十一、第十二、第十三の三願および第十七の願と、それからなおまた第十八願を中心にして十九の願があり、二十の願があり、そしてそれ以外のすべての願々が等しく皆私にむかっておられると申しましたが、その如来の願心が、どういう具合に顕われているかというと、これは親鸞聖人の社会観と申しても、人生観と申しても、世界観と申してもいいと思いますが、世界なり社会なり人生というものを眺められました、聖人の観方《みかた》であります。自分の周囲をジッと見られますと、あらゆるものの中に、如来の光の入っておられることを観《み》られたのであります。それを『正信偈』を見ましても、本願成就の如来の御《おん》徳を讃嘆して、如来の異名の十二光仏のみ名が挙げられているのであります。すなわち、

「普く無量《むりょう》、無辺光《むへんこう》、無碍《むげ》、無対《むたい》、光炎王《こうえんのう》、清浄《しょうじょう》、歓喜《かんき》、智慧光《ちえこう》、不断《ふだん》、難思《なんし》、無称光《むしょうこう》、超日月光《ちょうにちがっこう》を放ちて塵刹《じんせつ》を照らす、一切の群生光照《ぐんじょうこうしょう》を蒙る。」

とあります。しかしこれを代表的に、聖人はいつも無碍光仏というみ名を挙げて、帰命尽十方無碍光如来と仰っているのであります。すなわちこの無碍光は、あらゆるものの中に入って、自分の前に来たる一切の事柄の中に入っておられるのであります、そういうことを知らされたのであります。だから四十八願のお心を一言にしていえば、無碍光仏という如来のみ光が、一切の事、一切の人、一切の処に遍満しておられるのであります。そしてその光を自分および自分以外のところに認められたのであります。これを手近くいいますと、自分の親なり、自分の妻なり、子なり、夫なり、兄なり、弟なり、妹なり、姉なり、友人なり、親族なり、あるいは自分の憎いと思う人々の中にさえ、この光が充ち満ちておられるのであります。これを社会的に申しますと、軍人のうえにも、政治家のうえにも、工芸家のうえにも、教育家のうえにも、農家のうえにも、商業家のうえにも、すべて一切の人々のうえに、如来のみ心と如来のみ光のはいっておらないところはないのであります。それであればこそ自分のような者が、かく道を求むるようになり、十九願の発菩提心、修諸功徳の心を発《おこ》し、さらに二十願に進み、ついに第十八願の至心信楽の身のうえとなることができたのであると、喜んでいらるるのであります。

先ほども、二十年間アメリカにおった方から来ました、喜びの手紙を見たのですが、こちらにおった方が外国に行って、二十年間勉めて、偉い者になろうと思うたのでしたが、遂にそういうことができずして、どうかこうか豊かに

は暮らされましたけれども、ずいぶん辛い働きをして、そして学問もできなければ、えらい金持ちにもなれなかったのです。ところがフトしたことから道を聞くという心になって、一心不乱にお慈悲を聴聞して、非常に喜ぶようになったというのです。先般帰ってこられて私の方へも来られましたのです。私は在宅でしたから、四五時間洋服を着たまま正しく坐っておられたので、立つときに立つことができなかったくらい、足の痛くなるのも忘れて、自分が二十年間、外国におった事情を逐一にのべて、それは皆つまらんようでありましたけれども、外国に行ったお蔭で、こんなことになったのでありますと喜んで帰られました。しかるにその後、郷里へ帰ってから種々の事情で、法悦が薄くなって、どうしても真底《しんそこ》から喜べないということから、非常に煩悶し出して、あせり焦《いら》った揚句《あげく》は、仏教を捨ててクリスト教を聞いたりして、いろいろ苦しまれた末、はからず『歎異鈔』を拝見して、昔から拝見しておった『歎異鈔』ではあるが、そのとき忽然《こつぜん》として、大いに感ずるところがあり、いままでの喜びがそっくり自分のものになって、今日まで聞いたことが、今度は明瞭にわかったと、躍らんばかりに喜んでおられたのです。まことに不思議であります。一々のこと、それには皆深い因縁がある、アメリカへ行って偉い者になろうと思って、偉い者になれなかったという失敗にも、深い意義があったのである。そして日本では聞法できずして、米国で道を求め道を聞いたのである。何しろ十九歳にあちらへ行ったのですから、その腕白小僧《わんぱくこぞう》が、遠く米国で仏法を聞くようなことになり、それならば二十年も聞いたらできあがりそうなものだのに、それができあがらずして、日本へ帰ってきて信仰が破壊し、それがまた、はからず本当に仕上げられたということは、考えれば考えるほど、実に不思議であるというのであります。あらゆるとき、あらゆる処、あらゆる人は、みな如来の光を以て育てられておったのでなければ、そういうことにはなれないはずであります。

如来の願心、如来の行業、ご苦労というものは、かるがゆえに五劫思惟兆載永劫と申すのでありまして、成功のその中にも、失敗のその中にも、生活難に苦しむその中にも、家庭問題に苦しむその中にも、老の苦のその中にも、病苦に泣くその中にも、死の苦に悩むその中にも、一切のできごと、事々物々のその中に、遍満していられるのであります。親鸞聖人が、「遇々《たまたま》信心を獲て遠く宿縁を慶《よろこ》ぶ」と申されましたのも、非常に遠い過去の昔から五劫思惟兆載永劫のご苦労というものが、あらゆる事柄あらゆる処に遍満していらせられたその徳を見いだされたのであります。今日今時に至るまで、自分の周囲には如来の五劫思惟の願心と、兆載永劫のご苦労というものが、ヒシヒシと迫っておらるればこそ、至心信楽の本願を仰いで喜ぶ身となることができるのであります。

六

信心によって、はじめてこういうことを知った者は、常人のいままで知らなかった光、常人のいままで見たことのないその光が、自分が盲目で見えなかったように、いままで知らなかった光というものが昔から輝きづめに輝き、遍《へん》照《じょう》の光明を以て輝き、摂取の光明をもって摂護《しょうご》して、この四十八の願心が常にご苦労となって、私どものうえに働きづめに働いておってくださったということを知るのであります。親鸞聖人は、五劫思惟の願というも、兆載永劫の修行というも、人《ひと》のためではなかった、この親鸞一人《いちにん》がためであったと、如来の光明界中に自分を見いだされたのであります。よくよく考えてみると、如来の願心願力で今日今時まで私を捕《とら》えておられたのであった。一切処、一切時、一切人、一切事、皆如来の念力の籠られないところはない、そのみ光の真中《まんなか》に自分を置かれておったのであった。これは光の世界に生まれたといってもよろしいが、光の中に自分を発見したといってもよいのです。この親鸞聖人の喜びが、人生における最大の幸福であり、真実の幸福、最大の喜びであったのであります。

私どもも、話を聞いておるだけでは、一向つまらないのであります。自分が真に至心信楽の身のうえとなり、いよいよ光の真中に生まれて、昔から今日まで、光の中に育てられてきたものであるということがわかれば、その光明界中に生まれて、その光の源が、五劫思惟の願心であったということを喜ぶようになるのであります。

四、我は世界の中心なり

「五劫思惟の願」二

一

聖人のつねのおほせには、弥陀の五劫思惟の願をよくよく案ずれば、ひとへに親鸞一人がためなりけり。

終わりに臨んで、こういう大切なお言葉が出てきたということは、非常に有難いことであり、一段と著者の苦心が偲ばれることであります。

先に申しました通り、親鸞聖人の自覚は、五劫思惟の願が自分一人《いちにん》のためであったということであって、それは単なる如来の願でなくして、その願からは必然として行が出て、至る処に無辺光となって至り届いておられたのであって、そしてその光に育てられたという自覚は、自分は如来の寵児であったという喜びと同時に、自分は世界の中心であったという喜びであります。それはまた自分が現在から救われたということであって、ますます進んで育てあげられてゆくという喜びをもちつつ、仏果涅槃に到達してゆくのですから、永久の幸福ということになるのであります。

二

ところが、ひるがえって、私どものうえを考えますと、多くは自分が世界の中心であるという心がないのでありま す。それがために私どもの苦しみも悩みも取れないのであります。取れないがために、いろいろの煩悩が起こるのであります。

一例を挙げますと、夫と妻との間でも、夫が中心であって、妻は隷属的といいますか、奴隷的といいますか、自分は人のための存在であって、自分は主ではないと、こういうことの悩みが人間としての悩みであろうと思います。これに反して、「弥陀の五劫思惟の願をよくよく案ずれば、ひとへに親鸞一人《いちにん》がためなりけり」という自覚は、自分は世界の中心であったという自覚であります。すなわち自主という意味であります。つまり自分を自主的の者であると感ずるか、隷属的の者であると感ずるかによって、自分の幸不幸が決まるのであろうと思います。婦人問題というようなことが起こりますのも、あくまで自分が隷属的の者であると思い、奴隷のごとく支配され、奴隷のごとく取り扱われていると思うているからであって、それがために苦しいのであろうと思います。それゆえ主人が自主的であれば自分も自主的にゆこうとして、それがため機会均等とか、あるいは女の方が尊いのだという見地から、ここに一つの戦いというものが起こるのであります。それは皆自己を隷属的地位の者であると考えている悩みであります。親と子でありましても、親が自主的であり、君主的であって、子は隷属的であると考えるときに、子どもは苦しいのであります。兄が自主的であって、弟が隷属的であれば、そこに弟の悩みがあり、姉妹、友だちの間でもそうであります。友だちが主権者であって自分がそれに隷属している者であるというところに、いろいろの苦しみが出てくるのでありましょう。そのほか、資本家と労働者との間の問題でも、ほかに種々《いろいろ》の理由もありましょうけれども、ごく中心の問題は、私はそういうことではなかろうかと思います。自分には自由がなく、自分が常に中心でなく、隷属している者であるということから、問題がはげしくなって、俺が働けばこそ資本家が生きてゆくのではないかとか、俺が中心でやっておればこそ貴様たちは食うてゆけるのではないかとか、といがみ合わねばならなくなるのであります。要するに自分が、自主でありたい、隷属的ということから逃れたい、ということにほかならんのでありましょう。だから、あらゆる問題は、「親鸞一人がためなりけり」という自覚にさえ入《い》れば、円満に解決がついてしまうのでありましょう。私はいつもいうのですが、主人が自主的であるから必ずしも幸福だときまったものではなく、資本家が必ずしも幸せと、きまったものでもないのであります。いずれにしても、ただ自分が隷属的であるという心事から脱したいという考え、自主的能力を得たいという心から、いろいろと問題が複雑になってくるのであります。私は、妻であってもなぜ、自分が家の中心であると考えられないのかと思います。それは私が一家の主人であるから、そういうことをいっているのだと思われるかもしれませんが、いかに一家のうちで私が君主的態度をとっていましても、社会に出れば自主的態度をとることはできないのであります。どこかに隷属的とならなければならぬのであります。家庭においても社会に出ても常に自主的であろうとするならば、その人はきっと家庭の内外ともに苦しまねばならなくなります。主権が自分にないということで泣いていて、隷属的であるということに苦しんでおるならば、どこまでいっても人間の幸福というものは、永久に出てこないのであります。常に自主的でありたいとし、従属的から脱しようとするならば、そこにはきっと戦いを生むより仕方がないこととなります。権利というもの、あるいは物質というもので成り立っておる現実世界にあって、俺が自主である、俺が自主であるという考えで、皆が進んでゆこうとするならば、そこには闘いを生むこととなりますが、しかしながら、ここに一つ、甲も自主的であり、乙も自主的であり、それは各自が中心であっても、少しも他を害せない一つの道があるのであります。それはすなわち「五劫思惟の願をよくよく案ずれば、ひとへに我れ一人がためなりけり」と、立ち上がる道であります。自分は世界の中心であったという自信の道であります。

三

よくよく考えてご覧なさい、本当の幸福になるということはどういうことであるかといえば、道を求め求めて、何はさておいても、まず自分一人が助かるということより、ほかはないことになってしまいます。自分が他力本願を信《しん》楽《ぎょう》して助かることになってみれば、この私を幸福《しあわせ》にするために、主人が働いておってくれていたのであり、この私を幸福《しあわせ》にするために、いろいろ様々のことができあがっておったのであって、あるいは順縁を以てあるいは逆縁を以て、順光と逆光と、それらの光明に育てられておったのであるということが知れてくると、その人自身が光の中心、世界の中心であって、実に不思議にも、そういう幸福は誰が得ても、他人の妨げとはならないのであります。もし私が主権的に世界の中心であるというならば、それは怪しからぬことですが、不思議にも心霊的には、また他力的には、本願を知るということによって、自分が世界の中心であると自覚することと、他の人もまた同様に自覚することとは、何らの支障も醸《かも》さないのであります。電車も汽車も汽船も、織物ができるのも、家が建っておることも、金持ちがあるのも、貧乏人があるのも、皆私を幸福《しあわせ》にしようとして働いておってくださるのであり、如来の念力というものが、すべての物にはいっておってくださるのである、ということがわかるのであります。それよりほかに我々の真に助かる道はもうないのです。ですから親鸞聖人は、自分一人が本願を信楽することができるようになること以外に、人間の真に助かる道はないということを示されたのであります。本願を信楽するようになってみると、久遠劫《くおんごう》の昔から今日まで、五劫思惟の念力と、兆載永劫の修行の光とが、私のうえに向こうておられたということが知れるのであります。そういうことがわかってみれば、自分は世界の中心であったのである、世界の中心に置かれていたのだということが知れるのであります。それは、俺は世界の中心だぞと、威張るような心持ちではなくして、慈悲に包まれた寵児《ちょうじ》であったという喜びであって、ただもったいないと、不思議に思う感謝があり、「かたじけなさよ」の思いがあるばかりであります。

四

禅宗などで、天上天下唯我独尊《てんじょうてんげゆいがどくそん》と申されます、その我独り尊しという心持ちは、こういう心持ちではないかと思います。『大無量寿経』のはじめを抜きますと、序分《じょぶん》の中には、『大無量寿経』の講説のときに集まった菩薩たちのことが出ておりますが、それは皆尊い方々であって、その生まれたちから学問修行をしてこられた徳の高いことが示されております。そして、その菩薩たちのこの世に出誕のときには、「声を挙げて自ら称ふ、吾当《われまさ》に世に於て無上尊《むじょうそん》となるべし」と、こういうことが記されておるのであります。それは釈尊の伝記であるのに、一切菩薩の伝記としてあるのであります。これは道を得た人は皆そうなるのであるということを、示されたのであろうと思います。道がわかったときに、我はこの世界における無上尊である、このうえない尊い者であるという喜びであります。それがわかったのは今日《こんにち》だけれども、生まれたときから、この世において無上尊となるべしという、無自覚的な暗示の叫びを顕わされたものでありましょう。生まれた当初からそういう幸福に置かれておったということを、いままで知らずにいたのであるということが、このお言葉の意味であろうと思います。天上天下に一番尊いと釈尊が申されたことは、普通の人間が、俺が一番偉いのだというような、親父関白の位《くらい》で威張っているような傲慢な心ではなく、私はこの世において一番偉い者になろう、一番幸せな者になりたいという心であり、願いであり、そして一番尊い幸せ者になられたということであります。そういう幸せを弟子たちにも未来の衆生にも知らせたいというのが、釈尊のみ心の願いであったのであろうと思います。いま聖人が「親鸞一人がためなりけり」と、光の真中に自己を発見し、それが如来発願《ほつがん》のときから、かくのごとき身のうえに定められておったのであった、何という自分は幸せ者だろうと、自分の幸せと尊さを喜ばれたことが、無上尊とか、唯我独尊という意味であろうと思います。

五

かるがゆえに、けっして自分は他《た》の隷属的の者ではなくして、夫は夫として中心点であり、妻は妻として世界の中心点であるのであります。台所の隅で働いておるおさんどんも、自信すれば、おさんどんとしてそのまま、世界の中心点であるのであります。それはけっして人を軽蔑するのではありません。自分を高くして人を軽蔑するというのではありませんが、また自分を悲観するという必要もないのです。如来の慈光は、上に置くべきは上に、下に置くべきは下に、あるいは上にあるいは下に、差別は差別として壊さずに、一視同仁《いっしどうじん》に平等の大慈悲を以て、育ててくださっているのであります。何も自分を軽蔑することも卑しむことも要《い》りません。みずから軽蔑して後《のち》、人我を軽蔑するということがあります。みずから卑しんでしかして後《のち》人我を卑しむのです。みずから自分を卑しんでいるから、自分を儚《はかな》み、人生を呪い、人を呪いして、俺は不幸である、俺はつまらぬと思わねばならなくなるのであります。本願を仰いでジッと考えてみますと、我々はそれぞれ皆世界の中心点に置かれているものであります。ただ知ると知らざるとの相違であり、信ずると信ぜざるとの相異であります。こういう喜びの偉大なることを、私どもに知らせてくださったのが、このお言葉であると思います。

六

さればそくばくの業をもちける身にてありけるを、たすけんとおぼしめしたちける本願のかたじけなさよと、御述懐さふらひしことを、いままた案ずるに、善導の、自身はこれ現に罪悪生死の凡夫、曠劫よりこのかた、つねにしづみ、つねに流転して、出離の縁あることなき身としれといふ金言に、すこしもたがはせおはしまさず。

後の半分は、如信上人が付け加えられた言葉であります。はじめの「そくばくの業を云々」という言葉は上人みずからのお喜びであります。私どもを同じ喜びに入《い》らしめんとしておられるお言葉であります。「そくばく」ということは若干ということであります、言葉を美しくして申されたので、実はたくさんということであります。これは自分をしみじみ省みると同時に、仰げばいよいよ高き如来本願のかたじけなさを喜ばれたのでありますが、親鸞聖人のそういうお言葉をいま考えてみると、善導大師の「自身はこれ現に罪悪生死の凡夫、曠劫《こうごう》よりこのかた、つねにしづみつねに流転《るてん》して、出離《しゅつり》の縁あることなき身と知れ」と申された、その御意《おんこころ》と同じであるといっておられるのであります。

七

いつも申すことですが、「一人がためなりけり」という喜びをもつようになるには、いかにすればよいのかといえば、本願を信ずることができるようになることです。しかしその本願を信ずることができるようになるのには、どういう道行きをとればよいのかといいますと、「自分を知る」ということであります。自分を知るということにも、いろいろありますけれども、たくさんの業をもった罪業深重の自分であるという、自己の真実相を知るということであります。親鸞聖人はよくよく自己を知っておられたのであります。自分という者を現わすに、善導大師は、自身は是れ現に罪悪生死の凡夫という言葉をもって顕わし、聖人は、そくばくの業をもちけるという言葉を以て現わしておられるのです。

この私という者をしかと知るのには、前生ではということでは、どうも明瞭にならないのです。前生ではということでは、罪悪深重ででもあったろうという推定にすぎません、さして悪いことをした覚えはないけれども、というような心持ちであります。それは過去の自分であって現在の自分ではありません。それでは自分の相《すがた》というものをしかと摑むことはできないのです。したがってどんなものであるかということもわからないのです。それでは、いつまでも本願は信ぜられず、したがって自分は助からず喜べないのです。助からない不幸の原因は、実はそこにあるのです。私どもはすぐツルーッと逃げようとします。人と話をしておりましても、常に人々もそうでありますが、自分を考えましても、いつも逃げようとしています。人《ひと》のときにはよくわかりますが、自分のときはわかりにくいものです、そして自己を見ることからはツルリツルリと逃げようとしております。朝から思うておりますことも、昼から思うておりますことも、もっと厳密にいえば、いま思うておりますことも、一つとして罪悪ならざるはないのです。去年思うておったことも、一昨年《おととし》思うておったことも、よくよく考えてみれば罪悪ならざるはないのです。この世一生を現在とすると、現に罪悪の凡夫です、この月を現在と見ると現に罪悪の凡夫です。今日一日を現在としますと現に罪悪の凡夫なのです。「現」にということは、「いま」ということです。いまいまと押さえてみることです。私は前生にどういうことをしてきたのでしょうかといって、人ごとのようにいうている人々が多いのですが、そこには本人がおらないのです。助ける本願はあっても助けらるる本人がおらないのです。これが私どもの歎きであります。そして苦しみがなくなりたいとか、悩みを助かりたいとかいうておりますが、肝心の助かるべきご本人が存在しないのです、助けらるる自己が見つからないのです。そういう人々にかぎって、私は悪いことをしないから、死んでからのことも、仏様をたのむ必要はないとか、少々悪いことをしても、大した悪いことをした覚えがないから、マアこれくらい、お念仏をしておったら助かるだろうとか、そういうようなことを平気でいうておる人があります。私はそういう人を見ますと、家はあってもお留守だなあと思います。そういう心では、親鸞一人がためなりけりと、光の中心に自分がおるということは、なかなかわからないのです。それでは自分という者を知ったのではありません。罪悪深重の自分を知らねば、したがって光の中心の自分もわからないのです。つまり、自己を所有しないといわねばなりません。ところが善導大師はそうでなくして、現に罪悪で、朝なら朝、昼なら昼、晩なら晩、いま、いまとおさえてゆくと、過去もそうだが、現在もそうだと、いつでも起悪造罪《きあくぞうざい》であって、常に悪心を起こし、罪業を造りつつある自分だという自覚であります。人間は貪欲瞋恚愚痴の三毒を根《ね》として一切の行為をしているものであって、殺生等の十悪の生活であり、この身のあらんかぎりそうであると申されておりますが、いつでも、自分をつかまえて、現に現にと押さえてみると、そのときにはじめて、自分という者が見いだされるのであります。いま、汝は何を思うているか、いま、汝は何をしているかと、自分を見るのです。そして自己に逢うと、現に起悪し現に造罪しておる自分であるということは、もう火を見るより明らかなことであります。またそれをなくしようとし、その心を起こらないようにしようと思えば思うほど、いよいよ熾烈となってゆく自分を見るとき、いかにその根の深いことかということがわかります。腹が立つとか、憎いとかいうような心は、自分に対することでも、人に対することでも、思い直すというくらいのことでは、なかなか除《と》れるものではないのであって、いまはじめて思ったことならばいま思い直しができるが、その根源たるや非常に深く、その淵源たるや非常に遠いのであるから、それを親鸞聖人は、「そくばくの業」という文字を以て表わされておるのであります。それも一世や二世のことではなく、自分の過去遠々《おんおん》の昔から今日に至るまでの業である。前に宿業ということを話されまして、卯の毛羊の毛の先にいる塵ばかりも、造る罪の宿業にあらずということなし、ということがありましたが、ちょうどそれでありまして、現在までそれを打ち切ることができず、それがために生死の苦しみというものが、永久になくならないのであります。今日の自分という者を静かに眺めてみると、いくら生まれかわっても、曠劫《こうごう》よりこのかた常に生死の海に沈み、常に悪道に流転して、苦しみより苦しみへ、罪より罪へと、出離《しゅつり》の縁あることのなかった者という、無有出離之縁《むうしゅつりのえん》の自己の自覚であります。こういうことがわかれば、それは本当に人間の悲しみの極限であります。しかしながらそこにこそ、南無阿弥陀仏が真に聞こえるのであります。五劫思惟の本願といい、兆載永劫のご苦労ということが、遥かにこの私の後を追うて、そして願心と行業とを積んでくださったということを思えば、自己を知ること深ければ深いほど、如来の本願の遥かなるご苦労があったということ、もっと進んで、如来の救済の発願の初一念《しょいちねん》というものに眼がとまって、我々の罪の深く遠いということがわかればわかるほど、その如来の発願の遠い初一念のお慈悲ということが、しみじみと喜ばれるのであります。したがって自分の喜びというものも、また無限に遠く、深く感ぜらるるのであります。罪悪生死の凡夫であるから助けねばおかぬと、奮い立ってくださったその初一念の願心は、考えれば考えるほど、いよいよ有難いことであります。ただ今生一代《こんじょういちだい》ということでなく、遠い過去から未来にかけて、その光の真中にあって、念じられてきたのであると、こういう偉大なる喜びをもっておられたのであります。これまったく聖人の自己を知るということが深かったからであります。

八

最後に申したいと思うことは、私どもが如来とどこで会うかということであります。如来との会見であります。死んでからお浄土において会うとか、あるいは極楽に参って会うのが楽しみだとか、そういうような話を聞きますときに、私は非常に淋しく悲しい心持ちがするのであります。自分もそういうことを長く思っておったのですけれども、それは自分に対しても、また悲しいことでありました。これは本願の謂《い》われをぼんやり聞いておったからでありまして、自己ということに対しても、ぼんやりしていたからでありますが、その結果、口では何といっておっても、本願を信楽する心が発《おこ》っておらなかったのであります。現在における深き自己の悲しみもなく、深き本願の喜びもなく、自己が甚だ曖昧でありますから、助けていただくのも、どこかということも曖昧であって、死んでから極楽の真中へやってくださるのを待つとか、死ねばお浄土へ参って幸福《しあわせ》を得るのだと考えて、仏様に会うのも幸福《しあわせ》を得るのも、皆未来であると考えていたのであります。何たる畏《おそ》れ多いことでしょうか、「されば、そくばくの業をもちける身にてありけるを、たすけんとおぼしめしたちける本願のかたじけなさよ」ということは、明らかにいま現に如来のみ光の中にあるという、現在の喜びではありませんか。

九

南無阿弥陀仏をとなふれば　観音勢至はもろともに
恒沙塵数《ごうしゃじんじゅ》の菩薩と　かげのごとくに身にそへり

とか、

南無阿弥陀仏をとなふれば　十方無量の諸仏は
百重千重囲繞《いにょう》して　よろこびまもりたまふなり

あるいは、

無碍光仏のひかりには　無数の阿弥陀ましまして
化仏おのおのことごとく　真実信心をまもるなり

とありますように、如来は菩薩となり諸仏となり、あるいは諸々の神となり、諸々の人間となって、あらゆる処にあって、常に我々を囲繞《いにょう》し、照護《しょうご》しておられるにもかかわらず、その光を見ず、その徳を知らずして、現在の自分の喜びは何ももたずして、自己の未来ばかりを喜ぼうとしているのであります。もったいないことではありませんか。念仏の声を聞きながら仏を知らず、本願の謂《い》われを聞きながら仏と会わずして、そういうことを思っている人は、かかるお言葉を何と読んでいるのでしょうか。一遍でも喜べばいいのですけれども、その一遍の経験もないものですから、とかく人生というものが闇《くら》くなるのであります。光もなく、力もなく、現在においては何らの功徳もないものだから、何か有難いことか、けっこうなことといえば未来に押しやって、この世では苦労するけれども、このたびこそはなどと、いっていることを聞きますと、私は堪《たま》らなくなって、何をいっているのかと思います。今日まで何を聞いてきたのだろうかと思います。いま、このお言葉がまさしく、それを教えておられると思うのであります。だから如来と会見するのはどこであるかといえば、死んでからはじめてお目にかかるのではないのです。如来は四十八願を建てて、過去より現在ただいままで、十九二十の願心を運び、遂に十八願に入《い》らしめんとしておられるのであります。すなわち現在信の一念において、如来と会見ささそうとしていられるのであります。そのために五劫兆載永劫のご苦労があったことに気づかねばなりません。死んでからというような、ぼんやりしたことではなくして、現に罪悪深重の凡夫であるといっておられる、我が現在の身と心のうえにおいて、現に帰命尽十方無碍光如来と、自分を光の真中に見いだすことであります。極楽へ参るとか、涅槃の証《さと》りとか、未来に成仏するとかいうことは、それは願力自然《じねん》の如来の御働《おんはたら》きによることであって、十一願の必至滅度の願力によって、なさしめられることであります。未来にばかり押しやっているということは、自分に信がないからでありまして、如来のご苦労を無視しておるというべきであると思います。ですから、我を真に見ることのできない者は、いよいよ自分の闇と悩みが深まってゆくばかりであります。自分を知らないような者は、いつまでも、真に助かる道を知らず、我を知らざる者は如来を見ず、自分を見た者ばかりが南無阿弥陀仏を信じて、我が心のうちに仏と会見させていただくことができるのであります。それが南無阿弥陀仏によって顕わされたる念仏の意義であります。

五、真善美を求めて

まことに、如来の御恩ということをばさたなくして、われもひとも、よしあしといふことをのみ、まうしあへり。聖人のおほせには、善悪のふたつ総じてもて、存知せざるなり、そのゆへは、如来の御こころによしとおぼしめすほどに、しりとほしたらばこそ、よきをしりたるにてもあらめ。如来のあしとおぼしめすほどに、しりとほしたらばこそ、あしさをしりたるにてもあらめど、煩悩具足の凡夫、火宅無常の世界は、よろづのこと、みなもて、そらごとたはごと、まことあることなきに、ただ念仏のみぞ、まことにておはしますとこそ、おほせはさふらひしか。

一

『歎異鈔』は十八節ありまして、それに付け添えて肝要なる御文を二三書かれたのであります。いまはその最後の意味を味おうて、「真善美を求めて」という題をつけたのであります。西洋哲学におきましても、真善美ということが、宇宙の真理であるというように説かれておりますが、仏教におきましても、昔から真と善と美という意味を真理として説かれておるのであります。ちょうどこの『歎異鈔』を終わるに当たりまして、この真と善と美とについて、お話をしようと思うのであります。西洋の言葉では、美といいますけれども、仏教ではこれを清浄《しょうじょう》という言葉であらわされているのであります。親鸞聖人は、真実ということと、清浄ということと、善という、この三つのことを非常に求められたお方でありまして、親鸞聖人の『三帖和讃《さんじょうわさん》』の一番終わりには、悲歎述懐和讃《ひたんじゅっかいわさん》というのがありますが、その最初において、

浄土真宗《じょうどしんしゅ》に帰すれども　真実の心《しん》はありがたし

虚仮不実《こけふじつ》のわが身にて　清浄《しょうじょう》の心《しん》もさらになし

とあるのを見てもわかります。これは有名な言葉でありまして、この述懐和讃は、親鸞聖人が八十五歳以後八十八歳の間につくられた、非常に晩年の著作であり、そのうちにおいて「真実の信はありがたし」とありまして、いまはくわしい説明はいたしませんけれども、久しく浄土真宗に帰しておりながら、自分の心《こころ》に真実の心《しん》がどうも起こらないということであります。実に虚仮不実の我が身であって、我には真もなく実もない、また清浄の心もさらにないと悲歎していらるるのであります。多くの人は、親鸞聖人でさえ、八十になられても、なおこんなにいっておられるのだから、我々に真実の心がなく清浄の心もないのは、当然《あたりまえ》だというふうに、得手《えて》に解釈しておりますけれども、これを静かに読んでおりますと、年をとっても、親鸞聖人が、いかに真実ということを求めておられたか、いかに清浄ということを求めておられたか、ということがわかるのであります。切に求めたことがない者に、どうして「真実の心はありがたし、清浄の心もさらなし」というようなことが、わかりましょう。どうしてそんな明瞭な断言ができましょう。したがって悲歎の心が起こるということはありません。悲歎しておられるということは、切に求めておられたからであります。

二

それから、『歎異鈔』の第一節を見ましても、「本願を信ぜんには他の善も要にあらず、念仏にまさるべき善なきゆへに。悪をも恐るべからず、弥陀の本願をさまたぐるほどの悪なきがゆへに」とありますように、善悪ということが非常に問題であったのであります。すなわち、悪ということを厭うて、善ということをいかに求めていられたかということが、かかるお言葉を見てもわかるのであります。そこから考えますと、親鸞聖人のみならず、人間として誰人《たれびと》も望んでいるものは、真善美というこの三つであると思います。ちょっと考えますと、我々の日常生活には、そんなことは何の必要もないようでありまして、そんなことよりも、御馳走を望んだり、着物を望んだり、大きな邸宅を望んだり、その他いろいろのものを求め望んでいるようでありますけれども、それをもっと深く深く考えてゆきますと、やはりこの三つを望んでいることになるのであります。私どもの種々の念願をだんだん押しきわめてゆくと、実はこの真善美というものを望んでいて、それがどうしても得られないために、悩んでいるものであることがわかります。つまり自分が幸福になりたいということは、この三つを望んでいることであります。真宗所依《しょえ》の本典《ほんてん》である三部経を開きましても、至るところに真実ということと、清浄ということと、善悪ということが説かれているのも、それがためであります。親鸞聖人のお言葉にしましても、真実報土とか、真実信心とか、真実智慧というように、真実という言葉がたくさん出ているのであります。『教行信証』も、ただ教行信証といわず、真実の教行信証という言葉が出ておるのでありまして、真実教、真実行、真実信、真実証と申されております。

また清浄ということも、常に我々が願うておるところであって、如来のみ国を浄土というのは、清浄の国土ということであって、我々は穢土《えど》におるがゆえに、清浄土《しょうじょうど》という処を望んでいるのです。

三

この善と清浄と真実という三つは、実は一つのものであって、一つのものの三つの性質ともいうべきものであります。真実というのはどういうことかといいますと、真という文字は仮《け》ということに対し、妄ということに対し、偽ということに対する言葉であって、嘘ということや、仮《かり》のことや、偽《いつわ》りのものということは、私どもの嫌《いや》なことであります、そして一切の苦悩はそこから来るのであります。真実ということは表面だけでなしに、純金のように中味まで同じであることであります。真実というべきものには、必ず清浄と善という性質が具わっており、また、真の清浄というべきものには、真実と善という性質が具《そな》わっているはずであります。同様に真の善というべきものは、清浄であり真実であるべきであります。これは真実の内容といいましょうか、属性といいましょうか、すなわち清浄と善ということが含まれているから真実ということになるのであります。清浄ということは、真実であって同時にそれが善であるということから、真に美しいということがいわれるのであります。また真に清浄なものであれば、それが真実なものであって、やがて善といわれるのであります。つまり清浄と真実と善とのこの三つが具備しておるから、そこではじめて真実ということもでき、清浄ということもでき、善ということもできるのであります。そういうものがすなわち真理であります。したがってもしそういうものを我々が発見するならば、そこにはきっと、清浄の美があらねばならんのですから、我々は安楽を得るようになるのであります。それはまた善でありますから、我々の苦しみがなくなるのであります。また真実ということでありますから、そこに真に助かるということがあるのであって、つまり、苦しみを免《のが》れて幸福になりたいということは、真実と清浄と善を得ることであります。こういうと、三つに分かれているようですけれども、その究極はどんなものかといいますと、いつもお話が出ます涅槃ということであります。

四

涅槃には常楽我浄《じょうらくがじょう》の四徳があると申されています。涅槃は種々に説かれていますけれども、要するに、常楽我浄の四徳を得ることであります。真実は常に常住であって、変わらないものということであります。いくら変わらないといっても、悪とか苦しいのではだめであって、そこには必ず真実の安楽があらねばならぬのであります。けっして涅槃ということは、空になって、何もなくなるということではありません。ただ間違った妄我《もうが》とか我執とかというものがなくなって、真我《しんが》すなわち真の我《われ》というものになるのであります。これを簡単に説明することは難しいのですが、真我のことを無我ともいうのでありまして、執我の意識がなくなったことをいうのであります。浄というのは清浄であって、私どもが平生いっておる清らかとか美しいというだけではなく、この美しいということが真の安楽を現わすのです。なぜ清浄が安楽になるかといいますと、清浄ということは、自利貪欲から出たものではなく、利他心から出たものをいうのであります。それゆえ、その心《しん》とその行は清浄美であって、同時に安楽の意義を具《そな》えているのであります。それゆえ浄とは貪欲のなくなったことであります。この常住、安楽、真我、清浄ということが涅槃の四徳であって、それを得ることが本当の幸福であり、それはまた宇宙の真理であるのであります。だから仏教で涅槃を求めるということは、すなわち真善美を望んでいることになるのであります。しかるに私どもは、真善美などというものは、現在においては念願していないのであって、かえって常住の代わりに無常なものを願い、清浄の代わりに不浄なものを願い、安楽の代わりに苦を得て、真我の代わりに我執というものに囚われているのであります。この常楽我浄というものを、全然誤った見解を以て望んでいるのであります。自分の財産にしても名誉にしても、これを常住のもののごとく思惟し、または親子兄弟でも、自分自身でも、これはいつまでも常住なものであり、変わらないものと思い込んでおるのであります。私どものもっている考えは、字は同じく常楽我浄ですけれども、四転倒《してんどう》といって、常楽我浄にあらざるものを、逆さまな考え、間違った考えから、これを真の常楽我浄としていますから、これを四転倒の妄見《もうけん》というのです。我々はいつまでも財産があるように思い、変わらないように考えておるのですが、それはいつという定めもなく、変わるのであります。我が子は死なない、我が妻子《つまこ》は変わらないと思うて暮らしているのですけれども、いつ変わるかもしれないのです。否、きっと変わるのであって、すべては無常であります。自分以外の者のみならず自分さえ病気にもなり、老いもし、死にもするのです。それを我々は、変わるとも死ぬとも考えたことがないのです。かえって我は老いないと考え、病気にもならないものと思い込んでいるのが事実であります。その常住の考えは誤りであって、至極危ない考えであります。すなわちこれを転倒の妄見というのであります。転倒の妄見といわるべき常住観は誤謬であって、無常ということが事実であります。それがために我々は苦しむのであります。それゆえ我々には、是非とも我《が》の真の常住見と、物に対する常住見が開けねばならんのであります。それゆえ無常を知った者は、いよいよ真の常住を念願するようになるのであります。私どもが仏法を聞くようになりますと、だんだん無常ということがわかってくるのであります。いま我々が常に安楽であると思うているのはお金があるから、子どもがあるから、自分が壮健《たっしゃ》であるから、名誉があるから、それで誠に幸福だ安楽だと思っているのですけれども、我々の安楽と思っていることは、ついにはその安楽が皆どこかへ行ってしまうのであります。だから安楽と考えたことは、真の安楽ではなく、実は苦しみとなることがあるのであり、そこには真実の安楽がなく、ただ一時的の安楽を真の安楽として思い誤っているのであります。だから仏法を聞いてみると、いままで安楽だと思っておったことが、すべて、苦しみにほかならなかったということがわかってくるのであります。そこに在来の考えを一転して、さらに真の安楽を求めるようになるのであります。また我《が》という意識にしても、自分の意見を是認して、他の者に対して我《が》を主張する強い自我意識が、ついに物を所有するようになり、強い所有観念を起こしてくるのであります。それゆえ我《が》の存在に対する執着意識、それが自分を苦しめるのであって、我《が》を主張する我執と、我《が》の所有観念は誤りであって、本来無我たるべきものであったということとなるのであります。「仏法は無我にて候」と蓮如上人が常に申された通り、我の執着心はもつべからざるものであります。元来無我たるべきものを我執するから、苦しまなければならなくなるのであります。それゆえ我々は無我たらんとして真我を求むるのであります。

またいつまでも、自分の体をきれいだとか、自分の心をきれいだと思って、自惚れており、また、何でも美しい物を賞美したり、欲望したりしていますけれども、実は真の美というものはないのであります。よく考えてみると汚いものばかりであって、清浄なものはないのであります。それはなぜであるかというと、根本である自分の心が不清浄であるからであります。それは皆貪欲が中心だからして、不清浄というのであります。一時はいかに美を感ずるものであっても、よく調べてみると、貪欲心の含まれているものは、皆汚く醜く感じられてくるものです。醜悪を感ずるものはすなわち苦であります。それゆえ、貪欲のない利他心から顕われたもの、すくなくとも貪欲の含まれていないものこそ、真の美というべきものであって、それは自他を真に安楽ならしむるものであります。

五

それゆえ、私どもの本当に念願しているものは、何であるかといいますと、真の常楽我浄であります。それゆえ、我々は不知《しらず》不識《しらず》の間に、自己と周囲の事物とを、すぐに真実であり、常住であり、清浄であると思い込んでしまうようになるのでありましょう。かく真に常住であるものは真実であり、真実であるものは真の常住であって、いつまでも実があって変わらないものを我々は見つけたいのであります。そしてまた願わくは自分もそういうものになりたいということが、我々の衷心の念願であります。よくよく考えますと、我々は常に苦しいのであって、真の安楽というものがないのです、それゆえ、何でも安楽を得たいと念願しているのです。それゆえ真実であって、清浄であって、善であるというものを得なければならぬのであります。たとい、それがいかに美であり清浄であると見えても、それが善であり真実でなければ、そこには真の安楽はないのであり、またいかに善であるようでも、それが清浄であり、真実でなければ、安楽とはならないのであります。またいかに真実に見えても、それが清浄美であり、真の善でなければ、安楽とはならないのであります。ゆえに真の安楽を願う者にとりては、真実と清浄と善なるものこそ、私どもの理想として欲願しているものであります。いまは真善美の三つとして話したのですけれども、四つにしていいますならば、涅槃の四徳であって、常楽我浄を得たいということになるのであります。真と善と美というこの欲しいものが得られる教えが仏教であります。もう少し詳しく説明しますと、この三つは我々が衷心から求めているものであるから、経典の中にはどこにも出ているのであります。経典の中に出ているということは、それが一番幸福なことだということを知らしめ、そしてそれを得る道を教えられているのであります。ただ、自力によってそれを得ることができるか、他力によって得ることができるかということが最後の問題であります。もっとも聖人の教えは、それは自力によってはとうてい得ることのできないことを知らしめ、他力によってのみ得せしめらるることを喜んでおらるるのであります。助けらるるということはそのことであります。聖人は一生の間、望み求めてしかもこの世界にも自分の内にも見いだすことのできなかったことを悲歎して、真実と清浄と真善とは、まったく如来にのみ存するものなることを知り、我らはただ本願に帰することによって、他力によって、真実と清浄と善たらしめらるることを教えられたのであります。すなわち念仏が真実であり、清浄であり、善であることを喜ばれたのであります。

六

人間の生活中において、一番苦しいことは何であるかというと、それは意義のないということであります。いつも申すことですが、何かそこに意義がありますと、たといそれが苦労なことであっても、苦という名がつかなくなるのであります。たとえば叡山に登りますにも、いまはケーブルカーができてあまり簡単になりましたが、雲母坂《きららざか》や白河口《しらかわぐち》から登ってゆくことは、なかなかえらいのですが、叡山に登れば景色がよいとか、一眸《いちぼう》に琵琶湖が見えるとかいう希望がありますから、登山ということに一つの意義があります。そうすると種々の苦労も苦とはならないのであります。これに反して、自分は望んでもおらないのに、人からちょっと叡山の上まで西瓜《すいか》を一つもってゆけと命ぜらるるならば、それは大変な苦しいことになります。だから人間という者は意義のあることを求めているものであります。それから誰でも考えねばならないことは、何でも長生きがしたいとよくいっていますけれども、ただ長生きをしたって仕方がないのであって、苦しみが続いて長生きをしてもつまらないことであります。そこには長生きすれば苦が楽となるときがあろうとか、この楽しみを続けたいとかいう、希望があり意義があってこそ、それを願うのであります。また子どもが学校にゆくにも、大学までゆきたいという一つの目的があったり、また卒業すれば何をするという目的がありますから、勉強が苦にはならないのであります。金を溜めるという人は、働くことはずいぶん辛いことであっても、溜めればこういう安楽があるという、一つの意義があると考えますから、楽しく働いてゆけるのでありましょう。子どもを育ててゆくのも同様であります。もしも何の希望もなく理想もなく、意義も認めないならば、子どもの学校へゆくことも、子どもを育てることも、商売をして金を溜めることも、ずいぶんそれは辛いことでありましょう。

七

　ところが、その意義について、一時的のものと永久的のものとがありまして、ここがいまの問題であります。一時的の意義を知って、人として意義を認めないで生きている者はありませんが、その多くは、一時的の意義であります。一時的の意義を求めないならば、それは一時的の意義なるがゆえに、その意義がなくなったときには大変な苦しみとなるのであります。金に困っている者が、金を溜めれば幸せとなるに違いありませんが、それは暫時《しばらく》のことであって、そのまま進んでいると、今度はいろいろの心配が起こってきたり、あるいは儲からなかったりすると、いままで苦労してきた意味がなくなるのであります。何でも何でもと思ってそこまできてみると、せっかく働きつめてきた意義がさっぱりなくなるのです。あるお医者が毎度申されました。自分が外国にいた時分、大手術の済んだときは、名誉でもあり、たくさんな金をもらったときには、何ともいえぬ嬉しいものであって、長い間勉強し研究したからであると思って、大《だい》なる意義を感じて喜ぶのであるが、そのお金をポケットに入れて、祝いのウィスキーを、ぐっと一杯飲み乾《ほ》してしまうと、もうそれでおしまいとなって、ポケットの金は何の尊さもなくなってしまう。そこで、せめては金でも遣《つか》ってやろうかと思うだけのことであって、何の喜びもなくなってしまう、我々の仕事はまあこんなものだと話されました。いままでは張り合いがあり、意義を感じ、幸福であったものが、なぜ意義がなくなるのかというと、はじめは前方に一つの目的があって、それに到達せんがために、いまの仕事がたとい一時的のものにもせよ、そこに意義を感じ張り合いを得て、幸せであったのですけれども、その目的を達してしまうと意義が消えてしまうのでありますす。ここからそろそろ困ってくるのです。だからその次には、意義の失われない永久的の意義ということを、もう一遍考え直して求めねばならないのであります。そういうことを自分の魂に感じ始めると、今日《こんにち》まで求めておったものでは、どうしても喰い足らなくなるのです。つまりいままで大いに意義ありとしてきたのは誤りであったのです。親が子どもを育てる場合もそうであります。子どもを大きくするまでは、ともかく大きくすればよいことがあると考え、大きくすればそこに楽しみがくると考えて、何でも学校を卒業させて、嫁でももらってと考えます。娘の子ならば立派に嫁入りをさせてと、育てることに大なる意義を感じてゆくのです。子を立派に育ててあげるということは難儀でありますが、そこには意義を感じていたために、かえってそれが楽しみとなったのであります。しかるに婿をとるとか、嫁をとるとか、養子にやるとか、縁付けるとかしてしまうと、その結果はどうなるかというと、自分は捨てられてしまって、何の意義もなくなるのです。しかも彼らは喜ばずして、かえって苦悩を訴えてきたり、荷物の仕方が足らないとか、あるいは子を産んだのに産着《うぶぎ》がまずかったとか、親がどうとか、夫がどうとかといって、彼の安楽を願って育ててきたのであり、自分の安楽を欲してきたのに、かえって小言《こごと》ばかり聞かされては、唯一の意義としてきた今日までの働きが、自分のためともならず、彼のためともならず、自分の苦を増し彼の苦を増したこととなり、育ててきた所詮がなくなって、馬鹿なことだったと、生活の意義がここで破壊されるのであります。そんな例をいっていたらかぎりがありませんが、いままで張り切っておった意義が消滅して、気も心もすっかり疲れ果ててしもうて、苦しみ悩むのであり、ときには自殺する人さえあるのであります。それは、いままでは生きがいを感じて、何でも何でもと思ってきた意義が、一時的のものであって、真の意義あることでなかったために、ここでプッツリと切れてしまったのです。それゆえ、さういう一時的の意義をもって暮らしているということは、まことに危《あやう》いことといわねばならなくなります。今日まで意義ありとして考えてきたもの、それが真でなく、実でなく、それが妄であり、偽であり、仮りのものであったからであります。つまりそのことに真実性がなかったのであることを知らねばなりません。

しからば、本当の意義というものはどういうものであるかと、ここに永久的意義を求めなければならなくなるのであります。真実というものを求めているということを、最もわかりやすく申しますと、意義を求めているということであります。真実性のある絶対性のある永久的の意義を望み求めているということであります。だから一時的の意義があるものに満足していては、それはやがて不幸になるのであって、自分を本当に幸せにするためには、どうしても真実の意義を求めなければならぬのであります。

八

清浄ということは美ということであります。我々の幸福とは何であるかというと、美を見たり感じたりすることであって、それは苦しみの反対の安楽ということでありますから、それで人間の本然《ほんねん》の要求として、美というものを望むのであります。別荘を建てて海や山が見えるというのは、それによって苦しみを離れて安楽を感ずるからであります。あるいは立派な書画を眺めておると、暫時《しばらく》でもいろいろな煩わしさや苦しさから離れて、そしてその美によって安楽を感ずるがゆえに、誰人《たれびと》も美を好むのであります。また音楽を聞けば美を感じ、楽しさを感じます、だから子どもにしても、またどんな低級な人でありましても、人間として音楽を好まない者はないのです。あるいは彫刻を見ましても、それに一つの美を感じます。しかしながら、これらにもやはり一時的のものと永久的のものとがあって、一時的のものは真の美とはせられないのであり、その永久性をもったものほど、尊重されるのであります。しかしながら、それによっていつまで美を感じ、どこまで我を救うかということになると、それもついには一時的のものとなってしまうのであります、それゆえ畢竟《ひっきょう》は一時的のものといわねばなりません。一時的の美というものに満足しておっては、我が心は本当の幸せにはならないのであって、いかに立派な別荘を建てて、山海の景色のよいところに住んでみても、その別荘に長く住んでおったらどんなものでしょう。その別荘に長く住んでおれば、はたして、一切の苦を忘れ安楽を感じ得るでしょうか。毎日山や海と睨《にら》み合いをしておれば、きっと、一年も経《た》ったら、逃げ出したくなってしまうだろうと思います。それはこれらの美が皆一時的のものである証拠であります。だから、どうしても真実なる、中味の変わらないもの、永久性のある美というものを求めなければならないのであります。

九

私はまた、肉体美と精神美ということについて考えます。女の人は非常にやつされます、男の人もなかなかやつす人がありますが、特にやつすということについては、女の人が上手であり苦心しておるようであります。肉体の美あるいは装身の美といいますか、髪とか、着物とか、白粉《おしろい》を塗るとか、いろいろの装飾をした美というものは、美は美であっても、はたして本当の美でありましょうか。人間の本当の美というものはどういうことかというと、男でも女でも、その眼とか鼻とか口とかの美、あるいはそれらの調和美は、髪や衣服と同じく、それらは皆一時的の美であって、もしもその人の根性が非常に欲が深いとか、あるいは非常に癇癪《かんしゃく》もちであるとか、あるいは優しい顔をしておって非常に嘘をいう人であるとか、温順な顔をしていながら陰険な心であったら、どうでしょう。顔や形の美はただちに私の心から消えてしまうに違いありません。だから本当の美というものは、姿や色や形にあるのではありません。それらの美は、美は美であっても、それが一時的の美に属するのであります。必ずその奥にその人の心性《しんせい》というものが美でなければ、その美はきっと死んでしまいます。ときにはかえっていっそうの醜劣をさえ与えるものであります。やつしておらない人であるならば、はじめからそれほどに思わないのですけれども、きれいにやつした婦人が、汚い襦袢《じゅばん》の衿《えり》を出していたり、汚れた腰巻《こしまき》がはみ出していたりしているときには、外形の装飾美というものが、かえって本人を実質よりも以上に、汚く感じさすものであります。それと同様に、外貌のみならず、品格までが立派に見ゆるその人の心から、汚い腰巻のような、貪欲とか、利己主義とか、無慈悲とか、悪策とか、野心とか、呪いとか、そういう性質が見えますときには、かえっていっそう醜劣を感ずるものであります。だから、本当の美人になるということは、第一に心を美にすることであるということを、何かの書物で見たことがありますが、まことにごもっともなことと思います。汚い貧乏そうな風をしている人でも、付き合ってみると、非常によい心持ちの人があります。正直であるとか、親切であるとか、犬猫に対しても労《いた》わるとか、自分の身を厭わずに汚いことの世話をするとか、恩もゆかりもない人のことを心から心配してやるとか、そういう魂の美を見ますときには、その美にうたれて感激に満たされるものであります。本当に頭が下がって、いかなる者もその人を敬わずにはおられないのであります。一般に、人々が顔容《かおかたち》を大切にしたり、衣服の美を大切にするということも、畢竟は、本然の要求として真の美を求めているからであろうと思います。無論、容姿《すがた》が立派であって、魂もよければ、それに越したことはありませんが、たとい、姿が醜くとも、装いがお粗末であっても、その心の美しい人がよいと思います。仏法を喜んでいる人に往々《おうおう》こういう人がありますが、また仏法を知らずとも、本来の性質の美しい人もあります。こういう人を見ますときは、今度は前と反対に、汚い風をしているけれども、きれいな襦袢を着ているように、中からきれいなものが出ておって、大変に美しさを感ずるのであります。ですから心を美しくするということが、一番大切なことであって、それが本当の清浄なことであります。蓮如上人が、「口と働きとは似《に》するものなり、心根《こころね》がよくなりがたきものなり。涯分《がいぶん》心の方《かた》を嗜《たしな》み申すべきことなり」と申されているのも、かかる意味であろうと思います。

如来清浄の願心に帰して、真の念仏者となった人には、無自覚でありましょうが、知らず知らずそこに清らかな心持ちが、凡夫の心の中から湧き出《い》づるのであろうと思います。それは如来の徳であり、信心の徳というものであります。『和讃』に、

染香人《せんこうにん》のその身には　香気《こうけ》あるがごとくなり
これをすなはちなづけてぞ　香光荘厳《こうこうしょうごん》とまうすなる

とあるのはそのことであります。だから我々の内心に求めているものは、一時的外形的のものではなくして、実は永久に変わらぬものを求めているのであります。あらゆる外形的の美、書画でも、山でも、海でも、肉体のうえにも、装飾のうえにも、人々が美を求めるということは、たといそれらが一時的のものであっても、その美に対する憧憬《あこがれ》は、ついには永久的であり精神的であるものを追求してゆくようになって、美の真実性を求めてゆくようになるのであろうと思います。求めるということはまたしたがって、そういうものになりたいということでありまして、それは我々の心からの願いであります、それがために、仏たらんことを願うに至るのであって、かかる仏心になることが本当の幸福になるということであります。

清浄ということの反対は汚穢《わえ》ということであって、それは貪欲ということであります。この世界が穢土《えど》であるとか、この身体が穢いとかいいますけれども、もっと深くいうと、人間の心が穢いのであります。心が不清浄であるから、その身体を不清浄といい、その世界を不清浄というのであります。心の汚いということは、自分のためならばどんなことでも厭わない、人のためならばどんなことでも厭うという心、また人のためのような顔をしていて実は自分のためにするという心、こんな心が見えたときは、きわめて汚いという感が起こるものであります。だから汚いということは、いつでも利己心から出たことをいうのであって、表面から汚いのは、さほど汚いとも感じませんが、表面は利他に見えて利己的である場合が、最も汚く感ずるのであります。要するに、貪欲ということを考えてやったことは、皆汚いのであります。毎日の新聞広告を見ましても、いかにも親切そうなもっともらしいことをいって、自分が儲けようとしていることを見ると、唾を吐きたいような、嫌《いや》な気がいたします。あるいは親が子どもに対して、お前のためにこの家を建てておいてやるのだとか、お前のためにこの道具を買っておいてやるとか、よくいうことですが、親が子どものためだといっているのも、それがまったくの嘘の場合ばかりではありますまいが、おそらくは、七八分《ぶ》までは自分のためを考えてやっていて、それを恩に着せようとするものですから、それがために子どもとしては非常に嫌に感じ、汚く感ずるのであります。万事、自分のためということを考えているくせに、それをお前のためであるというような顔をしたときに、非常に汚く感じて、ついには腹が立つことさえあるものです。お経には、清浄ということは利他ということだと申されてあります。他の者を愛するということは清浄でありますが、真実に他の者を愛するということは、人間には不可能なことであって、利他愛がときどきは起こっても、真実がないのであります。真実なる清浄はただ如来にのみ存するものであります。如来は衆生のためのみに修行をして、苦労を積んでくだされたと申されます。如来にあっては、衆生のためにすることが、自分のためであったのであります。そこが真の清浄というものであります。如来が菩薩の行を行じたまいしとき、一念一刹那《いちねんいちせつな》も清浄ならざることなし真実ならざることなしとありますが、真の清浄心ならば、そうなくてはならないのです。人間は一時は真実であっても清浄心であっても、それがすぐ不真実となり不清浄心となってしまうのですから、真実と清浄とは如来にのみ存するというべきであります。あるいは人のためでなしに、我《われ》は我《わ》がなすべきことをなしたといいましても、かかる言葉は、自力的でないから美しいようであっても、それは利他ではなく、利他に近いのではあっても、真実の利他心ではありません。負けるならばきっぱり負けることです、そこには美があります。負けたことでも負けないように理屈をつけるということは、汚いことであります。撃剣や柔術でも、勝てないところを無理に勝とうとするのを最も汚いといいます。人のためになるような顔をして自分のためになることをする。その偽《いつわ》った心が最も穢いのです。これは自分がやっているときはわかりにくいものですが、人がやっているときには、よくわかります。こんなことをいい出すとかぎりがありませんからやめますが、要するに、人のためであるような顔をしておって、自分のためを図るという偽善や偽徳は、最も穢いことであります。如来はそれと反対であって、ただ人間が可愛いのであり、人のため人のためということを忘れられる暇がなかったと申されます。一念一刹那《いちねんいっせつな》も清浄ならざることなし、真実ならざることなしという御心《おんこころ》によって、凡夫救済の本願をお建てくださったということを、親鸞聖人は非常に喜んでおられるのであります。人間凡夫は、さように純浄《じゅんじょう》にはゆきませんが、不純ながらも、たまたま、自分のためのような顔をしておって、他のためにしている人があったならば、それは何というきれいな、気持ちのよい心根《こころね》だろうと思わざるを得ません。西郷隆盛にしましても、その他偉い人の跡《あと》を見ると、透《す》き通った空に聳《そび》えた山を見るように、何というきれいな心であろうということを感ずるのは、その人の利他心の麗《うるわ》しさというものであります。書画彫刻の人工美や、山川草木の天然美を賞するのは、それは人間の心に感ずるからのことであって、実は、音楽や山や画に、美があるのではありません。人間が感ずるとき、これを山や絵に美があるというのであります。それゆえ清浄とか美ということは、畢竟人間の心においていうことであります。

十一

それから善につきましても、人間は善というものをきれいだと思うのであります。汚いというものはやはり悪です。悪人を見たり、悪い言葉を聞いたり、悪い心を見たり、悪い行いを見て、気持ちがよいという人はありますまい。善を行うことはつらいから、たいていは善が嫌いですけれども、人がするときは皆好きであります。ですからやらないまでも、自分の好きなのは善ということであります。仏教では、便宜上、これを世間善と出世間善というように分けて説かれていまして、世間善という方は、親には優しく仕え、夫婦仲よくしてゆき、子どもは大切に、親類は助け合ってゆくというように、仁義礼智信の行為などを他のためにしてゆくことを世間善というのであります。誰でも悪口をいったり喧嘩をしたい者はないのですけれども、そこには自分を立ててゆこうとする貪欲、利己心から喧嘩が起こってくるのです。しかし本当は悪口をいうことも、いわれることも嫌いなのであって、人は皆善が好きなのであります。そこで社会のためにしましても、やはり善をしてゆきたいという願いを、心の奥にもっているのでありま す。ただそれをなせないのは、自分の貪欲心というものが邪魔をするからであります。だから我が心の真の願いというものは、善が好きであって善を希望し、できることならば自分もなしたいと思っておるのでありましょう。それですからときには、自分を忘れて人の難儀を救ったり、社会国家のために尽くしたり、子どものためにも尽くし、主人のためにも尽くしたり、親のため兄弟のためにも、他人のためにも、社会民衆のためにも尽くすということをよくやるのであります。しかし、それが本当の善というものであるかというと、そこに善ということについて、いろいろ議論もありますが、善は自分の苦しみをなくして人の苦しみをなくする、すなわち自分を安楽にし人を安楽にするということが、善ということであって、したがって、自分の思うこと、いうこと、あるいは行うことが、自分を苦しめ人を苦しめるようになるなら、悪であるということになるのであります。だから、家庭において行い、社会に対してなした善ということが、どの程度まで、本当に自分を救い、また本当に人を救うのであろうかということになるのであります。こういうことを考えますと、人倫五常の道を守って、種々の善行をするということは、無論それは一時的には善というべきでありましょうけれども、それが清浄であって、真実であって、そのなしたことを真実の善といい得るであろうかということになると、私どもの家庭および社会に対してしておりますことは、真実性や常住性がなくて、それはたぶん一時的なものばかりでありますが、これらの善を世間では一般に善といっていますから、これを世間善というのであります。しかし、もう一歩深く、それが本当に社会のため、人のためになっておるかどうかと考えてゆくと、どうしてもそれでは満足のできないこととなってくるのであります。もっと永久的に真実性のある、しかもいつまでも常住性のある善というものを求めなければ、私どもは落ち着いてゆくことができなくなるのであります。

これで簡単ではありますが、大略、真と善と美ということについて話し、またその関係をお話ししたのでありま す。私は、かくのごとく、この『歎異鈔』の終わりに至って、真善美の三つが説かれていると思うのであります。

十二

まことに如来の御恩といふことをばさたなくして、われもひとも、よしあしといふことをのみまうしあへり。聖人のおほせには、善悪のふたつ総じてもて存知せざるなり、そのゆへは、如来の御こころによしとおぼしめすほどに、しりとほしたらばこそ、よきをしりたるにてもあらめ。如来のあしとおぼしめすほどに、しりとほしたらばこそ、あしさをしりたるにてもあらめど。

『歎異鈔』の真最初《まっさいしょ》に、善悪について話されている通り、この善悪ということが、求道上には、一番問題となるのであります。私どもの日常生活において、善悪の問題は、さして直接関係がないようであり、何か学問沙汰でもするように思われるのが普通ですけれども、つらつら考えてみますと、そうではなく、やはり私どもは心の奥に、善悪ということを深く問題にして悩んでおるのであります。おそらくは、皆さんも静かにお考えになれば、きっと、思い当

たらることでありましょう。これは前にも申したことですが、なおもう一度繰り返して申したいと思うのでありま
す。

仏の教えでは、大乗小乗を通じて、善悪ということを常に説かれまして、釈尊の証悟がそういう径路をとっていらるるのであります。かの苦集滅道《くじゅうめつどう》の四聖諦《ししょうたい》の教えは、苦集滅道の四つのことを明らかにせなければならんというのであります。そしてそれを諦《あきら》かにせられたのが釈尊であります。すなわちこの道理を諦かにせられたから、苦悩がなくなったのであります。一般に我々の問題は苦と楽ということであります。心の苦しみ、身の苦しみと、分ければいろいろに分かれますけれども、要するに我々には、心に悩み身に苦しむということがあるから困っておるのでありまして、その苦しみの原因は何であるかと、正しくその原因に遡ってゆかれたのが、釈尊の修道の径路であります。それは後になって聞いては、何でもないことのようですけれども、結果から原因に遡って考えるということは、大いに意味の深いことであります。何ごとについても正しい原因に遡って考えるということが大切でありまして、釈尊はその原因を諦かにされたのであります。苦ということは結果であって、その原因というものは何であるかというと、集《しゅう》起《き》するものすなわち煩悩であって、この煩悩という間違った心があるから、その考えから行為が出て、その結果として苦しみというものが生じているのである、かるがゆえに、滅《めつ》という結果を得んとならば、その原因となる道を修めねばならんということを説かれたのであります。滅とは涅槃のことであって、灯っておる煩悩の燈火が吹き消された状態をいうのであります。苦しみが消えれば、涅槃という安楽が顕われるというのです。滅という字は、ただ苦しみがなくなったということではなくして、その苦しみの火が消ゆると同時に、安楽の境地が顕現してくるということであります。暗というものが去れば明というものが残るのであって、つまり苦しみがなくなって苦悩の滅を得れば、安楽が顕われるのであります。単に滅といえば、消えて何物もなくなるように考えやすいから、寂滅《じゃくめつ》とか滅度《めつど》とか、滅という字に何とか他の字を添えて現わされているのであります。寂静味《じゃくじょうみ》は真の安楽であって、そういう境地は、これを涅槃といい、滅度といい、なおまたいろいろの語《ことば》によって表わされているのであります。万人は皆ともにそうい

う結果を望んでおるものであって、その結果を得るにはどうすればいいかというと、道のごとく方法を辿って心身を修めてゆくと、滅という結果に達することができるのであると、こういうように、迷いの因果は集と苦であり、悟りの因果は道と滅とであるということを説かれたのであります。迷いの因《もと》、すなわち煩悩をなくして、安楽に至らんとして道を修めてゆくところに、苦しみが消えて、滅という安楽に達するのであります。いいかえれば、その道とは、悪を廃《や》めて善を修めてゆくことであります。これを廃悪修善《はいあくしゅぜん》といいます、要するにそれは善悪の問題であります。つまり釈尊の説かれたのは、悪をやめて善を行えば幸福になるということを、くわしく教えられたのであります。これは正しい道理でありまして、真宗の教えとしてもこの道理を変えるのではなく、仏教であるかぎり、この道理を肯定してゆくのであります。それですから、皆様が『和讃』をお開きになりましても、『教行信証』をお開きになりましても、あるいは『三部経』を開かれても、常に善悪という文字がたくさん出ておるのであります。ここに一々は申されませんけれども、親鸞聖人は、

諸善万行《まんぎょう》ことごとく　至心発願《ししんほつがん》せるゆへに
往生浄土の方便の　善とならぬはなかりけり

などと申されまして、善というものを修めなくてもよいとは、けっして申されていないのであります、かえってなさねばならぬことであるといわれておるのであります。ただ善悪問題の真の解決を求めてやまれなかったのであります。我らは十悪五逆の凡夫である、我らは罪悪の深い者である、超世の悲願はかかる衆生を助けてくださるのですけれども、聖人は自分の罪悪を、いつも非常に悲しんでおられたのです。悲しんでおられたということは、善を願うておられたことであります。願わない者は、悲しみもしません。悪くてもいいというのではなく、悪いことはあくまでも廃《や》めてゆきたい願いをもっておられたのであります。けれども、自分には悪を廃《や》めることがどうしてもできないと申されたのであります。したがって真の善をやるということもできないというのであります。できないということはしなくともいいということとは違います。けっして大手を振っていうておられるのではありません。また、できずと

も助けてやるということは、せずともよいということとはなりません。それゆえ、信は善悪について平気になることではありません。それは謙恭《けんきょう》の心でなければならんのであります。そこを真宗信者は誤解せないようにしなければならぬと思います。他力であるから善悪は問題ではないと考えたり、善悪を問題にしないのが信だというように考えるのは、信の誤解であります。信じた者は問題にならなくなるということはあっても、元来、私どもには善悪が問題であるから、本願を信ずるに至るのでありまして、釈尊が常に善悪を説いておられるということは、最も深く注意すべきことであります。釈尊の仰せのごとく、真に救済の道を求むる者は、善ということをやらなければならぬのが正しき道理であり、悪というものは廃《や》めなければならぬはずなのであります。悪なるがゆえに苦しみが起き、煩悩なるがゆえに悩みが起きるのであります。こういうことを『大無量寿経』では三毒段において、貪欲、瞋恚、愚痴ということを説き、五悪段においては、仁義礼智信について懇々と説かれておるのです。要するにそれは善悪の問題でありまして、自分の境遇の幸福なりや否やさえ、明瞭でない我々に対しては、まず我々の境遇の苦悩である状態を説き示して、その原因が三毒に基因することを知らしめて、はじめて道を求むる心を起こさしめんとしていらるるのでありま す。そしてその苦しみを脱《のが》れるためには、善を修してゆかねばならぬということを、極力説いておられるのが、『大無量寿経』下巻の三毒段および五悪段というものであります。いまここでは、三毒段や五悪段の言々句々についてくわしく説くことは略しますが、是非一度披いて熟読玩味《がんみ》せらるることを希望します。

十三

第十六の本願を抜きましても、「設《たと》ひ我仏を得たらんに、国中の人天《にんでん》、乃至不善の名あることを聞かば、正覚《しょうがく》を取らじ」とありまして、不善というのはすなわち悪であります、悪という名が一字でもついているものが、我が国にあるということならば、我は仏にはならない。すなわち如来の御国は、如来清浄の善根より生じたものであるから、その国の万物とその国人《くにびと》との、すべてが善であるということは、そこには苦しみがなく、安楽のみであるということであります。また経典には諸処に善本徳本といい、「若し人善本なければ此の経を聞くことを得ず」とあって、善ということを心がけ、善をなそうとつとめた者のみがこの経を聞くことができるようになるのだ、と申されているのであります。こういう言葉から見ましても、善はどうでもよいということではなく、仏の教えはあくまでも、悪を厭い善に向かってゆくことを主としておらるるのであります。

十四

しかるにいまの『歎異鈔』の文面を見ますと、「聖人（親鸞聖人）の仰せには、善悪の二つ総じてもて存知せざるなり」とあって、善悪については、両方とも私は知らぬというお言葉があるのです。このお言葉は多くの人の疑問となるところでありまして、この文意が充分了解できれば、もう『歎異鈔』はこれだけでも充分だと思います。

親鸞聖人が、善というも悪というも私にはわからないといわれた言葉については、二つの意味があると思います。その一つは、善悪の標準はわからないということであります。我々は標準がわからないのだと聞くと、善と思うことをしても悪と思うことをしても、何をしてもよいのだと考えようとするのであります。青年の人々は、ともすると、こういう文字を見て、すぐ、善とか悪とかいうことは誰にもわからぬのである、わからぬことだから、悪をやめねばならぬ善を修めねばならぬということは、不合理なことであると考え、親鸞聖人でもわからぬといっておられるのだから、我々にわかるはずはないのである、わからぬことをかれこれと考えたり、いうたりして心配していることは愚かなことである、わからぬことだから善でも悪でも何でもよいのである。ゆえに、たとい経典に何とあっても、どこにどうあっても、善悪ということは一切考えなくともよいのだと考えようとするのであります。そして、善悪についてかれこれいうたり、かれこれと考えたりすることは、本来の誤りであるというように思って、善悪などどちらをしたってよいのだと、いったり考えたりするものであります。それはそう考える方が非常に気楽なからであります。善悪について自己を反省せずに、ただちに達人の境地に至ったように思い、孔子が「七十にして心の欲する所に従って矩《のり》を踰《こ》へず」、といわれたごとく、俺はしたいままに行のうていいのだと考え、それで宇宙の真理に契《かな》っておるのだと思惟したりするのであります。そういう心持ちでゆくのを、禅宗では野狐禅《やこぜん》というそうでありまして、どちらだってかまわぬと善悪を無視して、あたかもそれが善悪を超越したかのごとく考えるのであります。仏教で悟達の境地を善悪不二といいますが、その善悪不二の境地、達人の境地になるということを憧れまして、「善悪の二つ総じてもて存知せざるなり」、と聖人がいわれたからといって、そんなことを考えたり、したりするのはまったくの誤解であります。

とにかく、私どもの心には、何をしてもよいという考えが一つあるのであります。これは真宗でいいますと、善悪の標準ということがわからないということから、すなわち何が真の善であるか、何が真の悪であるか、我々には一切わからないのだから、わからないことはどちらをしてもよいのだと考え、つまりどちらをしても、それは善であると考えようとするのであります。たとい嘘をいおうと、人の物を盗もうと、人を苦しめようと、またはその反対のことと、どちらをしても同じことであると考えるのであります。どちらも同じことであるというのは、つまりどちらにしてもそれが善であると考えたいのであります。こういう自分の下心《したごころ》があるものだから、自分のなすことはすべて善であるということに、落ち着こうとするのであります。そういう考えは誤解であり、邪見というものであります。すべて自分の思うようになし、自分のいいたいままをいい、自分のしたいままをして、自分のすることはすべてそれでいいのだと考えようとするところから見ても、吾人は善ということを、いかに願うておるものかがわかります。善悪は自分にはわからないけれども、それでも善なのだということにしたい念願が働いているのであります。しかしながらそこには、自分の便宜なように解釈して通ろうとする、危険性があるのでありまして、その危険性というものは、私どもの学生時代にも皆が、こういう考えに陥ったものでありましたが、いまでも真宗信者と自信せる若い人々に、そういう考え方をして、善悪の標準はわからないのだから、どちらをしてもよいのだという考えをもった人が少なくないようであります。また年寄った人たちの多くも、真宗の教えは弥陀の本願であり、他力の救済であるから、悪いことをしてもよいのである、何をしてもよいのであるという考えをもった人が、非常に多いようでありますから、自分はどんな心持ちでそれをいっておるのかは、最も注意すべきことであります。あるいは善悪に拘泥しておる間は助からぬという人もありますけれども、あながちに善悪に拘泥しないということが助かったということではありません。それは信ずることによって助かるのであって、信ずれば善悪に拘泥《こうでい》しなくなりましょうが、拘泥しないことが信ではありません。それゆえ善悪の問題に悩む者は、たとい善悪の標準がわからなくとも、自己の罪悪深重に眼醒めて、他力本願に帰せねばならんのであります。それゆえ善悪に悩む者は、是非とも正しく善悪を分別して、本願を信ずる道をたどらねばならんのであります。これだけははっきり皆様に申し上げておきたいのであります。

十五

こういう傾向はどこにもあるのでありまして、簡単に申しますと、一般に敬神思想の人々が神棚を拵《こしら》えて拝んでおるということは、それによって何か自分の悪というものを消し、善と取りかえてもらおう、というような考えをもって、神様を拝んでおる者が少なくないようであります。また神を拝んでおる人におきましては、そのことを何かしら、善いことをしておるように考えたり、あるいは神を拝むことによって、ちっとでも善きことをしようと心がけているらしいのであります。心がけておるということは、ついには少々ずつでもできておるように考えるものでありまして、ある人はなるべく悪いことは慎しんでしないようにしているといいますが、これはいいかえれば、それはできるだけ善いことをしておるということであって、やはり善悪ということが非常に心の問題となっておるのでありまず。悪というものは自分の将来を不幸にするものであり、苦悩を生むものであるということを信じておるものですから、善悪ということを非常に気にして、ちっとでも善をしたい、ちっとでも悪をやめたいと考えているのでありま す。しかし、その結果はついに自分を、善いことをしておる者と考えるようになるのであります。かく善悪ということは、人々のよほど気にしておる問題であります。しかしながら、そういう人は実際において、どれだけ悪をやめておるか、どれだけ善をしておるかということを、子細に検しなければならぬのであります。すなわち自分の心がどれだけ善いことを思い、どれだけ善いことをしておるか、またそれが真実の善というべきものであるかどうか、はたして清浄の心から本当に善いことをしておるのであろうかと、よくよく考えなければならぬことであります。自分は意識的にまた無意識的に、たくさんの悪いことをしておりながら、消毒的にちょっと、社会のために尽くしたり、人を助けたり、少しの善らしいことをして、それで帳消しをしたように思い、そういう不徹底な善をしながら、あるいは善という名もつかないようなわずかな善をしながら、ひとかどの善でもしておるように考えている人が、ずいぶん多いのであります。

要するに、善を願うているということは、一般人の願いであります。けれども、どれだけ真実に善という心が本当に起きているか、善というべきことをどれだけやっておるか、その心と行いにどれだけの真実性があり、清浄性があるかをまじめに考えなければならぬのであります。

十六

いま一つの意味は、善を可能としている執心を打破せんがためであります。かかる意味をいわんとしておられるのがここのお言葉であります。親鸞聖人が、善も俺は知らない、悪も俺は知らないといわれました意味は、善悪はわからないから、どちらでもよいという意味ではなく、それはもちろん、善も悪だとか、悪も善だとか、あるいは善も悪も同一だというような、そんな意味ではありません。

まことに、如来の御恩といふことをばさたなくして、われもひとも、よしあしといふことをのみまうしあへり。

とあります通り、善悪を考えて問題にするのは殊勝なようであるけれども、それは自己に徹せずして、それがために如来のご恩を忘れていることを歎かれたのであります。善悪を考えるということは、それによって真の自己を知って、如来のご恩に気づかねばならぬのであります。しかるに、それにもかかわらず、善悪にのみとどまり、自力の心にかかわっている者を導かんとして、「存知せず」と申されたのであります。それゆえその前には、

されればかたじけなくも、わが御身にひきかけて、われらが身の罪悪のふかきほどをもしらず、如来の御恩のたかきことをもしらずして、まよへるをおもひしらせんがためにてさふらひけり。

とあるのであります。すなわち多くの人々は、少しのことをして、俺は善いことをしておるとか、正直者であるとか、頻りと善悪を問題にしておるようですが、それはきわめて不純な考えであって、もっとまじめに、深く自分という者に徹するならば、自己の罪悪の深きを知らねばならんはずであり、その自覚に入《い》れば、自然に他力に帰せねばならなくなって、ご恩の広大に気づかねばならんのであります。それゆえ、我が身にひきかけて、ご自身のことを仰せられ、我ら一切人が、自己の罪悪の深きことを知らず、自己の善悪をいい、そして善人になろうとしたり、善人になれるように考えたり、あるいは善人になったと考えたり、また少しの悪によってせっかくの善人が、誤って悪人になったように考えたりして、あくまでも自分を善人として取り扱い、あくまでも自己の悪人たることに気づかないのであります。しかるに、本当に善ということを、求め求めてゆかれた親鸞聖人にあっては、自分には善ができないという自己の本性《ほんしょう》、煩悩具足の自性《じしょう》に到達せられたのであります。それはあくまでも悪を廃《や》めて善をやりたい願いをもち、切に善を求めておられたために、ついには、自分は善悪に対して自力の叶わぬ者であることを知り、自力の無効なることを発見せられたのであります。また善を求め求めてゆかれましたから、五逆十悪とか、罪悪深重とかいう自己の本性に到達せられたのであります。真剣に善を求め、真実を求められたればこそ、自己の本性なり、自己の無能力という自己の真相に当面せられたのであります。そこにおいてはじめて、善悪に対するはからいから離れて、本願

を信じて喜ぶことができたのであります。いまも人々をそこに到達させたいために、善に囚われて自己の本性を自覚せない人々に対して、「善悪の二つ総じてもて存知せざるなり」と申されたのであります。ゆえに、ここの文面の正しき意味は、我々凡夫には真実の善というものができないということを、知らしめんとしておらるるのであります。すなわち悪の自覚に真に眼醒めしめたいのであります。「善悪の二つ総じて以《も》て存知せざるなり」ということは、善をなして善人たらんとしたり、また悪をやめて善人たらんとする者を、真に自力無効の悪人たる自覚に住せしめたいのであります。けっして善悪の二つの観念を捨てしめたいのではありません。自己に善を認めない罪悪の自覚が、明らかになってこそ、自力心の固執から醒めて、他力本願を信じ得るのであります。「まことに如来の御恩ということをばさたなくして、われもひとも、善悪《よしあし》といふことをのみまうしあへり」と申されたのは、自力のはからい心を誡められたのであり、はからいの心がやまないのは、自己の罪悪深重に徹せないがためであります。それゆえ自己の善悪ということばかりを考えて、いつまでもいい加減のところにうろうろして、救われないのであります。善悪ということを問題にしておるのは、求道上けっこうなようですけれども、いつも最後は、善ということに落ち着こうとしているものだと思います。そういう心を起こしますから、自分の善に落ち着けないところから、ついに悪というものを悲しむのであります。いつまでも善悪にひっかかっておるのは、要するに、善人たらんとする心からであります。聖人がいまや「善悪の二つ総じてもて存知せざるなり」と申され、善も悪も一切知らぬと申されたのは、善に対する自惚れ心を打破せんがためであります。善だ悪だというているけれども、実は二つを問題にするような資格はないのであって、悪ばかりのお前だぞ、ということを知らせたいのであります。お前が善と思っていることは、それはみんな不純であって、それは徹底しない考えである。それは皆一時的の善であって、純粋なものではない、純粋な善というものは我々にはわからないものである。かくすれば善だかくすれば悪だといっておるのは、真の善というものがわかって、真の善が行えると思っているからであるが、根本的に考えずして、枝末の一々を挙げて善悪を論ずることは、真に僭越の沙汰である。ただ一つ、自己の悪であることのみはたしかに知り得るのであるから、吾人には善悪の二つがあるのではなく、悪ただ一つの自覚に入《い》るべきであります。ゆえに如来の本願を信ぜざるを得ないのであります。

十七

碁の上手な人は、一目置くときに五手も十手も先のことがわかるといいます。吾人は眼前の一時的のことしかわからないのだから、こちらで善だと思ったことも、暫《しばら》く経《た》ってみると、悪かったということになるのである。もし如来が知っておいでになるほどに、一々の行為について、根本的に善悪ということを知っておるならば、善悪について心配する価値もあるけれども、そういう徹底的の善事というものは我々にはわからないのであり、同じく永久的の悪というものもわからないのである。それゆえ我々には善悪を論ずる資格がないのである。それゆえ静かに、自分の本心に立ち帰ってみねばならんのであって、自分を省みれば、真の善悪というものはわからないのであり、自分の明らかに知り得ることは、ただ悪であることのみである。これを曾無一善《ぞうむいちぜん》の凡夫といい、無善造悪《むぜんぞうあく》の凡夫というのであります。自分の心は貪欲瞋恚愚痴の三毒を根として、一切の行為をなしておるものであって、皆自己を中心として出てきた考えばかりである、いくら他の者を愛するように見えても、それは不清浄の貪欲の変形にすぎないのであって、真に人のためというような慈悲心から出たものではないのであります。それゆえかかる自分の心相《しんそう》を凝視して深く歎かれたのであります。

　浄土真宗《じょうどしんしゅ》に帰すれども　真実の心《しん》はありがたし
　虚仮不実《こけふじつ》のわが身にて　清浄の心《しん》もさらになし

といって、九十になるまで泣いておられたということは、聖人は本当に自分を知っておられたからであります。また如来を知れば知るほど、自己の本性に立ち帰らざるを得なくなったのであります。法然上人が「十悪の法然房」とか、「愚痴の法然房」と申されたように、親鸞聖人も、「愚禿《ぐとく》」とか十悪五逆の罪人という自覚に立たれたのであります。まことに、「われらが身の罪悪のふかきほどをも知らず、如来の御恩の高きことをも知らずして、迷へるをおもひ知らせんがためにてさふらひけり」であります。非常に恐ろしいたくさんの罪業を昔から今日までもっているのであるから、こんな心で善をいい、悪をいうておってもだめであります。善悪の二面について、かれこれと考え煩ろうているのは、実は浅薄なことであって、深く徹してみれば、善というものは少しもなく、現に悪のみの者であるということに到達せられたのが、親鸞聖人のお心であります。かるがゆえに、ここに、「善悪の二つ総じてもて存知せざるなり」と申されたのであります。本来、善悪とは如何《いかん》とか、善が行えない悪がやまないなどと、善悪を論ずる資格なきものであることを知らしめたいのであります。論ずるということは、可能性があってこそ意味をなすのであって、知るべき智もなく、行のうべき能力もないならば、それは無用のはからいというものであります。ただ知り得ることは、自己の罪悪の深きこと、可能性のなきことであって、罪悪深重の我ということに醒めれば、他力本願の広大なるご恩を仰いで、帰命して喜ぶほかはないではないかと、自力のはからいを誡めて、他力に帰することを勧めておらるるのであります。それがこの文面の真の意味であります。だから真実性もなく、清浄性もなく、真の善というものを知らない愚痴の衆生であって、ただあるものは罪悪深重の自分ということばかりであるから、考えれば考えるほど、十悪五逆の罪人という自覚があるばかりであります。念仏の心はそこに起こるのであります。罪人の自覚に立てば、どうすることもできない自分であります。自力無能力の自覚に達せられた聖人は、ただ絶対他力の救済を仰いで信ずるばかりであると喜ばれたのであります。

十八

善悪ということは、よほど子細に考えねばならぬことであり、深く考えねばならぬことであります。そうでないと、どうしても本願が信ぜられないこととなります。本願が信ぜられないのは善悪について明らかでないからであります。だから善悪に対する考えを明らかにしておかねばなりません。『歎異鈔』の第一節に立ち帰りますと、「弥陀の誓願不思議にたすけられまいらせて、往生をばとぐるなりと信じて、念仏申さんとおもひたつ心のおこるとき、すなはち摂取不捨の利益にあづけしめたまふなり。弥陀の本願には、老少善悪の人をえらばれず、ただ信心を要とすとしるべし。そのゆへは罪悪深重、煩悩熾盛の衆生をたすけんがための願にてまします。しかれば、本願を信ぜんには、他の善も要にあらず、念仏にまさるべき善なきゆへに。悪をもおそるべからず、弥陀の本願をさまたぐるほどの悪なきがゆへに」とありまして、我々に本願が信ぜられないわけは、善悪ということが明らかになっておらないがためであり、またこれが明らかにならないからして、常に善悪について苦しまなければならぬこととなるのであります。つまり真の求道者は善ができないということと、悪が廃《や》まないということとのために、どれだけ苦しんでおるか知れません。それを細かく論ずれば、非常に複雑になりますけれども、とにかく、善悪ということが、我々の救済についての重要問題であるということを、第一節にお知らせくださったのであります。それゆえいままた、も一度、罪悪論について少し考えてみようと思います。平生考えていることを悉《ことごと》く、言葉のうえでわかりよく話すということは、難しいことですけれども、なるべく簡単に味おうてみようと思います。

十九

申すまでもなく、善ということは、我々の心ひそかに要求しているところであって、その原因を尋ねますと、一般の人はやはり、因果ということを信じておるのだと思います。仏法が我が国に入って千三百年という長い間には、我が国民性となっているのですから、知らず知らず因果ということを信じているのでありましょう。たといその信じ方は漠然としているようではあっても、それを否定することはできないのであります。孔子の教えも我が国に入って長い間、善悪ということを教えてきましたが、仏教の話にはなおさら善悪ということがくわしく説かれているのであります。乃至《ないし》キリスト教の話を聞いても、何教の話を聞いても、善悪ということが出てくるのであります。したがって因果ということは、朧《おぼろ》げながらも人々が信じておるのであります。「善悪の二つ総じてもて存知せざるなり」とあるから、我々には善悪はわからぬものだといったり、だから何をしてもよいのだと、このお言葉を誤解しているような人々でも、やはり善というものを行のうてゆきたいと、心中には善を要求しているのであります。すなわち衷心においては善を追求しておるのであります。それは前にも申しましたのですが、我々に現在の苦悩というものがあるかぎり、その苦しみはどこからきたかということになると、自分が悪いことをしてきたからということになるのであります。そういうことが、ハッキリわかっておる人は少ないとしても、悪いことをしてきたからであろうと考えるのでありますものですから反対に善というものが欲しいと要求するようになるのであります。また現在に苦しみはないけれども、将来の安楽を願うたり、金持ちは貧乏になりはしないかと心配したり、いまは一家和楽して平安に暮らしているけれども、もしやこの幸福が破壊しはしないだろうかとか、あるいは老後までこの幸福が継続するであろうかとか、この財産は子々孫々まで存続するであろうかと、かくのごときことをつらつら考えるとき、早晩、苦しいことがやってきそうに思えて不安になるのであります。自分の過去を反省してみると、自分の過去は、あまり善いことをやっておらぬらしいのであり、言葉を換えると、悪いことをずいぶんやっているらしいのであって、されば今後において善きことが来るとは、どうしても思えなくなってくるのであります。そうすると、何となく恐ろしくなってくるのです。これはやはり因果を信じておるからでありまして、それがため、殊勝にもなるべく悪いことをやめましょうと考え、ちっとでも善いことをしようという心が湧いてくるのであります。そういうことをハッキリ自覚しないまでも、そういうことを否むわけにはゆかなくなるのであります。だからその目的や心配のためには、できるだけ悪をやめて、善をやりたいと考えるようになって、やはり善を追求するようになるのであります。それがもっと進んできますと、この一生にはどんな悪いことが来ても我慢をする、それは自分はずいぶん悪いことをしてきたのだから、もう仕方がないことである。この一生はうまくゆかないならゆかないでも仕方がないが、せめては未来だけなりとも安楽幸福にありたいと念願するようになるのであります。あるいはこの世だけはまずまず大丈夫であると思っても、それが不安になってくるというと、この一生はつぶしに見ても、まだ白紙であるところの未来というものに望みを属して、どうか善い果報がくるように、いまからつとめたいものであると思い、そこから後生《ごしょう》菩提《ぼだい》のために善をするという、後生願いの考えが出てくるのであります。だから、かかる意味から、我々はあくまでも、因果を信じている者であり、善の追求者であります。誰人《たれびと》にも因果律というものは、どうしても無視することのできないものであって、そのために種々の形において、善を追求するのであります。それは西洋の人が考えても東洋の人が考えても、真理は同じであります。かくのごとく、我々人類は、あくまでも善を求めているのですけれども、どうも、なお善悪に対する思念が足りないのであります。

私はあるとき、真宗の教えは、一言にしていえば、いかに悪い者でも、他力によって助けてくださるのであるという話をしましたら、その人は驚いて、それはいけない、何でも悪いことをやめるよう善いことをせよというように教えてくださらねばならんのです。真宗の話は、それだから嫌いなのであると、いわれたことがあります。しからばあなた自身はどうして暮らしているのですか、と尋ねますと、無論私はできにくいけれども、できるだけ悪いことをやめて、ちっとでも善いことをしたいと思い、世のため人のため、家のために、善いことをやりたいと思っていると申されました。かくのごとく、いまだ宗教のことを知らない人でも、やはり善というものを尊重して、善を修めてゆくならば、この一生中には善きことが来ると信じ、未来も自然善いことになると思惟しているのであって、やはり善の追求者であることを知って、私は心ひそかに嬉しく思ったのであります。

ある人があって、その人はよい人ですけれども、宗教を知らないのでした。なぜその人が聞かないのかと考えてみますと、自分は善きことをずいぶんしていると思っているからであります。しかしこれもやはり善の追求者であります。それは善きことを、すなわち貧乏で困っている人を助けたり、医者に相談をして無料で診察してもらえるようにしてやったりする篤志家《とくしか》であります。そしてそれが自分の社会に対する畢生《ひっせい》の大事業であるように思い、自分はよほど善をなしてをるように思っている善人なのですから、それゆえ自分の助かる道は聞こうとしないのであります。聞かないけれども、これもやはり善の追求者であるということにおいては、同じであります。かく宗教を聞かない人であっても、善ということを求めているのは人間の本性《ほんしょう》といってもよいかと思います。そして、それらの人は、内心には、ひそかに因果を信じているのであります。

二十

いったい、善ということは、それほど願っていることでありながら、どんなことが真の善であって、どんなことが悪であるかを明らかにせず、きわめて大様《おおよう》に考えて、わかったように思っているのであります。かく誰人《たれびと》もわかっているように考えておるのですが、案外それがわかっておらないのであります。孔子の教えでは仁義五常を説いて、善を勧め悪をやめよと教えております。仏教でも十善を勧め十悪をやめよと教えているのですから、善はやらなければならぬことであり、悪はやめなければならぬ、ということだけはわかっておるようですが、しかしながら、どんなことが善であるか、それがなぜ悪であるかとなると、それはハッキリわからないのであります。ただ世間の人がやっているから、俺もやろうと思ったり、人が善といったから善であると考えたり、たいていは人々のいうことが標準でありますし、あるいはふと感心した自己流の標準にすぎなかったりするのであります。しかし大多数の人がいっておるからといって、必ずしもそれが善いことというわけではありませんから、それでは善の何たるやは、実はわからないままなのであります。善悪の何たるやがわからないために、私どもは常に煩わされておるのであります。だから、真に善ということはどういうことか、悪ということはどういうことかと、かく善悪を明らかに考えてゆくということが、第一に必要なのであります。私がこのようなことをお話しすれば、非常に冗漫《じょうまん》なことのようでありますけれども、こういうことを話しておりますときに、静かに平生の心を省みて、少しでも考え直してくださるならば、誠にけっこうなことだと思います。

二十一

そこで、善悪の標準ということが、大事な問題となってくるのであります。倫理学や哲学でも、善悪の標準は何であるかということとなり、その標準というものに合わしてみて、それに合わないならばそれは悪であり、それに合うならば善であるとしようとするのですけれども、その尺度となるものが甚《はなは》だ曖昧《あいまい》なのであります。悪人救済の話などを聞いておる間は、いかにもわかったように思っていても、自分ひとりになって考え直してみると、またさっぱりわからなくなるのであります。だから、我々はよくよく考え直してゆく必要があるのであります。

子どもの善と大人の善とは異なるのであります。悪もその通りであります。子どもは障子《しょうじ》を破ると気持ちがよいから、これを善いことだと思っておるでありましょう。豪《えら》いものじゃ、うちの坊やは障子を三つも破ったというようなことをいって、親どもはニコニコしています。しかし大きな子どもが破ったり、女中が破ったりすると、ひどく叱られます。そうすると障子を破るということに、何か善悪の標準がなければならぬこととなります。もし障子を破るということに標準がきまらなければ、障子を破ったことは善いことであるとも、悪いことであるとも、いえなくなるのです。子どもの場合には元気が出て達者になったからだとか、大きくなったから豪いという標準があって、それを善いことだときめるから、障子を破るということが、健康発達という善いことの表徴《ひょうちょう》になるのですけれども、もし女中が破ったときには不注意となり、粗忽《そこつ》という不徳となり、あるいは財産を減らしたということともなって、悪という名がつくのであります。また継ぎ張りするとみとむないとか、名誉と経済に関係するゆえ、経済上の標準から見て、それに反対したことを悪事として、馬鹿者とか、不注意者めがと、叱られるのです。だから子どもの善悪とすることと、大人の善悪とすることとは標準が違うと同じように、男に善であることが女に悪であったり、女の善と思っていることが男にとっては悪であったりするのです。男が見て悪いと思うことを女は平気でやっていることがあります、どんな美しい着物を着ていても、それを汚《よご》してもかまわぬらしいのは、そこに何か標準がちがうに違いないのです。私らが見ておってもハラハラするほどな立派な着物を着て、奇麗《きれい》でもない電車の腰掛《こしかけ》へ坐ったりする人があります。あんな美しい羽織《はおり》を着て腰を掛けてはいけなかろうと思いますが、女の方はいつも平気な顔をして坐っています。そうするのが善なのでありましょう、少なくとも悪ではないのでしょう。もしそれをびくびくするような顔をしますと、あの人は心の汚い人だとか、けちん坊だとか何とか悪く人がいうことになりますから、それで悪いのかもしれません。ところが私らがちょっと羽織を汚して帰ると叱られたりします。それは笑い話ですが実際種々の場合、男と女には善悪の標準がちがうことが多々あります。そういうようにずっと考えてきますと、商売する人の悪と思っていることや、宗教家の善と考えていることや、教育家の善と考えていることや、政治家の悪と考えていることなどは、字で書くときは一定しておるようですけれども、その意味は皆ちがうようであります。静かに考えますと、吾人はそれにいつも困ってしまうのであります。

二十二

第一、一般人の善悪の標準としておるその一つは、便宜《べんぎ》ということにあるようであります。つまりそれがただちに名誉になりただちに利益になるようなことではないが、自分にちょっと座布団《ざぶとん》をすすめてくれたとか、自分が坐ると煙草盆《たばこぼん》を前に置いてくれたとか、そうしたことをしてくれると、あの人は善い人だと思ったりいったりするのであります。煙草盆を早く動かしたり、座布団を早く動かすことが、善か悪かわからないのですけれども、それが自分の暮らしてゆくうえに便宜を与えてくれること、すなわち自分に便宜であった場合、その行為を善というのであります。それをまたよほど善いことをしたように思っている人もあるようですけれども、便宜を標準とすることは、甚だ怪しいことであって、何らそこに深い意味はないのであります。

その次には、経済的標準といいましょうか、人間は欲の深い者ですから、自分に利益になるようなことは皆善として見ているのであります。自分に物品でもくれる人ですと、非常に善い人と思い、自分に利益を与える人は皆善人であり、それを与えない人だと悪人になるのであります。子どもは皆そうです。玩具《おもちゃ》を買うてくれる叔母さんは善人であり、頼んでも買うてくれない人は悪人となるのです。儲かることは善であり、損をすることは悪である。金のみならず名誉でも何でも、自分の利得になるようなことは善といい、自分の損害になることはそれを悪と名づけておるのであります。それはいまだ善という価値もなければ、悪という価値もないのであります。そしてそれらは皆自分を中心とした考えであります。

あるいはまた、自分の利益にならなくても、他のため、あるいは多くの人のためになるということを標準として、善悪を定めるのであります。あるいは社会のためになること、国家のためになるようなことであると、善という名をつけることがあります。したがって他の一人《いちにん》のための不利、または多衆《たしゅう》の不利となるようなことは、悪だといいます。これは大変わかりやすいようでありまして、たいていの人が、善悪ということを、そういう風に考えているようであります。けれどもそれも本当はどういうものでしょうか。

いまいうように、他のため社会のためということを、標準としているということも、それをはたして善といい得るでしょうか、すなわち、善といわれるかいわれないかということになると、そこに怪しい点があります。

二十三

またご承知のごとく、一般によくわかるようにいわれておりますのは、十善と十悪ということであります。いま『大無量寿経』では五悪段において、五つの善と、その反対の五つの悪が示されております。かつてキリスト教の熱心な信者であった方が、キリスト教で善をせよ悪をやめよと教えられ、頻りに懺悔して心を浄《きよ》めよといわれるけれども、いかに聞いておっても善悪ということがはっきりしない、七八年も聞いておったが、ハッキリしないので困ったというのです。けれども朝起きると、何でも善いことをせなければならんと思い、何でも浄めなければならぬと、そういうことばかりに一心になって、きばっておったのですが、いったいどんなことが真の善であるか、どんなことが真の悪であるかということがハッキリしていなかったのだそうであります。

それがあるとき、仏教講演会で、『仏説無量寿経』の下巻の五悪段の話を聴いて、善というものはこういうことである、悪というものはこういうことであると明瞭にわかったので、大変有難かったといって喜ばれたことがありました。私どもには、ヒョットすると、わかったように思っていて、実はわからずにいることが多いのであります。七年も八年も聞いていて、何にもわからなかったと聞くと、ずいぶんひどいと思いますが、多くはそんなものです。私どもの心は案外、不明瞭なものであります。

五悪段には、善と悪ということがいろいろと説いてありますが、それを要約していえば、十悪であります。身に三つ、口に四つ、意に三つであります。身の三つというのは、殺生《せっしょう》、偸盗《ちゅうとう》、邪婬《じゃいん》であり、口の四つとは、妄語《もうご》、綺語《きご》、両舌《りょうぜつ》、悪口《あっく》であり、意《こころ》の三つとは貪欲《とんよく》、瞋恚《しんい》、愚痴《ぐち》であって、こういうものが十悪であります。それをせないようにする反対のことが十善であると聞くと、仏の意《こころ》ではわかっておるでしょうが、私どもの方へくると考え方によっては、またわからなくなるのであります。私があるときお医者さんに話していたら、やはりわからないといわれました。仏教では嘘をつくなといわれますが、医者という者は、ときどき嘘をつかねばならないことがある。いろいろの場合に病人のためには、もし嘘をつかないならば大変なことになるというのです。すべて本当のことを病人にいうならば、本人のためにも家族のためにも大騒動になる場合がある。だから医者という者には、嘘をいうことが必ずしも悪いといえないといわれました。なるほどそうです。商売をしておっても、互いに交際をしておる場合でも、嘘も方便と往々《おうおう》いっているように、それでも人が喜んだり安心したりして、人のためになればよいじゃないかという人がありますが、なるほどそれも善いことに相違ありません。それから綺語《きご》すなわちお上手をいうことも、私がお話をするにも、わかりやすいようにあやをつけていうから聞いてくださるのであって、あやをつけずにいうたなら、人々は困ってしまうて、その効果はないかもしれないのです。両舌というても、二枚舌で国家を救うこともあり、悪口をいうことによってその人が反省することもある、喧嘩をするということによって、その人が眼醒めることも往々あります。君の命令にはしたがわねばならぬというけれども、君の悪を見ては命を捨て諫言《かんげん》するということは、主命に逆らうことであっても、ときには君を救い国を救う善いことともなります。だから仏が十悪といわれた妄語も綺語も両舌も悪口も、その他十悪が、あるいは十善となるかもしれないのです。殺生、偸盗、邪婬といいますけれども、殺生ということによって、小の虫を殺して大の虫を助けるということになることもあって、戦争をするのは悪いけれども、十万の人を殺すということは、日本としては七千万の同朋を安全にし、また敵国全体の悪い精神を誡めるということにもなったら、殺生ということは必ずしも悪いとはいいきれないことになります。盗むことは悪いといいますけれども、実際は盗むということも、時と事によっては善というべきこともあります。邪婬ということも、昔のある人は、自分に夫がありながら、自分の不貞操《ふていそう》によって国を救い、夫を救い、子を救ったというような場合もありますから、お経に一般にいっておられるような邪婬ということが、必ずしも悪いとはいいきれないようにも考えられます。貪欲瞋恚愚痴ということもまたそうでありまして、貪欲が悪いといわれましても、欲がやめば商売は発達しないであろうし、商売が発達せなければ国家は保《も》ってゆけない、国家が保ってゆけなければ敵に滅ぼされてしまう、そうするとすべての生存が苦しくなり、危《あやう》くなってきます。だから、欲があればこそ、国家も保ってゆけるのであり、国民の生存も安泰であるということも考えられるのであって、こういうこともまた一面の真理のようであります。腹を立てては悪いというけれども、腹を立てるということによって人を教えることもあり、国家のためになるという場合もあり、公憤義憤ということもあります。愚痴は物の道理がわからないということであるけれども、愚痴心の執着から立派なことができる場合もあって、そのために都合よくゆくこともありますから、かく子細に考えると、何が何やらわからなくなってしまうのであります。それゆえ人々は皆困っているのであります。

二十四

本来、我々は幸福を求めてやまないものであります。幸福を求めてやまないということは、このままでは幸福でないということであって、それはこのままでは苦悩であるということであります。それゆえ幸福を求むるということは、苦悩のなくなることを求めておるのであります。それがために、何かと努力してゆかねばならぬこととなっているのであります。

さて、その幸福を求むるため、苦悩をなくするためには、ここに善をなしてゆかねばならぬこととなるのですが、その善ということは、まさしくどういうことであろうかと、考えざるを得ないこととなって、もしそれが明らかにならなければ、努力して動いてゆく方針というものがつかなくなるのであります。ゆえに、善とはどんなものであるかと、一つの標準を求めざるを得ないのであります。

それゆえ、はじめには自己の生活の便宜ということを標準として、その標準に照らして善と称すべきことに努め、悪と思うことを避けてゆこうとするのであります。一般的には普通にそんな標準で、生活行為の方針をきめているのですけれども、種々の場合に臨み、いろいろと考えてゆくと、その標準もあやしくなってきて、努力生活の行動がとれなくなるのであります。これを便宜主義とでも申しましょうか。

次には、経済的立場から考えて、自己の利益ということを標準として、善悪を定めようとしたり、自己の名誉ということを標準として考えたり、かく自己の名利を中心として考えた標準では、他の者、他の多くの者の不利となり、不幸となることがありますから、それも真の善ということができなくなるのであります。他の不幸はしたがって自己の不幸となるゆえに、かかる標準も正しきものとはいえなくなるのであります。いずれにしても、自己のためという個人を中心としたる標準では、他の者が幸福とならず、社会の不利となっては、それはまた自己の幸福とはならないこととなるのであります。

それゆえ、次には利他的標準を立てて、自己のためを計《はか》らずして、ひとえに他のため、社会のためを中心として考え、行為してゆくことを善とし、それに反対したる自己のためを考えることを、悪として考えますけれども、さていかなることが、真に他のため社会のためになるかと、精細に考えてゆきますと、それもどんなことが真の善であり、どんなことが真の悪であるかということが、わからなくなるのであります。

たとい利他を中心として行為することを善としても、それが少しも自己のためとならないならば、自分の幸福とは関係がなくなります。また自己のためとなっても、他《た》の者のためとならないならば、それも真に自分の幸福とはいえなくなります。すなわち自己を中心とすると他の者が苦しみ、利他を中心とすると自己が苦しまねばならなくなるゆえに、自利を中心として善悪の標準を立てることもできず、利他を中心として標準を立てることもできなくなります。しからば自己も衆他《しゅうた》も、衆他も自己も、個人も社会も、社会も個人も、同様に幸福にならねばならんのでありますが、この自利と利他とが同時に幸福になり、苦悩のなくなるということは、いかにすればよいかということとなると、そこにもまた、善と悪との標準について困らねばならなくなるのであります。

それゆえ、結果を中心として考えて、善悪をきめようとする結果論ともいうべきものが考えられてくるのであって、結果が悪しくなれば、行為したことは悪であり、結果が善くなれば、行為したそのことを善と考えるのであります。親不孝といわれた人が、成功して、立派な学者や政治家となって、社会のためとなったとき、昔の親不孝といわれたことは善であったこととなり、国賊である不忠であるといわれたその結果が、一国のためになったり国民の利益になったとき、過去の行為は善といわれるのであって、結果を標準として善悪をきめようとするのであります。しかし、それは後の時代となって過去を批評することであって、これから行為してゆこうとする者にとっては困ることであり、行為の標準とはならないのであります。

それゆえまた、目的論といいますか、意思論とでもいいますか、行為をするときに当たって善意の目的をもってやるのです。それが自己のためであっても、社会のためであっても、それが自利利他になるという善意を以てやることは、皆善であると定めようとする動機論というべき考え方であります。しかし行為の動機が善意であっても、必ずその結果が人のためになるかどうか、それは不定のことでありますから、善意で行《や》ったということを、必ずしも善ということは、けっしていえないのであります。

かく考えてきますと、平生には何とかかとか頭をひねり、理屈をつけて、いろいろに考えてやっていたことが、一つとして正しい標準のものということができなくなってしまうのであって、一切わからなくなるのであります。しかしわからないからといって、そのままに済ませられないことであります。自己を真に幸福たらしめんと願い、苦悩なからしめんと念願して、行為してゆこうとする者にとっては、是非ともこれが明らかにならなければ、一歩も確信ある行動ができないこととなるのであって、一歩一歩踏みしめて確実に前進しようとする者には、安定がなくなることとなるのであります。それゆえ自己の幸福を真に求め願う者にとって、善悪の問題は一大事件となるのであります。我々は日常生活中にはただ食うてゆくこと、すなわち肉体の存続するということのみを考えて、真に幸福になるということを願望しないものですから、さほど問題にしておらないのでありますけれども、幸福を求めて善悪を問題とすることは、求道者の当然の過程であります。しかしてかく善悪の標準が明らかにならないということは、真に困ったことであります。

困ることには、正しく困る方がよいのであります。わからないことはわからないと明瞭になることが大切であります。我が聖人は困ることには困られて、わからんということだけが明らかにわかっておられたのであります。それゆえ「善悪の二つ総じてもて存知せざるなり」と申されたのであります。すなわちこれこそ善であるということがわからなかったのであります。

二十五

仏の教えに従えば、殺生、偸盗、邪婬、妄語、綺語、両舌、悪口、貪欲、瞋恚、愚痴を十悪と申されておるのであって、すなわち殺生、偸盗、邪婬、妄語、綺語、両舌、悪口等の不仁、不義、不礼、不智、不信ということが生起してくるのは、その原因は貪欲心と瞋恚心から起こってくるのであって、貪欲を中心として思惟し行為しておるからであります。しかもこの利己的我欲中心の行為は、貪欲が満足せられない場合において、瞋恚の行為となるのであるから、それゆえ瞋恚心をも悪としておらるるのであります。しかして貪欲と瞋恚心との根元は、愚痴心のためであると申されているのであります。

善悪の行為の標準というものがわからない自分であるということからいっても愚痴でありましょうが、自己の真の幸福を願い、自己の苦悩のなくなることを念願しながら、自己の心は常に貪欲を中心として瞋恚心を起こし、殺生、偸盗、邪婬の心を起こし、その行為をなし、妄語、綺語、両舌、悪口の心を起こし、かつその行為をなしつつある自己を見るとき、いかに自身の愚痴であるかということに驚歎せられたのであります。

要するに、自利利他を念願して行為することが菩提心《ぼだいしん》であり、自己救済の真の道であり、自己幸福の道であるにもかかわらず、実際の場合に当たっては、善悪行為の標準もわからず、ただ貪欲中心、利己中心の十悪五逆の生活を出《い》づることのできない自己を観照して、そこに愚禿《ぐとく》親鸞と名告《なの》られたのであります。

善に対する標準がわからないのみならず、菩提心に違逆《いぎゃく》したる貪欲、瞋恚、愚痴の心のやまないということは、すなわち三毒の心から生まれた一切の生活行為は、これを悪と称すべきものであるという自覚であります。しかしかくのごとく善の標準がわからず、悪をやめる能力のない自分という者がわかっただけでは、まだ助からないのでありま す。真の幸福を願う者には、悪が善とならなければ、どうしても安心と満足はないのであります。すなわち助かるということは、悪が善となることであります。救わるるということは、自己の悪が善とせらるることであらねばならんのでありまして、他力本願はまさにかくせしめらるるのであります。すなわち念仏が転悪成善《てんあくじょうぜん》たらしめてくださるということが、私どもの真の救いであります。ひたすら善を求めてやまなかった聖人は、ついに本願念仏に逢って、はじめてそこに善悪の解決を得られたのであります。念仏が自利利他円満せしめたまうことによって、はじめてここに善悪問題の満足を得るのであります。

自利利他の念願は菩提心であり、菩提心の完成は涅槃《ねはん》であります。ゆえに涅槃に達することを目的とし、これを標準として善悪が定められているのであります。本願念仏を信ずるということは、他力によって涅槃に達せしめらるることでありますから、信心が善悪の標準となるのであります。すなわち信は至善であり、信に入《い》る助けとなることは皆善といい得るのであり、信に入《い》る妨げとなるものはすべて悪と名づけらるるのであります。

二十六

従来お話ししてきましたように、吾人は真善美を求めておる者であって、それが人間の生活というものであるということを、だいたいお話し致したと思うのであります。表面から見ますと、そういうものは求めているようにも思えませんけれども、心を潜めて静かに考えますと、この三つのものを探し求めておるのが人間の生活であって、その中でまず、善について大略お話ししてきたのですが、なお残っているのは、真と美ということであります。

真は真実であり、美は清浄ということであります。美というのは綺麗《きれい》なということで、仏前のお荘厳《しょうごん》を見ても綺麗であり、極楽浄土のお話を聞いても綺麗であります。それは美ということですが、経典のうえでは清浄という言葉で出ておるのであります。

二十七

ちょっと考えますと、真実ということは、学問のうえか何かでいうことのようであって、何の意味かわからないように思われるかもしれませんが、私どもの通常生活は、簡単にいいますと、お金を儲けるとか名誉を得たいとかということであって、いつも経典のうえで仰せられるように、それは名と利との二つを求めている生活であります。けれどもこの財産というものを求めて、無自覚ながらその約《つづ》まるところは、真実のものを求めたいのであります。名誉というものを求めておりますのも、現在のままでは、何か自分の心に飽き足らぬところがあるから、この飽き足らぬところを補うには、何か真実のものを得たいと思うところから、そのうえそのうえと求めたり、あるいは財産のうえになお名誉を、兼ね得たいと願うたりするのであります。もっともっと縦に積み重ねんと願うたり、横にいろいろのものを漁《あさ》ってみたりするのであります。あるいは財産がありながら名誉を求めたり、名誉がありながら財産を求めたりするのも、何か真実なものを心の中に求めているのであります。そして名と利とを、真実なものと思い込んでいるのが、我々の日常生活であります。仏から見れば、それは真実のものではなく、間違った生活であって、名誉のために働き利益のために働くということは、誤ったことであると、いつも教えられているのであります。しかるに我々は、名のためには命を捧げてもよいとか、利のためには一生を費やしてもよいとか、何でもかでもそうすることが真実であると、心のうちに思っているのであります。そうしてまた、財産によって満足できないというと名誉に走り、それさえ得れば、そこに真実が得られるように思って、一生懸命に名誉を得ることにつとめたりするのであります。ところがいつまでも一向幸福にならずに、いつもそこには悩みというものが残っているのであります。だから言葉を換えていえば、真実を求めていながら、真実が見つからないために、知らず知らずあれやこれやと、あせってばかり悩んでいるのであります。それは自分には意識しないけれども、衷心に求めているものは真実なものであります。若い人が恋愛に走って命を投げ出すようなことも、それは義理人情につまるのみならず、恋愛が真実なものであると思って、そのためには死んでもいいと考えるほどに、それを真実と思っているからであろうと思います。恋愛問題で死ぬごとく、名誉や財産問題で死ぬのも、同じ意味だと思います。こういうことばかりやっているのですから、静かに考えますと、我々の悩みというものは、真実を求めて真実が見つからないということであります。仏の教えというも、『大無量寿経』の上巻では、仏の御国《みくに》のことを書き、下巻では我々の国のことを書いておられて、先には真実のものを現わし、後には不真実なる世界の有様を現わしておられるのであります。上巻に真実世界のことをくわしく書かれておるということは、私どもの欲しいと思っているものを、示しておられるのであって、私どもが現実の世界において、毎日やっておるこの世界に、真実が見つからないということがわかれば、そこではじめて、真実の世界を願うようになるのであります。

二十八

「まことあることなし」と申されている「まこと」ということは真ということであります。真とは真実であり、また真実の反対は虚仮不実《こけふじつ》であります。虚《こ》とは実のないこと、仮はかりということであって、ともにほんものでないこと、あるいは偽《にせ》もの、すなわち騙しものというようなことであります。私どもはこの虚妄《こもう》を真と誤り、真と思っては仮《け》のものばかり摑んでいるのであります。だから、妄でなく偽でなく仮でない、そういうものを得たいのであります。実というのは中味のある本真《ほんま》ものということですから、外が真に見えて中味が偽というようなものではなく、外が真ならば、中味も真ということでありまして、すなわちまことということであります。だから真も実も一言にしていうと、「まこと」ということであります。あの人はまことである、あの人はまことでないという風に、私どもは真実のことを、外物と他人のうえにこれを求め、あるいは自分の内に求めようとするのであります。外にでもよい内にでもよい、真なるものが見つかれば、そのときに、私どもの心ははじめて満ち足るのであります。すなわち自分自身からも、まことというものが出るように思っていますけれども、それは考えが足りないのであって、まことというものはけっして我々の内から出るものではなく、真実ということは真如《しんにょ》ということであり、真理ということでありま す。真理というと理屈のようですけれども理屈ではありません。真実なるものということはいつまでも変わらないものであって、真理というよりしようがありませんが、そういうものが一つ見つかったならば、それで私どもは安心ができるのであります。そして本当の喜び幸せというものも、出てくるに違いないのであります。ですから親鸞聖人は、一言《いちげん》にいうと、真実というものを教えてくださったものだということができます。だから釈尊の教えは、金を得たいとも、名誉を得たいともいわれず、一向にただ真実ということを求められたのであります。

親鸞聖人でも、一生の間には、お金も欲しかったでしょう、名誉も欲しい、妻子も可愛いというように、いろいろなことが欲しかったのでありましょうが、しかしながらそれよりも、もっともっと大事なものを得たかったのであります。それは真の幸福となるには最も大事な、真実というものと清浄というものが得たかったのであります。それがために、最も悩み最も歎かれたのであります。九十に近づいてなお「真実の心はあり難し清浄の心もさらになし」と、そういう歎きをもっておられたということは、それを一生涯、求めておられたということであります。私どもも、だんだん教えを聞いておりますうちには、心が洗練されて、真実とはどういうものであるかということがわかり、そしてその真実というものさえ得れば、そこに真の智慧が湧き、喜びを得て、満足を得るようになるのであります。

ここに、清浄という言葉が出てきましたが、清浄ということは清らかということでありまして、前にも申しました通り、真実というものには清らかという性質があります。だから清浄は真実の属性であるといってもよいのであります。真実なるものは必ず善であり、真実なるものは必ず清浄でありますから、この反対に、我々の現実生活は、このままでは内界も外界も、善でなく悪ばかりであり、清浄でなくして、心も穢いのであります、また自分の心が穢いから、したがって住んでおる世界のすべてのものが皆穢いのであり、穢い身も穢い中に住んでいるから苦しみと悩みがやまないのであります。だからいよいよ真実と清浄というものを得たいと願われたのが、親鸞聖人の求道でありま す。

二十九

そこで、翻って私どもの現在の生活状態を考えますと、誰人《たれびと》も皆、真実というものを探している形であります。利とか名とか、一口にいいますけれども、その名と利とを根本としての、種々雑多の事柄があります。しかしながら種々多様に求めているその根元を尋ねると、ただ一つ真実というものを探しているのであります。お互い真実というものを探そうと致しますけれども、たいていは財産かあるいは名誉を、真実として求めるくらいの程度であって、しかもそれを真の真実と思い込んでいるのであります。つまり財産というもののうえに真実があり、それによって自他の一切の苦悩がなくなると考え、名誉というもののうえに真実があると思い、それさえ得れば自己の苦悩が助かり、他の苦悩も助かると思い込んで、それさえ得ればあらゆる幸いが来て、一切の苦しみ悩みというものが、皆消えてしまうであろうと考えているのであります。だから自分たちには財産と名誉を得ることが、畢生の事業であると考え、同時に誰人もそうでなければならぬと考えて、それが真理であると思っているのが、私どもの心であります。それを愚痴の衆生というのであります。人々は、はたしてそれを求めて、真実なものに会《かい》したのでしょうか。たとい私どもが日常欲しい欲しいと思っているものを得ても、それではたして真実というものが得られたのでしょうか。かく考えてみると、私が別に皆様に悪口《あくこう》を申すのではありませぬが、よく考えてみますと、名誉も利益も私どもの非常に好きなものではありますけれども、金なり物なりを増したというところに、真実というものが見つかったのでしょうか。くどくどしくは申しませんが、やっと苦しんで登りつめたところで、そこに真実が見つかったかというと、実はいつも失敗ばかりしているのではありませんか。世の中の人は皆、そこに泣いているのではないかと思います。またきっと泣くことがあると思います。何といわれても、登りつめてみねばわからないという人には、何とも仕方のないことですけれども、それは真の道ではないと、引っぱりもどして、どうぞ本当の道を進ませたいと念じてやみません。私はよく貧乏だといいますけれども、もっと厳密に申しますと、それは嘘であります。誰でも、今晩帰って明日炊く米がないという人は、おそらくこの中にはないであろうと思います。今晩帰って明日一円もないという方も、この中にはないと思います。してみれば、その人は皆、物の余っている方ですから、必ずそれは金持ちの部に属するのであります。貧乏と思うならば、それは心が貧乏なのであります。昔一円に困ったときがあっても、今日《こんにち》十円余っているからといって、満足であるとはいわないのであります。一万円でも乃至《ないし》百万円でも、同様でありましょう、そこにはますます自分のいろいろの願いが加わってきて、やはり安心ができず、喜びを感ずることができないのであって、常に望んでいるものが得られず、依然として不足な心のみに充ち悩んでいるのであります。だから財産を殖やしてゆくということは、そこに生活の便利はあっても、その財産を真実なものということはできないのであります。私でも、学校に行って学資金がなくて困っている時分には、金さえあればと考え、金には幸福になる真実性があると思ったこともありますが、今日《こんにち》は絹の着物を着たり、絹の座布団を布《し》いたり、人からは称賛されたり羨まれたりしますが、人から見るのと自分の感ずるのとは大違いなものであって、人から見ると非常に幸福者のように申されますけれども、それだけでは私自身にはそれを幸福と思われないのであります。それによって私という者が、本当の満足を得て安心ができないならば、それが真実のものであったということにはならないのであります。それで、これはどこまでゆきましても、教えを聞かないならば、不満足に悩んでおらねばならないこととなるのであります。そこには真実があるに相違ないと思って、いつまでも同じことを繰り返していてもだめであります。金を溜めてゆく間には苦しみがなくなるであろうとか、子どもが立派になれば苦しみがなくなるであろうと考えていますけれども、それはどこまでいってもそういうことはなく、かえって反対の現象ばかりが出てくるのであります。結句、名誉のなかったときの方が気楽であったり、名誉ができてからなお困るというようなことも多々あるのであります。こういうものさえ得れば、きっと幸福満足すると考えて進んでゆくと、その間に望んだそのものの味が、だんだん薄らいでくるようになってしまうのであります。

三十

かく真実性を物に求めて失敗しますと、次にはこれを人のうえに求めようとするのであります。したがって真実というものを、妻に求め夫に求めてゆきます、求めてゆくのはよろしいけれども、ないところへいくら求めていったってしようがないのであります。真実というものは先にも申しましたように、変わらないものでなくてはならぬのであり、そうして真の真実には、必ず慈悲が出てくるものであって、他を愛するという心の出てくるのが、真実というべきものであります。真実というものは必ず慈悲である、すなわち真実の智慧からは慈悲が出るのであって、真実の智慧というものは必ず、利他の慈悲に働いてゆくということになるのでありますから、自分の夫に変わらぬ真《まこと》があるか、真《しん》の慈悲があるか、自分の妻に変わらぬ真《まこと》があるか慈悲があるかと、こういうことになると、皆は失敗するのであります。彼らは自分を非常に可愛がってはくれる、あるいは自分の要求を満たしてはくれるけれども、本当にいつまでも変わらない、嘘でも偽りでもなく、どこどこまでも真実に自分を愛してくれるかどうか、こういうものを夫の肚《はら》の中に求めてゆきますというと、ついにはあると思ったものが、だんだん影を薄めてしまい、ここにはなかったという歎きに陥るのであります。ときどき夫婦が喧嘩をしたり争いをするというのは、その源は仲よくなりたいということでありましょうけれども、仲よくなりたいということは、どういうことかというと、真実を、できるならば夫のうえに見いだしたいのであり、心の底に私を愛して捨てない心があるならば、それを見いだし、それを摑みたいのであります。さすれば、したがってお金もくれるし、いうことも聞いてくれるし、世話もしてくれるに違いないのです。後の一切のものは皆付随してくるのですから、他人のうえに真実心さえ見つければよいのであります。もっと厳密にいえば、真実心というものを人間の心に見いだすことができればよいのです。だから不安な心になったり、あるいは喧嘩をしたり、あるいは恨んだりするというのは、あれかしと願うところにそれがなく、あると思ったのに、なかったということから起こるのであります。これを推究《おしつ》めてゆくと、偽りであった、偽りであってほんまものでなかったということであります。そこに涙が出たり、怒ったり怨んだりするのであります。表面は真実であるようであるけれども、中へはいってみれば空っぽであったのです。こういうことは、平常はできるだけ双方に隠し合っておりますけれども、どうもそうらしいということがわかったときには、すなわち真実がここにはなさそうだと知るときには、寂しくなり悲しくなって、じっとしておれなくなるのであります。だから、夫に真実があると思って頼りにしてきたのに、真実のないことがわかったときには、その女は、腹を立て泣いたり狂人になったり、自殺したり、他人を殺したりさえするのであります。我々はそれほどに真実を求めているものであります。それほどまでにゆかなくとも、真実というものがここにはないのかもしれないということが、ほのぼのと思えてきたときには、堪《た》えられなくなるものであります。それゆえ、ときには子どもの心に真実というものを製造しようとしてかかり、子どもこそは俺を捨てないようにしようと考え、常に努力して子どもを愛撫し、ひとえに子どもから真実を出そうとしているのであります。それもだんだんやってみると、鳥が鳶《とび》の卵を温《ぬく》めたように、次第に大きくなってくると、かえって自分を捨てたり、嫌ったり苦しめるようにさえなることがあります。まことに人生は悲痛の悩みであります。そのときに親は皆泣くのであります。自分の子どもに嫁をもらい養子をもらいますと、すぽっとあちらへ向いてしまって、愛してきた我が子は彼に奪われてしまい、子どもは自分の方に向かないようになって、ここに失敗の影を見るとき、堪《た》まらなくなるのであります。しかしながら、そもそもそういう真実のないところへ、頭を突っ込んでおったのが自分の誤りであって、その望みが破壊したと同時に、その中へ突っ込んでいた自分の頭も破壊するのであります。それゆえ、財産の中に首を突っ込んでいて、俺は何十万円何百万円できたぞといって、それを真に幸福だと思っていると、その財産が真実のものでないかぎり、それが破損したときには、自分の頭も割れるのであります。だから、うかうかと、不真実なものを真実と思っていることは、最も危険なことであり、最も不安なことであります。

三十一

私の知っている人で、以前何十万円かの財産が好況時代に三百万円ほどにもなったのでしたが、それがまた不況時代にはいって、一時にずんと財産が落ちて以前以下になったのです。それも任してあった友人のためであります。そうすると一ヶ月くらいの間に目方《めかた》が二貫目も減って、心の悩みは立っても坐ってもいられない心地となり、毎日歩いてばかりおったと申すことであります。ついにははじめてお寺の本堂にそっと坐って道を聞いてみたら、少しく心の落ち着きを得て、それから心が安らかになったというのであります。それも不真実なものの中に首を入れて安心しておったものですから、そういう悩みの結果になったのであります。また子どもという者が真実なものだと思っていると、子どもが自分を捨てたり、あるいは死んでしまったときには、病気になったり、狂人になったりせねばならなくなります。子どもに放蕩されて神経衰弱になった人もたくさんあります。乃至《ないし》人生の儚さに気が狂って死んでしまった人もたくさんあります。あるいは子どもが親に対する場合、あるいは夫が妻に対する場合、友だちに対する場合も皆同様であります。あるいは友だちと一緒に事をしておれば、間違いないと思い、それこそ真実の友だちを得たと思っていましても、もしそこに真実がなかったことを知ったならば、自分という者は立場を得なくなって苦しまねばならなくなります。こういう具合に考えてみますと、人間は絶えず真実を求めて、そうして真実を得ようと願っているものでありまして、しかも常に得られないで、失敗ばかりしているものであります。これはなぜかといえば、真実を外に向かって求め、物のうえに求め、あるいは人間のうえに求めているからであります、そしてそれが得られないために、常に悲しみ悩んでいるのであります。

三十二

しからば、最後はどこに求めんとするか、もう残るところは外側でなく、内側に求めるより仕方がないのであります。事業にも物にも、それから人にも、真実なるものを求めることができないとしたら、最後は自分の内に、真実を探してみるより仕方がありません。しかしながら、ここにも失敗せられたのが親鸞聖人であります。人にはないが自分にあるかと探してみると、自分にも真実というものが見つからなかったのであります。多くの人は、物や人のうえに真実がないことを怒ります、そして、自分にだけは真実があると考えているのですが、経に、「心口各異言念無実《しんくかくいごんねんむじつ》」と申されている通り、心と口と各々異なっており、またいうたことも思うたことも無実であります。心口各異とは、心にもないことを口にいい、口と心とまったく違うことです。あるいはひょっと心に思い口に出しても、すぐにその心が変わるのであります。あの人は気の毒だから世話をしてあげたいと思って、そういうけれども、翌日になるとほっておいたりするのです。思ったことは思ったけれども、実がないのです。いうたことはいうたけれども、しばらくすると実がなくなるのです。親鸞聖人は、真に欲深く肚《はら》の黒い者が我々であると申されました。そしてこういうものであっても本願は捨てたまわぬのであることを喜ばれたのであります。『唯心鈔文意《ゆいしんしょうもんい》』の中にいうてありますのは、この失敗の声であります。世の中の学者とか、宗教家とか、あらゆる人々は、俺の内心だけには真実があると思って、たとい、現在には、そんな心をもち合わさないとしても、そういう心になろうと思っておるのであり、そうして至誠を以て貫くなんどといっておるのであります。けれども静かに我が心を省みるならば、実はそんな真実のないのが我々凡夫の心であります。それは至誠を以て貫こうと思っているだけのことであって、それは思わないよりはよいかもしれないけれども、いくら思っても貫くようなまことは出てこない人間であります。釈尊が『大無量寿経』の中に、真実というものは如来である、如来は「欲想瞋想害想《よくそうしんそうがいそう》を起さず、欲覚瞋覚害覚《よくかくしんかくがいかく》を生ぜず」とありまして、貪欲瞋恚愚痴というようなものは起こされなかったとありますが、我々の中に、そんな人がどこにありましょうか。

三十三

欲想瞋想害想を起こさず　色声香味触《しきしょうこうみそく》の法に着《じゃく》せず　忍力成就《にんりきじょうじゅ》して衆苦《しゅうく》を計《はか》らず　小欲知足にして染恚痴《ぜんいち》なし
三昧常寂《さんまいじょうじゃく》にして智慧無碍《ちえむげ》なり乃至

と、かく仏の心というものを示されてみると、そこにはじめて真実というものが明らかに知らされるのであります。そういうものが我々にあるかどうかと我が心を調べてみますと、私どもの心にあるものは、貪欲の想い、瞋恚の想い、愚痴の想いばかりであり、すなわち人を害しようという心ばかりであります。そうして色声香味触、すなわち肉体的感覚的欲望ばかりに貪着している五欲生活であって、それは小欲知足の反対に、貪欲にして足ることを知らないのです。人を愛するかというと、人を愛したように見せて、実はあくまでも自分を愛し、心と口は各々異なって、言念に実がないのであります。それで真に欲深く肚《はら》黒い者が私であるという、真の自覚にはいられた親鸞聖人は、最後に自分の心の中にも真実のないことを自覚し、いくら叩いてみても真実は出てこないというところに、親鸞聖人の最後の絶望的悲哀があったのであります。そこで、自分はどこに落ち着くことができようかと、こういうことになって泣かれたのであります。自分がそうであるばかりでなく、人々も皆その通りであるのでありまして、すべての現実界はこういう人間ばかりで成り立っておるのですから、劫濁《こうじょく》、見濁《けんじょく》、煩悩濁《ぼんのうじょく》、衆生濁《しゅじょうじょく》、命濁《みょうじょく》という五濁の世と申すのであります。だから私の住んでおるこの現実世界では、外にも内にも真実というものがないのであります。真実がないということは、不真実のみでこの世界が成立せられておるということであります。それだから、そこに住する私どもには、いつまでも苦悩のやむときがないのであります。そこからは真の喜びというものはちっとも出てこないのであって、これでは何のために人間に生まれ、何のために働き、何のために死んでゆくのか、人生の意味というものが、さっぱりわからなくなるのであります。それゆえ、一生の努力は何の意味もないこととなり、汗をかいてただ苦しんできただけのこととなるのであります。かかる状態ですから人生を暗黒というのであり、『経』にはそれを「冥《めい》より冥に入り、苦より苦に入る」と申されています。まことに、人生一代の生存というものが無意義となり、苦から苦への流転であり、闇から闇へ流れゆく旅であって、真に生きがいのないこととなるのであります。それゆえ親鸞聖人は、真実というものが、どこかにないものであろうかと、これを内外に求めて、この世界中において失敗せられた聖人は、最後に如来の本願を聞いて、阿弥陀如来の救いに遇《あ》われたのであります。すなわち如来本願の御心《おんこころ》を聞き、その御心から長らくの修行をされたということを聞き、「菩薩の行を行じ給ひし時、一念一刹那《いちねんいちせつな》も清浄ならざることなく、真実ならざることなし」と、真実のみで拵《こしら》えてくださった世界であるということを聞き、そういう仏がいられるということが知れましたとき、絶望に泣いて地に倒れられた親鸞聖人は、驚き立ち上がって、その世界を憧れ、その世界に生まるることができることを喜ばれたのであります。それが「念仏のみぞまことにておはします」というお言葉であります。すなわち我々の求めておる真実というものを、親鸞聖人が代表的にこれを求め、代表的に得られたのであります。それを我々に知らしめ信ぜしめんとの大悲心が、親鸞聖人の教えであります。この教えを私どもが静かに味わいますときに、はじめて、この不真実なる世界にありながら、如来の光に接する幸福を受けることができるのであります。その意味が「煩悩具足の凡夫、火宅無常の世界は、よろづのこと、みなもて、そらごとたはごと、まことあることなきに、ただ念仏のみぞ、まことにておはします」というお言葉であります。

三十四

煩悩具足の凡夫、火宅無常の世界は、よろづのこと、みなもて、そらごとたはごと、まことあることなきに、ただ念仏のみぞ、まことにておはしますとこそ、おほせはさふらひしか。

ここに煩悩具足の凡夫ということと、火宅無常の世界ということがあります。煩悩具足ということは、我々の心の内のことであり、火宅無常の世界ということは、外界のことをいっておられるのであります。要するに、真実というものは、内にも外にもないということです。しかるに我々は、名誉ということにこれを求め、あるいは財産というものにこれを見いだそうとし、あるいは人間にこれを見いだそうとしますけれども、それらのものは皆、移り変わってゆくものであります。移り変わるもののうえには安心することはできないのであります。

「三界《さんがい》安きこと無し、猶《なお》し火宅《かたく》の如し」ということを『法華経《ほけきょう》』に申されておりますが、いまのお言葉もこれから出たのでありましょう。ちょうどこの世の中は火事場のようなものであって、ちっとも心が落ち着かないのです。常に後ろから火が追っかけてくるような心地であって、これではならぬこれではならぬと、夜も昼も休む暇なく、少しも我が心は落ち着かないのです。つまり無常のものを頼んでおっては、どうしても安心は得られないのであります、満足というものは得られないのであります。この世界では、自分の心も変わり、人の心も変わります。名誉も変わりやすいが財産も変わりやすい。この変わるということが真実でない証拠であります。この変わるものを摑まえて、真実と清浄を求めて、何でも変わらないようにしようと努力するのですが、そこには真実性がないために、安心を得ることはできないのであります。さればといって、自分の心のうちを調べてみると、たくさんな間違った心ばかりであって、真実がないのであります。煩悩というものは不真理な間違った心であります。自分の思った通りにゆくならば、人間に苦しみはないはずです。苦しみがないようにということは、真理がわかって、自分が真理と同じものになるならば、真実ということが申されるのであり、永久に幸福になることができるのであります。真実でない間違った心ばかりが、我々の心のうちにあるということを、最も簡単に申されたのが『大無量寿経』でありまして、『大無量寿経』の中には、人間は貪欲瞋恚愚痴という三つの悪心を根本として、いろいろのことをやっているのであると説いてあります。我々の心のうちには善い心は揃っていないが、悪い方の心は皆揃っているということが、煩悩具足ということであります。

三十五

『口伝鈔《くでんしょう》』の中に申されております言葉を、ここに挙げてみます。

聖人のおほせとて、先師、信上人のおほせにいはく。世の人つねにおもへらく、小罪なりともつみをおそれおもひて、とどめばやとおもはば、こころにまかせてとどめられ、善根は修《しゅ》し行ぜられんとおもはば、たくはへられて、これをもて大益をもえ、出離の方法ともなりぬべしと。この条、真宗の肝要にそむき、先哲《せんてつ》の口授《くじゅ》に違《い》せり。まづ逆罪等をつくること、またく諸宗のおきて、仏法の本意にあらず。しかれども悪業《あくごう》の凡夫、過去の業因にひかれて、是等《これら》の重罪をおかす、これとどめがたく伏《ふく》しがたし。また小罪なりともをかすべからずといへば、凡夫こころにまかせてつみをばとどめえつべしときこゆ。しかれども、もとより罪体《ざいたい》の凡夫、大小を論ぜず、三業《さんごう》みなつみにあらずといふことなし。

我々の心というものは、貪欲瞋恚愚痴を根本として、それから一切の行動が出ているのであります。だから口にいうこと、心に思うこと、身に行うこと、皆罪悪でないものはないこととなります。それゆえ煩悩具足と申されたのであります。かくのごとく外界は火宅のようなものであって、無常の世界であり、内界は煩悩具足であるから、つまり真実というものは、外にも内にも求め得ないのです。そこでこの火宅無常の世界において、煩悩具足の心をもってする我々のやることは、よろずのことみな以てそらごとであって、真実の意義がないこととなるのであります。「たはごと」というのは、たわけふざけたようなことであって、何の真実味もなく、酒に酔った人のように、思ったこともいったことも、皆本心の実のないことばかりであって、実は何のとりとめもなく、皆それは戯《ざ》れごとのようであり、善と思ったことも誤りであり、真実と思うたことも間違いであり、清浄と思うたことも皆うわ言《ごと》のようであり、狂人か酒の酔いか、または熱に浮かされたようなことをやっているものであります。昨日までは幸福と思って喜んでおったことも、今日《こんにち》は不幸となったり、善いと思ってしたことが悪くなったり、悪いと思うておったことが善くなったりして、この世界の事々物々には、外に真実というものが一つとして見つからないのみならず、自己の内にも「まことあることなし」と歎いておられるのであります。

三十六

釈尊は『大無量寿経』の下巻に、いろいろと現実の有様を細かに説いていられます。お前たちは悩んでおるばかりではないか、その苦しみ悩みということはどこから出てくるのかというと、それは三毒の煩悩というものから出ているのである。三毒の煩悩というものをもう一つつきつめると、それは貪るということ、貪欲ということから出ているのである。それであるからお前たちの世界で考えたことは、どれだけ苦労をしても、そこには清浄性も真実性もなく、苦しみがなくなって安心になるということはないのである。それゆえ汝の世界の不真実なることは、いつまでやっても苦しみが深まるばかりであって、どれだけ行っても闇の世界である。それはけっして光明の世界とはならない。したがって夜が明けたような喜びというものは、出てこないと教えてくださっているのであります。ですから下巻の教えの意味は、一言《いちげん》にしていえば、貪という一字におさまるのであります。貪欲瞋恚愚痴といっておられるけれども、要するに貪という一字にきわまるのです。この『大無量寿経』の三毒段五悪段の説法は、一言にしていえば貪ということであります。私はこれを発見して大変喜んだことであります。昔、学校にいた時分、長い間、この貪という字ほど邪魔になった字はなかったのです。ただ欲だけでもよいではないかと思ったことさえありましたが、よく考えると、欲だけでは尽くせないのであります。三毒の煩悩といいますけれども、一字にしていえば貪である。ところが我々は何とか理屈がいいたくなって、承知できなかったのですが、よくよく考えてみますと、貪欲という心が、私どもの考えと行いとの中心でありまして、貪なるがゆえに不清浄であり、不清浄なるがゆえに真実でないということですから、これが一切の苦しみを産んでくる根元であるということであります。またそれは是非ともわかっておらなければならないことだと思います。

三十七

真実ということは、必ず清浄でなければならないのですが、これに反して、我々の不真実の源は貪欲であって、利他はその反対の真実であります。貪欲はすなわち利己であり、自分の幸福ということばかり考えているのであります。これは普通当然のことのようにいいもし、考えもしておりますけれども、それが自分をだんだん苦しめてゆく原因であることを知らねばなりません。貪心は自分を愛しているようで実は反対であって、きわめてつまらないことであります。しかし、それをやっている間は気持ちがよいかもしれませんが、それは愚痴のためであります。酒を飲んだり美味《うま》い物を食べたりして、我意を通してひたすら貪っているということは、そのときはよいけれども、最後はきっと自分を苦しめることになるのであります。それゆえそれは真実のこととは申せないのであります。また自利の反対に利他という言葉がありまして、法蔵菩薩が修行せられるときの言葉にも、自利利人《じりりにん》、人我兼利《にんがけんり》、自分をも利し、我をも人をも、兼ね利するという言葉があります。同時にまた自害害彼《じがいがいひ》、自分を害し彼をも害する、彼此倶害《ひしくがい》で、彼をも害し我をも害するというようなことを、遠ざけられたのであります。それは真実の心であります。つまり自己の幸福ということは、貪るだけではいけないのであって、貪るということは、終《しま》いには自分を害し人をも害することになるのであって、つまり彼も我も倶《とも》に害を蒙って苦しむこととなるのであります。それを真実ということはできないのであって、幸福を求めながら不幸という結果に沈んでゆくばかりであります。貪れば貪るほど、私どもは苦しみが深まってゆくのです。ここでいつも私のいうことですが、それをやめられないのが凡夫でございますということは、しばらくいわずに、静かに考えてください。もしそういうて考えずに逃げるならば、親鸞聖人の教えは何の尊さもないこととなってしまいます。

三十八

もし私に真実の幸福ということが、ほんの一時でも味わい得るとせば、それは人を利し自分を利するということであって、人も我も倶《とも》に兼利《けんり》するときであり、それが私の一番幸福なときであります。これも金とか食物というくらいのところでは浅薄なことですが、心のうえ、道のうえのことでは必ずさようであります。浅い深いはしばらく別として、現前の道理として、自分も人も幸福になったそのときが、一番私の心が安楽なときであります。ただ自分だけを利し貪るということは、思うだけでも苦しいことです。人はどうでもよい、俺だけよければよいといってみても、きっとそれは後になって、気持ちのよくないこととなります。もしそのまま進んでゆけば、必ず苦しみが深くなってくることとなります。もし親にでも、子にでも、兄弟にでも、本当に心から物が与えられるときが、私の一番幸福なときであります。自分は自分の生活として、家族をもってゆかねばなりませんから、何ほどでも、欲しいだけやるということはできませんけれども、これだけは頒《わ》け与えてもよいと思い、与えることができて、先方が喜んだときは自分も嬉しいのです。これは卑近な一例ですが、自利利他はいま一歩つきつめれば、ただ利他となるのでありまして、その利他の心持ちというものが、本当の幸福であって、真実の幸福ということは、できるだけ多く、そういうことができるかできないかであります。完全にできるできないはしばらく措いて、真の幸福というものは、そういうものでなければなりません。そしてまた、『大無量寿経』なり親鸞聖人の教えてくださったことは、真実の幸福は利他の念願満足にありということであります。釈尊が我々の不幸の源である、唯自利《ゆいじり》の貪欲心を打ち破ろうとし、また我々から利他の恵施《えせ》の心、慈悲の心を出さそうとして、そこから幸福の道が始まるということを教えてくださったのは、実に偉大な教訓であり、真に感謝すべきことであり、また偉大なる発見であると思います。だから難儀な人を助け、また悩む人を満足させて、そして私が不幸を感ぜずに、しかも他《た》の者がすべて喜びの方に向かってゆくことは、自分の最も幸福なことであります。

三十九

ところが、我々は煩悩のために、日常それを忘れているものでありますから、知らぬ間に、貪というところに帰ってくるより道がないこととなるのであります。それは真実の智慧の眼が開かないからであって、これが哀れな凡夫の姿であります。だから経典を披きますと、自利利他ということが、あらゆるところに出ているのであります。ただ自利を考えているということは、貪欲道ということになり、この道はけっして幸福の道でなく、これは不真実の道であるのです。だから自利と利人《りにん》ということ、人我兼利《にんがけんり》ということが、人間の真幸福としての理想であらねばならんのです。それではどういうことをするのが真実かといえば、利他円満ということであります。すなわち自利利他ということであります。仏になるということはどういうことかというと、真幸福である利他円満ということができるようになることであって、それは幸福の至上であります。自分が念仏によって自利利他円満の満足を得ることは、信心によって利他円満の自覚に入《い》ることであります。これが自分に最も幸福なる真実の道であります。

四十

自分だけに都合のよいことをしていると、他の者は苦しまねばならぬこととなり、それは自利なれども利他とはならないのです、すなわちそれは真の幸福ではありません。それならばただ布施の行というように、欲をやめて、いくらでも人のためにやっておると、我が身がつぶれてしもうて、ついに利他ではあるが自利とならないのであります。家内の者には要《い》るだけの金をやりたい、兄弟にも欲しいだけのものをやりたい、友だちや他人が困っているのも、皆助けてやりたいと思っても、そうすると自分が苦しまなければならんというのが、現実の我々の苦悩であります。だから本当の理想は、自分という者が困らないだけでなく、そして他の者も幸福になること、自利と利他とが円満するということでなくては、本当の幸福とはいえないのであります。涅槃ということは、そういうことをいったのであります。すなわち自分のことをやっているのが、おのずからそれが利他となり、利他のことをやっているのが、おのずから、それが自利となる。自利即利他、利他即自利というようになりたいのであります。そういうことが発見できるならば、それこそ真実というものであります。釈尊の教えは、この真実の道を教えられたものであります。自利だけで利他が欠けてもやはり苦しい、利他だけで自利が欠けてもやはり苦しいのです。それゆえ自分のことばかり考えてみて、他のことを考えずにおったり、あるいは他の者のことばかり考えていて、後になって自分が困って泣いたり、それでは自利利他円満ということはできないのであります。我々の真に得たいと望むことは、自利利他の円満するということであります。涅槃ということはそういうことであって、念仏ということはそれをさせてくださることであります。念仏を真に信じ喜ぶこと、それでよいのです。念仏は如来の真実であり、念仏に万善万行《まんぜんまんぎょう》恒沙《ごうしゃ》の功徳があるということは、そのことをいうのであります。「不可称不可説不可思議の功徳は行者の身にみてり」とはそのことであります。すなわち南無阿弥陀仏を信ずれば、自利と利他とが円満するのであります。念仏ということは、自利を満足し利他を満足することでありますから、「念仏のみぞまことにておはします」のであります。念仏こそは真実であったということであります。今日まで、外に求めて得ず、内に求めて得られなかったものが、いまや念仏によってそれに会えたのであります。この念仏というものは、自利利他を円満せしめんとする、如来真実の世界から来ているものですから、それを信ずることによって、自利利他円満の幸福《しあわせ》にはいることができるのであります。念仏をほかにして他の何もののうえに求めても、またいずこにいかほど探し求めても、自利利他を円満する真実というものは、見いだし得ないのであります。ここに達するまでには、いろいろのことにも遭遇するでしょうけれども、最後はここまでゆかなければ、私どもの現実である不真実なる生活、悩みのやまない生活が、真実を得て満足することは、もう他にはけっしてないのであります。こういうことをいっておられるのが、「念仏のみぞまことにておはします」というお言葉であります。

四十一

清浄ということは貪の反対であって、仏教ではいつも、清浄と真実とを一緒にして申されております、すなわち清浄真実というようにいい習わされております。すなわち貪は清浄でないということであって、自分の心が清浄でないから、自分の住む世界も清浄でないのであり、自分の住む世界が清浄でないから、苦の世界となるのであります。それゆえ我々の世界を穢土《えど》というのであります。如来の国は清浄なる国土であって、なぜ清浄であるかというと、如来のこころが清浄であったからであります。すなわち如来清浄の願心より発起《ほっき》されたものであるから、浄土は如来の無貪《むとん》の善根《ぜんこん》より生ずと申されています。私どもの生活はすべて貪欲心というものから出たものであり、したがってすべてのものが不清浄ということになり、また真実というものがそこにはないわけであります。如来の清浄ということはまったく利他ということであります。如来は十方衆生の悩む有様を見て、大慈悲を起こし、そして他力廻向心を以て、如来の願行が、だんだん運ばれたのであります。その世界はどんな世界かといいますと、如来の利他心から出たものですから、一事一物に至るまで、皆清浄であり、仏をはじめ菩薩や聖衆《しょうじゅ》に至るまで、その他山も、川も、家も、鳥も、一切のあらゆるものがすべて皆清浄であります。清浄なるがゆえに安楽なのであります。なぜであるか、それは利他をするということが自利であるという、大慈悲心からできあがったものであるから、その国はすべて清浄土であります。これとまったく反対に、私どもの国は貪欲から出てきているから、何ものでも、あらゆるものがすべて穢いのであります。それゆえ浄土は安楽のあるところであり、穢土は苦悩のあるところとなるのであります。だから貪欲でなく、自利でなく、利他心から出たものを真実というのであって、その利他心というものは、心《こころ》も利他なれば、行いも利他であり、それからできあがったすべてのもの皆が、その精神を以て一貫しておるのであります。私どものいま住んでおる国は、苦しみに満ち、悩みに満ち、不真実に満ちているということが、わかればわかるほど、この清浄真実ということを切に願って、浄土願生《じょうどがんしょう》の心が起こってくるのであります。これは人生に醒めたる人の、欲願せざるを得ない念願であります。

だから、真実と清浄というものは離れないものであります。真実なるがゆえにそれは清浄であり、また清浄であるということは必ず真実であります。それゆえ菩薩の行を行じたまいしとき、一念一刹那も真実ならざることなし、清浄ならざることなしと現わしておられるのであります。いまやその真実ということと清浄ということが、念仏によって出会えたのであります。

四十二

もう一度繰り返していうと、私どもは貪欲瞋恚愚痴というものを心の根本としておりますが、それは貪欲が中心であり、貪欲が思うようにゆかないところに腹が立ち、腹が立つから、何でも幸せになろうと考えて、また貪欲をやるのです。それは愚痴なからであります。つまり私どもが朝から晩まで腹を立てて苦しむということは、私どもが愚痴なる本性を曝露しておるのであります。

貪欲から瞋恚、瞋恚から愚痴へと、こういう廻り方をしているのが我々の日常の生活状態であります。この廻り方はそれをいつまで続けておりましても、永久に幸福とはならないのであります。なぜかといえば、それが不清浄、不真実なる廻り方であるからであります。ところがも一つの廻り方をいえば、清浄から歓喜へ、歓喜から智慧へという廻り方であります。

何とかしてかく変わらなければならないのですが、それは我々には全然縁のないことでありましょうか。

我々の現実の世界は、貪を中心としているから、穢土《えど》となり苦土《くど》となるのであり

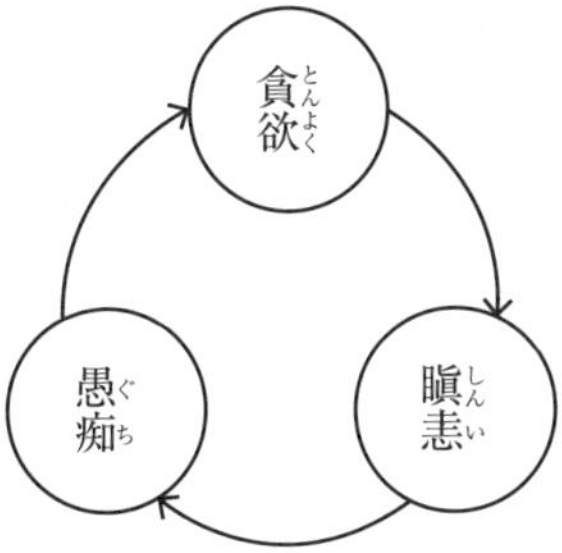

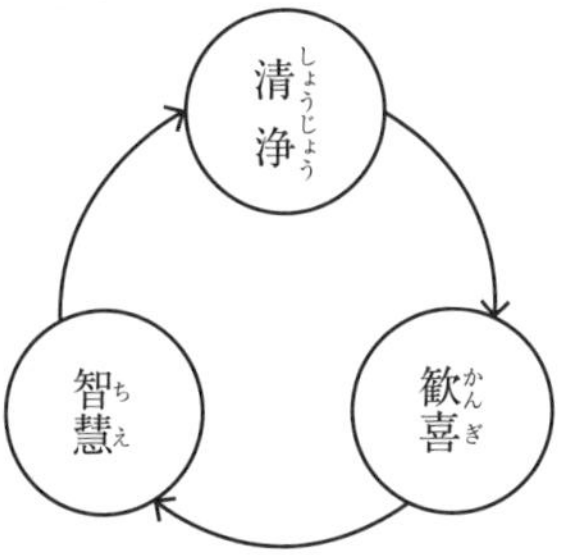

ます。ところが如来の国は清浄が中心となっておって、清浄は利他ですから、慈悲であって貪ではありません。利他の慈悲心でありますから、そこには歓喜というものが生ずるのです、一時的であっても、誰でも利他ということのできたときが、一番心が豊かとなって喜びとなるものであります。しかるに我々の自性《じしょう》は貪欲でありますから、ちょっと利他をやってみてもまた元へ戻るのです、けれども少しでも利他をやったときには、そこには真の喜びがありますごとく、人が喜んでくれたというほど、愉快なことはありません。ですから利他清浄ということは必ず歓喜ということを生むのであります。しかしこの歓喜を生む利他ということは、真実の智慧からでないと出てこないのです。我々は智慧の反対の愚痴でありますから、すぐ貪が出てくるのですけれども、真の智慧からは、この清浄と利他ということが出てくるのであります。この貪欲、瞋恚、愚痴の世界は現実の世界であります。清浄、歓喜、智慧の世界は如来の世界であり、我々からいえば理想の世界であります。けれども我々が助かるということは、この、現実の世界と理想の世界との間に、何らかの関係がついてこなければならんのであります。我々が助かるということは、この二つの世界が通うようになることであって、そうなってはじめて、いままでの悩みが喜びとなり、いままでの不安が安心となるのであります。それでこそ真実の幸福ということがわかってくるのであります。その道というのはすなわち念仏であります、念仏はこの理想の世界、真実の世界のものであって、その真実の世界からこの現実の世界に廻向せられたものであり、私どもを救わんとして現われておられるものであります。されば念仏を信じた心はどういうことになるかというと、自性としては貪欲、瞋恚、愚痴の廻り方ばかりであったものが、清浄、歓喜、智慧という廻り方をするようになってくるのであります。念仏を信ずるというだけでは、意味が明瞭しませんがつまり清浄、歓喜、智慧ということになるのであります。如来を清浄光、歓喜光、智慧光と申し上げるのは、私どもの貪欲の心を打ち破って、私どもの心のうちに利他の慈悲心を発《おこ》させようとしていられるのであり、私どもの瞋恚の心を打ち破って歓喜が出てくるようにしようということであります。また愚痴の心を打ち破って真実の智慧の出てくるように、しようとしておられることであります。念仏を信ずることは、即ち智慧を得ることであり、清浄と歓喜とを得ることであります。もちろん「念仏のみぞまことにておはします」ということは、ただ念仏を称えることだと思ってはなりません。本願の念仏を信じて喜ぶということは、私どもが真の智慧を得ることであって、貪欲、瞋恚、愚痴という廻り方をのみしておったものが、清浄、歓喜、智慧の廻り方に一転させてくださるのが、念仏であります。それは念仏が真実の智慧であって、清浄の徳をもち、歓喜のはたらきをもちたまうからであります。念仏なかりせば、私どもは一生涯、救いというものに会わず、体も心も悩み苦しんで、闇より闇にさ迷い、苦しみより苦しみに沈むよりほかはなかったのであります。しかるに、ただいまこの清浄真実の念仏によって、苦悩から安楽に、暗がりから明るみに出ることができるようになったのであります。それゆえ「念仏のみぞまことにておはします」とは、念仏のみが真実の智慧であって、理想の世界、真実の世界、如来の世界より、この現実世界を照らす光であったと喜ばれたのであります。

道光明朗超絶《どうこうみょうろうちょうぜつ》せり　清浄光仏《しょうじょうこうぶつ》とまうすなり
ひとたび光照《こうしょう》かふるもの　業垢《ごうく》をのぞき解脱《げだつ》をうう

慈光《じこう》はるかにかふらしめ　ひかりのいたるところには
法喜《ほうき》をうとぞのべたまふ　大安慰《だいあんい》を帰命《きみょう》せよ

無明《むみょう》の闇《あん》を破《は》するゆへ　智慧光仏《ちえこうぶつ》となづけたり
一切諸仏三乗衆《いっさいしょぶつさんじょうしゅ》　ともに嘆誉《たんよ》したまへり

無碍光仏《むげこうぶつ》のひかりには　清浄歓喜智慧光《しょうじょうかんぎちえこう》
その徳不可思議にして　十方諸有《じっぽうしょう》を利益《りやく》せり

智慧の念仏うることは　法蔵願力《ほうぞうがんりき》のなせるなり
信心の智慧なかりせば　いかでか涅槃《ねはん》をさとらまし

六、念仏の世界

煩悩具足の凡夫、火宅無常の世界は、よろづのこと、みなもて、そらごとたはごと、まことあることなきに、ただ念仏のみぞ、まことにておはしますとこそ、おほせはさふらひしか。

一

「念仏のみぞまことにておはします」というお言葉で、『歎異鈔』の主文が終わりになっておりますから、念仏ということについて話そうと思います。

前からお話をしてまいりましたように、私どもの心なり身なり、我々の住んでいる世界は、皆不真実なものであって、不真実なるがゆえに真実なるものを求めてやまないのであります。しかしながら、真実なるものが見いだされたかと申しますと、真実なるものはついに見いだされなかったということを申されましたのが、前半のお言葉でありまず。しからば我々は真実なる世界をいずこに見いださんとするのかというと、もはやそれは断じてこの世界にはないのであって、彼《か》の世界すなわち彼《か》の土《ど》にのみあるということであります。それゆえその真実の世界とこの不真実の世界とを連絡して、それが一つになるということがなければ、私どもは助からないのであります。その真実の世界と不真実の世界を連絡するものがすなわち念仏であります。連絡といっても、右の池と左の池との通路というようなものでなく、一つの鏡の裏と表といってもいいのです。しかし、そういってもなお誤解しやすいものですから、やはりこんな言葉を用いられたのであります。ここでお話をせなければならぬことは、真実の世界すなわち彼《か》の土《ど》ということと、不真実の世界すなわち此《こ》の土《ど》ということであります。前に申したことがあります通り、彼の世界は真実であり、善であり、また清浄な世界であります。私どもは実《まこと》にそういうものが欲しいのでありますけれども、いかに此の世界を調べてみても、自分の心の内にも外にも、真実なものはないのです。此の世界のどこを探しましても、また何を取りあげてみても、一つとして真実なものはないのであります。また何もののうちにも清浄というものがなく、皆すべてが貪欲から出たものであり、利己中心から出たものばかりであって、そういう貪欲な利己的な考えで充満しているのですから、自分の内を見ても、我が心は汚穢《わえ》不浄《ふじょう》であり、不清浄極まるものであります。心が穢いのだから外物もまた穢いのであって、腐肉の器は器も穢いようなものであります。かく自分の心も罪悪であるが人の心も罪悪である、自分も穢悪《えあく》不浄《ふじょう》であるが人も穢悪不浄であります。此の世界において、善人悪人などといっても、それは穢悪不浄の中の黒白《こくびゃく》にすぎないのであります。すなわちそれを劫濁《こうじょく》、見濁《けんじょく》、煩悩濁《ぼんのうじょく》、衆生濁《しゅじょうじょく》、命濁《みょうじょく》といって、五濁の世界というのであります。かくのごとく私どもの内を眺めても外を眺めても、そこには真実もなく清浄もなく、善もないのであって、その反対に、如来の国というものは真実なものであり、清浄なものであり、至善なるものであります。かく、此の世界と彼の世界との相異が、我が心にハッキリするということが、大事であります。しかるに、自分の内なり、此の世界のどこかに、真実があるであろうなどと思っておりますと、道はいつまでも得られないのみならず、真実のない世界においていかほどそれを探してみても得らるるときはありませんから、結局、いつまでも苦しみは絶えないこととなり、むしろ苦悩が深まってゆくばかりとなります。したがって癇癪《かんしゃく》を起こしたり、泣いたり、怒ったり、怨んだり、死んだりしなければならぬこととなるのであります。しかるに聖人のごとく、釈尊の教えによって、此処《ここ》にはないということを知り、それは彼処《かしこ》にのみあるということを聞きますときに、それはいまだ自分のものとはなっておらないまでも、求めて得られなかった我が心に、彼処にあるということが知らされたのは、それはまさに一道の光明であって、心強いことであります。しからばいかにすれば、彼《か》の世界の真実に達することができるかという問題となって、彼の土というものと此の土というもの、すなわち真実の世界と不真実の世界とが、何らかの相《すがた》において相通ずるか、あるいは一つになるかすることによって、私どもはそこに満足もし、はじめて救わるることになるのであります。信ということによって、まったく異なれるこの二つの世界が通ずることとなり、一致することとなるのであります。それが助かるということであります。これを仏凡一体《ぶつぼんいったい》ともいい、機法一体《きほういったい》ともいうのであります。

二

退いて、人間の苦しみというものは、いったいどういうものであるか、また救わるるということはどういうことであるかを、明らかに知らねばなりません。仏教を聴いて、どうもわかったようでわからないとか、一向要領を得ないなどといって、いつまでも皆が困っておられるのをよく聞くのですが、いくらたくさん聴いても、それが心に纏《まと》まらなくては、だんだんわからなくなるばかりであります。聞法ということによって、散漫な心が整ってこなければならんのであります。それゆえ最後に仏の教えとは、我をいかに救うのか、また何を救うのか、また我々は、いかに救われ、何を救わるるのかということについて、少し話そうと思います。

仏の教えは、我々人間のもっておる人生苦を救わんとしていらるるのであります。その人生苦とは最も簡単に申しますと、生老病死の四苦ということであります。これは釈尊も親鸞聖人も常に申されているのであります。我々には生きてゆくという苦しみがあり、老いてゆくという苦しみがある。また病むという悩みと苦しみがあり、死なねばならぬという悩みと苦がある。これをいかにすべきかということが宗教の問題、否、人生の最大問題であります。それはまた我々人間の避くべからざる問題であります。なお詳しくいうときは、これを八苦と説かれまして、第一は求不《ぐふ》得苦《とくく》といって、物を求めて得られないという苦しみが我々にはあるのであります。第二には怨憎会苦《おんぞうえく》といって、怨みある者、憎い者と会わねばならん苦悩であり、第三には愛別離苦《あいべつりく》といって、可愛い者と別離せねばならぬ苦悩であります。第四には五陰盛苦《ごおんじょうく》であります。これは五つの陰《おん》あるいは蘊《うん》といいますが、新訳と旧訳の相違で字が違うのですが、意味は同じであります。前にくわしく書いたことですが、我々人間は、色受想行識《しきじゅそうぎょうしき》という五種の蘊集《うんじゅう》でありまして、色蘊《しきうん》というのは色《しき》は物質であり、後の四つは心のことであります。すなわち物質と心との関係であって、これは我々個人の肉体と精神の関係についていったことでしょうが、骨なり血なりこういう物質があるが、その肉体はかかる色の集まりであって、それによって自分の心がある感じを受けて、一つの想念を起こして、長いとか短いとか、赤いとか黒いとかという想念が起こり、次にはそれらを比較してはじめて認識を起こしてくるから、識蘊《しきうん》となるのであります。色《しき》から心が感受して想《そう》となり、行《ぎょう》となり、識《しき》となって、私どもの心が苦と楽とを感ずるのでありま す。つまり物が心に関係した状態を五蘊というのであります。ゆえに小にしては肉体と心の関係でありますけれども、広くいえば外界の一切の事物を、肉体の五官が感受して、心の意識となるのですから、一切の外界物質と心との関係についてのことであります。私どもは外界の物質でも肉体でも、意識でも何でも彼《か》でも、それが盛んになれば大変幸福になると考えているのですけれども、肉体なり精神なりが盛んになるということは、必ずしも真の幸福といえないのであって、それはかえって苦しみ悩みであります。また肉体以外の事物でも、あまり大きく盛んになれば苦が大きくなるのであって、たとえば子どもがたくさんあると幸福だと思って喜んでいますけれども、実はそれは苦になっているのであり、金がたくさんあり、借家がたくさんあり、財産があるということは、幸福と考えるのが常でありますけれども、それは五蘊といって積み重なりが、だんだん盛んになればなるほど苦悩が盛んになるのだと、申されているのであります。こういう風に、苦は四つに分けることもできれば、八つに分けることもできます。もし一切の苦しみというものを要約していいますと、これは生苦《しょうく》といってもいいのです。生きておるからして求める、求めるからして得られぬという苦しみが起こる、生きてゆきたいと思うことから生きる苦が怨憎会苦となったり、生きてゆくということがあるから別れるということがあって愛別離苦が起こり、生きているからして、物は盛んにしたいと思います、盛んになるというと五蘊盛の苦しみとなるのですから、一切の苦は生きてゆきたいという願いから起こってくるのであります。それでひっくるめて生苦という一つの苦になってしまうのであります。したがって、生きておれば老苦があり、病苦があり、死苦がある、それゆえ生老病死の四苦といっても、この生苦の種々相であります。あるいはまた生きてゆかんとすることは、死から遠ざからんとすることであるから、死苦を免れんとして、あくまでも生を願うのであり、生を願い死を厭うところに、四苦八苦となって悩まねばならなくなるのですから、四苦八苦は要するに、死苦の種々相であるともいえるのであります。

仏教において、死の問題の解決を重大視せられておるのはそのためであります。死を問題とするときにはいっそうの厳粛味があるからであります。とにもかくにも、我々が真の幸福となるということは、この四苦なり八苦なりが、なくなることであらねばならんのであります。だから仏法を聞き道を求めるということについて、いろいろな難しい話を聴くもよろしい、理論の好きな人は理論を考えるもよい。思想の高い人は深遠なる真理を聴いて、種々の方面から味わうもよいのですが、その要点はいずこにあるかといえば、この四苦なり八苦なりの人間苦をなくしたい、この苦しみから離れたいということであらねばなりません。それゆえ常に出離生死《しゅつりしょうじ》とか、生死解脱《しょうじげだつ》とかいわれるのでありまして、仏教の要旨は、何とかしてこの生と死との苦より離れしめんとすることであります。我々がいかに考えても、いかに努力しても、それによって、こういうことにならなければ真の幸福とはいえないのであります。人間の願いとしては、種々な考えを起こしたり、種々な行動をやったりしますけれども、一向に、この人生苦の去らないのが現状であります。依然として常に前途は闇黒であります。これが人間として真に自分のために考えなければならぬ問題でありまして、その問題の解決する道を知らしめんとしていらるるのが、仏教であります。かく人生問題の四苦八苦というものを最も簡単に現わそうと思って、仏教では生死問題と申しておるのです。ひっくるめていえば、生死というものが一切の人生苦であります。生死のあるところ、それは苦界であります。これをもう一つ簡単にいえば、生だけの苦といってもよろしい、死だけの苦といってもよいのです。人生苦とは生きてゆく悩みといってもよいのであります、また人生苦とは死に対する悩みであるといってもよいのであります。すなわち、生の悩みをなくし、死の悩みをなくして、一切の生と死の悩みを出離したる、新生の道を教うるものが仏教であります。それゆえ、仏教という教えは死の教えではなくして、生の教えであります。あくまで生を求むる教えであって、完全なる生を求めてやまない教えであります。人生苦としては、必ず八つの苦が起こってくるのですけれども、その苦をなくして、そして、もっと真の生を求めてゆこうとする者の、生の願求に対する満足を与えてくださるものが仏教であります。真宗の教えは往生の宗教であって、往生ということは往《ゆ》き生まることであります。生まれ往《ゆ》く教えであって、死ぬる教えではありません。往生したといえば死んだように聞こえますけれども、それは死ではなく生であります。我々には本来、永久に生きてゆきたい心の願いをもっているのですから、その願いのごとく往《ゆ》き生まれさせてくださるのが、如来の本願であり、仏教の真精神であります。

三

人々は皆この生と死に苦しめられて、生き苦しさに悶えているのであります。常人生活においては、生と死というものが、我々を苦しめているのですから、それらの苦しみから逃れるために、すなわちそれらに苦しまずに生きてゆかんとして、お金をためたり、名誉を得たり、子どもを教育したり、その他いろいろなことをするようになるのであって、したがって四苦八苦というものから逃れようとし、遠ざからんとしているのであります。しかしながら、いかに生を完《まっと》うしようと願い、生の苦をなくしようと思っても、どうしてもなくならないのであって、この八つの苦しみはどうしてもなくならないのです。たとえば、死というものをなくしてやろうと思うても、それはどうしてもなくならないのと同様に、他の苦悩もなかなかなくならないのです。生死ということは、外に向かって防禦して、これをなくしようとしても、それはいつまでやってもなくならないのみならず、かえっていろんな問題の起こってくるのは、きまったことであります。だから人々はこの生死の苦に責められ、常に生苦と闘い、死苦と戦っているのであります。しかしながら、それは結局敗北するよりほかはないのであります。しからばどうすれば、それをなくすることができるであろうかというと、それはただ一つ、生死を内になくすることである。すなわち生苦に悩まされない心になることであります。生に悩まされない心、死に悩まされない心になることである。それよりほかに方法はないのであります。仏教をお聴きになったからといって、念仏を喜ぶようになったからといって、けっして千万年生きられるものではなく、長いといっても八十か九十で死んでしまうにきまっています。だから客観的の老苦や病苦や、その他種々の問題がなくなってしまうわけではありません。来るものは来ますが、ただ主観的に、それに対して自分の心が、悩まされないようになることであります。すなわち内に力を得ることであります。信力《しんりき》を得ることであります。私が、近来有難い言葉だと思うて喜んでいますのは、親鸞聖人の喜ばれた「処二生死一無二疲厭一《しょうじにしょしてひえんなし》」という言葉であります。四苦八苦、すなわち生死の苦が外から来ないようになるということは、もとよりあり得ないことですが、ただ生死の間に処して、よく生死し得る力を得れば、それで生死がなくなるのであります。生にも死にも困らされない心になるということは、生死を内になくすることであります。これは真理であり、真の道理であってこれよりほかに道はないのです。しかるに、真理に闇《くら》い人々は、皆これを外部になくしようと思って、そのために種々に苦労しているのであります。それはいつまでやっておっても、たとい多少の変化はあっても、けっしてなくなりはしないのです。だから親鸞聖人の教えによれば、信ずるということによって、これが内になくなるのであります。親鸞聖人はこういうことを喜ばれて「処二生死一無二疲厭一《しょうじにしょしてひえんなし》」と、『教行信証』の中にこれを信の徳として挙げておらるるのであります。「生死に処して疲厭なし」とは、つまり内心に生死がなくなったことであります。人生の旅を生きてゆく間には、いろいろな悩ましい問題が起こってくるのであって、そしてやがては死んでゆくのです、その間にあって、生の疲労倦怠の苦悩を感じて、ついには生が厭わしくなるのですが、かかる人生苦が信によって救われて、疲れたり倦《う》んだり厭うたりすることがなくなるのであります。だからいつまで生きてもよいこととなって、どんなことになってもよい、いつまで生きてもよいが、いま死んでもよい心となれば、平気に生きてゆくことができるのであり、これが真の生活者というものであります。かかる心境を得てこそ、人生に処してよく生死することができるのであり、これを永遠に生くるといい、完全に生きるというのであります。いままでは生きたのではなく、それは生死の苦から追われておったのであり、それは逃げ歩いておったのであります。しかるによく生死に処して生死し得ることができるようになれば、それこそ真に生くるのであり、そこには生死の苦というものがなく、真に楽しい人生味を味わうことができるのであります。よく生死し得る心は、よく生くる心であります。

四

とにかく、四苦なり八苦なりというものに、悩まされているのが、人間苦というものであり、苦があるから幸福になりたいと願い、それがためにこうもなりたい、ああもなりたいと、いろいろの欲念願望を起こしてくるのであって、これを衆生一切の志願といいます。苦悩をなくなりたいということは、消極的のいい方ですが、これを積極的にいえば、一切の志願を満たすということであります。この一切の苦から出た一切の志願というものは、自分ではどうしても満たすことのできないものであって、それがために困っておるのが、人間生活の現状であります。それに対して如来の本願は、我々の一切の志願を満たしてやりたいということであって、それが四十八の願に現われたのであります。その四十八の願をもっと約《つづ》めますならば、本願というも要するに、真善美というこの三つをかなえてやろうということであります。また私どもの方からいえば、一切の志願というが、それは要するに、真実のものが見つからず、本当の善というものが得られず、本当の清浄というものが見つからないから、種々の志願を起こして、それが得られないために、苦しんでおるのであります。一切の苦、一切の志願ということも、これを約めてみれば、やはり真善美の三つを願うておることであります。かかる我々の願いに対して現われた如来の本願も、また真善美の三つであって、そしてその三つを与えてやろうというのが、如来のお心であるということができます。こういう見方をすれば、一番簡単であってわかりよいと思います。

五

されば如来は、その願いをどうしてかなえたまうかというと、それが名号であります。如来の本願はもとより真善美であって、名号は本願から出たものであるから、名号は真善美であります。それゆえ簡単にいい現わしますと、名号によって、人間の真善美の願いを、かなえてやろうとしておらるるのであります。それゆえに「煩悩具足の凡夫、火宅無常の世界は、よろづのこと、みなもて、そらごと、たはごと、まことあることなきに」とは、我々に真善美の得られないために、悩んでいることであり、「念仏のみぞまことにておはします」とは、この一念仏によって助かる道を知らされた喜びであり、真善美を得る道の知れた喜びであって、その道を私どもに知らしめんとしておらるるのであります。

六

ここでいま少し話しておきたいのは、念仏ということについてであります。かつてお話ししたこともありますが、私は先に名号ということを申しましたが、いまここには名号といはずに、念仏と申しておらるることについてであります。念仏ということと名号ということとは、常に同一に用いられておるのでありまして、「念仏申さんと思ひたつ心のおこる時」とか、「ただ念仏して弥陀にたすけられまいらすべし」というように、名号というかわりに、念仏という言葉を使っておられるのであります。そのほか正信念仏偈《しょうしんねんぶつげ》というように、名号といったらよさそうなものを、念仏という字を、名号という字と同一に使われておるのであります。

七

いま四十八の願を一々読みあげるわけにはゆきませんが、四十八願はこれを要するに、如来自身が十方衆生を救いたいために、救い得る能力者になりたいという願いと、それから、自分は立派な世界を作りたい、すなわち浄土を建《こん》立《りゅう》したいという願い、それは衆生の一切の志願を満たさしむるためには、立派な真善美に満ちたる国土に生まれしめて、苦悩なからしめ、安楽ならしめんための浄土建立であります。最後にその衆生を救うには、いかにして救うべきかという方法を考えられたのであります。つまり自身の成仏と、その国土と、衆生がその国土に生まれ得る方法と、この三つを成就してくだされたものが、四十八の本願であると申すことができるのであります。そしてその本願の全精神が、南無阿弥陀仏の名号によって顕われているのであります。すなわち名号によって我々に、如来のみ心を知らせたいのであります。そして是非とも、その国に生まれさせて真幸福の境遇に至らしめたいのであります。すなわち如来のかかる三つの念願は、要するに私どもを救うためであって、私どもを救うそのために、一名号を成就せられたのが、いまの南無阿弥陀仏であります。私どもが本願を知っても、四十八の一々の本願が、一遍に思い出されるものではありません。また本願という字は一口でありますけれども、それによって、心に何が出てくるかといえば、四十八願を聞いていても、何も出てこないのであります。よくそういう人があります、仏といってそんなものがどこにあるか、一向漠然として摑みどころがないではないかといわれますが、実にごもっともなことです。仏とか本願とかいっても、それは私どもには摑みどころがないのです。かるがゆえにご自身のみ名を成就して、――成就という言葉はちょっとわかりにくいようでありますけれども、「名号を案じ出《いだ》したまひて」とあります通り、救済の能力全体を一名号のうえに表わして、そしてこの名号によって私どもに、そのお心とお力とを知らしめんとしていらるるのであります。そしてこれによって衆生を救おうという誓いを建てて、いまやその誓いが成就して、名号が私どもの前に現われ聞こえて、信ぜられ称えられているのであります。名号が私どもに聞こえて信ぜられ称えられている相《すがた》が、成就の相《すがた》であります。昔から「開きては腰にさされぬ扇かな」ということがあります。開いたままでは腰にさされぬから、すぼめて私どもが自由にもち歩くことができるから助かるのであります。名号はあたかもそれであります、扇には十三本の骨がありますが、本願には四十八の骨がある、その種々の骨のある扇を、いま一つの名号にたたんで現わしてくださったのですから、仏とは何であるかというと南無阿弥陀仏であります。本願とはどんなものかといえば南無阿弥陀仏に尽きているのであって、四十八の願々は一名号に現われているのであります。これでこそ、ただちに私どもがその名号によって、仏を知ることができるのであって、本願はすなわち名号であります。その名号は本願であります。この名号が仏であり、この名号が真善美であり、この名号が一切の志願を満たしてくださるのであります。

八

ですから、彼の国《くに》は、私どもの世界と反対に、真実なる世界であります。その真実なる如来の世界から現われたものが名号であり、その名号によって私どもを救おうとしておられるのが本願であります。それゆえ、一名号の中には、真実と清浄と至善ということが具足しておるのであります。名号は万善万行の総体であるというのはこのことであり、名号のうちには真善美の三つが含まれているということでありまして、阿弥陀如来は、この名号を離れて知り得ないのであります。ですから私どもの眼には見えないけれども、名号によってお心を見ることができるゆえに、これが仏であります。だから阿弥陀如来とは、本願によってたずねてゆくと、はじめてそのお心が知れるのでありまして、このお心のほかに仏はないのです。人々は仏身を見ようとするけれども、それは誤りであって、仏とは仏心のほかにはないのであります、ゆえに仏を知るとは本願を知ることであります。その本願が名号となっているのであります。本願が真善美であるから名号も真善美であります。それを信受するのであるから、信ずるときにはじめて、その名号の真善美が私の真善美となるのであって、名号が信ぜられたとき、真に名号の力用《はたらき》が顕われたのであり、それが真の成就であります。こういう意味でありますから、名号が如来および本願を代表していらるるのであります。その名号は如来の真実から現われたものでありますから、この世界の一切のことは、「皆もて、そらごとたはごと、まことあることなきに」もかかわらず、名号こそは、この地上における、人生に下《くだ》れる唯一の「まこと」であります。

九

しかるに、名号のみぞまことにておはしますといわずに、何ゆえに、念仏のみぞまことにておはしますと申されたかというと、名号と申されただけでは、それを信じ得た人にはそれでよいのですが、得ない人には、自分のものとなっておらないから、ただ客観的に名号の徳がそこにあるにすぎないのであって、それは尊いという説明にすぎないことなるのであります。ところが念仏という字は、念は憶念であって常に思うということであります。常に思うということは真実に信じた状態ですから、念仏の念ということは信ということを表わしている文字であって、仏を信じ常に念《おも》う、それですから名号を信ずるときに名号が念仏という名に変わるのであります。つまり我々が信じたときには、その名号が憶念の念仏となっているのであります。「信心には必ず名号を具す」といって、信じた名号は必ず念仏となって口から称えられてくるのです。すなわち称名となって名号が出てくるのであります。その出てくる名号は、念仏という名前になるのであります。だから「名号は必ずしも願力の信心を具せず」と申されまして、名号を称えているというだけでは、いまだ自分と真の関係がありませぬ、名号が念仏になったとき、はじめて私どもと関係がついたこととなるのであります。それゆえ、信じた方々はこれを念仏念仏といっておられるのであって、それは単なる名号の徳を喜んでいるだけではありません。また信ぜずにただ称えているだけでは、それは真の念仏ではありません。それは名号を称えているのであって、念仏ではないのです。半信半疑で称えているのも、念仏ではありません、真実に信じてこそ名号がすなわち念仏と申されるのであります。

十

ですから、名号と念仏の関係というものを考えてゆきますと、如来の本願のお心は名号となり、名号の名号たる真の成就といえば、名号を衆生が信ずるに至ったときであり、助かったときであります。それゆえ、如来のご念願は、名号が念仏となるようにいたしたいのであって、名号が単に名号たるにとどまらずして、名号が必ず念仏となるように致したいということが、本願のご精神であります。ですから、名号ということと念仏ということとは、これを信のうえからいうと、一つことでありますが、信ぜぬ人にとっては、名号は名前であり、念仏ということは仏を念するということですから、信ぜられない方面からいえば、名号と念仏は別々であります。『行の巻』には、

「爾《しか》れば名《みな》を称するに、よく衆生の一切の無明《むみょう》を破《は》し、よく衆生の一切の志願を満てたまふ、称名《しょうみょう》は則《すなわ》ち是《こ》れ最《さい》勝《しょう》真妙《しんみょう》の正業《しょうごう》なり、正業は則ち是れ念仏なり。念仏は則ち是れ南無阿弥陀仏なり、南無阿弥陀仏は即ち是れ正《しょう》念《ねん》なりと知るべし」

とあります。すなわち信のうえからは、名号ということと念仏ということとは一つことになるのであります。すなわち名号は名号ですけれども、衆生が信によって助かり、信によって真善美を得るのでありますから、かかる意味を表わすために、名号のみぞまことにておはしますといわずに、「念仏のみぞまことにておはします」といわれたのであると思います。真実と清浄と至善とは、名号の功徳に違いないけれども、それが真に自分のものになるには、名号を信ずるということによってであるから、いい換えれば、「名号不思議の信心こそは、まことにておはします」といってもいいのでありましょう。

それで、阿弥陀如来とはいかなる仏なりやということは、四十八の本願によってわかるのであり、本願ということは一名号となり、名号は念仏となるという、その関係を明らかにして、念仏ということは必ず信心ということを意味するものであるということを示されたのであります。

十一

それゆえ、信心ということによって、名号の世界が念仏の世界となり、念仏の世界が開けてくるのであります。すなわち信心の世界といってもいいのであります。あるいは真実の世界が開けてくるといってもいいのであります。また光明の世界が開けてくるといってもよいのであります。あるいは智慧の世界が開けてくるといってもよいのでありま す。あるいは自由の世界が開けてくると申してもよいのであります。したがって平和の世界が開けてくると申してもよいのであります。至善の世界、清浄の世界が開けてくるといってもよいのであります。とにかく、真実の名号が我々の心に信となって表われるときに、はじめてそういう尊い世界が自分の心から開け、自分の前に開展されてくるのであって、その中に自分が生活するようになるのであります。種々の人生苦に悩んで、此《こ》の土《ど》を厭《いと》い彼《か》の土《ど》を欣《ねが》うときには、どうか浄土へ生まれたいと願う心が起こって、彼の仏と彼の土とは、それは遥かに遠い世界であるが、彼の土は永久に遠いのではなくして、それが信によって遠き彼の土に通ずるのみならず、信ということによって即得往生の喜びに入《い》り、そこから真実の世界、名号の世界、本願の世界、その国には、いろいろの名前がつきますけれども、かかる光明の世界に自分が生まれ得るのであって、すなわち自分がこうしておりながらその世界に生まれ出たのでありますから、種々様々の苦悩と、種々様々の願いをもっておったその一切の志願が、信ということ一つによって満足されるのであります。念仏の世界が開け、名号の世界が開け、光明の世界が開け、智慧の世界が開け、自由の世界が開け、平和の世界が開け、そこに清浄と至善の世界が開けて、真実の善と真の清浄というものを知り味わうのでありあります。かかる生活に入《い》らしめんとせられるのが如来の本願であって、親鸞聖人が念仏を喜び、切に信を勧められた所以は、実にここにあるのであります。この『歎異鈔』の一番最後に臨んで、かかる大切なお言葉を置かれたということは、誠に意味深重なことであると拝せらるるのであります。

十二

前に述べましたように、いかに自分の心を眺め、周囲を眺めて努力しても、真実と清浄と真の善というものは、見つからないのであります。それが人生の最も深い悩みであります。かくのごとく、真実というものは、それを外に探しても、内に求めても、見つからないにもかかわらず、我々はあくまでもこれを自己に求め、あるいはこの世界の中において、何ものかのうえにこれを求めようとしているために、かえってそれが永久の悩みとなり、一切の苦しみが、そこから醸《かも》されてくるのであります。しかしながら幸いにも、真実の彼《か》の世界より、此《こ》の世界に臨んでおられるみ光があるということは、考えてみると、それは実に驚天動地の事実《ことがら》であります。単にお伽話《とぎばなし》のごとく、夢のごとく聴いておった浄土なり、阿弥陀如来なり、光明という言葉が、この地上の光となって、永久の悩みである我々のうえに、その光を放たれておったということを知れば、それは我々にとって、偉大なる驚異であります。永久の闇が晴れてくるのであります。元来、人世には、他に幸福を感ずる多くのことがありますけれども、それをだんだん詮《せん》じつめてゆきますと、それらは結局、すべてが苦となり闇となってしまうのでありまして、もし真面目に人生というものを考え、自分というものを考えるならば、それは永久の歎きとなり、人生のすべてが無意義となるのであります。これに反して、親鸞聖人が『和讃』の処々《ところどころ》に、喜んでおられる喜びというものは、喜んでも喜んでも喜び尽くせないという、お心持ちが躍動していまして、その光を見たということ、知ったということが、親鸞聖人の生活をまったく一変させて、悩みの生活、悩みの世界から、安楽の世界へ、闇の世界から光明の世界へ生まれしめたのであり、自力の世界から他力の世界に生まれ、無仏《むぶつ》の世界から有仏《うぶつ》の世界に生まれしめたのですから、かかる喜びがあったのであります。かくあってこそ、はじめて自分は、真に幸福であるということができるのであり、人生は大なる意味をもつのであります。かかる喜びのあまり、念仏を信ずることを、一切衆生に対して常にお勧めくださったのであります。申すまでもなく、聖人のその喜びは、信ということによって光明の世界に生まれ、信ということによって本願の世界に生まれるのであります、すなわちそれは真善美の世界に生まれた喜びであります。かかる喜びが、かの『浄土和讃』の一番はじめの和讃であります。

十三

弥陀成仏のこのかたは　いまに十劫《じっこう》をへたまへり
法身《ほっしん》の光輪《こうりん》きはもなく　世の盲冥《もうみょう》をてらすなり

という一首の和讃となって現われているのであります。いままではこの人生は光のない世界であると思うており、仏のない世界であると思うておったのに、その光はちゃんとここにあったのであった。「弥陀成仏のこのかたは、今に十劫を経たまへり」、ただ自分の眼《まなこ》が開けなかったために、闇の世界であったのであり、苦しい世界であったのであります。それは自分が仏を知らず、他力本願を知らず、名号を信じなかったという、信の眼《まなこ》が開けなかったためであって、如来の光明は不真実なる私に対して、遍照《へんじょう》の光明を放って、利他真実清浄なる光明を、常に私のうえに放ちつつあったのである。十劫の昔より私のうえといわず、人のうえといわず、此の土、此の世界全体のうえにその光を投げて、そして私をして、ただ信の眼《まなこ》を開かしめんとしておられたのであります。この信眼《しんがん》を開かせるということ一つによって、私を無上の幸福にならしめようとしておられたのであります。いまやこの本願名号を信じて、我が眼《まなこ》が開けてみると、そこには阿弥陀如来の摂取の光明に抱《いだ》き取られて、離れることのできない光の生活としてくださるのであります。それを聖人は龍樹菩薩にしたがって、「信心清浄即見仏《しんじんしょうじょうそくけんぶつ》」と申されました。信心清浄なればすなわち仏を見たてまつる、はじめて明らかに阿弥陀如来を拝むことができたのであります。肉の眼《まなこ》で拝むのではないが、心の眼《まなこ》で阿弥陀如来を拝むことができたのであります。その光を知り、摂取の光明に接して喜ばれた和讃が、いまの「弥陀成仏のこのかたは、今に十劫をへたまへり、法身の光輪きはもなく」というのであります。内となく外となく、眼《め》に見えない如来であるが、遍照の光明と摂取の光明とは、際限もなく照らし輝いて、此の不真実なる世界のうえに、絶えず真実なる光を注がれておるのであります。それゆえ、「世の盲冥をてらすなり」と申されました。世の盲冥というのは、無信の人は盲冥者であるからであります。眼《め》の塞いでいる私どもを照らしておらるるのであります。光を以て照らすのは私の眼《まなこ》を開かしめんためであり、光の世界へ出《い》ださしめんためであります。夜は明け放れて、仏日はすでに東天に輝いておったということであり、耀《かがや》いているぞということであります。尽十方無碍の光明は、到らぬ隈《くま》もないと、その有様を委《くわ》しくおのべになりましたのが、次下《つぎしも》の十二首の和讃であります。毎度申すことでありますけれども、最後において皆さんが、心静かにこの十二首のご和讃をお味わいになりますならば、この和讃の一々は、聖人が信の眼《まなこ》を開いて如来を見たまえる喜びであって、如来の光を心に味わい身に味わって、その光が此の世界を照らし耀かしておらるることを、一時も早く人々に知らしめんとしていらるるのであります。この光に接せずして、人生の諸問題の解決がどこに得られることでしょう。

十四

智慧の光明はかりなし　有量《うりょう》の諸相《しょそう》ことごとく
光暁《こうぎょう》かふらぬものはなし　真実明《しんじつみょう》に帰命せよ

これは無量光を詠われたものであります。

解脱《げだつ》の光輪《こうりん》きはもなし　光触《こうそく》かふるものはみな
有無をはなるとのべたまふ　平等覚《びょうどうかく》に帰命せよ

これは如来の無辺光を喜ばれたのであります。

光雲無碍如虚空《こううんむげにょこくう》　一切の有碍《うげ》にさはりなし
光沢《こうたく》かふらぬものぞなき　難思議《なんしぎ》を帰命せよ

これは無碍光を喜ばれたのであります。

清浄光明ならびなし　遇斯光《ぐうしこう》のゆへなれば
一切の業繋《ごうけ》ものぞこりぬ　畢竟依《ひっきょうえ》を帰命せよ

これは無対光を喜ばれたのであります。

仏光照曜最第一《ぶっこうしょうようさいだいいち》　光炎王仏《こうえんのうぶつ》となづけたり
三途《さんず》の黒闇《こくあん》ひらくなり　大応供《だいおうぐ》を帰命せよ

これは炎王光を喜ばれたのであります。

道光明朗超絶《どうこうみょうろうちょうぜつ》せり　清浄光仏とまうすなり
ひとたび光照《こうしょう》かふるもの　業垢《ごうく》をのぞき解脱《げだつ》をう

これは親鸞聖人の非常な喜びでありまして、一度《ひとたび》この光にあえば、自分の貪欲の煩悩から来たところの一切の業と、その苦しみの繋縛《けばく》から脱《のが》れて、信によって業苦が去り、終《つい》には解脱し得るのであると、如来の清浄なる光明を喜ばれたのであります。

次には、歓喜光の徳を嘆じて、信眼《しんがん》が開ければ、心は瞋恚の煩悩から放たれて、歓喜に満つることを喜ばれたのであります。

　慈光はるかにかふらしめ　ひかりのいたるところには
　法喜をうとぞのべたまふ　大安慰《だいあんい》を帰命せよ

次には智慧光を喜ばれまして

　無明《むみょう》の闇を破《は》するゆへ　智慧光仏《ちえこうぶつ》となづけたり
　一切諸仏三乗衆《いっさいしょぶつさんじょうしゅ》　ともに嘆誉《たんよ》したまへり

と申されました。三乗というのは声聞《しょうもん》と縁覚《えんがく》と菩薩《ぼさつ》であって、この三乗衆と諸仏が、真の智慧を得たものだといって、誉めたまうと申すことであります。信心は愚痴の煩悩を退治して、真の智慧を与えたまうのであります。

次には、不断光を嘆じて、

　光明てらしたへざれば　不断光仏となづけたり
　聞光力《もんこうりき》のゆへなれば　心不断にて往生す

次には、難思光を喜ばれまして

　仏光測量《ぶつこうしきりょう》なきゆへに　難思光仏《なんしこうぶつ》となづけたり
　諸仏は往生嘆じつつ　弥陀の功徳を称ぜしむ

次には、無称光を歎ぜらまして、

　神光《じんこう》の離相《りそう》をとかざれば　無称光仏となづけたり
　因光成仏《いんこうじょうぶつ》のひかりをば　諸仏の嘆ずるところなり

次には、超日月光を嘆ぜられまして、

光明《こうみょう》月日《つきひ》に勝《しょう》過《が》して　超日月光《ちょうにちがっこう》となづけたり
釈迦嘆じてなをつきず　無等等《むとうどう》を帰命せよ

その喜びは、もとより和讃全体にわたって、至るところに溢れているのですが、信の眼《まなこ》が開けて、聖人の称嘆せられている世界、見ていられますところの光明の喜びは、まったく念仏の信心を知らぬ人には、味わうことのできない大いなる法悦《ほうえつ》であります。一々の和讃の説明はいまは略しますが、この一々の和讃をしみじみと味わわれますならば、それは仏徳を讃嘆していられるのではありますけれども、それと同時に、それは親鸞聖人ご自身の生まれておるる世界の光景であり、同信の人々の生まれた世界の光景を述べられたものであります。

十五

最後に再び『歎異鈔』の第一節をふりかえりますと、

弥陀の誓願不思議にたすけられまいらせて、往生をばとぐるなりと信じて、念仏まうさんとおもひたつこころのおこるとき、すなはち摂取不捨の利益にあづけしめたまふなり。弥陀の本願には、老少善悪のひとをえらばれず、ただ信心を要とすとしるべし。

すなわち信の眼《まなこ》がひらけて、摂取不捨の身のうえになったということは、すなわち如来の国に生まれた喜びでありまして、私どもが真実も清浄も善もない此の世界にあって、闇中にひたすら、もがいておったのが、真実の世界から輝いておるところの光に接して、その光の国にうまれたということであって、そこに一切の願いというものが満たされて、ここにはじめて生死《しょうじ》に処《しょ》して疲厭《ひえん》なしという、心の喜びを得ることができたのであります。この光に遇うてこそ、はじめて自分が人生に生まれた意義を明らかにして、光の中に往生して、不退転の身となり、真幸福に向こうていよいよ進展するばかりの人生生活に入《い》るのであります。かくのごとく念仏信によって、多幸なる生活に入《い》ることができるということを示しておられるのであります。それは前に申しました「弥陀成仏のこのかたは」という和讃によっても、親鸞聖人の喜びが窺われますように、世の盲冥といわれておる我が眼《まなこ》が開けて、真実なる世界の光を見ることができたのであります。しかしながら、それならば常に明るい世界にのみあって、心は少しも闇くならないか、苦悩というものはちっともないかといえば、そうではないのであります。本来煩悩具足の凡夫である我々は、その本具《ほんぐ》性《しょう》として、闇の世界となって真実を求めたり、光を求めたりするような愚かさを、ときどき繰り返すのでありまして、悩むこともあれば、苦しむこともあり、心の闇くなることもあるのであります。しかしながらただ明瞭にしておくべきことは、真の眼《まなこ》が開けた者にあっては、不真実なる世界、悩みの世界の根が切れて、自分は光の世界に生まれているという、失われざる確信があるのであります。ここを聖人は摂取の光明ということについて、静かに自分のうえを省みて、告白せられているのであります。『正信偈』に、「摂取の心光は常に照護《しょうご》したまふ。已に能く無明の闇を破すといへども、貪愛瞋憎《とんあいしんぞう》の雲霧《うんむ》は常に真実信心の天を覆《おお》へり。譬《たと》へば日光の雲霧に覆はるれども、雲霧の下、明らかにして闇なきが如し」と申されているのは、そのことであります。光耀《かがやき》ばかりのつづくような具合にはゆかないのであって、それが煩悩具足の凡夫たる所以であり、不真実なる凡夫であり、不清浄なる凡夫であるからであります。すなわち貪欲も起こり瞋憎も起こるけれども、それに没頭して光の世界が、まったく元のように闇黒の世界となることはないのであります。これは聖人の体験の告白というものであります。ただ言葉だけでいうておってはわからぬことですが、貪瞋煩悩に悩んでも、それはやはり、闇の世界ではない、光の世界であるという自覚であります。それはこの光は、我が心および此の世界から出たものではなく、自己の此の世界も依然として光ではないのであります。その光はまったく彼の世界より来《きた》れる光であるからであります。

十六

しかるに普通人の考えでは、漠然とすべての処に何か光が、かがやいているかのように思っているのであります。金があれば金が光であり、智慧があれば智慧が光であり、名誉があれば名誉が光り、子があれば子が光って、その光が我を照らし護って、それさえあれば光明の世界となって、安心と歓喜があるように考えているのであります。けれども、だんだん深く考えてみると、その光はいつのまにか薄らいでしもうて、ついには皆闇黒となってしまうものであります。これが人生の悲哀であります。しかるに、信の眼《まなこ》が開けて、光の世界に生まれたその喜びの心にも、依然として愛欲も起これば、腹立ちも起こり、憎しみも起こるのであります。起こるけれどもずっと推し進んでゆくと、もはやそれは闇ではなくして、明瞭に光の世界であったという、自覚にかえることができるのであります。ちょっと見ると常人と同じようでありますが、そこに大いに違う処があって、常人は此の世界に光ありと考えているけれども、それをよく考えてゆくと闇となってしまうのですが、信の幸福は常人と同じく闇に泣くことはあっても、それはまた光となるのであります。常に如来のみ光を仰げばこそ、念仏の生活をするのであります。信心相続して常に念仏相続の生活をするということは、絶えず光の生活であります。信による一点の光明はますます拡がりて、ちょうど夜が明け初《そ》めて、東天が白んでゆくように、念仏者の生活はますます明らかになってゆく生活であって、それが不退転の生活であります。他力の願力によってますます明るくなってゆくということが、信心の人の喜びであります。

十七

かくて、四苦なり八苦なり、あるいは死の悩みなり、生の悩みなり、そういうものがいつの間にか真実に照らされて、そしていままではどうしても、善くならなかった問題が、如来のみ光によって不思議にも善くなってゆく生活であります。それこそ本当の驚天動地の喜びというものであります。繰り返すようですが、生活の転化ということを申しましたが、それはすなわち如来の中に生まれた喜びであり、それは信から開けてきた喜びであり、念仏から開けてきた喜びであり、名号から開けてきた喜びであります。いままでは真実も見つからず、清浄も見つからず、善も得られなかったのでありますが、かかる自分の生活が、信によって如来の光の国に生まれ、我が心が如来の真善美に接せしめられて、念仏によって真善美の生活をなさしめらるるようになったのであります。こういうことはお互いによく味わわねばならぬことだと思います。真実の国、すなわち彼の国より来《きた》れる光明は、他力によってこの現実界の不真実の地上に来《きた》り、ここに真実の世界というものが実現して、私の心が真実に巡り会うたのみならず、自分以外の一切の人と物のうえにも、真実の光を見るのであります。これは自分が真実であるからではなく、本願を信じたということによって、この眼《まなこ》によって見れば、如来の真実が一切のうえに輝きの光を放っているのであり、同時にその真実を人のうえにも物のうえにも見るのであります。そして何ものうえにも真実の光を見るのであります。すべては自分の力ではなく、如来の力によって、そこに通うている真実味を、すべてのうえに見得るのであります。彼の土の真実が此の土に下《くだ》っているのであって、光は彼の土のものであるが、此の土の光となっているのであります。此の土と彼の土とが一つになり、通うているものであるという意味において、この世界のうえに真実なるものをはじめて見るということ、それが念仏を信じた者の真の幸福であります。その信の開けたということによって、過去の長い間、自己のうえに、真実が照り輝いておってくださったことを知り、一切の順縁なり、逆縁なり、一生の境遇というものは、それは信の眼《まなこ》の開けない人にとっては、あくまでも罪悪と業報の結果に、ほかならないのでありますが、信の眼《まなこ》が開けてみれば、「たまたま信心を獲ば遠く宿縁を慶《よろこ》ぶ」と、聖人が申されたごとく、如来の真実が十劫の昔から今日まで、此の世界のうえに、また自分のうえに、あるいは境遇のうえに、尽十方に照り輝いておってくださったことによって、彼の世界から輝き出た光が、此の地上に輝きわたっておったという、喜びにはいられたのであります。それを発見したかぎり、この光は常に永久に我々から離れないのであり、そして我を捨てない光であって、我を育《はぐく》むための利他真実清浄の光でましますという意味において、此の世界は光の世界であり、真実の世界であったことを知るのであります。かかる意味において、親鸞聖人はすべてのうえに、化仏《けぶつ》を拝されたのであります。
無碍光仏《むげこうぶつ》のひかりには　無数《むしゅ》の阿弥陀ましまして
化仏おのおのことごとく　真実信心まもるなり
あらゆる処に、利他の真実が遍満していたまうことを知ることによって、真実の世界の真中《まんなか》に自分を発見されたのであります。そこにはじめて、人生全体が輝きをもち、自分は生きかえったのであります。そして永久に、安心と喜びを以て、進んでゆくことができるのであります。そういうように、信は生活を闇より光に転ぜしむるものであります。

十八

それから、清浄と汚穢《わえ》ということを申すについて、もう一遍、『歎異鈔』を終わるに臨み、菩提心ということを話したいと思うのであります。阿弥陀如来にしても、釈尊にしても、私どもを救うためには菩提心を発《おこ》させるということによって、助けられるのであります。菩提心ということは、自利だけでなく、他の者の悩みをなくしたいという利他、この二つが揃うてはじめて自分が完全なる幸福になるのであります。それが発菩提心《ほつぼだいしん》ということであるにもかかわらず、人間という者は、利他が自分の幸福の道であることを覚らず、あくまでも自利だけが幸福の道であると考えているのであります。どこまで思想が進みましても、それより出られないものと見えます。そこで阿弥陀如来は十九の本願においては、まず第一に菩提心を発《おこ》さしめることによって、真幸福の道に入《い》らしめんとせられているのでありますす。すなわち自利ということはついには我々を苦しめるものであります。それゆえ真の幸福たらんとするには是非とも、利他ということを念願せなければならないのであります。だから阿弥陀如来が、ご自身が無上の幸福者である仏になりたいと願われたのは、すなわちそれが一切人を幸福にしたいことであって、いい換えれば、人の幸福を自分の幸福として努力念願せられたのであります。人の助かることを以て自分の喜びとするのであります。それこそ自己の真の幸福であり、永久の幸福であります。それは慈悲なる親の子に対する心持ちによってよくわかります。この願いを起こさしめようとして、曇鸞大師にしても親鸞聖人にしても、菩提心ということを常に申していられるのであります。

ところがこの菩提心には、自力の菩提心ということと、他力の菩提心ということとがあって、自分の力で、自分の苦しみをなくして幸福になろうと考えること、また他人の苦悩を悉《ことごと》く自分の力でなくしてやろうとすることは、自力の菩提心であります。それが自力の菩提心であろうと、他力の菩提心であろうと、菩提心といえば自利と利他との満足を志願することでありまして、この二つが揃わなければ、人間は真の幸福とはならないのであります。ところがこの二つは常に矛盾するものであって、利他をやれば自利ができない、自利をやれば利他にならない、どうしたものであろうかということに困っていたのが、釈尊以前、何千年か何万年かの状態でありまして、道理だけはわかっておっても事実ができなかったから、困っておったのであります。これは自力の菩提心ということであります。自分もよい人もよいというようにすることは、それは願わねばならぬことではあっても、非常に至難なことであって、自力ではとうていできないことであると、親鸞聖人は断言していられるのであります。なぜかといえば、我々が不真実であり、世界が不真実であり、我が心が不清浄であり、世界が不清浄の穢土《えど》であるからであります。しかしながら、かかる光と、かかる力とは、この世界にはないのであり、我にもないのであります。しかしこの菩提心を成就せずしては、すなわちこの自利利他円満ということでなければ、真の幸福とはならないとすれば、これはとうてい自力では不可能のことであります。しかれどもどこにもその菩提心成就の道がないかというと、ここに他力の菩提心というものがあるのであります。それは如来の菩提心がすなわち他力の菩提心であります。本願は如来の菩提心でありますから、我々が自力を捨てて本願に帰するときに、この信によって、他力によって、我が菩提心が成就せしめらるるのである。これを浄土の菩提心といい、他力の菩提心というのであります。この自力の菩提心と他力の菩提心ということを、ハッキリしておかなければならぬのであります。みずからの力を信じて利他を満足せしめんとして、世のため人のために尽くしてみたり、またはびっくりして自分ばかりを大事にしてみたり、あちらを踏んだりこちらを踏んだりしておるのであります。それはつまり、自力の菩提心が成就し難いから困っているのであります。しかしながらこれができない以上、我々の一生に真の幸福はなく、苦しみを離れることはできないのであります。この自力の菩提心を聖道の菩提心というのであります。ところが念仏を信ずるということによって、他力によって、菩提心が成就されるのであります。すなわち自利を満足し、利他を満足するという自信があるのであります。これはもとより自分の力ではなく、如来の真実と如来の清浄願心とによってであります。如来の本願には自利と利他を満足せしむる徳と力がましますのであります。それゆえ、念仏を信ずることによって、自然に自利と利他とが成就せられて、本願を信じ念仏を申すところに、自利も利他も満足するのであります。自分の幸福というものは、信のところに一切成就して、真実の喜びを得て、かつて自分の不真実に泣いた心、不安に泣いた心、黒闇《くらやみ》に泣いた心が、いまはその不安が去って落ち着きとなり、安住となり、光明となって、ますます進んで仏になる願いが叶えられて、自分の自利が満たされるということによって、この心は必ず他《た》に働きかけてゆくのであります。だから、如来の願力によって、我々の力ではできなかった利他が、満足されてくるのであります。自分の心のどこを探しても、どんなに修養しても、利他の清浄心は出てこなかったのであり、また尽くしてゆく力もなかった我という者が、信によって自利としての願作仏心《がんさぶっしん》を得ると同時に、度衆生心《どしゅじょうしん》、すなわち他の衆生をして、同じく幸福ならしめようと願う心が起こり、他の者を愛して、働きかけてゆこうとする力が、おのずから起こってくるのであります。これではじめて我々の生活がいよいよ幸福に向かうのであります。私は非常なことを知らせてくださったものだと思います。

　本当の喜びというものは、自分が真実の光を知って、そしてその光の世界にみずから安住するとともに、利他が成就していることであります。じっとしておっても自利と利他が、自然に満足されているのであります。自分の力によってどうする能力もないならば、ただ信に住《じゅう》して念仏しておれば、それでよいのであります。それだけで願作仏心と度衆生心とを、満足しているのであります。喋らなくてもよい、何もしなくてもそれでよいのであります。もしそうでないならば、私どもはとうてい助からないのであります。あながち人の世話をしなくても、そこに自然に自利と利他が満足されているのが念仏の徳であり、信の徳であります。念仏の中に、この自利利他を円満し成就してくだされてある徳があるのであります。しかしながら、自分に余裕があるとか、またじっとしておれない心が動いてくれば、財産なり、身体なり、智慧なりを働かして、度衆生の行に向かってゆくべきであります。かく利他に働いてゆくときが、また我々の真の幸福であります。

十九

願作仏《がんさぶつ》という心は、必然として度衆生心《どしゅじょうしん》となるのであります。信心は浄土の菩提心であって、願力によってこの願作仏心というものと、度衆生心というものとが起こってくるようになるのが、信心の幸福であります。すなわち願作仏という心は如来の利他真実の信心であり、その信心は、必ず他の者を助けて幸福にしたいという度衆生心となるのであって、人を慈しむという大慈悲心はすなわち仏道の正因なりと、親鸞聖人が申しておられるのはそのわけであります。我々の心のどこを探しても出てこなかった大慈悲心が、如来心であるところのこの信心から出てくるのであります。信心は如来の御まことであるから、如来の力によって、如来の大慈悲心が起こり来《きた》って度衆生心となり、他の者を念《おも》うというこころが出てくるのであって、それは如来の清浄心から来るのであると、申されているのでありま す。

これは一心の転化であるのみならず、私どもの生活の転化でありまして、貪欲を中心としてのみ生活しておったのが、無論それもなくなりはしないが、不思議にも中心が転化してゆくと申されているのであります。かくのごとく他力の信心というものは、真幸福の道に至る生活の転化であると申すべきであります。

二十

度衆生ということは、衆生をして有仏の国土に生ぜしむることであります。すなわち闇黒の世界に住んでいる者をして、信心の人とならしめて、摂取の光明の輝いている世界に生ぜしめるということ、すなわち他の衆生を度《ど》するということであります。念仏をもし善というならば、世間善以上のものであり、また出世間善以上のものであります。なぜならば、菩提心を成就せしむる徳があるからであります。それゆえ念仏は、善のうちの至上善であり、無上善であります。それゆえ大善大徳とも、無上の功徳とも仰せられるのであります。したがって信心は無上の大利であります。度衆生心とは人をして有仏の国に生ぜしめるということであって、有仏の国土に生ぜしむるためには、信心を得せしめねばならんのであります。それゆえ、そのために努力するところの一切の行為を、皆善と称することができるのであろうと思います。真宗ではかかるすべての行為を善とはいわずに、仏恩報謝の行といっておりますけれども、それは無論悪ではなく、善ということができると思います。ここにおいて無統一であった善悪という考えが、はじめて統一あるものになったのであります。すなわち念仏信によって、標準と統一を得るのであります。願作仏心の生活の助けとなることは、皆善であり、度衆生の化他の生活の助けとなるものも、また善というべきであります。したがって願作仏心の生活を妨ぐるものはこれを悪というべく、度衆生の生活を妨ぐることをまた悪ということができます。信は善悪の分水嶺《ぶんすいれい》であります。そして他の者を救おうとして、他力信を得せしめんとして、そしてその人を本当に光の国、すなわち有仏の国土に生ぜしめようということを中心として、あらゆることをなしてゆくようになるのであります。かかる中心があってこそ、はじめてあらゆる心の作《はたら》きと、あらゆる行為というものを、真実の善ということができる道理になるのであります。蓮如上人が、たとい商いをするとも、仏法の御用と心得よと申されたのも、かかる意味でありましょう。ですから釈尊は、「それ衆生ありて斯《こ》の光に遇《あ》う者は、三垢《さんく》消滅し、心身柔軟《にゅうなん》にして、歓喜踊躍《ゆやく》し、善心焉《ここ》に生ず」と申されました。これは第三十三の願の成就のご文《もん》ですが、身も心も柔らいで、歓喜踊躍して、善心ここに生ずるのであります。ここに善心とあります。我々には善心なんかないものである、できないものであるといっておった悲しみが、信により如来の彼方から、真実の御《おん》まことの催しによって、はじめて善心というものがここに出てくるのであるということを、親鸞聖人が喜ばれたのであります。

二十一

罪悪深重の者であって善がない、無善造悪の者であるといって泣いておったその善が、他力の信によって、ここに生じてくるようになったのであります。これが聖人の非常な喜びでありますから、善というものは此の世界にはないものであって、遥かなる彼の土ばかりのものであると思うておったのに、真実というものと清浄というものと善というものが、名号にあり、念仏にあったと申されたのであります。すなわちこの念仏を信ずる信心一つによって、真実と清浄と善の三つが、我がうえに具《そな》わってくるようになったのであります。それでこそ本当に救われたと申すべきであります。それは空想でなく事実の喜びであります。それでこそ、聖人が常に自分自身に喜ばれ、そして聖人の人生に対する理想生活は、人々を信に導くためであったのであります。本当の勇気というものは慈悲という心、利他心の起こるときであります。それと同時に、真の楽しみがあるのであります。すべての人を有仏の国土に生ぜしめるためであり、すなわち人々を真実の幸福に接せしむるためであり、そのために自分の財を貯え、そのために自分の事業を発展せしむるということにもなって、はじめてその人の生活全体が、真に意義あるものになり、幸福なものとなるのであります。この利他愛のために働きつとめてゆく力は、どこから生ずるのかというと、それは自信から生ずるのであって、まず自分自身が救われねばならんのであります。それゆえ願作仏心《がんさぶっしん》の信心を得るということが先決問題であって、この願作仏心は浄土の菩提心なるがゆえに、必然として度衆生心を生じてくるのであります。ゆえに信を得るか得ないかということが、闇と光の境界線であります。そしてかかる生活に入《い》らしむるものが念仏であると、こういうことを示してくださったのが、この「念仏のみぞまことにておはします」と喜ばれた意味であろうと思うのであります。

二十二

不真実と苦悩と闇との世界における、念仏信というものは、無明長夜《むみょうちょうや》の燈炬《とうこ》と申されたごとく、念仏というものがそこに現われてこそ、それは暗黒なる世界における一点の光明であって、念仏こそはこの人生の光明であります。すなわち自分の智慧とははからいを捨てて、他力仏智を信ずるということは、一見非常に愚かなことのようでありますけれども、真実と清浄と至善である名号を信ずるということは、最上無上の智慧であります。我々が念仏をほかにして、賢そうに思うて、いろいろなことを考え、いろいろなことをやっていたのは、すべて愚鈍であったからであり、不明であったからであります。智慧の念仏といい、信心の智慧と申されましたのも、この意味であります。いままではお金が幸福であり、子が幸福であり、名誉が幸福であり、学問が幸福であると、考えていたのでありますが、それらは一見いかにも幸福のごとく、また光のごとく見えていましても、その幸福をしばらく辿ってゆくうちには、それが光を失って不幸になり、努力してやったすべての行為が無意味になって、何の統一もなくなったのであります。しかるに、信によって意義ある統一を得たのであります。あたかも枝となり葉となり花となっておっても、それらが一つの根によって統《す》べられているように、闇であり苦であったそのすべての事柄が、念仏によりて光り輝くものとなってくるのであります。

要するに、親鸞聖人の教えは、ただ一つ、信を教えた宗教でありますが、我々は念仏を信ずるということ一つによって、人生の不真実が真実となり、闇が光となり、無明が智慧となり、そこにはじめて一心の平和が来《き》たり、自由が来《く》るのであります。これは自分にとりては、まったく世界の変わったことであり、これは宇宙の生命に触れたとでもいうべきであります。かるがゆえにこれほど大事なことはなく、またこれほど幸福なことはないのであります。人間が最初から求めつつ悩んでおったあらゆる問題が、すべてこの信によって満たされるのであるということを知らしめてくださったのが、この『歎異鈔』一巻の真精神と申すものであって、それがまた親鸞聖人の教えの真髄であります。

七、利他愛の顕現

まことに、われもひとも、そらごとをのみまうしあひさふらふなかに、ひとつのいたはしきことのさふらふなり。そのゆへは、念仏まうすについて、信心のおもむきをも、たがひに問答し、ひとにもいひきかするとき、ひとのくちをふさぎ、相論のたたかひかたんがために、またくおほせにてなきことを、おほせとのみまうすこと、あさましくなげき存じさふらふなり。このむねをよくよくおもひとき、こころえらるべきことにさふらふ。これさらに、わたくしのことばにあらずといへども、経釈のゆくちをもしらず、法文の浅深をこころえわけたることもさふらはねば、さだめておかしきことにてさふらはめども、故親鸞聖人のおほせごとさふらひしおもむきを、百分が一、かたはしばかりをも、おもひでまいらせて、かきつけさふらふなり。かなしきかなや、さいはいに念仏しながら、直に報土にむまれずして、辺地にやどをとらんこと、一室の行者のなかに信心ことなることなからんために、なくなく筆をそめてこれをしるす。なづけて歎異鈔といふべし。外見あるべからず。

一

如信上人は、この『鈔』の筆を擱《お》かんとして、後人《こうじん》のうえに思いを馳せ、ひとえに求道上に誤りなからしめんとして、かくのごとく、最後に当たって、注意すべき一項をしるしてくださっているのであります。

はじめの第一節より第十節までは、親鸞聖人の教えのみを純粋に紹介され、第十一節より第十八節までは、異解《いげ》する者のために、聖人のお言葉を中心として、正しき教えを示してこられたのでありました。しかしながら、上人の利他同朋愛の心は、筆をすつるに忍びず、真実の他力信心は万人同一であるべきことを知らしめんとして、信心一異《しんじんいちい》の

論を紹介せられ、その際一度、後序《ごじょ》の辞ともいうべきものをのべられたのでありました。すなわち、

いづれもいづれも、くりごとにてさふらへども、かきつけさふらふなり。露命わづかに枯草の身にかかりてさふらふほどにこそ、あひともなはしめたまふひとびと、御不審をもうけたまはり、聖人のおほせのさふらひしおもむきをも、まうしきかせまいらせさふらへども、閉眼ののちは、さこそ、しどけなきことどもにて、さふらはんずらめと、なげき存じさふらひて云々。

と申されました。それでも人々のうえを思うと、筆を畢《おわ》ることができずして、聖人のお言葉である大切なる遺訓の二三を書き添えられたのでありました。これは如信上人の自信から出た、教人信の心であり、度衆生心であり、利他の大悲心であります。しかるにいまや、いよいよ筆を収めんとして、求道者の箴誡《いましめ》として、勝他の我慢心を、つつしむべきことを教えられたのであります。

二

まことに、われもひとも、そらごとをのみまうしあひさふらふなかに、ひとつのいたはしきことのさふらふなり。そのゆへは、念仏まうすについて、信心のおもむきをも、たがひに問答し、ひとにもいひきかするとき、ひとのくちをふさぎ、相論のたたかひかたんがために、またくおほせにてなきことを、おほせとのみまうすこと、あさましくなげき存じさふらふなり。このむねをよくよくおもひとき、こころえらるべきことにさふらふなり。

私はこの、「まことに、我も人もそら言をのみ申合ひ候中に」と申されたお言葉に至って、胸をうたるるのであります。我も人もと申されて、ご自分の申さるることも、そらごとであると申されているところに、頭が下がるのであ

ります。私どもは少しわかったり味おうたりすると、すぐに我心《がしん》が頭を擡《もた》げてくるのであります。思うもいうも皆我心からであり、自力心であります。聖人の「そらごと、たはごと、まことあることなし」と申された、それになってしまうのであります。古徳が、「阿弥陀仏といふより外《ほか》は津の国のなにはのことはあしかりぬべし」と嘆ぜられたごとく、それは厳格なる自己批判に立たれた言葉であります。『末燈鈔《まっとうしょう》』に、「誓願名号と申してかはりたること候はず。誓願をはなれたる名号もさふらはず、名号をはなれたる誓願も候はず候。かく申し候も、はからひにて候なり」と聖人の申されたのと同様であります。厳密にいえば、お互いに虚《そら》ごとを申し合うている生活というべきですが、その中にもとりわけ痛ましきことは、道を談じ合うときにおいて、勝他心《しょうたしん》をもととして、我慢心《がまんしん》をふり立てることであります。これは慎まねばならんことであって、もしそうであるならば、談合ということが、ついには諍論となって、一途に、勝たねばならん負けてはならんと思う一念から、聖人の仰せでもないことを、仰せられたかのように申すことであるが、それは実にあさましきことであり、悲しむべきことであると、勝他心、すなわち我慢心の求道者にとって、慎まねばならぬことを知らしめられたのであります。それは他の人々を、同信の幸福者たらしむる代わりに、かえってこれを異解者《いげしゃ》たらしめて、惑わしむるからであります。道を語り合うときは、殊《こと》に素直にありたいものでありましょう。蓮如上人が、「仏法には無我にて候上は、人に負けて信をとるべきなり。理をまげて情を折るこそ仏の御慈悲なり」と申されたのも、我慢我情の心の慎むべきを教えられたのであります。

三

これさらに、わたくしのことばにあらずといへども、経釈のゆくちをもしらず、法文の浅深をもこころえわけたることもさふらはねば、さだめておかしきことにてさふらはめども、故親鸞聖人のおほせごとさふらひしおもむきを、百分が一、かたはしばかりをも、おもひいでまいらせて、かきつけさふらふなり。

私心なき旨を表示されたのであります。まことに恐れいったお言葉であります。巻頭より終尾に至るまで、それは悉《ことごと》く如来本願の紹介であって、またそれは聖人の遺教を、そのまま伝えたのであると申されたのであります。私は顧みて、汗顔背汗《かんがんはいかん》の思いがいたします。願わくは、終わりに臨んで、読者諸士が、私の長々と講話してきました言葉によって、かえって信の躓きとなるようなことがなく、どうか他力本願を信楽《しんぎょう》せらるるようにありたいと、念願してやみません。ひとえに聖人の遺教を味読《みどく》して、本願に直入せられんことを念願してやみません。

いまここに如信上人は、自分は経典や註釈書の、正しき筋道を弁《わきま》えぬ者であり、諸多《しょた》の法文《ほうもん》の浅深を分別し心得わけた者でもないと、謙遜しておらるるのであります。それゆえ、この書の書き振りなどには、定めておかしき箇所も多々あることであろうけれども、学問のない自分である代わりには、私心を雑《まじ》えたり、自義《じぎ》を申し立てたことはないと、断言しておらるるのであります。ただただ、故聖人の仰せられたことをたしかに聴き、目の当たり承った旨趣《おもむき》を、百分が一つなりとも、人々に知らしめたいばかりに、思い出し思い出しして書きつけたのである。それは人々が真実に他力信心を得て、真の幸福者とならしめたいからであり、せっかく道を求める人々が誤解したり、岐路にさ迷わしめたくないばかりの、念願からであると申されるのであります。

四

かなしきかなや、さいはいに念仏しながら、直に報土にむまれずして、辺地にやどをとらんこと、一室の行者のなかに、信心ことなることなからんために、なくなく筆をそめてこれをしるす。なづけて歎異鈔といふべし。外見あるべからず。

悲しきかなやといい、泣く泣く筆をそめてと、申されています。自己の幸福を喜べば喜ぶほど、悩める人々の魂を見ては、悲しまざるを得ません。それは自分自身に泣く涙ではありません。それは抜苦与楽の慈悲心に萌《も》えた人間愛であり、同朋愛であります。人生における尊き涙であります。この涙が、上人をしてこの一書を綴らしめたのであります、すなわち全部は温《あたた》かき涙を以て書かれたのであります。それはけっして、自己の名誉心のためではなかったのです、また自己の利養のために書かれたのでもありません。自分の学解《がくげ》を顕わして名声を高めることは、自然に利養を得ることとなるのですから、名利のためということは、まったく自己のためであって、それは利他愛のためではありません。真摯なる求道者としては、勝他心と名聞心と利養心とのために事をなすことは、慎まねばならんことであります。先に勝他心の慎まねばならぬことを説き、いまご自分は、自己の名と利とのためでなく、ひとえにそれは、同じ道を求める同朋をして、真実信心たらしめたいばかりのためであることを、示されたのであります。

　念仏を知らざる世の人々の哀れさは、申すまでもなきことであります。もちろんそれらの人々にも、真幸福の道を知らしめたいのですけれども、それはなお前途遼遠とも申すべきである。しかるに、ようやく道に進みて、せっかく、念仏を喜ぶまでに至った人でありながら、その念仏する人々が、親鸞聖人と同じ他力信心とならず、同一の幸福に入《い》らずして、同じく念仏は申しながら、信心が異なるというに至っては、誠に残念なことと申さねばなりません。幸いにも念仏を喜ぶ身になり、本願他力を聞きながら、自力心であっては、それは辺地《へんち》にとどまることとなって、前に申したような種々の災厄《さいやく》を受けることとなるのであるが、第一には常に仏を見ず、第二には経法を聞くことを得ず、第三には菩薩聖衆を見ることがない境遇となり、またそこに停滞したる人は、報仏恩《ほうぶつおん》の喜びがなく、利他愛の大慈悲がなく、智慧を生ぜず、有情利益ということがない、すなわち真の自由ということがなく、真の幸福に達せられないのであります。久しく聞法求道して、ようやく自力の難到《なんとう》なることに醒《さ》めて、念仏よりほかに道のなきことを知りながら、他力真実の信心になれないということは、まことに、残り惜しいことであります。報土の幸福を前にして得あたわぬことであるから、それは、宝の山に入《い》って手を空しくして帰るがごときものであります。されば、それらの人々を知見するにおいては、黙するに忍びず、泣く泣く書いたことであると、この書一巻を書かんとして筆を起こされた、その精神を述べていらるるのであります。『歎異鈔《たんいしょう》』と名づけられた、題号の意味もまったくそこに顕われているのであります。同一に念仏して別の道《どう》なきがゆえに、遠く通ずるに四海の内、皆兄弟なりと、古徳の申された

校訂者あとがき

本書は、大正の末期から昭和の中期にかけて活躍した、大谷派（東本願寺）の念仏者蜂屋賢喜代師の代表的な講話集『歎異鈔講話』を、復刊したものです。『歎異鈔講話』は、昭和五（一九三〇）年に成同社から刊行され、大谷派の門徒を中心に、多くの人々に味読されました。この書の影響力の大きさを考えると、蜂屋賢喜代師は、大谷派を代表する念仏者であったといっても過言ではないと思います。

この『歎異鈔講話』は、昭和五十（一九七五）年に法藏館から復刻されました。その後どれだけの読者を得たのかは不明ですが、復刻にふさわしい価値がこの講話集にあったことは否定できません。ただし、復刻版は、『歎異鈔』についての師の味わい方や思いを、時代の流れを超えて端的にいまに伝えているものの、旧字体、旧仮名遣いを用いているために、現代の読者にはいささか読みにくい感があります。そこで、この講話集を現代の読者にもよりいっそう身近なものとすべく、ここに校訂のうえでの再刊をめざしたという次第です。

校訂に当たっては、旧字体を新字体に、旧仮名遣いを新仮名遣いに改めると同時に、用語の不統一を可能なかぎり是正しました。一例を挙げれば、師は「わかる」という語に「分る」「解る」「判る」などの漢字を当てていますが、意味上の区別を強く意識しているようには見えません。そのような場合、本書では、すべて「わかる」という平仮名に統一しました。そのほかにも、不統一な箇所が散見されましたが、それらをすべて統一することは不可能でした。師が原著において、意味上の違いを考慮して意図的に使い分けをした漢字も多々あるからです。

もとより、原著の雰囲気を再生させることを怠ったわけではありません。新字体、新仮名遣いを使用し、接続詞をできるだけ平仮名に改めるという措置を施しつつも、原著が醸し出す独特の空気を壊さないように努めました。いまなぜ、師の著書を復刊するのか、あるいは、『歎異鈔』に関する師の解釈にどのような現代的意義があるのかといった点は、この「あとがき」では述べ尽くすことができません。明治十三（一八八〇）年に生まれ昭和三十九（一九六四）年に逝去された師の生涯や、師の独自の思想等に触れたいと思われる方々には、拙著『念仏者蜂屋賢喜代』（北樹出版、二〇一七年）をご参照いただければ幸甚です。また来年一月には法藏館から師の『聞法の用意』が復刊されます。あわせてお読みいただきたいと思います。

なお本書の刊行にあたっては、北樹出版社長木村哲也氏、同取締役木村慎也氏、古屋幾子氏のご高配にあずかりました。末筆ながら、ここに厚い感謝の思いを記させていただきます。

二〇一七年十月

筑波大学人文社会学系棟にて　伊藤　益

[著者略歴]

蜂屋　賢喜代（はちや　よしきよ）

1880 年 9 月 10 日　大阪市東区谷町慶徳寺に生まれる
1905 年　真宗大学本科卒業
1924 年　光照寺住職
1964 年 12 月 13 日　逝去
著書に『蓮如上人御一代記聞書講話』『正信偈講話』『四十八願講話』『人間道』『仏天を仰いで』『病める人へ』『聞法の用意』『苦の探究』など。

[校訂者略歴]

伊藤　益（いとう　すすむ）

1955 年　京都市に生まれる
1986 年　筑波大学大学院博士課程修了（文学博士の学位取得）
現　在　筑波大学人文社会学系教授
著書に『ことばと時間』（大和書房）、『親鸞―悪の思想―』（集英社）、『私釈法然』『私釈親鸞』『念仏者蜂屋賢喜代』（以上、北樹出版）など。

歎異鈔講話

2018 年 1 月 23 日　初版第 1 刷発行

著　者　蜂　屋　賢喜代
校訂者　伊　藤　　益
発行者　木　村　哲　也

・定価はカバーに表示　　印刷　中央印刷／製本　新里製本

発行所　株式会社　北樹出版

〒 153-0061　東京都目黒区中目黒 1-2-6
電話(03)3715-1525(代表)　FAX(03)5720-1488

ISBN978-4-7793-0557-3

伊藤 益 著

念仏者《ねんぶつしゃ》
蜂屋賢喜代《はちやよしきよ》

真宗大谷派光照寺の住持であり、
雑誌『成同』を主宰するほか、
広く布教・伝道活動を展開した、
蜂屋賢喜代（一八八〇〜一九六四）の
境涯と思想の軌跡を辿る。

目次

978-4-7793-0527-6
四六上製　219頁
2,000円＋税

北樹出版
〒153-0061 東京都目黒区中目黒1-2-6
TEL 03-3715-1525 FAX 03-5720-1488